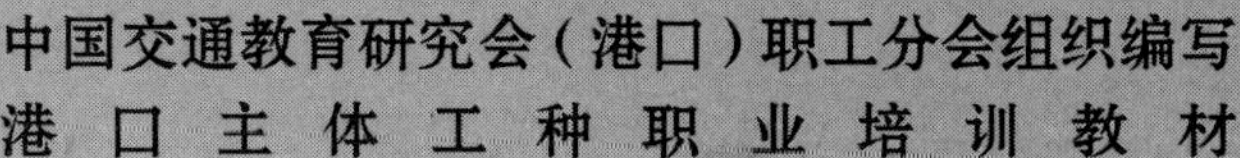

中国交通教育研究会（港口）职工分会组织编写

港 口 主 体 工 种 职 业 培 训 教 材

GANGKOU NEIRAN ZHUANGXIE JIXIE KONGZHI JISHU

港口内燃装卸机械控制技术

● 主编 张泉忠

● 主审 孟宪华

人民交通出版社

内 容 提 要

本书根据《港口内燃装卸机械司机技师培训教学计划》、《港口内燃装卸机械修理工技师、高级技师培训教学计划》及《港口内燃装卸机械控制技术》教学大纲的要求编写。内容共分五章,具体为:液压传动技术、液力传动技术、气压传动技术、内燃电气控制技术、可编程序控制器技术。

本书作为港口内燃装卸机械司机技师、修理工技师和高级技师的培训教材,学生可以根据书后附录中的教学大纲对本书进行有选择的学习;同时本书也可供其他相关专业教学以及工程技术人员参考。

图书在版编目(CIP)数据

港口内燃装卸机械控制技术 / 张泉忠主编. —北京:人民交通出版社,2009. 2

ISBN 978 -7 -114 -07521 -6

Ⅰ.港… Ⅱ.张… Ⅲ.港口装卸 - 内燃机:装卸机 - 电动控制 Ⅳ. U653. 92

中国版本图书馆 CIP 数据核字 (2008) 第 204530 号

书　　名:港口内燃装卸机械控制技术
著 作 者:张泉忠
责任编辑:富砚博
出版发行:人民交通出版社
地　　址:(100011) 北京市朝阳区安定门外外馆斜街 3 号
网　　址:http://www.ccpress.com.cn
销售电话:(010) 59757969, 59757973
总 经 销:北京中交盛世书刊有限公司
经　　销:各地新华书店
印　　刷:廊坊市长虹印刷有限公司
开　　本:787 ×1092　1/16
印　　张:22
字　　数:556 千
版　　次:2009 年 2 月　第 1 版
印　　次:2009 年 2 月　第 1 次印刷
书　　号:ISBN 978 -7 -114 -07521 -6
印　　数:0001 ~4000 册
定　　价:45. 00 元
(如有印刷、装订质量问题的图书由本社负责调换)

中国交通教育研究会(港口)职工分会
教材编审委员会

主　任: 刘桂芳

副主任: 张　宏

委　员: 邓顺盛　刘明璋　张泉忠　孟宪华

前　言

为适应港口建设和发展的需要，促进港口高技能人才的培养，2006年中国交通教育研究会（港口）职工分会教材编审委员会依据《交通行业职业技能标准》的要求，编写了《港口主体工种技师、高级技师培训教学计划及教学大纲》。

2007年，中国交通教育研究会（港口）职工分会教材编审委员会，按照《港口主体工种技师、高级技师培训教学计划及教学大纲》的要求，组织编写了《港口内燃装卸机械检测》、《港口内燃装卸机械控制技术》、《港口电动装卸机械检测》、《港口电动装卸机械控制技术》、《港口装卸机械电气设备基础》、《港口装卸机械电气控制技术》、《港口机械英语》七册教材，并对2004年出版的《港口机械设备管理》一书作了修订。

本套教材从港口高技能人才培训的实际需要出发，除《港口机械英语》、《港口机械设备管理》为通用培训教材外，其余六册均采用了驾驶与修理合编，技师与高级技师合编的编写方法，并在教材后附有相关主体工种培训的教学计划和教学大纲。教材在编写过程中，参考了各港口有关教材及培训资料，注重理论知识与港口生产实际相结合，引入了新知识、新技术、新工艺。因此本套教材具有较高的针对性、通用性、实用性和先进性，适应港口生产的发展变化，以求满足技术工人成长及港口主体工种技师、高级技师职业技能鉴定考核的需要。

由于港口主体工种所涉及机械、电气设备种类繁多、结构各异，在使用中，教学培训负责人和教师应按学员工种和级别的不同，以及各港使用和维修设备的不同，在给定课时范围内，有针对性地选择书中有关章节进行讲授。

本书根据《港口内燃装卸机械司机技师培训教学计划》、《港口内燃装卸机械修理工技师、高级技师培训教学计划》及《港口内燃装卸机械控制技术》教学大纲的要求编写。内容共分五章，具体为：液压传动技术、液力传动技术、气压传动技术、内燃电气控制技术、可编程序控制器技术。

本书可作为港口内燃装卸机械司机技师、修理工技师和高级技师的培训教材，学生可以根据书后附录中的教学大纲对本书进行有选择的学习；同时本书也可供其他相关专业教学以及工程技术人员参考。

本书由大连港集团公司教育培训中心张泉忠任主编，张学军任副主编。参加编写的人员有张泉忠（第一章）、王东大（第二章）、张学军（第三章）、于振波（第四章）、蒋晓波（第五章）。本书由天津港（集团）有限公司孟宪华任主审。

另外，本套教材在编写过程中，得到了秦皇岛港、上海港、广州港、天津港、大连港、宁波港、青岛港湾职业技术学院、湛江港、南京港有关部门领导及专家们的热情支持与帮助，原中国交通教育研究会（港口）职工分会理事长林洁敏同志、副理事长王棣海同志在任职期间，原中国交通教育研究会（港口）职工分会秘书长杨振翔同志及现任秘书冯丽同志都对本套教材的编写进行了积极有效的工作，在此，一并表示感谢。

由于编者能力和时间所限，教材中存在的问题和缺陷在所难免，敬请各位专家和读者批评指正。

中国交通教育研究会（港口）职工分会
教材编审委员会
二〇〇八年五月

目　　录

第一章　液压传动技术

第一节　液压传动概述

装卸机械中液压传动所用的工作液通常都是石油型液压油。石油型液压油是由石油经过炼制并添加适当的添加剂而成,其润滑性和化学稳定性(不易变质)均较好,是迄今为止液压传动中应用最广泛的介质,简称为液压油。

一、工作油的一些物理性质

(一)常用计量单位

液压传动计算中采用国际单位制,简称国际制,代号为SI。它共有7个基本单位。长度单位是米(m),质量单位是千克(kg),时间单位是秒(s),这三个单位是基本单位。

(二)密度和重度

单位容积内的液体质量称为该液体的密度,用符号ρ表示,即

$$\rho = \frac{m}{V} \tag{1-1}$$

式中:m——液体的质量;

V——液体的体积。

在SI制中,质量的单位是kg,体积的单位是m^3,密度的单位是kg/m^3。

单位容积内的液体的重力称为该液体的重度,用符号γ表示,即

$$\gamma = \frac{G}{V} = \frac{mg}{V} = \rho \cdot g \tag{1-2}$$

式中:G——液体的重力;

g——重力加速度,$g = 9.81m/s^2$。

装卸机械里常用的液压油密度为$\rho = 882 \sim 910kg/m^3$。液压油的密度与重度随工作的温度和压力变化而变化。在正常使用范围内它们的变化很小,故一般按常量计算。实际计算中取$\rho = 900kg/m^3$。

(三)黏度

液体在外力的作用下流动时,由于液体与固体壁面之间的附着力、分子运动以及分子间的内聚力的存在,其流动受到牵制,且在流动截面上的各点的流速也不同,如图1-1所示。各液体层之间有相互牵制的作用存在,运动慢的液层对运动快的液层起到阻碍作用。这种相互牵制的作用力称为液体的内摩擦力或黏性力,而液体流动

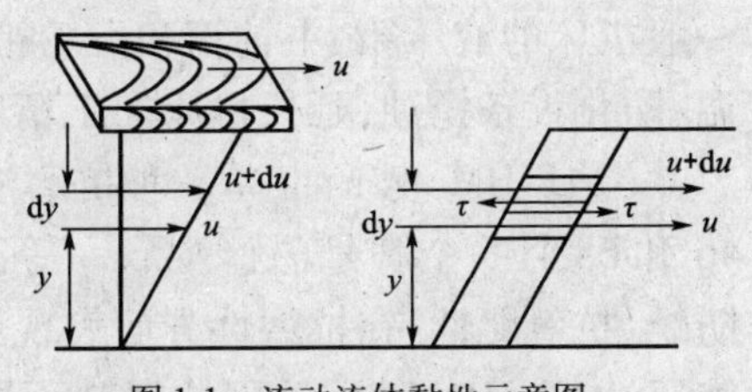

图1-1　流动流体黏性示意图

时呈现出来的这种性质叫黏性。液体的黏性大小用黏度表示。常用黏度的表示方法有三种：动力黏度、运动黏度和相对黏度。装卸机械液压油的黏度用运动黏度表示。液压油的牌号采用40℃时的平均运动黏度为其标号。常用的是N32、N40抗磨液压油，标号的含义是：在40℃时的平均运动黏度为32mm^2/s、40 mm^2/s(ISO黏度标准)。

液压油的黏度对温度很敏感，温度略升高(降低)，黏度就明显下降(升高)。液压油的黏度对压力不太敏感，只有压力大于30MPa时才随压力增加而增大，因此通常忽略压力对黏度的影响。

二、液压油的使用

(一)液压油的作用

在液压传动设备中液压油有传递和转换能量、控制系统执行元件、润滑、防锈防腐和冷却五大作用。

(二)装卸机械对液压油的要求

装卸机械对液压油的要求并非很高，大多数装卸机械要求液压油具备如下几项特性。

(1)适宜的黏度和良好的黏温性能；

(2)剪切安定性好；

(3)抗磨性好；

(4)液压油与密封材料的适应性好；

(5)抗泡性、空气释放性好；

(6)清洁度好，要求无水分及机械杂质；

(7)具有防锈性和防腐性；

(8)氧化安定性好；

(9)低温性能好。

(三)液压油的选用

1. 液压油标准介绍

我国等效采用ISO标准制定了H组(液压系统)用油的分类标准(GB 76312—87)。按此标准液压油分为两大类：一类是烃类液压油(矿物油型和合成烃型)；另一类是抗燃(或难燃)液压油。后者依据主要成分来区分。

我国有4个品种矿物油型液压油：HL、HM、HV、HG和1种合成烃型液压油HS。

(1)L-HL液压油：是一种通用型工业机床润滑油(GB 11118—89)，按40℃运动黏度分为15、22、32、46、68和100号6个牌号。该油具有良好的防锈性和氧化安定性，适用于机床和其他设备的低压液压和传动装置，也可用于需用抗氧防锈性润滑油的机械设备。HL液压油在一般机床的液压箱、主轴箱和齿轮箱中使用时，可以减少机床润滑部位摩擦副的磨损，降低升温，防止设备锈蚀，延长机床加工精度的保持性，且使用时间比普通机械油延长1倍以上。

(2)L-HM液压油：是一种抗磨液压油(GB 11118—89)，按40℃运动黏度分为15、22、32、46和68号5个牌号(优等品、一等品另增加100和150共7个牌号)。该油不仅具有良好的防锈、抗氧化性，在抗磨性方面表现更为突出。使用HM液压油的高压油泵，其耐磨性比用HL液压油长。HM液压油因抗磨剂不同，又分为以二烷基二硫代磷酸锌为主剂的含锌油(有灰

型)和不含金属盐的无灰油。含锌 HM 液压油对钢—钢摩擦副抗磨性好,而对银、铜部件有腐蚀。无灰 HM 液压油对银、铜部件不会产生腐蚀。

(3)L-HV 和 L-HS 液压油:是两个不同档次的低温液压油,曾称工程液压油,低凝液压油。HV、HS 液压油均属宽温度变化下使用的液压油,且具有低的凝点、优良的抗磨性、低温流动性和低温泵送性。HV 液压油凝点不高于 -36℃,主要用于寒区;HS 凝点不高于 -45℃主要用于严寒区。HV 液压油按按 40℃运动黏度分为 10、15、22、32、46、68 和 100 号 7 个牌号;HS 液压油按 40℃运动黏度分为 10、15、22、32 和 46 号 5 个牌号。

(4)L-HG 液压油:是液压导轨油,曾称精密机床液压导轨油。它是在 HM 液压油基础上添加抗黏滑剂、油油剂或减磨剂构成的一类液压油。该油不仅具有优良的防锈、抗氧、抗磨性能,而且具有优良的抗黏滑性。在低速下,防爬行效果很好。目前的液压—导轨油属这类产品。对于液压及导轨润滑为同一个油路系统的精密机床,必须选用液压—导轨油。该油也适用于一般低、中压液压系统和机床导轨的润滑,按 40℃运动黏度分为 32、68 号 2 个牌号。

2. L-HM 液压油的更换指标(SH/T 0599—94)

(1)液压油使用中,必须控制好液压油温度,防止油温过高,防止油品污染,换油前必须清洗液压系统,保持系统清洁;还要避免空气、水分进入液压系统。

(2)不能用其他油代替液压油。

(3)不要以黏度的大小衡量液压油质量的好坏,必须综合考虑各方面因素,选择适宜的黏度等级。

(4)在给装卸机械添加液压油时,要用同牌号液压油,不得混有不同牌号的液压油。

(5)在加注液压油前,应检查原液压油是否受污染或变质,如有,则在对液压系统进行全面清洗后方可加新油;如没受污染,则可添加规定用的油。

(6)按厂家的要求定期对液压油进行检查和更换。

3. L-HM 液压油的更换指标(SH/T 0599—94)

其更换指标见表 1-1。

L-HM 液压油的换油指标(SH/T 0599—94)　　表 1-1

项　目	换油指标	试验方法
40 ℃运动黏度变化率(%)	超过 +15 或 -10	GB/T 265
水分质量分数(%)	>0.1	GB/T 260
色度增加(比新油)	>2	GB/T 6540
酸值降低(%) 或酸值增加值[mgKOH(g)]	超过 35 >0.4	GB/T 264
正戊烷不溶物[①](%)	>0.1	GB/T 8926A
铜片腐蚀(100℃,3h)(级)	>3a	GB/T 5095

注:①允许采用 GB/T 511 方法,使用 60～90℃石油醚作溶剂,测定试样机械杂质。

(四)液压油的污染与控制

对于液压系统,据统计,由于油液污染引起的故障占总故障的 75% 以上,固体颗粒是液压系统中最主要的污染物。因此,要保证液压系统工作灵敏、稳定、可靠,就必须控制油液的污染。

1. 污染物的种类及危害

液压系统中的污染物是指包含在油液中的固体颗粒、水、空气、化学物质、微生物等杂物。污染物对液压系统的危害如下:

(1)固体颗粒加速元件的磨损,堵塞缝隙及滤油器,使泵、阀性能下降,产生噪声。

(2)水的侵入加速油液的氧化,并与添加剂发生作用产生黏性胶质,使滤芯堵塞。

(3)空气的混入降低油液的体积模量,引起汽蚀,降低油液的润滑性。

(4)溶剂、表面活性化合物化学物质使金属腐蚀。

(5)微生物的生成使油液变质,降低润滑性能,加速元件腐蚀。对高水基液压液的危害更大。

除此之外,不当的热能、静电能、磁场能及放射能也被认为是对油液的污染,它们有的会使油温超过规定限度,导致油液变质,有的则可能导致火灾。

2. 液压油污染原因

(1)留在液压元件和管道内的污染物。液压元件在装配前,零件未去毛刺和未经严格清洗,铸造型砂、切屑、灰尘等杂物藏在元件内部;液压元件在运输过程中、库存搬运过程中侵入灰尘和杂物;安装前未将管道和管道接头内部的杂物冲洗干净。

(2)液压油工作期间所产生的污染物。液压油氧化变质产生的胶质和沉淀物;油液中的水分在工作过程中使金属腐蚀形成的水锈;液压元件因磨损而形成的磨屑;油箱内壁上的底漆老化脱落形成的漆片等。

(3)外界侵入的污染。油箱防尘性差,容易侵入灰尘、水、空气和杂物;油箱未设置清理箱内污物的窗口,会造成油箱内部难清理或无法清理干净;维修过程中不注意清洁,将杂物带入油箱或管道内等。

(4)管理不严。新液压油质量未检验;用未清洗干净的桶装新油,添加液压油时未按规定使用清洁专用工具使污染物进入油液;换新油时,未清洗干净管路和油箱;未建立液压油定期取样化验的制度;管理不严,库存油液品种混乱;将两种不能混合使用的油液混合使用。

3. 控制液压油污染的措施

液压油污染的原因很复杂,液压油液自身又在不断产生脏物,因此要彻底解决液压油污染问题是困难的。为了延长液压元件的寿命,保证液压系统可靠地工作,将液压油液的污染度控制在某一限度以内是较为切实可行的办法。为了减少液压油液的污染,常采取以下一些措施:

(1)控制液压油的工作温度。对于石油基液压油,当油温超过55℃时,其氧化加剧,使用寿命大幅度缩短。据资料介绍,当石油基液压油温度超过55℃时,油温每升高9℃,其使用寿命将缩减一半,必须严格控制油温才能有效地控制油液的氧化变质。

(2)合理选择过滤器精度。过滤器的过滤精度,一般按液压系统中对过滤精度要求最高的液压元件来选择。

(3)加强现场管理。加强现场管理是防止外界污染物侵入系统和滤除系统污染物的有效措施。现场管理主要项目有:

①检查油液的清洁度。设备管理部门在检查设备的清洁度时,应同时检查液压系统油液、

油箱和过滤器的清洁度，若发现油液污染超标，应及时换油或更换过滤器。

②建立液压系统一级保养制度。设备管理部门在制订一级保养制内容时，应有液压系统方面的具体保养内容，如油箱内外应清洗干净，过滤器芯要清洗或更换等。

③定期对油液取样化验。对于已经规定更换周期的液压设备，可在换油前一周取样；对于新换油液，经过 600 ~ 1000h 连续工作后（或按厂家要求），应取样化验，更换液压油。

④定期清洗滤芯、油箱和管道。控制油液污染的另一个有效方法是定期清洗去除滤芯、油箱、管道及元件内部的污垢。在拆装元件、管道时要特别注意清洁，对所有油口在清洗后都要有堵塞或塑料布密封，以防脏物侵入。

(4)加强油品管理。建立液压设备"用油卡"。在设备档案中，应明确记载本设备所用的油液品种、黏度等级、用油量和换油情况；建立新油入库化验制度；建立库存油品的定期取样化验制度；建立油品的保管制度；建立三过滤制度，即转桶过滤、领用过滤和向设备加油过滤；建立容器清洗制度等。

第二节　液压传动的基本知识

如前面所述，液体传动是利用油液为工作介质来传递能量的。那么，为什么油液可以用来传递动力和运动呢？它又是如何来传递的呢？下面先介绍一些基本概念。

一、压力

(一)液体静压力及其特性

液压传动中是依靠液体静压力来推动执行元件对外作功的。虽然经常碰到的液体是处于运动状态，但是静止是一种特殊的形式，研究了液体在静止状态下的特殊规律，就比较容易理解它在运动状态下的一般规律了。

1. 液体静压力

液体静压力是指液体处于静止状态下时单位面积上所受的力，即压力强度。液压传动中习惯简称为压力，用符号 p 表示，即

$$p = \frac{F}{A} \tag{1-3}$$

式中：F——作用外力(N)；

A——液体的承受压力面积(m^2)。

在 SI 制中，压力的单位是帕斯卡，简称为帕或 Pa($1N/m^2$)。由于帕斯卡的单位太小，因此推荐采用它的倍单位千帕(kPa)。

$$1MPa = 1000kPa = 10^6Pa$$

在欧美一些国家里多采用 bar 作为压力单位。$1bar = 10^5N/m^2$，它与 SI 制的换算关系为 $1bar = 10^2N/cm^2 = 10^5Pa = 0.1MPa$。

2. 液体静压力的两个特性

(1)静止液体内任意一点的压力在各个方向上都相等的。如果液体中某一点所受到的压力不相等，液体就会在它们的合力作用下发生运动，因而就破坏了处于静止的条件。所以在静

止的液体中任意一点所受到的各个方向上的静压力必须相等。换而言之，静止液体中的每一点的压力大小只有一个确定值而与方向无关。

(2)静压力垂直于承受压力的作用面，其方向与受压面的内法线方向一致。如果静压力不垂直于承受压力面，液体就会沿着该面产生相对运动。又如果静压力方向不是与该面的内法线方向相同，液体由于不能承受拉力而将离开该表面而产生运动，从而破坏处于静止的条件。

(二)液体静压力的建立和传递

静止液体内任意一点的静压力在各个方向上的大小是相等。在计算其值的大小时，是根据帕斯卡原理来计算的。由静压力计算公式可知，压力（压强）等于液体表面受的压力除以受力面积。现求在密闭容器内深度为 h 液层 A 点的压力，见图 1-2。在液体内任取一个底面包括 A 点在内的小液柱，底面积为 ΔA，高为 h。这小液柱在重力及周围液体的压力作用下，处于平衡状态。分析小液柱在垂直方向总的受力情况。设液面受到的向下的压力为 p_0，本身重量为 $\rho gh\Delta A$（液体密度 ρ，重力加速度 g），底面受到向上的力是 $p\Delta A$；那么该液面受的总外力是

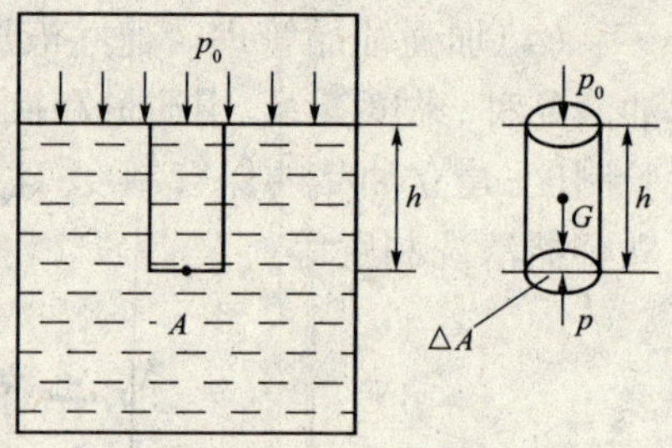

图 1-2　液体静压力的建立

$$p_0 \cdot \Delta A + \rho gh \cdot \Delta A$$

静压力

$$p = \frac{(p_0 \cdot \Delta A + \rho gh\Delta A)}{\Delta A}$$

$$p = p_0 + \rho gh \tag{1-4}$$

式中：p——静止液体中某一点的静压力(Pa)；

ρ——密度(kg/m^3)；

p_0——外界作用在液面上的压力(Pa)；

h——该点离液面的垂直距离(m)。

由式(1-4)可看出静止液体内部某一深处的压力等于液面上所受的压力加上液体在某一深度的压力。

例 1-1　求往 10m 高处油缸送压力油的油泵输出压力值。已知油缸工作压力为 12MPa，液压油的密度是 $900kg/m^3$。

解：根据式(1-4)，液面下 10m 深处的压力 p 为

$$\begin{aligned} p &= p_0 + \rho gh \\ &= 12 \times 10\,000\,000 + 900 \times 9.8 \times 10 \\ &= 12\,088\,200 = 12.088\,2(\text{MPa}) \end{aligned}$$

由本题可以看出，当液面压力 $p = 12$MPa 时，ρgh 这一项所占的比例很小。在液压传动中，液面的压力通常很大（多数是在 10MPa 以上），管道配置的高度一般在 10m 以下，为了计算方便，常略去 ρgh 项的影响，近似地认为液压传动系统中的任一点的液压大小不受位置高度影响，都等于液面上受的压力。

液压传动过程中，工作油是流动的，这时虽然有动压力存在，但它的值很小，可以忽略不计。所以在液压传动中主要考虑静压力，液压传动又称为静压传动。

(三)液压力的测量

空气是有质量的,空气中的任何物体都受到空气重力所产生的压力作用,这种压力称为大气压力,用符号 Pa 表示。各地的大气压力值略有不同,将标准状况下海平面上的大气所产生的大气压力称为标准大气压,它的值为 101 325Pa,常用 101.3kPa 来计算。

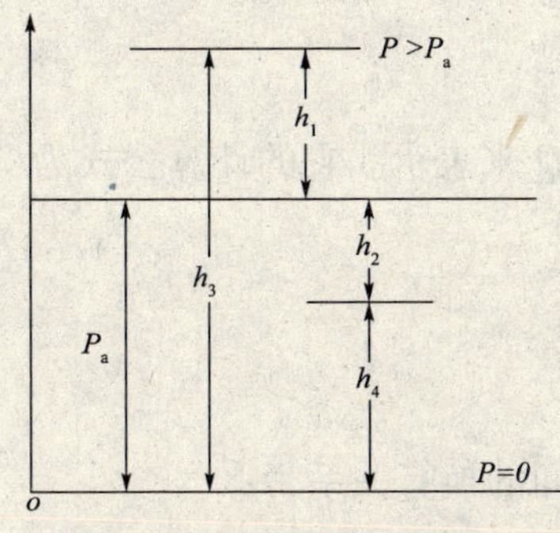

图 1-3　测压力的两种基准

测量压力有两种基准,见图 1-3。一是以大气压力为基准,即在大气压力为零开始测量;另一是以绝对零压为零开始测量,也就是把大气压考虑进去。以大气压力为基准测得压力叫相对压力。相对压力共有两种,高于大气压的叫正相对压力,见图 1-3 中 h_1 线段,习惯称为相对压力;低于大气压的叫负相对压力,见图 1-3 中 h_2 线段。由于相对压力都可以用压力表来测量,因而相对压力又叫表压力。负相对压称负表压。以绝对零压力为测量基准所表示的压力,称为绝对压力。测得压力低于大气压力的情况叫真空,见图 1-3 中 h_4 线段;在工程应用上是用真空度来表示,也叫负相对压力。真空度的大小常用此负数的绝对值来表示。绝对压力大于大气压力的情况是最多的,液压传动中的压力大多数是这种情况。在吸油口区或某些其他地方才出现压力低于大气压力。绝对压力、相对压力和大气压力三者之间关系可用下式表示。

$$绝对压力 = 大气压力 \pm 相对压力 \tag{1-5}$$

由式(1-5)可推出:　　真空度 = 大气压力 − 绝对压力

例 1-2　某叉车的制动真空泵的真空度是 62.1kPa。问其绝对压力是多少?一个大气压为 101.3kPa。

解:真空度是指绝对压力小于大气压力的数值,如图 1-3 中的 h_2 线段。是负相对压力,因此就有:

$$绝对压力 = 大气压力 - 相对压力 = 101.3 - 62.1 = 39.2\text{kPa}$$

(四)液压系统压力的形成

液压系统压力是怎样形成的呢?现以叉车的升降机构的液压系统为例说明。图 1-4 中 5 为升降缸,液压缸内的油上面受到活塞(柱塞)的压力作用,下面受到来自油泵的油的挤压。设外界重物的重量是 W,油泵的压力是 p,活塞横截面积为 A,在不考虑其他阻力、摩擦力的条件下,它们三者之间的关系应该是 $p=\dfrac{W}{A}$。显然,外力 W 是阻止油液运动的阻力,W 越大,阻碍油液运动的阻力也越大,油泵的压力 p 也随之升高;反之,W 越小,油泵推动活塞(柱塞)运动的压力也就越小。如果泵出口到液压缸之间的各种阻力和损失很大,那么泵所提供的油的压力也比原来的高。由上述分析可得出如下重要结论:液压系统的压力是由外负荷和系统的压力损失决定,即液压系统的压力由外负荷所决定,与运动速度无关。这是液压传动中的一个重要概念。

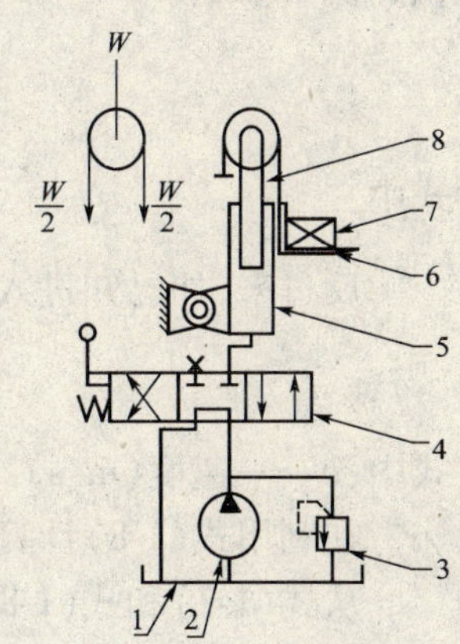

图 1-4　叉车的升降液压系统原理图

1-油箱;2-油泵;3-安全阀;4-手动换向阀;5-升降缸;6-货叉架;7-货物(外载荷);8-柱塞

二、流量和平均流速

液压传动是依靠密闭系统中液压油的流动来传递运动,因此,流量是液压传动中的另一个重要参数。

(一)流量与平均流速

1. 流量

单位时间内流过某一通流截面的液体体积称为流量,通常用 Q 来表示。它的计算公式为

$$Q = \frac{V}{t} \tag{1-6}$$

式中:V——液体体积(m^3);

t——液流通过的时间(s)。

流量的单位为 m^3/s,目前使用单位是 L/min 或 m^3/s,二者之间的换算关系为:

$$1m^3/s = 10^3 L/60^{-1} min = 6 \times 10^4 L/min$$

2. 额定流量

按实验标准规定,液压元件连续运转(工作)所必须保证的流量称为额定流量。它是液压元件基本参数之一,通常在液压元件的铭牌上有标明。额定流量应该符合公称流量系列,下面是公称系列的一部分:…1、1.6、2.5、4、6、10、25、32、40、50、63、80、100、160、200、250、320…(单位为 L/min)。

3. 平均流速

如图 1-5 所示,活塞在液压油的推动下向右运动,经过时间 t 后移动了 L 距离。在这段时间里进入液压缸的油液的体积 $V = LA$。因此,单位时间内进入液压缸的液压油体积即流量 Q 为

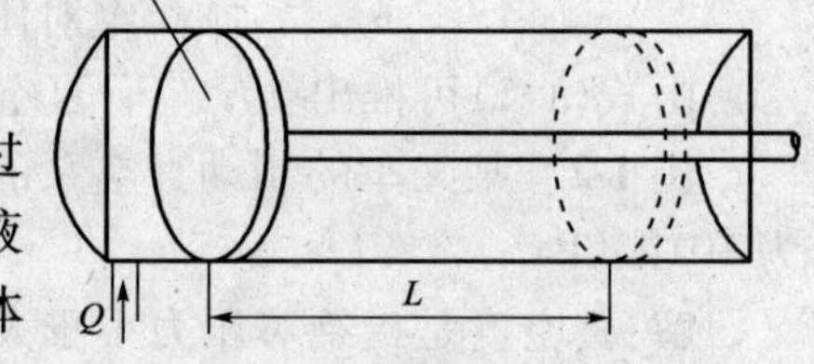

图 1-5 平均流速公式推导示意图

$$Q = \frac{V}{t} = \frac{LA}{t} = uA \tag{1-7}$$

式中:

$$\frac{L}{t} = u$$

反过来,如已知进入液压缸的流量 Q 和活塞面积 A,就可算出活塞运动的速度 u,即

$$u = \frac{Q}{A} \tag{1-8}$$

式中:u——速度(m/s)。

在利用式(1-8)计算时,应该十分注意单位的统一。

从式(1-7)和式(1-8)可见,进入液压缸的流量 Q 等于活塞运动速度 u 和活塞有效作用面积 A 的乘积。进入液压缸的流量 Q 越大,活塞运动的速度 u 也就越快;反之,流量 Q 越小,活塞运动的速度 u 就越慢。由此可得出一个结论:液压缸运动的速度决定于输入的流量大小,而与外负载大小无关。这个重要结论是液压传动里的另一个重要概念。

上述由液压缸导出的流量 Q、流速 u 和面积 A 之间的关系也适用于油液在管道中的流动情况。

例 1-3 已知活塞直径 $D = 10cm$,入口处的油管内径 $d = 20mm$,求泵提供流量 $Q = 100L/min$时,活塞的运动速度和进油管内的流油速度。

已知：$D=10\text{cm}=0.1\text{m}$；$d=20\text{mm}=0.02\text{m}$；

$$Q=100\text{L/min}=0.1\text{m}^3/60\text{s}$$

活塞有效面积：
$$A_1=\frac{0.1^2\pi}{4}$$

管道横截面积：
$$A_2=\frac{0.02^2\times3.14}{4}$$

求：(1)活塞移动的速度 u_1；

(2)进油管内油流速度 u_2。

解：

(1)因为
$$u=\frac{Q}{A}$$

所以
$$u_1=\frac{Q}{A_1}=\frac{(0.1/60)}{(0.1^2\times3.14/4)}=0.212(\text{m/s})$$

(2)同理
$$u_2=\frac{Q}{A_2}=\frac{(0.1/60)}{(0.02^2\times3.14/4)}=5.3(\text{m/s})$$

由于液油有黏性，因此液压油在管道中流动时，在同一截面上各个点真实流速是不相等的，管壁处流速为零，管道中心速度最大。为计算方便，可以用平均流速来作近似计算，在以后各章节内容中所提及的速度均为平均流速。

(二)液流连续性原理

油液被认为是不可压缩的，在管道中作稳定流动时，根据质量守恒定律，液体在管道内既不会增加，也不会减少。因此，在单位时间内流过管道的每一截面上的液体体积(即流量)相等。这就是液流的连续性原理。

如图1-6所示中，液体在截面积不同的管道中流动。设两截面的面积分别为 A_1 和 A_2，流速分别为 u_1 和 u_2，根据液体流动的连续性原理可得

$$Q=u_1A_1=u_2A_2 \tag{1-9}$$

所以
$$\frac{u_1}{u_2}=\frac{A_2}{A_1} \tag{1-10}$$

上述两公式就是液流的连续性方程式。它说明管道中的液体流速与流过的管道横截面积大小成反比，管道越细的地方流速越大，管道越粗的地方流速越小。在具有分支的管路中，流进(流出)的总流量等于流出(流进)的各分支流量之和，如图1-7所示。

$$Q_1=Q_2+Q_3 \tag{1-11}$$

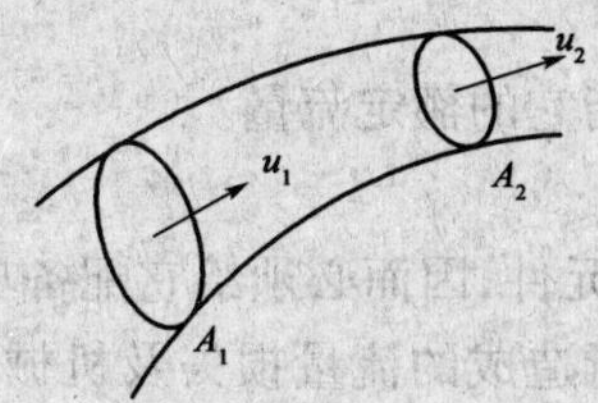

图1-6　液流的连续性原理

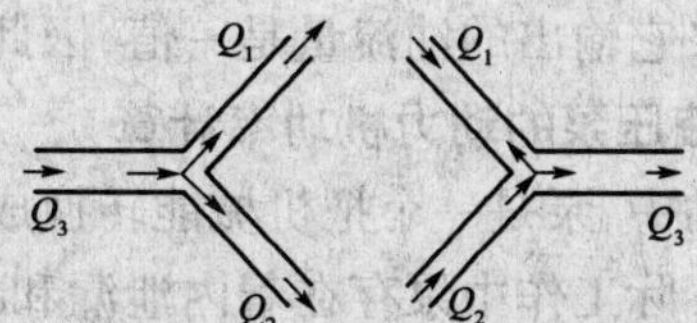

图1-7　管道中流量等于常量

例 1-4 求某千斤顶在压油过程中，小活塞以 $u_1=0.1\text{m/s}$ 速度向下移动时大活塞的向上移动速度 u_2。已知小活塞直径 $D_1=20\text{mm}$，大活塞直径 $D_2=20\text{cm}$。

解：$u_1=0.1\text{m/s}$，$D_1=20\text{mm}=0.02\text{m}$，$D_2=20\text{cm}=0.2\text{m}$

因为

$$\frac{u_1}{u_2}=\frac{A_2}{A_1}$$

所以

$$u_2=\frac{u_1A_1}{A_2}=0.10\times\frac{0.02^2}{0.2^2}=0.001(\text{m/s})$$

此题表明小活塞以 0.1m/s 的速度向下运行时，大活塞的顶升速度为 0.001m/s，仅为小活塞速度的 1%。

三、液压功率

在液压传动系统中，单位时间内压力油所作的功，称功率。用字母 P 表示。在 SI 制中，功的单位是焦耳(J)，时间单位是秒(s)，功率单位是瓦(W)或千瓦(kW)。

(一)液压缸的输出功率计算

液压缸输出能量的形式是推力和速度，液压缸的输出功率就是力与速度的乘积。即

$$P=F\cdot u \tag{1-12}$$

由于

$$F=p_gA;u=\frac{Q_g}{A}$$

所以液压缸的输出功率又可写成

$$P=p_gQ_g \tag{1-13}$$

式中：P——液压缸输出功率(W)；

p_g——液压缸的最高工作压力(Pa)；

Q_g——液压缸的最大流量(m^3/s)。

(二)液压泵的输出功率

根据能量守恒定律，输入功率应该等于输出功率。因此泵的输出功率应等于液压缸的输入功率。泵输出的是压力油，因而它的输出功率就为输出的压力乘以输出的流量。即

$$P_B=p_BQ_B \tag{1-14}$$

式中：P_B——液压泵输出的功率(W)；

p_B——液压泵的最高工作压力(Pa)；

Q_B——液压泵输出的最大流量(m^3/s)。

对于定量泵它输出的油流量是一值，因此 Q_B 就是指它的额定流量。

(三)驱动液压泵的动力机功率计算

在液压传动中，泵是一个把机械能转换成液压能的元件，因而必须给它配备功率大小合理的动力机。在实际工作中泵存在着内泄漏和机械摩擦所造成的流量损失及机械损失，因此驱动油泵的动力机的功率要比液态泵所需的功率大，二者之比用 η_B 表示，即

$$\eta_B = \frac{N_B}{N_D} \tag{1-15}$$

式中：η_B——液压泵的总效率；

N_B——液压泵的输出功率；

N_D——驱动液压泵的功率。

装卸机械驱动液压泵的动力机通常是内燃机和电动机两种，在习惯上用马力（PS）来标注内燃机功率的大小。马力与瓦（千瓦）之间的换算关系是 1PS = 735.5W = 0.735 5kW。

例 1-5 如图 1-8 所示的液压系统，已知活塞向右移动的速度 $u = 0.04\text{m/s}$，外载重 97.2kN，活塞有效作用面积 $A = 0.008\text{m}^2$，泄漏系数和压力损失系数分别为 $k_1 = 1.1$，$k_2 = 1.3$。现有一个齿轮泵，它的额定压力为 25MPa，额定流量为 0.417L/s，试问泵是否适用？如果泵的总效率为 0.80，要驱动它动力机的功率应是多少千瓦？

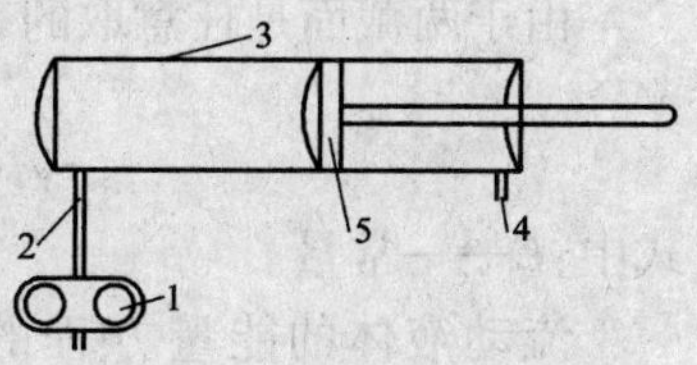

图 1-8 液压系统示意图

1-油泵；2-进油口；3-液压缸；4-出油口；5-活塞

解：

（1）输入液压缸的流量为

$$Q_g = A_u = 0.008 \times 0.04 = 3.2 \times 10^{-4}\text{m}^3/\text{s}$$

（2）液压泵应该供给的流量 Q_B（把损失计算在内，即实际泵提供的油流量）为

$$Q_B = k_1 Q_g = 1.1 \times 3.2 \times 10^{-4} = 3.52 \times 10^{-4}\text{m}^3/\text{s} = 0.352\text{L/s}$$

（3）液压缸的工作压力为

$$P_g = \frac{F}{A} = \frac{97.2 \times 10^3}{0.8 \times 10^{-2}} = 12.15 \times 10^6\text{Pa}$$

（4）液压泵的最高工作压力（克服压力损失，即泵应提供的压力）为

$$p_B = k_2 p_g = 1.3 \times 12.15 \times 10^6 = 15.8\text{MPa}$$

（5）因为 $p_B < p_{额}$，$Q_B < Q_{额}$，

所以此泵适用。

（6）驱动液压泵的动力机功率的计算：

$$N = p_{额} Q_{额} \cdot \eta^{-1} = 25 \times 10^6 \times 4.17 \times 10^{-4}/0.8 = 13.03\text{W} \approx 13\text{kW}$$

四、液压传动效率

机械传动在工作过程中存在能量损失，液压传动在传递能量过程之中也存在有能量损失。它的损失比起机械损失要大，这是因为液压传动在能量传递过程之中有二次能量转换，在这二次能量转换过程中有一部分能量在转换过程中损失掉，因此液压传动的效率低。

（一）流动液体的能量方程（伯努力方程）

在不考虑液体流动时的能量损失，它遵守能量守恒定律，同一管道每一截面上的总能量都相等。

流动的液体具有三种能量，即单位重量液体的压力能$\frac{P}{\gamma}$、单位重量液体的位能 Z 和单位重量的动能$\frac{u^2}{2g}$。

$$\frac{mu^2}{2mg} = \frac{u^2}{2g} \tag{1-16}$$

在图 1-9 中任意取两个截面 A_1、A_2，它们距离基准水平面的坐标位置分别为 Z_1、Z_2，流速和压力分别为 u_1、u_2、p_1、p_2。根据能量守恒定律就有

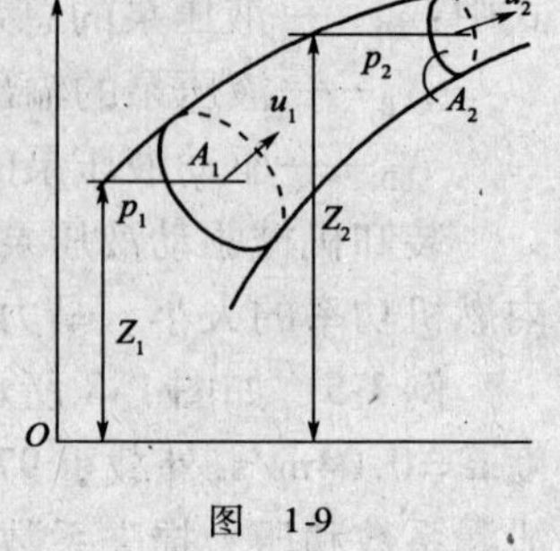

图 1-9

$$\frac{p_1}{\gamma} + \frac{u_1^2}{2g} + Z_1 = \frac{p_1}{\gamma} + \frac{u_2^2}{2g} + Z_2 \tag{1-17}$$

由于两截面是任意取的，式(1-19)可改写成

$$\frac{p}{\gamma} + \frac{u^2}{2g} + Z = C \tag{1-18}$$

式中：C——常量。

流动液体的能量方程的物理意义如下：在管道内作稳定流动的理想液体具有压力能、动能和位能三种形式的能量，在任意一截面上这三种能量都可以互相转化，但其总能量保持不变。

(二)压力损失和压力效率

液压油在管道中流动时压力也会像电流在导体中流动一样产生压力降。电压降的原因是导线有电阻存在，液压传动中的压力降是因为管道、弯管、和各类阀口接头等处，油液各液层之间管壁与油液之间摩擦力所产生阻力而引起。这样的阻力叫液阻。

液压系统中由液阻力引起的压力降按其性质可分为两类：一类为油液流经直管道时压力的损失，称为沿程损失；另一类是液油流经弯路、控制阀接口、管道突然变化、节流小孔和网孔等局部地方，由于液油流动的方向和速度突然变化，在局部地方形成旋涡流，使得液体能量损失加大而引起压力降，这种发生在局部地区的压力损失叫局部压力损失。

通过实验和理论分析，沿程压力损失的计算公式为：

$$\Delta p_\lambda = \lambda \frac{L}{d} \cdot \frac{\rho u^2}{2} \quad (\text{Pa}) \tag{1-19}$$

式中：λ——阻力系数，由液流动状态有关的系数；

L——直管长度(m)；

d——管子内径(m)；

u——油液的平均速度(m/s)；

ρ——油液的密度(kg/m^3)。

局部压力损失计算公式：

$$\Delta p_\zeta = \zeta \rho u^2/2 \quad (\text{Pa}) \tag{1-20}$$

式中：ζ——局部阻力系数，可查有关手册；

u——油液流动速度(m/s)；

ρ——油液密度，一般取 900kg/m^3。

液压系统管道通常是由若干条段管道串联而成。其中每一段又有直径不同的管道、管接头、弯头和控制阀接头等串联，这样液压系统管道中就存在诸多的沿程损失和局部损失，因而液压系统的总压力损失等于所有的直管路中的沿程损失与所有的局部损失之和。

液压管道系统的总压力损失 Δp 计算如下：

$$\Delta p = \sum \Delta p_{\lambda} + \sum \Delta p_{\zeta} = \sum \lambda \frac{L\rho u^2}{d^2} + \sum \zeta \frac{\rho u^2}{2} \tag{1-21}$$

（三）泄漏和流量损失

液压元件各元件之间如果有相对运动，就必须有一定的配合间隙。液压油就会从压力较高处经过配合间隙流到压力较低处或流失到外界中，称为泄漏。

泄漏主要是由于压力差与配合间隙造成的。泄漏量与压力差的乘积就是液压功率损失，因此泄漏的存在将使液压系统的效率降低，同时此功率损失也转变成热量，使得系统油温升高，进而影响液压系统的性能。

流量泄漏的计算与相对运动的液压零件的配合形式有关，计算比较复杂。在工作实践中常可采用经验公式进行简单的计算：

$$Q_B = k_1 \cdot Q_g \tag{1-22}$$

式中：Q_B——液压泵输出的流量；

Q_g——液压缸的最大流量；

k_1——系统的泄漏系数，通常取1.1～1.3，系统复杂或管道较长取大值，反之取小值。

（四）液体在小孔和缝隙中的流动

相对运动的液压元件存在不同形状、大小的缝隙（间隙），有压力的液压油会沿着这些缝隙流动而产生泄漏，也就是容积损失。下面介绍几种液压元件中常见的缝隙流量计算公式。

1. 流经缝隙流量计算公式

（1）流经平面缝隙流量计算公式：

如图1-10所示的是一个平面缝隙，液压油在压力差的作用之下经缝隙自左向右流动。这时的相应计算公式是：

$$Q = \frac{b\delta^3 \cdot \Delta p}{12\mu L} \quad (\mathrm{cm^3/s}) \tag{1-23}$$

式中：b——缝隙宽度（cm）；

δ——缝隙高度（cm）；

Δp——$\Delta p = p_1 - p_2$缝隙前后压差（Pa）；

μ——油液动力黏度（Pa·s）；

L——缝隙长度（cm）。

（2）流经环形缝隙的流量计算公式：

通常液压阀的阀芯与阀体之间存在圆环缝隙，圆环缝隙分同心环和偏心两种。它们的流量计算公式不同，如图1-11所示。

①流过同心圆环缝隙的流量计算公式：

$$Q = \frac{\pi d\delta^3 \cdot \Delta p}{12\mu L} \tag{1-24}$$

式中：$\delta = \frac{D-d}{2}$缝隙径向间隙（cm）；

D——外圆柱直径（cm）；

d——内圆柱直径(cm);

Δp——缝隙前后压力差(Pa);

μ——油液动力黏度(Pa·s);

L——缝隙长度(cm)。

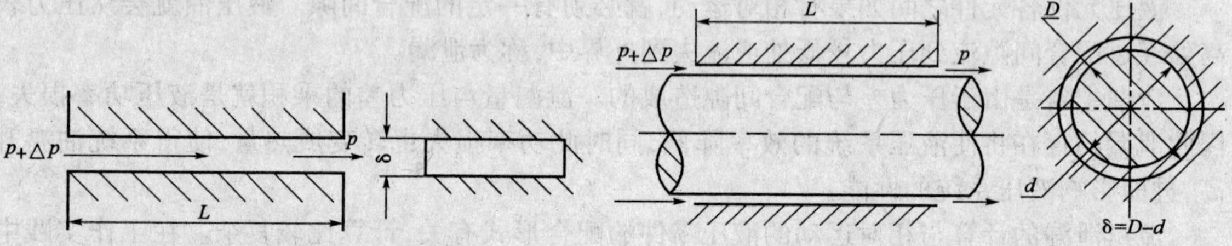

图 1-10 平行平面间的缝隙

图 1-11 同心圆柱环形缝隙

②流过偏心圆环缝隙的流量计算公式:

设内外圆环的偏心距为 e、同心环缝隙厚度为 h(图 1-12)。

$$Q = \frac{\pi d\delta^3 \cdot \Delta p}{12\mu L}(1 + 1.5\varepsilon^2) \tag{1-25}$$

式中:ε——相对偏心率,偏心距 e 和同心圆缝隙厚度 h 的比值,$\varepsilon = e/h$。

其余的与式(1-24)的相同。当偏心率为最大值 1 时,其压差流量为同心环的 2.5 倍。为此,要提高液压元件的圆柱表面配合精度,减少泄漏。

通过以上缝隙流量计算公式不难看出,流经缝隙的流量 Q 与压力差 Δp 和缝隙的间隙 δ 的立方成正比,即间隙稍有增大,就会引起泄漏量大增。在生产实践中,为减少换向阀的内部泄漏,阀芯与阀体之间的配合间隙是通过配合运动副的研磨来获得较小的配合间隙。因此,对于研磨过的运动副不允许随便更换,以免造成泄漏量过大。需要更换时必须全套更换或另加工阀芯重新研配。

2. 流经孔口计算公式

(1)流经薄壁小孔流量计算公式。当小孔的通流长度 L 与孔径 d 的比$(L/d) \leqslant 0.5$ 时称为薄壁小孔,如图 1-13 所示。

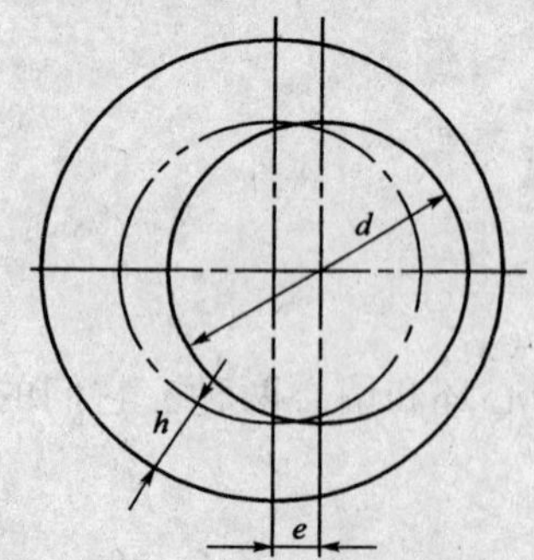

图 1-12 偏心圆柱环形缝隙

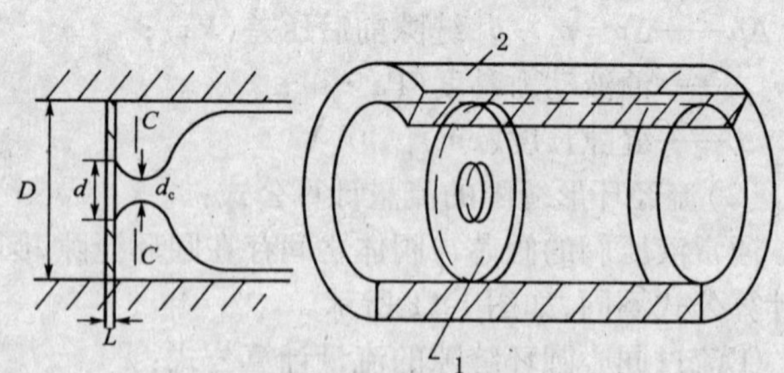

图 1-13 薄壁小孔

1-有小孔的薄壁;2-管道

当液流经管道由薄壁小孔流出时,由于液体的惯性作用,使通过小孔后的液流形成一个收缩断面 $C—C$,然后再扩散,这一收缩和扩散的过程,就产生了压力损失。收缩断面的面积 a_c

与孔口断面的面积 a 之比称为断面收缩系数 C_c,即

$$C_c = a_c/a \tag{1-26}$$

通过薄壁小孔的流量计算公式是

$$Q = C_q \cdot a \tag{1-27}$$

式中:C_q——流出系数,是由实验确定。

由流经薄壁小孔流量计算公式可看出,流量 Q 和小孔前后的压力差 Δp 的平方根以及小孔的面积 a 成正比,而与黏度无关。实验也证明,流经小孔的流量受温度变化影响较小。人们利用流经薄壁小孔流量的这一优良特性来制造节流元件。

(2)流经细长小孔的流量。所谓的细长小孔,一般是指长径比(L/d) >4 的小孔。在液压技术中常作阻尼孔用,见图 1-14。

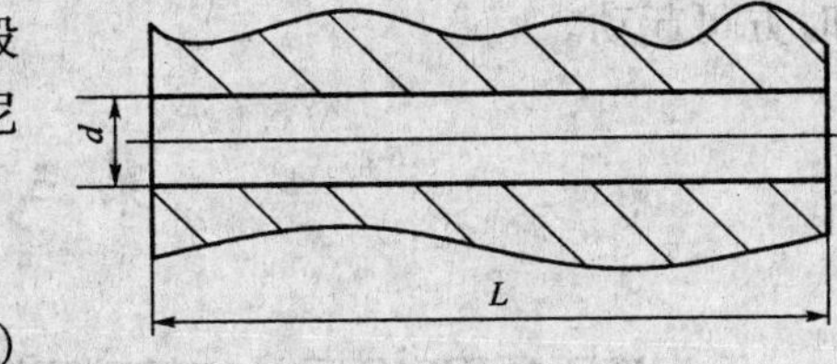

图 1-14　细长孔

油液流经细长孔的流量计算公式

$$Q = \pi d^4 \cdot \Delta p/128\mu L \tag{1-28}$$

从式(1-28)可看出,油液流经细长小孔的流量和小孔前后压差成正比,而和动力黏度成反比,因此流量受温度影响较大。

(五)液压冲击、空穴和气蚀

1. 液压冲击

在液压系统中,由于各种原因,液压力在某一瞬间会突然压力升高,产生很高的压力峰值,这种现象称为液压冲击。由于液压冲击所产生的液压峰值往往比正常液压力高许多倍,且伴有噪声和振动,因而对液压元件有很大的破坏力,有时还引起某些液压元件的误动作。

液压冲击的类型有:

(1)液压管道突然关闭或液压油迅速换向使液压油速度的大小方向突然变化时,由于液流的惯性引起液压冲击;

(2)运动着的工作部件突然制动或换向时,因工作部件的惯性引起液压冲击;

(3)某些液压元件动作失灵或不灵,使系统压力升高而引起液压冲击。

根据大量的实践证明只要采取适当的措施,液压冲击是可以减少或避免。通常减少液压冲击的措施有:

(1)减慢阀门关闭的速度,不突然制动;

(2)在易产生液压冲击的地方设置储能器,以吸收液压冲击的能量,并做到定期检查储能器的内部充气压力;

(3)限制管道中液压油的流动速度;

(4)在容易出现液压冲击的地方,安装缓冲阀(溢流阀)。

2. 气穴和气蚀

通常,气体是可以微量溶解在油液里,或者以细小气泡形式悬浮于液体中。因此,液体流至某处压力低于空气分离压力时,溶解于油液中的空气就会分离出来,形成气泡。这种现象称为气穴现象。如果油液压力降低到该油液的饱和蒸气压力(油液发生汽化的压力),油液立即沸腾产生大量气泡,气穴更加严重。

气穴对液压系统是有危害的。如混有气泡的油液,会使原来充满吸油管道内的油液成为不连续状态而形成气穴,影响泵的流量,严重时会使得油箱内油液全部变成泡沫状,使油液从油箱加油口溢出,而使液压系统不能工作。又如油液中的气泡随着油液进入压力管道时,会在周围压力油的作用下急剧破裂,产生巨大的撞击力,表现为局部的压力瞬间升高。如果气泡破裂发生与液压元件表面的凸出处,升高的局部压力是固体材料小块崩裂,人们称之为剥蚀。气泡破裂时,还会引起强烈的噪声和振动,使油液体氧化变质。这种使液压元件在运行中发生噪声、振动和腐蚀的现象称为气蚀现象。作为使用液压机械的部门,为防止气蚀现象的出现,要特别注意油箱内油液的清洁和油量的足够;在冬季起动液压系统前,必须做到油温达到规定值时方可起动。

第三节　液 压 元 件

一、液压泵和液压马达的基础理论

液压泵是一种能量转换装置,它能将机械能转换成液压能。它是液压系统中的动力元件,为液压系统提供一定流量的压力油。液压马达是液压系统中的一种执行元件,也是一种能量转换装置,可将液压能转换成机械能,输出扭矩和转速。从结构上看二者基本相同,但由于功能不同,它们的结构是有差别的。

1. 液压泵的基本工作原理

图 1-15 是柴油机燃油高压泵的工作原理示意图(以一个柱塞为例)。单柱塞泵由凸轮 1、柱塞 2、弹簧 3、缸体 4 和单向阀 5、6 组成。

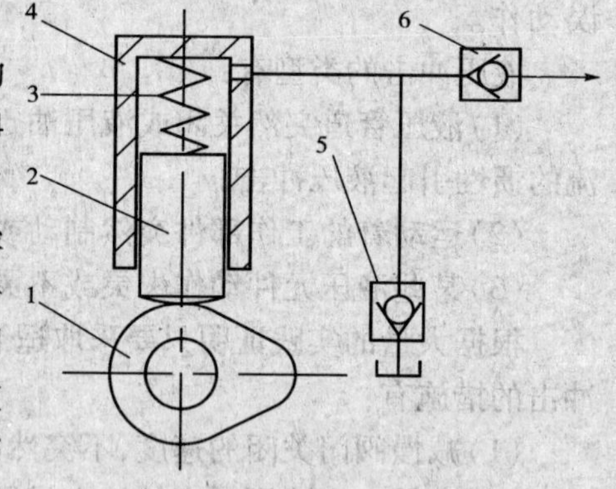

图 1-15　液压泵工作原理

1-凸轮;2-柱塞;3-弹簧;4-缸体;5、6-单向阀

液压泵的工作原理简述如下:凸轮 1 由动力机带动旋转。当凸轮推动柱塞 2 向上运动时,柱塞 2 与缸体 4 形成的密封容积缩小,其内部油液受压且压力增大,由于油液被视为不可压缩,油液就从密封容积中挤出,经过单向阀 6 进入液压系统。当凸轮旋转至轴线的下半部位时,弹簧 3 迫使柱塞 2 向下移动,柱塞与缸体之间的密封容积增大,形成一定的真空度,油箱里的油液在其表面大气压力作用下经吸油管道和单向阀 5 进入密封容积内。动力机使凸轮不停地旋转,柱塞就不停地上升和下降,密封容积就周期性地减少和增大,使泵不停地排油和吸油。由于这种泵是靠变化的密封容积完成吸排油,因此又称为容积式泵。通过上述的柱塞泵工作原理分析,可以把容积式泵的共同工作原理归纳如下:

(1)容积式泵必须有呈周期变化的密封容积。密封容积变小时油液被压出,密封容积变大时形成一定的真空度,油液通过吸油管道被吸入泵内。密封容积的变化量和变化频率决定泵的流量。

(2)吸油腔与排油腔必须隔开,确保高压油不与低压油相通。

(3)为了保证密封容积变小时只与排油管相通，而密封容积变大时与吸油管相通，在泵内必须设置有配油装置。上述例子的两个单向阀起到分配液流的作用，故称为配流装置。

2. 液压泵和液压马达的分类及图形符号

装卸机械使用的容积式泵和马达的种类比较多，按其结构不同可分为齿轮泵、叶片泵和柱塞泵三大类，而对每一类还可以进一步细分。有些泵（马达）的排量是固定不可以改变的，称之为定量泵（马达）；而有些液压泵（马达）的排量是可以调节的，则称之为变量泵（马达）。调节排量的方式分为手动和自动两种，而自动调节方式又分为限压式、恒功率式和恒流量式等。按进出油口不可交换、可交换分为单向泵（马达）和双向泵（马达）。液压马达又可以分为高速和低速大扭矩两种。

液压泵和液压马达的图形符号见图 1-16。

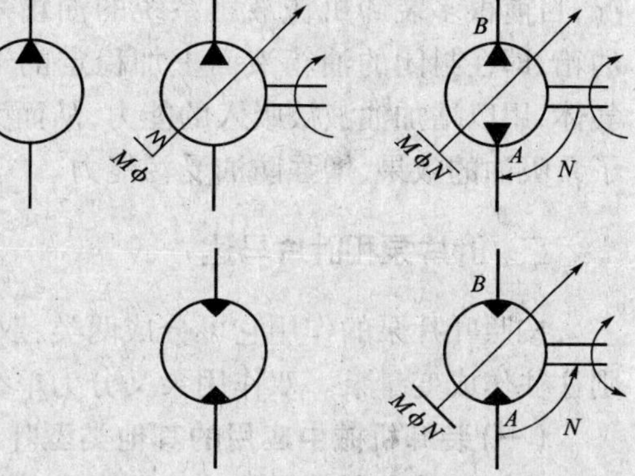

图 1-16　液压泵和液压马达图形符号

3. 液压泵的主要参数

液压泵（马达）的主要参数是流量和压力。

(1)排量、流量和转速：

①排量。在无压力差的情况下，液压泵（马达）主轴旋转一周所排出（所需要）的液体体积，称为排量，用 q 表示，单位是 mL/r 或 L/r。对于定量泵（马达），排量 q 是一个常数；对于变量泵（马达），排量 q 则是一个变值，它是通过变量控制机构进行调节。

②流量。液压泵（马达）在单位时间内所排出（需要）的液体体积，称为流量，用 Q 表示，单位是 m^3/s 或 L/min。

理论上流量 Q 与排量 q 和主轴转速 n 之间的关系是：

$$Q = qn \tag{1-29}$$

式中：q——排量（m^3/r）；

n——转速（r/s）。

(2)压力。对于每一种液压泵（马达），它们的工作压力不是无限制增大，而是要受本身的零件强度和轴承的寿命等因素限制。因此液压泵（马达）都应该在一个合适的工作压力条件下工作。

①额定压力。又称公称压力，是指泵（马达）连续运转达到规定的容积效率和寿命的压力。额定压力反映了泵的能力。在此压力下运行时，泵有足够的流量输出，并且能保证较高的效率和寿命。如果泵在工作时的压力超过额定压力，泵的实际流量会明显下降，工作寿命也降低。压力大小都在每一型号的液压泵（马达）出厂铭牌上注明。

②最大压力。指泵（马达）在短时间内超载时所能提供的最大压力。

③工作压力。指泵在系统中工作状况下的压力。为延长泵的使用寿命，通常液压泵正常工作的压力应该小于泵的额定压力。

(3)自吸能力。泵的自吸能力是指泵在额定转速下运转时可以从安装位置比它低的开式油箱中自行吸油的能力。自吸能力常用吸油高度 h 大小来表示，见图 1-17。

泵的自吸能力与泵的真空度有关。泵吸油腔的真空度受到气蚀条件的限制,因而泵的吸油高度受到限制。泵的结构不同,吸油高度也不同。齿轮泵、叶片泵和柱塞泵三种类型的泵中,自吸性能较好的是齿轮泵,自吸性能最差的是柱塞泵。一般齿轮泵的吸油高度不大于0.5m。

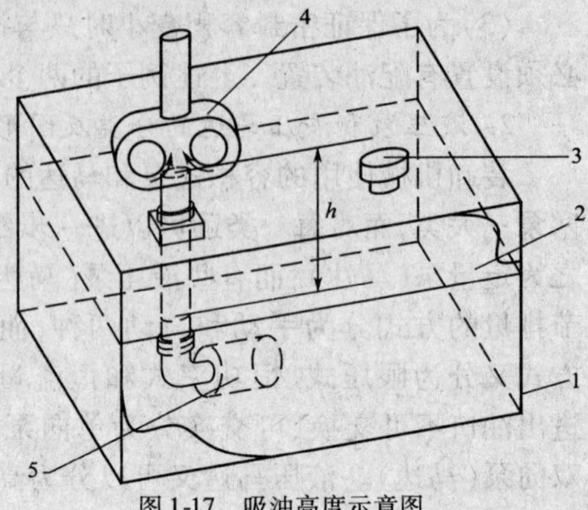

图 1-17　吸油高度示意图

1-油箱;2-液压油;3-通气口;4-油泵;5-过滤器

为减少泵的吸油腔因真空而出现吸空和气蚀情况,目前很多装卸机械液压系统的油箱采用了加压油箱,即在封闭的油箱液面上加稳定的干净的低压气体,用以增加油液被吸入的能力,从而大大地改善了泵吸油的效果、增强防油受污能力。

二、叶片泵和叶片马达

按照叶片泵的作用它可分成两类:双作用和单作用叶片泵。双作用泵是定量泵,单作用泵则往往作成变量泵。双作用泵又分为单级、双级和双联泵。

(一)装卸机械中应用的其他类型叶片泵

装卸机械中所使用的叶片泵有多种类型,如双级叶片泵、双联叶片泵和高压叶片泵等。

1. 双联叶片泵

双联叶片泵是将两单级叶片泵安装在同一个泵体内,它们由同一根轴驱动,有一个共用吸油口,两个出油口,每个泵保持单个叶片泵的特性。图1-18a)是其职能符号。

2. 双级叶片泵

双级叶片泵是将两个结构完全相同的单级叶片泵安装在同一泵体内,由同一根传动轴驱动。之间的油路是串联的,前一级泵的出油口与后一级的进油口相连,液压油经过二次加压,就变成高压力油。图1-18b)是其职能符号。

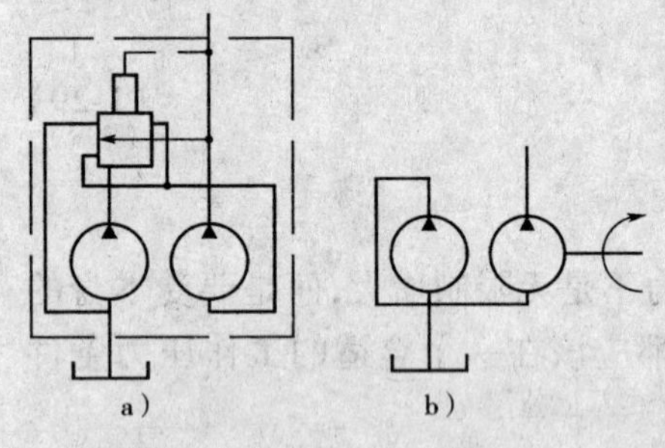

图 1-18　双联/双级泵职能符号

3. 带减压阀式高压叶片泵

高压叶片泵是一种工作压力属高压范围内的双作用叶片泵。内部的基本结构与中压双作用叶片泵的结构相似,比中压泵多了一套降低叶片根部压力的装置,用以延长泵的使用寿命。另外配油盘是轴向浮动的,用以提高泵的容积效率。

图1-19是带减压阀式高压叶片泵的结构原理图。它也是双作用泵。该高压叶片泵是利用减压阀将吸油腔叶片根部的高压油降低,使叶片根部在吸油区范围内只受很小的力,仅满足叶片顶端能够与定子内表面不分离。这样的方式可以极大延长泵的使用寿命。图1-20是高压叶片泵的原理图,图中的 D 为吸油窗口,E 为排油窗口,J 为减压阀。叶片底部的供油槽分成4段独立的腰形槽 e、d,e 槽通过小孔 c 与排油腔相通,并且也与处在排油区内的叶片底部相接。当叶片在油泵压油区工作时,就会由于 e 槽通有高压油而使叶片顶部紧紧压在定子内表面,避免了定子表面的推压作用而使叶片与其分离,从而创造了良好的密封性能。

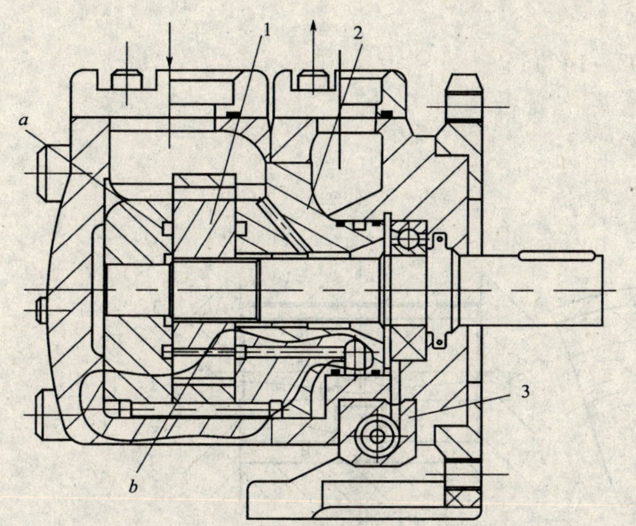

图1-19　带有减压阀的叶片泵

1-转子;2-配油盘;3-减压阀

a-环槽;b-叶片底槽

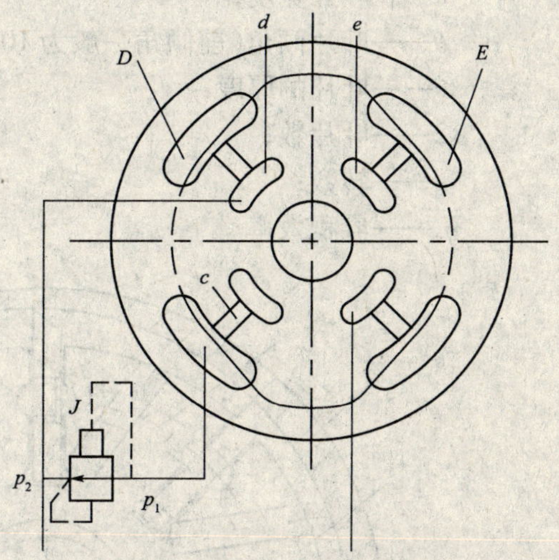

图1-20　高压叶片泵的原理

D-吸油口;E-排油窗;c-小孔;d、e-叶片底部供油槽;J-减压阀

4. 子母叶片式高压叶片泵

子母叶片式高压叶片泵的叶片是由大小两个叶片组合在一起。图1-21是它的结构原理图,大的叶片称为母叶片,小的叶片称为子叶片。当叶片运行到吸油区时,母叶片的顶部和底部都是低压油,只有子母叶片之间的容积 f 还保持有高压油。由于母叶片仅有一小段受的压力油的作用,因而母叶片与定子内表面接触的应力也就不大,叶片顶部、定子内部表面也就不易磨损。

(二)双作用叶片式液压马达

1. 工作原理

双作用叶片式液压马达的工作原理,可从图1-22的分析中得知。当压力油通入后,叶片1、3、5、7一侧受到压力油的作用,另一侧通回油。而叶片2、4、6、8的两侧压力相同,因而只有叶片1、5的一小部分产生扭矩,使得叶片马达主轴转动。

2. 结构特点

叶片马达与叶片泵相比具有如下几个特点:

(1)叶片底部有弹簧,以保证在初始条件下叶片紧贴在定子的内表面,形成密封容积。

(2)泵壳内含有两个单向阀。进、回油腔压力经单向阀选择后再进入叶片底部,如图1-23所示。

不论Ⅰ、Ⅱ腔哪个为高压,压力油都能进入叶片底部,使叶片与定子内表面压紧。

(3)叶片槽径向安装,没有倾斜角度。

(三)双作用叶片泵流量的计算

双作用叶片泵的实际输出流量等于排量乘转速乘容积效率。计算公式如下:

$$q_v = 2b\pi[R^2 - r^2 - (R - r)sz/\cos\theta]n\eta_v \tag{1-30}$$

式中:R、r——定子圆弧部分长、短半径;

b——叶片宽度；

θ——叶片倾角（前倾角一般为 10°～14°）；

s——叶片的厚度；

z——叶片数；

n——转数；

η_v——容积效率。

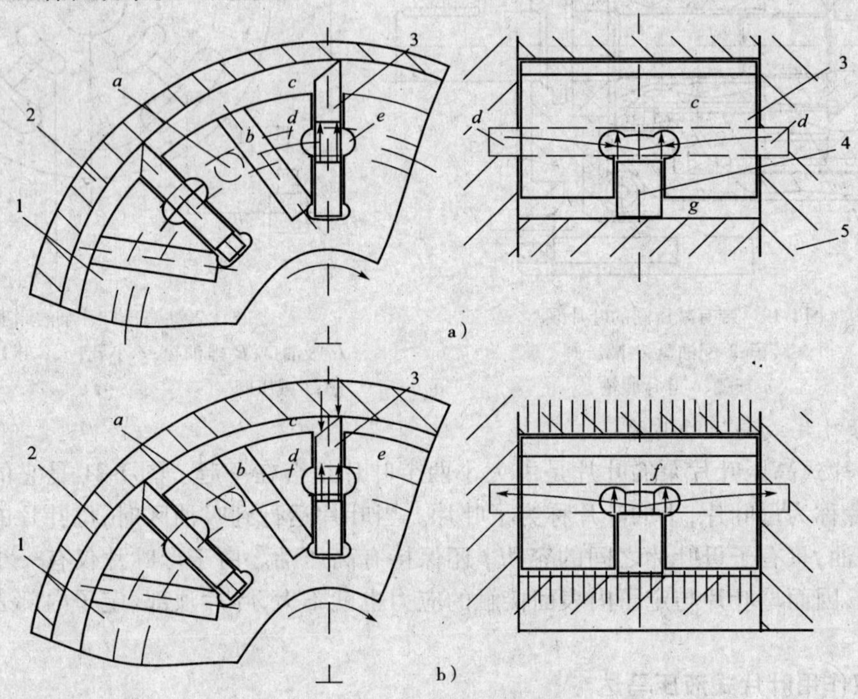

图 1-21　子母叶片泵工作原理

a）叶片处于吸油腔工作时；b）叶片处于压油腔工作

1-转子；2-定子；3-母叶片；4-子叶片；5-配油盘

a-通孔；*b*-孔；*c*-工作腔；*d*-环槽；*e*-半圆槽；*f*-子母叶片之间的容积；*g*-叶片底部

如果长度单位取 m，则输出流量为 m^3/min。

（四）新型液压元件——单作用叶片式二次元件

在静液传动系统中，把机械能转化成液压能的元件（如液压泵）称为一次元件；将液压能和机械能相互转换的元件（如液压马达/泵）称为二次元件。

二次元件的特点是：一般工作在恒压网络中，通过改变二次元件的排量，实现对负载转矩或转速的调节；通过改变二次元件油流方向（过零点），二次元件可以工作于由输出转矩和转速构成的直角坐标系中的 4 个象限，当二次元件从“拖动负载”工况过渡到“负载拖动”的工况时，它就由“液压马达”工况过渡到“液压泵”工况，即由消耗能量工况转变为回收能量工况。二次元件是一个新兴的用处极大的液压节

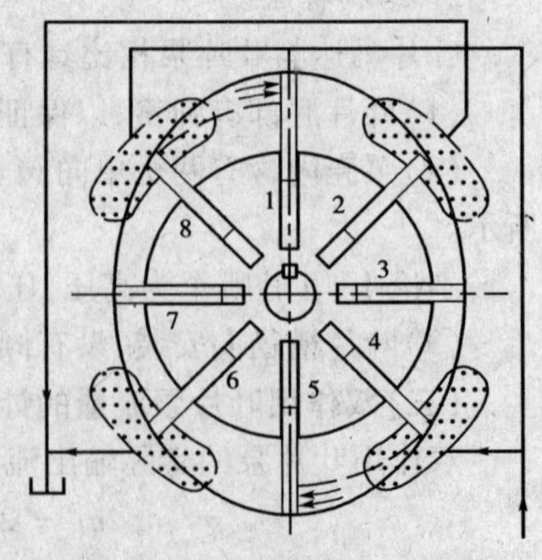

图 1-22　叶片马达工作原理

能元件，它可以将液压传动的效率提高到接近机械传动的效率。

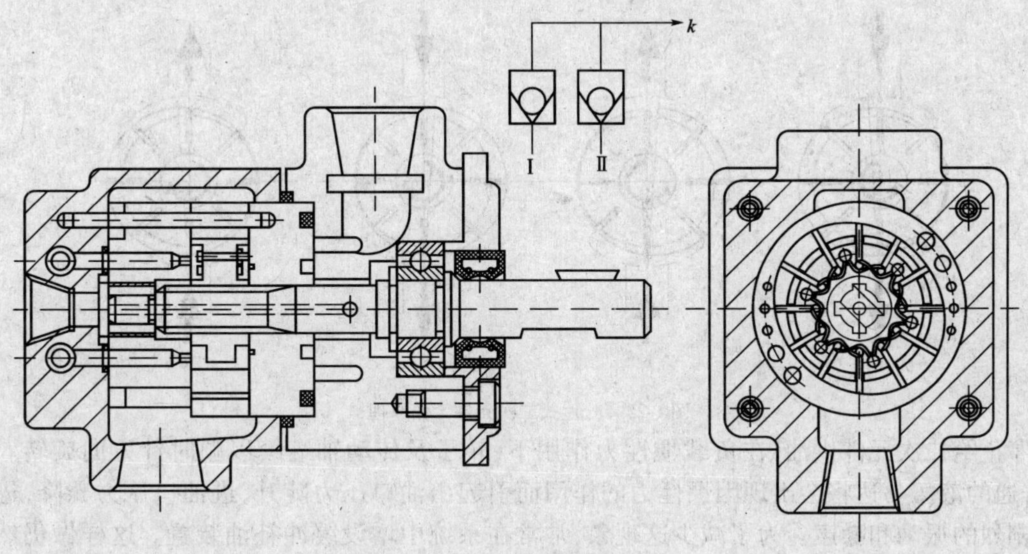

图 1-23　叶片马达结构

Ⅰ、Ⅱ-叶片工作腔；k-通往叶片底部

1．单作用叶片式二次元件的结构及特点

(1)单作用叶片式二次元件的结构。单作用叶片式二次元件的结构与单作用变量叶片泵的结构相似，也有壳体、定子、转子、叶片、主轴、变量机构组成，如图 1-24 所示。

变量机构由变量液压缸、变量活塞、调节杆等件组成。变量机构可以控制定子绕摆动轴做左右摆动，改变二次元件的工作性质。

(2)单作用叶片式二次元件的结构特点。在结构上，叶片式二次元件的进出油口大小相同(与液压马达相同)，叶片沿转子径向安装，没有前倾角，转子的中心是固定的，定子在变量机构液压缸活塞杆的作用下可绕摆动轴摆动。单作用叶片泵的变量是定子沿径向水平方向一侧移动。

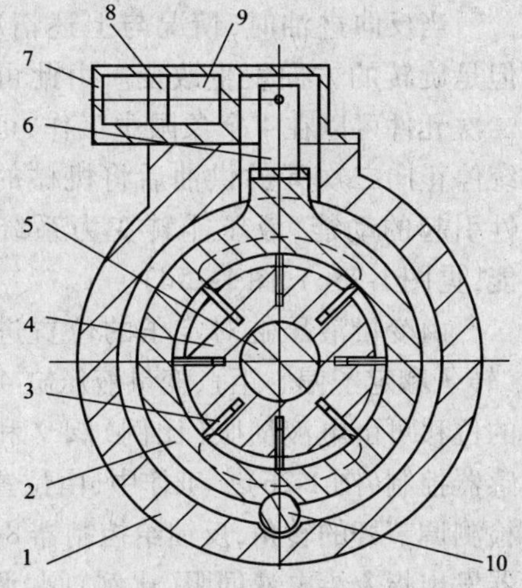

图 1-24　单作用叶片式二次元件的机构示意图

1-壳体；2-定子；3-叶片；4-转子；5-传动轴；6-调节杆；7-缸体；8-活塞；9-变量液压缸；10-摆动轴

2．单作用叶片式二次元件工作原理

首先了解一下什么是二次元件的零点。二次元件变量部分为零偏移时其排量为零，该点就称为该二次元件的零点。

其工作原理是：控制变量液压缸 9 通过调节杆 6 使定子 2 绕摆动轴 10 向右偏转，定子中心处在转子中心的右侧，二者的中心出现了一个偏心距。此时上油口进油，下油口回油，见图 1-25a)，由转子、定子、两相邻叶片及两侧配流盘组成的密封容积中，由于右边叶片的受压面积大于左边叶片的受压面积，在压力差的作用下，转子及传动轴以顺时针方向旋转，二次元件以“液压马达”工况工作。此时是消耗液压

能工况。

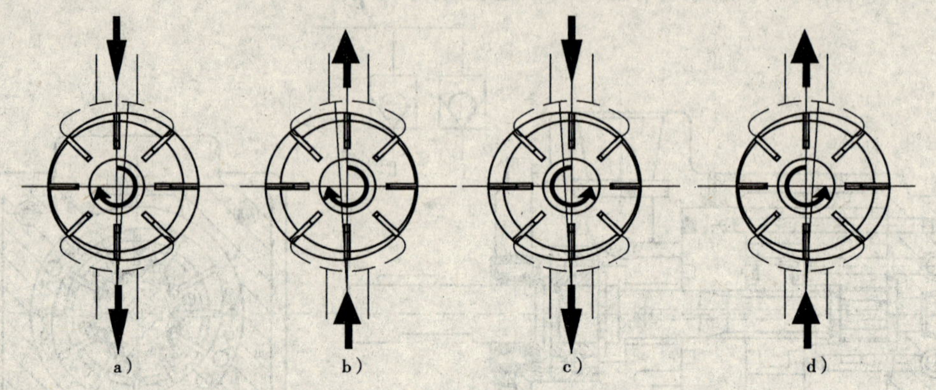

图 1-25　叶片式二次元件工作原理

停止给二次元件供油，在负载惯性力作用下，转子及传动轴继续以顺时针方向旋转。此时，普通的液压马达将会出现因惯性力的作用而引起出油口压力陡升，进油口压力骤降，进而发生剧烈的振动和噪声。为了减少这现象，常常在系统中增设缓冲补油装置。这样做仍然是消耗掉大量的液压能。在二次元件中则是通过变量液压缸的作用，使定子中心处在转子中心的左侧（过零点），见图 1-25b）。二次元件下油口处由转子、定子、两相邻叶片及两侧配流盘组成的封闭区域容积不断增大，压力下降，吸入油液，下油口就成为吸油口；上油口情况则相反，成为压油区，油液经上油口被压入液压系统中。二次元件就以“液压泵”工况工作，向液压系统回馈能量，并起制动作用。

当反向进油时，情况与上述情况相同，但是旋转的方向发生改变。由此可以看出二次元件可以在 4 个象限中工作，可以在系统停止向二次元件供油后将机械的转动惯性引起的动能、液压能转变为系统的液压能，见图 1-25c）、图 1-25d）。

由变量液压缸对定子的位置进行控制（转子和定子偏心距），变量液压缸 4 活塞杆的位移可由电液伺服（比例）阀 9 和位置传感器控制（图 1-26）。工作中，由位置传感器检测调节杆的转角，反馈给控制器 8，由控制器发出指令给电液伺服（比例）阀，调节变量液压缸活塞杆的位移（大小和方向）。

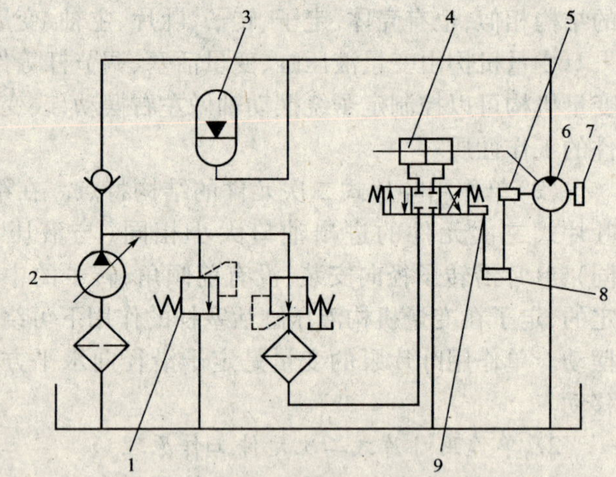

图 1-26　二次调节静液传动系统原理图

1-安全阀；2-变量泵；3-液压蓄能器；4-变量液压缸；5-转速传感器；6-二次元件；7-负载；8-控制器；9-电液伺服（比例）阀

三、齿轮泵

齿轮泵是一种以齿轮副作为能量转换的元件。按其啮合的形式来分，可分为外啮合式和内啮合式两类。按其工作压力来分，可分为低压泵、中压泵、中高压泵和高压泵四种。

（一）外啮合式齿轮泵的工作原理

以下以一种低压外啮合齿轮泵为例来说明齿轮泵的工作原理。

1．外啮合齿轮泵的结构

外啮合齿轮泵一般由一对齿数相同的齿轮轴、传动轴、轴承、前后端盖和壳体组成，见图1-27。

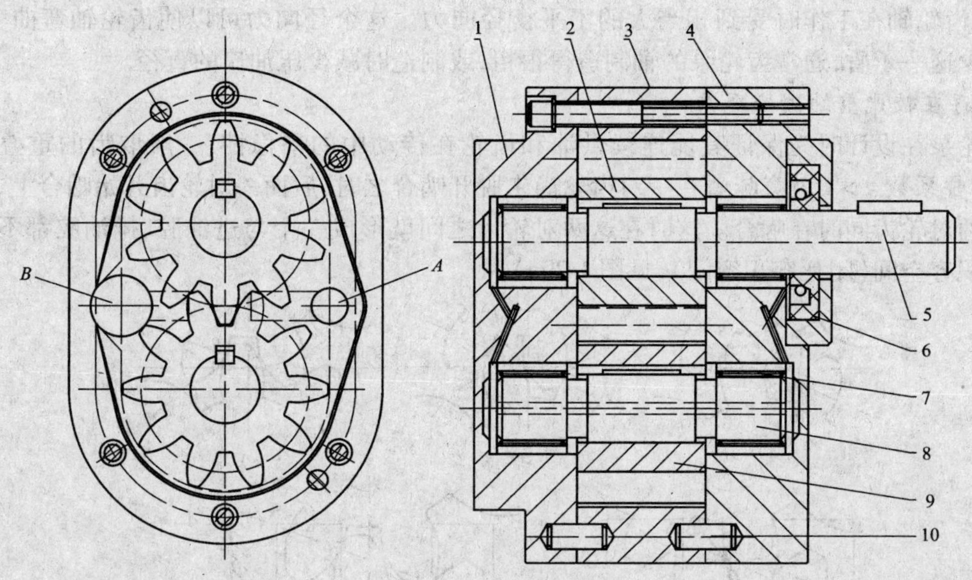

图1-27　齿轮泵结构

1-前泵盖；2-主动齿轮；3-泵体；4-后泵盖；5-主动轴；6-骨架油封；7-滚针轴承；8-从动轴；9-从动齿轮；10-圆柱定位销；*A*-出油口；*B*-进油口

2．外啮合齿轮泵的工作原理

其工作原理可由图1-28说明。主动齿轮带动从动齿轮转动，其啮合点（线）把齿轮、壳体和泵前后盖等形成的密封容积空间分成两个区间。在退出啮合区间（图中啮合点右边），齿轮中原先被另一个齿轮的齿部所占用的齿谷空间空出来，密封容积扩大，压力降低，形成吸油区。油箱内的油被“吸”入泵内，吸入的油随着齿轮的旋转，到达出油口附近。两轴齿轮开始啮合，一个齿轮的齿谷被另一个齿轮的齿部所占有，密封容积减少，压力增加，油液被挤出油泵。只要主轴不停地旋转，齿轮泵就能连续不断地提供压力油。

（二）外啮合齿轮泵的几个特性

1．*存在较严重的内泄漏*

外啮合齿轮泵的内泄漏有三处，分别在齿轮齿顶圆与泵壳内表面配合处、齿轮端面与泵端盖配合处和齿轮啮合处。其中齿轮端面与泵盖间隙处的泄漏最严重，它直接影响齿轮泵的工作压力提高。

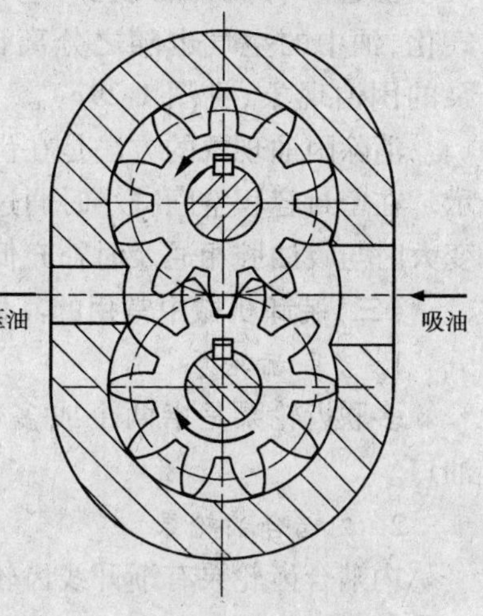

图1-28　齿轮泵工作原理

为了减少齿轮泵内泄漏的缺陷提高容积效率，常采用自动减少轴向端面间隙、径向间隙的补偿技术。如在齿轮端面与泵盖之间加设弹性侧板、浮动轴套，加有“弓”字形密封装置的浮动侧板等元件，使得齿轮泵的内泄漏减少到最低水平。

2. 存在大的不平衡径向力

齿轮泵在工作过程中,高压油充满压油腔,低压油充满吸油腔,因而压油腔附近的齿所受压力远高于吸油腔附近的齿受到压力。加之齿轮泵在工作时还要受到动力源传递给它扭矩的圆周力,齿轮轴在工作时受到相当大的不平衡径向力。这个径向力可以使齿轮轴弯曲变形。为了减少这一矛盾,通常齿轮泵的轴制造得很粗,或制造时减少压油口的直径。

3. 存在较严重的困油现象

齿轮泵在设计时为保证其能连续供油和齿轮在传动中的平稳性,一般取齿的重叠系数 $\varepsilon>1$。重叠系数 $\varepsilon>1$ 就意味着在一对齿轮尚未脱开啮合之时,后面一对轮齿开始啮合上,也就是出现两对轮齿同时在啮合。这时在这两对轮齿之间就形成一个与进油腔、排油腔都不相通的密封积容空间(闭死容积容间),见图 1-29a)。

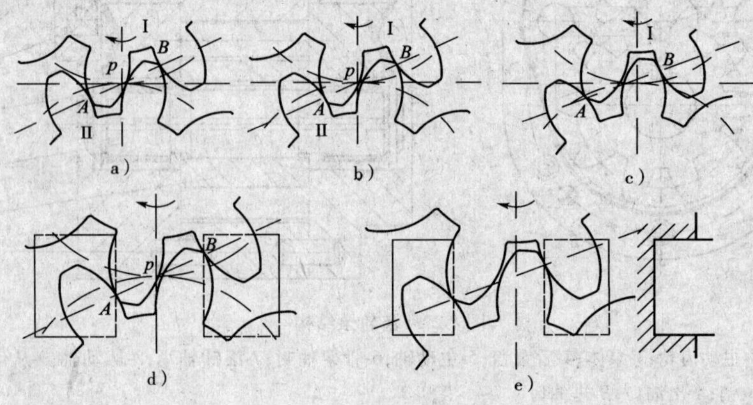

图 1-29 齿轮泵的困油和卸荷

在齿轮泵转动过程之中,这个密封容积空间经历了一个由大变小、再由小变大的过程。在闭死容积由大变小时,密封容积空间内的油液受到挤压并只能从齿轮的啮合面的缝隙中强行挤压出去,局部压力急剧上升,使齿轮轴受到一个很大的附加径向力作用,同时使得油液发热,图 1-29b)。当密封容积空间由小变大时,因多余的油已被压出,外部油又不能进来补充,因此就产生了局部的真空。密封容积内油液中部分油会因压力降低而气化,油中的空气也随之分离出来,产生气穴,进入系统,引起噪声和振动。这就是齿轮泵的困油现象,见图 1-29c)。

消除困油现象的方法是在齿轮泵盖的端面上铣出左右两条卸荷槽,如图 1-29d)中虚线所示。在密封容积空间减小时通过卸荷槽与压油腔相通,将压力过高的油液压入系统;密封容积变大时与吸油腔相通及时补充低压油,见图 1-29e)。

(三)装卸机械中常用的其他类型齿轮泵

1. 多联齿轮泵

多联齿轮泵是指两个或多个齿轮泵的主轴串联在一起,共用一个进油口,各有各的排油口。

2. 内啮合齿轮泵

内啮合齿轮泵有渐开线齿轮泵和摆线齿轮泵两种。它们的工作原理和主要特点与外啮合齿轮泵完全相同。渐开线齿轮泵具有体积小、寿命长、传动平稳等优点,广泛用于液力机械中。

摆线齿轮泵则多应用在内燃装卸机械的转向液压系统之中。

图 1-30 是摆线泵的工作原理图。内转子 1 为外齿轮，它的齿型是圆弧曲线，有 6 个齿。外转子 2 为内齿轮，比内齿轮多一个齿。内外转子存在偏心距 e，内转子靠外径和轴承定心；外转子靠外径和壳体配合定心。当电机（内燃机）带动内转子绕中心 O_1 旋转时，外转子绕 O_2 同向旋转，内外转子在啮合的过程中能形成几个独立的密封容积。摆线泵按图示方向旋转时，右半部分的封闭容积逐渐增大，形成局部的真空，并通过侧板上的配油窗口 B 从油箱中吸油。当内、外转子转到图 1-30c）所示的位置时，密封容积为最大。继续转动时，密封容积又逐渐减少，被挤出的油液通过配油窗口 A 输出。当转子回转一周时由内转子和外转子所形成的每一个密封容积各吸排油一次，完成连续工作过程。

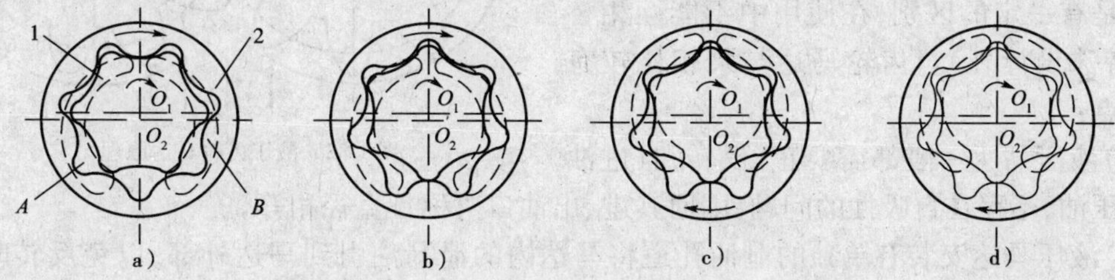

图　1-30

1-内转子；2-外转子

3．*带有端面和径向补偿的高压齿轮泵*

图 1-31 所示为 CB-Z_2 型高压齿轮泵结构。该泵主要特点是采用双向补偿，浮动侧板 7 起轴向间隙补偿作用，径向密封块 12 起径向补偿作用。

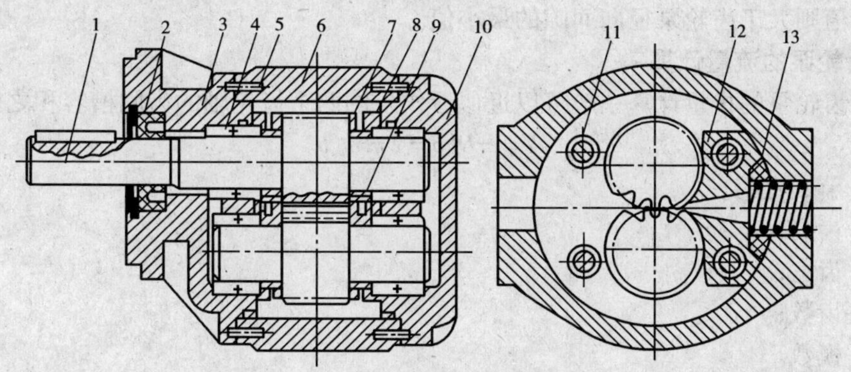

图 1-31　CB-Z_2 型高压齿轮泵结构图

1-主动齿轮轴；2-油封；3-前泵盖；4-轴承；5-定位销；6-泵体；7-浮动侧板；8-垫板；9-支承套；10-后泵盖；11-螺栓；12-径向密封块；13-密封圈

该型齿轮泵性能特点是：高压力（额定压力可达 31.5MPa）、高效率（总效率≥85%）和寿命长。

（四）液压齿轮马达

1．*液压齿轮马达工作原理*

液压齿轮马达的工作原理见图 1-32。图中两齿轮的齿高为 h，啮合点为 c，啮合点 c 到两齿轮齿根的距离分别是 a 和 b，齿宽为 B。设压力油由上端油接口处进入齿轮液压马达工作腔，压力油大小为 p，在两个齿轮上就个产生一个使它们产生转动的作用力 $pB(h-a)$、$pB(h-b)$。两作用力对各自的齿轮心 O_1 和 O_2 产生转矩，推动两齿轮按图示方向旋转，并把油液通过排油腔排出。此时，齿轮式液压马达对外输出转矩和转速。

这种液压马达由于液压力作用的差动面积小，故输出的扭矩小。为增大输出扭矩，液压马达被制造成多齿轮式。

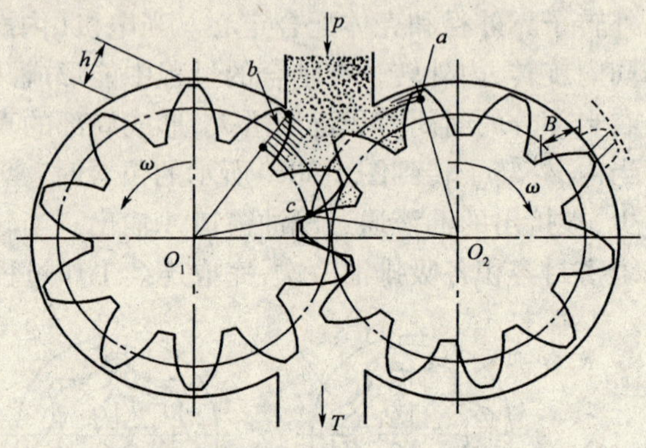

图 1-32　液压齿轮马达原理图

2. 齿轮马达的结构和性能特点

由于液压马达的工作条件和使用要求与液压泵不同，因而二者在结构和性能上并不完全一致而是有一定的区别，在使用中不能互相替换（除特殊设计外）。齿轮马达与泵相比较有如下特点：

(1)液压马达一般都需要正、反转，且进油都是高压油，不存在自吸性的问题，因而其进、出油口对称且直径相等。

(2)液压马达安装有单独的泄油孔道将马达内的泄漏油引到马达外部，以免反转时液压齿轮马达回油腔变成高压腔，将轴端油封冲坏。

(3)液压马达一般都是带负载起动，为减少起动静摩擦力矩，提高机械效率和起动扭矩，齿轮马达一般不采用液压补偿轴向间隙和径向间隙而采用固定的间隙结构。

(4)由于齿轮液压马达的径向泄漏方向与回转方向一致，为使其容积效率不至于太低而又避免齿顶与泵壳摩擦，所以其径向间隙的最大值小于齿轮油泵径向间隙的最大值，而其经向间隙的最小值则大于齿轮泵径向间隙的最小值。

（五）齿轮泵的流量计算

外啮合齿轮泵的排量计算一般可以近似看作泵的两个齿轮轴的齿间槽容积之和，即

$$V=\pi Dhb=2\pi zm^2b \tag{1-31}$$

式中：D——节圆直径；

h——齿高，$h=2\mathrm{m}$；

b——齿宽；

z——齿数；

m——模数。

如果长度单位取 m，则输出流量为 $\mathrm{m^3/min}$。

（六）齿轮泵的替换

当液压泵损坏又无法修复的时候，就应该考虑更换液压泵。进口设备上用的液压泵可以根据零件手册查出相应的代号到代理商或装卸机械生产厂家处订购。国产液压泵可以根据泵的铭牌上的标志购买。原则上是购买原厂家的同种规格的产品。在没有同规格泵更换或应急情况下可参考如下条件处理。

1. 压力等级一致、排量相同

更换的新液压泵额定工作压力应大于液压系统的工作压力。液压系统的工作压力可以依据液压原理图中标明的主溢流阀调定压力选择。更换的新液压泵排量没有合适的时候，只能

选用略大于原泵，并且应加装流量控制阀，以保证系统各执行元件运动的速度不变。

2. 与动力连接方式相同

新液压泵的动力连接方式应与旧泵相同，否则会使新泵无法安装到设备上。在必要时可通过改变联轴节的结构来实现。内燃装卸机械的齿轮泵大多数是采用轴套式联轴节，安装的同轴度不得大于0.05mm。

3. 泵的安装方式相同

液压泵的安装方式常见的有法兰安装、脚架安装等方式。如果泵的安装方式与原设备不符，会造成泵无法与设备相连接。

4. 油管连接方式相同

液压泵的油管连接方式常见的有螺纹连接、法兰连接。如果油管连接方式不相同，在设备的空间条件许可情况下，加装转换接头实现。

5. 泵的外形几何参数满足安装空间

替换非同型号、同安装方式的新液压泵时，还应考虑到设备上是否有足够的空间安装新液压泵，否则会出现安装空间过于狭小而无法安装新泵的现象。

6. 泵适用的工作介质、工作温度

新泵适用的工作介质、工作温度应与原液压泵相同。

四、斜盘式柱塞泵

柱塞泵（马达）柱塞的排列可分为轴向柱塞泵和径向柱塞泵两大类。柱塞的轴线与泵的缸体中心线相垂直的称为径向柱塞泵；柱塞的轴线与缸体中心线相平行的称为轴向柱塞泵。轴向柱塞泵分为直轴式（又称斜盘式）和斜轴式两种。

（一）斜盘式柱塞泵的工作原理

图1-33是斜盘式柱塞泵的结构示意图和工作原理图。从图中可以看见该油泵的主要零件由主传动轴（又称主轴）1、配油盘2、缸体3、柱塞4、斜盘8、变量机构9等件组成。

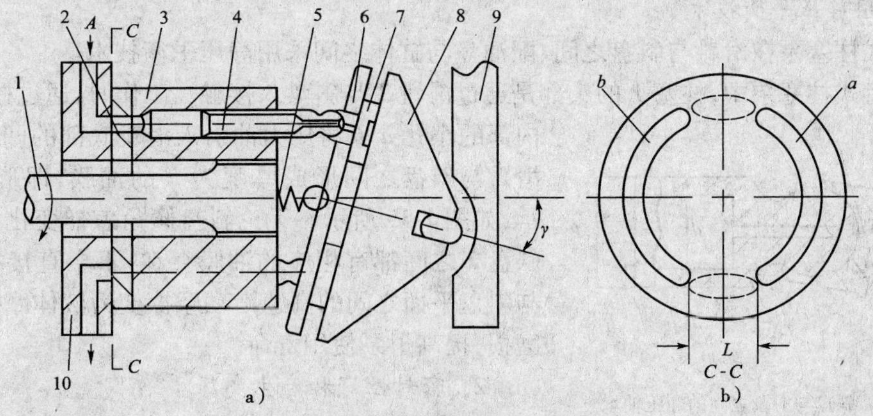

图1-33　斜盘式轴向柱塞泵工作原理

1-传动轴；2-配油盘；3-缸体；4-柱塞；5-回程弹簧；6-压盘；7-滑靴；8-斜盘；9-变量机构；10-前盖

动力带动主轴1转动，随之带动柱塞缸体3旋转。由于有一倾角 γ 的存在，所以柱塞一方面随缸体作圆周运动，另一方面又在缸体上的柱塞孔内作往返直线运动。柱塞在沿斜盘向下

运动的同时还受到斜盘的推压作用，柱塞、缸体和配油盘之间所形成的密封容积空间的容积不断减少，液压力增加，油液就经过配油盘 2 上的压油窗口 a 被压出进入系统。处于斜盘中心线左侧的柱塞在回程弹簧 5、压盘 6、滑靴 7 的作用下不断向缸体外移动，由缸体、柱塞和配油盘之间的密封容积空间不断扩大，形成一低压区，油箱里的液压油经泵的前盖 10 吸油口 B、配油盘的吸油窗口 b"吸入"油泵内。主轴每转动一周，每一个柱塞就往复运动一次，完成吸油和排油各一次。

图 1-33b）中的 a、b 是配油盘上的两条弧形配油窗口。a 为压油窗口，b 为进油窗口。它们之间隔有一段宽度为 L 的间距，互不相通。因此当缸体转到任意一处位置时，柱塞泵的进油腔与压油腔始终是隔离的。

主轴不断转动，外界的机械能就不断传给油泵，泵就能不断地吸油排油，完成连续的输油工作。

（二）斜盘式柱塞泵的斜盘结构

各类型的斜盘式柱塞泵的斜盘结构几乎都一样，都是由带耳轴的圆锥状的斜盘、轴销、变量活塞等件组成，见图 1-34。

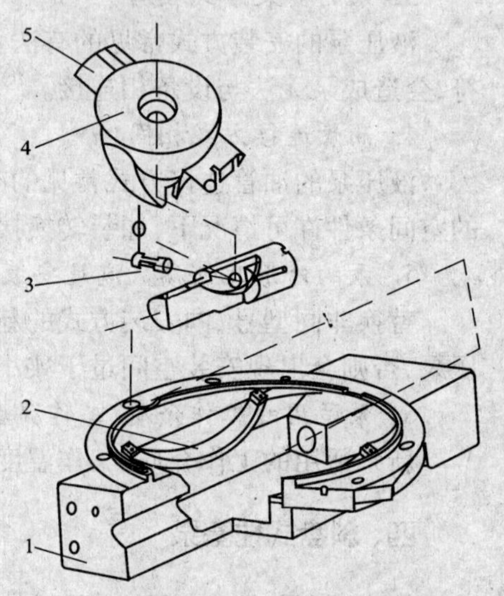

图 1-34　斜盘结构

1-后泵盖；2-耳轴轴承；3-轴销；4-斜盘；5-耳轴

斜盘两侧的耳轴支承在变量机构中的耳轴支承座上，斜盘可以在耳轴支座为轨道，耳轴中心线为轴线上下摆动。斜盘的顶部有一叉口，里面嵌有一根很短的轴销，该轴销安装在变量活塞中部。变量活塞外表如同两个直径大小不一的圆柱组成的圆柱体，其中部有一个伞形圆槽。变量活塞可以通过不同的控制形式产生上下位移，并且通过销轴带动斜盘绕斜盘轴耳中心线转动。

（三）斜盘式柱塞泵的结构特点

1. 采用静压平衡技术

斜盘式柱塞泵在滑靴与斜盘之间、配油盘与缸体之间采用静压平衡技术。

在斜盘式柱塞泵中，柱塞 1 的头部是通过滑靴 2 与斜盘 3 接触。工作时，通过柱塞和滑靴内部的小孔 a、b 将压力油引入滑靴底部的凹槽 c 中，使滑靴与斜盘之间形成厚度为 h 的油膜，即形成静压轴承，如图 1-35 所示。无论斜盘倾角怎样变化，滑靴 2 与斜盘 3 之间都有相应的油膜存在，不会直接相碰，滑靴与斜盘平面之间的高速滑动摩擦变为液体摩擦，减小了磨损，提高了泵使用寿命。

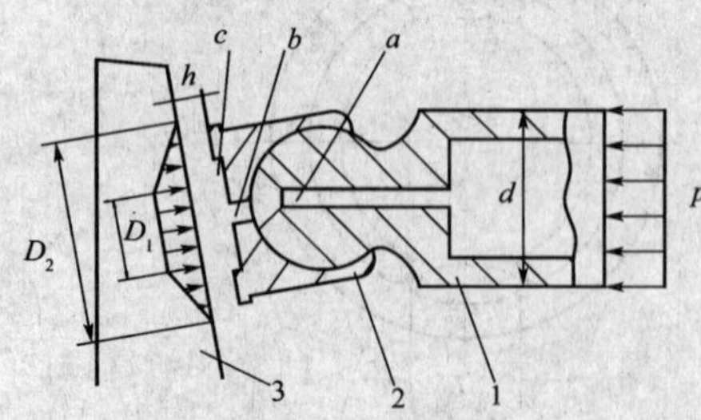

图 1-35　斜盘与滑靴之间的静压轴承

1-柱塞；2-滑靴；3-斜盘

2. 密封性好和产生高压

柱塞泵的柱塞与柱塞孔都是圆柱形零件，其密封性要求容易通过机加工达到。缸体端面能在压力油作用下自动压紧于配油盘，缸体与配油盘之间有着良好的密封性。因此柱塞泵的密封性很好。

柱塞表面上开有若干条浅而窄的均压槽，使其表面压力减少，因而柱塞泵可以产生很高的

压力。

3. 困油及其减少措施

柱塞泵也有困油现象存在，当柱塞转到斜盘的最高或最低点（见图1-33），有一个不与吸油、压油腔相通的密封容积。由于斜盘有一定的倾角存在，这就使得柱塞转到上下死点的前后很小的区间内会因体积发生变化而产生困油现象。解决的方法是在配油盘的窗口边开三角槽。对于单向旋转的泵则采用不对称配油盘，并且在吸压油窗口之间开节流小孔和盲孔。

4. 柱塞泵的回程和自吸性能

轴向柱塞泵中的柱塞不能依靠泵的旋转产生离心力将柱塞甩出，应采用强制方式使其伸出。因此主轴与斜盘之间装有回程弹簧，回程弹簧压在压盘上，通过压盘压住滑靴，滑靴再拉住柱塞，使其外伸。由于回程弹簧不能做得很大，因而柱塞外伸能力差，随之带来的是吸油性能差的不足。为解决柱塞泵的自吸能力差的问题，通常是在泵的吸油口附加一个小油泵，或在泵体内设置一个小油泵专门供大泵吸油。

（四）斜盘式柱塞泵的变量原理

斜盘式柱塞泵的变量主要是通过改变斜盘的倾角，使柱塞在缸体内的行程发生变化，而实现吸排油量的变化。改变倾角的方式有手动、液控等多种形式。

下面介绍几种柱塞泵的变量机构：

1. 压力补偿变量机构

装卸机械中使用的柱塞变量泵有的采用压力补偿自动变量机构，以实现油泵能自动跟随外边负荷变化而改变泵输出的油流量。压力补偿控制变量的方式又可称为恒功率变量控制。由液压传动基础知识可以知道，液压功率等于液压的压力与流量的乘积。恒功率变量泵在工作时可自动调整斜盘角度，随着负载增大（减少）而相应减少（增大）一定量的流量，实现总输出的功率保持不变。

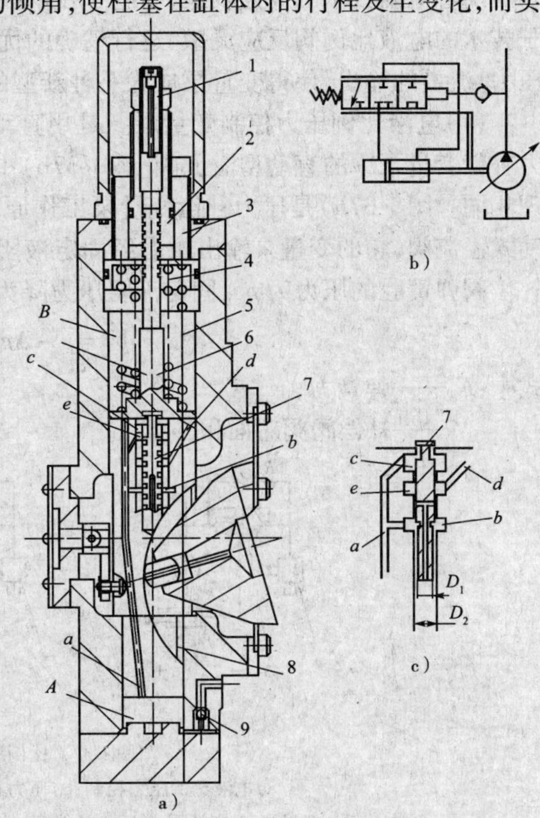

图1-36　压力补偿控制机构和工作原理

a）结构；b）原理；c）伺服滑阀原理

1-限位螺杆；2-内弹簧套筒；3-外弹簧套筒；4-内弹簧；5-外弹簧；6-芯轴；7-伺服滑阀；8-变量活塞；9-单向阀；*A*-下腔；*B*-上腔；*a*、*d*-油道；*b*、*c*、*e*-环形槽

压力补偿控制变量机构的结构见图1-36。其主要零件包括变量活塞8，伺服滑阀7，内、外双层弹簧4、5，单向阀9等。图1-36b）是它的原理图。

压力补偿控制变量的工作原理如下：

（1）正常工作时，油泵内部的压力油经泵底部小油道 d，经过单向阀9，进入变量壳体的下腔 A，然后经由油道 a 到环形槽 b 作用在伺服滑阀7的环形面积上。同时压力油经过油道 a、环形槽 c 进入变量活塞8上腔 B；在 B 腔经油道 d 与环形槽 e 相连。由于变量活塞底部受力与活塞上面的弹簧力、液压力和自重平衡，变量活塞保持不动，斜盘的倾角保持不变，油泵的输出量不变。

(2)负荷变大时，通过泵内部反馈回来的油压力也变大，经单向阀9进入变量壳体的下腔 A，经油道 a 进入环形槽 b 作用到伺服滑阀7下部。到达伺服滑阀7的下部的力大于外弹簧5的压紧力，使得伺服滑阀7向上移动，环形槽 c 被迫关闭，而环形槽 e 与伺服滑阀7内部的卸油通道接通，变量活塞的上腔 B 室内的油就经油道 d、滑阀中心孔道流回泵内低压区。变量活塞8就因下腔的压力大于上部压力而上升，带动斜盘向上偏转，直到下腔 A 的压力与上腔 B 的弹簧之合力相平衡为止。通道 d、环形槽 c 重新被堵住，上腔 B 的油不再经伺服滑阀7中心通道卸压，变量活塞8也就相对静止，达到一个新的平衡。

(3)当负载变小时，系统的压力也开始变小，泵输出的油压力减少，反馈回的油压力也相应地降低。变量活塞8在压力差的作用下开始下移，于是就带动斜盘往增加角度方向偏转，柱塞的行程加大，泵的排量增大。

2. 电液比例控制变量机构

随着电脑技术的高速发展，微电子技术在液压泵的变量机构中应用越来越广泛，采用微电子技术的电液比例阀反应灵敏、运行精确的优越性能使得变量泵可以自动根据负载变化调节压力、流量的输出，使得变量泵成为一种新型的节能液压元件。

(1)电液比例压力控制变量泵。是用直动型电液比例溢流阀[图1-37a)中的4]，替代压力补偿变量泵中的直动型溢流阀[图1-37b)中的5]。其工作原理与压力补偿变量泵的工作原理相同。图1-37b)是压力补偿变量泵工作原理。传统的压力补偿变量泵变量机构中没有直动式溢流阀，它的变量泵输出压力经固定液阻 R 作用于压力补偿阀阀芯左端弹簧腔，设压力补偿阀弹簧腔的压力为 p_V，固定液阻压力降为 Δp_R，则有：

$$p_V = p - \Delta p_R, \Delta p_R = F_S/A$$

式中：F_S——弹簧力；

A——补偿阀阀芯面积。

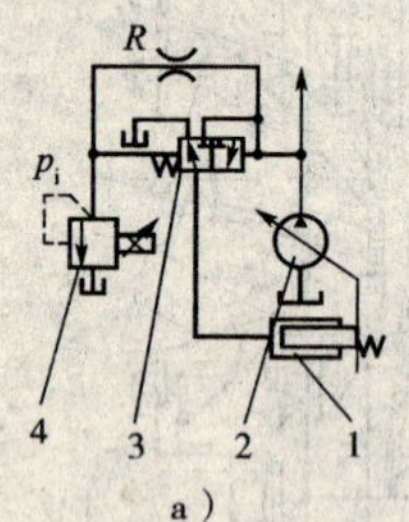

a)

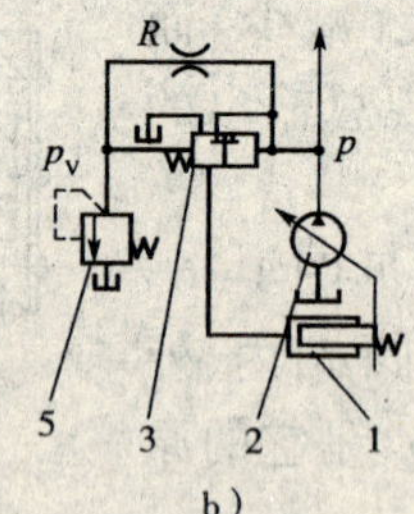

b)

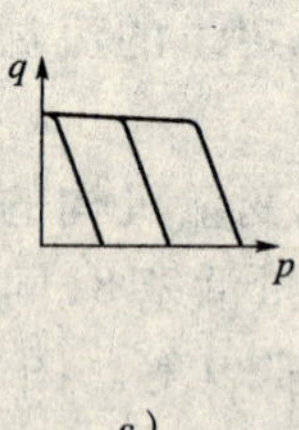

c)

图1-37 比例压力控制式变量泵

a)电液比例压力控制；b)压力补偿阀；c)压力补偿控制特性曲线

1-变量缸；2-变量泵；3-压力补偿阀；4-直动型电液比例溢流阀；5-直动型溢流阀

控制变量泵的输出参数取决于弹簧的刚度，弹簧刚度小，则 Δp_R 亦小，$p_V \approx p$。控制油路中的固定液组 R 作用是保持变量泵输出压力的稳定。压力补偿变量机构则在该油路上增设一直动型溢流阀5，用直动型溢流阀控制调节压力补偿阀弹簧腔压力，这样就可得到任意级拐点压力。

现用直动型比例溢流阀 4 取代图 1-37b）中的直动型溢流阀 5，依据工作拐点压力调节比例溢流阀的控制信号，达到更快速、高精度调节的目的，其调节特性仍然与图 1-37b）相同。

（2）电液比例复合控制变量泵。比例压力控制变量泵不能保持输出流量恒定，采用比例流量阀控制泵输出的实际流量的变量泵，可以达到泵输出的实际流量适应负载速度的要求。

比例压力控制和比例流量控制的变量泵都只能对一个参数控制，不适应压力、流量综合参数的调节。采用压力、流量复合控制功能的比例控制变量泵，则可以利用电液比例控制的优势，同时针对压力、流量两个参数进行控制，在大功率液压系统中得到应用。

电液比例复合控制变量泵原理是：当负载压力 p_L 低于比例压力阀给定压力 p_Y 时，p_L 作用于阀芯 1 左端，泵输出压力 p_0 作用于阀芯 1 右端，比例流量阀调节流量时，该阀即保持比例流量阀进、出口压差稳定，负载流量 q_L 恒定。此时泵输出流量按恒流量调节特性曲线输出，调节阀 1 作恒流量控制阀；负载压力 p_L 高于比例压力阀给定压力 p_Y 时，比例压力阀开启溢流，调节阀阀芯两端液压力不等，阀芯右移，左位将变量缸与泵输出压力 p_0 连通，变量缸推动变量斜盘使泵输出流量减小，直至到达倾角为零时的相应流量。在该调节过程中，泵输出流量按恒压调节特性曲线输出，调节阀 1 作恒压阀用，见图 1-38。其工作特性与图 1-39b）相同。

（3）功率适应控制泵。电液比例复合控制变量泵在实际中都是独立进行控制的，其实际调节过程带有一定的偏差，调节阀兼有双重调节功能。但这两种调节对调节阀弹簧刚度要求不同，弹簧刚度要满足相反的要求是困难的。在设计中只能用折中或满足某一要求为主设计弹簧刚度，其实际工作调节曲线必定带有一定的稳态调节偏差，不适于生产作业需求。为此，必须单独设置恒流阀和恒压阀，各司其职，实现高精度稳定调节—功率适应调节。独立设置恒流阀和恒压阀的功率适应控制泵因此就出现了。

功率适应控制泵原理如图 1-39 所示：恒流阀 1、恒压阀 3 按调节特性要求选择弹簧刚度。

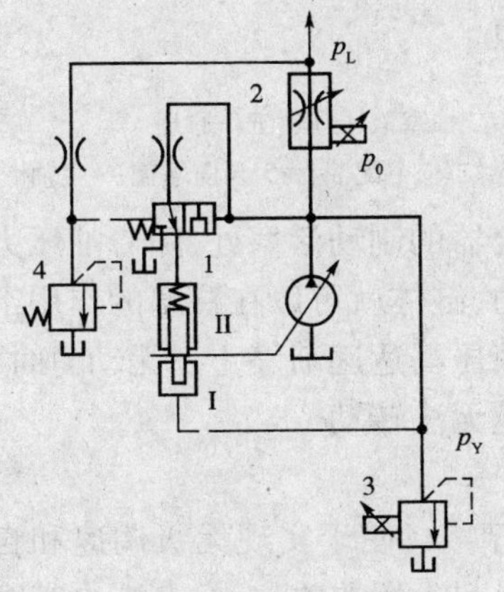

图 1-38 电液比例复合控制变量泵工作原理

1-调节阀；2-电液比例流量阀；3-电液比例溢流阀；4-直动式溢流阀；Ⅰ、Ⅱ-变量缸

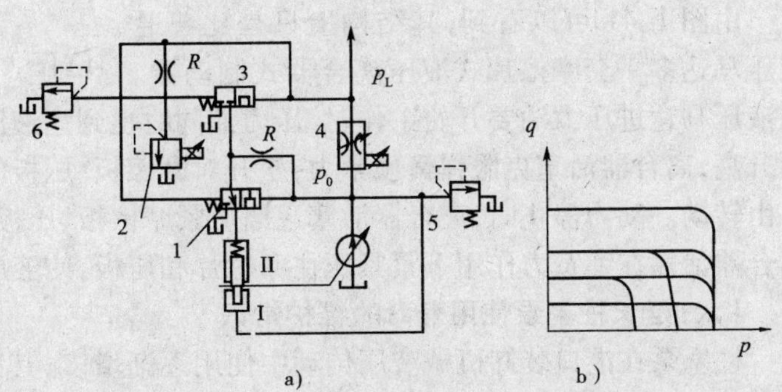

图 1-39 功率适应控制泵工作原理及特性曲线

a）原理；b）特性曲线

1-恒流阀；2-比例压力阀；3-恒压阀；4-比例流量阀；5、6-安全阀；R-固定液阻

液压泵输出压力 p_0 作用于恒流阀 1 右端，负载压力 p_L 作用于恒流阀 1 左端。恒压阀 3 右端受负载压力 p_L 作用，负载压力 p_L 经固定液阻 R 接恒压阀 3 左端弹簧腔，在该腔还并按比例压力

阀2和安全阀6。阀2设定压力为p_Y,恒压阀3的阀芯两端压差$\Delta p = p - p_Y$。两阀独立调节,互不干涉。

在比例流量阀4调节范围内,恒压阀3的阀芯处于左端终点位置;恒流阀1的阀芯受两端压差($p_0 - p_L$)作用,移动变量缸Ⅱ,液压泵输出流量得到调节,使比例流量阀4设定流量q_L值恒定。在比例压力阀2调节范围内,恒流阀1的阀芯处于右端终点位置,不起作用。$p_L > p_Y$时,恒压阀3的阀芯左移,变量控制缸Ⅱ油液经阀1左位通路及阀3通油箱,泵输出流量q_0下降。

有上述分析可知,恒流阀1和恒压阀3独立工作,其调节性能满足功率适应控制。

(五)液压马达结构与工作原理

每一种液压泵都对应有一种液压马达,液压马达的结构与相应的液压泵的结构相似。下面以斜盘式柱塞马达为例来说明。

1. 结构和原理

(1)结构。液压马达的主要结构由主轴、缸体、柱塞、配油盘、滑靴、斜盘等件组成。

(2)原理。当压力油经过配油盘4进入柱塞2与缸体3之间的容积空间后,使处于进油区的柱塞2压紧于斜盘1上。此时,斜盘1对柱塞2产生一个法向反作用力N,此力分解为平行于轴线的分力F和垂直于轴线的分力T。F力与液压油作用在柱塞2上的力相平衡,T力则由柱塞2传递到缸体3上,使它相对于缸体3轴线形成扭矩由输出轴带动负载运行,见图1-40。

为了改善液压马达的制动性能,除了在系统中加设平衡阀或缓冲补油阀外,现在又出现一种在液压马达内部加装液压制动离合器的液压马达,简称带制动器的液压马达。这种马达很好地改善了制动性能和提高了整机在无动力或设备待时状态时的安全性,见图1-41。

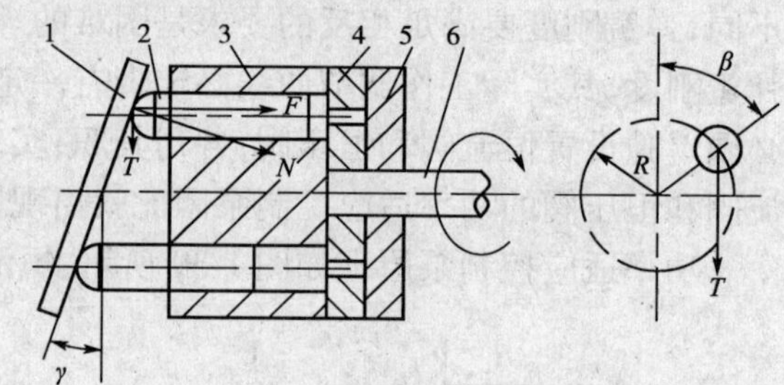

图1-40 柱塞液压马达工作原理

1-斜盘;2-柱塞;3-缸体;4-配油盘;5-泵前端盖;6-主轴

2. 带有制动器的液压马达

由图1-41可以看到,其结构上只是比普通液压马达多一套摩擦片式液压离合器式制动器。在液压马达进压力油要开始工作时,压力油同时也到达液压离合器的制动活塞处,随着油压力的升高,离合器活塞克服弹簧预紧力,松开对摩擦板、压板的压力,缸体就可以在柱塞的作用下自由转动。动力停止时,离合器活塞逐渐压紧摩擦板、压板,使液压马达逐渐停止。无动力时,离合器活塞在弹簧力作用下紧紧压住摩擦片和压板,使液压马达无法转动。

(六)延长柱塞泵使用寿命的维护常识

柱塞泵在港口装卸机械液压传动中使用逐渐增多,其高压、高效、便于实现无级调速和自动控制的优点越来越受到人们的青睐,同时其易磨损的弱点也引起人们的关注,只有减少其磨损加强保护才能延长其使用寿命。

柱塞泵属于高压泵,常见的柱塞泵有三对摩擦副,即滑靴和斜盘、柱塞与柱塞孔、配油盘与缸体(或衬板),摩擦形式呈浮动式或是非接触静压卸载式。柱塞泵存在三种危害大的磨损形式,即颗粒磨损、黏着磨损和腐蚀磨损。

1. 颗粒磨损

由于油液中的颗粒引起摩擦副的损坏称颗粒磨损。柱塞泵的过滤系统通常只能滤去直径

10～15μm 以上的颗粒，对 5～10μm 的颗粒则无能为力。柱塞泵中的滑靴和斜盘之间静压支承的油膜厚度为 1～3μm、配油盘与缸体之间油膜厚度为 1～5μm、柱塞与柱塞孔之间的油膜厚度只有 1～4μm，而按 NAS9 级标准控制的颗粒直径是 5～10μm，这就足以使柱塞泵产生颗粒磨损。实践表明这样大小的颗粒所引起的颗粒磨损不会引起柱塞泵的排量有明显下降，仍可属正常磨损。但颗粒的直径一旦达到 40～60μm 时，就会引起泵排量有显著下降趋势。

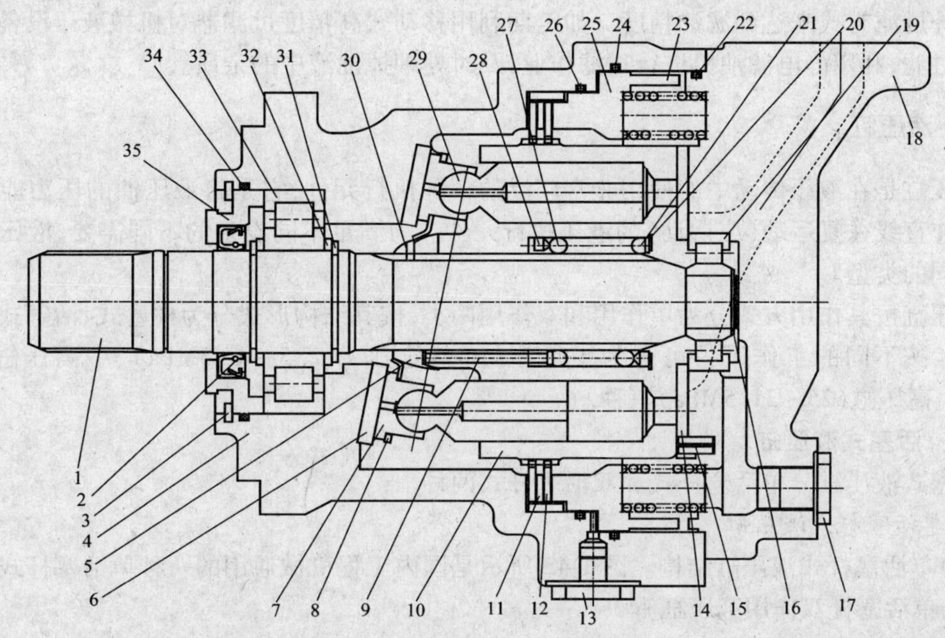

图 1-41　带制动器的液压马达结构原理

1-驱动轴；2-前盖油封；3-卡键（孔用）；4-马达壳体；5-球面衬套；6-滑靴耐磨板；7-滑靴；8-压板；9-推杆（12 根）；10-缸体；11-摩擦板；12-隔板；13、17-螺栓塞；14-配油盘；15-定位销；16、31-卡键（轴用）；18-马达后盖；19、33-圆柱滚子轴承；20-卡键（孔用）；21、28、30-隔套；22、24、26、34-O 形密封圈；23-制动活塞弹簧；25-制动活塞；27-柱塞回程弹簧；29-柱塞；32-隔套；35-前盖

2．黏着磨损

黏着磨损是指两摩擦副之间发生点接触，产生塑性变形，引起局部温度剧增，这剧增的温度足以使熔点较低的金属熔化或软化，而使金属之间发生黏着。由于摩擦副是不停运动的，黏着也随之变为拉伤即黏着磨损。

柱塞泵内摩擦副之间油膜厚度是按摩擦副之间正常接触面积设计，一旦油膜厚度减少，或由于诸多原因引起摩擦副间的接触面变为点接触，这时接触面的压力峰值极高，高到足以使熔点较低的金属熔化或软化。而随着摩擦副之间高压的消失（高压、高温只有几毫秒）熔化或软化了的金属因温度突然降低而迅速形成黏接点，发生焊合（一种利用摩擦产生高温焊接金属的焊接方式），造成摩擦副表面损伤。这种损伤称为黏着磨损。

3．腐蚀磨损

油液中含有空气已是众所周知的事实，这些气体在液压泵中的低压区会迅速分离形成气泡，该气泡在液压泵中的高压区则被高压油所压破爆裂，同时产生极高的冲击力，使金属表面剥落形成凹坑、氧化腐蚀，即形成气蚀。实践表明液压油中如果含有不合适的化学添加剂则会加速腐蚀的破坏作用。

国内外的管理经验表明，只要加强对液压油的维护和保养就能对上述三种磨损加以控制，有效地延长柱塞泵的使用寿命。

例如，加强油液的过滤就可将颗粒大小控制在5μm以下。由于港口内燃装卸机械的液压系统的过滤精度达不到5μm，因此仅靠机械上的液压过滤设备是不能满足设备要求的，而要利用车外过滤方式来达到滤油精度。如定期利用移动式高精度过滤器对机械液压设备的液压油进行过滤，利用静电滤油机进行过滤作业，及时处理掉油液中的杂质。

五、液压缸

液压缸是在液压传动中的使用非常广泛的一种执行元件，它是将液压油的压力能转换成机械能作直线往复运动（或摆动）的液压执行元件。为满足不同设备的不同需要，液压缸有很多种不同的类型。

液压缸按其作用方式分为单作用和双作用两类，按其结构形式分为柱塞式、活塞式和摆动式三种。按不同的工作压力可分为中低压缸（额定压力2.5～6.3MPa）、中高压缸（10～16MPa）、高压缸（25～31.5MPa）三种。

（一）活塞式液压缸

活塞式液压缸分单活塞杆式和双活塞杆式两种。

1. 单活塞杆式液压缸

（1）单活塞杆式液压缸结构。图1-42所示是国内工程机械通用的一种单活塞杆式液压缸（全称为单活塞杆双作用液压缸）。

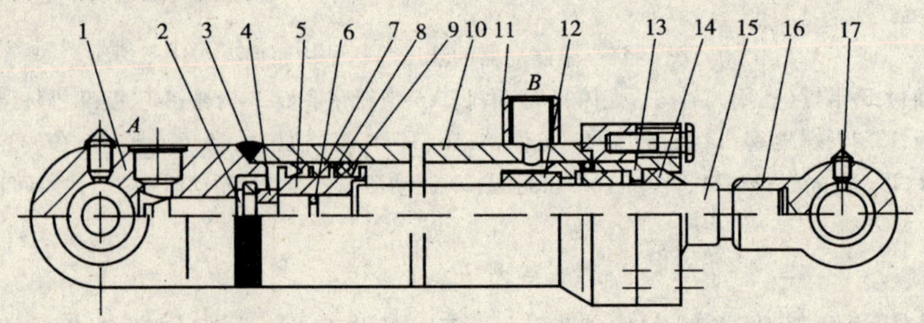

图1-42　单活塞杆式液压缸结构原理图

1-缸底；2-弹簧挡圈；3-套环；4-卡环；5-活塞；6-O形密封圈；7-支承环；8-挡套；9-Y_x形密封圈；10-缸筒；11-管接头；12-导向套；13-缸盖；14-防尘圈；15-活塞杆；16-耳环；17-油嘴

液缸中的主要零件是缸筒10、活塞5、活塞杆15、缸底1和缸盖13等。缸筒是用无缝钢管制成，它的一端与缸底1焊接成一整体，缸盖与缸筒则用螺栓连接。两端进出油口A和B都可通过压力油或回油，以实现双向运动，故称双作用缸。活塞用卡环4（两个半环）、套环3和弹簧挡圈2等定位。活塞上套有一个用聚四氟乙烯制成的支承环7，密封则靠一对Y_X形密封圈9实现。O形密封圈6是用以防止活塞杆与活塞内孔配合处泄漏。导向套12用以保证活塞杆不偏离中心，它的外径和内孔配合处都有密封圈。活塞杆左端带有缓冲柱塞。

（2）单活塞杆式液压缸工作原理。当压力油从缸底部油接口A进入液压缸，另一油接口B有油流出时，油缸活塞的无杆腔部分受到的压力大于有杆腔部分的压力，活塞杆在压力差的作用下伸出；反之，压力油从油接口B处进入液压缸，油接口A有油流出，活塞杆就会缩回液

压缸。

(3)单活塞杆液压缸的推力计算。由于进油的方式不同,单活塞杆双作用液压缸可产生三种不同的推(拉)力,如图 1-43 所示。由于活塞杆的影响,活塞两边的有效作用面积不相等,压力油作用在活塞上产生的推力不相同(设两腔的工作压力相等)。图 1-43a)是大腔进油时活塞有效面积示意。图 1-43b)是有杆腔进油时活塞有效面积示意,由图中可看到 A_2 是一环状面积,无杆腔(也有叫大腔)进油时,有效作用面积为 A_1,是一个圆平面。通常以缸内径(整数部位)为计算直径 D,活塞杆的横截面积直径为 d,活塞杆横面积用 A_3 表示。

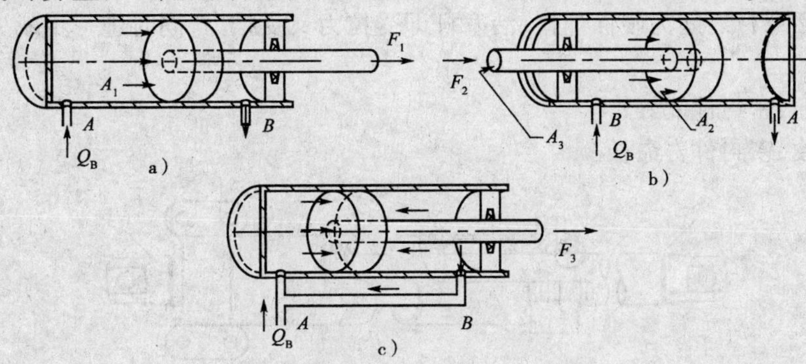

图 1-43　双作用单活塞杆液压缸工作原理分析

由图 1-43b)可知三个横截面积之间关系是 $A_1 = A_2 + A_3$,液压油作用在活塞上的推力等于液压力与有效作用面积的乘积。公式如下:

①无杆腔进油:

$$F_1^2 = p \cdot A_1 = \frac{p\pi D^2}{4} \tag{1-32}$$

②有杆腔进油:

$$F_2 = p \cdot A_2 = \frac{p\pi(D^2 - d^2)}{4} \tag{1-33}$$

③二腔同时进油:

$$F_3 = p \cdot (A_1 - A_2) = p \cdot A_3 = \frac{p\pi d^2}{4} \tag{1-34}$$

式中:　p——液压力(Pa);

A_1、A_2、A_3——液压缸无杆腔、有杆腔和活塞杆的有效作用面积(m^2)。

(4)单活塞杆双作用油缸的运动速度计算。计算方法有三种。设进入油缸的流量 Q 一定,缸体固定,活塞的运动方向和速度如下:

①无杆腔进油:

$$(\text{活塞杆伸出})v_1 = \frac{Q}{A_1} = \frac{Q}{\frac{\pi D^2}{4}} = \frac{4Q}{\pi D^2} \tag{1-35}$$

②有杆腔进油:

$$(\text{活塞杆回缩})v_2 = \frac{Q}{A_1} = \frac{4Q}{\pi(D^2 - d^2)} \tag{1-36}$$

③二腔同时进油：

$$(\text{活塞杆伸出})v_3 = \frac{Q}{(A_1 - A_2)} = \frac{Q}{A_3} = \frac{4Q}{\pi d^2} \tag{1-37}$$

2. 双活塞杆液压缸

(1)双活塞杆式液压缸的结构。双活塞杆液压缸的是指液压缸的两端都有活塞杆伸出，如图1-44所示。它的结构基本与单活塞式液压缸相同。不同之处是它无缸底，两边均为带安装脚架的缸盖。这种双活塞杆活塞式液压缸有如下几个优点：

①活塞与活塞杆之间为硬性连接，活塞杆即受拉力又受推力，同时进一步减少了二腔内泄漏的机会；

②加工方便，密封性能好；

③拆装方便，密封件寿命长。

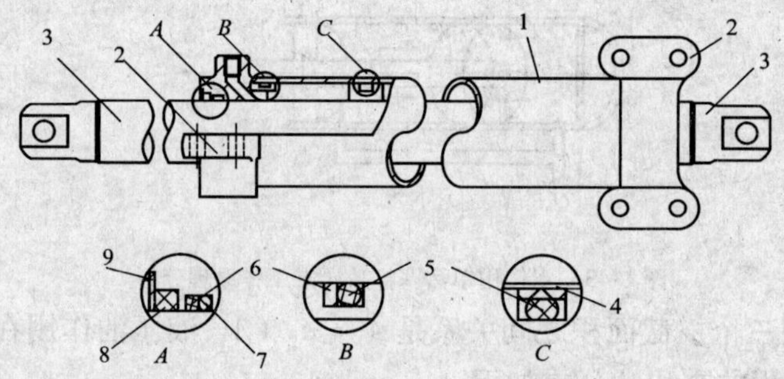

图1-44　双活塞杆液压缸

1-缸体;2-安装支座;3-活塞杆;4-耐磨环;5-密封圈;6-支承环;7-O形密封圈;8-防尘圈;9-缸头卡键

(2)推力和速度计算。由于左右两边的有效面积相等，活塞往复运动时两个方向的作用力和速度均相等。读者可根据前内容自行推导出它们的计算公式。

(3)安装形式。双活塞杆的液压缸安装中同样可以有缸体固定和活塞杆固定两种形式，装卸机械的转向机构中都为缸体固定，活塞杆运动时占有空间长度为活塞有效行程的3倍。

(二)柱塞式液压缸

图1-45所示为单柱塞式液压缸结构图。单柱塞式液压缸在叉式装卸机械的升降机构中使用较多；柱塞式多级液压缸多用于翻斗车的翻斗机构中。

1. 单柱塞式液压缸

单柱塞式液压缸结构比活塞式液压缸更为简单，主要零件有柱塞、缸体和缸盖。柱塞与液压缸内壁不接触，液缸筒直接利用冷拔无缝钢管制造，无需加工内壁，或对管的内壁作粗加工，因而制造简单、维修方便成本低。但它只能受单向载荷。

柱塞液压缸的推力和速度计算如下：

柱塞式液压缸的有效作用面积是柱塞的横截面积。

推力：

$$F = p \cdot A_Z = \frac{p \cdot \pi D_Z^2}{4} \tag{1-38}$$

速度：

$$v = \frac{4Q}{\pi d_2^2} \tag{1-39}$$

式中：p——工作油压力(Pa)；

A_Z——柱塞有效面积(m^2)；

D_Z——柱塞的直径(m)。

2. 柱塞式多级液压缸

柱塞式多级液压缸有单作用和双作用两种。图 1-46 所示为双作用两级式柱塞液压缸。在缸筒 1 中装有两个互相套合的小柱塞 2 和大柱塞 3。当高压油从接头 4 的 A 口经中心小孔进入柱塞上腔时，大柱塞 3 和小柱塞 2 依次伸出，柱塞作用面积和输出推力逐级减少，而柱塞的速度则相继增大。当 B 口进入高压油时，套筒则由小到大依次缩进。这种油缸结构比较复杂，只用于行程较大而安装长度受到限制的场合。多级油缸柱塞速度的变化规律适应于翻斗车倾斜时负载阻力变化情况。

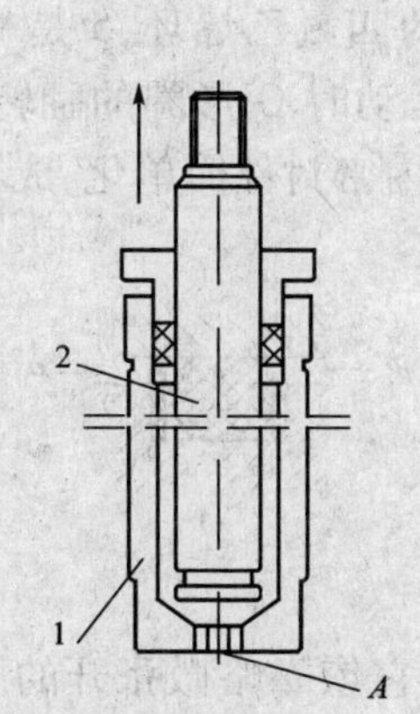

图 1-45　单柱塞式液压缸

1-缸筒；2-柱塞；A-进出油口

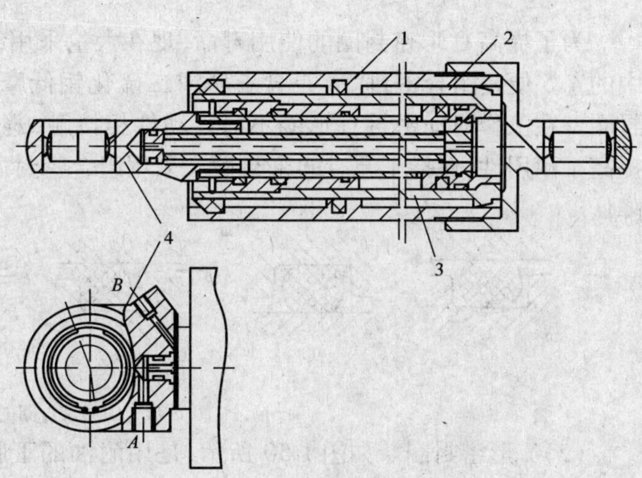

图 1-46　柱塞式多级液压缸

1-缸筒；2-小柱塞；3-大柱塞；4-下连接头；A、B-进出油口

(三)液压缸的密封、缓冲和排气

1. 液压缸的密封

液压缸在工作中，压力油可能从固定部件连接处和相对运动部件的配合处泄漏。在缸体内部由高压腔向低压腔泄漏是内泄漏；从缸体内向缸体外泄漏叫外泄漏。外泄漏会污染工作场所造成环境污染，影响到液压缸的工作性能。因此采用适当的密封装置防止和减少泄漏是液压缸使用维修中一个很重要的问题。密封装置除了要防油液泄漏外，还要能防止空气、水分和其他污染物侵入液压缸。

下面介绍几种装卸机械液压系统中常见的密封圈：

(1)O 形密封圈。是一种截面为圆形的耐油橡胶圈，如图 1-47 所示。O 形密封圈一般用丁腈橡胶制成。使用 O 形圈时，必须放在截面形为矩形的槽内才能起密封作用。O 形密封圈既可用于运动密封又可用于固定密封(见图 1-48 中的 B 所示)。无论固定密封还是运动密封，当压力较高时(大于 10MPa)，O 形圈都可能被压力油挤进配合间隙(决定于压力油作用于一侧或两侧)。为此，应在密封圈一侧或两侧增加一个挡圈，减少其被挤出的可能，见图

1-49c)。挡圈用四氟乙烯制成如图 1-49d)、图 1-49e)所示的。用于固定密封时,压力超过 32MPa 便要加用挡圈,这样密封压力最高可达 70MPa。用于运动密封时,当压力大于 10MPa 也要加挡圈,此时密封压力量高可达 32MPa。

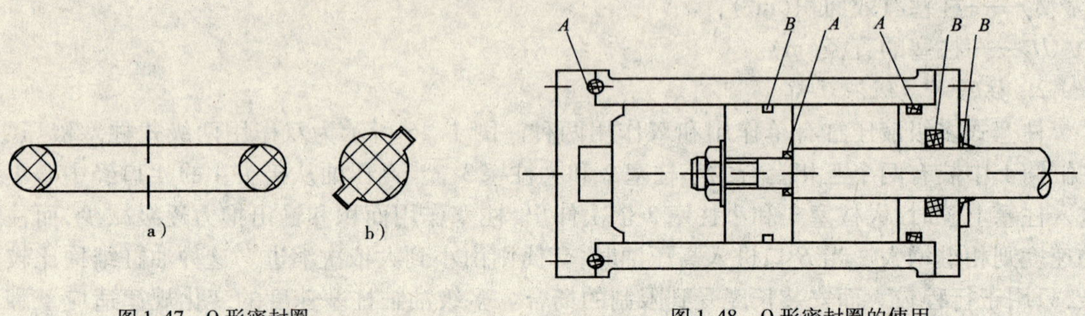

图 1-47 O 形密封圈

图 1-48 O 形密封圈的使用
A-固定密封;B-运动密封

为了提高 O 形密封圈的使用寿命,现在大量采用组合式密封。图 1-44 液压缸结构原理图中的 4、5 便是组合密封。4 是含石墨或二硫化钼低摩擦系数成分的四氟乙烯环,5 是 O 形密封圈。在工作时动密封 O 形圈不与运动件相接触,避免了在高速运动时 O 形圈的翻转,从而提高了耐用性,保持了原有的密封性。采用组合密封后可使液压缸内密封件简单化,成本大为降低。

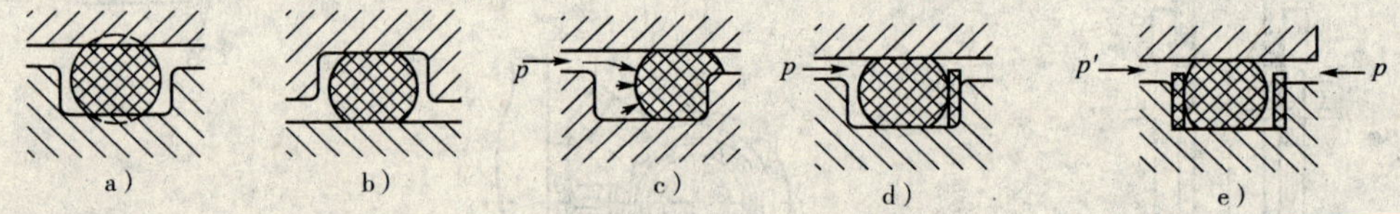

图 1-49 O 形密封圈的应用

(2)Y 形密封圈。如图 1-50 所示,是用耐油的丁腈橡胶制成。它依靠略微张开的唇边贴于密封面而保持密封。在油压作用下,唇边作用在密封面上的压力随之增加,并在磨损后有一定的自动补偿能力。Y 形密封圈有在工作压力波动大,滑动速度较高情况下,要采用支承环来定位,见图 1-50c)。

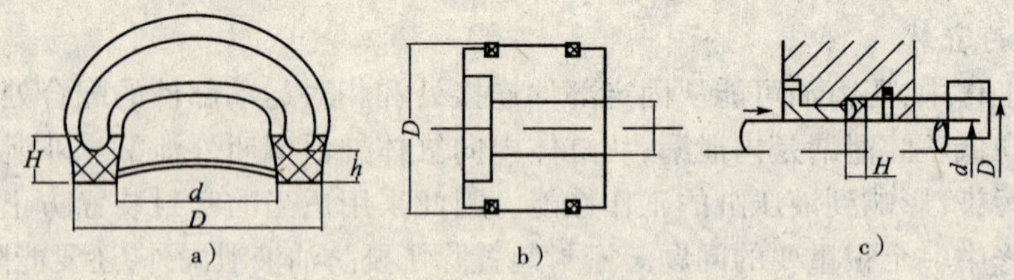

图 1-50 Y 形密封圈及其应用

(3)V 形密封圈。用带夹织物的橡胶制成。它是组合型密封圈,由支承环、密封环和压力环三部分叠合组成。当工作压力大于 10MPa 时可增加密封环的数量以增加密封可靠性(但摩擦阻力相应增加)。安装时要注意各环的顺序和密封环的开口方向。

2. 液压缸的缓冲装置

为了避免活塞在行程两端撞击缸盖,产生噪声,影响工作精度以至损坏机件,常在液压缸两端设置缓冲装置。图 1-51 是常见的三种液压缸缓冲装置形式:缝隙式缓冲、节流阀式缓冲

和三角槽式缓冲,它们的工作原理分别如下:

(1)缝隙式缓冲装置,见图 1-51a)。它由活塞杆端部的缓冲柱塞与液压缸盖上内孔组成,它们之间保持有宽度为 δ 的环状间隙。当缓冲柱塞进入与其配合的缸盖上的内孔时,封闭在活塞右腔内的液压油只能通过环状间隙逐渐排出,产生缓冲压力,从而实现减速缓冲。

(2)液压缸缸盖上设有节流阀的缓冲装置,见图 1-51b)。当缓冲柱塞进入配合孔后,液压缸内油必须经节流阀排出,此时产生制动效果。

(3)以上两种缓冲装置都不能解决速度减低后缓冲减弱的缺点,为此设计出在缓冲柱塞上开有对称的小三角槽形式的缓冲装置,见图 1-51c)。当缓冲柱塞进入配合面时截流面积较大,活塞杆运行其节流面积逐渐减小,缓冲作用加强,这样就较好地解决了行程后阶段缓冲作用过弱的问题。

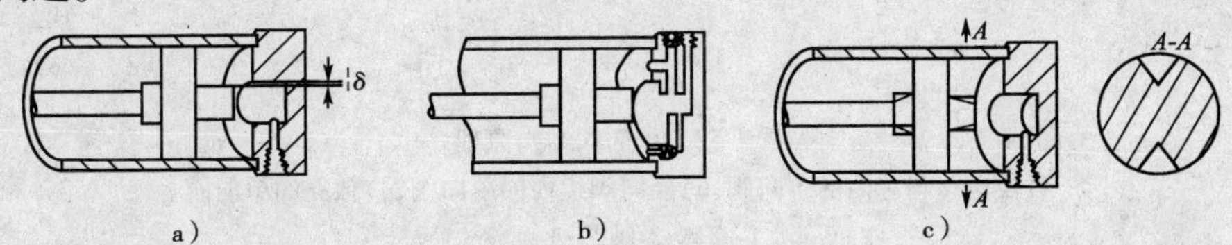

图 1-51　液压缸的缓冲装置

a)缝隙式缓冲;b)节流阀式缓冲;c)三角槽式缓冲

六、控制阀

装卸机械各机构在工作时,需要经常起动、制动和换向,运动速度大小也需要调节,而且作用在工作机构上的载荷也经常变化。为了适应这些情况,必须对液压系统中的油液流动方向、压力和流量的大小进行控制,这些实施控制的液压元件称为液压元件控制阀。根据各类阀在液压系统中的用途,通常分为三大类:

(1)方向控制阀:控制油液流动方向的阀,如单向阀、液控单向阀和换向阀等;

(2)压力控制阀:控制油液压力的阀类,如溢流阀、减压阀、顺序阀和遥控阀等;

(3)流量控制阀:控制油液流量大小的阀类,如节流阀、分流集流阀、限流(速)阀等。

这些控制阀通称为阀。这是因为它们有着共同点,即每种阀都是由阀体、阀芯和操纵机构三部分组成,工作原理都是通过改变通流面积(或通道长短)或通流方向来实现控制作用的。

为了减少管道长度和元件数目,装卸机械液压系统多把两个或两个以上控制阀装在同一阀体内组成复合阀或叫集成阀块。

(一)方向控制阀

方向控制阀是用来控制液压系统中油液流动方向的阀的总称。根据用途它可分为单向阀、换向阀和以换向阀为主体的组合阀(多路阀组)等。换向阀按其阀芯的运动方式又可分成滑阀和转阀两种。

1. 单向阀

单向阀是用来控制油液只能向单方向流动而不得反向流动的液压元件。在习惯上也将它称为止回阀,或逆止阀。根据控制动力源的不同可分为直动式和液控式两种。

(1)直动式单向阀。在装卸机械的液压系统中的直动式单向阀(以下简称单向阀)多是与其他阀组合在一起,较少单独安装于系统油路上。单向阀的结构简单,主要零件有阀体 1、阀

芯2和弹簧3,图1-52a)和图1-52b)是换向阀阀芯内的单向阀。换向阀的阀芯1中间是空心的兼作单向阀的阀体。单向阀的工作原理是:当油液从进油口A进入阀时,液压作用力克服复位弹簧3的弹力,将阀芯2顶开,并经出油口流出;当油液反向流动时,阀芯2在弹簧力和液压力作用下压紧在阀座上,切断通道,油液不能反向通过。

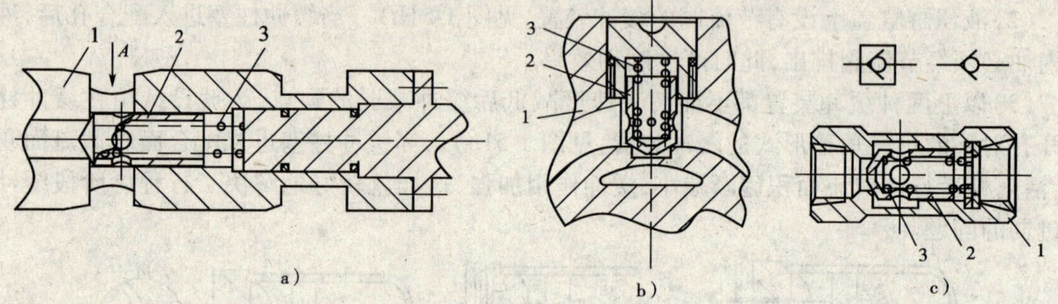

图1-52　单向阀结构原理

a)换向阀阀芯内的单向阀;b)换向阀组内的单向阀;c)独立的单向阀

1-阀体;2-阀芯;3-弹簧

图1-52c)是独立的单向阀,在它外表印有"→"箭头,或印有"IN"英文字母表示进出油口方向。其工作原理与上述相同。

如果把单向阀的弹簧换成较硬的弹簧,单向阀可以作背压阀使用。背压阀装在液压系统回油路上,使回油保持一定的压力。

(2)液控单向阀。是当通入控制压力油时,便可实现液流反向流动的单向阀。图1-53是常用的液控单向阀的结构和职能符号。k是遥控口,当k不通压力油时,此阀的作用与普通单向阀相同。压力油只能从p_1流向p_2,不能反向倒流。当k通入压力油时,控制活塞1被推向

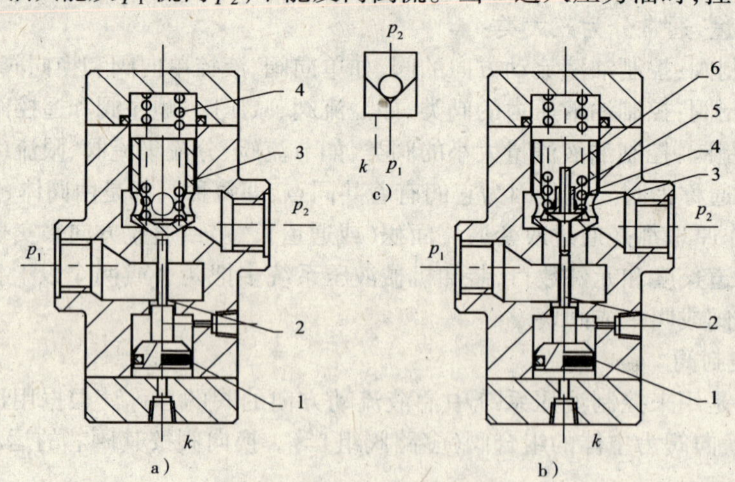

图1-53　液控单向阀结构原理

1-控制活塞;2-推杆;3-锥阀芯;4-弹簧;5-弹簧座;6-先导阀芯

上,推动推杆2顶开锥阀芯3,使p_1和p_2接通,油液可由p_2经过p_1反向流出。图1-53c)是其职能符号。图1-53b)的液控单向阀的阀芯为先导式,适用于大流量系统。

液控单向阀具有良好的单向密封性能,常用于机械中执行元件需长时间保压、锁紧的地

方，也用于防止立式液压缸由于自重作用而下滑等。为此该阀又叫液压锁。例如轮胎式起重机所谓支腿锁紧机构就是采用双向液控单向阀来实现整个起重机支撑的，在系统停止供油时，支腿仍能保持锁紧。

装卸机械液压系统中多把两个液控单向阀组合在一起，组成双向液压锁。常用于轮胎起重机的液压支腿锁紧回路中和叉车的倾斜机构的锁紧回路中。在系统停止供油或油管破裂时，液压缸仍然能保持锁紧。

2．换向阀

换向滑阀（简称换向阀）是一种靠阀芯相对于阀体的相对运动，达到特定的工作位置，接通、关闭不同的油路，变换油液流动方向，从而改变执行元件的运动方向和运动状态的阀。换向阀的种类很多，按操纵方式分有机动式、手动式、电磁式、液动式等；按阀的可变工作位置和阀与系统油路连通的油口数目分有二位二通、二位三通、二位四通、三位三通、三位四通、三位五通、三位六通和多位多通等；按安装连接方式有管式、板式、法兰式等；按结构形式分有滑阀式、转阀式和锥阀式等。

（1）滑阀式换向阀。滑阀式换向阀（以下简称换向阀）的阀芯是一个具有多段环形槽的圆柱体，阀体孔内有若干条沉割槽，每条沉割槽都通过相应的孔道与外部相连。图 1-54 中 P 与进油路通，T 与回油箱油路通，A 和 B 是通液压缸的两个工作腔的油管接口。其工作原理是：当阀芯 2 向右移动，如图 1-54c）所示，阀芯上环形槽就将 P 与 A、B 与 T 接通；阀芯向左运动处于图 1-54a）所示位置时，P 与 B、A 与 T 接通。

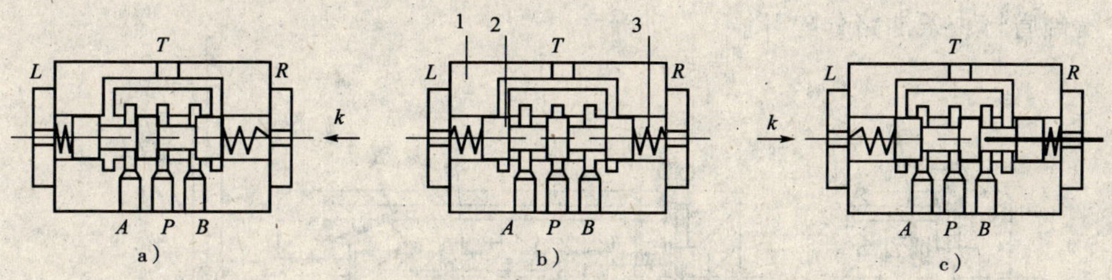

图 1-54　换向阀的换向原理

a）阀芯左移；b）中位；c）阀芯右移

1-阀体；2-阀芯；3-复位弹簧

换向阀的机能主要由它的控制的通路数和阀的工作位置数来决定。图 1-53 是一个三位四通阀。“三位”表示阀芯 2 有左、中、右三个工作位置；“四通”表示有 4 个油管接头（P、T、A 和 B）。有关我国的换向阀职能符号标准，读者可以从相关国家标准中查取。换向阀的图形符号含义如下：

①用方框表示阀芯的工作位置，有几个框就表示有几个工作位置，简称“位”。

②方框内的箭头表示流体流过阀的通路和方向。

③方框内的符号┬或┴表示此油路被阀芯所封闭。

④一个框的上边和下边与外部连接的接口数就表示几“通”，必须注意该框是指表示中位、零位的方框，而不是指所有的方框。

⑤阀与系统供油路连接的进油口一般用字母 P 表示，回油口用字母 T 表示；而阀与执行元件连接的工作油口则用字母 A、B 等表示。凡阀上的外泄漏口在图形符号上用字母 L 表示，

控制油接口用字母 k 表示。

另外，换向阀在液压系统原理图的油路中都用中位（零位）的位置表示出来。如果是单独使用的符号，则表示管线的线段在零位的位置框图中超出框边一小部分。

（2）滑阀机能。多位阀处于不同位置时，其各油口的连通情况也不同，这种不同的连接方式则体现了换向阀的各种控制机能，简称滑阀机能。通常以滑阀中位时各油口的连接情况来定它的机能。

有时候换向阀在某一端的工作位置设计成特殊机能，该阀的型号相当于中位机能 + 特殊机能。如图 1-55b）所示为 MP 型。

凡是在换向阀符号中出现虚线的情况，则是表明对换向时的中间过渡无明显分界的特殊要求。

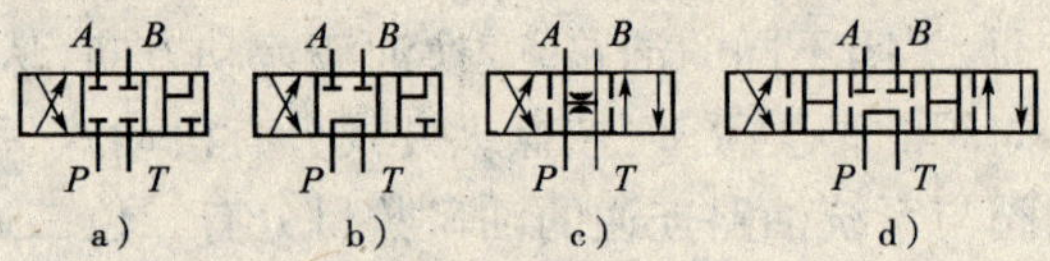

图 1-55 几种特殊机能的换向阀

a）OP 型；b）MP 型；c）具有 X 型过渡；d）具有 M 型过渡

（3）换向阀的结构：

①手动换向阀。是用操纵手柄移动阀芯，以改变液流方向的方向阀。中小吨位装卸机械液压系统中的方向阀大多数为手动换向阀。图 1-56 是个单片式弹簧自动复位的三位四通手动换向阀。其内部主要零件有：操纵手柄 1、阀体 2、换向阀的阀芯 3 和复位弹簧 4。阀芯 3 内开有径向孔 m 和轴向孔 n，并且互相连通。操纵手柄 1 铰接在端盖上并与阀芯 3 相连。在阀体 2 内开有 4 条环形沉割槽，分别与系统的压力油路 P、回油路 T 和工作油路 A、B 相连通。阀芯 3 上有 5 段台肩将 4 条油路分隔开。

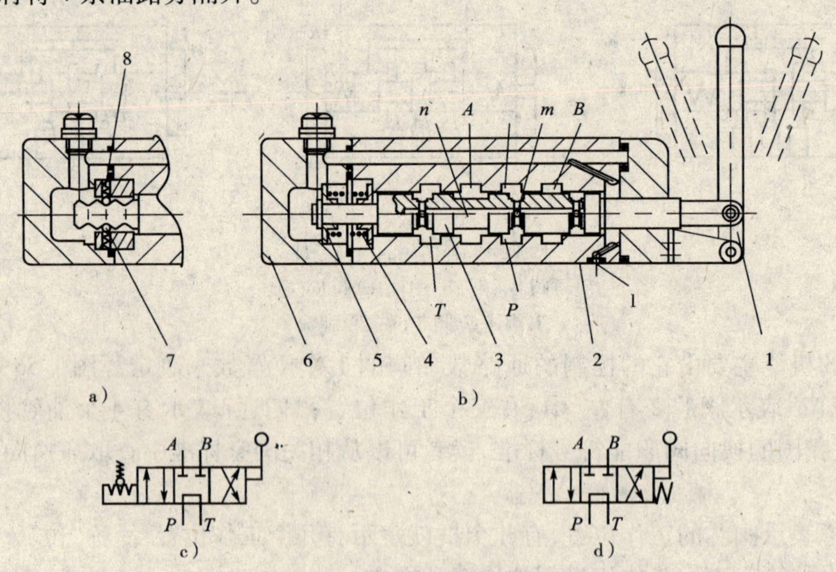

图 1-56 三位四通手动换向阀的结构和符号

a）钢球定位；b）手动换向阀结构；c）钢球定位符号；d）弹簧对中符号

1-操纵手柄；2-阀体；3-阀芯；4-复位弹簧；5-弹簧座；6-端盖；7-定位钢球；8-弹簧

其工作原理如下，推动手柄向左移动，由于杠杆作用，阀芯向左移动，此时 P 与 A 相通、B 经阀芯轴向小孔 n 与回油路 T 相通，这个位置正如职能符号中的右框图所示，推动手柄向左移，阀芯则处右位，液流换向，恰如符号中左框图所示。当松开手柄时，阀芯靠复位弹簧 4 的作用复位，这时油口 P、A、B 和 T 全部封闭，因而此阀称为 O 形机能。图中 m 和 n 表示阀芯内通道和油孔；l 是阀体内的卸油孔道。

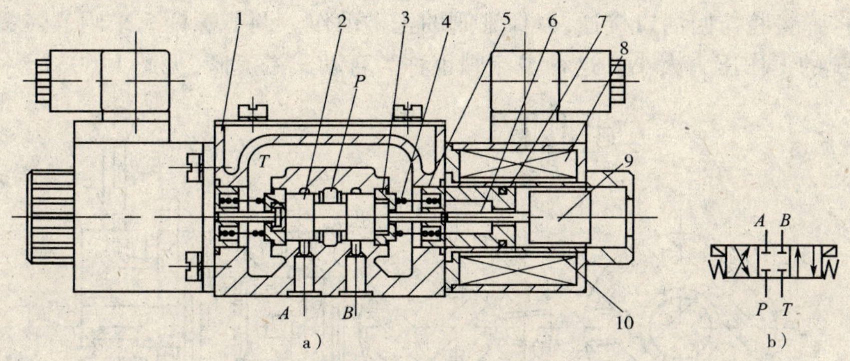

图 1-57　三位四通电磁阀结构

1-阀体；2-阀芯；3-定位套；4-对中弹簧；5-挡圈；6-推杆；7-环；8-线圈；9-衔铁；10-导套

②电磁换向阀。简称电磁阀，它是利用电磁铁产生的吸力推动（或拉动）换向阀的阀芯移动，变换液流方向的方向控制阀。电磁换向阀的电源有交流（D 型）和直流（E 型）两种。我国的交流电磁铁电源电压为 220V，直流电源电压一般为 24V。

A. 电磁阀结构及原理。电磁阀的结构比较简单，图 1-57 是一个三位四通电磁阀的结构原理图。阀的两端有两根复位对中弹簧 4（以下简称复位弹簧）和两个定位套 3 使阀芯 2 在常态时处于中位。当右端电磁铁通电吸合时，衔铁 9 通过推杆 6 将阀芯推至左端，反之左端电磁铁通电吸合时，阀芯被推至右端。

B. 常用的二位二通电磁阀。分常开和常闭式两种。工作油路在无电信号时处于导通位置，称为常开式，反之称为常闭式。其职能符号见图 1-58。

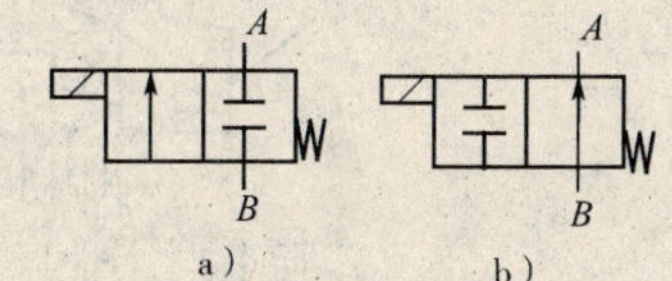

图 1-58　二位二通电磁阀职能符号

（4）换向转阀。换向转阀（简称转阀）是阀芯在阀体内绕本身轴线转动，变换相对于阀体油口的位置来控制液流方向。转阀也按照其工作位置和控制通路数分类。

读者可以根据图 1-59 中的职能符号，参照其结构图自行分析三位四通转阀的工作原理，在此不做更多的介绍。

（二）压力阀

压力阀是用来控制液压系统压力或利用压力作为信号来控制其他元件动作的阀类。按其功能和用途不同可分为溢流阀、减压阀、顺序阀和压力继电器。它们工作原理都是利用作用于阀芯上的液压力和弹簧力相平衡的原理来获得所要求的油液压力。

1. 溢流阀

（1）溢流阀的结构和工作原理。溢流阀分别为直动式，差动式、先导式、比例溢流阀等多种。

①直动式溢流阀工作原理。图 1-60 是几种直动式溢流阀的结构及工作原理图。

压力油从进油口 P 进入阀内阀芯上的径向通孔 a 和轴向阻尼小孔 b 流至阀芯 2 的底部。当压力油较小时，阀芯 2 在弹簧 3 的作用将进油口 P 与回油口 T 隔开，溢流阀处于关闭状态。

当进油压力升高,作用于阀芯2下端的液压力超过弹簧3的弹力时,阀芯向上运动,阀口通道打开,压力油与回油口相通溢流回油箱。阻尼小孔 b 对阀芯起消振作用,使之动作平稳。而泄油孔 c 用来将弹簧腔与回油口接通,以保证阀的正常动作。调节螺杆5来调节弹簧的预紧力,就可控制系统的工作压力大小。这种溢流阀也称为直动式溢流阀,见图1-60a)。

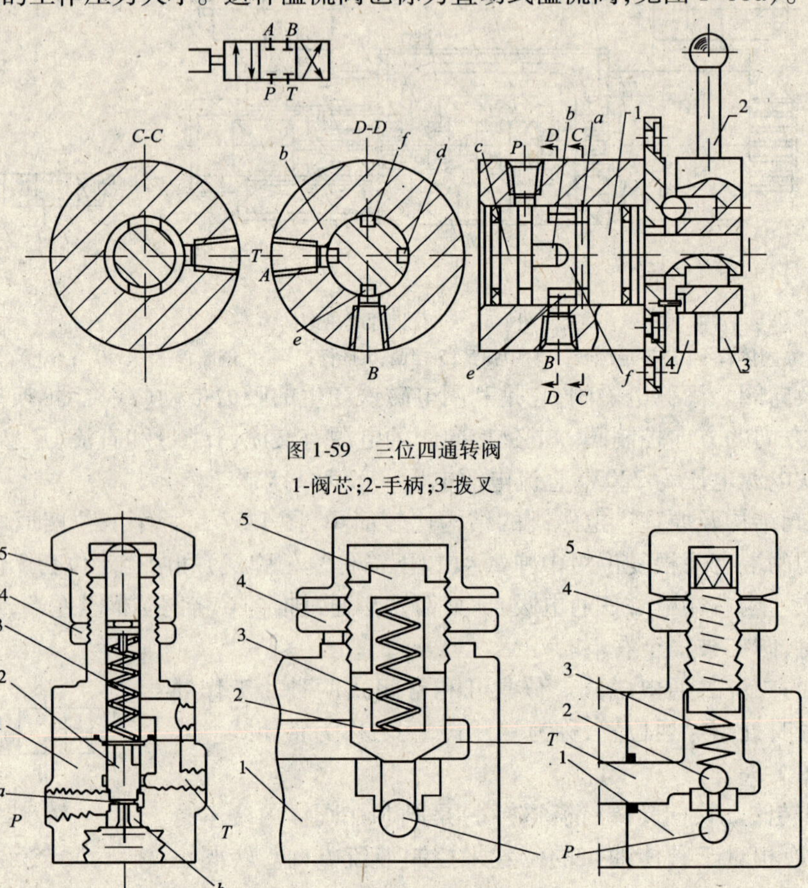

图1-59　三位四通转阀

1-阀芯;2-手柄;3-拨叉

图1-60　直动式溢流阀的结构原理

a)滑阀式阀芯;b)锥阀式阀芯;c)球阀式阀芯

1-阀体;2-阀芯;3-调压弹簧;4-锁紧螺母;5-调压螺杆(帽)

②先导式溢流阀。其内部结构分为主阀和先导阀两部分。先导阀的结构、工作原理与直动式溢流阀相同,多制成锥形座阀式。主阀有多种形式,按其配合形式不同分为滑阀式结构(一级同心结构)、二级同心结构和三级同心结构三类。这三种类型的溢流阀尽管结构形式不同,但工作原理是一样的。图1-61为先导式溢流阀结构原理图。溢流阀主要由阀体8、主阀芯1和平衡弹簧2等组成。

其工作原理如下:被控制的压力油从进油口 P 经通道 a 进入主阀芯下腔Ⅰ,并经阀芯中的阻尼孔7进入主阀芯的上腔Ⅱ,再经导阀座上的孔作用在锥阀3上。当系统正常工作时,油的液压力较低,作用在锥阀3上的液压力不足以克服其上部调压弹簧的预调压力,锥阀3处于关闭状态。主阀芯1则在平衡弹簧作用下处于最下面的位置,进油口 P 与回油口 T 不通。当

系统液压力因某种原因而压力升高，且超过正常压力时，作用于锥阀3顶部的液压力超过了弹簧5的弹力，锥阀3被顶向上抬，一小部分的压力油经阻尼孔7、上腔Ⅱ、通道6和溢流口T流入油箱，致使油液流经阻尼孔7时产生压力降，主阀芯上腔Ⅱ的压力小于下腔Ⅰ的压力，主阀芯上抬，阀口打开，实现溢流。调节调压弹簧5的预紧力，可以调节溢流阀的压力。

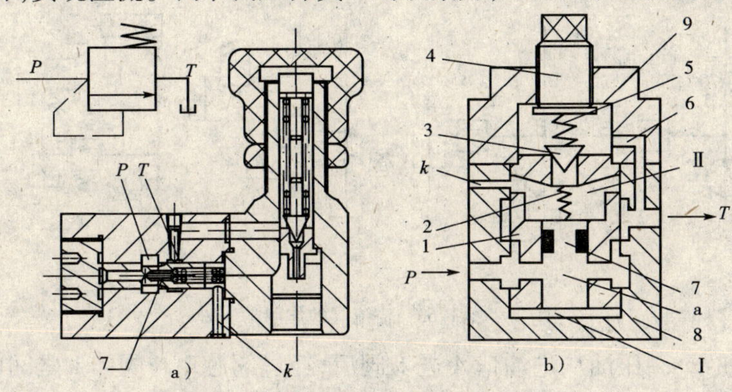

图1-61　先导式溢流阀结构原理

1-主阀芯；2-平衡弹簧；3-锥阀（先导阀）；4-调压螺钉；5-调压弹簧；6-通道；7-阻尼孔；8-阀体；9-阀盖

在阀体上有一远程控制口k，它与主阀芯的上腔Ⅱ相通，当它与油箱相通时，主阀芯只要用很小的力就可以打开，实现溢流。图1-62是插装式主溢流阀，必要时可从换向阀组上拆下来更换或清洗。

（2）溢流阀的作用：

①作安全阀用，保持系统的压力恒定，对系统起保护作用；

②作溢流阀用，在定量泵节流调速回路中，将多余的油放回油箱，保证系统执行元件在设定的范围内运行；

③作背压阀用，接入系统回油箱的回路中，使系统始终保持有一定的压力；

④作远程调压阀用，利用先导式溢流阀的遥控口，或运用比例溢流阀可实现远程控制或多级、无级调压控制，见图1-63。

2. 减压阀

减压阀是一种利用液流流过缝隙产生压力降的原理，使出口压力低于进口压力的压力控制阀。减压阀可使液压系统中某一支路获得低于液压泵供油压力的稳定压力。例如装卸机械中的电液换向阀的控制油路（先导阀油路）、某些离合器和制动器的控制油路以及一些润滑油路所需要的压力比主油路压力来的低，这时在主油路的支路上加装减压阀，便可以获得所需的稳定低压。

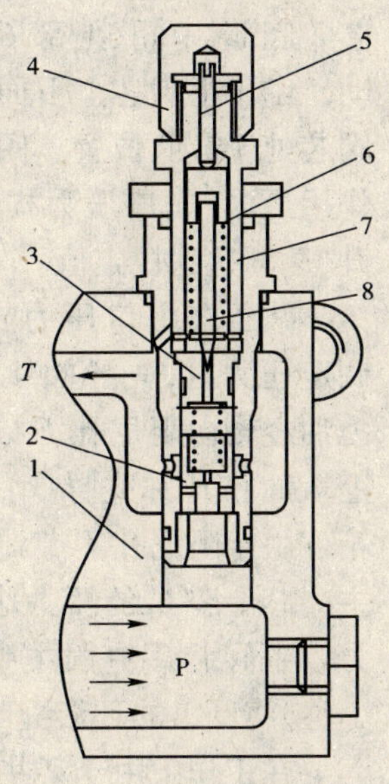

图1-62　叉车液压系统中的先导式溢流阀

1-换向阀阀体；2-溢流阀阀芯；3-先导阀阀座；4-调压护帽；5-调压螺钉；6-先导阀调节弹簧；7-先导阀阀体；8-先导阀阀芯

减压阀有三种：保持减压阀出口压力恒定的定值式减压阀、保持减压阀进出口压力差恒定的定差减压阀和保持出口压力比为一恒定值的定比式减压阀。装卸机械中使用最多的减压阀是定压式减压阀，简称为减压阀。它也可分为直动式和先导式，先导式应用最多。本节只介绍定差式减压阀。

(1)减压阀的工作原理。图1-64为高压系列的JF型先导式减压阀的结构和原理图。它与先导式溢流阀基本相同,也分为先导阀调压与主阀减压两部分。先导阀调压的结构和功能与溢流阀的先导阀基本相同。当减压阀的主阀芯不工作时,在主弹簧3的作用下处于最低工作位置,连通进油口A和出油口C,即不工作时阀芯是常开的,出口处始终有油流出。

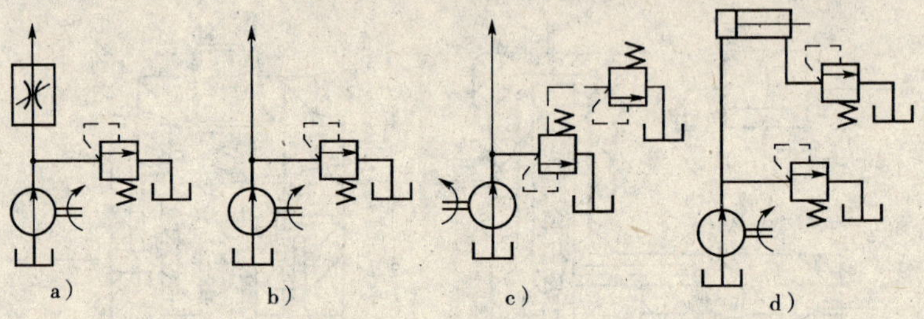

图1-63 溢流阀的作用

其减压原理如下:高压油从进油口A进入阀后,经过阀芯2与阀体1之间的环形缝隙B从出油口C流出。由于缝隙B的阻尼作用,使高压油有流过时产生压力损失,因而出油口C的压力低于进油口的压力。

当减压阀的出口压力低于调定值时,减压阀H腔压力未能达到使先导阀开起的预调压力,先导阀处于关闭状态。主阀芯2底部、中间、上部G和H处的油不流动。由于主阀芯上下面积相等,减压阀的阀芯处于最低位置。阀口全开,节流减压作用最弱,出口压力损失小,压力得以提升,逐渐达到规定值。

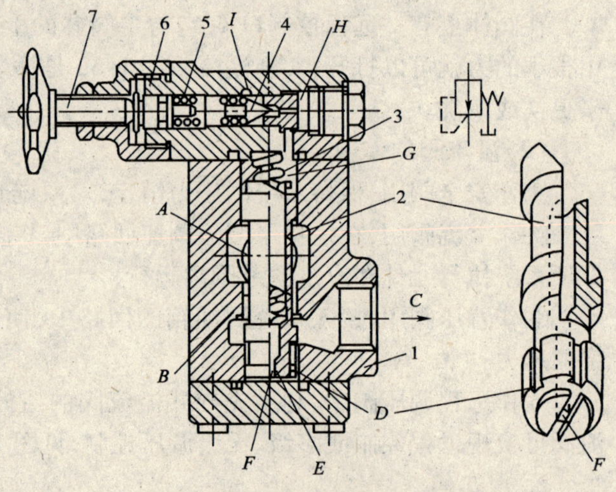

图1-64 JF型减压阀结构原理

1-阀体;2-阀芯;3-主弹簧;4-先导阀(锥阀);5-先导阀弹簧;6-减压阀上盖;7-调压手轮

减压阀出口压力超过先导阀弹簧5调定压力时,先导阀4被顶开,少量的压力油经轴向阻尼孔F以及阀芯上腔G、阀上盖油腔H和先导阀阀口溢流并流回油箱。由于阻尼孔F节流作用产生压力降,主阀芯上腔G的压力小于下腔E中的压力。主阀芯2克服主弹簧3的作用力而上移,将阀口的环形缝隙关小,增大节流作用,使出口油的压力减少,逐渐降至规定值。

在工作中由于某些原因,主系统的压力高于正常压力值时,进入减压阀内的压力也会升高,此时主阀芯2仍处原开启位置,节流阻力不变,出口B压力也升高,通过主阀芯底部沟槽D进入底部E腔、上部G腔和H腔的油压也都升高。升高的油压使先导阀4开口量加大,经先导阀流回油箱的油流量增加。这时主阀芯2进一步上抬,将阀口的环状缝隙B进一步关小,节流作用再增大,使出口的油压减小,基本保持在原设定的压力。

(2)减压阀的应用。图1-65是装卸机械中常见的减压阀应用回路。图1-65a)是减压阀应用在卷扬机构制动回路的实例。减压阀并联在主油路上,经过它减压进入制动缸的压力油

的压力低于主系统工作压力。当机构不工作时，电磁铁 1*DT* 无电，制动缸油腔与油箱相通无压力，制动弹簧的弹力使制动闸上闸。当机构要转动制动缸需要松闸时，1*DT* 接电，减压阀的 *P* 压力油经电磁阀进入制动缸，克服弹簧力推动制动杆开闸。

图 1-65b）是用于装载机控制系统（先导阀）油路，它是用来为液控阀提供应急控制压力油用。当装载机因发生故障动力无法工作时，控制系统也将失去压力油，工作装置无法恢复到停车状态。此时，控制系统可以通过减压阀从执行元件中有高压油处引入可操纵的控制油，恢复控制系统操作功能，使执行元件回到停车状态。

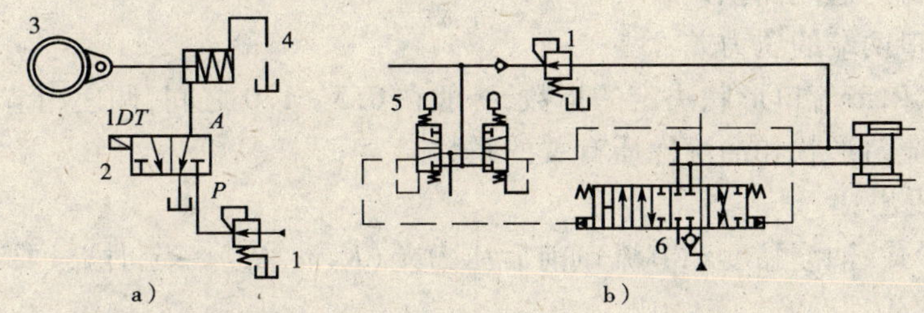

图 1-65　减压阀的应用

a）减压阀用于制动系统；b）减压阀用于控制系统

1-减压阀；2-电磁阀；3-卷筒制动轮；4-制动缸；5-控制系统；6-液控换向阀

3．压力继电器

压力继电器是将液压系统中的压力信号转换为电信号的转换装置。它的作用是，根据液压系统压力的变化，通过压力继电器内的微动开关，自动切断或接通有关电路，以实现顺序动作，安全保护和发出信号。

图 1-66 是一种薄膜式压力继电器结构。其控制油口 *k* 接到所需要取得液压信号的油路上，当油压达到其预调压力值时，压力油推动薄膜 2 使柱塞 3 上升，柱塞 3 的锥面推动钢球 4 水平移动，推动杠杆 1 绕轴 12 转动，杠杆压下微动开关 15 的触头，发出电信号。

调节螺钉 11、弹簧 10 的预紧力，即可调节发出电信号时的油压值。当油口 *k* 的油压降低到一定值时，柱塞 3、杠杆 1 的动作与前相反，微动开关触头的弹力使杠杆 1 和钢球 8 复位，电路断开。

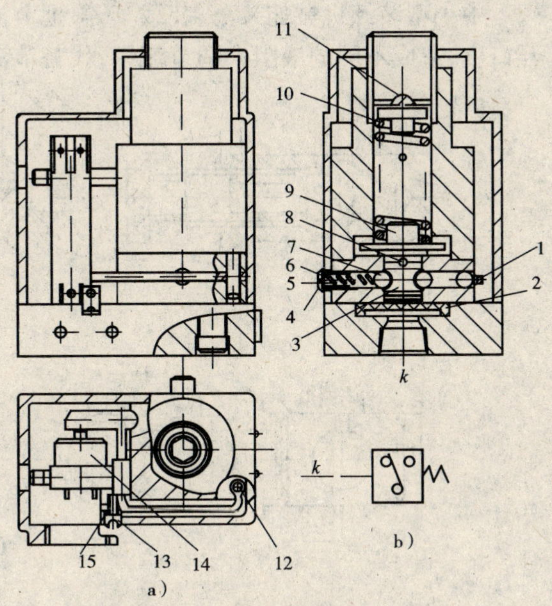

图 1-66　压力继电器结构原理及应用

a）结构；b）职能符号

1-杠杆；2-薄膜；3-柱塞；4、7、8-钢球；5、10-弹簧；9-弹簧座；12-轴；6、11、13-螺钉；14-垫圈；15-微动开关

（三）流量控制阀

在液压传动系统中，用于控制执行元件的流量以实现工作机构速度调节的液压元件称为流量控制阀。常见的流量阀有节流阀、调速阀和分流集流阀。本节只对节流阀进行介绍，其余在后面有关章节中介绍。

节流阀的结构形式很多，工作原理都是利

用通流小孔、缝隙或狭槽的阻力来达到改变节流阀流量的目的。

1. 节流阀特性

通过节流阀的流量大小与节流口的形式,节流阀前后的压力差以及油液黏度等有密切的关系。由水力学知识可以知道,节流阀流量的特性方程式为

$$Q = K \cdot A \cdot \Delta p^{m}$$

式中:Q——通过节流阀的流量;

A——节流口的通流面积;

Δp——节流口两端的压力差;

m——指数,由节流口形状决定的指数,一般在0.5~1.0之间,调速用节流阀常取0.5;

K——与节流口形状和油液性质有关的系数。

从上式可以看出:

(1)当阀口形式、油液黏度和节流口前后压力差(K、m、Δp)一定时,只要改变通流面积A值便可改变流量。

(2)当阀口调定之后(A一定),节流阀前后压力差发生变化时($\Delta p = p_1 - p_2$)将引起流量Q的变化。在装卸机械中外负载是经常变化的,而节流阀前的压力p_1是由溢流阀决定,基本不变。负载变化引起节流阀后的压力p_2变化,因此前后压差$\Delta p = p_2 - p_1$就是个变量,Δp的变化直接引起通过节流阀的流量变化,这就导致液压缸(液压马达)速度不稳定。

2. 节流口的形式

节流口的结构形式很多,常用的如图1-67所示。

中小型装卸机械如叉车、装载车等,把节流阀与换向阀芯制造在一起,依靠改变换向阀的开口度,造成不同的液阻来调节流量,代替节流阀。

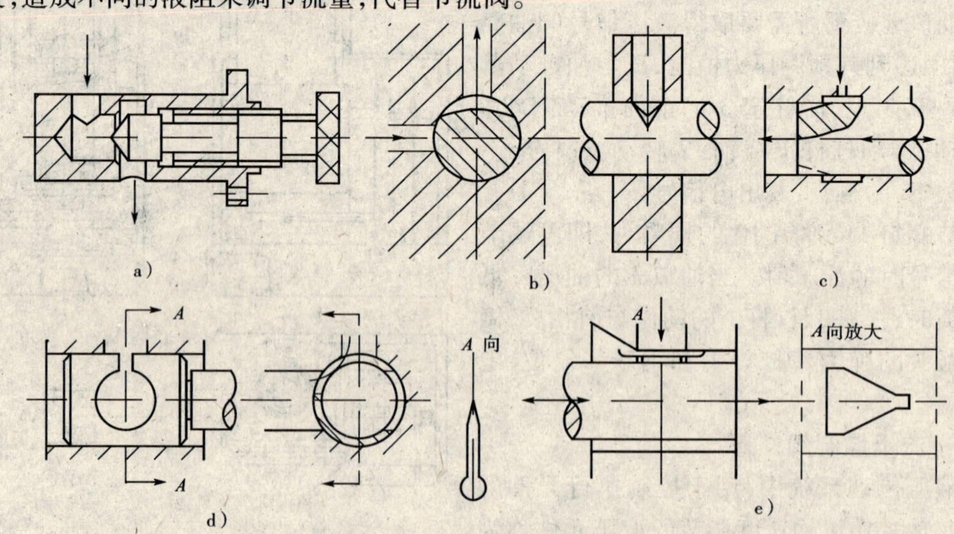

图1-67 节流口的形式

a)针阀式;b)偏心槽式;c)轴向槽式;d)周向三角槽式;e)轴向缝隙式

3. 节流阀在装卸机械液压系统中的应用

将节流阀与单向阀并联,制成单向节流阀,可用于叉车升降系统的限速阀。

单向阀节流口的大小是不可改变的,称为不可调单向节阀流。它虽然结构简单,工作可靠,但限制重物下降的速度因货物轻重而有异,特别是轻载(空载)时下降速度过低,影响生产效率。中型以上叉车都采用下降限速阀来控制叉车框架的起升、下降速度。下降限速阀是一个能随外负载自动调节节流阀口大小的单向节流阀,其结构见图1-68。

限速阀的工作原理如下:

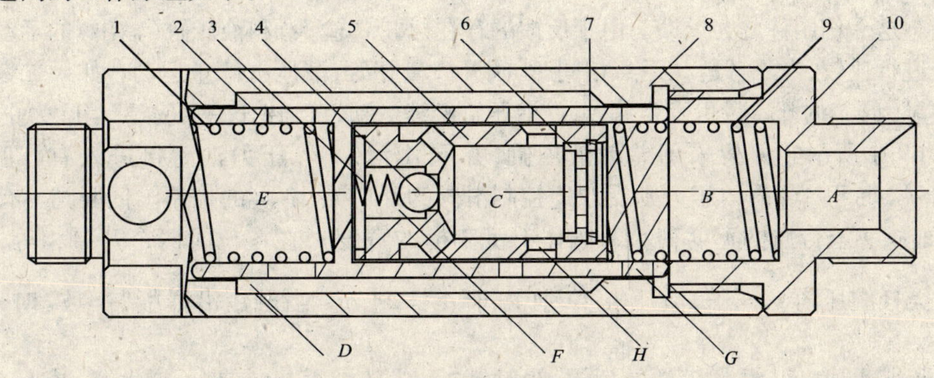

图1-68　下降限速阀结构图

1-复位弹簧;2-阀套;3-弹簧;4-尼龙球;5-阀芯;6-节流板;7-挡圈;8-阀体;9-平衡弹簧;10-接头

在起升时,高压油经过手动换向阀流入限速阀的 A 腔内,并且推动阀套2向左移动,这样就打开节油口 G,使得高压油沿着两条路线流动。即 $A \to B \to G \to D \to E$ 和 $A \to B \to C \to D \to E$ 两条油路共同经过高压软管流入起升液压缸。这时液压油的油量不受调节和限制。

空载荷下降时,起升缸内的液压油进入 E 腔,作用在阀套2上的力与复位弹簧1的合力小于或略大于平衡弹簧9的弹力,阀套2向右移动的量很小,回流的油基本上还是沿来路回流。

满载荷下降时,起升缸内的液压油进入 E 腔,作用在阀套2上的力与复位弹簧2的合力大于平衡弹簧9的弹力,阀套2向右移动,直到阀套2与接头接触为止,关闭油口 G,回油只能经过 $E \to D \to H \to C \to$ 节流板 $6 \to B \to A$ 返回油箱。由于油口 H 的开口量变小,回流的油流量受到限制,因而货叉下降的速度受的限制,避免了满载荷时下降速度过快。

载荷不满载下降时,油压力和 E 腔的弹簧1作用力与平衡弹簧力9达到平衡位置,油口 H 的开口量有相应的变化,即大于满载荷时的开口量,下降的速度基本上与满载荷时保持一致。

七、液压伺服系统、比例、插装阀

(一)液压伺服系统

液压伺服系统是液压传动学科的一个重要组成部分,近年来已发展成为相对独立的分支。

液压伺服系统是以液压为动力的机械量(位移、速度和力等)的自动控制系统。这里所说的液压伺服系统也包括电液伺服系统。液压伺服系统中除了有泵、执行元件、控制阀和辅助元件等一般部分外,还有其特殊组成部分,其工作原理与一般液压系统也有所不同。下面通过例子来说明。

1. 机液位置控制系统

图1-69是车床上使用的一种双边控制阀的液压仿形装置原理图,这是由双边控制阀和液压缸组成的机液伺服系统。图中因活塞杆固定在作纵向运动的机床溜板上(图中未画出),所

以整个仿形装置可与溜板一起作纵向运动，而仿形刀架又可沿轨道相对溜板作前后运动。开机前，仿形刀架的触销与样件不接触，压力油经过双边伺服阀进入，使液压缸，即仿形刀架向前移动。当触销接触到工件样件后，伺服阀的阀芯位置受到样件限制不能随刀架前移，阀芯与阀体之间的开口量发生变化，进入液压缸两腔压力发生变化，引起活塞杆的移动。由于液压缸体和阀体连接在一起，因此液压缸的运动反过来又传递给阀体，使阀芯与阀体之间的开口量恢复成开始量。这一作用称之为反馈。由于反馈的存在，阀芯（输入）和液压缸（输出）的运动在阀芯和阀体处进行比较，当二者运动距离相同时，阀开口量相等，液压缸停止运动。如果二者运动距离有“偏差”，阀芯的开口量也发生偏差，使液压缸继续运动，直到把这一“偏差”消除为止。

图 1-69 中所示的刀架采用差动液压缸，并取 $A_2 = 2A_1$。压力油直接进入有杆腔（面积 A_1），无杆腔（面积 A_2）内的压力则受双边控制滑阀的开口 e_1 和 e_2 的控制。伺服阀具有一定的预开口（即阀芯上台肩的宽度稍小于阀体上沉割槽的宽度），在零位时两个开口相等，即 $e_1 = e_2$。此时无杆腔压力 $p_2 = \frac{p_1}{2}$，液压缸不动（由于 $A_2 = 2A_1$）。当触销沿样板“爬坡”时，阀芯后退，e_2 减小，e_1 增大，$p_2 > \frac{p_1}{2}$，液压缸后退；当触销“下坡”时，阀芯向前，e_2 增大，e_1 减小，$p_2 < \frac{p_1}{2}$，液压缸向前运动。由于阀体和缸体连在一起（反馈），液压缸将完全跟随触销而运动，以实现仿形。图中触销和阀体间有一杠杆，这使得输入装置和反馈装置中都增加一个传动比。但并不影响刀架的跟随运动。

2. *液压伺服系统在装卸机械中的应用转向助力器*

液压伺服系统在内燃装卸机械中常用于车辆的转向助力器中，起到“力”放大的作用。图 1-70 所示为一例。当方向盘带动滚珠丝杠 4 旋转时，由于螺母 3 不能旋转，丝杠使四边控制阀阀芯2作轴向移动。如果阀芯2向上运动，活塞6则向右运动。活塞6的运动通过杠杆7等

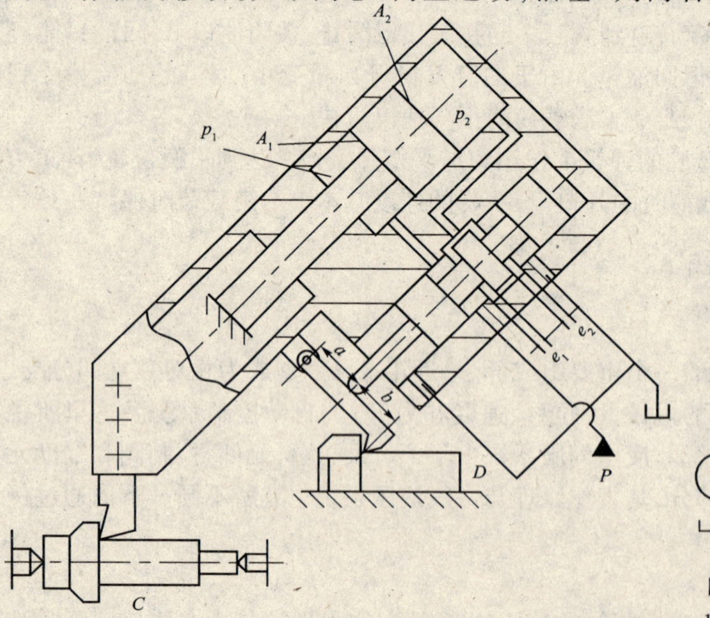

图 1-69　液压仿形刀架工作原理

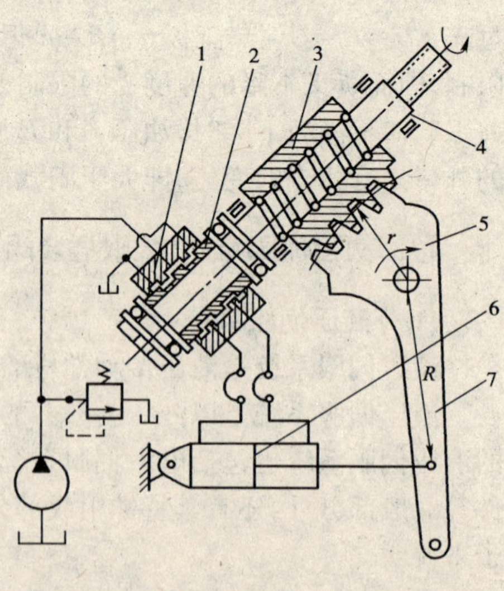

图 1-70　装卸车辆的转向液压伺服系统原理
1-阀体；2-阀芯；3-螺母；4-丝杆；5-齿扇；6-活塞；7-杠杆

件使车轮旋转（此时齿扇轮5轴心相对固定），产生转向动作。同时，活塞通过杠杆7带动齿扇5转动，与螺母3做成一体的齿条因与齿扇5啮合而产生移动（反馈），故螺母3、丝杠4及阀芯2向下运动，使阀芯2与阀套1的相对位置恢复到中位，活塞停止运动。由于采用了丝杠、螺母、杠杆、齿条齿轮等，使输入装置和反馈装置都有一定传动比。

由上述例子可以看出液压伺服系统是个闭环控制系统，它包含输入装置、反馈装置、比较装置、放大和变换装置以及执行元件五部分。反馈是新引入的概念，它的存在对系统的工作和性能起决定性的影响。

（二）比例阀和插装阀

1. 比例阀

电液比例阀简称比例阀。将手动调节压力、流量等参数的压力阀、流量阀改为电动调节，并使被调整的参数和给定的电量（通常是电流）成一定比例，就成为比例压力阀或比例流量阀。比例阀是介于一般阀和电液伺服阀之间的阀类。它的静态输入—输出特性（电流—流量或电流—压力）和电液伺服阀相同，但其响应速度较慢（或其频率特性中的频宽较窄），动态特性较差。不过比例阀的制造精度可降低些，和伺服阀相比，具有价廉、抗污染能力强的优点。比例阀可用于自动控制系统中，可使系统压力或流量按预定要求自动改变。一般情况下，比例阀用于开环控制系统，必要时也可用于闭坏控制系统。后一种情况是用比例阀来代替伺服阀。由于阀的动态性能较差，只能用于响应速度要求较低的系统中，但系统的维护要求和成本可降低。在一般液压系统中，可用一个比例阀代替若干个一般阀来实现多级压力或流量控制，使系统简化。

比例阀由比例调节机构和液压阀两部分组成。其中比例调节机构是较为特殊的部分，而液压阀部分则和一般液压阀差别不大。最常用的比例调节机构是比例电磁铁。

(1)比例电磁铁。是一个直流电磁铁，与普通的电磁铁不同。它的吸力或位移与给定电流成比例，并在衔铁的全部工作位置上，总是在磁路中保持一定的气隙。图1-71所示为一种比例电磁铁的结构原理。它主要由极靴1、线圈2、壳体4和衔铁9等组成。线圈2中通电后

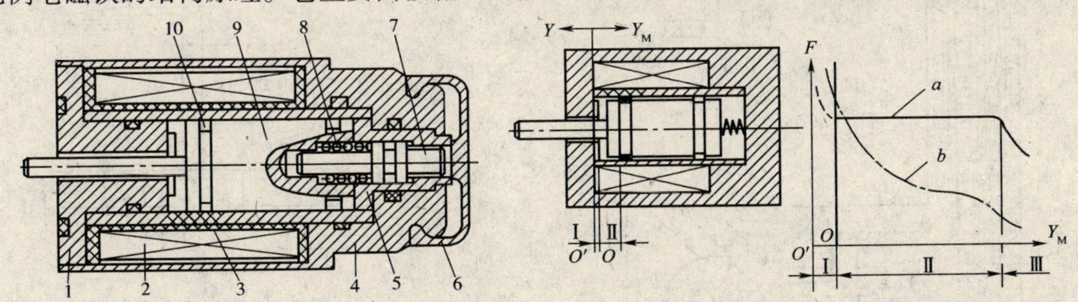

图1-71 比例电磁铁结构与原理

1-极靴；2-线圈；3-隔磁环；4-壳体；5-内盖；6-盖；7-调节螺丝；8-弹簧；9-衔铁；10-导向管

a-比例电磁铁；*b*-普通电磁铁

产生磁场，隔磁环3将磁路切断，使磁力线主要部分在衔铁9、气隙和极靴1中通过，极靴对衔铁产生吸力。在线圈中电流一定时，吸力的大小因极靴与衔铁相对位置的变化而变化。比例电磁铁的吸力特性可分成三段。在气隙很小的区段Ⅰ，吸力虽然很大，但随位置而改变，且急剧变化。在气隙较大的区段Ⅲ，吸力明显下降。所以把吸力随行程变化较小的区段Ⅱ作为比

例电磁铁的工作区段，只考虑工作区段内的情况。

(2)比例溢流阀。结构见图1-72。它主要由比例电磁铁和溢流阀组成。其工作原理是：

衔铁1上的吸力与线圈2中的电流成比例，吸力通过推杆3和弹簧作用于先导阀芯4，从而使先导阀的开启压力与电流成比例，形成一个比例先导压力阀。该先导阀与溢流阀组合在一起，就成为一个比例溢流阀。

一个比例溢流阀可以代替多个溢流阀来实现系统中的多级压力控制，这样不但可以简化系统的组成，还可以实现远距离控制。比例溢流阀中的电磁阀与现代电子元件结合，可以实现自动按载荷"施力"，进一步节约能源。现代的装载机中安装比例溢流阀和相关的人工智能电子元件后，可使装载机自动按载荷调节液压系统工作压力，自动调节动力机的输出功率大小，将能耗、环境污染降低到更新的标准。

(3)比例方向阀。将普通的四通电磁阀进行改造，使其开口能随给定的电流而改变，就成为比例方向阀。在比例方向阀中，电流的极性决定液流方向，电流大小决定阀开口的大小。从输入和输出特性以及从结构上看，比例方向阀和电液伺服阀相似，只是前者性能指标低些，但制造的精度也可以降低些，价格便宜，且对油液的清洁度要求也不如后者那样苛刻。在性能要求不很高的情况下，比例方向阀可以替代电液伺服阀。

比例方向阀既可以用于开环，又可以用于闭环控制系统。为使流量不受负载的影响，可在比例方向阀中增加一个定差式减压阀(与调速阀相似)，这种阀称为比例复合阀。其原理如图1-73所示。压力油经定差式减压阀2流量入主阀3。当比例电磁铁$2DT$通电时，比例换向阀的电磁阀7内锥阀开口关小，使经过减压阀和比例换向阀7进入主阀3的左端的控制油压力升高，主阀3的阀芯向右端产生位移，其位移大小，即阀的开口与电磁铁$2DT$中的电流大小成比例。经过定差式减压阀2进入主阀3的流量也随之变化，转向液压缸5的活塞杆移动的位

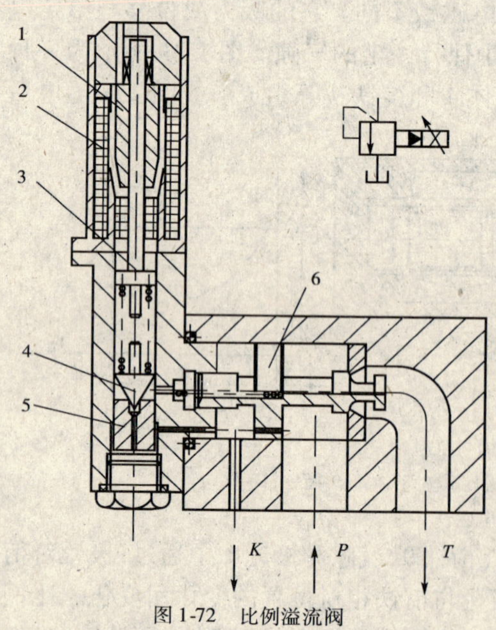

图1-72 比例溢流阀

1-衔铁；2-比例电磁阀线圈；3-推杆；4-先导阀芯；5-先导阀座；6-主阀芯(溢流阀)

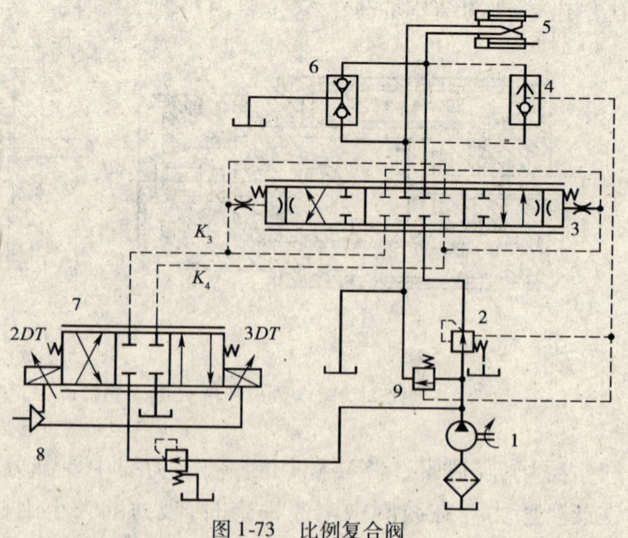

图1-73 比例复合阀

1-泵；2-定差式减压阀；3-主阀；4-梭阀；5-转向液压阀；6-单向补油阀；7-比例方向阀；8-电信号输入；9-溢流阀

移量就与比例电磁阀的电流大小成正比。当电磁铁 $3DT$ 通电时，主阀 3 右端压力增加，主阀向左产生位移，其位移量与电磁铁 3 中的电流成比例。比例电磁铁 $2DT$、$3DT$ 和阀 7 等构成一个比例方向阀。阀 2 是定差式减压阀，即主阀 3 的阀芯节流口两端压力差来控制阀 2 的开口量，从而改变通过阀 2 的压力降，或改变进入主阀 3 的压力，以保持主阀 3 阀芯节流口两端压差基本不变（不受负载变化的影响）。梭阀 4 具有根据负载压力的方向自行切换的功能，以保证定差减压阀 2 的弹簧腔与主阀 3 的工作节流口的下游接通。比例方向换向阀 7 和主阀 3、梭阀 4 构成比例复合阀。比例复合阀除了具有比例方向阀的功能外，还能保证通过的流量不受负载的影响。这种阀适合用于开环自动控制系统。

2. 插装阀

插装阀是一种特殊的、不包括阀体的，适宜于直接装入一个共同阀体内的二位二通（逻辑阀）。因它的结构通常是锥形座阀，所以又称为二通插装阀、逻辑阀、锥阀。1981 年我国液压气动标准化委员会定名为二通插装阀，简称“插装阀”。

插装阀是一种多机能，标准化通用化程度高、流通能力大，密封性能和动态性能好，并且适宜在低黏度介质中使用。

插装阀的主要结构如图 1-74 所示，由控制盖板 2 和锥阀组件 3、4 两大部分组成。锥阀组件包括阀芯、阀套、弹簧以及若干密封圈。插装阀只有两个主通道 A 和 B，锥面的开闭决定 A、B 的通断。阀芯上有两个承压面，分别是 A_a 和 A_b，分别与 A 腔和 B 腔相连。弹簧腔 C 的压力受控制盖板 2 及其上先导阀的控制，其承压面积为 A_c。且 $A_c = A_a + A_b$。当弹簧腔压力与弹簧力之和大于 A 腔和 B 腔所受到力的和时，插装阀锥面关闭，A、B 腔通道被切断。其计算式如下。

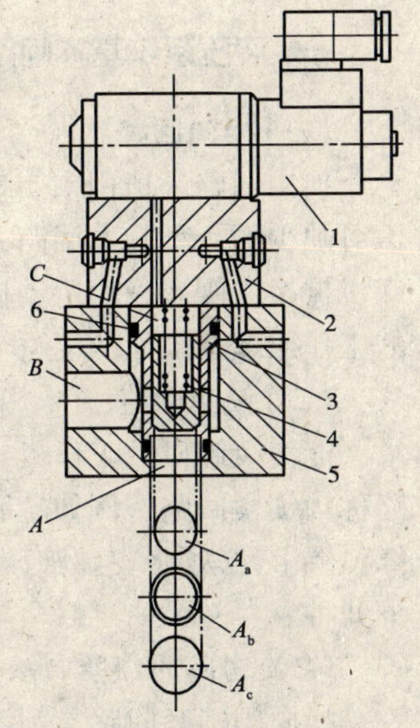

图 1-74　插装阀结构

1-先导控制阀；2-控制盖板；3-插装件；4-弹簧；5-集成块；6-密封圈

$$p_cA_c + F_S > p_aA_a + p_bA_b$$

式中：p_a、p_b、p_c——A 腔、B 腔、C 腔的压力；

F_S——弹簧预紧力。

当 $p_cA_c + F_S < p_aA_a + p_bA_b$ 时，锥面打开，A、B 两腔导通。所以 A 腔、B 腔的压力都可以单独打开阀门。在 p_a、p_b 已定的情况下，改变 p_c 可以控制锥阀的开关，即控制的 A、B 两腔通断。

插装阀可以用作方向控制阀、压力控制阀和流量控制阀等控制阀。其符号见图 1-75。

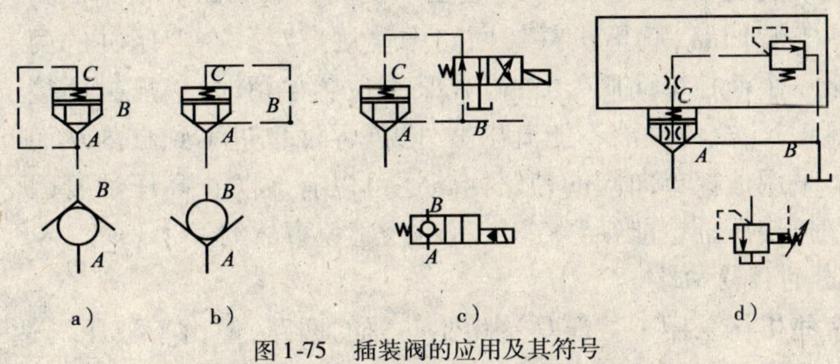

图 1-75　插装阀的应用及其符号

a、b）插装单向阀；c）液控单向阀；d）插装式溢流阀

图 1-75a）和图 1-75b）代表两个连接方向不同的插装式单向阀，图 1-75a）表示控制油口与 A 连接，油流的方向是 B 流向 A；图 1-75b）表示控制油口与 B 连接，油流的方向是 B 流向 A。图 1-75c）插装式液控单向阀。当电磁阀不通电时，控制油口卸压，此时油流方向为 $A \to B$，$B \to A$ 不通；当电磁阀通电时，A、B 接口可以双向导通。图 1-75d）插装式溢流阀。它表示由一个压力阀插装元件和能调整压力的控制盖板组合而成。

第四节　液 压 回 路

一、液压系统基本回路

（一）换向回路

换向回路是指用来实现变换液压系统执行元件运动方向的回路。换向回路是液压系统中不可缺少的一种基本回路，在开式系统中换向回路是采用各种换向阀来完成的。港口内燃装卸机械换向阀多采用手动换向阀、液动换向阀、电液换向阀和电液比例换向阀等。这几种回路的工作原理在前面的“换向阀”中已作过介绍，在此不再重复。

（二）锁紧回路

能使装卸机械工作机构按要求在某一段时间内停止在某个工作位置上固定不动的液压回路称为锁紧回路。例如轮胎式起重机为了工作可靠，伸出的支腿必须能长时间停止在原来支撑位置上，必须将支腿液压缸的进、回油路关闭并锁紧，以防止其移动。常用的锁紧回路有如下几种。

1．换向阀的锁紧回路

换向阀锁紧回路是利用换向阀的阀芯与阀体之间的间隙密封，切断工作油路与泵和油箱之间的联系，使工件固定在某个位置上不动的液压回路。通常用 M 或 O 型机能换向阀作为锁紧回路，它可以将执行元件锁紧在任意位置上。

图 1-76 是叉车的起升框架锁紧回路。换向阀处于中间位置时，起升缸的进油口与油泵、油箱之间的联系被切断，活塞被锁紧，液压缸不能随意移动。这种换向阀锁紧回路由于换向阀的环状缝隙较大，密封性能差，难以保证长时间锁紧，故只用于对锁紧要求不高，或短时停留的场合。

2．采用液控单向阀（液压锁）的锁紧回路

采用液控单向阀实现锁紧的回路称为液控单向阀锁紧回路。锁紧回路在装卸机械的液压支腿回路、起重机臂架回路中使用广泛。在液压缸的两个接油口处各串接一个液控单向阀，当油缸在某个位置停留时，液压缸两接口均被液控单向阀锁死，缸内油液不能流出缸外，外界油也进不到缸内从而使液压缸的锁紧。采用液控单向阀的锁紧回路还可以有效防止高压油管因意外而脱落、破裂时，液压缸也能锁紧在某一位置，避免事故的发生。

图 1-76　叉车起升机构锁紧回路

3．采用制动器的锁紧回路

装卸机械中有些机构采用了液压马达为驱动器的回路，但由于液压马达不可避免地存在内部泄漏，所以不能采用以上各种阀锁紧，一般是在液压马达轴上安装机械制动器，以确保液

压马达和重物不动。机械制动器多采用弹簧上闸液压松闸的结构，液压制动缸与工作油路相通。当机构工作时，先是液压油压力升高，克服制动器内弹簧力使制动器松闸，然后马达开始正常转动；当液压系统无动作或液压系统无压力时，机械制动器在弹簧力作用下迅速上闸，使液压马达停留在某工作位置上不动。

（三）调压和减压回路

调压回路的功能是控制的最高使用工作压力，使其不超过某一预先调定的数值（压力阀的调定压力）。定量液压泵系统中压力调定主要是用溢流阀，变量液压泵系统中用溢流阀来限制系统最大工作压力，防止系统过载。当系统需要多个压力时，可采用多级调压回路来实现。

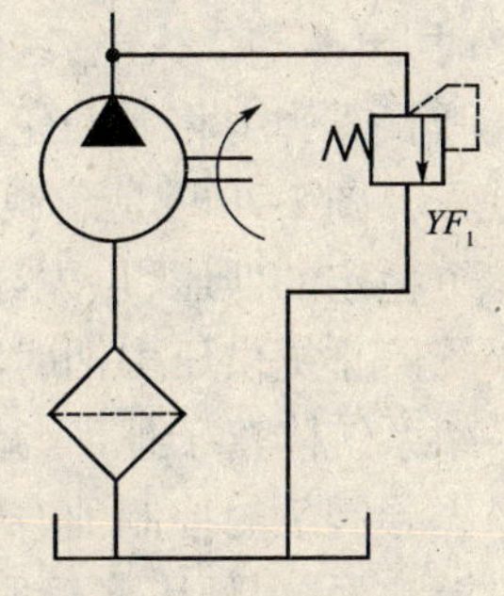

图 1-77　溢流阀调压回路

1. 单级调压回路

图 1-77 所示的是用溢流阀调定系统的调压回路。其原理是：当负载增加，油路压力升高到溢流阀 YF_1 调定压力值时，泵的压力油液就通过溢流阀卸压返回油箱，主油路的最高压力就被限制在溢流阀的调定压力之内。因该系统只有一个溢流阀，它的最大工作压力只有一个值，所以该调压回路称为单级调压回路。

2. 二级调压回路

有的装卸机械液压系统中各执行元件需要限制不同的最高压力，或者对于同一个执行元件在不同的工作状态下要求限制不同压力，就可以用不同调定压力值的溢流阀来实现。图 1-78为某集装箱正面吊的臂架变幅回路，它采用了两个调定压力不一样的溢流阀调定回路。该回路可以分别控制臂架在起升和下降过程中两种不同的最大工作压力。当换向阀处于 I 位置工作时，泵的压力油进入变幅油缸 4 的下腔，活塞杆伸出，臂架起升。在此工况下，液压缸需要克服吊重、臂架自重等外力，因而需要较大的工作压力，此时的油路最大的工作压力恰好由调定压力高的溢流阀 1 限制，满足了系统的需要。当臂架下降时，泵提供的压力油进入变幅油缸的上腔，液压缸上的外力作用方向与活塞运动方向一致，因此油液的压力较小，这时当活塞下降到行程终点位置时，或者遇到意外突然终止时，系统压力由低压溢流阀 2 定，有效地减少液压系统的功率损失和油液的发热。该回路叫两级调压回路。

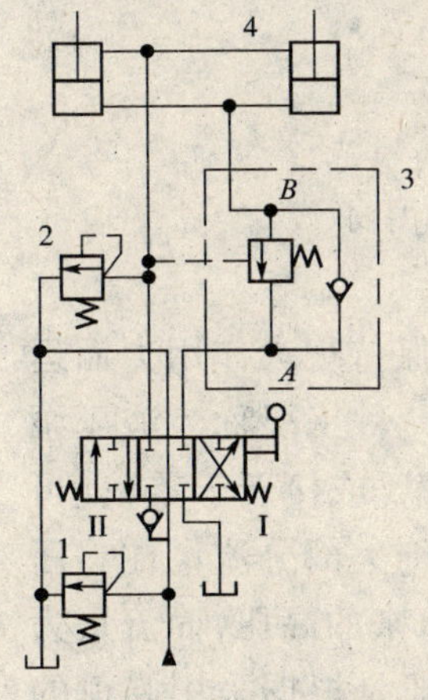

图 1-78　两极溢流阀调压回路

1、2-溢流阀；3-平衡阀；4-臂架液压缸

3. 无级调压回路

近几年来装卸机械的吨位不断增加，对液压系统的安全、节能和限压的要求越来越高。为了更好更安全有效地限定液压系统的压力和合理利用能源，越来越多地采用了无级调压回路。通常采用电液比例溢流阀调压回路，将普通的溢流阀更换成电液比例溢流阀，整个系统压力就可以随比例电磁阀的磁力大小无级别的变化。

4. 减压回路

利用减压阀减压获得比主油路压力低得稳定压力回路称减压阀调压回路，简称减压回路。最常见的减压回路是在需要减压的油路前串联定值减压阀。例如装卸机械的变矩器工作油路与变速换挡油路是共用一个液压泵。为满足各自工作的不同压力，在各自的油路中分别设置减压阀，调定各自所需要的压力值。

装卸机械液压系统多属于高压系统，但在系统中有些回路中却要使用比主系统压力低得多压力值。为此，采用减压阀组成的减压回路满足需要。图 1-79a）所示的是减压阀将系统的高压油压力降低并稳定在某一定值，运用于制动系统的减压回路。它的原理是：需要解除制动时（制动轮要松闸），电磁阀 2 得电，主系统的高压油便经过减压阀 1 降压进入制动缸 4，压缩弹簧使制动缸松闸，制动轮失去对工作机构的约束，工作机构开始工作。工作机构需要停止时，电磁阀 2 失电，系统高压油不能进入制动缸，制动缸内的压力油经过电磁阀流回油箱，制动弹簧靠弹力将制动轮上闸，使工作机构停止运行并保持静止状态。

图 1-79b）是装载机中应用的一种采用减压阀的减压回路。它将主油路的压力降低到一个稳定的低压，供先导阀 7 用油。它的工作原理是：当装载机作业过程中，因某些原因液压系统停止提供压力油时，液控换向阀 6 会因无控制压力油而无法将臂架系统降下。为了能把臂架系统降落于地面，减压阀从臂架液压缸的大腔端引出一小部分高压油，并把它降低压力用于先导阀 7 的控制油，从而可以继续操纵液控换向阀动作，接通臂架液压缸油路，使臂架系统降至地面，保证了车辆安全。

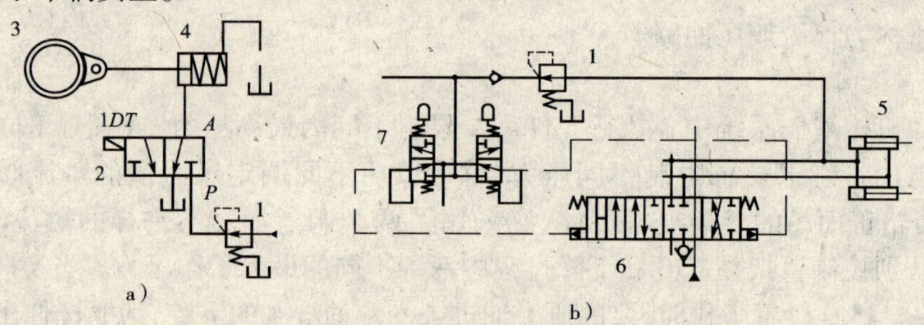

图 1-79　减压回路

a）用于制动系统；b）用于臂架系统先导阀

1-减压阀；2-电磁阀；3-制动轮；4-制动缸；5-臂架液压缸；6-液控换向阀；7-先导阀

（四）卸荷回路

在液压系统中，当执行元件暂时停止运动或在某段工作时间内需要保持很大作用力而运动速度极慢（甚至不动）时，液压泵在空载或很小输出功率工况下运转，此种工况称为液压泵的卸荷。由于泵的输出功率为压力和流量的乘积，二者中只要有一项为零（或接近于零）就可以使泵卸荷。故实际系统中使泵卸荷有两种方法：一种是让泵的全部或绝大部分流量在零压（或很低的压力）下流回油箱，称为压力卸荷；另一种方法是让泵能维持原来的高压，而流量为零（或接近零）情况下运转，则称为流量卸荷。卸荷回路的形式很多，一般是根据采用卸荷的液压元件名称而定。

1．采用换向阀卸荷的卸荷回路

利用换向阀的中位机能使得压力油路与回油箱的油路相通，达到使油泵卸荷回路，此种形式称为换向阀卸荷回路，如图 1-76 和图 1-78 所示。

换向阀卸荷回路所用的换向阀必须属于 M、H 和 K 型机能，而换向阀的控制形式不限，可以是手动、电动或者其他控制方式。

对于执行元件在泵卸荷时又无需锁紧的卸荷回路里易采用 H 型换向阀卸荷。如果执行

机构需要锁紧,那么在液压回路中可以采用 M 换向阀。

2. 采用先导式溢流阀的卸荷回路

利用先导式溢流阀来使油泵卸荷的回路称为溢流阀卸荷回路。

在换向阀与泵之间的距离较远时,如仍然用换向阀卸荷,则会因为液压油的来回流动,而存在较大的压力损失。此时采取先导式溢流阀的卸荷回路可减少液压油能量损失。常见有两种不同形式的溢流阀卸荷回路。一种是把溢流阀的遥控口与一个常闭式二位二通电磁阀相连,电磁阀的另一个接口与回油路相连,见图 1-80。当二位二通电磁阀的电磁线圈有电时,二位二通电磁阀的阀芯移动使得溢流阀的遥控口与油箱接通,溢流阀泄荷,泵所泵出的油就经过溢流阀流回油箱,油泵就处于压力卸荷状态。

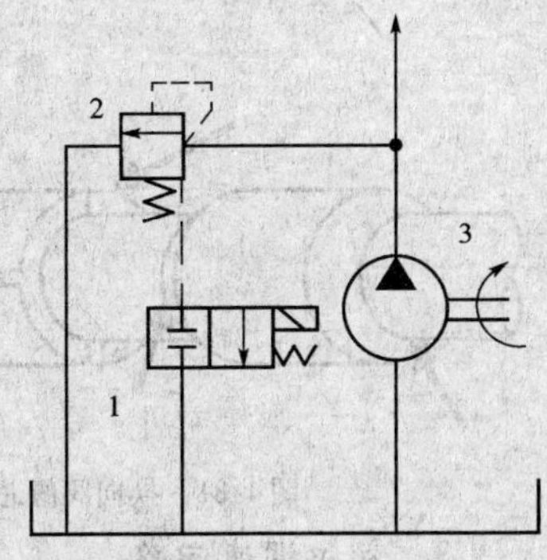

图 1-80　先导式溢流阀的卸荷回路

1-电磁阀;2-先导式溢流阀;3-泵

另一种溢流阀卸荷回路则是将溢流阀的遥控口与换向阀组相串联,只要换向阀组里任意一组换向阀的阀芯被移动(处于工作状态),溢流阀的遥控口与油箱的通路就被截断,溢流阀进入调压状态;当阀芯不工作复位时,溢流阀的遥控口与换向阀内部的回油通道相沟通,溢流阀开始卸荷。溢流阀的遥控口与换向阀组相结合的卸荷回路又称为溢流阀换向阀卸荷回路。例如国产 ZS_1-L25E-T-OA 型手动换向阀就是采用溢流阀遥控口与换向阀组合形式的溢流阀卸荷回路。

(五) 调速回路

能对液压执行元件运动速度进行调节的液压回路称为调速回路。

1. 液压传动中的调速概念

从本章基础理论知识可知,液压缸(液压马达)的有效工作面积不变时,只要改变输入的流量就能改变其运动的速度。

装卸机械中使用的液压调速回路一般可分为两大类,即有级调速回路和无级调速回路。它们各类又可分为若干种。本节主要介绍无级调速回路的工作原理。在无级调速的调节方法中可分为节流调速、容积调速和节流容积调速三种。

2. 节流调速回路

由于油液在流动时,通过管道的流量与其液阻(表现为压力损失)密切相关,因此可用改变液阻(一般为改变通流面积)的方法来调节流量,这种方法叫节流调速。

节流调速回路适合采用定量泵供油,执行元件是液压缸或液压马达的液压系统的调速。它是利用调节可改变节流装置来改变进入执行元件流量大小,从而达到改变工作机构运动速度的目的。

在装卸机械中,一般不设专门的节流阀来调节速度,而是在换向阀的阀芯肩台上铣出半圆槽、三角槽或者在肩台端上磨出锥面,从而使换向阀的阀芯移动时可以改变其节流口的面积,以达到节流调速的目的。此种换向阀根据在工作时进油、回油和工作油路接通状况不同,又可以组成三种常见的复合式调速回路。即进油回油调速回路、进油旁路调速回路和回油旁路调速回路。换向阀阀芯加工情况见图 1-81。

图 1-82 是手动 M 型三位四通换向阀控制的复合式调速回路原理图。f_1、f_2 是节流口，F_L 是外负载。工作时，油泵的压力油经过 f_1 进入液压缸左腔，液压缸有杆腔的油经过 f_2 流回油箱。只要调节阀芯的位移量就可控制进（出）液压缸的油量，调节了液压缸的运动速度。

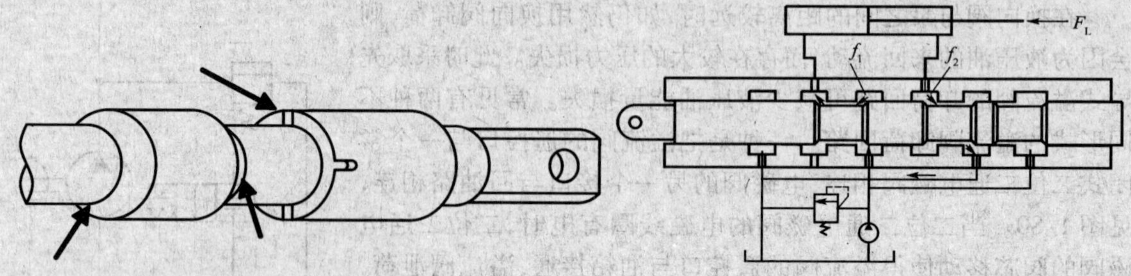

图 1-81　换向阀阀芯的加工情况　　图 1-82　换向阀阀芯的符合调速回路

3. 容积调速回路

容积调速回路是依靠改变液压泵（泵组）的排量（流量）或改变液压马达的有效排量来调节执行元件的运动速度。由于容积调速是直接按运动速度需要提供相应的流量，因此它没有节流调速中的功率损失，油液发热较少，系统的传动效率高，液压元件安装更为紧凑，比手动换向阀调速更容易实现自动控制。习惯上把容积调速分成有级调速和无级调速两大类。无级容积调速回路分成变量泵—定量马达容积调速回路、定量泵—变量马达容积调速回路和变量泵—变量马达容积调速回路。目前，全液压驱动的叉车、履带式挖掘机、轮胎式起重机和其他装卸机械车辆，它们的行走部分的传动都采用液压泵和液压马达组成的容积调速回路。

（1）有级容积调速回路。采用定量泵组或定量马达组通过分流和合流或者并联和串联的办法，进行适当的组合来达到调速。按其调速方法可分为改变泵组连接的和改变马达两种。

①改变泵组连接的容积调速回路。回路中采用了两台压力、流量都相等的油泵和一个遥控顺序阀。在空载或轻载时，遥控顺序阀不动作，两台油泵同时向系统供油，系统获得的总流量等于两台泵流量之和。此时执行元件运行为低压高速。当系统的外负荷增加，液压力升高，且升高到足以打开遥控顺序阀时，两个油泵的进出口互相连通，泵呈现出串联供油状况，供给系统的流量成为一台泵的流量（不计损失），而供给系统的压力油压力接近两个泵的压力之和。执行元件的运动速度为低压时的一半，即高压低速。图 1-82 所示为双泵容积调速回路。

②改变执行元件连接的容积调速回路。将执行元件如液压缸、液压马达的连接方式改为串联和并联两种方式。在油路串联时，压力油依此经过两个或多个执行元件，流经每个元件的流量都与泵的总流量相等，于是执行元件的速度为快速。当将各个执行元件的油路改接为并联时，流过各个执行元件的压力油流量都为泵的流量 $1/n$（n 是执行元件的个数），执行元件运动的速度是低速。

（2）无级容积调速回路。依靠改变液压泵或液压马达的排量来达到无级调速的目的。无级容积调速回路分为三种形式，即变量泵与定量马达组合、定量泵与变量马达组合、变量泵与变量马达组合。

①变量泵—定量马达容积调速回路。图 1-83 是变量泵—定量马达容积组成的调速回

路原理图。图中元件4是变量泵,3是执行元件液压马达。只要改变液压泵的排量就能达到调速的目的。图中5是安全阀,用以防止系统过载。回路中变量泵的流量全部进入执行元件,因此不存在节流调速中的流量损失。另外,变量泵的流量直接进入执行元件,没有节流元件引起的附加压力损失。

A. 速度—负载特性。这种调速回路中,执行元件液压马达的运动速度为

$$n_M = \frac{Q_T}{q_M}\eta_{pV}\eta_{MV} \tag{1-40}$$

式中:Q_T——变量泵的理论流量;

η_{PV}——变量泵的容积效率;

η_{MV}——液压马达的容积效率;

n_M——液压马达的转速;

q_M——液压马达的排量。

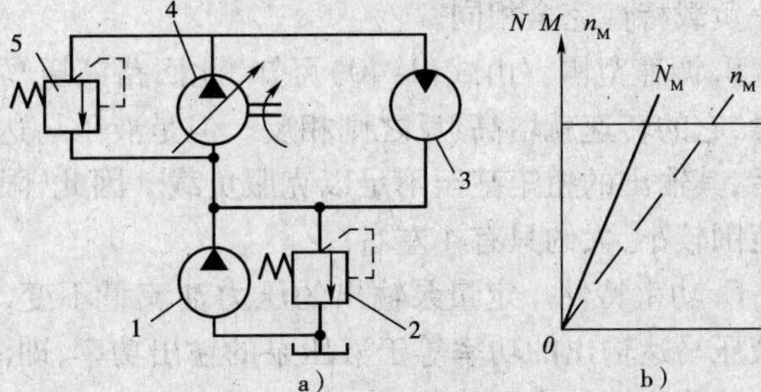

图1-83　变量泵—定量马达容积调速回路

a)回路;b)工作特性曲线

1-辅助泵;2、5-溢流阀;3-定量马达;4-变量泵

通过式(1-40)可以看到,如果不考虑泵和液压马达的容积效率,液压马达的转速只随泵的流量变化而变化,与负载无关。然而,实际上液压泵和液压马达的容积效率是随负载的提高而降低,这就使液压马达的转速随负载的增加而降低。

B. 调速范围。因液压泵的转速、液压马达的排量都为常数,所以只要调节泵的排量,就可以调节液压马达的转速。由于变量泵能把流量调得很小,可以获得较低的液压马达转速,因此此种调速回路的调速范围较大,可达40左右,从而实现连续的无级调速。

C. 输出扭矩特性。由图1-83可以看出,液压马达的最高输入压力就是液压泵的最高压力,由溢流阀设定。若不计系统损失,液压马达的输出扭矩M_M为

$$M_M = \frac{p_S q_M}{2\pi} \tag{1-41}$$

式中:p_S——安全阀的调定压力;

q_M——液压马达的排量;

M_M——液压马达扭矩。

由式(1-41)可以看出液压马达输出的扭矩M_M是不变的,它与液压泵的排量无关,故称这种调速回路为恒扭矩调速。

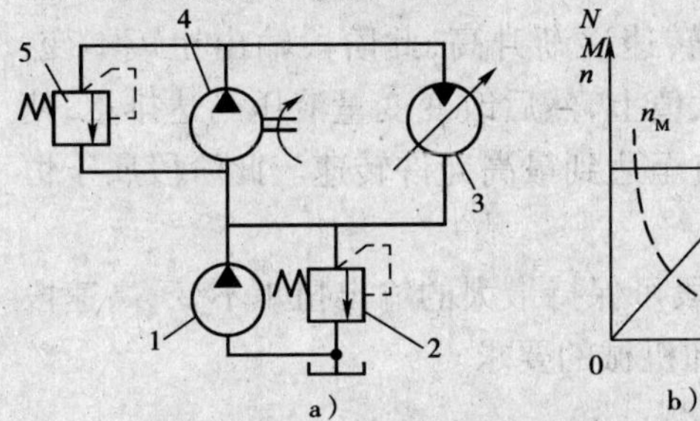

图1-84　定量泵—变量马达容积调速回路

a)回路;b)工作特性曲线

1-辅助泵;2、5-溢流阀;3-变量液压马达 4-定量液压泵

D. 效率。在不计管路压力损失时,该系统的总效率为泵和液压马达效率的乘积。所以此回路的效率较高。

在负载功率较小时,因液压泵和液压马达的总效率较低,所以此时系统的总效率也不高。

②定量泵—变量马达容积调速回路。定量泵—变量马达容积调速回路及其工作特性曲线如图1-84所示。定量泵的输出流

量不变,调节变量液压马达的排量 q_M,便可以改变其转速。液压马达的转速计算公式仍然可以用式(1-40)计算,只是 Q_T 不变,而 q_M 变。

A. 速度—负载特性。这种回路的速度—负载特性与变量泵定量液压马达的调速回路速度—负载特性完全相同。

B. 调速范围。由式(1-40)可知,此回路液压马达的转速与其排量成反比,即减小马达的排量,它的转速就增高,反之则相反。但是液压马达排量不能调得很小,当排量减小到一定程度后,其输出的扭矩甚至不足以克服负载。因此,限制了马达的转速提高。这种调速回路的调速范围较小,大约只有 4 左右。

C. 功率特性。定量泵输出的压力油流量不变,压力由溢流阀调定。若不计系统的损失,则液压马达输出的功率等于液压泵的输出功率,即液压马达输出的最大功率不变,因而这种调速回路称为恒功率调速。

③变量泵—变量马达调速回路。图 1-85 为双向变量泵与双向变量马达组成的调速回路。图中 1 是双向变量泵,2 是双向变量液压马达。单向阀 6 和 8 用于使补油泵 4 能双向补油,单向阀 7 和 9 使溢流阀 3 能在两个方向上都起过载保护作用。由于泵和马达都可以变量(理论上说都可以从零变化到最大值,或者由最大值变化到零),故它的调速范围比上述两种调速回路的调速范围要大,并且扩大了液压马达输出扭矩和功率的选择余地。

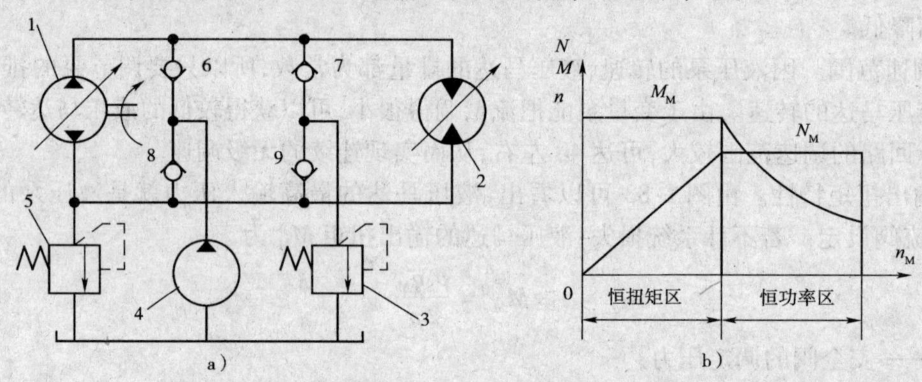

图 1-85 变量泵—变量马达容积调速回路

a)回路;b)调速特性

1-变量泵;2-变量液压马达;3、5-溢流阀;4-补油泵;6、7、8、9-单向阀

这种回路的调速过程分为两个阶段:低速段现将变量液压马达的排量 q_M 固定在最大值上,然后调节变量泵的排量,使其由小变大,液压马达的转速逐渐升高,此阶段输出扭矩不变,属于恒扭矩调速。高速段则将变量泵的排量固定在最大值上,然后改变变量液压马达排量,使它排量由最大逐渐减小,变量液压马达转速逐渐升高,直至达到最高允许转速。此阶段属于恒功率调速。

该回路速度调节范围大,其值可达 100 以上。低速段可保持最大的输出扭矩不变;高速段可提供较大的功率输出,充分体现“牛马”特性,满足装卸机械的要求。

(六)装卸车辆行走机构液压闭式系统

图 1-86 所示是一些装卸机械行走机构的闭式液压系统原理图。该系统内部由液压主泵、补油泵、补油阀、缓冲阀、液压马达、梭阀和背压阀等件组成。

油泵1是个双向变量泵，采取液压伺服自动变量。油泵输出的压力油直接进入液压马达2进油口，从液压马达出来的油直接回到主泵的吸油口，液压泵与液压马达进出油口互相衔接，形成油液的闭式循环。

内泄漏对于液压系统是不可避免的，在闭式系统中内泄漏会引起油液汽化，造成系统内工作油的不足。为保证系统能正常工作，在闭式液压系统中必须有一套能补油系统。在系统因内泄漏而造成真空时，补油泵9排出的低压油(略高于液压马达排油压力的低压油)经过精滤器8和单向阀6(或7)由低压侧向闭式系统补油。单向阀6、7的作用是保证补油泵9始终连接系统主油路的低压侧。补油泵多余的油液经溢流阀3返回油箱。一对溢流阀(安全阀)3进口处始终和系统主油路高压管相通，使两边右路的压力不超过允许值。闭式系统中多采用双向柱塞式液压泵来驱动液压马达带动行走机构工作，闭式系统中由于不设大油箱，油液中的杂质得不到沉淀，因此特别要防止污染物进入系统。为此，补油泵的进口处要设过滤比较低的粗滤器10，出口处加设过滤比高的精滤器8，由此来保护主泵和液压系统。

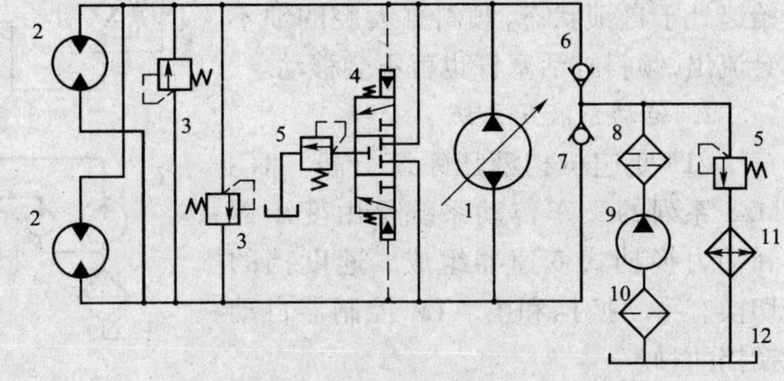

图1-86　闭式液压系统原理

1-双向变量泵；2-液压马达；3-溢流阀；4-梭阀；5-背压阀；6、7-单向阀；8-精滤器；9-补油泵；10-粗滤器；11-散热器；12-油箱

闭式回路系统无大油箱，结构紧凑，工作油液存量少，在系统工作时很难把工作过程中所产生的热量向周围散发，油液的温度上升过快会影响系统的工作性能，因而需在回路中增设冷却回路。图1-86中背压阀5、梭阀4、散热器11等元件组成该系统的冷却回路。高压油路中的压力油在驱动液压马达工作时，也将梭阀4的阀芯推向低压管路一侧，接通低压油路，从而使一小部分的热油通过该阀经背压阀5返回油箱12，而补油泵9输出一部分冷油经过精滤器8、单向阀6和7补进系统的低压管路。补油泵多余的油经过背压阀5、散热器11流回油箱12。这样，一部分热油不断排回油箱，而另一部分冷油又重新补入系统，起到热交换作用。

二、内燃装机械液压传动系统分析

(一)TCMZ8系列叉车液压系统分析

TCMZ8系列叉车的液压主工作系统的结构和基本原理与以往的TCMZ7系列相似，其他的液压系统部分有较大的变化。主要的变化是Z8系列的变速换挡系统采取自动变速和手动变速控制，制动部分采用动力制动。

1. 液压主工作系统

从图1-87可以看到该系列叉车起升机构由起升缸6、限速阀4、手动起升缸换向阀10和设在起升缸的内底部断流阀5组成；倾斜机构液压系统由倾斜缸7、手动倾斜控制换向阀8组成。其工作原理请读者自行分析。

TCMZ8系列叉车在倾斜机构液压系统换向阀中设置了自锁阀C，它的作用是防止误动作引起叉车框架前后移动。自锁阀是利用液压锁的原理设计的,在无控制压力油时就自锁,控制压力油即为进入倾斜缸小腔的压力油。在叉车无动力时,无论如何搬动换向阀操纵手柄,自锁阀 C 始终处于自锁状态,倾斜缸大腔的油不会流出,倾斜缸活塞杆也就不会移动。

2. 传动系液压系统

(1)变速机构液压系统分析。TCMZ8 系列的叉车传动系统是由变矩器和动力换挡式变速器组成。速度挡的切换有手动换挡和由 ATM 控制器自动换挡两种。

①变矩器。TCMZ8 系列的叉车的驱动装置变矩器都是三元件单级两相式,其结构和工作原理请参阅“液力传动”有关资料。

FDZ8 系列叉车的变矩器供油压力为 0.5 ~7.14MPa。

②供油泵。为内啮合式,排量为 21mL/r,安装在变速器前盖上。

③变速器:

A. 变速器有关参数。变速器为定轴轮系液压动力换挡常啮合式。摩擦片尺寸为 134mm ×90mm ×2.8mm;离合器压力为 1.14MPa/cm²;油量为 20L;变速器油牌号相当于 SAE10W。

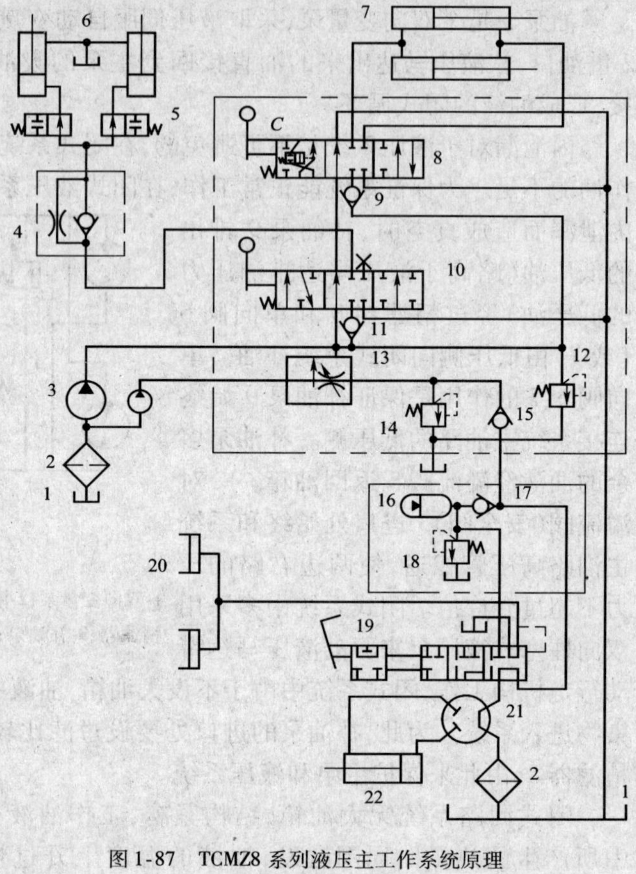

图 1-87 TCMZ8 系列液压主工作系统原理

1-油箱;2-过滤器;3-液压泵;4-限速阀;5-断流阀;6-起升液压缸;7-倾斜液压缸;8-倾斜控制换向阀;9、11-换向阀内单向阀;10-起升缸换向阀;12-主溢流阀;13-分流稳流阀;14-转向泵溢流阀;15-单向阀;16-蓄能器;17-蓄能器内单向阀;18-蓄能器内溢流阀;19-制动阀;20-制动缸;21-全液压转向器;22-转向液压缸

Z8 系列的叉车的变速器由输入轴、前进离合器组件、后退离合器组件、输出轴组件、制动组件及 T/M 控制阀组成,是动力换挡式变速器。离合器的工作原理请参看第二章“液力传动技术”第一节“液力机械”中的内容。

B. T/M 控制阀。由方向换向阀、速度换挡阀、微动滑阀、蓄压器和调节阀所组成。安装在变速器的壳体上部。T/M 控制阀的方向、速度的变化是由方向电磁阀和速度电磁阀控制。T/M控制阀中设有改善换挡性能的调节阀、蓄能器,可以有效减缓换挡时产生的液压冲击。T/M控制阀原理可见图 1-88TCMZ8 系列叉车液压变速系统原理图。

C. T/M 控制阀液压回路。图 1-88 是 T/M 控制阀处于中间位置的油路原理图。变速器上的变速泵提供油的压力在 1.1 ~1.5MPa 之间,经过变矩器入口调压阀的调整,油的压力降至 0.5 ~0.7MPa,再供变矩器使用。

T/M 控制阀液压回路工作原理如下:

a. 速度换向阀。速度换向阀13是个由电磁阀12控制的液控换向阀。在不通电的情况下电磁阀12将来自供油泵通向速度换向阀的压力油放回油箱，速度换向阀13在自身复位弹簧力作用下，阀芯移动在左边。两个一挡离合器的油路经过方向换向阀与油箱相通；两个二挡离合器的油路则通过速度换向阀自身与油箱相通。因而，在速度、方向电磁阀都无电时，前进、后退的一、二挡离合器均无压力油，离合器都处于分离状态。

b. 方向换向阀。方向换向阀14是由方向电磁阀15控制的液控换向阀。在方向电磁阀15无电的时候，方向换向阀14处于中位，从供油泵3经过调节阀17来的油无法进入离合器，离合器不动作。

c. 前进一挡工作原理。方向电磁阀15右边电磁铁2*DT*得电，速度电磁阀12无电，方向电磁阀15的阀芯被推向左侧，方向电磁阀15的控制油流向方向液控阀14的右端，推动方向液控阀14阀芯左移，前进一挡的离合器油路被接通。与此同时调节阀17的阀芯逐渐向右移动，接通了蓄能器的油路。在蓄能器油完全充满前，离合器的油压力因受到蓄能器的影响而压力缓慢上升，一旦完全充满，便急剧上升，离合器就完全接合起来。当离合器接合完毕，调节阀的阀芯左移，蓄能器内的压力油通过调节阀泄放全部压力。

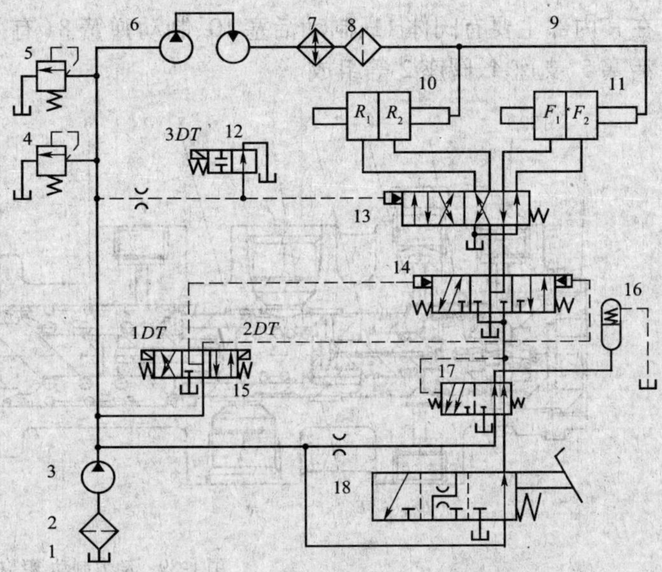

图1-88　TCMZ8系列叉车液压变速系统原理图

1-油箱；2-过滤器；3-供油泵；4-调节阀；5-变矩器入口溢流阀；6-变矩器；7-油冷却器；8-过滤器；9-离合器油冷却入口；10-后退离合器组件；11-前进离合器组件；12-速度电磁阀；13-一、二挡离合器换向阀；14-方向换向阀；15-方向电磁阀；16-蓄能器；17-调节阀；18-微动阀

d. 前进二挡工作原理。当车速达到设定值时，速度电磁阀12得电开始动作，常开的油路闭合，速度换向阀13的阀芯被推向右侧，一挡的回油箱油路被接通，二挡离合器的压力油路接通，供油泵3提供的压力油开始流向二挡离合器。由于一挡离合器的泄压，影响调节阀的阀芯向右移动，压力油又开始向蓄能器充油，待等到蓄能器由完全充满后，二挡离合器的油压力便开始急速上升，直到离合器完全结合。离合器接合完毕，蓄能器内部的压力油便被排出，又成为空的蓄能器。

e. 倒退一挡离合器工作原理。方向电磁阀15左边的电磁线圈1*DT*得电，将方向电磁阀15的阀芯推向右边，接通方向换向阀14左侧控制油路，它的阀芯被推向右边，后退一挡离合器油路接通，供油泵提供的压力油向后退一挡充压。具体过程与前进一挡同在此不再分析。

f. 倒退二挡离合器工作原理。请读者比照上面前进二挡工作原理自行分析。

D. ATM控制器。ATM控制器是一个电脑控制的速度自动切换装置，它主要由速度传感器、电脑ATM、速度电磁阀、电源等元件组成。车辆在行驶时，速度传感器将车辆行驶的速度

转换成电信号传入 ATM,再经过 ATM 电脑的一系列处理后再与预先设定的电信号进行比较,当车速度达到超过 6km/h,ATM 控制器接通速度电磁阀的电路,使车速变为二挡。当车速低于 3km/h,便切断速度电磁阀的电路,使车速度自动降为一挡。

(2)制动系统。TCMZ8 系列叉车的制动系统是采取利用液压系统的高压油作为制动的能量的全动力型制动系统。它主要是由制动器、行车制动、驻车制动、动力制动阀和蓄能器等元件组成。

①动力制动阀的结构。如图 1-89 所示,在动力制动阀的外表面有 6 个油管接口(*T*-回油管接口、*P*-压力油来油接口、堵塞、*Pr*-蓄能器充压接口、*N*-通往转向器接口、*Br*-制动缸接口)。在其内部主要有阀体 11、制动活塞 10、制动弹簧 8(有两组)、滑阀 7、滑阀调节弹簧 6、反作用活塞 5、支座 4、阀座 2 等组成。

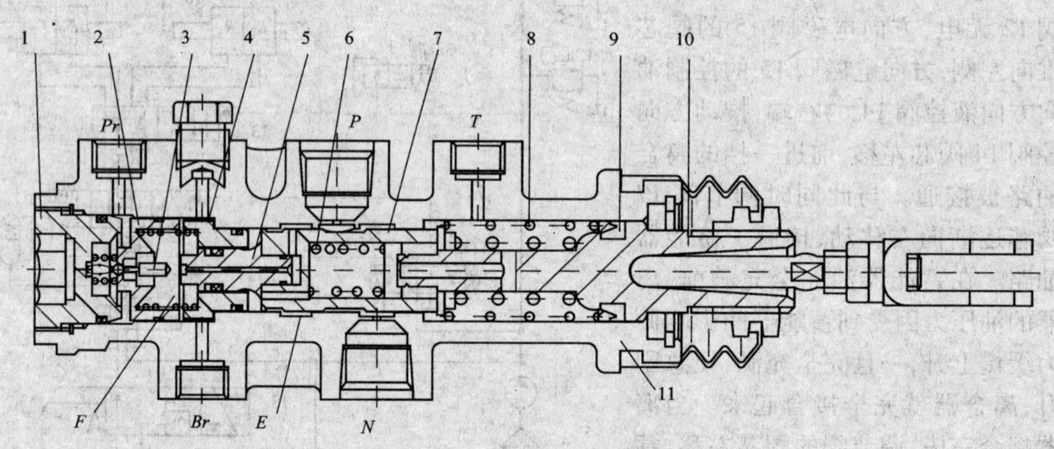

图 1-89　动力制动阀结构图

1-螺塞;2-阀座;3-安全阀杆;4-支座;5-反作用活塞;6、8-弹簧;7-滑阀;9-密封圈;10-活塞;11-阀体

②动力制动阀的工作原理如下:

A. 正常行驶制动。踏下脚踏板时制动活塞 10 向左移动,通过弹簧 8 的作用使制动滑阀 7 也向左移动,关闭动力油 *P* 与回油口 *T* 的通道,同时接通制动器的油接口 *Br*。此时制动分泵开始得到压力油,分泵内的油压力随着转向泵来油的压力升高而升高。分泵的油压力在升高的时候也将压力反作用与反作用活塞 5,将它往右推动,直到与调节弹簧 8 的压缩力相平衡为止。这个反作用力也通过弹簧 8 反馈给司机脚下,使司机有相应的脚感。

B. 无动力制动。当叉车因故障熄火停车时,脚踏动力制动阀的推杆移到最底部,安全阀杆 3 顶开单向阀,蓄能器内的储存压力油就通过其进入油接口 *Br*,再进入制动缸进行制动工作。

动力制动系统液压原理图见图 1-90。

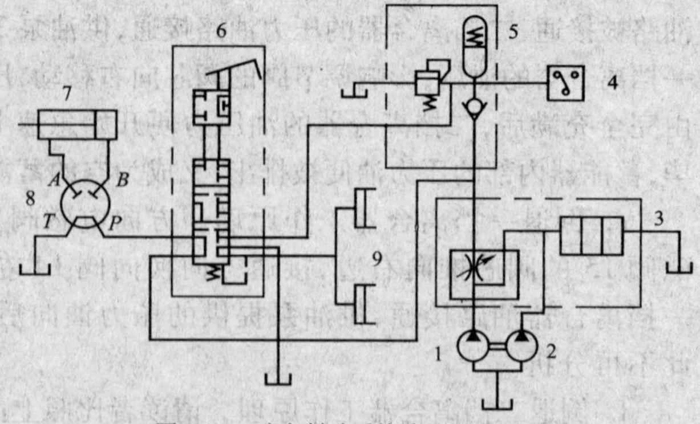

图 1-90　动力制动系统液压原理图

1-制动油泵;2-工作油泵;3-换向阀组;4-报警压力开关;5-弹簧式蓄能器;6-动力制动阀;7-转向油缸;8-全液压转向器;9-制动分泵

③蓄能器工作原理。Z8 系列叉车的

动力制动阀后接有一根软管,与一个活塞式蓄能器相通。在叉车发动机带动液压泵工作向转向器输油时,也同时往蓄能器充油,当蓄能器油压力达到高限后单向阀关闭,以保持蓄能器的内部压力以便必要时使用。如果充入蓄能器的压力过高,则与蓄能器并联的溢流阀会自动打开,泄放一部分高压油,以保持油压力稳定。当蓄能器的压力油压力低于正常压力时,压力继电器就会接通电源,引发蜂鸣器和指示灯闪亮,通知司机。当叉车无动力和发动机转速低时,蓄能器内高压油就经过动力制动阀的接口进入轮边制动分泵,使车辆制动。

④全动力制动系统的几个主要特点:

A. 转向及制动系统共用一个液压油源,既可单独操作,必要时也可联合操作,并且互不干涉。

B. 与常规全液压制动系统相比,组成元件更少(无需充压阀),系统更简单。

C. 踏板连接方式与制动总泵兼容,更便于安装布置。

综上所述,该系统特别适用于中小型行走机械如叉车、平地机转向及制动系统的技术更新换代需求。

⑤动力制动阀及蓄能器的参数:

A. 动力制动阀的工作压力:13.0MPa ±0.5MPa;

B. 蓄能动器安全阀压力:13MPa;

C. 预充油压力:4MPa;

D. 报警开关压力 4 ~5MPa;

E. 能量容积:70mL(参考值)。

由于制动系统采用动力制动,因此在进行维修之前必须先将发动机熄火,再对制动系统进行卸压处理,将蓄能器中的压力油全部泄放。

(二)EX90 履带式挖掘机

EX90 挖掘机采用开式全液压传动形式设计,即液压泵直接与发动机相连,中间省略了液力变矩器和变速器。发动机的机械能直接转换为液压能,液压能驱动各液压缸、液压马达,并转换为生产作业的机械能。该挖掘机液压系统中共有三个液压泵,分别是两个主泵一个辅助泵。主泵为恒功率斜盘式柱塞泵(变量泵)、辅助泵为齿轮泵。主泵按其安装的位置分称为前泵和后泵。

EX90 挖掘机大多数的液压系统元件都安装在上车部分,见图 1-91。即大臂架液压缸 3(2 个)、小臂液压缸 2(也叫斗杆液压缸)、铲斗液压缸 1 和旋转液压马达 15。这些液压元件在维修资料中统称为前端附属装置。这部分液压元件的功能是完成各种挖掘作业。

行走液压马达、行走转向机构、制动机构等部件安装在下车部分。

1. 全车液压系统的布置及功能

图 1-91 为全车液压件布置俯视示意图。图的上方表示车的前方,图的下方表示车的后部。最下方的两个 36 元件表示行走液压马达,它们的液压油都是通过中心接头 14 由上车传送过来。图的左上方表示驾驶室内的两个手动比例控制阀组(又称先导阀),控制位于图中部的液控换向阀组 25。液控换向阀组 25 中的 18、19 是左右行走液压马达换向阀、21 是控制铲斗的换向阀、23 是控制小臂液压缸的控制阀、22 是控制两个大臂液压缸的控制阀。

图的右上方有 4 个液压缸。它们分别是铲斗液压缸 1、小臂液压缸 2、大臂液压缸 3(4)。

它们的作用是:完成一定范围内的物料的挖取或铲出。

28 是发动机,26、27 分别代表前泵和后泵。

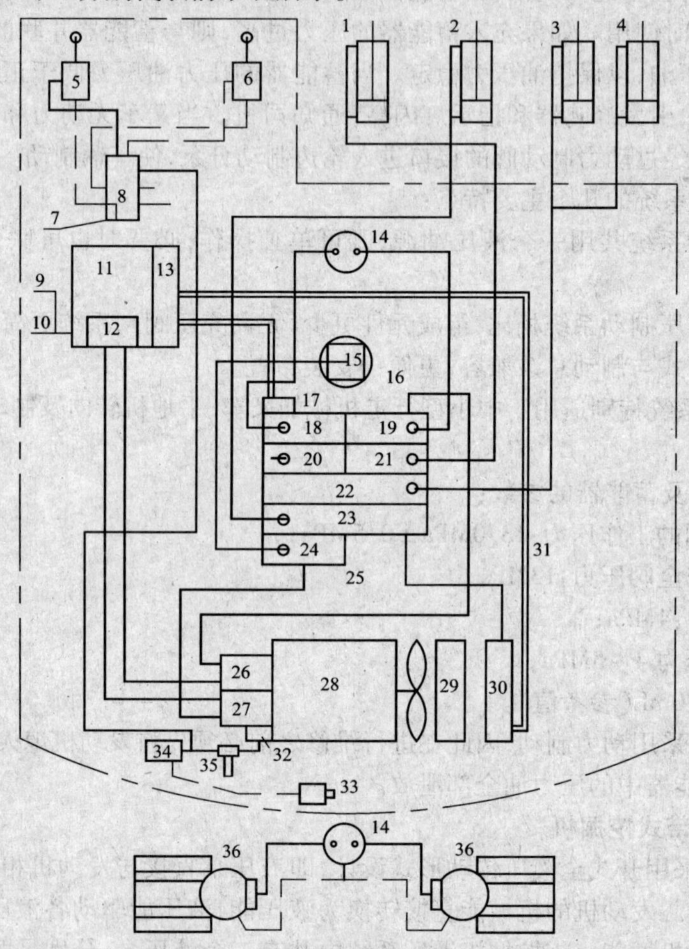

图 1-91　全车液压件布置俯视示意图

1-铲斗液压缸;2-小臂液压缸;3、4-大臂液压缸;5、6-先导阀;7-辅助减压阀;8-无振动阀;9、10-油箱附件;11-油箱;12-吸油口过滤器;13-回油过滤器;14-回转中心接头;15-旋转液压马达;16-停车制动器;17-旁通止回阀;18、19-行走控制阀;20-制动控制阀;21-铲斗控制阀;22-大臂控制阀;23-小臂控制阀;24-旋转控制阀;25-控制阀组;26、27-主液压泵;28-发动机;29-散热器;30-油冷却器;31-回油管路;32-辅助泵;33-方式选择液压缸;34-电磁阀;35-辅助过滤器;36-行走液压马达

2. EX90 挖掘机液压系统分析

(1)行走机构液压系统。图 1-92 是 EX90 挖掘机行走液压系统原理图。EX90 挖掘机的液压前后主泵分别向行走右、左液压马达供油。行走液压系统的液压回路采用了变量泵—定量马达的调速回路。

①不行走时油路情况。后泵 P_2 泵出的油经过手动换向阀 27、换向阀组中间的回油通道流回油箱,后泵 P_2 卸荷。前泵 P_1 泵出的油经过换向阀 26、单向阀 2(起背压阀作用)后流回油箱,同样此泵也卸荷。

②前进行走时油路。向前推动两根行走操作杆,拉动左右行走换向阀 27、26。后泵 P_2 油

经过换向阀 27→回转中心接头 7，而后分成三路（设此时行走换向阀都按照各自上框图油路接通）。一路到达液控换向阀 9 的左端，将它的阀芯推向右，行走液压马达 13 的主油路被接通；另一路经过梭阀 8 到达左行走液压马达的液压制动器 12 的活塞腔；第三路为主要油路，经过液控换向阀 9 进入液压马达左测油口。此时液压马达不能立即旋转，待等到油压升高足以使的制动器 12 松开后，马达便就可以转动。转动起来的液压马达回油是经过液控换向阀 9→回转中心 7→左行走阀 27→油箱 1。

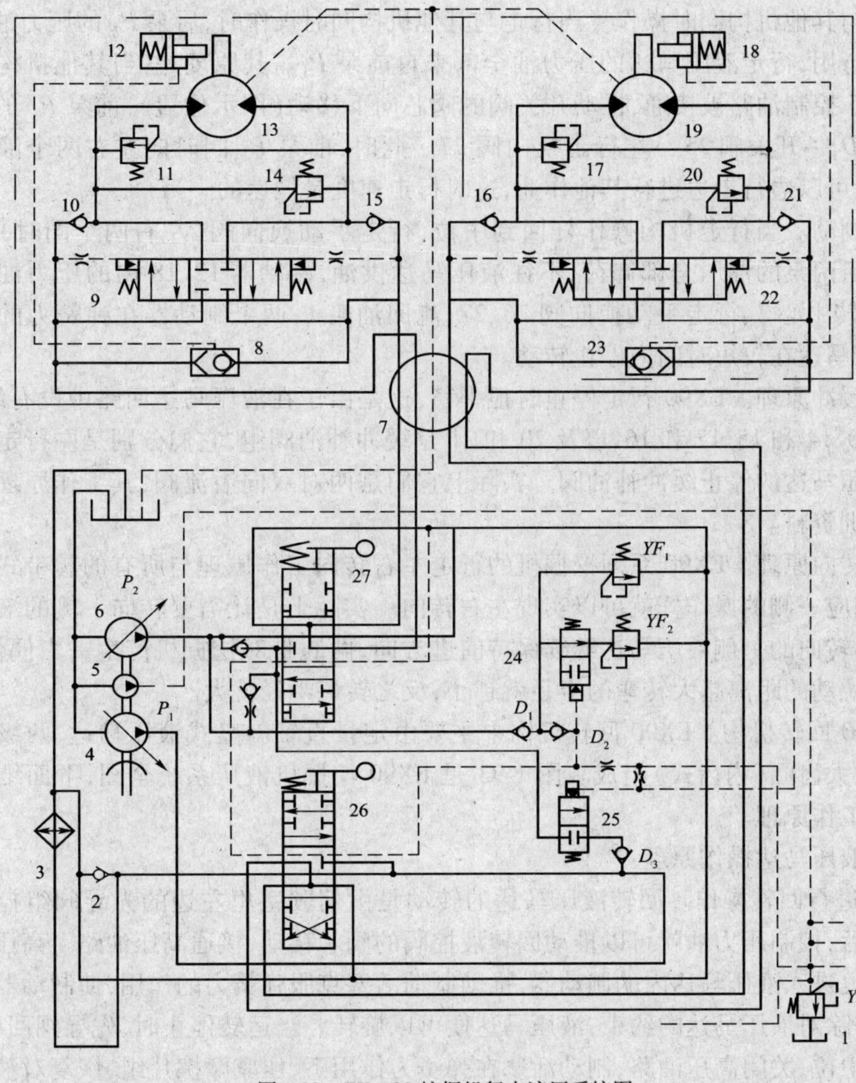

图 1-92　EX－90 挖掘机行走液压系统图

1-油箱；3-散热器；4-前泵；5-辅助泵；6-后泵；7-回转接头；8、23-梭阀；9、22-左、右行走液控换向阀；2、10、15、16、21-单向阀；11、14、17、20-溢流阀；12、18-液压马达制动器；13、19-行走液压马达；24-压力选择阀、25-开关阀；26、27-换向阀；D_1、D_2、D_3-单向阀；YF_1-28MPa 溢流阀；YF_2-23.5MPa 溢流阀；YF_3-背压阀

前液压泵 P_1 的压力油，经过回转中心 7 后也是分三路到达右行走马达，油路的走向与左液压马达 13 油路走向同，在此不再重复。

③后退行走时油路。往回拉两根行走操作杆，手动换向阀 26、27 的阀芯都处于下框图油

路(图示位置)。后泵 P_2 油经过换向阀 27、回转中心接头 7,而后分成三路。一路到达液控换向阀 9 的右端;另一路进入梭阀 8(右端),并通过其到达行走液压马达 13 的液压制动器 12 活塞腔;第三路则经过液控换向阀 9 进入液压马达右侧油口。同样,此时液压马达不能立即旋转,待等到油压升高足以使的制动器 12 松开后,马达便就可以转动。转动起来的液压马达回油是经过液控换向阀 9、回转中心 7、左行走液控换向阀 27 流回油箱 1。

与此同时,前泵 P_1 进入行走液压马达 19 驱动其旋转。

④行走与其他机构同时操作。当行走与其他机构同时操作时,后泵 P_2 的压力油主要供给其他机构运行用,行走液压马达的压力油全部来自前泵 P_1。其原理是:当其他机构同时操作时,开关阀 25 控制油路被接通,推动开关阀的阀芯向下移动(图示位置),前泵 P_1 的压力油就经过单向阀 D_3→开关阀 25→左行走换向阀 27。此时,前泵 P_1 同时向左右两个液压马达供油,挖掘机就可以边行走边进行其他作业,这时行走速度是低速的。

⑤行走制动。当行走机构操作杆回到中位,行走手动换向阀(左右两个同时)阀芯回中位,这是前、后两泵的油压全部卸荷,不往液压马达供油,制动器 12、18 内的压力油经过梭阀 8、23 经过回转中心 7、行走手动换向阀 26、27、流回油箱 1,两个制动器在弹簧力的作用下上闸,促使液压马达在较短时间内停止转动。

⑥停止缓冲原理。EX90 行走停止时很平稳,这是由于在液压马达回路中设有缓冲回路。元件 11 和 10、14 和 15、17 和 16,以及 20 和 21 是缓冲补油阀组,它们分别是左行走液压马达和右行走液压马达的停止缓冲补油阀。实际上它们是两对双向溢流阀,其工作原理请参看相关高级工培训资料。

⑦左右转向原理。EX90 系列挖掘机的行走左右转向工作原理与所有的履带式行走机械相同,拉动相应一侧的操作杆就可以实现左右转向。实际上是让需要转向一侧的液压马达停转或倒转,不转向的一侧液压马达继续保持前进方向,两履带对挖掘机产生一力偶使其转动。行走操作杆拉动的距离越大转弯的半径就越小,反之转弯半径就大。

(2)EX90 回转机构。EX90 回转机构中主要由定量直轴斜盘式液压马达、两级行星减速器、小齿轮和大齿圈(内齿式)组成。图 1-93 是 EX90 挖掘机液压系统全图,下面结合此图分析回转机构工作原理。

①回转液压马达操作原理:

A. 单独进行回转操作。回转液压马达的转动是由驾驶室里左边的先导阀组控制。搬动先导阀手柄后,控制压力油就可以推动回转液控阀的阀芯移动,接通高压油路。高压油进入液压马达同时也进入液压马达内的制动器,推动制动活塞克服弹簧力的作用,使制动器中的摩擦片组分离,解除对液压马达的约束,液压马达便可以旋转。当运转停止时,先导阀回中位,回转换向阀也回中位,关闭高压油路,制动活塞在弹簧力作用下,压紧摩擦片组,恢复对液压马达的约束,液压马达停止转动。

B. 回转和小臂液压缸组合操作原理。回转液控阀、小臂液控阀动作,后泵 P_2 的液压油完全进入回转液压马达,推动制动活塞(安装在液压马达内部)克服弹簧作用力,减少对制动摩擦片的压力,即减少对液压马达缸体的制动约束力,使液压马达旋转起来。前泵 P_1 的油进入小臂液压缸,小臂开始工作。

回转与铲斗组合操作的原理与和小臂液压缸组合操作相同。

C. 回转与大臂、小臂和铲斗组合操作原理。当进行回转与大臂、小臂和铲斗组合操作时，液控阀的每个阀芯都移动。前泵的油通过液控阀油路同时进入大臂和铲斗的液压缸。后泵的油则一部分经回转换向阀进入回转液压马达，驱动挖掘机旋转，另一部分油经过小臂液控阀（Ⅰ）进入小臂液压缸，驱动小臂工作。

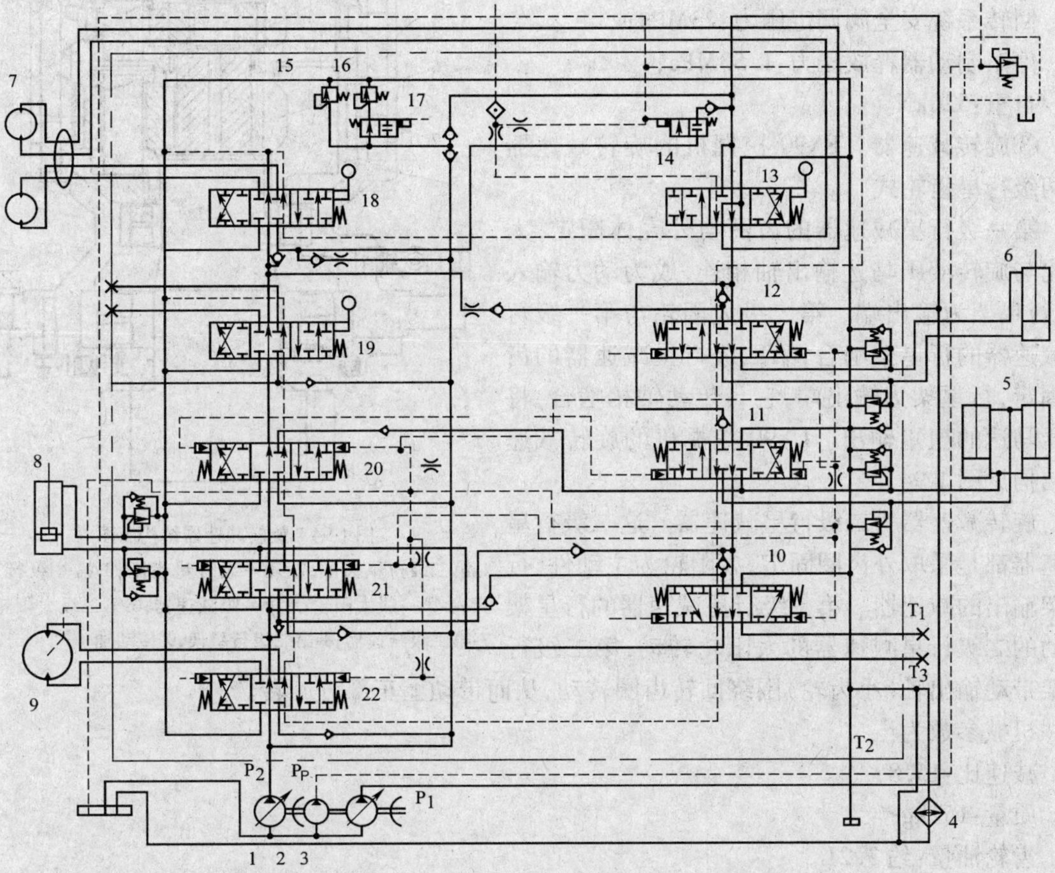

图 1-93　EX90 挖掘机液压系统总图

1-后泵；2-辅助泵；3-前泵；4-散热器；5-大臂液压缸；6-铲斗液压缸；7-行走液压马达；8-小臂液压缸；9-回转液压马达；10-小臂液控阀（Ⅱ）；11-大臂液控阀（Ⅰ）；12-铲斗液控阀；13-行走控制阀（右）；14-开关阀；15-副安全阀；16-主安全阀；17-压力选择阀；18-行走控制阀（左）；19-制动阀；20-大臂液控阀（Ⅱ）；21-小臂液控阀（Ⅰ）；22-回转液控阀

在这种情况下，各部分机构的运行速度减慢。

②液压马达的特点及参数。EX90 系列的回转液压马达是一种自带制动器的液压马达。液压马达的顶部的阀盖内设有控制制动器的油道，此外还设有液压马达的压力油道、缓冲补油阀组、排气阀等元件。在液压马达缸体与马达壳体之间装有盘片式活塞制动器，该制动器的控制油来自液压马达的压力油中一小部分，不论左转还是右转，都首先要往制动器进压力油，推动制动活塞移动，克服弹簧的作用力，使摩擦片组分离，解除对马达缸体的约束力，液压马达而后转动。

液压马达参数如下：

型号：KAYABAMSF—89P—JN—V（斜盘式轴向柱塞马达）；

排量:89.1mL/r;

最大流量:105L/min;

转数:1350r/min;

输出扭矩:2303N·m;

回转系统安全阀调定压力:23MPa;

停车制动器释放压力:1.53MPa;

自重:520kN。

③旋转减速器。EX90挖掘机的旋转减速器为两级行星齿轮式。

第一级行星减速器的齿圈与外壳体固定,太阳轮与旋转液压马达输出轴相连,成为动力输入端,行星架为输出端。第二级太阳轮与第一级行星减速器的行星架啮合,第二级行星减速器的齿圈固定,行星架为输出端,它与传动轴相啮合,将液压马达的扭矩输出。EX90挖掘机的旋转减速器结构见图1-94。

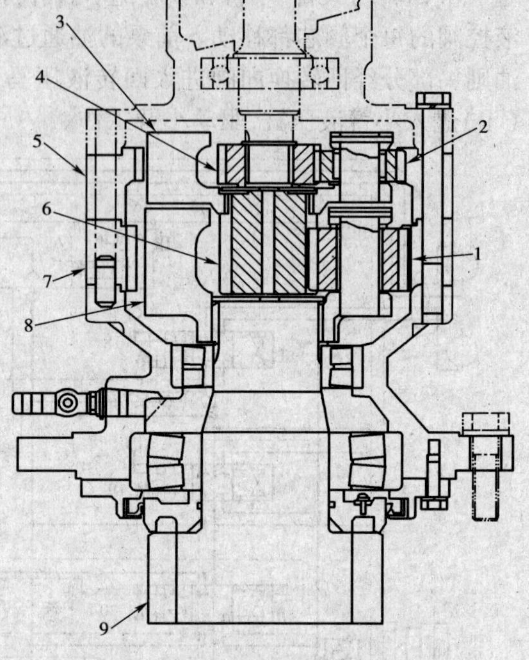

图1-94　旋转减速器结构简图

1-第二级行星齿圈;2-第一级行星齿圈;3-第一级行星架;4-第一级太阳轮;5-第一级减速器;6-第二级太阳轮;7-第二级减速器;8-第二级行星架;9-传动轴

旋转减速器为二级行星减速器。这二级行星减速器都是采取外齿圈固定,太阳轮为主动件,行星架输出的减速器。第一级行星减速器的行星架带动的二级行星减速器的太阳轮转动,第二级行星架带动输出轴(小齿轮)围绕回转齿圈转动,从而带动上车部分旋转。

机械参数为:

减速比:15.8;

质量:151kg;

齿轮油量:约3.2L。

第五节　液压元件的检修

一、液压泵的检修

(一)概述

各类泵的检测方法几乎都相同,基本上按照如下几方面进行。

1. 检测前的准备

(1)核对并掌握待测泵的主要参数。如泵的最大工作压力、额定工作压力、额定流量、容积效率等。

(2)认真做好检测前清洁油泵的外部工作。

(3)采用厂家注明用油作为测试油,并调整油温,控制在50℃±5℃范围内。如无具体说明,则用20号机械油为测试用油。

(4)测试前的空载运转。

①对某些新泵或新修复的泵,在检测试车前应用手转动油泵的主轴,先检查是否灵活(对于某些油泵要用工具转动几周),在确认无问题后再安放到试验台上。

②松开各加载阀,起动电机数秒钟,听一下油泵运行有无异常声音。如果声音正常,则进行不低于5min空载转动。

2. 几个参数测试

(1)额定压力:

①把加载阀的旋钮逐步旋紧,把压力调至泵的额定压力值,运行5min。

②30min测试。

待泵进油口温度稳定后且无异常情况,则再运行30min。30min后测量泵的进出油口处温度,此时泵的温升不得达到和超过油泵设计温升。

(2)容积效率。额定压力测试后即可进行容积效率的测试。将压力保持在额定压力,转速控制在被测泵的额定转速范围内,打开流往量筒的开关,测定一分钟流往量筒的油量。反复同样测试3~5次,取平均值为该油泵的实际流量Q,这也是该泵的额定流量,代入油泵容积效率计算公式

$$\eta_{CBV} = \frac{Q}{Q_B} \times 100\% \tag{1-42}$$

式中:Q——额定压力、额定转速下的实测流量(mL/min);

Q_B——泵铭牌标注流量(mL/min);

η_{CBV}——测试泵的容积效率。

随后将所测泵的效率与泵出厂标注的容积效率相比较,若η_{CBV}/η_{Bv}(泵出厂标注的容积效率)比值小于等于75%,可降级使用;若比值小于60%则应报废。

(3)泵总效率测定。利用泵输出功率与泵输入功率之比求被测泵的总效率。

$$\eta_{CB} = \frac{N_{ou}}{N_{in}} \times 100\% \tag{1-43}$$

式中:η_{CB}——被测泵的总效率;

N_{ou}——泵的输出功率;

N_{in}——泵的输入功率。

3. 过载试验

按表1-2内的超过泵额定压力的高压运转10min,泵的各接触面、各油管接口都不得有渗漏现象。

过载试验压力参考值　　表1-2

工作压力	$P_s \leq 16$MPa	16MPa$\leq P_s \leq$25MPa	25MPa$\leq P_s \leq$31.5MPa
测试压力	$P=1.5P_s$	$1.25P_s$	$1.15P_s$
		低于24MPa按24MPa试验	低于31MPa按31MPa试验

对于泵、流量阀、溢流阀(安全阀)为一体的泵,在测试前应将溢流阀全部关闭后再测试。

(二)叶片泵检修

1. 叶片泵的排故与维修

(1)叶片泵排油量不足故障的排除:

①现象。在液压系统中以该泵为动力源的所有执行元件运动速度都慢,动作反应迟缓或不运行。

②判断故障的验证、参考条件。通常发生此类故障多在叶片泵进行修理之后或曾发生过油液污染而引起的故障。产生上述故障的原因可能有如下几点:

A. 装配叶片泵时没按照叶片泵的结构特点及叶片泵的旋转方向安装,将叶片的倒角按顺旋转方向装配;将叶片的顶部与根部装反。改正方法是重新按要求装配叶片,叶片的倒角应该是迎着旋转方向,叶片的根部是直角形无倒角。

B. 安装叶片转子时将转子装反,转子上的叶片槽装成顺叶片泵旋转方向,使得叶片在工作时无前倾角,变成后倾角。改正方法是重新装配转子。

C. 动力与泵的传动脱节,使叶片泵时转时不转或在轻载荷时转动,重载时不转。这样的故障出现在叶片泵的轴与动力之间的联轴节上。联轴节出现滚键故障。(注:靠花键轴连接的泵不出此类故障。)解决的方法是修复损坏了的键槽和连接的平键(半圆键)。

D. 油液过脏,使得叶片在叶片槽内卡死不能伸出,无法建立起密封的容积空间。解决的方法是拆开叶片泵彻底清洗叶片泵,同时对液压油进行过滤清洁。

E. 叶片泵内泄漏增加,出油量减少。此种故障在轻载时不明显,重载时特明显。解决的方法是对配油盘、转子和叶片进行研磨修理。叶片宽度与转子宽度的差值应保持在 5 ~ 10μm,超过此值时必须进行修磨;定子宽度也不应大于规定值(采用浮动配油盘的例外),超出规定范围的同样需研磨修理;配油盘表面有划痕的应磨平,使其与叶片之间保持良好的接触。

F. 在更换不是原配合的转子和叶片后也会出现 E 所述的故障。

(2)叶片泵排油压力不足故障的排除。可能引发故障的原因及排除方法是:

①叶片泵内部零件磨损严重或叶片倾角装反引起容积效率降低。更换磨损的零件;重装叶片倾角装反的叶片。

②油品质量差使泵吸油阻力过大或油量不足造成排油压力不足。清洗液压系统,更换全部液压油;油量不足则添加同牌号液压油。

③调压阀失灵引起油泵输出压力不足故障。拆解清洗调压阀、对调压阀内锥阀密封处磨损的进行重新研磨。

④油液中混有气体过多,吸油不足。检查泵吸油口到油箱之间的各管道接口密封状况,防止空气进入系统。

(3)输出压力不稳定:

①液压油污染引起压力波动。清洗液压泵、更换油液。

②刚起动压力正常,当使用一段时间后压力下降。可能的原因是:

A. 由于空气未排除,系统内存有空气。

B. 液压油存量不足,在大行程工作后显得更为严重。

C. 液压油变质。油液的黏度急剧下降,使得泵内泄漏增加。解决方法是对症处理。

③刚起动泵就发生压力严重波动。可能的原因是:

A. 液压油总量不足，油温散热不良。油温升高黏度降低使各种元件内泄漏增大。

B. 液压油中混有气体，未及时排除。

解决方法是对症处理。

④叶片泵的工作压力低（非突然出现此故障）。可能原因是：

A. 泵的定子内表面磨损、叶片顶端磨损。解决方法是更换定子。对于磨损的叶片应视情况而定。叶片长度低于标准值，应报废。反之需研磨叶片倒角修复。

B. 主轴与动力相连处出现故障。一般是发生滚键引起，应重新堆焊修复或更换新泵。

2. 叶片泵的装配注意事项

(1) 确保各配合间隙正常。叶片与叶片槽之间的间隙应在 0.015 ~ 0.025mm，极限使用尺寸为 0.04mm；叶片宽度低于叶片槽宽度 0.005 ~ 0.01mm，使用极限为 0.03mm；转子与配油盘的间隙保证在 0.04 ~ 0.07mm 范围内。

(2) 转子装入定子时，注意旋转方向不要出错；叶片装入转子时要防止叶片的倒角装反。拧紧泵体螺栓时，要按照特定顺序的路线拧紧。

(3) 装配叶片泵各个零件时要抹液压油，不可“干装”；装配完毕一定用手盘动几圈，确认旋转无障碍后方可上实验台或装到机械设备上。

(4) 叶片泵装配完毕进行性能实验。在额定压力下达到额定输油量 25L/min；压力波动值允许在 ±0.2MPa 范围内；运转时无任何杂音，渗漏现象。

(5) 装配时要在各零件表面抹上一薄层同一牌号的液压油，而后再装配，绝不准抹上脂类润滑油装配。建议所有的零件在清洗检查完毕后，全部放入液压油（同牌号）中浸泡，待等到装配时现取出现装配。

（三）齿轮泵检修

下面以 TCM870 的齿轮泵如图 1-95 为例阐述齿轮泵的拆检过程。

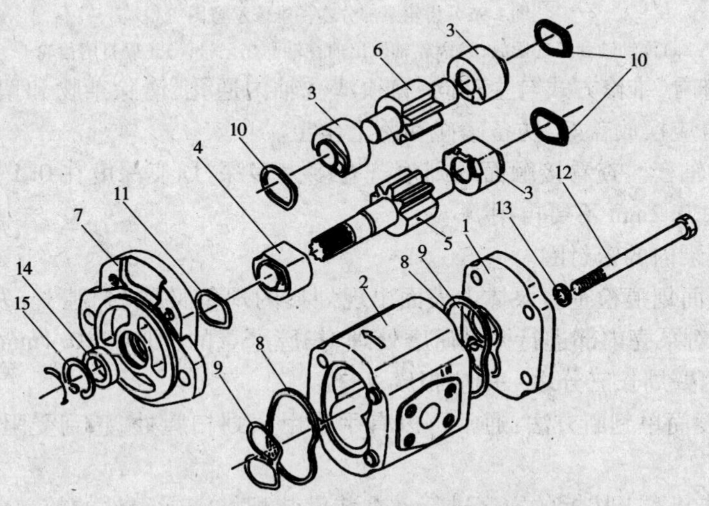

图 1-95　TCM870 齿轮泵结构

1-后泵盖；2-泵体；3、4-浮动轴套；5-主动齿轮；6-从动齿轮；7-前泵盖；8-密封圈；9-密封圈骨架；10、11-浮动轴套密封圈；12-泵体固定螺栓；13-弹簧垫；14-主轴密封圈；15-孔用卡键

1. 拆卸检查

(1)主轴密封圈14有无裂纹和老化,如有则更换。

(2)轴向浮动轴套。按照密封圈、密封圈骨架→浮动轴套→齿轮轴→浮动轴套→密封圈→密封圈骨架顺序取出。浮动轴套与齿轮轴接触面朝上摆放在桌面上,如图1-96a)所示。

查看轴套与齿轮轴接触面的划痕迹有多深多长,轻微划痕可用600号水磨砂纸加水轻轻研磨。研磨的路线为"8"字形或是"∞"螺旋状。划痕深度达0.1mm或圆弧划痕超过1/3圆周长则须上平面磨床研磨。

检查轴套内有无划痕,有无异物,清洁轴套内半圆形油槽。清洁完毕立刻浸在液压油中,防止尘土落上。

(3)检查轴齿轮。取出齿轮轴前在齿轮轴的两端面用油石做记号,如图1-96b)所示。

主齿轮先查看轴颈部分。看有无伤痕,若有划痕,是超过0.1mm应电镀处理后再磨光。划痕超过0.2mm,须重新堆焊,再按要求加工。

查看齿轮各侧面、端面、顶面和齿根部有无裂痕,如果有就报废不能再用。查看各齿侧面、端面和顶面的交线部,是否有毛刺,如有毛刺则应用油石,紧贴轮齿的侧面、端面打磨。决不准与交线(棱线)成一定角度打磨,如图1-96c)所示。

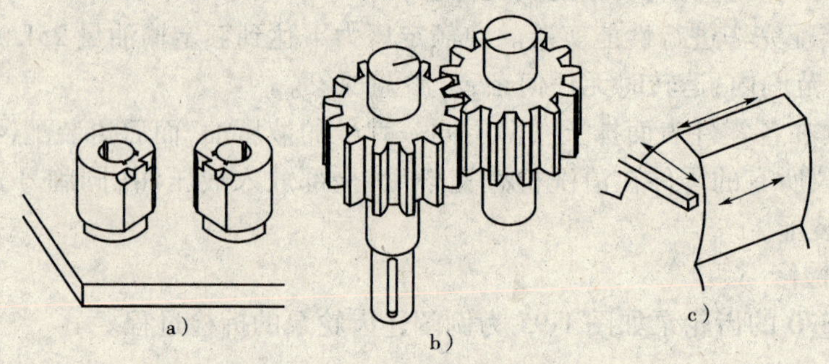

图1-96 齿轮泵部分零件维修示意图

a)浮动轴套正确摆放;b)齿轮轴取出前在端面作记号;c)正确打磨齿轮

从动轴齿轮查看、维修方式与主轴同,另须清洗轴内通孔,清除杂物和絮状物质。检查完毕的两根轴齿轮也应摆放盖好,防备磕碰和落上尘土。

(4)径向浮动轴套。查看接触面的划痕迹有多大多深,划痕深度在0.1~0.2mm,使用专用胎具研磨。超过0.2mm不要再用。

(5)更换所有泵内的密封圈。

(6)泵体内表面划痕检查。泵体内表面出现划痕的现象又称"扫膛"。发生扫膛的泵(划痕≤0.1mm)可以对泵壳内部进行抛光研磨处理;扫膛严重的(划痕>0.1mm)只好报废处理;划痕长度超过泵内壁周长三分之一的应报废。

"划痕"的深度简单判断方法:通常可以有手指甲去划扫膛处,感到受阻就可以认为划痕达到0.1mm。

齿轮泵的组装基本上按拆的逆序进行。在装已装配好密封组件的前盖前,要先用塑料薄膜把花键套上,再安装已装配好密封组件的前端盖,然后取下保护用的塑料薄膜。

各个浮动轴套按原位装配,径向浮动轴套的上下位置不能颠倒,参见图1-95。

2. 组装存放

组装程序是按拆卸顺序的逆序进行。

在装配结束拧紧联结螺栓前,先徒手拧紧螺栓直至拧不动为止,然后转动主动齿轮轴数圈,在确认无障碍后再用扳手工具按规定顺序紧固连接螺栓,最后再使用扭矩扳手按规定力矩紧固螺栓。

组装完毕,装上专用油口塞或用干净无纤维布堵住进出油口防止杂物、尘土侵入,并将修复的齿轮泵妥善保管,以备上测试台测试。

3. 齿轮泵常见故障原因分析

齿轮泵的故障率较之其余类型液压泵低,但在使用不当时仍然会出故障。

(1)泵的压力和容积效率降低。泵的容积效率降低多数是泵内泄漏造成的。内泄漏严重的原因有:浮动轴套端面上的磨损严重,泄漏增大;弹性侧板上的敷铜板开裂或铜板脱落;浮动侧板面有严重划痕或侧板轴向移动受卡;齿轮的齿根部位发生开裂、密封圈坏或密封圈骨架压坏等。修理的方法是:浮动轴套、浮动侧板弹性侧板磨损或有划痕的应该重新磨平,铜板开裂或脱落的更换新件,侧板移动受卡的查明原因重新组装;密封圈损坏的应该更换新件。

(2)齿轮泵内壳扫膛,齿顶磨损起刺。检查与修理方法同上述(6)(泵体内表面划痕检查)。

(3)齿轮泵外泄漏。齿轮泵在工作时泵体与泵盖或泵的主轴往外渗油,不工作时无渗漏。

齿轮泵外泄漏的原因主要是齿轮泵的泵体与泵壳之间的密封圈损坏,齿轮轴与泵前盖之间的主轴密封圈损坏。如果是才修复后的齿轮泵出现此故障,多半是修复组装时没有按照规定的紧固次序拧紧连接螺栓所致。修理的方法是:拆开齿轮泵更换损坏了的密封圈。

齿轮泵外泄漏的故障判断:只要先擦尽泵外壳上的油泥,再次起动油泵,便可以观察到漏油处,就可判定该处密封圈损坏。

(4)齿轮泵的内泄漏。齿轮泵的内泄漏故障多为泵的轴向(径向)补偿元件磨损、补偿元件上的密封件损坏。齿轮泵的内泄漏一般是靠试验台上的检测仪器来判断,或者是拆卸油泵通过仔细观察来判断故障所在处。修理方式是拆卸液压泵,更换损坏零件。

(四)柱塞泵检修

1. 柱塞泵的拆装

(1)拆卸工艺。在拆开泵之前,首先阅读维修资料和查看图纸,熟记拆卸顺序和要领。对于双联泵通常情况下应该尽量避免全部拆开泵!且应当注意不要混用各个泵的零件。

下面以 K3V112 型的斜盘式柱塞双联泵为例介绍柱塞泵拆卸工艺,参见图 1-97。

①选择清洁的地方进行拆卸作业,作业的工作台上应该铺设橡皮板或厚布等以免碰伤液压泵的零件。

②用清洗剂除去表面的灰尘、铁锈等。

③取出前后两个泵的进出口端体上的栓塞,倒出泵壳内的油。

④拆下变量控制活塞组件。通常只需整件取下,只有在必要时才可以进一步拆卸。

⑤将紧固斜盘支承台、泵壳、阀块的内六角螺栓松开。

⑥将泵水平放在工作台上，然后分离泵壳、阀块。拆下的调节器安装表面朝下放，放在铺有橡皮板等软性物件桌面上，同时要防止配油盘脱落。

⑦从泵壳拆下柱塞。此时应与驱动轴保持同一直线拆下。与活塞同时取下的零件还有滑靴、斜盘、复位弹簧等元件。

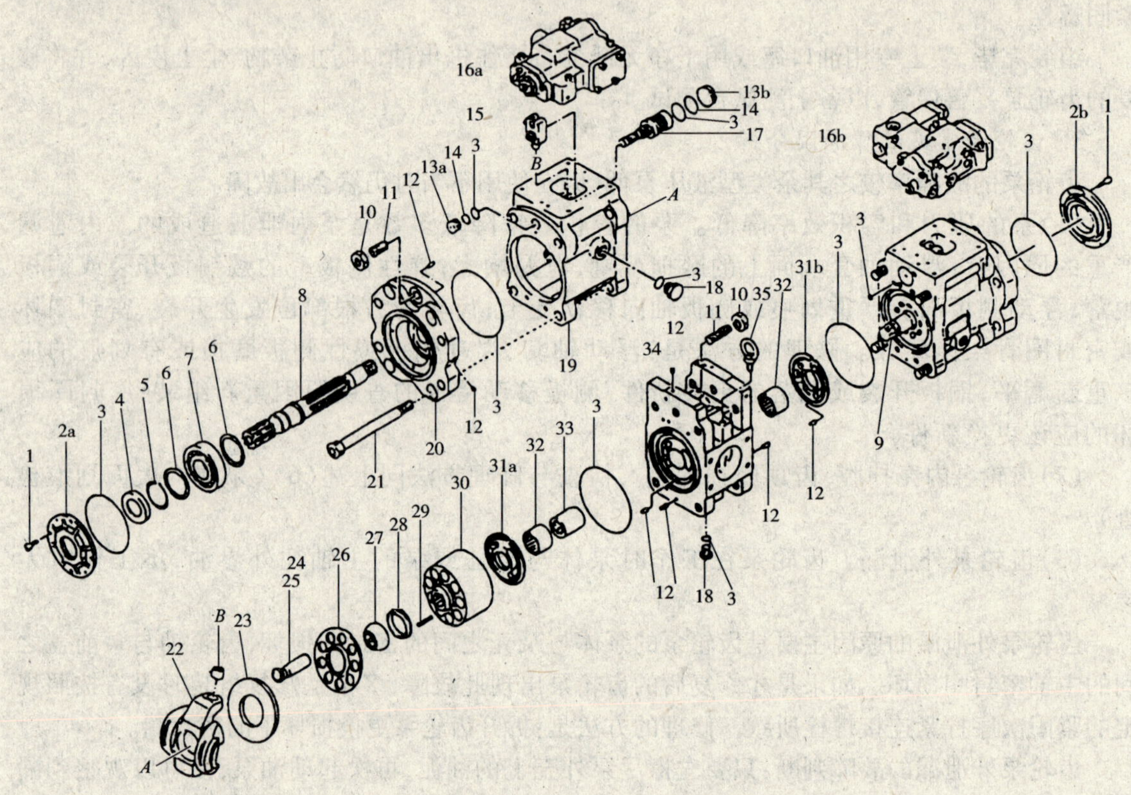

图 1-97　K3V112 型斜盘式柱塞泵结构图

1-内六角螺栓；2a-密封护罩（前）；2b-密封护罩（后）；3-O 形圈；4-主轴油封；5-轴用卡键；6-轴承隔圈；7-圆柱滚子轴承；8-驱动轴（前）；9-驱动轴（后）；10-六角螺母；11-内六角制动螺钉；12-定位销；13a-挡块（L）；13b-挡块（R）；14-保护圈；15-斜转销反馈销；16a-伺服变量阀体（L）；16b-伺服变量阀体（R）；17-伺服活塞；18-VP 栓塞；19-泵壳；20-斜盘支承台；21-内六角连接螺栓；22-斜盘；23-斜盘板；24-滑靴；25-柱塞；26-压板；27-球面轴套；28-隔圈；29-复位弹簧；30-缸体；31a-配油盘（R）；31b-配油盘（L）；32-滚针轴承；33-花键联轴节；34-阀块；35-吊环螺栓

⑧用螺栓插入密封罩上的拆卸孔（M6 丝扣）拆下密封护罩。

⑨用非金属手锤轻轻敲打泵壳侧，使斜盘支承台和壳体分开。

⑩取下斜盘压板和斜盘。

⑪用塑料锤轻轻敲打与斜盘的支承台配合在一起的驱动轴的端部，将其拆下。

⑫从阀块上取下配油盘。

⑬有必要时，从泵壳取下挡块、活塞、伺服斜转销，从阀块取下滚针轴承、花键联轴节。

按程序操作时应注意：

A. 在取下斜转销时，要使用专用夹具进行，以免损伤斜转销顶部；

B. 由于斜转销和伺服活塞的嵌合部分抹有紧固剂，千万不要损伤伺服活塞；

C. 滚针轴承未达到寿命或者损坏,尽量不要拆下;

D. 不可过于松开阀块及斜盘支承台的六角螺母,否则流量设定会起变化。

拆下的各个零件要放到清洗液中清洗,清洗完毕后使用压缩空气将它们吹干,而后放入清洁的液压油中。

(2)装配注意事项。装配的步骤基本上与拆卸相反,进行时要注意以下几点。

①拆开时造成的损伤务必修补好,要事先准备更换零件。

②每个零件用清洗液清洗干净,风干后抹上清洁的工作油再进行装配。或者从油中直接取出各元件,立即装配。

③滑动部分和轴承等件,需抹上清洁的工作油后进行装配。

④原则上,应更换全部O形圈、油封等密封零件。

⑤各部分的安装螺栓、栓塞等,应该按"修理标准"的标准扭矩紧固。

⑥对于双联泵,应注意不要混用前后泵的各种零件。

2. K3V112 柱塞泵主要维修标准

易磨损零件的更换标准:各零件的磨损超过以下标准值时,进行更换或重新调整,外观有明显损伤的要更换。

柱塞与缸体之间的间隙:0.039～0.067mm;柱塞球头与滑靴之间的松动间隙:0.0～0.3mm;压盘厚度:4.9～3.47mm;复位弹簧自由长度:41.1～40.3mm;压盘和球面衬套的组装长度:9.8～8.8mm。

3. 柱塞泵的故障与排除

装卸机械中使用的柱塞泵一般都是高压或超高压泵,只要日常维护达标,发生故障较少,一旦发生故障多数是无法修理的破坏性故障,只能用更换方式解决。由于柱塞泵内部柱塞与缸体、缸体与配油盘、滑靴与斜盘之间采用静压轴承,因而它对油液的污染情况要求很高,油液略有污染轻则会导致柱塞泵磨损,重则报废。变量柱塞泵一般情况下不应拆开检查。对于达到生产厂家运行时间的变量柱塞泵可采用从装卸机械上拆下,安装到试验台上或采用专门设计一台可控制变速的电动机带动,进行线下清洗。清洗时需要将清洗液更换成厂家要求的清洗液并加热到规定的温度。在没有厂家规定的清洗液时,应用系统所用的油液进行。清洗的时间、次数要严格按要求进行。清洗完毕的柱塞泵再进行压力、流量、效率测试,如果测试参数在允许范围内可以不必拆解;测试参数达不到要求时,再进行拆解检查,确定需要更换的零件。拆解重装的柱塞泵需要重新上试验台测试和磨合运转。测试和磨合基本上都要经过空载运行一分段加载运行,测试、磨合后的泵排尽泵内油液,用新油液空载运行一段时间,然后密封包装入库保存或直接移到车上安装。

对于变量柱塞泵、泵的变量机构、变量控制机构需要由专业人员按维修要求进行操作,不应随意操作。调试时,试调整动作范围要小,按一定的顺序进行,以免调乱无法恢复。

常见的柱塞泵故障——泵轴承处漏油(外泄)。解决方法是更换同型号的轴用密封圈。

4. 液压马达修理

(1)拆开要领。液压马达结构如图1-40所示。拆卸液压马达时应按以下步骤进行:

①用起重机吊起液压马达的外围卷上的钢丝绳,再用煤油或专用清洗油清洗;清洗后,用

压缩空气吹干。

清洗时应注意的是:先将各孔口应使用干净的无纤维布堵上后,再洗掉附着的泥土、灰尘和污油。

②在泄放栓塞处倒净机壳内的旧液压油。

③液压马达驱动轴的轴端朝下,固定于易于拆卸的工作台上。此时,壳体与阀盖的接触部打上对准记号。

注意:选清洁的地方,拆卸台上铺上橡皮板或厚布,避免发生零件磕碰。

④松开内六角螺栓,从机壳上拆下阀盖,从阀盖拆下阀板。

此时应注意:

A. 因阀盖下有压缩的制动弹簧,取下螺栓时稍有不慎,阀盖就会由泵壳弹起。故应按照螺栓紧固顺序的相反顺序松开,并且要做到每个螺栓均匀松开。

B. 在用螺丝刀撬起接触面用时,注意不要损伤接触面。

⑤从制动活塞取出制动弹簧。

⑥使用专用工具,借助活塞上的螺栓孔,把制动活塞从液压马达机壳内取出。

⑦把液压马达改为水平摆放,从驱动轴上将液压马达缸体拔出,取下活塞、压板、球面衬套、间隙套管、滑靴压板。

此时应注意:

A. 拔出液压马达缸体时,需要注意里面的推杆容易脱落。

B. 拆卸时还要注意液压马达缸体、球面衬套、滑靴的滑动面不要损伤。

⑧从壳体内拆下摩擦板和隔板。

⑨用钳子取下制动圈,从壳体上拆下前盖。

要注意的是:拔下前盖时,注意不要损伤油封的滑动面。(前盖也可以与驱动轴一起拆下。)

⑩用塑料锤轻轻敲打驱动轴的阀壳侧面,以便由壳体上拔出。

⑪在壳体上的圆柱滚子轴承圈套用软金属棒轻轻敲打,从壳体拔出滑靴压板。

⑫如果发现驱动轴上的轴承间隙超标,则进行轴承更换。其步骤如下:

A. 从驱动轴上取下制动圈,间隙套管,利用压力机取下圆柱滚子轴承的内圈。

B. 利用夹具从前盖拔下密封圈(轴用)。

C. 使用滑动锤锤轴承拆卸器由阀盖拆下圆柱滚子轴承。

要注意的是:取下的轴承、密封圈不可再用。

(2)液压马达的装配。液压马达的装配程序按照拆卸程序的逆程序进行。组装时注意如下几点:

①各零件都要用专用清洗液洗干净(或同牌号液压油),用压缩空气吹干。

②各件在涂抹干净液压油后再组装。

③拆卸下的各密封圈不得再用,应剪断统一丢弃。

④使用专用工具安装零件,用扭矩扳手,按规定扭矩紧固安装螺栓。

(3)磨损零件的更换标准:

①柱塞和液压马达缸体之间的间隙达到0.058mm时,应更换柱塞或液压马达缸体。标准

间隙为0.028mm。

②柱塞和滑靴之间的间隙达到0.3mm时，更换柱塞和滑靴组件。标准间隙为0。

③滑靴厚度磨损到5.3mm时，更换柱塞和滑靴组件。标准厚度为5.5mm。

④压板、球面衬套的配合高度降低到6.0mm时，全套更换压板和衬套。标准高度为6.5mm。

(4)液压马达连接螺栓安装扭矩。4根液压马达连接螺栓安装扭矩是432N·m。

二、控制阀的检修

控制阀在日常运行中，由于润滑条件好一般很少出现故障，故磨损也轻微。控制阀出现故障的原因是由于液压油的管理不善(添加油液、维修、更换液压件时混入污染物)、液压元件在安装过程中没按照操作要求进行等所致。

(一)阀类液压件的测试

1. 各类阀耐压测试

在清理各油管接口后将各工作油管接口用专用油塞封好，进油管接口与测试液压源相连接，出油管接口与测试加载阀相连，而后加载至1.25倍的额定工作压力，保持15min应无任何外泄漏。本测试也可在线测试，也可利用试验台、便携式检测仪进行。

2. 各类阀内泄漏测试

在耐压测试准备基础上将加载阀与油箱相连油管一端放入量筒。计量在接通测试压力油15s后第一分钟内的流量，该流量与泵提供流量的差值为泄漏量，该值不得大于厂家在产品说明书上的规定值。

3. 压力损失测试

将被测试阀的压力调至阀的工作压力p_s，流量调至被测试阀的最大流量，测量阀出口的液压力p_2，二者之差Δp为压力损失。该值应小于规定值。

(二)电、液控换向阀的测试

电、液控换向阀在进行上述测试后还应对其换向可靠性、换向停留时间进行测试。

1. 换向可靠性测试

(1)将测试工作压力调至液压系统工作压力。

(2)将控制压力降至0.5MPa，电磁阀的电压降低15%。

(3)反复换向5~10次，被测换向阀不得有异常响声，且动作迅速灵敏，复位无滞后，各测压点与阀的机能相吻合。

2. 换向停留时间

将各节流阀的调节螺钉一端全部拧紧，油缸可在一端换向时停留3s，或3s以上时间。合格后再对另一端进行同样测试。

(三)压力阀的检修

1. 溢流阀测试和维修

在进行耐压测试前应将溢流阀和遥控或比例控制口关闭。耐压测试后将溢流阀的控制压力调至额定压力，随后进行泄漏和压力损失测试。

(1)溢流阀压力的测试。在调试前先将测试压力调至高于该阀的工作压力的5%~

10%，再把溢流阀的压力调节旋钮全部旋松，接通测试压力，后逐渐缓慢拧紧溢流阀调节旋钮，逐步使压力升至规定工作压力，旋紧备帽，此时压力表不应有波动或缓慢下降。测试压力后将测试压力降低，再升高，直至溢流阀开启溢流为止。记录开启压力，与调定压力比较，误差不得超过产品所规定的值。

(2)溢流阀的维修：

①溢流阀壳体。溢流阀的壳体基本是高强度铸铁件，牌号为 HT30 - 54，阀芯则是经过淬火的钢件，两者配合滑动时，钢件基本不磨损，铸铁壳体内孔相对磨损速度要快些。锥阀与锥阀座全为钢件，在使用过程中也会磨损。主阀芯与阀座磨损比较轻微，锥阀与阀座磨损的较快，原因是调压弹簧的刚度大，在很大的力作用下频繁动作，它们之间又是线性密封，这种工作条件磨损就快，使用到一定时间应检修。主阀孔在长期使用后与阀芯的配合间隙也会增大，内部泄漏增加，尤其油温达到 50℃ 以上时，大量的液压油泄漏后，系统的效率就会显著下降。

溢流阀的检修时间没有明确规定，一般安排在装卸机械大修时进行。

②溢流阀内孔。溢流阀体内孔为盲孔，即阀座的孔小于主阀的孔。如阀为垂直安装时，其阀孔的磨损应为圆柱鼓形。阀芯运动的部位间隙增大，内部漏损增加，直接影响执行元件的工作效率。出现这种情况要及时按下列程序检查修复。

A. 将阀拆开把零件放入煤油中清洗阀孔和各种零件，目视各零件的磨损程度。检验量具采用相应的外径千分尺和内径千分表。测量阀芯尺寸，再用千分表测量阀孔，从上至下，再把阀体移动 90°，重复测量，将测量的结果分别写在有关记录卡上。

B. 采用研磨的方法修复。使用的实心研磨棒如图 1-98 所示。这种研磨棒简单易做，为低强度铸铁棒料，表面加工出 20 ~ 25mm 的左、右旋螺纹，能含住研磨剂。溢流阀体内孔为盲孔研磨有一定难度，研磨棒不宜太长。研磨棒必须在高精度磨床上精磨，其椭圆度、圆柱度不应大于 0.003mm。研磨棒应以两件为一组进行加工。粗研磨和精研磨应分开进行，粗研磨棒与阀孔留有 0.015 ~ 0.028mm 间隙；精研磨棒则为 0.012 ~ 0.02mm 间隙。

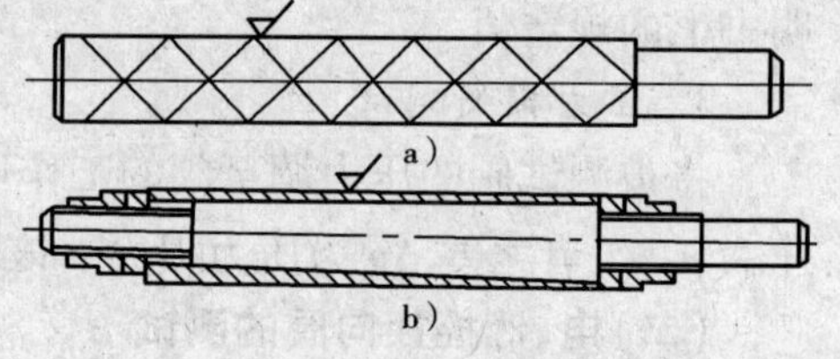

图 1-98 研磨棒构造

C. 研磨剂采用 M5 ~ M10 的碳化硼或氧化铝均可，用 10 号机油与煤油各 1/2 调成糊状即可使用。

③研磨方法。把研磨棒夹在车床的卡盘上，应找正用力夹紧，初次研磨转速不宜过高，在 100r/min 上下即可。开车运转之后用毛刷将研磨剂涂于研磨棒上，轴向刷几次，不宜太厚应均匀，这时可将阀孔套进研磨棒上，轴向推动阀体的同时还必须与研磨棒相反的方向径向连续旋转阀体。也就是沿着研磨棒的轴向往返推动和径向转动同时进行。研磨的时间不可过长，不应超过 1min，具体方法是：停车将阀体拿下来，用毛刷蘸煤油把阀孔的研磨剂清洗洁净，再用千分表检验，如果阀孔的椭圆度和圆柱度不太严重，一根研磨棒可以消除。经过检验几何精度还未达到要求时，应根据情况确定继续涂研磨剂研磨，还是换另一个研磨棒再进行研磨。椭圆度与圆柱度保持在 0.015mm 左右。

研磨过程应注意如下两点：

A. 研磨时要连续反向旋转阀体，否则会把阀孔研磨成椭圆形。研磨时一定要按照工艺要求进行，研磨剂要涂得少而匀、轴向滑动范围要长，而且要经常停下检查，避免将阀孔研磨成喇叭口形。

B. 研磨合格的阀孔，要在煤油中彻底清洗，防止研磨剂存留孔内。另外，阀孔的尺寸要测量准确，将小数点后留的三位数写全，为下一步配磨阀芯作依据。

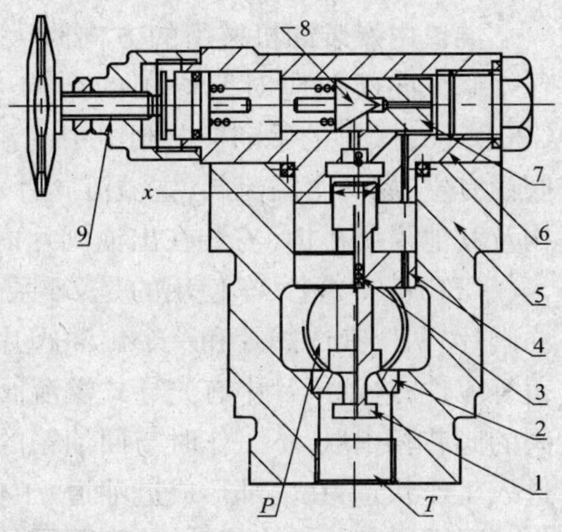

图 1-99　三极同心溢流阀

1-阀芯；2-阀座；3-弹簧；4-阻尼孔；5-阀体；6-上盖；7-先导阀阀座；8-先导阀锥阀；9-手轮

④阀盖检修方法。三级同心溢流阀的阀盖内装有先导阀，阀盖的下端有一孔与主阀芯上端配合，该孔在与主阀芯上端配合间隙过大时（如图 1-99 中“x”处），会直接影响溢流阀内部泄漏。此处是内泄漏的重点，而油温升高时，压力表指针调不到原来的刻度值。从图 1-99 结构图中可以看出，当溢流阀上的 p_1 与 p_2 腔产生压力差时，主阀芯上升到顶端，大量的油液从 T 口流回油箱。如溢流阀是垂直安装的，这个孔的磨损是均匀的，要使用内径千分表检测其实际尺寸，便于和阀芯配磨间隙。阀孔长期使用磨损，已经比原来的尺寸加大了，对阀芯要采取修复的方法，来达到规定的配合间隙。最简单的修复应用镀铬的工艺解决，各地都已掌握镀铬的工艺，镀层均匀牢固，十分方便。镀铬之后应抛光，以达到各部位的配合间隙。有关各件配合间隙见表 1-3 的规定。配合间隙应在下限附近，以可活动自如又不会卡住为宜。

配合间隙　　表 1-3

型　　号	阀盖与阀芯配合间隙(mm)	阀孔与阀芯配合间隙(mm)
YF－※10～20	0.008～0.012	0.015～0.035
YF－※32～50	0.010～0.02	0.02～0.04

先导阀的锥阀和阀座材质为合金钢，它的表面经过软氮化处理十分坚硬，但长期使用与阀座接触频繁也会磨出痕迹，这种痕迹越深，闭合越不严，内部漏损也越大，液压系统的压力下降越大。此种内泄漏检查的方法是：开始时，把调压手轮顺时针旋转加压时，溢流阀还能维持使用，当油温上升到 50℃ 以上时，压力表显示不能升高，甚至油温升高后压力表指针还会下降。此时，即便把调压手轮拧到死点压力仍然不能升高。油温低时还能工作，油温高时不能工作是溢流阀磨损严重引发内泄漏故障的现象。

⑤溢流阀的配合间隙。首先检查溢流阀各零件的磨损程度，以决定修复或更换。溢流阀拆开后，先检验锥阀是否有磨损痕迹，锥阀座磨损要慢些，因为在 90°和 120°相交处与锥阀接触密封，所以也会出现磨损，它与锥阀的磨损大约在 3∶1左右。其次，检查主阀上边与阀盖配合间隙 x，见图 1-99 所示，允许间隙值见表 1-3。这里间隙超出规定时，则内漏严重，此处是发生内漏的主要部位。如果溢流阀修复后达到出厂标准时，油温升高仍然压力不能上升时，除液压系统还有泄漏以外，就可能是液压泵的容积效率太低造成的。溢流阀修理工艺复杂，最好更

换新的。

三、多路阀的检修

港口内燃装卸机械用的方向阀大多是手动操纵控制(包括手动先导阀)和电磁换向阀。在维修方向阀前应对所修阀的结构有所了解,以便于有针对性进行维护修理。例如国产CPCD5(6)叉车的手动换向阀组中的溢流阀是先导式溢流阀;海斯特叉车大多数的手动换向阀设有主、副两个溢流阀,主溢流阀针对起升机构(安装在进油阀片内),副溢流阀针对倾斜机构及其他附属机构(安装在出油阀片内)。

CPCD5(6)型叉车使用的是ZS系列四片式多路换向阀(下简称多路阀),该阀包括一个进油阀片、两个换向阀片和一个出油阀片。换向阀片中有阀芯(也称阀杆)、复位弹簧、前(后)阀盖等零件;进油阀片中有先导式溢流阀(作安全阀用)。先导阀—锥阀的遥控通道与两个换向阀的阀芯相串联,不工作时与回油箱的回油路相通,起升或倾斜油路工作时则被切断,溢流阀进入工作状态,在内部形成进油道、工作油道、回油道、溢油道及总回油道,使液压油在不同工作状况下在各油道内流动,达到不同的工作目的。其中进油阀有一个进油口与系统的工作泵连接,回油阀的回油口与系统的回油口连接,溢流阀控制溢油道。叉车液压系统的额定压力为16MPa,流量为160L/min。下以CPCD5(6)型叉车使用的多路阀为例说明多路阀的常见故障和检修过程。

(一)多路阀常见故障及检修

1. 泄漏

(1)内泄漏。多路换向阀发生内漏时,工作油道与回油道或溢油道相通,液压油直接流回油箱,会出现起升液压缸起升无力或不能起升、货叉自行下滑及门架自行前倾等故障。内漏的原因及排除方法如下。

内泄漏原因是阀杆与阀体之间磨损间隙过大。

磨损间隙过大时,就会造成工作油道中的油与回油道或溢油道相通,而自动回到油箱。其主要原因是换向阀长期使用不清洁油液造成阀杆与阀体的非正常磨损,导致内泄漏严重。

(2)内泄漏的排除方法。若阀杆磨损较轻(失圆度较小),可对阀芯先进行镀铬磨光处理,而后再与阀体进行研磨配合;阀芯和阀体磨损严重的,则需要更换。

(3)外泄漏(阀体之间漏油)。由于工作油道、回油道、溢油道贯穿于三个单片阀体之间,阀体与阀体之间靠O形密封圈密封。所以当紧固螺栓的紧固力矩不同,造成阀体翘曲;或使用时间过长,阀片间的密封圈失效,产生泄漏。修理时,若阀体损伤则需进行研磨、更换O形密封圈,并按紧固操作工艺和力矩要求拧紧螺栓。

2. 溢流阀弹簧失效

溢流阀用于调节系统的工作压力,使压力保持在一定的范围内,防止因超载、液压缸活塞到极限位置或其他原因而造成的液压系统各零部件的损坏。溢流阀靠弹簧弹力将阀芯压在阀位上达到关闭油路的目的。安全阀弹簧失效时,液压油就会在低于系统规定压力下打开阀芯流入溢油道,造成系统压力下降。修理时必须更换弹簧,然后利用调压螺钉调整弹簧压力至规定的14MPa。在没有压力表时,也可以在标准载荷中心处加载75kN载荷(125%额定载荷),

当叉架在似起非起时将溢流阀的调压锁止螺母锁紧，此时的压力即为所需要调整的压力。

3. 换向阀杆不能复位

换向阀在不工作时靠复位弹簧复位，如果阀杆不能回到中间位置，阀内的油道相通，就会产生内漏。造成此故障的原因一是由于阀杆复位弹簧变形或损坏，弹簧弹力降低而不能使阀杆回到原位，修理时须更换弹簧；二是阀体与阀杆间不清洁，产生较大的阻力，使阀杆复位困难，修理时须清洗多路换向阀的内部。

4. 先导阀锥阀磨损

先导阀锥阀若磨损或关闭受阻溢流阀就不能正常工作，系统的正常工作压力就会受损。修理时，应对其进研磨或更换。

（二）多路阀的检查

（1）将分解后的换向阀组件按各片的组件顺序清洗，清洗后放至干净布上，擦干表面油液。

（2）检查阀芯的内表面有无划痕；阀芯与阀体间的间隙不得超出0.05mm，磨损过大的应报废。不得随意用其他阀芯替换报废的阀芯。将检查情况全部记录。

（3）检查阀芯的椭圆度，同一截面上至少测量2次；检查不柱度（可放到平台上或用尺口平直的划线钢尺测量），测量得到的尺寸与厂家提供的极限尺寸比较，以确认是否可以继续使用。

（4）检查各阀芯与阀体间的密封性。在维修现场有一种简易方法判断阀芯与阀体之间的间隙是否过大。将换向阀的阀芯处于锁紧状态，在阀体上的油管接口处倒满汽油，观察换向阀上的其余各个油口是否有油泄漏出来。若无，则密封良好，否则就是密封失效。

（5）检查溢流阀组件。检查主阀芯在阀体间的滑动情况（要在有液压油状况下）。对溢流阀的弹簧进行弹力测量。无负荷状态下测弹簧全长，加额定负荷时测量弹簧的压缩长度。将两测得的值与标准尺寸比较，低于标准值的应更换。

（6）检查阀体表面是否有裂纹，如有裂纹则报废。

（7）阀孔的不柱度、椭圆度及允许配合间隙修磨阀孔要求见表1-4。阀孔的研磨棒有可调节的和固定外径的两种，可调节研磨棒的锥形杆用45号钢加工成1∶50的圆锥体，铸铁研磨套

方向阀配合间隙（mm）　　表1-4

公称尺寸	滑阀直径	配合间隙	不柱度及椭圆度	
			阀孔	滑阀
6	8	0.005~0.008	0.002	0.002
10	16	0.008~0.012	0.0025	0.0025
20	32	0.012~0.02	0.006	0.004
32	50	0.015~0.024	0.006	0.004
50	70	0.025~0.032	0.008	0.005
65	90	0.028~0.038	0.008	0.005
80	100	0.035~0.046	0.008	0.005

内孔 1:50 与研磨棒配合见图 1-98b),左右为调节后的固定螺母。这种研磨棒可长期使用,可调节 0.02 ~0.1mm 范围,但是制造难度大,不易加工。调节后易出锥度,条件允许情况下,以制作实心研磨棒为好。

(三)电磁换向阀的检查维修

大多数电磁阀是靠电磁铁得电后产生磁力吸引衔铁,衔铁推动推杆,推杆再推动电磁阀的阀芯移动,改变阀内的油管通道连接与断开,从而实现改变油流的方向。即电磁阀是靠电磁铁推动阀芯移动而不是电磁铁吸引阀芯移动。目前有相当一部分电磁阀却是直接吸引阀芯移动,例如海斯特叉车、TCM50 ~100Z8 系列等叉车和小轿车的液压换挡阀、柴油机的电磁熄火开关均采用直接吸拉阀芯动作。在检查、修理之前必须严格区分,避免判断失误。

1. 电磁阀的拆装

电磁阀多为单片式,也有是集成式、插装式的。电磁阀拆前的准备工作与手动换向阀的准备工作相同。下面介绍单片(也称单体式)电磁阀的拆装过程。

电磁阀的油管连接方式有板式和管式,板式的电磁阀从车上拆下时,要注意不要将各油口处的密封胶圈从电磁阀体上分离,应一同放至案桌上。管式的要注意不要把螺纹碰坏。

(1)拆下电磁线体的固定螺钉,取下电磁体;

(2)将电磁阀体垂直夹在台钳上(注意钳口应用软金属或布或硬纸片垫好),拆下推杆定位套的固定螺钉或卸下孔用卡键。

这项操作应注意安全,要防止弹簧的突然弹出伤人。建议在对定位套的固定螺钉拆卸时要轮流松懈螺钉,使弹簧逐渐松懈;孔用卡键拆卸时要用专用辅助拆卸工具,要在卡键不受轴向力的情况下拆卸。

(3)依次取出定位套、弹簧、弹簧座,将推杆和阀芯小心取出,摆放于桌面上以备检查。

2. 检查

由于电磁阀的体积较小,阀芯一般不易弯曲变形,重点检查推杆是否有弯曲变形、定位套有无裂纹、阀体孔内表面是否有拉痕。推杆和定位套如发生损坏,可以更换;阀芯、阀体孔内表面损坏,则已无修理价值作报废处理。

3. 装配

装配程序与拆时程序相反,装配过程中要抹液压油安装。

装配时要注意的是:

(1)安装时,不可将阀芯的前后安装方向装反,避免发生阀芯卡死现象。

(2)电磁阀在大修时应更换全部的密封圈。

(3)定位套安装时要用拆卸时的辅助工具,防止伤人。

4. 在车上检查电磁阀的线圈故障的方法

(1)手动检查法。对于采用吸动衔铁推动阀芯移动的电磁阀,可用手推法来检查电磁阀的故障。具体方法是:用手或用螺丝刀推电磁阀的推杆。如果推后,能控制相应的液压执行元件运动,则说明电磁阀本身无故障,故障出在电磁线圈;如果推不动阀芯,则是电磁阀内部有零件损坏,使阀芯发生卡死现象;如果能推动阀芯,但液压系统无反应,此时应对控制压力油的压力进行测量,以判断控制压力油的压力是否正常。无手推杆的电磁阀需用专用工

具检查。

(2)通电检查法:

①单个电磁阀的检查:在没有万用表的情况下,可将两个电磁线圈的引线交换起动,判断线圈是否断路。

②多个电磁阀组的电磁线圈检查:将两个电磁阀线圈引线一起与相邻的电磁阀线圈对换,然后再通电检查。如果换到另一个阀上仍然也无反应,则该阀的线圈坏;若相应的电磁阀工作,则原电磁阀的阀体内有故障。

5. 电磁阀的常见故障

(1)故障现象一。无零位(无中位),工作机构停不下。

中位卸荷型的电磁阀,无零位故障的现象是液压系统不能卸荷、工作机构不能停止运动,压力表上有压力显示。其原因是:

①推杆弯曲变形,电磁铁失电时阻力过大,以使阀芯不能正常复位。

②复位弹簧座出现裂纹变形,推杆移动时发生卡滞以使阀芯无法复位。

③复位弹簧断或复位弹簧弹力不足(多是拆装时安装错弹簧)。

④未按照安装工艺要求紧固连接螺钉,造成阀芯内部变形,阀芯运动受阻。

(2)故障现象二。电磁阀所控制的液压油压力不足。其原因是:

①电磁铁阀芯的位移量不足。

②阀芯内部有异物,影响了封闭性能,造成内泄漏。

(3)故障现象三。电磁换挡阀不能实现换挡工作(电磁铁及电气均无故障)。其原因是:

①检查或更换电磁阀后没有按照规定正确拧紧(插装式电磁阀),导致内部压力油路与低压回油路相通,系统不能建立起必要的压力。

②安装电磁阀时,动作粗糙,挤坏、压怀密封圈。

③在电磁阀的安装螺纹处违规缠绕多层聚四氟乙烯胶带(插装式电磁阀),在安装电磁阀的过程中,虽然外部不漏油,然而阀体上的密封圈却未能压实,造成密封圈密封失效。

(四)试验台上进行各类控制阀的测试

下面介绍一种适用各种类型液压阀不同试验要求的通用试验台。

1. 试验台的功能及油路结构

该试验台是一种能满足各种类型液压阀不同试验要求的通用试验台。

图1-100所示为用液压职能图形符号表示的液压阀通用试验台油路原理图。试验台设置两个被试阀安装座——BF_1、BF_2,油口P、A、B、T主要用于换向阀与伺服阀的试验,油口C、D、E主要用于压力阀及流量阀的试验。通过手动开关5～9及二位二通电磁换向阀10的变换,可以实现国家标准规定的各种类型液压阀的试验油路。7个压力测量点P_1～P_2及P_S和一个流量测量点可测试被试阀的性能,各个压力测量值可由压力表直观显示,又由相应的压力传感器测量,便于自动记录。节流阀26用于调节试验流量,流量由涡轮流量计27测量,用数码显示和自动记录。减压阀28用于设定被试阀的压力,单向节流阀30,31用于被试阀的加载。系统的油源为定量液压泵12,其最大压力由先导式溢流阀17设定,二位二通电磁换向阀18用于控制泵12的卸荷与升压,系统工作压力通过远程调压溢流阀19调节并通过压力表16观测。单向阀15用于防止油液倒灌,过滤器14用于提高压力油的清洁度;蓄能器13用于吸收

液压脉动和冲击。抽油泵 20 和小型副油箱 33 用于将被试阀装卸时漏出的油液送回液压泵源油箱。

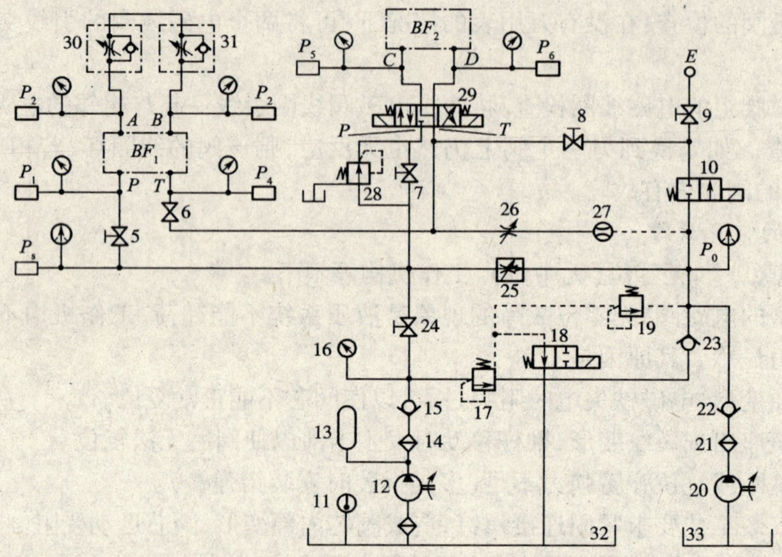

图 1-100　液压阀通用试验台油路原理图

5～9-手动开关;10、18-二位二通电磁换向阀;11-温度计;12-定量液压泵;13-蓄能器;14-高压过滤器;15、22、23-单向阀;16-压力表;17-先导式溢流阀;19-远程调压溢流阀;20-抽油液压泵;21-过滤器;24-截止阀;25-调速阀;26-节流阀;27-流量计;28-减压阀;29-三位四通电磁换向阀;30、31-单向节流阀;32-主油箱;33-副油箱(图中 1～4 从略);BF_1、BF_2-被测阀安装位置

由于液压系统要采用插装阀,故将图 1-100 所示油路图等效转换成图 1-101 所示的插装阀液压油路原理图。图 1-101 左下部分为用插装阀 1～4 代替三位四通电磁换向阀后,实现三位四通换向阀不同的滑阀机能,能满足不同试验的要求。插装阀 5～10 用于代替相应的手动开关及二位二通电磁换向阀。插装阀Ⅰ、Ⅱ、Ⅲ、Ⅳ分别用于代替图 1-97 中的单向节流阀 30、31 和节流阀 26,调速阀 25。其他元件及其功用不变。油路插装阀化以后,达到了体积小、压力和流量范围宽、油路变换方便可靠的要求。

为了减小噪声干扰,该试验台的液压泵源可安装在另外的房间,通过试验台上的调压阀对液压泵源进行压力调节。为了便于观察与油路的变换操作,整个油路图刻印在试验台面板上。试验台的外观图和电路操作面板如图 1-102 和图 1-103 所示。图中,双刀自锁带灯按钮 1～10 控制相应插装阀的通断;手柄Ⅰ、Ⅱ、Ⅲ、Ⅳ用来调节相应的插装节流阀;调压阀与减压阀在面板上也有相应的调节手柄;数码管 Q 则显示涡轮流量计测得的流量。

2. *液压阀试验油路变换原理*

(1)换向阀试验。试验时,将换向阀的相应油口接至试验台 P、A、B、T 油口,当插装阀 5、6、Ⅲ接通,阀Ⅳ断开,由插装阀Ⅰ、Ⅱ调节负载,即可进行换向阀试验。对于电磁换向阀可将其电磁铁接至面板上的电源插座,交流阀由按钮开关换向,直流阀由按钮开关换向。工作压力由 P_s 或 P_1 测量,流量由 Q 测量。压力 P_1～P_4 和流量 Q 可通过计算机绘制出稳态压差—流量特性曲线。对于液动换向阀的试验,可将其控制油口接至 C、D 油口,由减压阀调定所需的控制压力;并由插装阀 1～4 控制液动阀的方向变换。

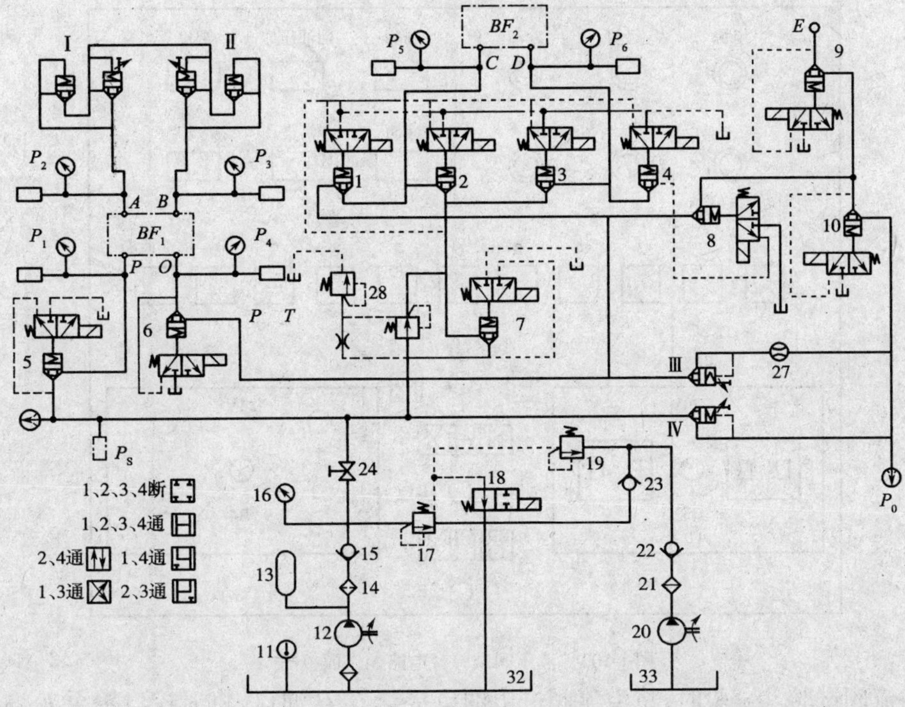

图 1-101　试验台插装阀油路原理图

1～10-插装阀；11-温度计；12-定量液压泵；13-蓄能器；14-高压过滤器；15、22、23-单向阀；16-压力表；17-先导式溢流阀；18-二位二通电磁换向阀；19-远程调压溢流阀；20-抽油液压泵；21-过滤器；24-截止阀；Ⅲ-插装节流阀；Ⅳ-插装调速阀；27-流量计；28-减压阀；Ⅰ、Ⅱ-插装单向节流阀；32-主油箱；33-副油箱；BF_1、BF_2-被测阀

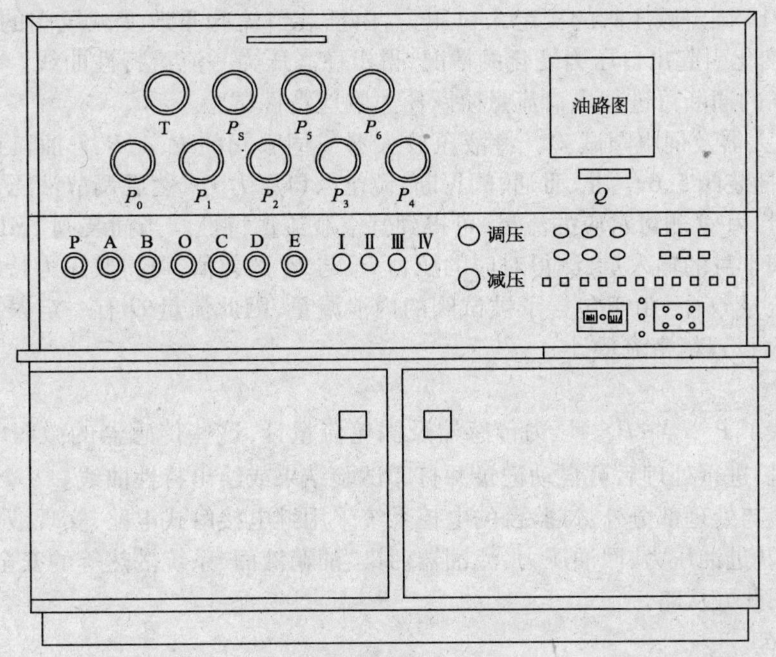

图 1-102　液压测试台外观图

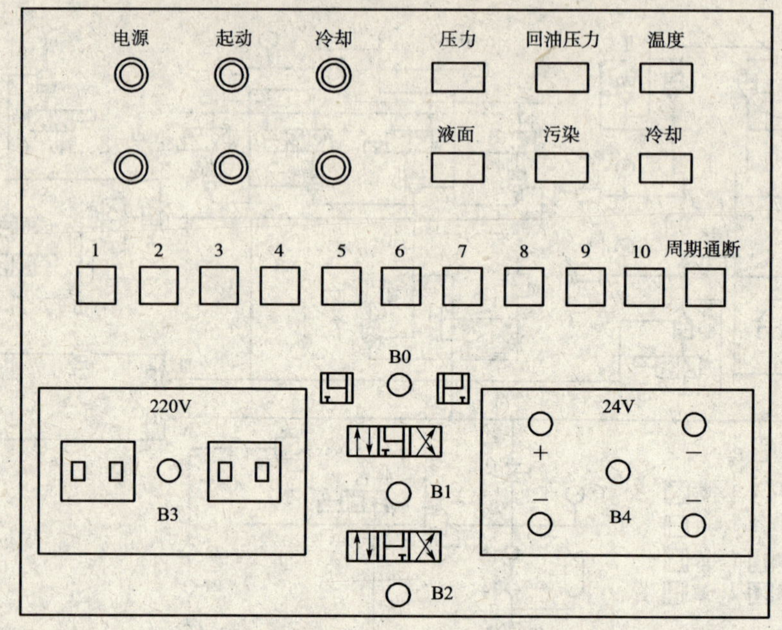

图 1-103 液压阀试验台电路操作面板图

（2）溢流阀试验。试验时，将溢流阀进出油口接至 C、D 油口，将遥控口接至 E 油口，插装阀 2、4、7、9、Ⅲ通，阀Ⅳ断，由调压阀 19 调节溢流阀入口压力，由 P_5 及 Q 可测得溢流阀的启闭特性；由插装阀 10 的通断可测量溢流阀的卸荷压力，并可作溢流阀的动态特性试验。

（3）减压阀试验。试验时，将减压阀的进出油口接至 C、D 油口，当插装阀 2、4、7、Ⅲ通，Ⅳ断，通过调压阀 19 调节减压阀入口压力，由 P_5、P_6 可测得进口压力变化引起出口压力变化的情况；由调压阀 19 调定减压阀的额定入口压力，由插装节流阀Ⅲ改变减压阀的流量，由 Q 及 P_6 可测得流量变化引起出口压力变化的情况，得出稳态压力—流量特性曲线。将插装阀 8 接通，由插装阀 10 的通断可进行出口流量阶跃压力响应特性试验。

（4）液压放大器及伺服阀试验。将液压放大器或伺服阀的 P、A、B、T 油口接至试验台上相应的油口，当插装阀 5、6、Ⅰ、Ⅱ、Ⅲ通，阀Ⅳ断，调定入口压力 P_s，然后调节液压放大器或伺服阀本身的输入量，由 Q 测量对应的流量，可得到其空载流量特性。当插装阀Ⅰ、Ⅱ断，调节液压放大器或伺服阀本身的输入量，测得对应的压力 P_1 与 P_s 的差值，可得其压力特性。

在测量的流量 Q 中，由于包含了被试阀的内泄漏量，因此流量 Q 有一定误差。精确测试需在 A、B 口之间设置精密流量计。

3. 电控系统

试验台设置了 P_s、$P_1 \sim P_6$。压力传感器及涡轮流量计，这些传感器的微弱电信号经过放大后输入计算机，进行处理后可自动记录并打印试验结果或绘出特性曲线。

除数据采集与处理部分外，试验台的电控系统采用继电接触式电路，实现液压泵源的安全起动与停车，以及进油压力、回油压力、滤油器污染、油箱液面、系统散热等的安全保护与控制。电控系统原理图此处从略。

4. 技术特点

（1）该液压阀通用试验台液压系统采用定量泵液压源，采用二级调压方式设定和调节系

统的最高压力和试验压力。液压源泵出口设有精过滤器、蓄能器，油箱设有温度计，保证了系统的可靠性；通过截止阀可以实现液压源与试验台油路的通断；通过抽油泵可实现装卸被试阀时漏油的送回。

(2)系统采用插装阀组成油路系统，液压阀的压力与流量范围宽；油路变换方便可靠；数据采集、处理与试验结果输出方便；能实现国家标准规定的各类液压阀试验油路；能以最少的资金和占用最小的场地解决种类繁多的液压阀的不同试验要求。

四、油液缸的检修

(一)油液缸的拆装

通常在拆卸液压缸前应使活塞杆回缩到最短位置，然后拆下两根油管接头，用塞堵封住管接口和接头，再借助起重机械将液压缸从机械设备上卸下，回车间内加以良好固定。随后按如下步骤进行拆卸。

1．拆卸液压缸

(1)清理缸内存油。排清液压缸内部残油的方法：拉动活塞杆排出内部残油。小型液压缸可用人力拉出，大、中型的液压缸活塞杆要借助其他工具拉出，也可利用压缩空气将活塞杆“顶”出液压缸。

(2)拆卸前盖。油放完后使液压缸处于最小行程状。松动前耳环与活塞杆的连接。如果前耳环与活塞杆是一体的则可直接开始折前盖。

对于不同结构的前盖要借助不同的工具、采用不同的拆卸方式进行拆卸。拆前最好做好上下位置的记号。避免用硬度比液压缸筒、盖的工具来拆卸缸盖。

(3)拆卸活塞杆。在前盖还差2圈取下前，先将活塞杆拖出1/4～1/3(视活塞杆的长短而定)并用活动支架支承好(对于短行程的液压缸，只要不影响拆卸前盖，可不必将活塞杆拖出)，然后将前盖完全从缸体上脱离，再拖拉活塞杆，当活塞杆拖出全长的2/3左右时再用另一活动支架支承好。接着便可全部将活塞杆拖出。对于小型的液压缸，可将液压缸放到工作台上拆卸，用人力托住活塞杆。

(4)拆解活塞体。活塞杆从缸体中卸下后，按不同结构形式采用不同方式分离活塞体与活塞杆。如果是螺纹联结的，则先将止退垫松开；是卡键连接的先将卡键松开，再取下活塞体。

(5)拆卸各密封圈。分解缸体之后，进行各种密封圈的拆卸工作。拆卸时不能用螺丝刀、电工刀之类工具硬性拆卸，应该用软金属片或硬塑料板条辅助拆卸。对于达到工作小时的密封圈，拆下后应将其剪断，避免重复使用。

(6)清洗液压缸各部件。用清洗液清洗压缸各部件，包括缸体、缸盖、活塞体在内的零件。无清洗油时，可用原牌号液压油清洗，不要用汽油、煤油或柴油清洗。对于某些国外进口机种则要按厂家的说明进行清洗。有的要求使用本厂配带的清洗液，有的要求使用同型号干净、新液压油清洗。清洗完毕用干净无纤维布擦净，如果不需要立即组装则应用干净无纤维布包好，防止灰尘、杂物落上。

2．组装液压缸

液压缸的组装顺序基本上是拆卸顺序的逆序(略)。

组装时应注意如下几点：

(1)组装时各密封圈不得“干装”,须抹上同牌号新液压油,装配时要采用专用工具组装。

(2)往缸体内装活塞杆时,应注意活塞体上的各密封圈不要被挤坏;不可用螺丝刀等尖锐金属物压挤密封圈,要用专用工具边挤压边推,同时在活塞上抹些液压油。

(3)紧固端盖螺栓时,螺栓的最后紧固的顺序与普通紧固法相似,基本上是呈对角线紧固,最后一遍的紧固应换用力矩扳手紧固螺栓,使其达到规定要求。

(4)对于安装完毕的液压缸应按规定进行有关的测试,如最低起动压力的测试、耐压、内外泄漏测试。经测试各项指标都属正常后,方可将液压缸的各接口密封好并妥善放置以备再用。

(二)液压缸的检修

1. 做好检查记录

对所有液压缸在拆卸过程中应做好观察记录。

(1)拆前记录:缸体外表有无碰撞、变形、外泄漏情况。

(2)拆中记录:每拆一件记录一件。如拆活塞杆时对表面、直线度、失圆度进行检测记录,各密封圈使用情况等。

(3)拆后记录:共有多少件物件损坏,损坏部位,程度等,以便分析原因。

2. 对损坏处进行修复

按检查情况对损坏部位进行修复。如活塞杆弯曲的要调整;表面失圆的要先镀铬后上磨床圆整;电镀层有损坏的需重新电镀;焊缝处有开焊的(要用放大镜观察)需重新焊接(焊接部位要彻底清除残余的油液)。

3. 液压缸检修要点

(1)缸体的重点检查处是处于较高部位的液压缸内壁,查看是否有气蚀、锈蚀,如有就用细纱布,细油石磨平;有拉损痕迹的要进行平整处理,必要时要电镀后再研磨复圆。缸体内壁有疤痕时决不能用刮刀、半圆锉刀等工具修理。

(2)导向套检查主要查内表面(与活塞杆配合的面),看有无拉痕和失圆是否超过各缸的设计要求,发现损坏超标,应根据单位实际情况决定重新再加工或更换新件。

(3)各种密封圈检查:有无老化、裂纹、硬化或膨胀,如有就更换不得再用;在大修时要把所有密封圈(固定,运动)全部换新,换下旧的剪断集中扔掉。在更换新油封前要对所有密封槽进行检查,清除飞刺。

(4)缸盖检查:查看盖上是否有裂纹,密封槽上是否有飞刺。

以上介绍的是国产液压缸的检修过程,对于进口机械的液压缸检修基本一样。由于进口机械液压缸的密封圈多采取组合密封,在拆密封圈和装密封圈时要用专用工具,且要格外有耐性和小心,减少失误。

(三)液压缸泄漏的判别法

泄漏是液压缸的常见故障,由前面知识可知泄漏分为内泄漏和外泄漏两种,不论何种泄漏都是有害的。外泄漏可根据观察直接判定,但内泄漏则不便直接观察出来,需通过一定的检查手段方可判定。

1. 叉车起升缸内泄漏判断方法

(1)观察法。将起升缸升至顶端,拆掉两起升缸的上腔回油管,然后继续操纵起升(此时

应适当减少油门)观察回油管是否有油流出，有油流出的是存在内泄漏—活塞上的密封圈损坏。注:此法对于液压缸内上端设有限位回油孔的不适用。

(2)测量法。利用起升缸行程长(一般都是1.5m)，活塞杆全行程的时间较长的特点，用秒表测其总时间与正常情况下起升缸活塞杆运行的时间进行比较，时间长就意味有内泄漏存在。

2. 叉车倾斜液压缸内泄漏判断方法

(1)先将货叉架升离地面0.5m左右。将倾斜缸活塞杆全部伸出，拧松两倾斜缸的有杆腔的油管螺帽(属于高压油路的需先卸压再松螺帽)，继续操作前倾，此时要减小油门，缓慢推动操作杆，在拧松的螺帽处有油流出的液压缸则是无杆腔侧的密封圈损坏，无油流出则密封圈没坏。测完后拧紧螺帽并将倾斜缸全部收回，收回终了后再将倾斜缸无杆腔一侧的油管接头螺帽拧松，继续回收操作，同样观察是否有油流出。

(2)用手测试液压缸表面温度，以判断是否有内泄漏的存在。具体方法是:在叉车作业一段时间后停车，用手摸倾斜缸的缸筒表面，其中温度高的是有泄漏。

3. 转向液压缸的内泄漏判断方法

叉车的转向液压缸有单活塞杆和双活塞杆两种，无论是哪一种都可采用如同叉车倾斜缸内泄漏判断方法进行。先将车轮转向一侧并运行到终点，再松开回油箱的油管接头1~2圈，接着继续操纵车轮朝原方向运行，同时观察是否有油流出，如是有油不断流出则转向液压缸活塞上的密封圈损坏。如无油液流出，则应将车轮转向另一侧，重复上述步骤。

4. 用仪器检查判断液压缸的泄漏

当怀疑某液压缸可能有内泄漏存在时，可将液压缸的两个工作油管接头断开，分别接上两根油管备用。用便携式检测仪、手压泵或小型小功率油泵往其中一个油管(不会使油缸产生运动的一端)加压，如果另一管子有油流出，则表明有内泄漏存在;如果没有油流出则应把两根油管对调重复上述试验。二次测试后都无油流出，则说明液压缸内部完好无泄漏。

(四)液压缸的测试

液压缸在大修后或生产出厂前，都需要对液压缸按国家相关标准进行性能测试。测试需要在一定的试验台上进行。下面介绍中高压液压缸计算机辅助测试(CAT)试验台系统。

1. 试验台的功能结构

本试验台主要功能是按照JB/JQ20232—1988标准完成耳环式、铰轴式、角架式等不同安装形式的中高压活塞缸、柱塞缸的出厂试验和型式试验。试验台主要由液压系统、电控系统和测控系统组成，既可实现手动测试，又可实现自动测试。

2. 液压系统及其工作原理

试验台的液压系统由被试缸系统和加载缸系统两个子系统组成。图1-104所示为系统的原理图，主要完成被试液压缸的往复运动，并实现对其压力和流量的控制。

被试缸系统往复运动的动力源为变量泵1和定量泵2。根据被试缸16的规格不同，可选择单泵变量或双泵变量，以实现有级和无级的流量控制。系统压力由比例溢流阀3实现远程控制调节，元件18和19分别是泵1和泵2的过载溢流阀进行安全保护。

由于系统的流量大、工作压力高，被试缸的换向由电液换向阀4控制，其主阀的换向由控制油路控制，不会影响被试缸往复运动的系统参数。通过在回油路上并联的两个液控单向阀

5 和 6，或使回油直接回油箱，或在换向阀处于中位时通过比例节流阀 7 对泵加载，泵在不同压力下的供油量由流量计 8 测量。对于耐压试验，当试验压力大于 31.5MPa 时，采用独立的高压油源供油（超高压泵 14），并通过快换接头 15 使被试缸与原系统脱开，超高压泵的最高压力由溢流阀 22 限定。

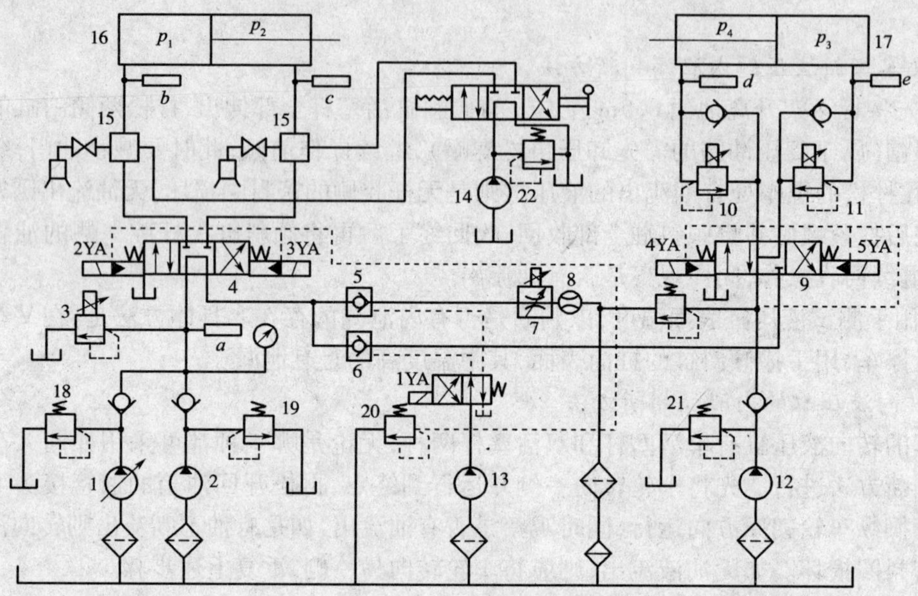

图 1-104　试验台液压系统原理图

1-变量轴向柱塞泵；2-定量轴向柱塞泵；3、10、11-比例溢流阀；4-外控三位四通电液换向阀；5、6-液控单向阀；7-比例节流阀；8-流量计；9-内控三位四通电液换向阀；12-加载低压齿轮泵；13-控制油液压泵；14-超高压泵；15-快换接头；16-被试液压缸；17-加载液压缸；18、19、20、21、22-溢流阀；a、b、c、d、e-压力传感器

加载缸系统既用于负载效率试验和耐久性试验时给被试缸加载，又用于试验终了排除被试缸内存油液。试验时，加载回路的内控电液换向阀 9 处于中位，加载缸差动连接。加载力的大小由电液比例溢流阀 10，11 远程控制调节。由于采用了差动连接，泵的流量仅用于加载缸右行时补油以及试验结束时排空被试缸内存油液，因此加载系统采用低压齿轮泵 12 作为油源，其流量为被试系统流量的 1/2，其最高工作压力由其出口处并联的溢流阀 21 限定。

系统中电液换向阀和液控单向阀的控制压力油的油源为液压泵 13，其供油压力由溢流阀 20 限定。该泵在被试缸测试前需先行起动，测试完毕通过 4 换向，以保证加载缸推动被试缸，使缸内的存油直接回油箱。

3. 测控系统

测控系统要完成：液压系统非电量参数到电量参数的变换；各种被测参数值的显示；自动测试中的信号转换和数据采集；信号分析处理；测试结果的输出（显示、存盘、打印）；对测试过程及整个试验台测试条件的控制等。测试精度主要由系统的硬件环境来保证，且利用计算机数据处理功能对测量误差作进一步修正。

图 1-105 所示为试验台测控系统原理图。自动测控系统主要由传感器（放大器）、输入输出中间转换接口单元、主机与外设几部分组成。若手动测试，只需将计算机及其接口电路与系统断开，由数字二次仪表显示即可。

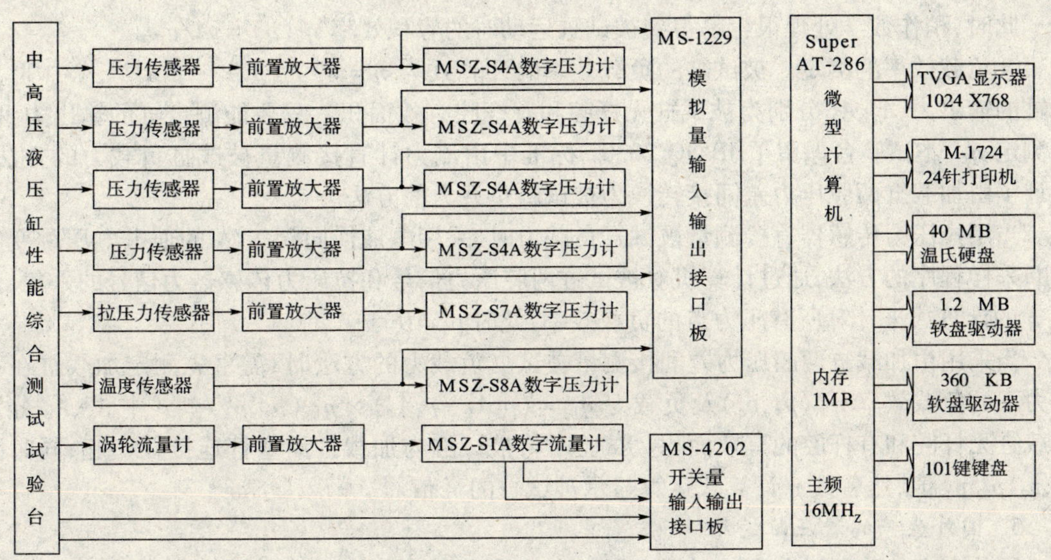

图 1-105 试验台测控系统原理图

4. 主要项目试验方法

根据 JB/JQ 20302 标准规定,液压缸型试验项目有试运转、最低起动压力、内泄漏、负载效率、耐压试验、全行程检查、外泄漏、高温试验和耐久性试验。其中最低起动压力、内泄漏和负载效率的测试结果需要具体准确的数值。

(1)最低起动压力的测试。测试液压缸最低起动压力,采用快速测量的方法。先将溢流阀的开启压力调至足够大,然后用 2YA 的通电电压跳变来触发中断采样程序而进入数据采集系统,计算机在 CTC 定时时钟的控制下以规定的采样频率进行采样,记录空载工况下液压缸无杆腔通入液压油后,从静止状态到运动状态全过程的压力值。待达到规定的采样点后中断返回,完成采样过程。由于液压缸起动时的静摩擦力大于动摩擦力,故记录下的压力峰值即为液压缸的最低起动压力。这里测量结果的准确性取决于采样频率,因为整个测试过程无需调节电液比例溢流阀,较之常规测量法要简便迅速得多。

(2)内泄漏的测量。此试验台既保留了活塞固定在行程两端的测量方法,又采用了通过测量泵的供油量和缸的运动速度来间接得到活塞运动过程中的内泄漏量的间接测量法。其测量方法如下。

①测量主泵 1、2 在不同压力下的流量。将溢流阀 3 的压力调至被试缸额定压力的 1.25 倍,换向阀 4 处于中位。起动主泵 1、2,调节比例节流阀 7,通过流量计 8 测量泵在不同工作压力下的供油量 $q=q(p)$,该值存储备用。

②测量被试缸在不同压力下的运动速度。调节加载系统中的比例溢流阀 10、11,使被试缸在。至满载工况下工作。由被试缸活塞杆处安装的速度传感器测得被试缸在不同负载下的运动速度 $v=v(p)$(或由固定行程/行程时间测得平均速度)。

由上述①、②测得泵在一定工作压力下的供油量 q_p,和被试缸在相应工作压力下的运动速度 v,便可通过计算机运算显示该压力下被试缸活塞运动过程中的内泄漏量:$q(p)=q_P-v_A$。式中 A 为活塞面积,q_P 为除去电液换向阀泄漏量的泵的供油量(电液换向阀的泄漏模型可通过实验确定)。

此时,稍作数学处理很容易得到被试缸运动时的容积效率 $\eta_v(p)=vA/q_P$。

③负载效率的测定。被试缸的负载效率的计算式为 $\eta=W/(p_1A_1-p_2A_2)$,式中 W 为被试缸的输出力,A_1、A_2 分别为被试缸无杆腔和有杆腔有效面积。只要能测定缸的输出力 W,便可测定 η。本试验台保留了 JB/JQ 20302 标准中由测力计直接测量被试缸负载力的方法,又设计了由加载缸两腔压力差间接转换为被试缸负载力的方法。

当用拉压力传感器直接测量被试缸负载力时,采用电液换向阀 2YA 的通电电压跳变触发中断采样程序的方法,通过计算机对被试缸两腔压力信号和拉压力传感器力信号的采集,然后按 η 的计算式来计算所有压力点的负载效率,此时 $p_2=0$。

当采用由加载缸两腔压力差间接测量被试缸负载力的方法时,需事先测定加载缸在不同压力下的负载效率 $\eta_{加}(p_3,p_4)$ 及负载力 $\eta_{加}=(p_3A_3-p_4A_4)\times\eta_{加}(p_3,p_4)$。式中 A_3、A_4 分别为加载缸无杆腔和有杆腔的有效面积。试验时将被试缸与加载缸活塞杆连接在一起,同时测得 p_1、p_2、p_3、p_4 值,然后按 η 计算式运算显示被试缸的 η 值。

5. 国外生产的液压缸的维修

国外生产的液压缸在安装时要遵循厂家的维修说明要求进行。具体步骤见德国力士乐公司生产的液压缸维修安装加以说明(详见附录一)。

第六节　港口装卸机械液压新技术

港口使用进口的装卸机械大多数采用国外的工程机械。近几年,国外工程机械产品中大量采用电子控制技术。如在发动机燃料燃烧应用了电控喷射技术;工作装置中大量采用能自动调整的液压控制系统;司机操作采用自动操纵、可视化驾驶、精确卫星定位与计算机辅助作业、电子自动故障诊断与监控。这些新技术加快了港口装卸机械的发展。

一、轮式装载机采用的新技术

1. 轮式装载机采用计算机辅助铲运技术

轮式装载机(下简称装载机)采用了先进的 GPS 定位和计算机辅助铲运技术。计算机辅助铲运技术包括无线电数据通信、机器监测、故障诊断、工作与作业管理软件和机器控制等装置。计算机辅助铲运技术可以通过机载计算机系统和无线网络,对作业中的铲料运输数据、工程数据进行监测。这些数据都显示在驾驶室内的一个屏幕上,司机在驾驶室内能直观地了解机器的作业位置,并准确地判断出作业量。也可通过无线电将机器的各种数据传送到业主办公室,使业主迅速掌握现场作业情况。还可以与专用办公软件结合对现场进行远距离监控。卫星 GPS 定位电子控制原理如图 1-106 所示。

2. 高科技技术运用于装载机

采用大量高科技技术运用于装载机的动力、工作装置、转向、制动及故障自动诊断等方面。

(1)自动行驶平稳性和铲斗平放控制。在前车架中安装与工作装置液压系统连通的负载自动稳定器。该负载自动稳定器在作业或低速行驶时,自动断开,当车速超过 4.8km/h 时,自

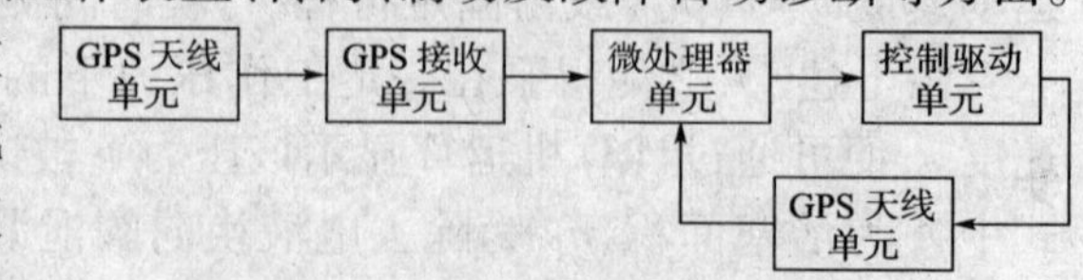

图 1-106　卫星 GPS 定位电子控制原理图

动开启，控制蓄能器吸收工作装置液压系统的振动与冲击载荷，提高了操作的稳定性、安全性和舒适性。

在装载机的动臂举升液压缸液压回路中增加一个由电子传感器、车载电脑（ECU）控制的、能自动根据路面、车速状况而工作的蓄能器，它可以自动减弱工作装置在机器行驶过程中产生的振动，自动减少装载机的颠簸，使得行驶平稳性得到很好控制。在装载机的铲斗液压系统中设立铲斗自动平放电子控制系统，实现工作过程中铲斗自动平放功能，减少铲斗在铲取物料时的撒漏和超载。

（2）增设防抱死装置。增设保证车辆在行驶过程中平稳的气（液）压 ABS 防抱死装置可有效提高装载机作业安全性。

（3）发动机、车速自动控制系统。车载电脑中增设发动机功率自动控制和车速自动换挡功能。它能自动控制装载机在不同工况下的发动机功率，当装载机处于非作业工况时，能自动降低发动机转速，从而减少燃料消耗及发动机噪声。能根据车辆载荷、车速变化，自动换挡（参见图 1-107），以减轻司机的劳动强度。

（4）自动维护保养装置。在装载机上设置销轴自动润滑装置，提供为期 200h 的润滑服务，能快速高效完成车辆的润滑作业，减轻司机的车辆维护工作量。如卡特彼勒公司的 F 系列装载机、VOLVO 装载机，日常维护只需按一下专用按钮，就可以在 3.45min 内完成。

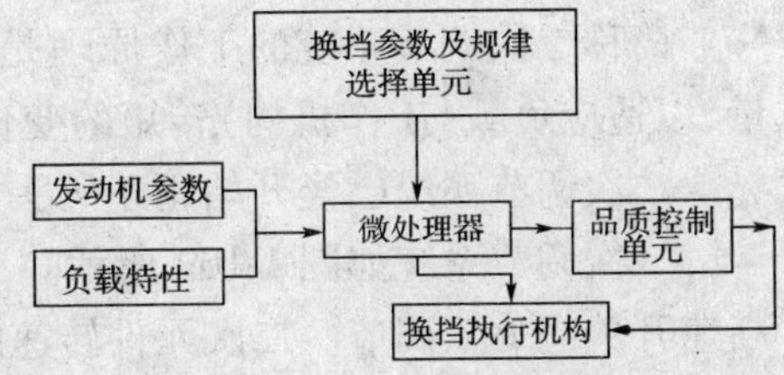

图 1-107　自动换挡控制原理图

（5）自动通信模块。运用先进柴油发动机燃油喷射控制及维护发动机最佳性能的电子控制模块，亦可与监测系统进行通信，当发生故障时提醒司机注意（CAT3516B 型发动机装备有此模块）。

（6）自动负载感应变速控制。装载机上设置负载感应变速系统，能根据负载状态，自动调节车速及发动机飞轮扭矩，实现高速、小扭矩或低速、大扭矩的动力输出，配合制动换挡技术实现跟大范围的节能、减排。

（7）计算机故障诊断。装载机上设置计算机故障诊断系统，通过控制面板上的指示灯、音响组成听觉与视觉相结合的报警信号，提醒司机可能潜在的故障。

（8）属具的快速装卸。新型号的装载机还有在工作装置上安装液压快速可更换联结器，能在作业现场完成各种属具的快速装卸及液压软管的自动连接，使得更换属具的工作在驾驶室通过操纵手柄即可快速完成。

（9）新型驾驶室。采用全密封及降噪处理的“安全环保型”驾驶室，司机座椅可全方位调节，操纵手柄功能集成、全自动换挡装置及电子监控与故障自诊断系统，改善司机的工作环境，提高作业效率。有的装载机上安装闭路监视系统以及倒车障碍探测系统，为司机安全作业提供音频和视频信号。安装智能控制的空调系统，根据环境自动调节驾驶室里的温度，改善司机作业条件。

（10）高寿命低排放发动机。各国的装载机制造公司积极开发努力降低发动机排放、提高液压系统效率和减振、降噪等新技术。使得装载机的使用寿命达 2.05 万 h，最高可达 2.5 万 h。目前，卡特彼勒公司生产各种功率的柴油发动机中，6 缸、7.2L、自重 588kg、功率为 131 ~ 205kW 的 3126B 型环保指标最好，满足 EPATier Ⅱ 和 EUStage Ⅱ 排放标准。卡特彼勒 3516B 型

发动机装有电子喷射装置及 ADEM 模块，可提高 22% 的喷射压力，便于燃油完全、高效燃烧，燃烧效率可提高 5%，NO_X 下降 40%，扭矩增加 35%。

二、二次调节静液传动技术

二次调节静液传动技术（下简称二次调节技术）是通过对液压元件所进行的调节来实现液压能与机械能互相转换。一般来说，它的实现是以压力耦联系统为基础的，在一次元件及二次元件间采用定压力偶合方式，依靠实时调节马达排量来平衡负荷扭矩。二次调节静液传动系统与传统静液传动系统相比，其优点是更便于控制，能在 4 个象限中工作，它既可以工作在液压马达工况，也可以工作在液压泵工况，为能量的回收和再利用创造了条件。可在不转变能量形式情况下回收能量和能量的重新利用，能无损耗地从恒压网络中获取能量，利用液压蓄能器进行能量的存储和提高系统加速功率，工作过程中系统中无压力峰值。由于一次元件和二次元件分开安装，可通过一个泵站给多个液压动力元件提供油源，减少了冷却费用，设备的制造成本降低，系统效率高。以及维护都有较高的难度和技术要求。

简称二次调节系统的工作原理是：在恒压网络中，通过调节二次元件斜盘倾角来改变排量，以适应负载（工作机构）转矩的变化，如图 1-108 所示。

二次调节系统已经开始用于码头、近海作业的大型起重机械设备。

二次调节系统如图 1-109 所示。二次元件的排量由液压缸进行控制，液压缸的位移通过高速开关阀 1、2 调节。二次元件转速的变化，通过二次元件转轴上的传感器测出。由速度传感器检测到转速信号经 A/D 转换后得到数字信息输入到单片机的数据存储器，经过 CPU 比较处理后，产生控制指令（PWM 控制信号）经放大器驱动高速开关阀 1、2 的开闭，完成对二次元件的转速控制。

二次调节系统中的二次元件自身闭环反馈控制对负载转矩变化的反应最终通过改变二次元件的排量来实现，并不改变系统的工作压力。通过改变二次元件斜盘摆动方向（过零点）二次元件可获得“液压泵”工况或“液压马达”工况从而提供了能量回收的可能性。当二次元件工作于液压泵工况时系统回收的能量既可以由蓄能器储存也可以立即提供给其他系统使用。

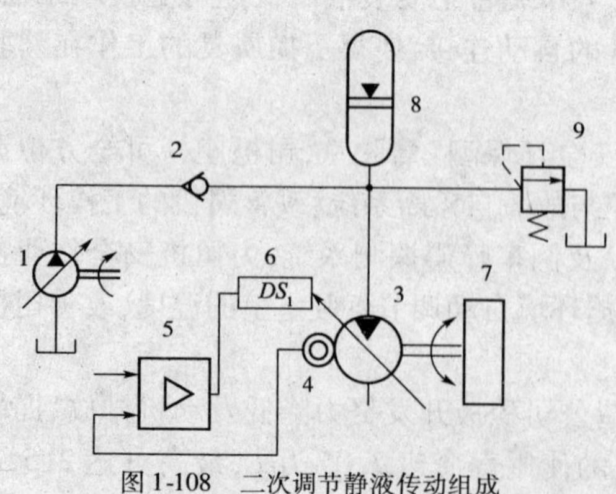

图 1-108　二次调节静液传动组成

1-液压泵；2-单向阀；3-二次元件；4-调速器；5-控制电路；6-变量机构；7-负载；8-蓄能器；9-溢流阀

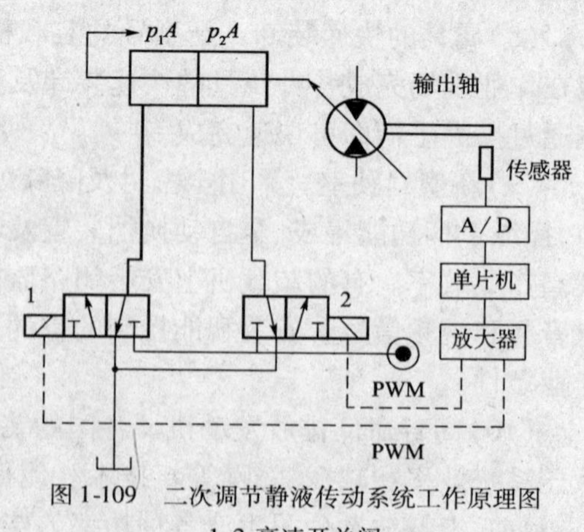

图 1-109　二次调节静液传动系统工作原理图

1、2-高速开关阀

二次调节静液传动系统的特点：

(1)能进行系统的制动能量回收，系统内无节流损失，工作效率高。

(2)能储存原动机剩余能量，使原动机功率利用率提高。

(3)可实现无功耗制动，减少了系统的发热。

(4)可由液压蓄能器提供系统较大的瞬时功率，而液压泵仅提供系统的平均流量．从而可采用容量较小的液压泵。

(5)可应用于并联多负载工况。

三、新型液压油

由于欧洲的人口密度高、重工业发达，对环境产生了巨大的负担，为此，欧洲在20世纪下半叶开始推行可生物降解的润滑油、液压油的研究和应用。传统的液压油和润滑油制造基础油是矿物油和植物油。这些油一旦泄漏，就会长期留在水和土壤中，对环境造成不良影响。机械在使用的过程中不可避免地会出现油液的外泄漏，这就直接污染环境。于是一种既能满足生产上黏温特性好、抗磨性好的需求，又能满足对生产环境不造成污染的新型液压油开始出现。

一种新的液压油叫“生物降解液压油”(biodegradable hydraulic oil)。这种液压油有专用符号——BIO，标注在液压油箱上符号中。“BIO”是“biodegradable”(生物的)这个英文词的缩写。

“生物降解液压油”可以利用生物将废液压油进行分解，使其变成对环境无害的物质。

生物降解液压油由饱和合成脂、合成基及添加剂组成。这种油只能用于液压系统，生产厂家建议使用的工作温度为－32～100℃。液压系统如果装生物降解油，其最大含水量为0.1%。含水量如超过此值，则要把油中的水分排出。目前美国卡特彼勒的部分推土机，瑞典戴纳帕克的振动压路机等都可选用生物降解液压油以保护环境。

采用生物降解液压油容易引起液压滤清器的堵塞，降低液压系统的性能，但现在这些问题都已得到解决。这种油在较长的工作过程中，颜色可能变得较黑，但只需要分析一下油的品质，只要在允许范围内，就可以继续使用。生物降解液压油和原来使用的矿物液压油工作性能一样，现在欧美各国已有生物降解液压油作为商品供应，只是价格还比普通液压油贵，所以应用还不普遍，只在环境保护要求较高的地方才使用。如在容易造成环境污染的矿山、建筑、工程机械、林业和农业机械等场合。

从生物降解液压油基油来讲无外乎三种：聚二乙醇、合成酯和植物油。在这三种基油中，植物油基的生物降解液压油来源广，成本低，易于生物降解，且润滑性能、工作性能均很好，应用越来越广泛。目前出售的美孚EAL224H就是菜籽油基液压油。

目前还没有明确的环保型液压油的性能统一标准，但与现有液压油相比，具有如下一些特点：

(1)易于生物降解，无毒。普通液压油泄漏到空气或土壤中会污染水或环境，甚至会毒死鱼或其他生物，且长久不能分解。如林业机械的油泄漏到林区，可保持3年之久而不会分解。而生物降解液压油无毒，易分解，在相同环境下18～28天内就发生裂解，符合越来越严厉的环境保护的要求。

(2)承载能力和耐磨性能好。在 -17.8 ~ 82℃时,高性能的生物降解液压油具有极好的承载能力和耐磨性能,这些性能比传统高级液压油要好,但高压超过34 MPa后,对液压泵磨损较大。重载下甘油三酸酯分解为酸,损坏泵内有色金属。

(3)与现有液压系统兼容。生物降解液压油与传统矿物油类似,普通矿物油相容的弹性密封及软管材质,生物降解液压油也能相容;且与钢、铜相容,具有极佳的防腐作用,可以替代现有液压油。其抗污染能力强,寿命与普通液压油相差无几,即使暴露在日光下。普通液压油暴露在日光下回变黑、变色就要更换,而生物降解液压油可不更换。它的不足是系统中水分(含水量多达10.5%)与甘油三酸酯结合较易堵塞过滤元件,缩短过滤元件寿命。

四、智能流体技术

智能流体,又称为可控制流体,是一种电子技术、控制技术与液压技术日益结合、发展情况下研制出来的一类新型流体传动介质。智能流体包括电流变液(ERF)和磁流变液(MRF)两种。利用流体动力学、热物理学和光效应原理,通过计算机或其他控制元件发出的电控信号,控制其流变特性,从而达到控制或传动相应设备的目的。

1. 智能流体性能

智能流体在外加电场或磁场后,能够在1 ms内从自由流动的液体变为固体,其黏度的变化是无级的,随电场或磁场场强增强而变大,所能承受的压力或剪切力也与电场强度成正比。在外加电场或磁场去掉之后,又能立即恢复为自由流动状态。

2. 智能流体组成

智能流体是由μm和nm量级的铁磁性颗粒分散在低黏度的油或水中。同时加入添加剂,提高混合物的稳定性、抗腐蚀性、润滑、抗氧化、pH值以及降低酸度。铁磁性颗粒在外加磁场的作用下被磁化,磁化后的颗粒相互作用聚集成链或柱状有序结构,在宏观看来,即是由自由流动的状态转变为类固态,发生了相变;而一旦磁场撤去,磁流变液又恢复为自由流动状态。

3. 智能流体应用

由于其响应快(ms量级)、可逆性好(撤去磁场后,又恢复初始状态)以及通过调节磁场大小来控制材料的力学性能连续变化,因而近年来在汽车、建筑、振动控制和制动等领域得到广泛应用。

2005年我国汽车市场出现一种新型减振器——磁流变油减振器(图1-110)。它结构简单,是在传统的减振液压缸里注入磁流变油,并在磁流变油的减振液压油缸外面绕上线圈构成的。线圈中通以电流,电流的大小可随意改变,随着线圈中电流的改变,线圈内产生的磁场大小也随之改变。磁流变油的黏度,随磁场大小急剧变化。磁场增大,黏度也增大(黏度最大可增加108倍),磁流变油黏度的改变,使阻尼油缸中的阻尼力在极短时间内(毫秒级)、很大的范围内发生变化。在此种减振动系统中,只要控制磁流变油外加磁场的大小,就可以使阻尼增大,使振幅减少。

图1-110 磁流变油减振器

磁流变油还可用于离合器和制动器。方法是将离合器片或制动器片放置在封闭起来的容器中，并在容器中充满磁流变油。磁流变油在无磁场作用时黏度很小，离合器片或制动片可自由运转。这时离合器处于分离状态，制动器则处于不制动工况。随着外控电流增大，磁场作用力也增大，磁流变油的黏度就急剧增加，最后磁流变油就接近成为刚体。这时离合器接合，制动器则成制动状态。离合器接合的程度或制动器制动的程度由磁场的大小来控制。

第二章　液力传动技术

液力传动是以液体为工作介质,通过液体循环流动过程中的动能来传递能量的一种能量传递形式。

在港口内燃装卸机械中,液力传动主要用于发动机后底盘前边段传动,相当于用液力偶合器或液力变矩器代替机械传动中的机械式主离合器,即在发动机与工作机构之间装上液力传动元件,其他基本不变。

港口内燃装卸机械中常用的液力元件有液力偶合器、液力变矩器和液力制动器。其中液力偶合器的结构最简单,只有两个工作轮,且机械效率最高,但其输出扭矩不能改变。多用于小型内燃装卸机械的动力传递、大型输送机动力传动之中和车辆的传动系中的制动。

液力变矩器在结构上比液力偶合器多一个工作轮——导轮,它在传递扭矩过程中可根据负载的大小自动调节输出扭矩,被广泛地应用在大型内燃装卸机械的动力传动之中。

液力传动的优点是:

(1)使发动机有良好的适应性。变矩器它可自动随外负荷变化而调节输出的力矩和牵引力,使机械的转速也发生相应变化,充分发挥发动机的作用。

(2)过载保护性好、安全性能好,提高装卸机械的使用寿命。在工作过程中,当外载荷超过额定负荷时涡轮会自动停止转动,甚至输出轴卡住动力机仍可继续转动而不被损坏。

(3)调速和缓冲性能好。可在较大的范围内进行无级调速;由于液力机械工作轮中的工作介质是液体,吸振能力强,因而能吸收或减少来自发动机和外负荷的振动与冲击,可有效提高设备的运转平稳性和使用寿命。

液力传动的缺点是:与机械传动相比其机械效率较低,设备的成本高,有故障不易诊断和修理,对维修人员的素质要求高。

实际上现代装卸机械动力传动方面已经常采用气—液、机—液、电—液传动方式或机、电、液、气复合传动。近几年来随着高新技术的不断扩展,特别是电子、IT 技术的介入,液力传动技术在装卸机械中的应用越来越广。

第一节　液力机械结构与原理

一、液力传动的基本概念、名词术语

(一)液力传动定义

液力传动是以液体为工作介质,在两个或两个以上的叶轮组成的工作腔内,用液体动量矩的变化来传递能量的传动。

(二)液力传动的基本部件

液力传动的主要基本部件有泵轮、涡轮和导轮。

泵轮是从动力机获得机械能并使工作液体动量矩增加的叶轮。用“B”表示。

涡轮是向工作机输出机械能并使工作液的动量矩发生变化的叶轮。用“T”表示。

导轮是在液力变矩器中,使工作液体的动量矩发生变化,既不输出也不吸收机械能的不动叶轮,用“D”表示。

工作腔轴载面(循环圆)是液力元件中的液体循环流动工作腔的轴载面图,又称循环圆,通常用轴线的上半部的现状表示,如图2-1所示。

泵轮、涡轮力矩是泵轮、涡轮作用于封闭系统的力矩,分别用M_B、M_T表示。

偶合器中有两个叶轮,泵轮和涡轮。从理论上说液力偶合器的泵轮力矩等于涡轮力矩,也就是作用于偶合器上的外力矩等于零。就有

$$M = 0$$

$$M_B + M_T = 0$$

$$M_B = -M_T \tag{2-1}$$

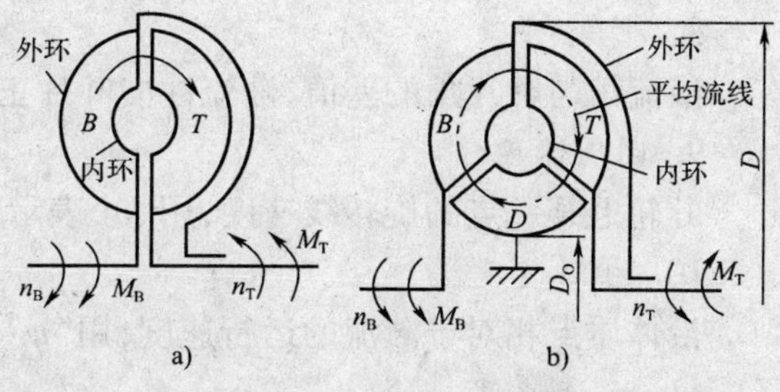

图2-1　工作腔轴面图

a)液力偶合器工作腔轴面图;b)液力变矩器工作腔轴面图

对于变矩器来说,作用在变矩器上的力矩和为0。变矩器内有3个叶轮,分称为泵轮、涡轮、导轮。其力矩为M_B、M_T、M_D,即

$$M_B + M_T + M_D = 0$$

所以

$$M_B + M_D = -M_T \tag{2-2}$$

通常

$$M_D \neq 0$$

$$M_B \neq -M_T$$

$$|M_B| \neq |-M_T|$$

通常导轮D上的力矩M_D为正(即与泵轮力矩M_B同向),所以涡轮作用于液体上的力矩M_T比泵轮力矩M_B大,方向相反。这就是变矩器的变距原理。

(三)几个名词术语

1．工作腔

由叶轮叶片间通道表面和引导工作液体运动的内外环间的其他表面所限制的空间(不包括液力偶合器的辅助腔)。

2．工作腔轴面图

工作腔的轴面投影图,以旋转轴线上半部的形状表示(图2-1a),又称循环圆。

(1)有效直径 :工作腔的最大直径,用“D”表示。

(2)工作腔内径:工作腔最小直径,用“D_0”表示。

(3)外环:叶轮流道的外壁面。

(4)内环:叶轮流道的内壁面。

(5)叶片:叶轮的主要导流部分,它直接改变工作液体的动量矩。

3．平均流线

在轴面图内,将流道分成流量相等的两部分中间流线。

4. 叶片骨线

叶片沿流线方向截面图形的中线。

5. 叶片厚度

垂直于骨面方向上叶片的厚度，用“δ”表示。

6. 叶片角

叶片骨线沿液流方向的切线与圆周速度反方向的夹角，用“β”表示。

7. 液流角

相对速度与圆周速度的反方向的夹角，用“β_y”表示。

8. 冲角

液流角与叶片角的差值，液流冲向叶片正面的为正冲角，反之为负冲角，用“$\Delta\beta$”表示。

9. 圆周速度

叶轮上某一点的旋转线速度，用“u”表示。

10. 相对速度

液体质点相对于液流的运行速度，用“w”表示。

11. 牵连速度

液体质点与叶轮一起旋转时，此点所在位置的叶轮圆周速度，用“u”表示。

12. 绝对速度

液体质点相对于固定坐标系的运动速度，用“v”表示。

(1)轴面分速度：液体质点的绝对速度在轴面上的速度分量，用“v_m”表示。

(2)圆周分速度：液体质点的绝对速度在圆周切线方向上的速度分量，用“v_u”表示。

13. 循环流量

单位时间内流过流道某一过流断面的工作液容积，用“Q”表示。

二、液力偶合器

偶合器是一种结构简单的液力元件，它在内燃装卸机械中的小吨位叉车(2t 以下)、某些轮胎吊中应用。

常见的普通液力偶合器的主要零件是二个径向多叶片工作轮，常称为泵轮和涡轮。分别用“B”和“T”代表泵轮和涡轮。泵轮与输入轴相固定，涡轮与输出轴相连。两叶轮外边有外壳，在泵体内充满工作液——液力变矩器油。输入轴与输出轴之间没有硬性的连接，因而，液力偶合器又被叫作液力联轴器。当偶合器的输出轴由于负载过大而停止转动时，泵轮可继续随发动机转动，这就避免了发动机因过载熄火。

(一)液力偶合器的结构

现在的偶合器大多制造成无内环式，两叶轮中设置许多径向的叶片，为了减少叶片在循环流动中对液流的阻力，每个一叶片，将其尾部截去一部分。

图 2-2 是普通型液力偶合器。它的泵轮 3 与涡轮 2 之间没有直接的机械连接，且保持有 3 ~5mm 的间隙，因此泵轮不会直接带动涡轮转动，也不会随涡轮轴转动。泵轮 3 的左边通过螺栓与壳体相固定，壳体又与输入轴相固定，因而泵轮与输入轴一起转动。涡轮 2 与输出轴固定，输出轴通过弹性柱销联轴器与分动箱的输入轴相连。工作时，泵轮 3 转动，它的叶片在转

动时就把充满在泵轮叶片之间的工作液带动起来高速旋转，工作液在泵轮旋转时产生的离心力作用下由泵轮轴心部位向泵轮边缘流动，此时工作液吸收了泵轮传递给它的机械能，并变为自己的以动能为主的液力能。从泵轮边缘流出的工作液继而又进入涡轮的外缘，再往涡轮的内缘流动，同时将液力能转换给涡轮，并变成输出轴上机械能传递出去。

偶合器内部液流运动状况可以通过图2-3理解。

(二)几种常见的液力偶合器

液力偶合器有4种基本类型：普通型、牵引型、限矩型和调速型。其还派生出液力制动器和液力偶合器传动装置。

内燃装卸机械中使用多为普通型和限矩型偶合器。

1. 普通型液力偶合器

普通型液力偶合器如图2-2所示，它的结构最简单，只有泵轮3、涡轮2、外壳和主轴等基本构件。它的特点是：

(1)制动扭矩大，可达额定扭矩的6~7倍，甚至更大；

(2)有效容积大，效率高；过载系数大，过载保护能力差。

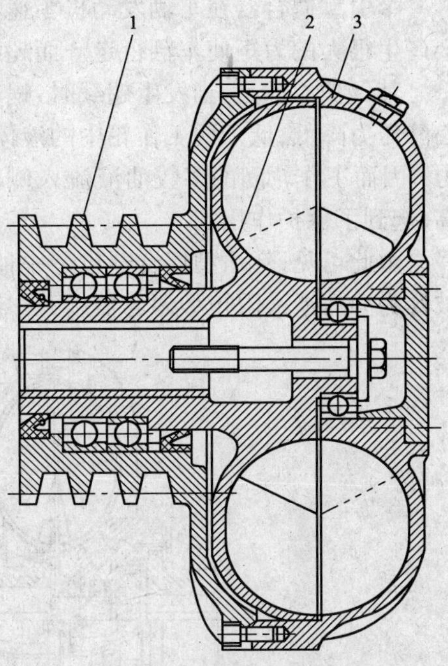

图2-2 普通型液力偶合器

1-输入轴；2-涡轮；3-泵轮

普通型液力偶合器多用于不需要过载保护和调速的传动系统上，能起到隔离扭震和减少冲击的作用，如用于船舶和绕线机等传动系统之中。

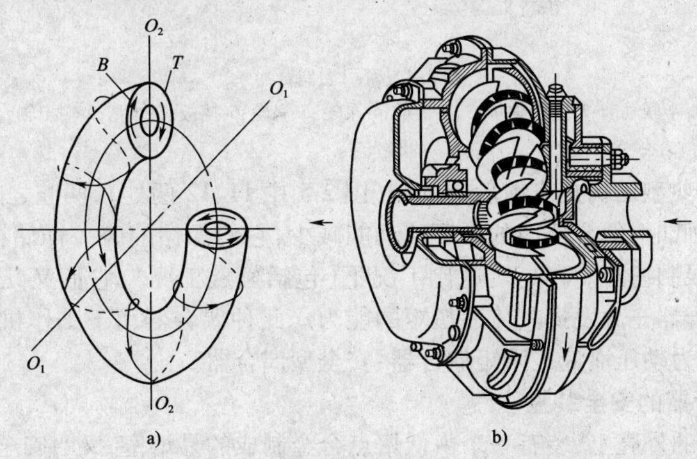

图2-3 液力偶合器内液流的循环运动

a)轴面流线；b)流体的螺线运动

2. 牵引型偶合器

牵引型偶合器(图2-4)多用于小吨位叉车、汽车、提升机和输送机等过载不频繁的机械上，作为原动机与工作机之间的主离合器，达到重载牵引目的。在结构上它与普通型没有多少区别，只是在涡轮外侧有辅助油室，并在涡轮出口设有挡板。该挡板起到导流和节流作用。

牵引型偶合器在车辆发动机零速工况时具有较低的力矩系数，故发动机怠速时，偶合器不会产生很大的力矩使车辆行走。而超载时使涡轮转速降低，起到保护作用。

其保护原理是：当发生超载时，蜗轮的转速降低，侧辅助腔内的液体转速也随之降低，使离心静压力降低，低于两工作轮中的液体静压力；由于工作轮间的液压力高于侧辅助腔内液体压力，因而工作轮间的多数油液流入侧辅助腔，减少了参加工作油液的流量，限制了扭矩的升高，起到了保护作用。

由此可见，牵引型偶合器也是一种安全型偶合器。由于它是在静压差出现时卸油，所以又被称为静压泄液限矩型偶合器。

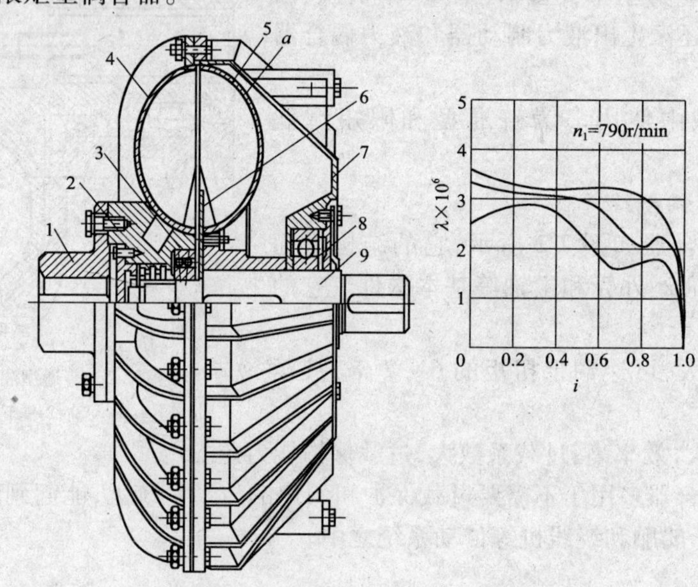

图 2-4　牵引型偶合器

1-半联轴节；2-止推轴承；3、8-轴承；4-泵轮；5-涡轮；6-挡板；7-外壳；9-输出轴

3. 限矩型液力偶合器

此种偶合器的典型结构是有前后辅助腔（图 2-5 中 11、12 两处），两腔之间有小孔道相连。在涡轮转速突然降低时，偶合器内的循环液动能减少，它们像储油腔一样储存油液，以减少工作轮间的充液量，限制扭矩。在高转速比工况下（包括额定工况），它们又几乎不存油液而不起限矩作用，使偶合器充分发挥其传递扭矩的能力。此种偶合器用于工作机需要可靠过载保护之处。它也被称为动压泄液式限矩偶合器、安全型偶合器。

（三）液力偶合器的安全装置

在液力偶合器的外壳上，装有一个由低熔点合金制成的易熔塞，又叫安全塞。在偶合器超载时，循环腔内的油会升高到较高的温度，甚至使易熔塞过热而熔化，并能在很短的时间内将偶合器内的油液快速排放掉，使涡轮与发动机失去能量转换关系，偶合器输出轴在负载的作用下自行停止转动，动力机仍能继续转动，这样就避免了动力机的过载，从而保护了动力机。

出现这样的情况，需要在停车后检查偶合器易熔塞溶化的原因，也就是查找负载超载的原因。例如，某些机械传动某些部分润滑不良，影响了传动机构的正常运转，致使机械传动阻力

倍增,使得发动机的负载增大。在外负载超载的原因查出并排除后,可更换新易熔塞片,打开偶合器的加油口螺塞重新灌注工作油投入生产。

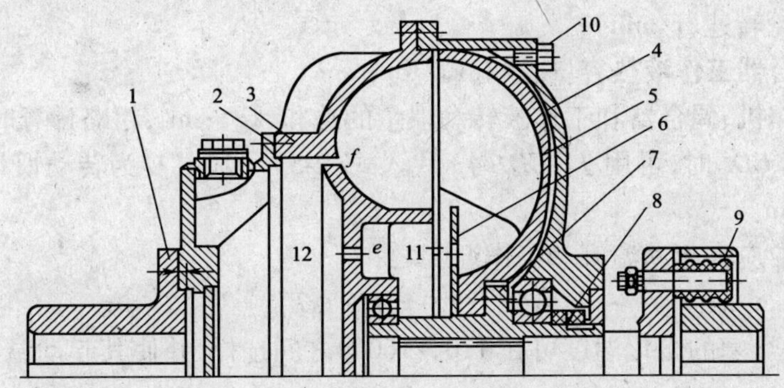

图 2-5 动压泄液式限矩型偶合器

1-输入联轴节;2-后辅室壳体;3-泵轮;4-转动外壳;5-涡轮;6-挡板;7-输出轴;8-端轴密封;9-弹性联轴器;10-过热保护装置;11-前辅室;12-后辅室

(四)偶合器的使用注意事项

在更换偶合器时,如是选择非原来型号的偶合器时应注意如下几点:

1. 选择合适的充液量

限矩型液力偶合器在规格选定后还不能直接使用,要按照传递的功率及特性要求,选择合适的充液量才能使用。充液量选择应遵循如下几点原则:

(1)限矩型液力偶合器如果未给出工作机的特性曲线,则应根据工作机的额定功率和额定转速求出额定力矩 M_e。

(2)由工作机特性曲线查出起动时的静阻力矩。如无特性曲线,可以根据静阻力矩等于过载系数和额定力矩的乘积计算。

(3)根据起动力矩,在特性曲线上查出相应的充液率,计算出合适的充液量。

2. 工作温度的确定

限矩型偶合器完全靠自然散热,故必须计算它的工作温度。已知液力偶合器的散热曲线,温升可以根据下式计算:

$$\Delta T = \frac{P_e S_e}{P_b} \tag{2-3}$$

式中:P_e——工作机的额定功率;

S_e——液力偶合器额定转差率;

P_b——液力偶合器的散热功率。

P_b 可以根据偶合器的转速和有效直径,在该型号的液力偶合器散热曲线中选取。求出 ΔT 后,再加上环境温度就可得到工作温度 T_1

$$T = \Delta T + T_1 \tag{2-4}$$

3. 易熔塞熔化温度的选择

易熔塞在起动过程中不容许熔化。因此,必须计算出起动时的温升,根据起动温升选择易熔塞的熔化温度,起动温度为

$$\Delta T_0 = 54.83 \frac{J(n_B/100)}{\sum GC} \times 10^{-3} \tag{2-5}$$

式中：n_B——泵轮转速（r/min）；

$\sum GC$——偶合器工作液热容量总和（kJ/K）；

J——工作机、偶合器和工作液转动惯量的总和，kg · m^2，粗略计算时可不忽略计。

已知飞轮矩 GD^2 时，可用 $J = GD^2/4g$ 代入式（2-5）。其中 G 为转动惯量，D 为转动体的惯性直径，单位为 m。

起动温度 T_0 应为起动温升和工作温度之和

$$T_0 = T + \Delta T_0 \tag{2-6}$$

一般选择易熔塞的熔化温度可在 110～160℃之间选择，并使其起动温度高 20～30℃。

三、液力变矩器

（一）液力变矩器的结构

最常见的液力变矩器是一种由泵轮、涡轮和导轮组成的，能根据输出轴负载变化而自动无级地改变输出力矩和转速，来实现能量转换的液力传动元件。与偶合器相比较，液力变矩器比偶合器多一个导向工作轮—导轮。

图 2-6 是液力变矩器的结构示意图。从图中可清楚看到变矩器的主要元件是泵轮 B、涡轮 T、导轮 D、输入轴 1 、输出轴 5 和外壳 2 等元件组成。泵轮与输入轴 1 相固定，涡轮与输出轴 7 相连，导轮则与外壳 2 相固定不动。

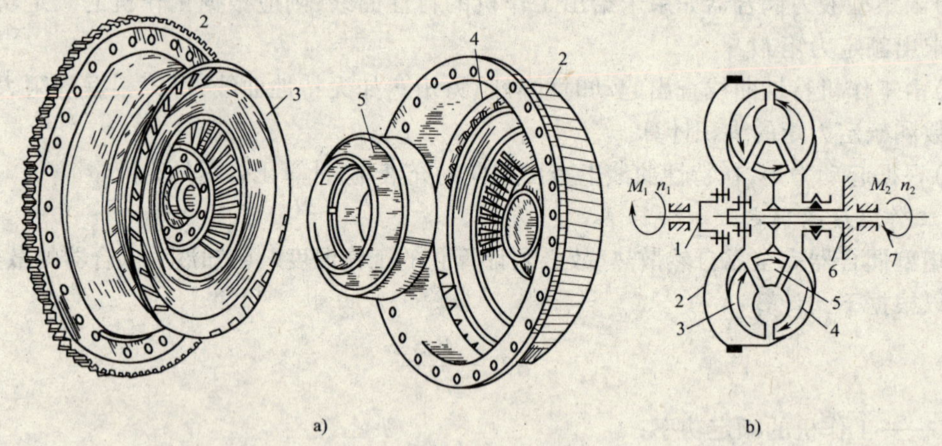

图 2-6　液力变矩器的结构示意图

1-输入轴；2-变矩器外壳；3-涡轮；4-泵轮；5-导轮；6-固定导轮的套筒；7-输出轴

（二）液力变矩器的工作原理

1. 液力变矩器的能量转换

发动机通过输入轴带动泵轮以某一相对稳定的转速旋转，发动机的机械能就传递给了泵轮，泵轮又将机械能转换成液体的动能和压力能。泵轮的转动使得充满在泵轮叶片通道间的工作液体在离心力的作用下以很高的速度从泵轮的外缘流出，冲击涡轮的叶片使涡轮旋转起来，于是就把液体的能量转换成输出轴上的机械能。工作液降低速度后沿涡轮叶片间通道流

动。流出涡轮后的液体再流到导轮处，由于导轮与泵壳体固定不能旋转，因而流动的液体在导轮叶片的作用下改变速度方向，并将液体中的压力能转换成动能重新回到泵轮，从而完成了在工作轮间的不断循环和力矩的传递。

2. *液力变矩器的变矩原理*

经过大量的实验和理论计算可以知道：液力变矩器的泵轮吸收发动机的力矩 M_B，涡轮传递的输出力矩 M_T，而导轮不产生力矩，但可反作用给液体一个与液体冲击导轮作用在导轮上的力矩 M_D。作用在变矩器上的力矩 $\sum M=0$，变矩器三个叶轮的力矩的关系可表示如下。

$$M_B+M_D+M_T=0$$

所以
$$M_B+M_D=-M_T$$

通常
$$M_D\neq 0$$

故
$$-M_T\neq M_B$$

即
$$|-M_T|\neq|M_B|$$

由于导轮反作用与液体的力矩的方向与液体冲击导轮的速度有关，也就是与涡轮的转速 n_T 有关。当涡轮转速 n_T 最低或等于零时，从涡轮流出的液体冲击导轮的凹面，导轮反作用液体的力矩 M_D 为正值，流回泵轮后与泵轮上所获得的力矩 M_B 迭加在一起传送给涡轮，于是涡轮的力矩增大，$-M_T>M_B$；当涡轮转速 n_T 增大一定值时，从涡轮流出的液体冲击导轮正前方，与导轮的叶片骨线重合，液流顺着导轮叶片流出，导轮对液流的力矩 $M_D=0$，这时 $-M_T=M_B$（相当于偶合器状态）。涡轮的转速 n_T 继续增加，涡轮流出的液流就冲击导轮的凸面，导轮的力矩 M_D 逐步从零减少为负值，再从泵轮流出时所具有的力矩也逐步减少，于是涡轮的输出力矩也减少。$-M_T<M_B$。

由于涡轮的转速随外负载变化而变化，因此导轮反作用与液体的力矩 M_D 也随负载变化而变化，涡轮输出的力矩 M_T 也就自动随外负载变化而变化。这就是变矩器的自动根据负载变化改变输出力矩的原理。

（三）液力变矩器的分类和基本特性

1. *液力变矩器分类*

由于各类机械对液力变矩器的性能有着各种不同的要求，因此变矩器的结构也有许多的改进和发展。其结构的变化主要体现在循环圆的形状、叶轮的个数、叶轮排列的顺序、叶轮固定的方式、叶片的形状与角度等处。下面对装卸机械中使用较多的几种类型的变矩器做分类介绍，见图 2-7。

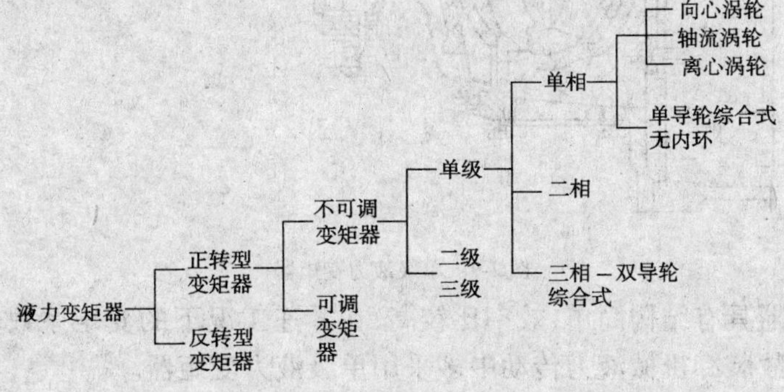

图 2-7　变矩器分类图

（1）正转变矩器和反转变矩器。变矩器的循环圆工作液最大的直径称为变矩器的有效直径，用符号 D 来表示。它是变矩器的一个重要特性尺寸。

工作液在循环圆内流动的顺序为泵轮→涡轮→导轮→泵轮，称之为正转变矩器；而工作液在循环圆内流动的顺序为泵轮→导轮→涡轮→泵轮，称之为反转变矩器，见图 2-8。

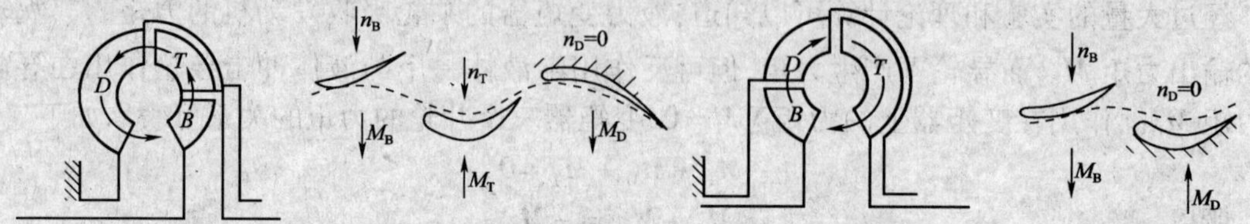

图 2-8　正反转型变矩器示意图

（2）单级和多级变矩器。液力变矩器的级数是指相互刚性连接而又被其他叶栅格开的涡轮列数。只有一个涡轮的成称为单极变矩器（见图 2-9）；多个涡轮叶栅、相互有刚性联结在一起，并被其他叶轮隔开称为多级液力变矩器。图 2-10a）、图 2-10b）表示二级液力变矩器，图 2-10c）、图 2-10d）表示三级液力变矩器。

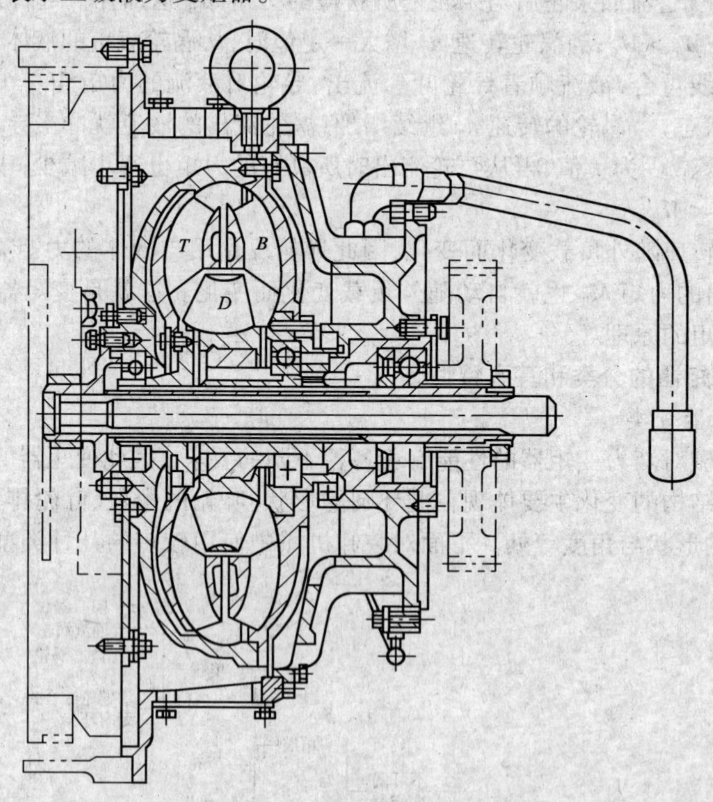

图 2-9　单级液力变矩器

单级液力变矩器具有结构简单，效率比较高，在零速工况下的变矩系数较低，工作范围较窄，成本低的优点，故装卸机械液力传动中多采用单级液力变矩器。

（3）单相和多相变矩器。液力变矩器按照其工作状况可分为单相和多相变矩器。只有一

个工作状况即一个变矩工作状况的变矩器称为单相变矩器。有一个变矩工况和一个偶合工况的变矩器叫二相变矩器，又叫综合式变矩器；具有两个变矩工况和一个偶合工况的变矩器叫三相变矩器。单级三相变矩器在国产装卸机械上应用较多，见图2-11。

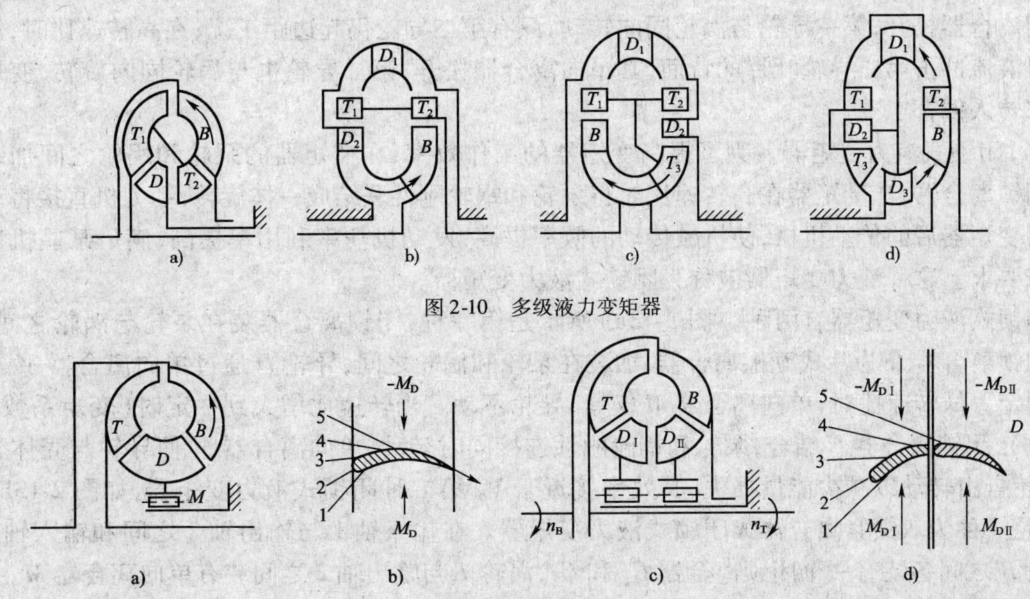

图2-10　多级液力变矩器

图2-11　单级二相、三相变矩器

a)二相变矩器原理简图；b)二相变矩器导轮受力图；c)三相变矩器原理图；d)三相变矩器导轮受力图

由于单极二相变矩器的工作轮数目为3个，即泵轮、导轮和涡轮，其工作状况既有变矩工况又有偶合工况，所以还被称为三元件综合式液力变矩。这种变矩器与普通三元件的变矩器不同，在于其导轮与变矩器壳体之间架设一个单向离合器。当涡轮转速较低、与泵轮的转速差较大时，从涡轮流出的液流冲击导轮的叶轮凹面，力图使导轮按液流的流动方向运动，此时单项离合器内的滚柱被楔紧在滚道的窄端，迫使导轮和单向离合器的外座圈紧卡在内圈上固定不动，于是液流可获得导轮的反作用力矩，变矩器起到增大力矩的作用。当涡轮的转速升高到一定值时，液流对导轮的冲击方向变为冲击导轮的背面，使导轮按反方向转动，而单向离合器内的滚柱被挤向滚道宽的一端，单向离合器内、外圈松开，导轮成为自由轮，与涡轮作同方向旋转，对液流不再有反作用力。此时，液力变矩器变为只有泵轮和涡轮在工作，如同液力偶合器一样(即为偶合工况)，见图2-12。

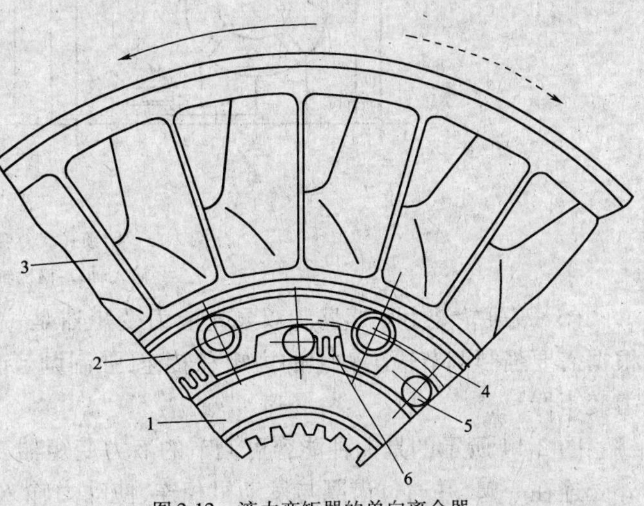

图2-12　液力变矩器的单向离合器

1-内底圈；2-外底圈；3-导轮；4-铆钉；5-滚柱；6-叠片弹簧

为了使液力变矩器的高效率工作区间更宽些，又将导轮制造成两个，各自装有一个单向离合器,从而形成双导轮,即是常说的四元件综合式液力变矩器,如图2-11c)、图 2-11d)中所示。两个导轮均具有不同的叶片进口角度,在低转速比时,两个导轮都被单向离合器锁住,按变矩工况工作;在中转速比时,涡轮出口液流开始冲击第一导轮叶片的背面,第一单向离合器松开,第一导轮与涡轮同向转动,只有第二导轮仍起边距工况;在高转速比时,涡轮出口液流冲击第二导轮叶片的背面,其单向离合器松开,第二导轮也与涡轮同向旋转,变矩器全部转入偶合工况。

(4)闭锁式液力变矩器。为了提高变矩器的工作效率,在变矩器的泵轮和蜗轮之间加装一个闭锁离合器,让变矩器在高转速比时将泵轮和蜗轮刚性联结成一体旋转,动力机直接将动力传给变矩器后的传动机械,使机械传动的效率提高,发动机功率利用率提高,满足某些机械的特殊要求。这种液力变矩器被称为闭锁式液力变矩器。

闭锁式液力变矩器有两种。图 2-13a)所示是第一种,闭锁离合器装在泵轮与涡轮之间。图中闭锁离合器 C 为片式摩擦离合器,加装在泵轮和涡轮之间,导轮 D 通过单向离合器 M 与壳体固定。低转速比时,单向离合器 M 楔紧,导轮不动。当转速比增大到一定时(变矩系数 k 等于1),闭锁离合器 C 结合,泵轮和蜗轮刚性连接同时转动,单向离合器 M 使导轮与壳体分离,导轮自由转动以减少能量损失,其效率接近于1。第二种闭锁式液力变矩器,如图 2-13b)所示,是一种为双锁紧离合器式闭锁式液力变矩器。在输入轴 1 与输出轴 2 之间和输入轴 1 与泵轮 B 之间各装有一个闭锁离合器 C_1 和 C_2,涡轮 T 与输出轴 2 之间装有单向离合器 M。

不闭锁时,离合器 C_1 分离,C_2 结合,液力变矩器工作,发动机的动力经 C_2 传给泵轮 B,涡轮 T 自动与输出轴 2 结合传递力矩,这时是液力传动。

闭锁时,离合器 C_1 结合,C_2 分离,液力变矩器脱开不工作,发动机通过 C_1 直接将动力传给输出轴 2,变矩器内的所有叶轮都停止转动,没有了叶轮与油液之间的摩擦损耗,传动效率实际上可等于 1,这时是机械传动。

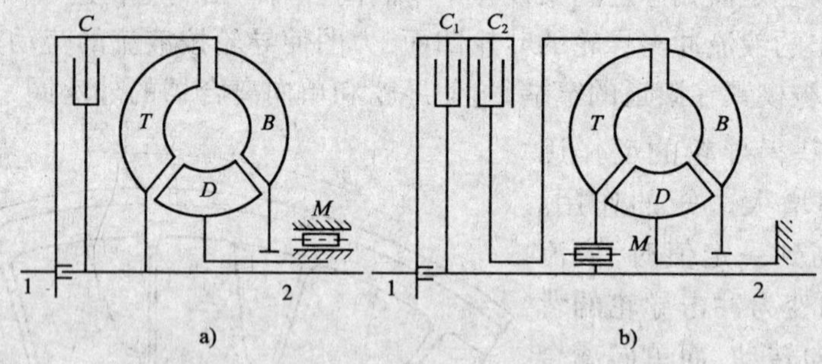

图 2-13　闭锁式液力变矩器

1-输入轴;2-输出轴

(5)双泵轮液力变矩器。双泵轮液力变矩器是一种能容可调型液力变矩器,它是一种可根据需要强制调节输出轴上的力矩和转速,强制调节改变泵轮轴的转速,这是种新技术型的液力变矩器。

图 2-14 所示的是一种能容可调节的液力变矩器。导轮 D 与支座固定连接,主泵轮 B_{I} 与外壳连在一起,并通过齿圈与发动机相连,使动力输入,在外壳里装一活塞,油可以通入其中,其油压可以调节。另一辅助泵轮 B_{II},又称为外泵轮,它与主泵轮之间设有离合器 L,结合时可

与主泵轮一起传递力矩；在不结合时空转。两泵轮的结合或分离可由人工选择操纵。

双泵轮液力变矩器的工作过程如下：根据地面附着性调定离合器最大操纵油压力。当活塞缸通入压力油时，主、副泵轮结合一起共同传递力矩。调整油压，则可以改变活塞加于摩擦片的正压力，调节传到主泵轮 B_{I} 上的最大力矩。当液压泵（工作装置）工作时，如装载机提铲时，活塞缸的压力油卸压，副泵 B_{II} 空转。当工作液压泵不工作时，压力油进入活塞缸，主、副泵轮结合，能容最大，满足装载机的行走、转向需要。

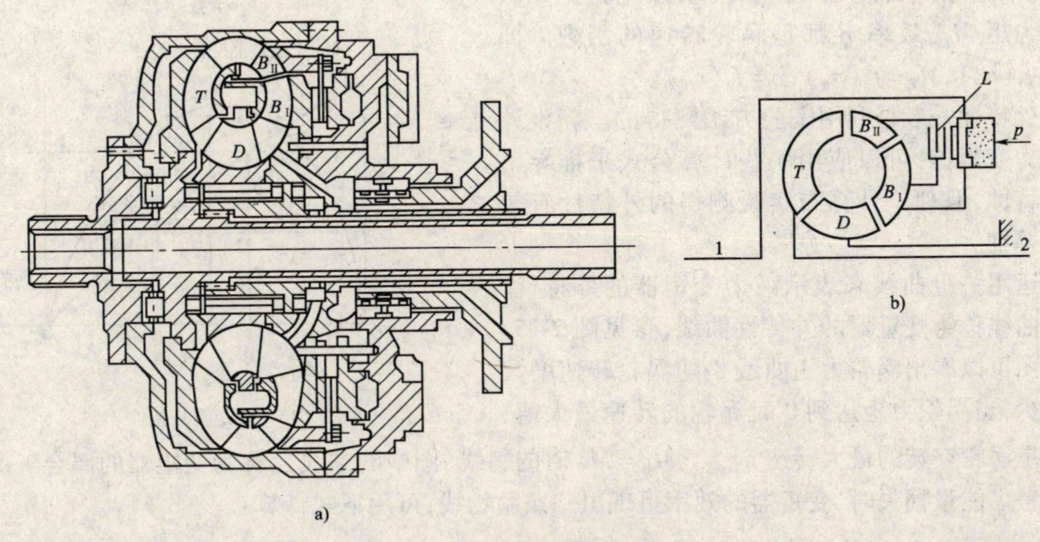

图 2-14 双泵轮液力变矩器

a）双泵轮液力变矩器结构；b）双泵轮液力变矩器原理

1-输入轴；2-输出轴；L-离合器

装有固定容量的液力变矩器的装载机在进行铲掘作业时，一旦遇到车轮打滑，司机只能把油门减小，降低发动机的转速。随发动机转速的下降，整机工作的速度均下降，工作效率下降，作业时间延长。为了防止车轮打滑，装有可调型液力变矩器的装载机的司机，可将液力变矩器控制手柄扳到最小位置，使泵轮离合器脱开，副泵轮不工作，只让主泵轮 B_{I} 工作，这时与单泵轮液力变矩器减小节气门开度时的效果相同，使轮胎不至于打滑。这样，各工作泵的转速也比减小节气门开度时增加，各工作机构和转向机构的速度都提高，作业循环时间也缩短，提高了生产率。

如果工作场地改变。地面附着系数增加，这时为防止轮胎打滑，又尽可能地增加最大的牵引力，可将液力变矩器控制手柄扳到最大和最小值之间的某一中间位置，使泵轮离合器处于半离合状态，副泵轮比主泵轮低些转速运转，并传递部分动力。这样，在工作时发动机节气门开度可一直保持在最大位置，通过液力变矩器控制手柄来控制其在不同工作条件下不同的功率分配，获得理想的牵引力和液压力，使发动机功率在任何情况下都得到充分发挥。而不至于消耗轮胎的磨损。达到充分发挥发动机的最大牵引力，又不至于轮胎打滑，又能保持工作机构动作迅速。

可调型液力变矩器能极大改善装载机的机械性能，在行驶和作业时都能有效利用发动机的功率，提高工作效率，港口内燃装卸机械上逐渐得到广泛的应用。我国引进的美国卡特皮勒公司生产的 F988B 型装载机就采用这种新液力机械技术。

2. 变矩器的基本特性

液力变矩器在泵轮 n_B 转速不变的条件下，涡轮扭矩 M_T 随其转速 n_T 变化的规律，即是变矩器的特性，如用曲线表示，就称为液力变矩器的特性曲线图。通常有静特性和动特性两种。静态特性有可以分为外特性、原始特性、全特性、输入特性 4 种。下面介绍其中两种。

(1)变矩器的外特性。液力变矩器的外特性是指变矩器各参数与涡轮转速 n_T 之间的关系，如果泵轮的转速 n_B 维持不变，泵轮力矩 M_B、涡轮力矩 M_T、效率 η 都是涡轮转速的函数。即 $M_B=f_1(n_T)$，$M_T=f_2(n_T)$；$\eta=f_3(n_T)$。

外特性一般是利用实验方法测得的。新设计的液力变矩器，可以应用一些计算公式来推导出其外特性，但理论计算与实验测得的外特性有较大的差别。

运用一组曲线来表示液力变矩器的外特性，这组曲线称为变矩器的外特性曲线，参见图 2-15。由此图可以看出涡轮力矩曲线是随涡轮转速增大而减少，当涡轮力矩达到 0 时涡轮的转速最大值，也就是涡轮空转的最大转速 n_{Tmax}。$M_B=M_T$ 时的斜线(图中的虚线)，称为变矩器的偶合工况。在不考虑能量损失时，变矩器的效率呈现出一条抛物线，可用下式计算：

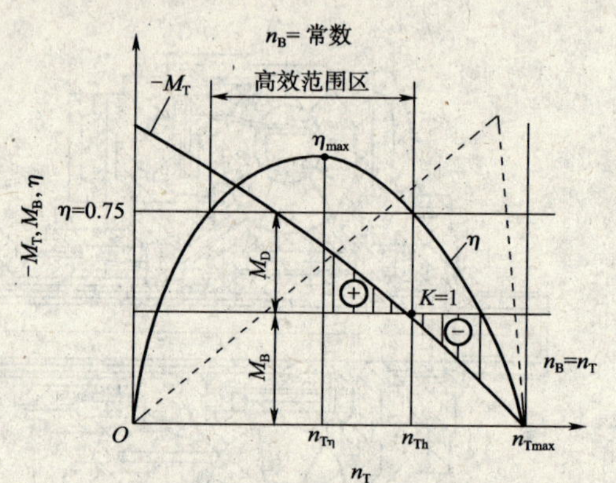

图 2-15　变矩器外特性

$$\eta=\frac{P_T}{P_B}=\frac{-M_T\cdot n_T}{M_B\cdot n_B-M_T}=\frac{-M_T}{M_B}i_{TB} \tag{2-7}$$

从效率曲线可以看出，当 $n_T=0$ 时，输出功率 $P_T=M_T\cdot n_T=0$，效率 $\eta=0$；随 n_T 的增大效率曲线逐渐上升，在达到最大值 η_{max}，而后随 n_T 继续增大出现下降的趋势；当涡轮转速 n_T 最大时，涡轮的力矩 M_T 又变成0。此时的输出功率 $P_T=M_Tn_T=0$，效率 η 也变成0。效率曲线的最大值 $\eta=\eta_{max}$时，变矩器内液力损失最小，液流进入叶轮式不存在偏离角，无液力冲击，这种工况就是设计工况或计算工况。

在实际使用过程中，泵轮的转速可取不同的是数值。同一变矩器在工作油品和油温一定时，以不同的泵轮转速做出一组变矩器的外特性称为变矩器的通用特性，同种的力矩和转速均以相对于最大涡轮力矩和最大涡轮转速。

(2)变矩器的原始特性。变矩器的外特性只是针对某一种型号的液力变矩器，而无普遍的意义。对于一组几何相似的同类型液力变矩器，在雷诺数 Re 相等时，泵轮力矩系数 λ_B 和涡轮力矩系数 λ_T 随速度比 i_{TB}变化的规律却是相同的。对于某一型号的变矩器只要工作液的温度一定，不管其转速怎样变化，力矩系数 λ_B、λ_T 与速度比 i_{TB}之间的关系不变。根据它们之间的这种固有关系绘制成的曲线称之为变矩器的原始特性曲线，见图 2-16。

$$\lambda_B=\frac{M_B}{\gamma n_B^2D^5}=\lambda_B(i) \tag{2-8}$$

$$\lambda_T = \frac{-M_T}{\gamma n_B^2 D^5} = \lambda_T(i) \tag{2-9}$$

$$K = \frac{-M_T}{M_B} = \frac{\lambda_T}{\lambda_B} \tag{2-10}$$

由式(2-7)可导出

$$\eta = P_T/P_B = (-M_T n_T/M_B n_B) i_{TB} = K i_{TB}$$

图中的曲线 K、λ 和 η 随 i_{TB} 变化的 3 条特性曲线是在工程计算中应用最为普遍。K 表示变矩器的变矩性；λ 表示变矩器的透穿性（后边将继续阐述）；η 表示变矩器的经济性。这图中的曲线显示了某种变矩器的性能参数，它是选择变矩器极为有用的原始资料。

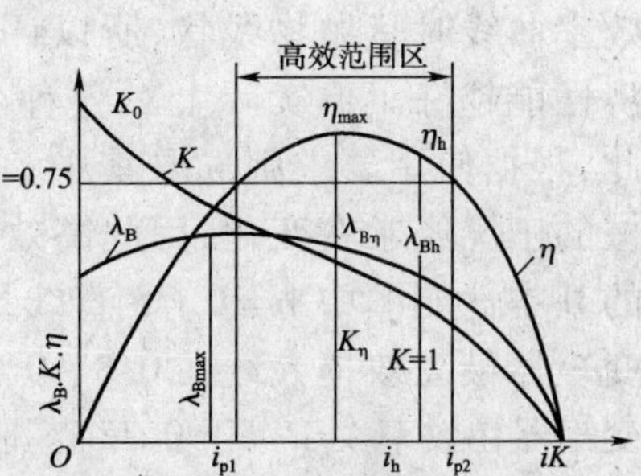

图 2-16　液力变矩器原始特性曲线

在液力变矩器的原始特性上，可列出一下表征液力变矩器工作性能的特性参数。

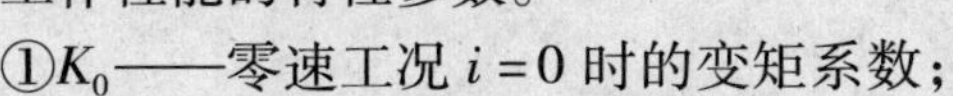

①K_0——零速工况 $i=0$ 时的变矩系数；

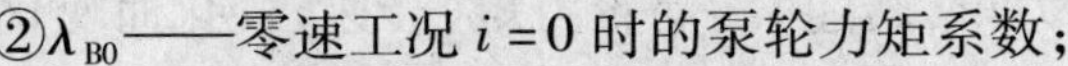

②λ_{B0}——零速工况 $i=0$ 时的泵轮力矩系数；

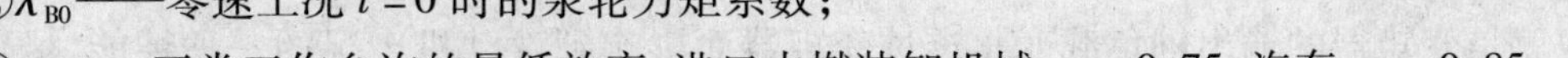

③η_P——正常工作允许的最低效率，港口内燃装卸机械 $\eta_P=0.75$，汽车 $\eta_P=0.85$；

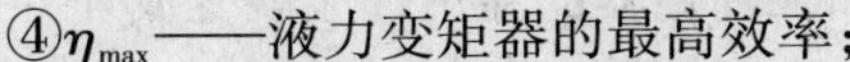

④η_{max}——液力变矩器的最高效率；

效率值 η 不低于给定值（一般是 75% ~ 80%）的区域称为高效区。相应得到两个对应的速比 i_{p1}，i_{p2} 和两个变矩系数 K 值。作为评价指标的参数是高效区的最大变矩系数、高效区速比的范围 $d_p = i_{p2}/i_{p1}$。

⑤K_P——与工作效率 η_P 对应的变矩系数；

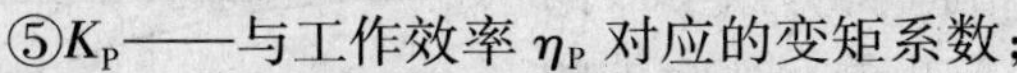

⑥i_P——与工作效率 η_P 对应的转速比；

⑦$\lambda_{B\eta}$——与最高效率 η_{max} 对应的泵轮力矩系数；

⑧i_η——与最高效率 η_{max} 对应的转速比；

⑨i_h——偶合工况 $K=1$ 时的转速比；

⑩λ_{Bh}——偶合工况 $K=1$ 时的泵轮力矩系数；

⑪T——液力变矩器的透穿系数，$T=\lambda_{B0}/\lambda_{B\eta}$；

⑫G_η——液力变矩器的高效范围，$G_\eta = i_{p2}/i_{p1}$。

综上所述，全面评价一个变矩器的参数有 11 个，这些参数可以独立评价变矩器，但它们之间有一些是相关联的。

（3）液力变矩的基本性能。不同液力变矩器的循环圆形状、各工作轮在循环圆中的布置、工作轮数目和各几何参数都是不同的，因此，它们的基本性能也有较大的差别。下面介绍液力变矩器的 3 项代表性基本性能：变矩性能、经济性能、透穿性能。

①变矩性能。变矩性能是指变矩器在不同的速比下工作时，相应改变输入力矩能力的大小。它由变矩系数曲线 K 表示。通过图 2-16 可以看到变矩器的变矩能力是随速比的增加而自动减少。一般变矩器的变矩性能由以下两个工况的相应值来衡量。

A. 零速工况($i_{TB}=0$)下的变矩系数 K_0,也称为起步变矩系数。K_0 值越大,机械在起步时的牵引力就越大。

B. 偶合工况($K=1$)下的速比 i_h 值,即泵轮力矩 M_B 与涡轮力矩 M_T 相等时的速比。

K_0 值和速比 i_h 值越大,液力变矩器变矩器性能越好。双导轮和多涡轮式的液力变矩器因与一般变矩器相比增加了一个导轮或增加了涡轮个数,其零工况和偶合工况的变矩系数都相应增大。

②经济性能。经济性能是指变矩器在不同速比时的工作效率值大小。由于变矩器的效率曲线时呈抛物线状,所以评价变矩器的经济性能多看其高效范围的宽度,越宽的经济性能越好。但实际上对各种变矩器来说,这两个方面的要求往往是相互矛盾的。因此,根据使用要求则选取其中一个为主要的。如港口内燃装卸机械行走变矩器,由于机械的工况经常在变化,因此高效率范围宽度对变矩器的经济性有重要意义。液力变矩器的基本性能图中 $\eta=0.75$ 直线划出了变矩器工作的高效区范围,港口装卸机械上使用的变矩器最高效率大约在 0.8~0.86,而综合时变矩器在变矩工况下的效率约为 0.80~0.84。变矩器在效率大于等于 0.75 范围内涡轮的最高转速与最低转速之比为 1.9~2.3,而综合式变矩器的速比约为 2.7~2.9。

③透穿性能。透穿性能是用来表示泵轮力矩(转速)随涡轮力矩(转速)变化而变化的性能。也就是变矩器的输出轴负载变化透过变矩器而影响到发动机工况的一种性能。显然,当液力变矩器安装在机械行走系统中作为一个传动部件时,变矩器的穿透性能就变成外界行驶阻力变化时是否会影响到发动机工况这样的问题。

变矩器的泵轮力矩 M_B 随涡轮力矩 M_T(转速 n_T)的增大而减少,并透过液力变矩器反映给发动机(图 2-17 中曲线 1)就称为正透性液力变矩器。反之液力变矩器的泵轮力矩 M_B 随涡轮力矩 M_T 的增大而增大(图 2-17 中曲线 3)称为负透性液力变矩器。变矩器的泵轮力矩 M_B 不随涡轮力矩 M_T(转速 n_T)的改变而改变(曲线 2)的液力变矩器称为不透性液力变矩器。

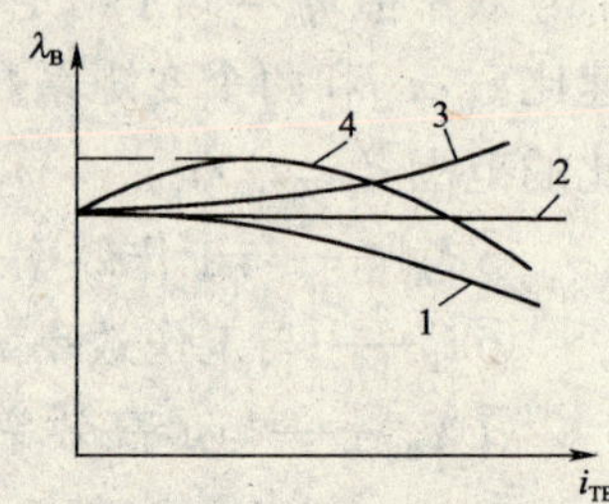

图 2-17 液力变矩器的透穿性

图 2-17 中的曲线 4 是具有混合透穿性能的变矩器。

装卸机械车辆上所应用的液力变矩器具有正透穿性、不透穿性和混合透穿性。由于负透穿性的液力变矩器会使车辆的经济性和机动性变坏,因此在装卸机械车辆上不用。

可透穿性液力变矩器的透穿程度,以透穿系数 T 来评价。常用的透穿系数的计算公式如下:

$$T=\frac{\lambda_{B0}}{\lambda_{Bh}} \tag{2-11}$$

式中:λ_{B0}——零速工况($i=0$)下泵轮轴上的力矩系数;

λ_{Bh}——偶合工况($i=i_h, k=1$)下泵轮轴上的力矩系数;

当 $T>1$ 时,液力变矩器具有正透性。

当 $T=1$ 时,液力变矩器具有不透穿性。

当 $T<1$ 时,液力变矩器具有负透穿性。

当 $T=1$ 时，液力变矩器具有完全不透穿性。但实际上这种液力变矩器是不存在的。一般 $T=0.9\sim1.2$ 就可以认为是不透穿性的液力变矩器。当 $T>1.6$ 时，液力变矩器就可以认为具有正透穿性。

四、液力机械

港口内燃装卸机械中的液力机械主要是指液力传动装置。液力机械传动是由液力元件和用来改变液力元件性能的机械元件结合而成的一种复合传动装置。

(一)液力机械传动的组成和特点

1. *液力机械传动的组成*

港口内燃装卸机械的液力传动系统，不论其结构多么复杂，形式多么多，都是由各个机构组成。每个机构都有一定的功能，实现对传动提出的各项要求。主要机构有：液力元件（液力变矩器或液力偶合器）、变速机构、换向机构、分动器、转向机构、操纵机构、制动机构、主减速器、连接轴、功率输出轴等。在港口内燃装卸机械上，变速机构、换向机构、分动器是设计组合在一起，成为一个总成件再装上车架。

图 2-18 是履带式装卸机械和轮式装卸装卸机械的液力传动组合方框图。图 2-18a）为履带式装卸机械——挖掘机、推耙机等液力传动机构框图。它是一种整体式，所有部件和发动机组成已给装配单元。图 2-18b）是轮式装载机（铰接式）的液力传动机构框图。

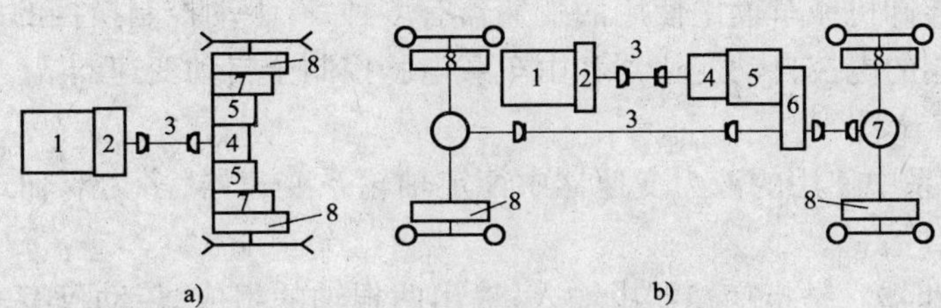

图 2-18　液力传动机构框图

1-发动机；2-变矩器；3-万向节；4-换向机构；5-变速机构；6-分动器；7-主减速器；8-轮边减速器

2. *液力机械传动的特点*

液力元件组成的传动装置有许多机械传动无法比拟的优点，但也存在效率较低的不足，影响了它的应用。机械传动虽然工作效率高，但它的调速范围窄，体积大、操纵不便且费力不能实现自动控制等弱项。二者结合形成装有液力机械传动装置，就可使液力元件的性能大幅提高，它不但具有液力传动的无级调速、变矩和自动适应性的优点，而且也具有机械传动效率高的优点，扩大了性能和应用范围。

液力机械传动的特点有如下几方面：

(1)扩大了机械应用范围，提高装卸机械车辆的机动性、适应性、通过性、多种使用性能和使用的寿命。

(2)液力机械传动的牵引特性基本符合理想的牵引特性的要求，每一挡位的变矩系数 K 值大，车辆克服行驶阻力的能力强，加速性能好。

(3)装有液力传动机械的车辆的机动性能好。车辆的机动性能主要是指随路面条件变化

而反应的能力。液力机械传动的自动适应性好，变矩系数大，能自动适应外界阻力的变化实现无级地自动变速，即使车速极低，甚至停车，也不会出现发动机熄火现象。由于液力机械传动采用液压控制技术，换挡不必切断动力，因而扩大车辆的行驶的速度范围，提高车辆平均行驶速度和加速性能，故机动性能好。

(4)液力传动机械的使用寿命长。由于液力机械传动是非刚性连接，可以避免振动引起传动件之间的附加载荷，因此可以提高机械零件的使用寿命。

(5)液力机械传动与液压动力换挡结合，操作简单、轻便，使得司机在作业生产过程中不易引发过度疲劳，对安全生产十分有利。

(6)随着车载电脑的一些电子技术的应用越来越广，装有液力机械的装卸机械更易实现自动控制、远距离监控等现代化的管理。

(二)液力机械变速器

与液力变矩器相配合的液力机械变速器，按其传递功能方式分为定轴轮系和周转轮系两大类。

周转轮系的行星变速器具有结构紧凑尺寸小、传动比大、工作平稳、可传递较大的扭矩、便于实现动力换挡或自动控制换挡、便于实现变速器系列化。

定轴轮系的变速器具有结构简单，加工与装配精度容易保障、造价低等优点，因而应用很广泛。其不足是:尺寸大、重量大、全部是摩擦离合器换挡，使用寿命较行星变速器短。装卸机械中采用定轴轮系的变速器较多。

目前，在港口装卸机械车辆中使用的变速器有多种，有手动控制换挡的手动液压自动变速器、手动控制电磁阀的电控自动变速器和由车载电脑控制全自动变速器。

1. 定轴轮系变速器

装卸机械传动系中使用的液力变速器中德定轴轮系变速器，多为双轴式变速器和多轴式变速器。

(1)双轴式变速器。是指变速器由输入、输出两根轴的组成，传动仅有一对齿轮啮合。目前小吨位的装卸机械使用较多。如国产 CPCD5(6)叉车、美国产海斯特 4 ~ 6t 叉车使用的 T30 变速器、日产 TCMZ8 系列叉车的变速器等。这些变速器都带有换向装置(前进、后退)和高低速两挡速度变化。

(2)多轴式变速器。是指变速器由 3 根以上轴的组成，一端输入，两端输出。

装卸机械中的装载机、大吨位叉车、集装箱正面吊、集装箱叉车等重型车辆的液力变速器多采用多轴式变速器。它可以保证离合器在相对转速较低的条件下获得较大的变速器传动范围，通常可达到 6 ~ 7。

图 2-19 是海斯特两速变速器结构与换挡原理简图。该变速器共有 4 根轴，换向轴(中间轴)、前进/高低挡轴、输入/高低挡轴和输出轴，6 个相同的离合器布置在 3 根轴上，工作是同时结合 3 个离合器获得一个挡。

2. 行星变速器

港口使用的装卸机械还有的是采用行星变速器与变矩器组成的液力机械。如美国制造的卡特系列装载机、CCHW280 轮胎吊使用的变速器均为行星变速器。

常见的行星变速器机构有单行星排、双行星排和复合型星排 3 种。下以单排行星变速器

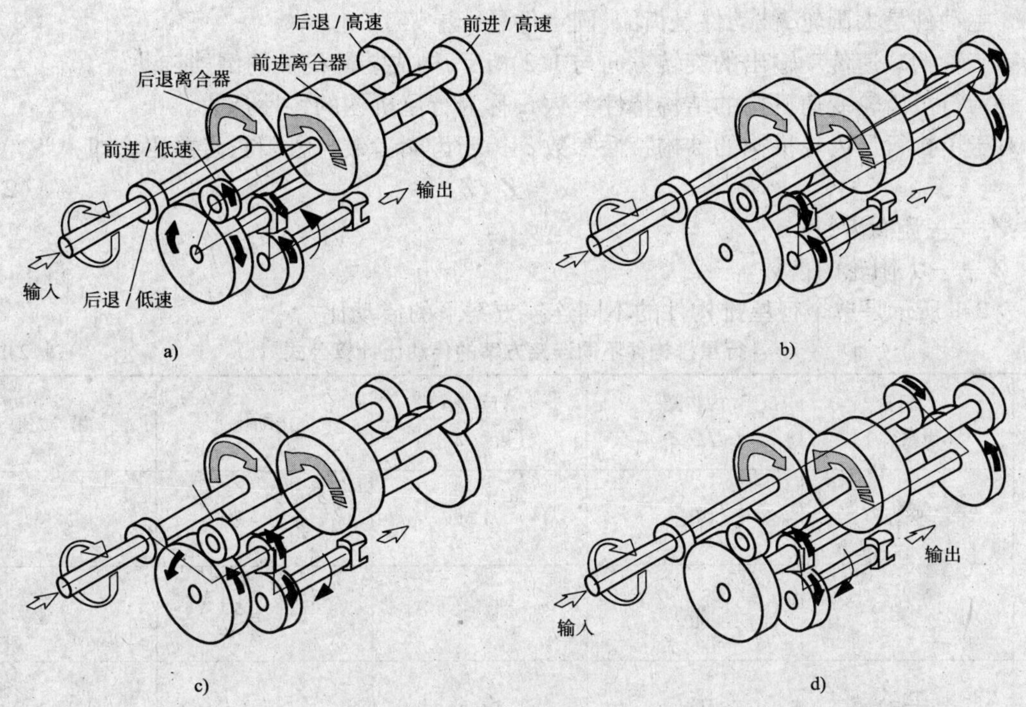

图 2-19 海斯特两速变速器结构与换挡原理

a)前进/低速;b)前进/高速;c)后退/低速;d)后退/高速

为例分析其工作原理和基本结构。

(1)行星变速器的结构。单排行星齿轮机构由 4 个基本构件组成,分别是太阳轮、齿圈、行星架和行星齿轮,其中行星安装在行星架上,参见图 2-20。

(2)行星变速器工作原理。各种行星齿轮传动机构都有 3 个具有固定且共同旋转轴线的构件。在行星齿轮传动机构 4 个基本构件中,太阳轮、齿圈和行星架 3 个构件具有共同的旋转轴线,行星齿轮的旋转轴线不固定。当行星齿轮机构工作时,将太阳轮、齿圈和行星架这三者任意一元件作为主动件,使它与输入轴相连;将另一元件作为被动件,与输出轴相连;再将第三个元件加以约束制动,使它强制固定转速为零。这样,整个行星齿轮机构就以一定的传动比传递动力。这 3 个元件都有可能选择,共可产生 6 种不同组合方案。在内燃装卸机械中多数是采用减速传动。它们分别是:

①主动件是太阳轮,被动件是行星架,固定件是齿圈;

②主动件是齿圈,被动件是行星架,固定件是太阳轮;

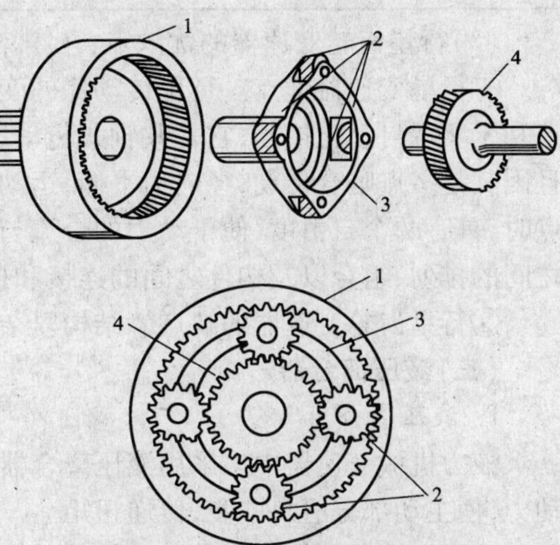

图 2-20 行星变速器结构示意图

1-齿圈;2-行星齿轮;3-行星架;4-太阳轮

③主动件是太阳轮,被动件是齿圈,固定件是行星架。

第三种的减速传动输出的旋转方向与1、2相反,构成装卸机械的倒挡传动。

表示行星齿轮变速机构的结构特性参数α称为行星机构的特性参数。

对于单排行星齿轮机构的结构特性参数α等于齿圈齿数与太阳轮齿数比。即

$$\alpha = Z_g/Z_t \tag{2-12}$$

式中:Z_g——齿圈齿数;

Z_t——太阳轮的齿数。

表2-1所示是单个行星排构件的不同连接方案下的传动比。

行星排构件不同连接方案的传动比计算公式 表2-1

序号	太阳轮（齿数Z_t）	内齿圈（齿数Z_g）	行星架（齿数Z_j）	传动比	增、减速
1	驱动	固定	从动	$\frac{Z_t+Z_j}{Z_t}=1+\alpha$	减速
2	固定	驱动	从动	$\frac{Z_t+Z_j}{Z_j}=\frac{1+\alpha}{\alpha}$	减速
3	固定	从动	驱动	$\frac{Z_j}{Z_t+Z_j}=\frac{\alpha}{1+\alpha}$	增速
4	从动	固定	驱动	$\frac{Z_t}{Z_t+Z_j}=\frac{\alpha}{1+\alpha}$	增速
5	驱动	从动	固定	$-\frac{Z_j}{Z_t}=-\alpha$	反转增速
6	从动	驱动	固定	$-\frac{Z_t}{Z_j}=-\frac{1}{\alpha}$	反转增速

(3)行星齿轮变速器的优缺点:

①行星变速器优点。行星传动比的变换可通过分离或结合离合器或制动器而方便实现,有利于实现自动化换挡;它是共轴式传动,比定轴式传动的变速器体积小、结构紧凑、重量轻,且因其是多点啮合传动,径向力平衡,运动平稳、抗冲击和振动力强、寿命长;在无外部力矩支点时,具有两个自由度,便于动力的合流与分流;通过增减行星排内行星轮的数目,改变排与排之间的排列、组合以及构件之间的连接和控制方式等,可以得到较为理想的传动比。

②行星齿轮变速器的缺点。结构复杂、制造精度高、安装比较困难。

(三)液压离合器

1. 液压离合器

液力机械变速器中多采用液压离合器,液压离合器在液力变速器中的作用是:接通或切断动力,使主动部分磨滑同步,传递扭矩。

液压离合器的结构也是比较简单的,主要是离合器鼓和油缸(离合器的外壳)、活塞3、摩擦片6、压板5、复位弹簧2、卡簧和密封圈4等组成。压板外圈上有齿,与主动件离合器鼓相啮

合。从图2-21中可以看到:摩擦片内圈上有齿,与从动件相啮合。多片离合器在分离时,压板与摩擦片之间的总间隙一般为0.6~1.2mm。

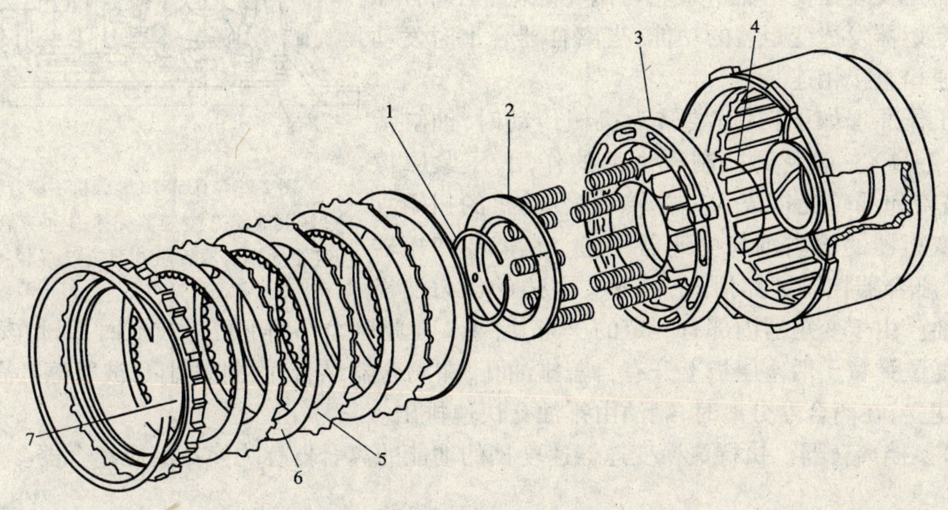

图2-21 液压离合器结构

1-卡键;2-复位弹簧;3-活塞;4-密封圈;5-压板;6-摩擦板;7-缸体

当离合器油缸中无压力油时,活塞在复位弹簧作用下移向左端,如图2-22a)所示。压板与摩擦片之间有间隙,离合器处于分离状态。图2-22b)所示是油缸中有压力油,活塞被推向右边,使压板与摩擦片压紧,离合器处于接合状态,传递动力。装卸机械中的液压变速器多为两个离合器装在同一个离合器鼓内,使得结构更为紧凑。

2. 装卸机械常用的几种液压离合器结构和工作原理

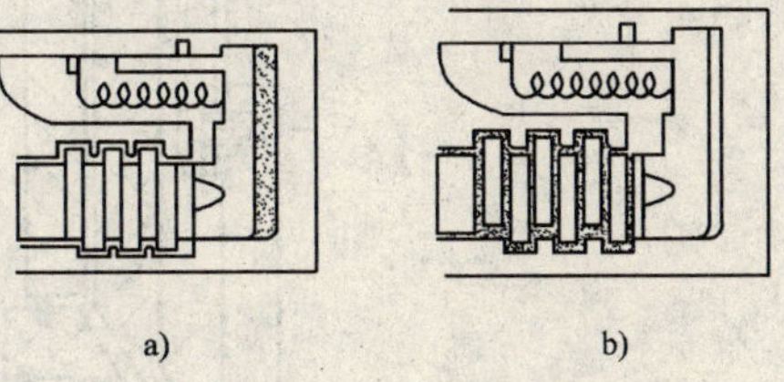

图2-22 离合器工作情况示意图

a)离合器摩擦片接合时;b)离合器摩擦片分离时

(1)主离合器。主离合器应用于非动力传动系统之中,一般安装在发动机与变矩器与变速器之间。它的功能主要是在动力换挡时切断动力,减少转动惯量,便于摘下原变速挡挂上新变速挡;在起步和换挡的瞬间产生磨滑同步,车辆平稳加速或减速。现代装卸机械也有将主离合器安装在变矩器内的泵轮与变矩器壳体之间。其功能与上者一样,所不同的是后者装在变矩器内,通过结合、分离泵轮与变矩器之间的联系来达到切断动力的作用。下面介绍TCM870装载机的主离合器。

由图2-23可看到:在变矩器的外壳与泵轮之间设有一离合器。其主要了零件是油缸活塞、离合器压板(摩擦片)。

其工作原理是:当压力油进入主离合器的油缸内,活塞5在压力油的作用下压紧离合器摩擦片组件3、4,此时变矩器的外壳与泵轮6连接为一体,发动机的动力随之传到变矩器,再经变矩器的变换(涡轮8)输出给变速器。当压力油撤出离合器时,主离合器的压力油流出,活塞在变矩器内的油压力下退回原位,发动机的动力也因此中断。

(2)闭锁离合器。闭锁离合器是与变矩器并联布置,它的功能是使变矩器闭锁,由液力传

动变为机械传动，以提高机械传动效率。此外，还可以获得发动机制动和拖车起动发动机的性能。常见的闭锁离合器是安装在变矩器中泵轮与涡轮之间，当离合器分离时变矩器发挥变矩器的功能；当离合器合上时发动机与变速箱直接相连。

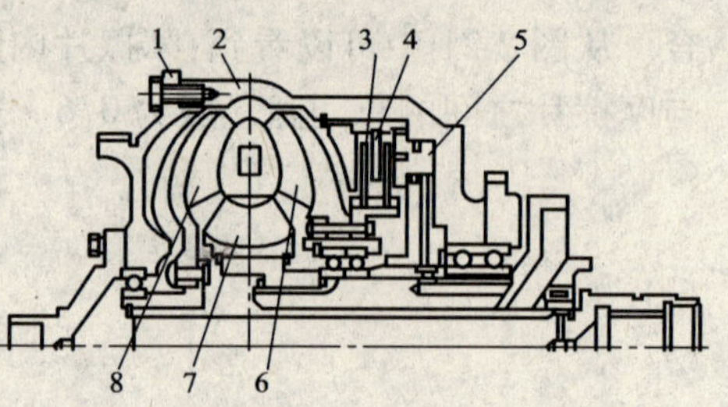

图2-23　TCM870装载机主离合器

1-变矩器前盖；2-变矩器壳体；3、4-离合器摩擦片组件；5-离合器活塞；6-泵轮；7-导轮；8-涡轮

其工作原理如下：在需要转为机械传动时，油缸活塞2（图2-24）左端受到控制压力油的作用，压紧摩擦片，使涡轮和泵轮壳体成为一体转动，发动机的扭矩直接通过变矩器的输出轴与变速器相通。在需要变矩器工况时，离合器控制油路泄压，活塞2左边的压力油经孔道泄油。由于变矩器内部有一定的压力，活塞2在此压力作用下可以被推回，因此该离合器内不设复位弹簧。活塞压板上开有自盖排油孔，在离合器结合时，排油小孔被摩擦片盖死，油缸油压建立，在离合器分离时，剩油由排油孔快速排出。

（3）换挡离合器。执行更换变速器速度挡的功能的离合器称为换挡液压离合器。

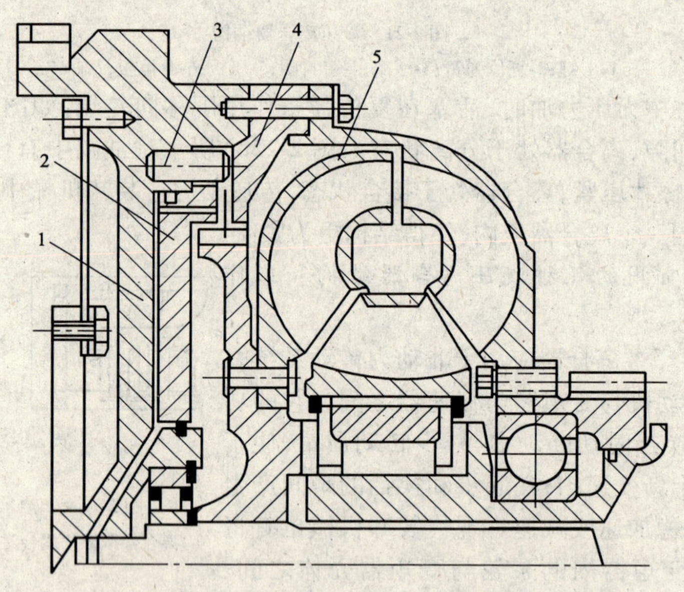

图2-24　DP8861变矩器闭锁离合器

1-变矩器前盖；2-离合器活塞；3-圆柱销；4-涡轮连接架；5-涡轮

换挡离合器安装在动力换挡变速器内，结合啮合齿轮对的齿轮和轴，起摩擦同步作用。在行星变速器中可用来结合行星排的两个构件，使变速机构成为整体旋转，以得到直接挡。

装卸机械液压传动中的换挡液压离合器常有一个离合器装在一根轴上和两个离合器装在同一根轴上（被称为“双离合器”）。两个离合器装在同一根轴上的又分一种是两个离合器共一个油缸，另一种是两个离合器各用一个油缸。按离合器活塞受压力的情况不同又有单面受

压离合器和双面受压离合器。

当c油道(图中未画出)进入控制压力油时,左侧离合器开始结合,动力就经离合器(壳)毂6→左侧离合器→轴齿轮5输出。

①单面受压离合器。装卸机械车辆中使用最多的离合器是单面离合器。常用于变速器中。图2-25为海斯特叉车一挡/二挡离合器。

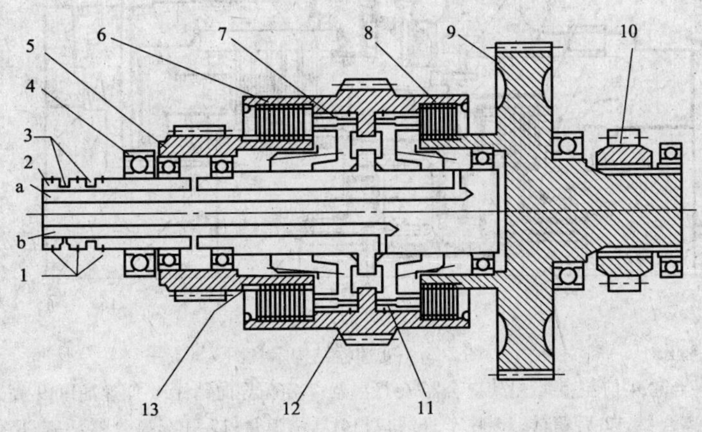

图2-25 海斯特叉车一挡/二挡离合器

1-密封圈(铸铁制);2-离合器轴;3-油槽;4-轴承;5-齿轮鼓;6-离合器(壳)毂;7-活塞排油道;8-摩擦片;9、10-齿轮;11、12-活塞上油道;13-复位弹簧

离合器(壳)毂6(兼作油缸),又称离合器缸体、离合器毂。它是两个离合器共同的壳体。当油道b进油时,离合器右端的活塞被油压力推向右面,随着油压力的增高,离合器中的摩擦板与压板紧紧压合在一起,动力就通过离合器毂外壳上的齿轮传递给该离合器,带动齿轮9转动,这样就实现动力→离合器(右侧)→齿轮9→输出;当离合器的控制油压力撤出后活塞在复位弹簧13的作用下离开压紧的离合器摩擦片组,使得摩擦片的压板与摩擦片分离,齿轮9就不再随离合器毂转动,失去传递动力的作用。a油道是润滑油道,它的作用是不断冷却离合器中的摩擦片,和润滑滚动轴承。

②双面受压离合器。日产石川岛建机株式会社生产的CCHWE280型轮胎吊的动力变速器中换挡活塞是一个双面受压活塞,在变速换挡时活塞两面都可以有压力油的作用,可以向左或向右移动(缸体不动)。下面介绍该变速器的结构与工作原理。

A.行星变速器结构。图2-26是CCHWE280型轮胎吊行星变速器的结构图。从外形看它可以分成三块,变速器前盖壳体4、变速器壳体和变速器后箱体12。行星变速器的太阳轮19、行星轮18、行星架6和齿圈16都安装在中部的变速器壳体内,后壳体内装有驻车制动器和输出轴17。输入轴1为中空式,其外部的一端外形是圆柱形,用于安装支撑滚动轴承2。另一端大直径外表面呈齿轮状的花键,与行星架的动摩擦片滑动配合。输入轴的内部呈空心管状,内表面为花键形状,左端与动力相连接,右端与行星变速器的太阳轮相连接。行星轮的行星架比较特别,左侧实际是一个离合器的壳体,其内部供安装行星架离合器的摩擦片用。此左侧的行星架在变速活塞10的作用下可以沿行星轴左右滑动。右侧行星架既起到支撑行星轮的作用,又是与输出轴相连的轴套。在变速器中部壳体上有两个油管接口，左边接口 8 是低速油压进口处；右边的油口 9 是高速油压进口处。壳体内装有环状变速活塞 10，该活塞是两面受压型。变速器后壳体内装有驻车离合器 11。驻车离合器由强力驻车弹簧 14、环状驻车活塞 15 和驻车制动器进油口 13 组成。

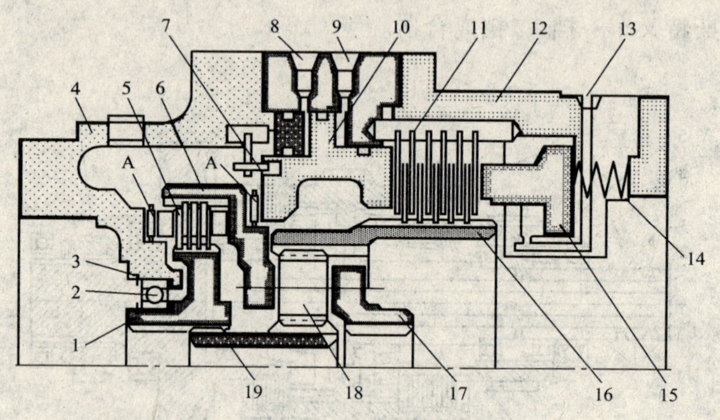

图 2-26　变速器结构示意图

1-输入轴；2-球轴承；3-卡键；4-前盖；5-行星架离合器；6-行星架；7-定位导向销柱；8-低速油口；9-高速油口；10-离合器活塞（高低速）；11-齿圈离合器；12-后箱体；13-驻车进油口；14-复位弹簧；15-驻车离合器活塞；16-齿圈架；17-输出轴；18-行星轮；19-太阳轮

B. 工作原理：

a. 低速原理。液压泵供出的液压油由低压油口处 8 进入变速活塞 10 的左腔，将变速活塞推向右侧，齿圈离合器 11 逐渐开始结合，使得齿圈 16 被固定；驻车进油口 13 同时也有高压油进入，驻车活塞 15 被推向右边；动力通过输入轴 1 传给太阳轮 19，太阳轮 19 将动力传给行星齿轮 18，再通过行星架传给输出轴 17 输出。这样行星齿轮传动就以太阳轮→行星→行星架进行传动。根据行星传动知识可知此时行星变速器是以低速传动。

b. 高速传动原理。高速电磁阀得电，高压油进入高压油口 9，高压油推动变速活塞向左移动，齿圈离合器 11 分离，行星架离合器 5 开始结合；驻车进油口 13 同时也有高压油进入，驻车活塞被推向右边；动力通过输入轴→行星架离合器→行星架→输出轴将动力输出。根据行星传动知识可知此时行星变速器是直接以行星架为输入、输出形式传动，此时是高速传动。

c. 驻车原理。当车辆需要长时间停车，出关闭发动机外还需要拉上驻车手柄。石川岛轮胎吊的驻车是把所有的液压油全部卸荷，即是高压油口、低压油口、驻车油口都无压力油。此时驻车活塞在复位弹簧 14 的推动下向左移动，继而又推动变速活塞 10 也向左移动，促使行星离合器 5 结合。这样齿圈、行星架都被锁死，动力也就无法通过输出轴输出动力。

3. 离合器油缸的排油结构

换挡离合器在工作时是高速旋转的，旋转油缸的离心油压力在离合器结合时造成压紧力变化，使离合器摩擦力矩发生变化；在分离时造成压紧力继续压紧活塞，使离合器不能分离。因此，对于单面受压活塞旋转油缸必须设立排油机构，使活塞顺利复位，彻底分离离合器。

装卸机械液力传动变速箱离合器油缸多采用强力复位弹簧、排油孔和排油阀三类排油结构。

(1)强力复位弹簧排油结构式。常见的液压动力换挡离合器的强力复位弹簧有一个螺旋弹簧式和多个弹簧式等。

图2-25中的元件13为强力复位弹簧(螺旋式),它可保证在离合器应分离时,在离合器还在高速旋转时推动活塞复位。图2-21所示的离合器是采用多个弹簧式结构(元件2)。强力复位弹簧排油结构的最大优点:结构简单、作用可靠、充放油的时间较快。缺点是使离合器需要的操纵油压增高,即要求供油泵的压力增高、功率加大,油中的杂质易沉积在油缸内。为使摩擦片能获得充分的冷却,需在内鼓圆周上开多排的小孔,使油进入摩擦片间进行冷却。

(2)排油孔式。常见的排油孔式有两种,常流式和自盖排油式。图2-27a)为自盖排油式;图2-27b)为常流式。在离合器活塞压紧摩擦片时,排油孔关闭,使油缸年油压升高,在分离时该排油孔就打开,控制压力油的压力、流量得以卸荷。其缺点与强力复位弹簧排油结构的缺点相同。

(3)排油阀式。排油阀结构有自动和可操纵两种。装卸机械变速器离合器中多用自动作用,常见有离心球阀式。

图2-28为离心球阀式。该球阀结构非常简单,它与活塞复位弹簧结合使用。复位弹簧可制造的细小。在离合器工作时,换挡压力油进入变速缸体内的同时,也将离心球阀的球紧压在排油口上,使得变速缸体内部形成一个密闭的容积,液压油压力升高(图2-27a)和图2-27b)实线所示),离合器摩擦板组结合,变速器挂上挡,车辆开始变速。在摘挡时,换挡压力油撤出,缸体内油压降低,离合器还会继续高速旋转一段时间,在离心力的作用下,小球甩离排油口(如图2-27b)中虚线所示),于是剩余的压力油较迅速地从排油口排除。

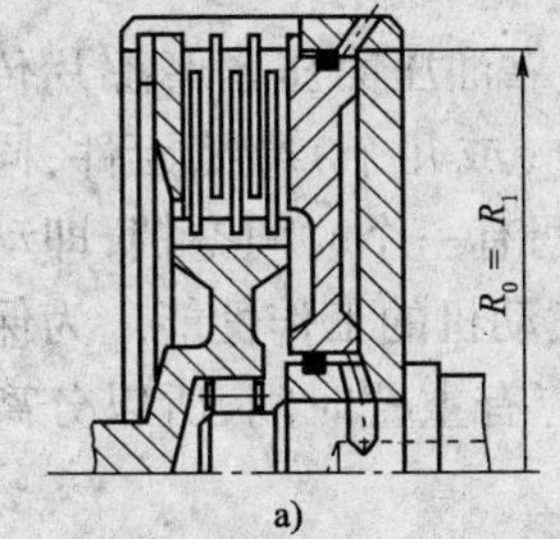

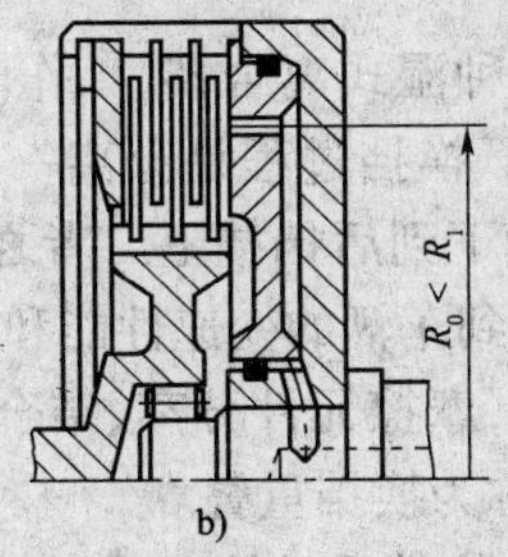

图2-27　排油孔式排油结构

a)常流式排油孔;b)自盖式排油孔

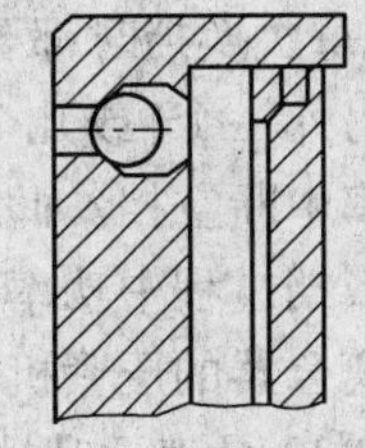

图2-28　离心球式排油阀结构

该排油阀的缺点是排油阀孔小,易堵塞或被异物卡住,使球阀关闭不严造成卸压,在拆卸修理时,容易被遗忘丢失,造成挂不上挡或离合器打滑故障。

4. 液压离合器的摩擦片材质与表面结构

(1)液压离合器的摩擦片的材质。装卸机械使用的液压离合器摩擦片组的材质可分两大类,第一类为金属型的,其摩擦衬面的材料具有金属的性质,如钢对钢、钢对青铜(或黄铜)、钢对粉末冶金。第二类为非金属型,它摩擦衬面材料具有非金属性质,多为石棉—树脂、纸质

(经特殊加工后的纸)、石墨—树脂和塑料合成物等,它们的对偶可用钢和铸铁。

金属型的摩擦片使用最多是铜基粉末冶金。它的主要成分是铜,以保证材料有良好的导热性和耐热性,易于烧结制造。其余成分是含有一定比例的铁、锡、铅。

金属型的摩擦片材质的优点是机械强度高,导热性和耐热性好。

非金属摩擦片使用较多的是石墨—树脂类其主要的成分是石墨、硅和填料,经冷压成型干燥处理后粘接在钢芯片上。非金属摩擦片的特点是摩擦系数大,动摩擦系数几乎等于静摩擦系数,与磨滑过度无关,有弹性疏松性和良好的润滑保持性。其缺点是:磨损量大,耐热性差,易烧坏。

(2)摩擦片表面结构。液压离合器摩擦片的表面需进行开槽处理。开槽的作用有两项:一是破坏油膜,提高摩擦系数;二是保证油流通过,及时冷却摩擦片的表面。金属材料摩擦片的表面开槽形式多为螺旋式和棱形网格槽。见图 2-29 左边 1、2、3、4 和 5。非金属型摩擦材料的表面只开冷却油槽,这是因为开槽并不能使摩擦系数增加,相反增加了磨损值,所以在纸质和石墨树脂衬面上仅开直线形或相互垂直的冷却油槽,见图 2-29 的 6、7 两图。

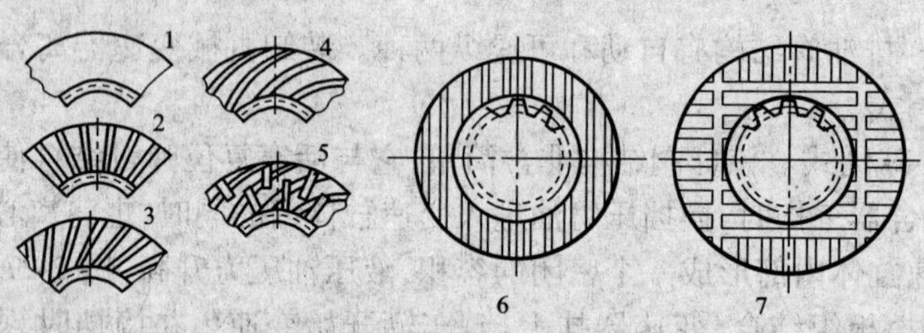

图 2-29　摩擦片衬面的开槽形式

1、2、3、4、5-粉末冶金摩擦衬面的开槽形式;6、7-非金属摩擦衬面的开槽形式

5. 离合器的特性

装卸机械车辆液力传动用液压离合器是一种湿式离合器,工作时靠油压力压紧摩擦片传递扭矩,每次换挡时都要经历充油和放油过程。换挡过程是分离一个(或几个)摩擦元件,同时结合另外一个(或几个)摩擦元件。从前挡摘下到后挡挂上二者之间有一个时间空挡,即动力的功率中断空挡。此空挡的大小会直接影响到车辆的变速性能和发动机的工作性能。为保证动力换挡过程中功率不中断和换挡的平稳性,摩擦元件分离、结合应有重叠时间,所以分离和接合离合器的压紧机构特性也应有重叠,这称为换挡重叠。

图 2-30 是表示升挡时压紧机构特性的三种换挡重叠情况。

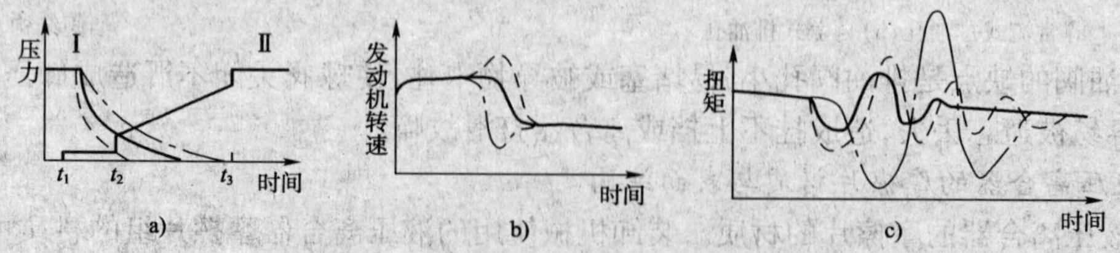

图 2-30　离合器压紧机构三种换挡重叠特性

Ⅰ-降挡放油曲线;Ⅱ-升挡充油曲线

a)升挡时三种换挡重叠;b)发动机转速平稳性;c)扭矩传递平稳性

图中的实线代表换挡重叠合适（在 t_1 处结合离合器），虚线代表重叠不足（在 $t_1 \sim t_2$ 处结合离合器），点划线代表重叠过多（在 $t_2 \sim t_3$ 处结合离合器）。重叠合适时发动机（涡轮）的转速变化平稳、扭矩冲击小。重叠不足的则使发动机（涡轮）超速（图中一段上抛曲线），扭矩冲击大。车辆加速性能变坏。重叠过度，发动机（涡轮）转速急剧下降，扭矩冲击极大，这是不允许的。

在车辆降挡换挡时最好是处于重叠不足。此时发动机可在离合器分离后卸载升速，有利于结合离合器同步。为使同一个离合器在升挡和降挡时都能满足使用的需要，现代装卸机械的液压换挡系统改进了换挡阀的设计，增设了一些协调阀、缓冲阀、蓄能阀等液压元件，以改善换挡的性能。

（四）制动器

制动器装卸机械业力传动机械中的制动器主要起到制动约束作用。它将行星齿轮机构中某一元件与变速器壳体相连，使该元件约束制动而固定。

在液力机械变速器中，制动器有两种形式：一是圆盘式多片湿式制动器，另一是带式制动器。后一种制动器结构比前一种制动器简单、便于安装和缩短变速器整体的长度，多用于小型车辆自动变速器中。

圆盘式多片湿式制动器的结构与前面提到的液压离合器结构相同，不同的是制动器的壳体和油缸是与变速器的壳体相固定不动的，而离合器壳体是一个主动部件。

带式制动器结构如图 2-31 所示，主要部件包括：制动带、制动液压缸和顶杆等组成，制动鼓通常就是离合器的外壳。当压力油从入口处 P 进入制动缸，作用在活塞上的油压克服弹簧 5 作用力，活塞 4 被推向左边，通过顶杆 3 使制动带 2 抱紧离合器外壳，起制动作用。当需要解除制动时，压力油从进油口处流出卸压，活塞在弹簧力作用下退回右面，制动带释放。

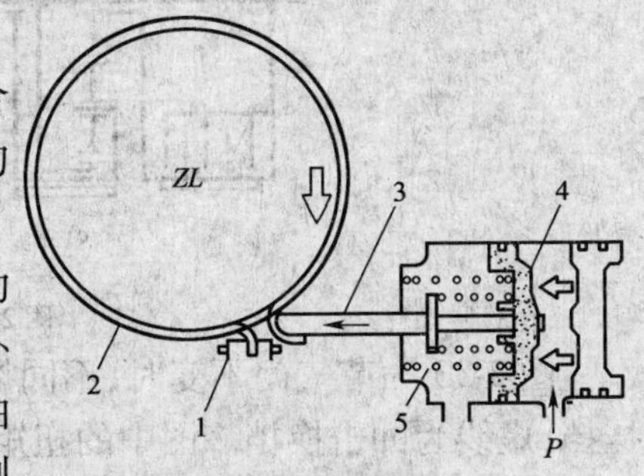

图 2-31　带式制动器

1-变速器壳体；2-制动带；3-活塞顶杆；4-制动缸活塞；5-弹簧

自动变速器中的行星齿轮变速器中的离合器与制动器应用情况可参见图 2-32。

图 2-32a）所示为空挡：离合器分离，前、后制动器松脱，动力空转，发动机处于怠速状态。

图 2-32b）所示为直接挡：前、后制动器松脱，离合器结合，前行星齿轮组的太阳轮与齿圈固定前排行星齿轮组都固连，后排行星齿轮组的行星架与前排的行星齿轮组的行星架是一体，故后排齿轮组也固连，变速器为直接挡。

图 2-32c）所示为低速挡：离合器分离；前制动器刹死，后制动器松脱。

图 2-32d）所示为倒挡：离合器分离；前制动器松脱、后制动器刹死。

另外当需要驻车制动时，前后两个制动器都刹死，前行星齿轮组的太阳轮、行星架都固定，相当于三个元件都被固定；后行星齿轮组的太阳轮、行星架也被固定了。因此，整个变速器被锁死，整车就变成驻车制动。

（五）离合器平稳性的控制

装卸车辆动力换挡多采用液压控制摩擦离合器和制动器。车辆动力换挡多是一个转动惯量系统扭矩冲击的过程。换挡平稳性是衡量换挡过程中传动装置所产生的扭矩冲击大小的指标。换挡时液力传动离合器和制动器摩擦力矩的变化,决定换挡平稳性。影响摩擦力矩的因素有:离合器容量、摩擦系数随滑转速度的变化、相邻两挡的传动比和油缸压紧机构特性等。实验证明摩擦片打滑时间最少在0.4~1.0s之间,才能获得平稳换挡。

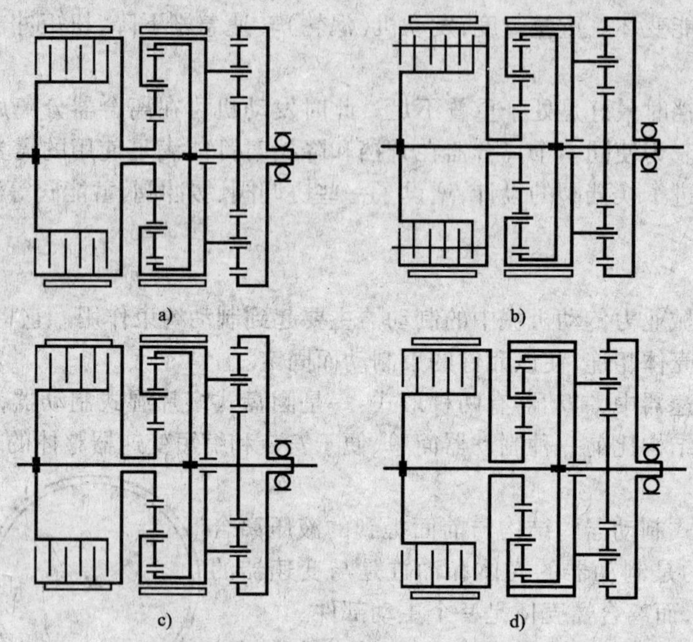

图2-32　自动变速器各挡控制示意图

图2-33为节气门不变时,不同换挡过程变速器输出扭矩冲击情况。图中的实线表示平稳挂挡,虚线为冲击换挡。图中的扭矩虚线显示振幅大,频率高,此外其加速度也很大,这会使驾驶舒适性变坏,司机易疲劳,机械寿命缩短。要做到平稳换挡需做到:

(1)换挡迅速,具有获得平稳换挡的最少打滑的时间。功率传递尽可能不中断,具有适当的换挡重叠。

(2)油缸压紧机构具有产生最小冲击扭矩的最佳特性,但应保证油压平稳的增长。

(3)换挡油压平稳增长规律应能随发动机工况而变,使车辆在不同节气门开度、车速下换挡冲击最小。

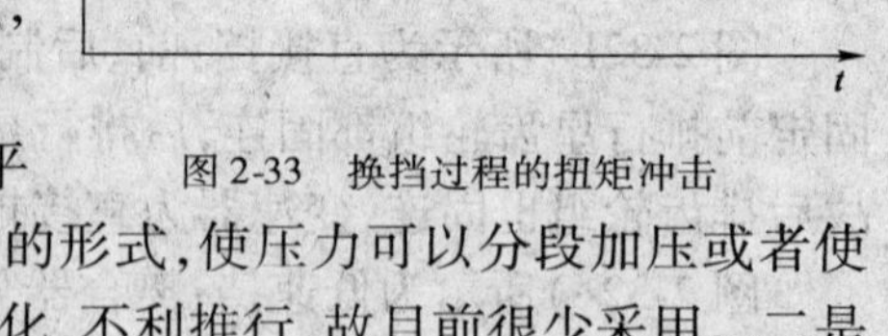

图2-33　换挡过程的扭矩冲击

现代装卸机械的制造商采用两种方法控制换挡的平稳性。一是在离合器油缸的结构上设计成具有大小油腔的形式,使压力可以分段加压或者使加压过程平稳增长。但是这种方法使得离合器结构复杂化,不利推行,故目前很少采用。二是在控制元件中设置一些有利于平稳换挡的元件,如设节流孔、蓄能器和溢流型缓冲阀等。

1. 节流孔

在离合器油缸的进油路中,串入节流孔,可起到节流和降压的作用。通常节流孔是采用薄壁小孔形式(孔的长径比小于0.5)。图2-34b)表示节流孔及其缓冲的特性。在油缸开始充油时,节流孔发挥作用,产生较大压力降,离合器油缸内的油压力较小。油液逐渐充满离合器油缸时,流量减少,节流孔阻尼压力降的作用减少,油压力增大,最后压降为零,油压增到最大。

从图中的曲线还可以看到节流孔的缓冲特性与通流面积 f 有关。f_D 的油压增长快，缓冲效果差。

节流孔的最大优点是结构简单，常用在要求不高的缓冲油路中，特别是控制被分开离合器的松开过程；保证合适的换挡重叠量。它的缺点一是不能满足最佳的平稳换挡要求；二是受节气门调节影响大，节气门开度小时，缓冲作用很小；三是节流孔通径小，易被油液中的杂质堵塞，特别是油液中的絮状物质。

2. 蓄能器

蓄能器是液压传动中的辅助元件，它具有良好的储存压力能的特性。在液压换挡油缸的油路中也使用了它，常将它与离合器换挡油路并联，使油压增长平稳，同时还吸收液压冲击，保证系统油压的稳定。装卸机械液压换挡控制阀中多将它与节流孔配合使用。

常见的内燃装卸机械车辆换挡用的蓄能器的结构是弹簧式和充气式两种。图 2-35a）是换挡用蓄能器的结构示意图。主要元件有：活塞、弹簧；其工作原理如下。当离合器油缸开始充油，蓄能器也开始充油，在压力油作用下，活塞压缩弹簧，同时油压力逐渐上升，油压力逐渐与弹簧力平衡。此时，蓄能器起到缓冲的作用。在摘挡离合器油缸放油时，蓄能器也释放所储存的油压力能，使换挡离合器分离比较慢。

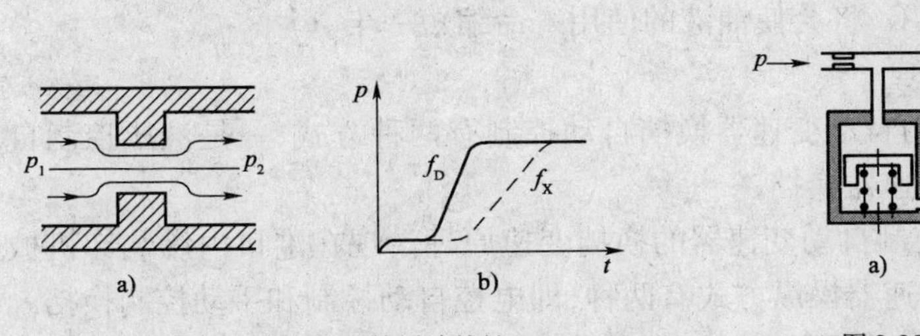

图 2-34　节流孔及其缓冲特性

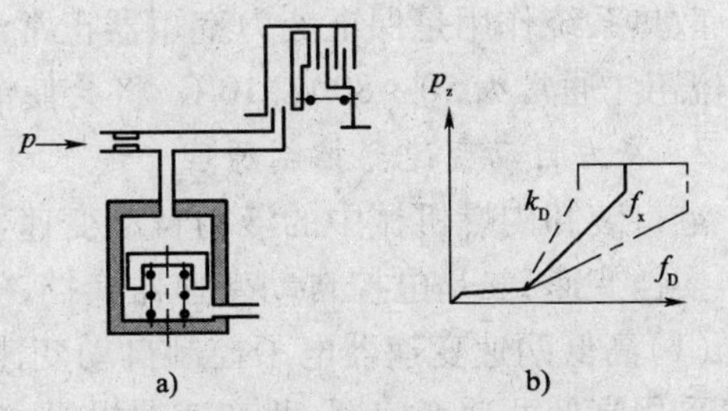

图 2-35　蓄能器缓冲原理及特性

a）蓄能器结构简图；b）性能曲线

3. 缓冲阀

为改善换挡的平稳性能，现代装卸车辆在换挡控制阀中设置了缓冲阀。常见的一种缓冲阀是由节流阀与蓄能器并联组合而成。其结构参见图 2-36。

图中元件 5 为阀芯，其上开有节流孔 6；元件 3 是滑块，它与弹簧 2 一起作蓄能器用。换挡开始，主油压力进入相应的换挡油缸，同时该油也由进油口 a 进入缓冲阀，克服复位弹簧 4 和起蓄能作用的弹簧 2 的作用力，将阀芯 5 推向左，阀芯 5 打开排油口 b，由于排油使油压增长缓慢，同时油经节流孔 6 充满阀芯 5 的内腔，并将储能器滑块继续左推直到遇挡块 1 顶死为止。当油压继续升高，阀芯内的油压和弹簧力之和大于右边油压作用力，逐渐推阀芯 5 右移动，关闭节流孔 b，油压达到最大值。当油缸分离时，柱塞 5 在弹簧 2 作用下复位。

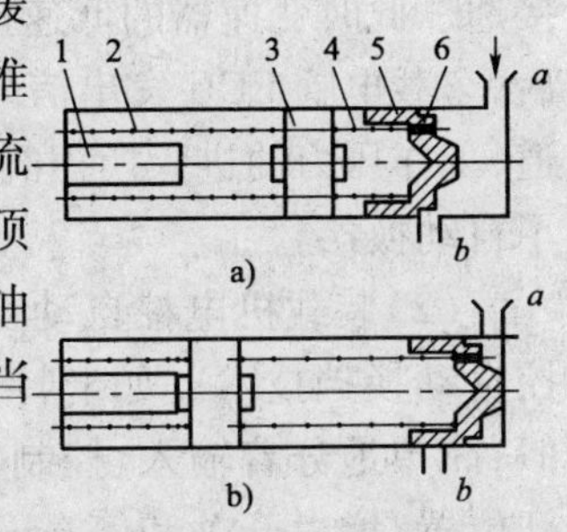

图 2-36　缓冲阀

1-挡块；2-弹簧；3-柱塞；4-复位弹簧；5-阀芯；6-节流孔

（六）液力机械自动控制变速器工作原理

自动控制变速器是指车辆能自动根据发动机的负荷和车速信号来控制换挡系统的执行元件而实现的，司机只操纵加速踏板控制车速。港口系统常又将液力机械自动控制变速器称为液力自动变速器，或自动变速器。港口装卸内燃机械中的自动控制变速器常见有两种，液力自动变速器和液压传动自动变速器。

1. *液力自动变速器的结构组成*

液力自动变速器的结构一般分为液力变矩器、变速器（直轴式或行星齿轮）、换挡控制系统（电子控制和液压控制）、散热系统等几大部分组成。

液压控制系统是液力自动变速器的重要部分，它主要功能是综合换挡杆的位置、节气门开度、车辆车速各挡离合器的分离和结合、制动器的结合和释放等一些情况，来改变动力传动的路线，自动变换挡位。此外它向变矩器和变速离合器提供工作油和润滑油。

电子控制系统包括传感器、车载电脑（ECU）和执行三部分。车载电脑根据各传感器测到的车辆行驶、发动机运转、节气门开度、水温等各种情况，精确地控制换挡时刻、锁定定时、系统油压和换挡平顺性等。这些控制是通过控制各个电磁阀组成的执行器改变液压控制系统的油路，再由液压控制系统来实现。

需指出各种装卸机械车辆、同种不同型号的车辆安装的 ECU 各是不同，不能随意更换。

散热系统作用是保证液力变矩器正常油温下工作。据有关资料介绍，油温如果超出正常工作温度（通常为 50 ~ 80℃）10℃，将会使油液的使用寿命缩短一半。

2. *液力自动变速器控制原理*

港口装卸内燃机械中的液力自动变速器换挡自动控制有两种方式，一是液压控制自动变速器换挡变速，二是电控自动变速器换挡。

（1）高低两速变速器电子控制自动变速器的换挡变速原理。现在港口内燃装卸机械叉车中多采用高低两速变速器，此变速器操纵方式有两种，即电控自动控制和手动控制换挡。下面结合图 1-88 简述电控自动控制工作原理。

换挡选择阀 13 的一端有 3*DT* 电磁阀 12，由它控制高速挡和低速挡油路。在车辆上的节气门和输出轴上分别装有节气门传感器和车速传感器。在低速挡时车辆负荷大，节气门开度小、车速低，传感器把这两个信号输送到电脑 ECU，与原储存的信息作比较后不发出相应的电信号，3*DT* 阀不动作，换挡阀 13 左端来油通道处于打开状态，油压降低；换挡阀 13 保持不动，换挡压力油始终与低速挡油路（前进 F_1/后退 R_1）相通，高速挡油路（前进 F_2/后退 R_2）与油箱接通。此时变速器的低速挡离合器接合，车辆以低速挡行驶。当油门加大、车速提高到一定值后，车载电脑 ECU 发出信号，3DT 阀动作，关闭换挡阀 13 左端油路经过阀 12 流回油箱的通道，工作压力油进入换挡阀左端，换挡阀 13 阀芯动作，接通高速挡离合器油路（F_2/R_2），实现了自动换挡。

（2）装载机电控自动变速器换挡原理。目前港口使用的进口装载机大部分都采用了电控自动换挡技术。如卡特 98 系列、川崎 ZⅢ系列和沃尔沃装载机。控制原理大体上都相似，简单地分着输入、控制器和输出三大部分。输入部分包括发动机转速、车速、换挡操纵杆位置、增力开关和停车开关等。输出部分包括前进/后退各换挡阀的电磁阀、开关型和比例型电子调压阀、自动制动电磁阀和监控报警显示器等设备。控制器——车载电脑是带有 ROM、RAM 的微型处理机（8 ~ 16 位）。变速控制器内部还设有自动/人工换挡选择开关供

司机选用。通常4个前进挡中F_1、F_2分别控制变速器在Ⅰ、Ⅱ挡工作；慢前进控制变速器在Ⅰ～Ⅱ挡间直动变速，快前进控制变速器在Ⅰ～Ⅳ挡之间自动变速。后退挡工作情况与前进挡相似。

(3)换挡品质控制。装载机的换挡控制阀通常都安装在变速器箱体外，而且设计为上下两体式。上半体多为各换挡阀、各换挡电磁阀。下半体设计装有各调节换挡品质的液压阀，里面装有调压阀、溢流阀、背压阀等。

常见的调压阀分比例电磁阀和开关型电磁阀两种。比例调压电磁阀控制阀体内的溢流阀开启与关闭，使其工作压力更好适应换挡压力变化需要；开关型电磁阀控制液压泵压力油进入离合器和让离合器内压力油经过节流孔道流回油箱。这样就可以使ECU很好在离合器开始工作至退出工作全过程有效控制压力油的变化。

(4)装载机电控自动变速器其他功能。电控自动变速器的控制器除了实现自动控制外还有其他功能。

①自动制动功能。为了避免装载机在前进/后退变换时，车辆未经过制动直接换向，控制器还能自动根据载荷状况、车速自动让行走制动器工作。如要改变车辆行驶方向时，行走制动器自动起作用，只有车速降低到某一预定值时，转向离合器才可以工作，车速再降低到另一个预定值时，行走制动器解除制动。这样可以避免变速器元件因超负荷而损坏。

②超速制动控制。在车辆挂低挡或下坡行驶时，为避免变速器超过设计允许的转速，控制器自动发出电信号，让行走制动器制动，将车速控制在安全范围内，保护变速器以免损坏。

③变速操纵杆中间位置制动控制。为防止变速操纵杆处于在挡位置时点火起动发动机而造成意外事故，通过控制器，使得发动机必须在变速操纵杆处于空挡位置时才能起动。

第二节　液力变矩器常见故障的诊断与排除

一、液力变矩器的冷却与补偿系统油路及原理

(一)液力变矩器的气蚀现象和补偿压力

1. 液力变矩器的气蚀现象

工作油液在液力变矩器内工作叶轮的叶片之间流动时，也会出现液压油在管道中流动时出现的气蚀现象。气蚀时产生的大量气泡，一部分会黏附在叶片的表面，使液体在流过叶片时产生脱流，破坏叶轮的正常工作。气泡占据叶片之间通道一部分容积，使得液流的有效通流面积减小流速增大，各种液力损失增大，叶片上的作用力则减少。另一部分气泡被液流带入变矩器内压力较大处，气泡重新凝集，引起局部高压，并已非常高的频率反复出现，产生气蚀。产生气蚀现象后，变矩器工作的外部表现是：在一定泵轮转速n_B下，一定转速比时，泵轮力矩M_B和涡轮力矩M_T突然下降，效率η降低。严重时伴有金属敲击声，叶片出现剥落。

2. 气蚀特性

变矩器内液体循环流动中，压力最低处，一般是在导轮出口和泵轮入口的衔接处。所以气蚀现象大多发生在泵轮入口稍后处。液体流过泵轮后静压力升高，故涡轮中通常不会有气蚀

现象。图 2-37 泵轮叶片两侧压力分布情况。图中左侧曲线表示压力分布情况,右侧两图是表示两泵轮叶片的工作面、背面和叶片之间的流道。工作液经过叶片前端后分别沿叶片的工作面和背面流动,使得叶片工作面压力升高,背面压力下降,在叶片头部背面 M 垫底压力很低,之后又急剧上升,在 $M \sim K$ 点之间由于路程短,流经的时间极为短暂工作液来不及汽化。但 K 点处的压力等于或低于工作液的汽化压力,则液体就有足够的时间汽化,析出气泡。所以气蚀多发生叶片的背面 K 点后的某处。

防止气蚀现象出现的主要措施是保障一定的供油压力。提高供油系统的供油压力,可使工作腔内最小压力处的压力高于液体的蒸发压力,就完全可以防止气蚀现象的产生。图 2-38 是用试验方法测得变矩器的最小供油压力。图中 P_c 是供油压力,即补偿压力,$P_{c_{min}}$ 最小补偿压力。补偿压力大于最小补偿压力才可能防止气蚀,即 $P_c > P_{c_{min}}$。当 $P_c < P_{c_{min}}$ 时泵轮力矩 M_B 和涡轮力矩 M_T 开始下降,随 P_c 继续减小,变矩器的力矩和效率会明显下降并且伴随有噪声出现,这时就发生气蚀现象。试验测得的最小供油压力 $P_{c_{min}}$ 为 0.3 ~ 0.5MPa,通常取0.7 ~ 1.0MPa,这样取值是考虑不同条件工作时可能出现最坏的情况,故具有一定的安全系数。不同型号的变矩器的最小供油压力各有所不同,因而,现场调试变矩器的供油压力时,必须按照厂家提供的供油压力值调整。

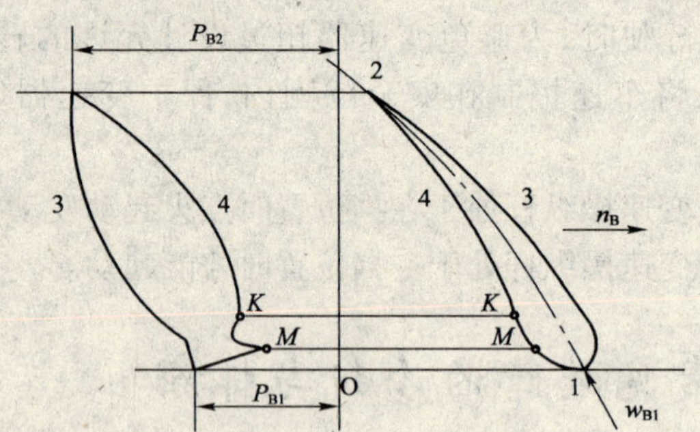

图 2-37 泵轮叶片两侧压力分布

1-进口;2-出口;3-叶片工作面;4-叶片背面

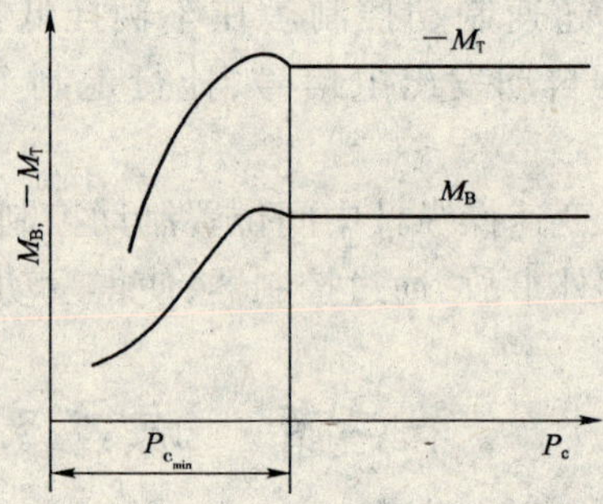

图 2-38 液力变矩器气蚀特性

变矩器的供油系统功能除防止内部气蚀、补偿工作液的漏损和避免空气进入油液内之外,还应对液力变矩器进行强制性冷却。一般变矩器内的工作油温度在 100℃左右,过高的温度会使工作液产生气泡、氧化、沉淀、黏度下降和密封件老化等,液力变矩器在工作时存在三种形式的能量损失。

(二)变矩器工作液的冷却

油液在循环圆内流动引起液力损失;由于间隙和密封处泄漏所引起的容积损失;在轴承、密封和圆盘摩擦等处所造成的机械损失。这些能量损失会引起油液发热,其发热量与它的传动功率和效率有关。在低速传动时,效率尤其低,发热量大,其后果会引起变矩器工作油变坏,密封元件的密封性能变坏,严重影响变矩器的正常工作。为保证液力变矩器能正常工作,需要对变矩器的工作油进行强制性的冷却处理。当变矩器出口油温高于 115 ~ 120℃时要进行冷却,将冷油从变矩器进口处压入循环圆内,将热油从变矩器循环圆内排出。

图 2-39 为某型液力变矩器的冷却和压力补偿原理图。由图中可见,该系统由补偿泵 3、冷

却器5和3个压力补偿阀 F_1、F_2、F_3 元件组成。3个压力阀一般都安装在变矩器的外壳上，由厂家出厂前于试验台上调试完毕，使用单位不应随意调动。

3个压力阀的功能是不一样的。压力阀 F_2 是用于控制工作油液进入泵轮时的压力，一般调定压力为0.36～0.41MPa。它起溢流定压、控制进入变矩器循环圆内中冷却油量作用。在液力变矩器转速较低时(如起步状况)变矩器效率低，油温升高较快，需要较多的冷却油液进入变矩器的循环圆内。此时油路中的压力恰好较低，压力阀 F_2 关闭，冷却油全部进入变矩器内；反之，油温升高慢，因而无需过多的冷却工作油。此时，油路的压力较高，压力阀 F_2 开启溢流，只有小部分冷却油进入变矩器。这样压力阀 F_2 可自动根据油温的变化调节冷却油量的作用。

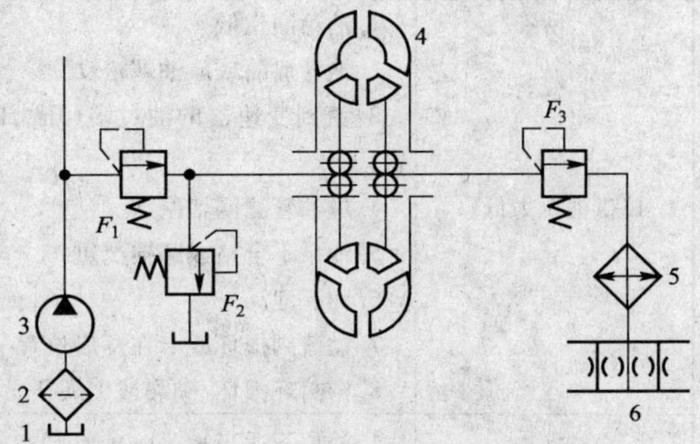

图2-39　变矩器的冷却和压力补偿原理图

1-油箱；2-过滤器；3-补偿泵；4-变矩器；5-冷却器；6-离合器冷却；F_1、F_2-压力阀；F_3-背压阀

压力阀 F_1 用来调定变速箱离合器操纵阀的油液压力大小，通常压力为1.12～1.43MPa。当油压力低于该值时，压力阀 F_1 关闭，补偿泵3的油经离合操纵阀进入变速箱，优先保证换挡变速用。

压力阀 F_3 是个背压阀，起防止变矩器内的油压力过低而产生气蚀现象。其压力调定值为0.26～0.29MPa。

调节背压阀 F_3 的方法是：载转速比 i 最大时，调节背压阀，使阀刚刚打开。当转速比逐渐减小时，背压阀一直处于打开状态，且开口量逐渐增大，直至全部打开。

调整压力阀 F_2 的方法：在转速比 $i=0$ 时调整，使压力阀刚刚关闭，当 i 逐渐增大时，压力阀 F_2 开度越来越大。

二、变矩器故障诊断与修理

(一)变矩器的常见故障

变矩器的常见故障见表2-2。

下面介绍一个典型变矩器故障案例。

1. 故障现象

变矩器在车辆起步时工作正常，也能显出“有力”，起步正常以后挂高一级挡且就显得无力，变矩器的耗油量增加。

2. 故障检查过程

检查油温发现油温上升较快，检查油液发现变矩器油中含有水分、铁锈，油液变色。

根据油液中含有铁锈决定拆洗变矩器。拆检变矩器后就可发现导轮的单向离合器因生锈而失去自由轮的作用，使导轮在涡轮转速上升至一定转速后不能自由转动，失去偶合工况，只有变矩工况，因此效率降低。

3. 修理方法

(1)拆下变矩器，将导轮、单向离合器全部拆下彻底清洗。

变矩器的常见故障 表 2-2

故障现象	原因分析	排除方法
1. 供油压力低	1. 油箱油位低 2. 油管泄漏或放油塞松动 3. 流到变速器的油过多(压力阀卡在开启位置) 4. 进油管滤网堵塞 5. 油泵不合格或磨损严重 6. 油起泡沫 7. 溢流阀损坏或卡在开启位置 8. 密封环损坏、破裂或夹入杂质	1. 加油到规定油位 2. 排除泄漏,拧紧放油塞 3. 检查离合器压力阀、变矩器旁通阀和变速器从动泵工作情况 4. 检查、清洗或更换 5. 检查、修理或更换 6. 检查油是否变质,换新油 7. 修理或更换溢流阀 8. 清洗、检修或更换新密封环
2. 油温高	1. 油位不适当 2. 油压高,压力阀卡在关闭位置 3. 冷却系统水位低 4. 变矩器供油压力低 5. 冷却器、滤清器或管路堵塞 6. 变矩器在低速比范围作业太长(低速或过载) 7. 导轮卡死(单向离合器卡死) 8. 单向离合器故障 9. 用油品质不合格	1. 加油或排油至规定油位 2. 修理或更换压力阀 3. 加水并检查泄漏原因 4. 检查调整至规定值 5. 清洗或更换 6. 调整作业周期,改善作业工况,纠正过速或过载 7. 拆检修理或更换 8. 拆开更换 9. 更换新油
3. 噪声	1. 轴承失效 2. 油泵磨损 3. 与发动机连接故障 4. 变矩器连接部分不紧	1. 更换轴承 2. 参考故障 1. 的排除方法 3. 拆检修理 4. 更换轴承
4. 功率损失	1. 导轮的单向离合器有故障 2. 变矩器供油压力低 3. 变矩器叶轮间有磕碰 4. 轴承磨损	1. 更换单向离合器 2. 参考故障 1. 的排除方法 3. 拆检修磨磕碰处,其余对症修理 4. 更换轴承
5. 离合器压力低及振摆过大	1. 油位偏低 2. 液压泵内泄漏严重 3. 离合器轴及活塞上的旋转密封环磨损或搭口处间隙过大	1. 将油量加至正常油位 2. 检查油泵磨损情况或更换 3. 更换旋转密封环,装配时注意将搭口处楔紧

(2)更换锈蚀损坏严重的单向离合器。

(3)更换全部的变矩器油液,清洗变矩器冷却液所经过的所有管道、冷却元件和变矩器压力控制阀。

(4)装配时重新检查调整变矩器各工作轮之间的间隙、各压力阀的压力值。

(二)正确使用液力传动元件

液力传动元件的正确使用与合理保养维护是提高液力元件和工作机、发动机寿命和可靠性的重要保证。为此,需要按技术条件的要求正确使用各种液力元件,及时做好定期检查和保养。

1. 正确使用变矩器油

(1)变矩器专用油介绍。液力变矩器的传动功率与液力变矩器油的重度成正比。要保持

传递功率不变，就应采用重度值在$(8.00 \sim 9.50) \times 10^3 N/m^3$的液力变矩器油。在组装变矩器时不得在轴承、各轮内套和单向离合器等处涂抹任何脂类润滑油，添加液力变矩器油时必须加同一牌号的液力变矩器油或同类液力变矩器油。

我国目前已定型生产两种液力传动油，按过去的标准分别定为6号和8号，现在按新标准分为N32(6号)、N46(8号)、N46D普通液力油和N68抗磨液力油。N32(6号)液力传动油为浅黄色透明的液体，N46(8号)普通液力油呈红色、透明。前一段时间6号和8号液力传动油曾分别称为C3和C4。N32(6号)液力油是以20号汽轮机油(过去称其透平油)为基础油，加入适量的抗氧化剂、抗磨、防锈、抗泡沫等添加剂而制成的。

添加剂的作用是改变油液的黏性，提高润滑性能，降低油液的凝点，增强油液的抗磨、抗氧化，抗泡沫增加油膜强度。加入适量的添加剂后的液力传动油可以使装卸机械适应冬季严寒地区的运转，可保证机械在$-30 \sim 158$℃温度范围内正常工作，改良后的液力传动油具有优良的抗磨性能，对重载零部件提供很好的防磨损保护。

汽轮机油在实际作业生产中曾发生过因油温过高而生成喷油事故，喷出的热油还引发火灾。故它不适宜在液力机械传动中使用。表2-3表明N32、N46两种液力油可以满足一般的液力传动机械使用。

我国液力传动油的主要性能表 表2-3

项目 \ 牌号	N32(6号)普通液力油	N46(8号)普通液力油
黏度(m^2/s)50℃	$(18 \sim 24) \times 10^{-6}$	$(27 \sim 32) \times 10^{-6}$
20℃时的密度(g/cm^3)	872	860
运动黏度(η_{50}/η_{100})，不大于	4.2	3.6
闪点(开口)(℃)不低于	180	150
凝点(℃)不高于	-35	-25
灰分(%)，不大于	0.0021	0.0022
酸值(mgKOH/g)不大于	0.01	0.01
抗氧化安定性 氧化后酸值 氧化后沉淀	0.35 0.1	
防锈性	通过	通过
铜片腐蚀(100℃，3h)	合格	合格
抗泡性试验	55%(120℃) 10%(80℃)	5%(93℃) 25%(24℃)
水分	无	无
机械杂质	无	无
抗乳化性(min)不高于	30	30
临界载荷，不小于	84kg	80kg
颜色	淡黄色、透明	红色、透明

(2)变矩器专用油液的选用。装卸机械中的变矩器要求使用变矩器专用的油,且必须具有较高的品质,选用时应注意以下几个方面:

①适当的黏度。一般100℃黏度3.0~5.7mm²/s用于小轿车;5.7~9.6mm²/s用于中型车;9.6~12.5mm²/s用于大型重型车辆。

②考虑设备工况,使用特定的液力变矩器油。在一般情况下,-23℃的布氏黏度不大于4500MPa·s时,就可获得有效的换挡性能。良好的热氧化安定性、抗磨性、抗泡性以及储存安定性等性能,可延长油液、变矩器使用周期。对于重负荷变矩器,目前世界各国普遍使用美国生产的变矩器专用油,主要有Allison C-4规格和卡特彼勒公司的TO-4规格。我国国产和进口车多用6号、8号液力传动油代用,使用中有造成重负荷变矩器使用中油压偏低,温度偏高现象。因此,要合理选用变矩器专用油。

③装卸机械变矩器专用油是一种重负荷变矩器使用的传动液,生产作业中既不能错用,也不能混用。否则会使变矩器发生换挡冲击和制动器、离合器突然啮合,加速摩擦片的早期磨损。工程机械液力传动系统用油应按照主机使用说明书的要求,选用相应的专用液力油品种,不能几种油混用,决不能以液压油代替液力传动油。对进口装卸机械使用的变矩器油更应严格按照使用说明进行,有些进口装卸机械当使用不符合要求的传动油时,车载电子自动监测系统就会发出警报,并自动锁住发动机。当不了解变矩器专用油的牌号时,可以查阅使用说明手册、维修手册、产品备件手册;向国外生产厂家在国内的代理商、维修站咨询;通过传真、电子邮件直接向生产厂家咨询。

④不能使用任何认为与液力传动油"相当"的油种。工作油不能弄脏,也不能混入其他牌号的油,因为这样的混合油会引起油液起泡沫。新装卸机械或大修后装卸机械的油易脏,应该在初次运行50~100h和300~500h进行第一次和第二次换油。放出的油如变质不严重时,可经净化过滤处理后再用。对于发生液压泵轴端密封损坏,液压油流入变速器故障,应该停止使用,立即更换油,不能继续使用这种混合油,避免设备过早磨损。

2. 建立定期检查和维修保养制度

按照我国有关港口装卸机械设备的管理法规和法令,结合各种装卸机械液压(液力)的维修使用说明、各单位的维修保养制度,建立对液压(液力)设备的定期检查和保养制度;应用分析、化验等手段掌握液压(力)油的状态,预防因油液变化而引发液压(力)系统故障。

在生产管理过程中应加强对液力传动元件的预防性检查与维护。正常的变矩器专用油颜色应为清澈透明油液。油液变质后颜色会发生变化,失去原来的颜色和透明度。加强外观检查及时发现油液是否有问题。现场可用手指捻一捻,感觉一下黏度,用鼻子闻一闻,有无特殊的气味,以便及时更换新油。

下列问题是工作油使用过程中必须注意和经常检查的:

(1)工作油气泡工作油产生气泡后,会带来振动、噪声和降低热交换性能等弊病。为此,要经常检查油管是否有吸空现象,油箱通气孔是否堵塞和液面是否降低等。

(2)水油混合物系统中进入潮气后,由于外界温度和工作油温形成温差而结成水珠,会使工作油产生油水混合的悬浊液,给系统工作带来不良影响。故应定期检查,疏通堵塞物和排除沉淀的水。

(3)工作油污染一般来说,工作油的含尘量在每吨油中不宜大于5g。但实际注油时,如采

用标准工具,则为 100 ~ 300g/t;如用手工注油,则为 500 ~ 1 000g/t。如果在施工现场、没有防尘保护的维修车间,环境的污染数量更大。对此,要求任何人都要采用专门工具和滤油器来加注工作油,必要时认真清洗或更换滤油器,防止工作油受到污染。

(4)按规定更换工作油液时应注意的是:

①对于新油,过滤精度 40μm 时,使用 100h 后应予更换;过滤精度 20um 时,使用 500h 后即应更换,此后每次换油时间为 1 000h。

②油液的酸值超过规定值时要更换。

③更换工作油过程如下:

A. 液压系统放油:放出全部旧油后,添加一部分新油,起动发动机运转几分钟后再放出全部的油。对于酸值、黏度在正常范围内的油液,可通过净化过滤处理再用。有条件的地方可不再使用。变速器放油:先取下变速器管接头及壳底的放油塞;待全部排出原系统中的油后,再装上放油塞,取下滤油器,用软鬃刷清洗。

B. 更换或清洗所有的滤油器、滤网。

C. 变矩器专用油的更换:一般国产车正常工作 400 ~ 500h,进口车正常工作 800 ~ 1 000h,或者停驶超过一年时,均应将油液全部更换。排放旧油时,应注意要热车状态下放油,或将变矩器油预热到工作温度,确保油内的杂质、污物及沉淀物充分搅起,便于随油液一起排放出。

D. 加装新油液。

放完油后,视情况拆下油盘,彻底清洗油盘和过滤器滤网,并将安装在发动机水箱贮水室内的冷却器用汽油冲洗干净,换掉滤油芯,然后再将油盘装好。在彻底清洁系统后,按规定的加油操作规程,添加规定的油液,加至规定的油量。

表 2-4 是国外部分液力变矩器用油的更换周期供使用参考。

国外部分液力变矩器的换油周期　　表 2-4

液力变矩器型号		使用的主机	换油周期
英国	1-9-1503 型	工程机械	1 000h
	1-C-1502 型	载重汽车	
美国	TC – 400 型	汽车和工程机械等	1 000h
日本	RM 系列	工程机械	1 000h
	TC_2 系列	内燃机车	运行 50 000h 或 5 个月
罗马尼亚	CHC – 650	石油钻机	1 000
	CHC – 750		

(5)日常检查要注意的是:

①除了按正常时间规定更换油液外,还要按要求通过试验室检查油液油品。检查液力传动油的黏度、酸值变化超标准时(酸值达到 2mgKOH/g),必须更换。

②正确使用液力传动油是保障液力传动正常运行的必要保证,否则会引发各种液力传动的故障。

③液力元件的液位或油量必须达到规定要求，而液力变矩器的油量各出产厂家有各自的要求。检查时要将车辆停放在水平路面（注意制动），发动机保持怠速运转。此时的变矩器油温大约在50～80℃，变速杆或变速选择手柄放在停车挡。抽出油尺，擦净油尺上的油液，插入，再拔出，观察油面是否到油尺规定的刻度范围内。进口车辆的变矩器油尺上刻有“COOL”和“HOT”分别表示油尺在冷范围常温下检测和热范围检测用。规矩油尺上显示油量的多少，决定添加或排出部分油液。

三、变矩器的拆卸清洗

（一）清洗与检查

1. 清洗所有拆卸零件的主要要求

（1）黑色金属零件可用汽油、煤油、乙醇、丙酮进行清洗。用汽油、煤油清洗时，为避免工作锈蚀，可在油中加入1%～3%的置换型防锈或添加剂。有色金属零件应在油中清洗。

（2）清洗后用压缩空气吹干（滚动轴承不宜用压缩空气吹），不要用掉毛的棉纱擦抹。

（3）用铁丝等彻底疏通管路及流道，清洗后用压缩空气吹干。

（4）零件清洗干净后，应该用干净纸或绸布包盖好，以保持洁净。

2. 清洗轴承

（1）用干洗溶剂、易挥发的矿物油或涂料稀释剂彻底清洗已经用过的轴承。

（2）如果轴承特别脏或充满了硬化的润滑脂，可先将轴承浸在溶剂里，然后再进行清洗，直至擦净为止。

（3）不要用压缩空气吹轴承。

（4）检查前，用规定使用的润滑油来润滑轴承。轴承未经润滑不能转动。

（二）零件的检查

液力元件拆卸清洗后，应对所有零件进行全面检查，并作详细的检测记录，逐步积累和掌握零件寿命。

（1）检查主要件关键尺寸的变化及磨损情况。如发现轴承间隙超差、齿轮齿面磨损达极限、橡胶密封老化变形、涨圈式密封环圆度或端面偏摆超差等均应予以更换。

（2）检查各零件有无裂纹或伤痕，各配合面无毛刺、划痕。有毛刺应用刮刀、油石或细砂布修光，有裂纹者应更换。

（3）检查所有油孔及管路是否畅通，发现堵塞时必须彻底清洗干净。

（4）检查所有的花键有无剥伤、扭曲、碎裂，如发现有其中之一者，就应更换。

（5）检查滑动轴承表面是否光滑无伤痕，油阀金属屑或过热现象，检查巴氏合金与本体是否完好地黏结。

（6）检查弹簧是否有过热现象（烧黑、烤蓝）、永久变形或擦伤，如有其中之一的就应更换。

（三）零件磨损极限

各液力变矩器的制造商对自己生产的液力变矩器都规定了零件磨损的极限。一般可在生产厂家提供的维修手册、备件目录手册中可以查找到。应急时，可比照相似类型的变矩器零件磨损极限标准进行修理或更换。

表2-5列出了美国TC－400液力变矩器部分零件磨损极限参照值，供维修参考。

美国 TC－400 型液力变矩器变分零件磨损极限（单位：mm）　　表 2-5

名　　称	基本尺寸	磨损极限
1. 壳体总成		
(1)液压泵驱动齿轮		105.969
(2)液压泵齿轮齿厚磨损值	105.715	0.152
(3)涨圈式密封环		
2. 端面磨损		0.127
3. 旋转轴线端面偏摆		0.0508
涡轮与导轮总成		
(1)涡轮壳深度（TCO）	16.51～16.56	16.281
(2)导轮止推垫	12.141～12.845	11.684
(3)滚珠轴承止推垫厚度	0.584～0.686	0.559
(4)导轮垫圈内径	101.854～101.956	0.559
(5)导轮侧垫圈厚度	8.636～9.144	8.128
(6)导轮自由轮外径	101.6～101.575	101.549
(7)止推垫厚度	10.762～10.812	10.737
(8)导轮分离盘厚度	8.483～8.585	8.230
1. 飞轮总成 2. 变矩器飞轮	61.849	61.595
1. 供油泵		
(1)压力阀与油泵罩间隙		0.102
(2)齿端间隙		0.254
(3)压力弹簧自由长度	63.398	
在 29～31 lb 压力下的长度	44.45	
(4)调节阀与油泵罩间隙		0.152
(5)压力弹簧自由长度	119.888	
在 91.2～100.8 lb 压力下的长度	86.868	
2. 附加装置		
(1)轴套内径	15.85～15.9	16.002
(2)传动轴外径	15.748～15.773	15.696

注：1lb≈0.45kg。

四、液力元件的检查

（一）变矩器零速工况检查

在变矩器输出轴零速工况时（制动）将发动机油门调到全部开启，观察记录发动机的转速。将此转速值与该车辆使用说明书上的标准值进行对比，如果实测转速数值低于发动机的标准值，则说明发动机的功率不足或变矩器的导轮没有打开，处于变矩工况。这种状况有可能是发动机本身有问题，也有可能是变矩器故障，停车后先对发动机进行检查，发动机正常，则是

变矩器有故障。注意变矩器的零工况检查发动机的工作时间不要超过30s。如果发动机的实测转速高于标准值,则有可能是变速器故障。可能是在挡的变速器离合器打滑、控制油路压力不足等故障。

(二)测量变矩器三个压力阀的工作压力

多数进口装卸机械上的变矩器都设有油压力测试口(维修使用说明书上有标注),一般还是设计成快速接头式,只要拧开将便携式测压计的快速接头插入即可测压。三个压力阀的标准值因变矩器的型号不同而有差异,在测量时应注意。

测量方法:首先测变速器换挡压力(参见图2-38中 F_1)。其次测变矩器进油口压力。变矩器零速工况、发动机油门全开,此时测得变矩器进口压力阀(参见图2-38中 F_2)的最低值;把发动机油门全开,变矩器空载测进油口压力。此时的压力是变矩器进口压力最高值。最后测背压阀,即变矩器出口压力阀的压力值。

测得这三个值必须在标准值范围内,不要任意调高或调低,否则会影响变矩器的正常工作。

(三)导轮工作是否正常的检查方法

将发动机油门调至全开,使变矩器的输出轴制动,让变矩器的出口温度升高到100~110℃,然后松开变矩器的输出轴,使输出轴的转速达到最大值,此时油温应迅速下降(15s后开始明显下降)。如温度下降缓慢,则导轮就有可能处于闭锁状态。

五、液力元件的试验

装卸机械中使用的大修后的液力元件必须进行试验。目的是掌握液力元件大修后的性能是否能达到该产品的出厂要求,以确定修理的质量。

对于液力元件的试验我国已有相关的规范。液力元件的试验通常分为四大类,即是性能试验、可靠性试验、专题试验和出厂试验。液力变矩器的试验应按照国标《液力变矩器性能试验方法》(GB/T 7680—2005)进行。

性能试验包含内特性、外特性和匹配特性试验。在港口企业中主要进行牵引工况和超越工况试验。如下坡滑行、拖车起动等。

(一)液力变矩器出厂试验

1. 试验内容

(1)检查渗漏情况。

(2)检查补偿系统进出口压力是否正常。

(3)振动、噪声及其他。

(4)检查零速工况、最高效率点、偶合工况及其他变相点的性能试验。

(5)性能和可靠性抽检。

(6)清洁度抽检。

2. 实验台设备及仪表

试验内容(1)~(4)项可以在外特性试验台或简易出厂试验台进行(图2-40)。

3. 试验程序与要求

(1)完成试验前的各项准备工作,将液力变矩器按规定安装在试验台上,调整和标定好仪

器设备。

(2)起动补偿液压泵,给液力变矩器供液。检验液力变矩器进出口压力是否符合规定。

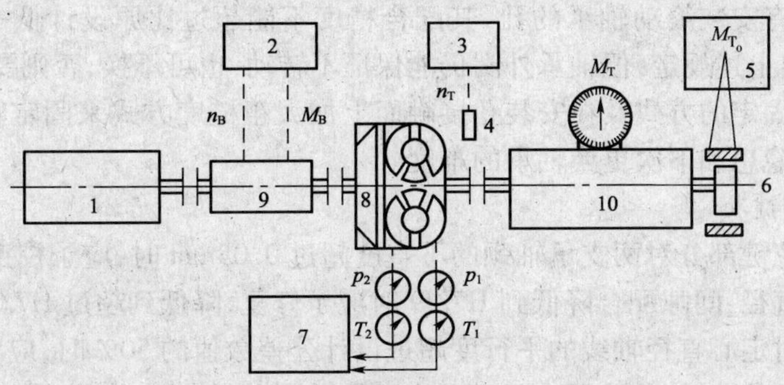

图 2-40　液力变矩器的出厂试验台

1-动力机;2-力矩转速测量仪;3-转速仪;4-传感器;5-测力计;6-制动装置;7-补偿冷却系统;8-支架;9-力矩传感器;10-水力测功机;p_1、p_2、T_1、T_2-压力表

(3)起动动力机,从低速到额定转速逐渐升速,进行空运转。检查或测定液力变矩器的振动和噪声。无特殊要求的只进行一般性检查,无异常即可。必须测定数据的,按本章介绍的方法检查。

(4)通过制动装置使涡轮轴制动。将工作液温度升至100℃左右时,测定额定输入转速下零速工况输入及输出力矩值。

(5)但温度继续升至120℃后,脱开制动装置,使液力变矩器在额定输入转速下空运转。检查是否有渗漏或其他异常现象。

(6)待液温降至100℃时。开始测定最高效率点、偶合器工况点及其他变相点的有关数据。确保特性参数达到规定值,否则不准出厂。

(7)在空载情况下,使输入转速以1.1倍的额定转速进行超速试运转5min,不允许有异常现象。

(8)全部试验完成后,放出工作液,喷入防锈剂,将各口堵好。

液力变矩器的性能抽检和可靠性抽检,应在外特性试验台与可靠性试验台上按规定进行。如发现制造与工艺等质量问题,应及时采取措施解决,确保产品质量。

第三节　液力机械常见故障诊断与排除

一、液力变速器的大修检查时的零件更换

变速器大修检查时,常会遇到如何确定某一零件是否需要更换或进行恢复性修理的问题。为了提高维修的质量、效益和速度应该确定一个较为合理的标准。一般的参照标准首先是图纸上标出的零件加工极限和维修资料中规定的使用极限,其次是根据各单位设备使用的经验总结。实践中,在保证使用功能的前提下,可参照以下原则进行零件的修换。

(一)主要零件修复参照标准

1. 变速器箱体

变速器箱体上有安装滚动轴承的孔,其配合精度不能超过比原设计低一级的配合精度。个别情况下,若超出上述规定,但轴承外圈仍能保证不转动,也可不换,否则要修复。修复时不能采用任何黏结剂固定的方式及在安装孔接触面上加大粗糙度方式来固定轴承,这些做法只能留下更大事故的隐患和下次更换轴承的难度。

2. 花键轴和花键孔

(1)花键轴的花键部分对两支承轴颈的不直度超过0.05mm时,应予校正。

(2)花键定心直径:间隙配合降低到H7/f9时应予修复,降低到超过H7/f9时,应予更换。

(3)花键键侧对定心直径轴线的平行度超过设计公差数值的50%时,应予修复。

(4)非键侧定心的花键,其侧面有显著凸台而影响平稳地滑动时,应予修理。修理后配合间隙超过0.05mm时,应换新件。

3. 轴

(1)间隙配合和过渡配合的轴径与轴套配合,其精度超过原设计公差的50%时,应修复。

(2)修理轴类零件时,其减少的尺寸,在直径方向上一般不得超过原设计的1/20。

(3)轴类零件的键槽损坏后,一般可以将键槽适当加大,最大可按键宽标准尺寸增加一级;在强度许可条件下,可在适当位置另铣一槽(如单键槽的可以将原键槽堆焊,再在180°对称位置上重新开槽)。

(4)轴类零件不直度超过0.1mm/1000mm时,应予校直。

(5)氮化、氰化、渗碳淬火的非配合轴径,经多次修磨后,其尺寸不得小于原设计尺寸0.1mm。

4. 齿轮

(1)齿轮齿面磨损引起左右两侧齿形有显著不同、齿面有严重凹痕时及齿形严重变形而左右不对称时应更换。

(2)齿面有黏着现象时,可用油石或刮刀修光。

(3)齿面有局部的轻度点蚀时,可以不更换。

(4)滑动齿轮的倒角有飞刺时,要将飞刺修光。

(5)齿形均匀磨损,测量公法线长度L测量按下式确定$L_{不修长度}$和$L_{使用极限}$。

即:当$L_{测量} < L_{不修长度}$时,不需修理;

当$L_{不修长度} > L_{测量} > L_{使用极限}$时,需修理或更换;

当$L_{测量} < L_{使用极限}$时,必须更换。

表2-6给出了节圆上齿厚单边允许不修和使用极限的磨损量。

齿轮磨损量计算 表2-6

齿轮精度 / 磨损极限S	7级	8级和9级	10级
$S_{不}$	4%·B	6%·B	8%·B
$S_{限}$	10%·B	18%·B	32%·B

上式及表2-6中:

$L_{不修长度} = L - 2S_{不}$，

$L_{使用极限} = L - 2S_{限}$

其中：B——节圆上的标准齿厚；

L——标准公法线长度；

$S_{不}$——节圆上齿厚单边允许不修的磨损量；

$S_{限}$——节圆上齿厚单边使用极限的磨损量。

(6)片式离合器的摩擦片的平行度超过0.2mm或出现不均匀的光斑点时，应予更换。

(7)密封件全部更换新件，氟橡胶件不得以一般橡胶件代替。

例2-1 某ZL50.17.00－3A型变速器箱体，大修时发现一轴承孔$\phi 120(K7)^{+0.010}_{-0.025}$已变为$\phi 120.015$，经查$\phi 120(K8)$为$\phi 120^{+0.016}_{-0.038}$，根据上述原则，不修此孔。

例2-2 某一齿轮T5A.17.00-37，大修时测量其公法线长度为53.50，其为8级齿轮，标准公法线长度L为$54.657^{-0.150}_{-0.200}$，经计算其$L_{不修长度}$为53.714。因为$53.50 < 53.714$，所以应该修理。

二、液力机械故障案例

(一)装载机液力机械故障

1．故障现象

某装载机以某挡位行走时显得无力或不行走，其余挡位行走均正常。

(1)分析：根据只有某挡位行走无力或不行走现象，所以就可排除变矩器、变速泵、调压阀等液力元件和换挡油路的问题。故障发生的部位只能是在变速控制阀到该挡离合器活塞之间的油路上的各元件，故可以通过检测离合器工作压力值是否正常来作进一步判断。测量相应有故障离合器压力，如果发现其压力低于正常值，则有可能密封环、密封圈损坏；如果测量结果显示压力正常，则有可能是摩擦片磨损严重，出现打滑所至，也可以通过观察变速器油液的颜色查找故障；如果发黑、油液中有电木烧焦味，则说明是离合器摩擦片磨损打滑所致，应该更换相应的摩擦片组件。

如果换挡方式是电磁控制、电液、电脑控制的，则应该首先检查相应的传感器、电磁线圈、换挡电磁阀等电器元件，确认无故障后再进行上述检查。

试用模拟作业检查法查找故障。挂相应挡位，在铲斗插入料堆装载机停止前进后，观察传动轴转动情况。主传动轴继续转动而变速箱输出轴不转时，即可确认存在以下问题：

①相应挡位离合器轴承盖或尼龙套严重磨损。

②如轴承盖或尼龙套良好或磨损轻微，则说明该挡离合器内外封环密封不良。轴承盖、尼龙套、内外封环等薄弱部件磨损后，供往离合器油液从磨损部位大量泄露，从而造成控制油压降低，离合器出现打滑现象，这类故障往往伴随油温过高的现象。

(2)排除方法：更换相应损坏零件——密封圈、密封环、摩擦片，打开变速器后对各轴承发现磨损达使用极限的要及时更换并重新调整轴承与轴承盖，使轴承间隙为0.05～0.09mm。若污染油液，应清洗滤芯滤网、净化油液或更换新油。

2．故障现象

某发动机工作正常，挂任一挡位，均不行走或行走无力。

(1)分析：这种故障的范围在变矩器、变速泵、变矩器的调压阀、变速器换挡系统的调压阀

和减压阀等各挡公用油路和部件上。观察传动轴运转情况可以发现装载机不行走时主传动轴不转。

对于这类故障，首先检查变速器内液压油油量是否足够，方法是使发动机处于怠速状态，观察油位应在变速器侧面的油标中部，如看不到油面应补足油液。油液检查完毕后对变矩器的前两个压力阀进行测压检查，通常能检查出进入变矩器的压力不足，此时应拆检调压阀、背压阀是否脏污、阀芯表面是否划伤卡死在最小供油位置，可通过清洗研磨解决；再检查变速泵轴连接套花键是否损坏。

(2)排除方法：油液检查如果发现油液中有金属微粒，则变矩器的轴承、工作轮有磨损，需拆变矩器检查，更换或修复损坏的元件，同时对油液进行净化处理或更换。

3. 故障现象

某装载机空挡自动前进，挂前进挡也可正常行驶，挂后退挡时不能行走，但各挡工作压力均正常。

(1)分析：出现该故障原因多半是前进方向挡处于接合状态，整车任何时候都处于前进待行驶状态，故挂任意挡都可以向前行驶，而挂后退挡时车辆就不可能行驶。

引起前进挡始终处于结合状态的原因是前进摩擦片烧结不能自行脱离、分离弹簧断裂卡死、离合器排油通道被堵塞，活塞复位受阻等原因所致。

(2)故障排除方法：拆解前进离合器，检查受损零件，对症处理。

4. 故障现象

某装载机各挡行走正常，但负载作业时感到动力不足。

(1)分析：负荷作业多是挂在低速挡上，此时检查换挡压力是否正常，如果正常则检查油液品质，一般可以发现有大量的金属、非金属粉末，则说明是离合器摩擦片磨损严重，应该更换；如果压力不正常(其他挡压力正常)，则检查换挡油路是否有节流或堵塞。如果是电磁换向换挡的系统，则检查相应的电磁阀是否正常，电液换向换挡的检查电液部分。

(2)排除方法：针对找出的问题点进行对症处理。

5. 故障现象

某变速换挡控制、制动为气压控制的装载机，工作或行驶时变矩器顶端呼吸器窜油。

(1)分析：变矩器呼吸器主要是平衡变矩器齿轮室内压力。正常情况下，齿轮室内只有少量的润滑油液(减压阀溢流的油液)，如内部的油液增多或存在气压，则会击溅油液到呼吸器通气孔上并溢出。对于制动系统采用气压制动的车辆，一般先检查变矩器内是否有气压增高，即检查制动系统的压缩空气是否进入了行走系统。由于气路与行走油路唯一沟通处就是变速分配阀，因此检查变速分配阀隔离杆上的O形圈是否损坏。方法是起动发动机，当气压达到0.8~1.0MPa后熄火，侦听变速阀部位是否有漏气声，进而可打开变速器加油口盖，检查是否有气体连续排出，如有则可判定O形圈损坏。

如以上正常，则由于齿轮室油液增多，一般是变矩器回油散热回路堵塞。重点检查导轮座回油路、机械油回油滤清器、机械油散热器以及其他回油管路是否堵塞。

(2)排除方法：更换O形圈。

6. 故障现象

变速器内液压油增多，液压油箱内液压油减少。

(1)分析:此故障出现时伴随着变速器呼吸器窜油。原因是工作泵或转向泵泵轴内侧油封老化漏油,两个泵安装在变矩器齿轮室一端,轴封漏油将直接进入行走系统。判断转向泵还是工作泵漏油可参照以下方法:

①发动机中速油门,将铲斗臂架举升及收斗操纵杆置于“中位”,转向盘向右转向并转到极限位置,如经一段时间后变速器油量增多,则为转向泵外漏;

②发动机中速油门,将收斗操纵杆置于“收斗”位置,转向盘不动,如变速器油量增多则为工作泵漏油。

以上方法对泄漏量较大的故障有效,如泄漏量较少,变速器油液增加不多时则不明显,需分别检查液压泵的转轴上的油封。

(2)解决方法:更换液压泵或更换相应有问题的密封圈。

(二)CCHWE280 轮胎吊变速器故障

1. 故障现象

CCHWE280 轮胎吊的变速器无高速挡故障,其变速器结构见图 2-26。

2. 分析

CCHWE280 轮胎吊的变速器只有高速低速两个挡,在使用时只允许从低速向高速换挡,不允许从高速向低速换挡,需要换挡时要将车辆停止然后重新从低速起步。

CCH2WE80 轮胎吊出现变速器无高速挡的故障。虽不影响起重机回转作业,但该机种不允许长时间低速运行,且行走过慢可导致起重机的转移时间过长影响施工。

3. 故障原因

(1)是高速挡摩擦片损坏造成的,主要原因是操作不规范,违规操作所致。

正确换挡操作应该是:行驶中由低速变高速时,直接将高低速转换手柄拨至高速侧即可;但欲使高速低速转换,就必须先停机,然后将手柄换到低速位置,且保持高速解除开关位于解除侧时方能实现。司机如果违反了这一操作要求,就会造成摩擦片的损坏。

(2)进口摩擦片材质过软,导致这一故障反复出现。

解决方法:更换厂家新研制的一种硬度较高的摩擦片。

(3)熔断丝故障频繁。因该起重机摩擦片动作完全由电器元件控制,熔断丝频繁出现故障导致摩擦片有时分离不彻底,加速了摩擦片的损坏。

解决方法:查明熔断丝故障频繁的原因,修复电器故障。

第四节　液力变矩器的选用与替换

采用变矩器不仅与所用的动力机、变速器、工作装置、行走装置等的性能有关,而且与它们的共同工作特性有关。

一、液力变矩器与动力机共同工作

(一)共同工作范围

动力机与液力变矩器共同工作时,动力机的输出特性就是液力变矩器的输入特性。对于液力变矩器来说,其输入特性是一束通过原点的抛物线。它不仅不受与它一起工作的动力机特性的影响，而且可强制动力机按照它的变化规律工作。动力机与变矩器共同工作时，后者就是前者的负载。所以，液力变矩器的输入特性就是动力机的负载特性。

图 2-41 是液力变矩器与动力机共同工作的情况。两条特性曲线所围成的面积 *abcde* 称为共同工作范围，超出此范围之外的动力机特性实际上就不存在了。

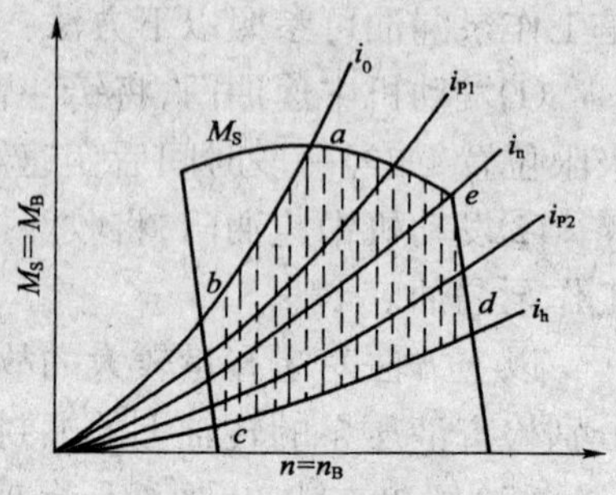

图 2-41　液力变矩器与动力机的共同工作范围

（二）共同工作的输出特性

共同工作的输出特性是指液力变矩器与动力机共同工作时，液力变矩器涡轮轴的力矩与转速 n 之间的关系，即液力变矩器与动力机所组成新的动力装置的输出特性。共同工作范围确定后，即可绘制共同输出特性。具体方法是：

(1) 在液力变矩器原始特性曲线上查出对应于所选转速比的变矩系数 K 和效率 η（图 2-42a）。

(2) 由在共同工作范围图上，根据共同工作点查出所选转速比下的液力变矩器与动力机共同工作力矩 M_B 与转速 n_B。对于内燃机，还应画出相应的燃油消耗率 g（图 2-42b）。

(3) 将上述查得的数据记录在表 2-7 中，并按表中公式计算其输出特性。

(4) 以 $-M_T$ 为纵坐标，以 n_T 为横坐标绘制出输出特性。根据表 2-7 还可作出 $n_B=n_B(n_T)$、$M_B=M_B(n_T)$、$\eta=\eta(n_T)$ 和 $g_e-g_{eT}(n_T)$ 等特性曲线（图 2-42c）。

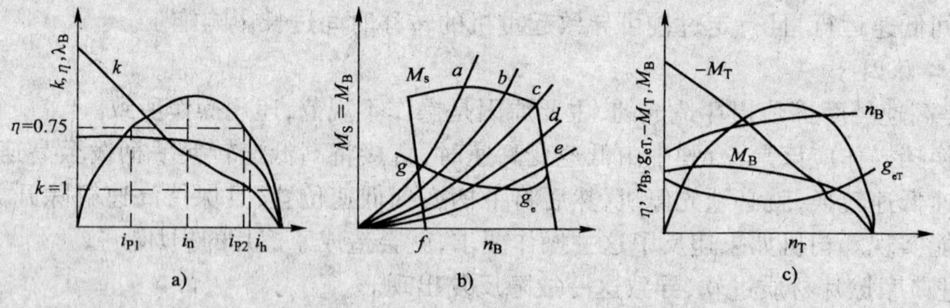

图 2-42　液力变矩器与动力机的共同工作

a）原始特性曲线；b）共同工作范围；c）共同工作输出特性曲线

共同工作输出特性计算表　　　表 2-7

i	由特性曲线查得数据					计　算　值		
	K	η	n_B	M_B	g_e	$n_T=in_B$	$M_T=KM_B$	$g_{eT}=\frac{g_e}{\eta}$
0								
i_{P1}								
i_η								
i_{P2}								
i_h								
……								

二、液力变矩器透穿性能对共同工作范围及输出特性的影响

已知液力变矩器有效直径和动力机的实用外特性之后，共同工作范围和输出特性只决定于泵轮力矩系数 $\lambda_B = \lambda_B(i)$ 的变化规律。透穿性能表征泵轮力矩系数变化规律，它对共同工作范围及输出特性有很大影响。图 2-43 绘出了各种透穿性能对共同工作范围及输出特性的影响。

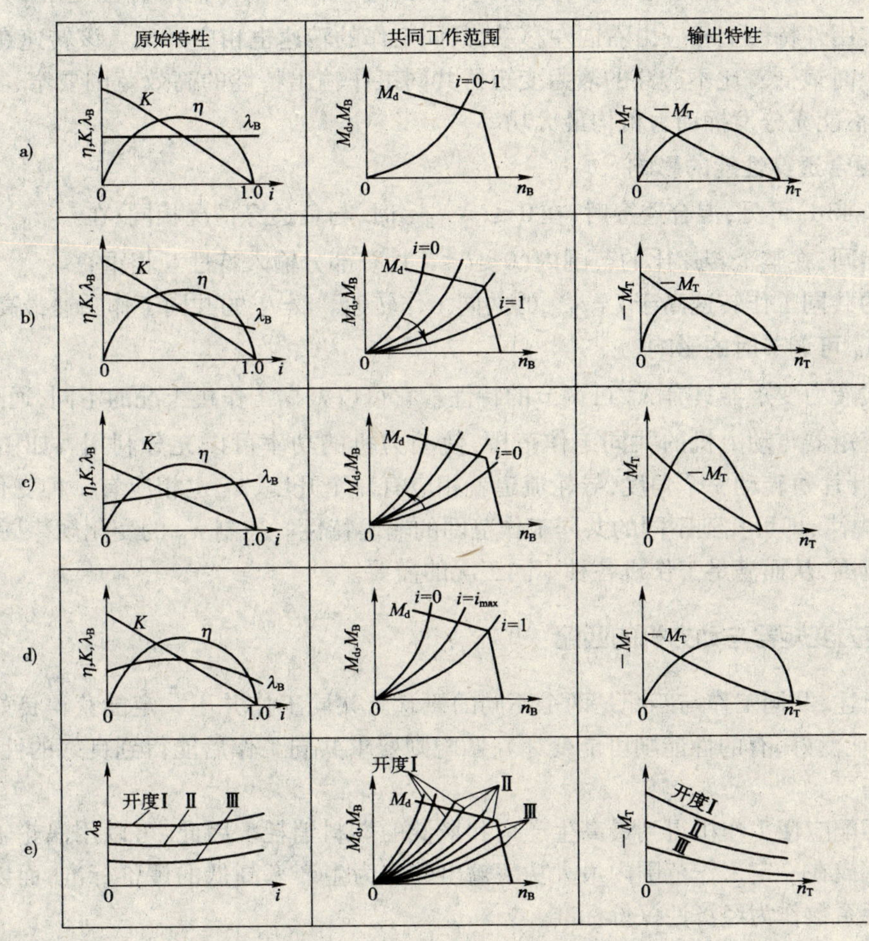

图 2-43 透穿性能对共同工作范围及输出特性的影响

a)不透穿；b)正透穿；c)负透穿；d)混合透穿；e)λ_B 可调

牵引工况下（变矩器经常工作的工况），各种透穿性能的影响如下。

（一）不透穿性能的影响

由图 2-43a）可见，不透穿时，λ_B = 常数，输入特性是一条抛物线。因此，共同工作范围也是这条抛物线。共同工作的力矩 $M_B = M_d$，转速 $n_B = n_d$（不随转速比的变化而改变）。如果把共同工作点选在动力机实用外特性的最大功率点，就可以充分发挥动力机的最大功率。

（二）正透穿性能的影响

由图 2-43b）可见，正透穿时，λ_B 随转速比 i 增大而减小。输入特性是由 $i=0$ 开始，随 i 的增大按顺时针方向向右展开的一束抛物线。其展开范围由透穿数决定。透穿数越大,展开范围就越大。共同工作点随 i 的增大在实用外特性上也相应地由左向右移动,共同工作转速也相应增高。该转速 $i=0$ 时最低,在 $i=i_\eta$ 时最高。比不透穿的液力变矩器共同工作输出特性的高效范围增宽,零速工况的力矩增大,但动力机不能总在最大功率工况下工作。

(三)负透穿性能的影响

由图 2-43c)可见,负透穿时,λ_B 随转速比 i 的增大而增大。输入特性是由 $i=0$ 开始随 i 的增大在实用外特性上相应由右向左移动,共同工作的转速也相应降低。该转速在 $i=0$ 时最高,在 $i=i_\eta$ 时最低。比不透穿的液力变矩器共同工作输出特性的高效范围要窄,零速工况的力矩减小,不能充分发挥动力机构最大功率。

(四)混合透穿性能的影响

由图 2-43d)可见,混合透穿时,在 $0\leqslant i\leqslant\lambda_{Bmax}$ 时,与负透穿情况相同;在 $i>i_{Bmax}$ 时,与正透穿的情况相同;在整个转速比的范围内($0\leqslant i\leqslant i_\eta$),有部分输入特性互相重叠。

$i=0$ 的共同工作转速高于 $i=i_{Bmax}$ 的共同工作转速。$i=i_\eta$ 的共同工作转速最高。

(五)λ_B 可调节时的影响

可调式液力变矩器具有 λ_B 可调节的特性。它可以根据工作机工况的不同,通过调节 λ_B,改变液力变矩器与动力机的共同工作范围,使动力机的功率可以充分利用。如图 2-43e)所示,当导轮叶片每转动一个角度,导轮流道就相应有一个开度,λ_B 也相应有一种变化规律。由 λ_B 的变化规律,即可找到不同的共同工作范围的输出特性。控制 λ_B 的变化规律,就可以控制共同工作范围,从而满足工作机各种不同工况的需要。

三、液力变矩器与动力机的匹配

如前所述,共同工作与匹配是两个不同的概念。共同工作并不一定能获得良好的工作效果(有的性能变好,有的性能则可能变坏);匹配则要求共同工作后能得到良好的性能,以满足工作机的需要。

合理匹配应使工作机得到最高生产率和最低的燃料消耗。因此,可以用涡轮轴上最大平均输出功率或在一定工作范围内最大功率输出数作为生产率高低的评价标准,而以最低的单位燃料消耗系数作为经济性评价标准。

功率输出系数 φ_P 表示在一定工作范围内,涡轮轴平均输出功率 P_{TP} 对内燃机额定功率 P_{en} 的比值。

$$\varphi_P=\frac{P_{TP}}{P_{en}} \tag{2-13}$$

单位燃料消耗系数 φ_g 是指在一定工作范围内,平均单位燃料消耗量 g_{eP} 与额定工况下单位燃油消耗量 g_{en} 的比值

$$\varphi_g=\frac{P_{TP}}{g_{en}} \tag{2-14}$$

相同的内燃机与不同类型液力变矩器匹配或不同内燃机与同一液力变矩器相匹配时,液

力变矩器涡轮轴的平均输出功率最大，平均单位燃油消耗量最小的匹配是最合理的。

（一）实现匹配的方法

1. 改变液力变矩器的有效直径 D

这种方法用在动力机已经给定，液力变矩器原始特性已知，而有效直径尚未确定的情况。

2. 改变中间传动转速 i_z

这种方法用在动力机和液力变矩器均已给定，但它们之间不匹配的情况。这时，可在动力机与液力变矩器之间增设一中间传动装置，靠改变中间传动转速比 i_z 来移动输入曲线的位置。

3. 改变泵轮力矩系数 λ_B

采用这种方法时，动力机与液力变矩器均已给定，但它们之间却不匹配。此时，可通过车削泵轮或导轮出口叶片来改变 λ_B。

4. 尽量选用系列化的液力变矩器

如果动力机和液力变矩器的形式已经确定，则应尽量选用液力变矩器的系列化产品。这样做可以达到快而省。

若动力机给定，则可利用系列型谱大致找到与动力机相匹配的液力变矩器。图 2-44 是液力变矩器的系列型谱。图中，纵坐标为传递功率，横坐标为动力机（泵轮）转速（均为对数坐标）。每个有效直径称为一个尺寸系列。每种液力变矩器均由若干尺寸系列组成。图示为两个尺寸系列，每个尺寸系列又有若干个叶栅系统（图中为 5 个），每条斜线表示一种叶栅系统（即一个具体的液力变矩器）。由图可见，两个尺寸系列间有一重叠区域。这是考虑到工作机所需功率虽然一样，但它们对液力变矩器的性能却有不同的要求。

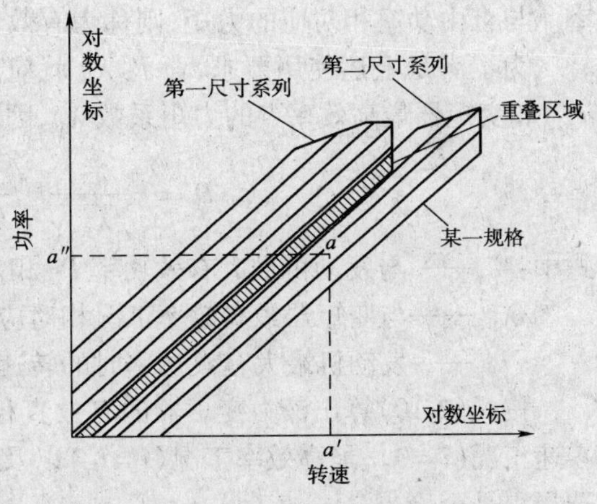

图 2-44　液力变矩器系列型谱图

（二）选择系列液力变矩器的方法

1. 求动力机的实用外特性

根据工作机的要求，先求取适用于该机的动力机的实用外特性。

2. 选择系列液力变矩器

根据动力机使用外特性的标定功率和转速，在系列型谱图上找到相应的坐标点 a。如果 a 点正好在表示某一规格液力变矩器的斜线上，那么就可选用该规格液力变矩器。如果 a 点在两条斜线之间，那么，对综合式液力变矩器，可选用 a 点左边的规格（能容较大，偶合器工况可得到较好的利用）；对单相液力变矩器，可选用 a 点右边的规格（能容较小，有利于发挥动力机的最大功率）。

（三）液力变矩器的尺寸选择

液力变矩器的形式确定后，下一步便是选择液力变矩器的尺寸，其步骤是根据选定液力变矩器的原始特性和与之匹配的发动机的外特性，计算出液力变矩器的有效直径 D，然后，据此分析液力变矩器与发动机共同工作的性能，以校核所选的有效直径 D 是否满足使用所提出的

要求。在一般情况下,有效直径 D 确定后,就能进行循环圆和叶片的设计。

液力变矩器的有效直径 D 可按式(2-15)确定泵轮力矩系数:

$$D = \frac{1}{\sqrt[5]{\lambda_B \gamma}} \sqrt[5]{\frac{M_e}{n_e^2}} = \frac{1}{\sqrt[5]{\lambda_B \gamma}} \sqrt[5]{x_e} \tag{2-15}$$

式中:λ_B——泵轮力矩系数;

x_e——发动机特性曲线参数,$x_e = M_e / n_e^2$。

例如从工程机械的使用工况出发,液力变矩器有效直径 D 的确定应满足变矩器能在最高效率 η_{max} 工况下传递发动机的最大有效功率 P_{ep} 的要求。这种与最高效率 η_{max} 相对应的 i_η,称之为最佳工况。液力变矩器有效直径 D 的尺寸过大或过小,都会使发动机的功率不能充分被利用,以及过分偏离最佳工况而降低效率。

发动机的自由功率是指扣除各种辅助装置消耗的功率后,实际传递到变矩器泵轮上的功率。与自由功率相对应的力矩,则称为有效力矩。

为了满足上述使用要求,x_e 及 λ_B 就应选择发动机最大功率点的特性曲线参数 x_{ep}(M_{ep}、n_{ep})和变矩器最高效率点的力矩系数 λ_B,因此,式(2-15)可写成

$$D = \frac{1}{\sqrt[5]{\lambda_{B\eta} \gamma}} \sqrt[5]{\frac{M_{ep}}{(n_{ep})^2}} = \frac{1}{\sqrt[5]{\lambda_{B\eta} \gamma}} \sqrt[5]{x_{ep}} \tag{2-16}$$

式中:M_{ep}——与发动机最大有效功率 P_{ep} 相对应的有效力矩;

$\lambda_{B\eta}$——与变矩器最高效率工况相对应的力矩系数;

n_{ep}——发动机最大有效功率时的转速。

按式(2-10)算出液力变矩器的有效直径 D 后,即可绘制出 λ 特性曲线,并对 3 种工况即零速工况($i=0$)、最高效率工况($i=i_\eta$)以及偶合器工况($i=i_h$)进行校验,以判断有效直径 D 选择得是否恰当。

对于非透穿的液力变矩器,因为 λ_B 为常数,所以与工况的选择无关,可直接从输入特性检验与发动机最大自由功率的接近程度判断(图 2-45)。但是,有时为了兼顾使用的要求,例如为了增加起步时的力矩,则可加大有效直径 D,输入特性就变成如图 2-45a)上虚线所示,此时 $M_e > M_{ep}$。但发动机的起动阻力矩也随之增加(图 2-45a)中 $E'F > EF$)。

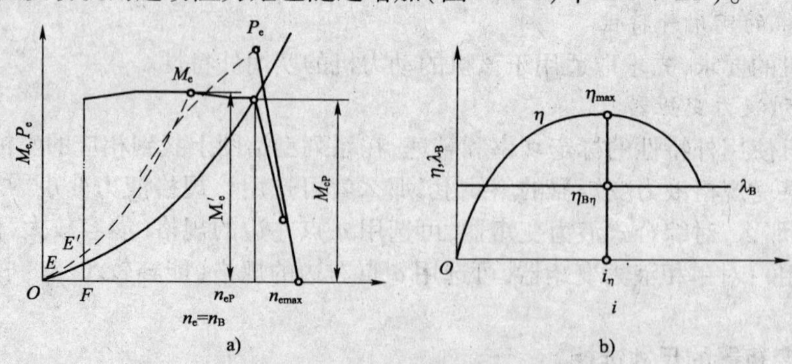

图 2-45　不透穿的液力变矩器与发动机的共同工作

a)变矩器输入特性曲线;b)共同工作曲线

对于可透穿的液力变矩器,因为 $\lambda_B = \lambda_B(i)$,所以输入特性是一束随工况变化的负载抛物

线（图2-46a）。因此，希望制动工况时（$i=0,\lambda_B=\lambda_{B0}$），图2-46b）上的 B 点具有较大的起步力矩；最高效率工况时（$i=i_\eta,\lambda_B=\lambda_{B\eta}$）充分利用发动机的最大功率；偶合器工况时（$K=1,i=i_h,\lambda_B=\lambda_{Bh}$）接近发动机满负荷工作，此时发动机的动力性与经济性均较好，并有可能利用发动机转速的升高，来增大车辆的行驶速度。同时，希望发动机的起步阻力矩 EF 越小越好。如果 EF 过大，则可减小有效直径 D，使负载抛物线向右作少许移动，这在一定范围内是允许的，因所选最佳工况转速比的少许变动，对效率和牵引性能的影响不大。

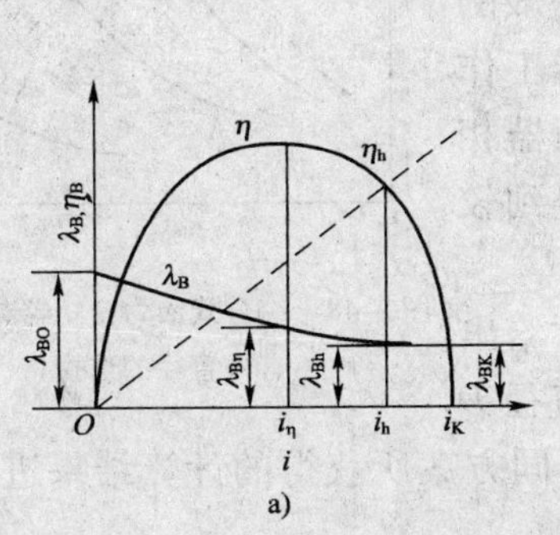

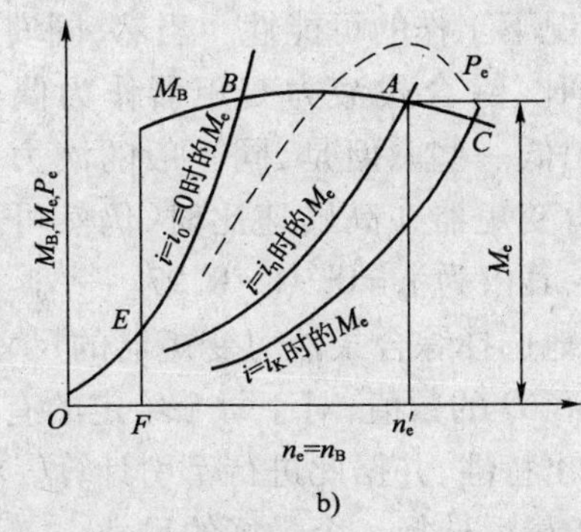

图2-46　可透穿的液力变矩器与发动机的共同工作

a）变矩器输入特性曲线；b）共同工作曲线

对综合式液力变矩器，有效直径 D 的选择则与上述情况有所不同。综合式液力变矩器的实质是，当时，$i<i_h$ 作为变矩器来工作，而当 $i \geqslant i_h$ 时，则作为偶合器来工作（图2-47）。从作为变矩器工作的情况出发，则其尺寸的选择应根据 $i<i_h$ 工况下的某一力矩系数，例如接近于 η_{max} 时的力矩系数 $\lambda_B=AB$ 来进行；而从作为偶合器来工作的情况出发，则应根据与 $\eta=0.94\sim0.97$ 相对应的 $\lambda_B=EF$ 来进行，见图2-47a）。对于前一种工作情况，要求它具有较小的尺寸，而在后一种情况下，则要求的尺寸较大。因此，无法选择综合式液力变矩器的尺寸，使之同时满足两种工况的要求。

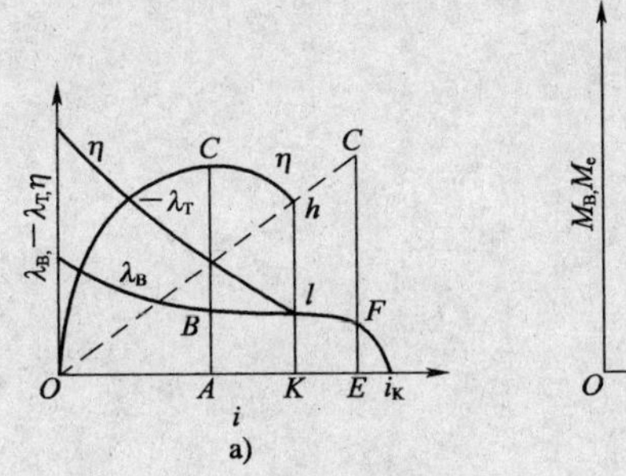

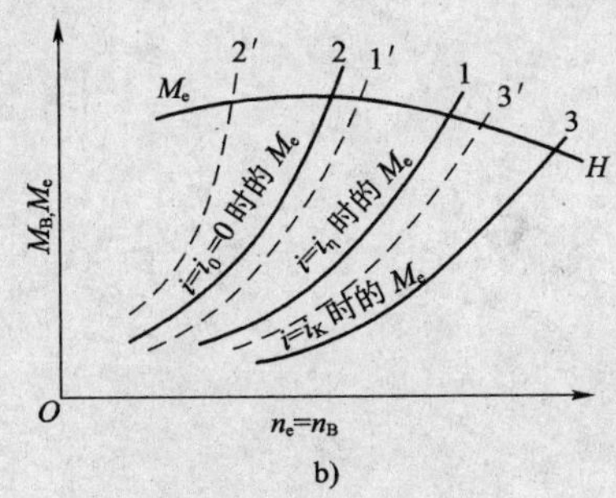

图2-47　综合式液力变矩器与发动机共同工作

a）变矩器输入特性曲线；b）共同工作曲线

如果按照 $B=AB$ 来选择有效直径 D，其输入特性如图2-47b）上的曲线1、2和3所示。当它以偶合器来工作时，由于有效直径 D 较小，以致在转速比 $i=i_h$ 时负载抛物线与发动机特性的交点 H 十分接近或超过发动机的最高转速，因而实际上无法实现转速比更高的偶合器工况。因为此时负载抛物线与发动机特性的交点的转速将大于其最高转速。对于装有调速器的发动机(图2-48),交点变为H',此时发动机处于部分负荷工作。在转速比更高的偶合器工况工作时,则十分接近最高怠速工况工作。此时发动机的动力性和经济性均很差,因此,只能采取兼顾的办法来选择综合式液力变矩器的有效直径。这样,最后选定的有效直径D就大于根据变矩器工况时所得到的数值。而相应的负载抛物线向左移动,如图2-48中的虚线1′、2′和3′所示。这样选择的D大大扩展了在偶合器工况下工作的可能性。当然,同安装一般的液力偶合器相比,综合式液力变矩器作为偶合器工作时,其效率要稍低一些。但是,同一般的液力变矩器相比,综合式液力变矩器在高转速比时,仍然可以得到较高的传动效率,其值为$\eta=0.94\sim0.97$。

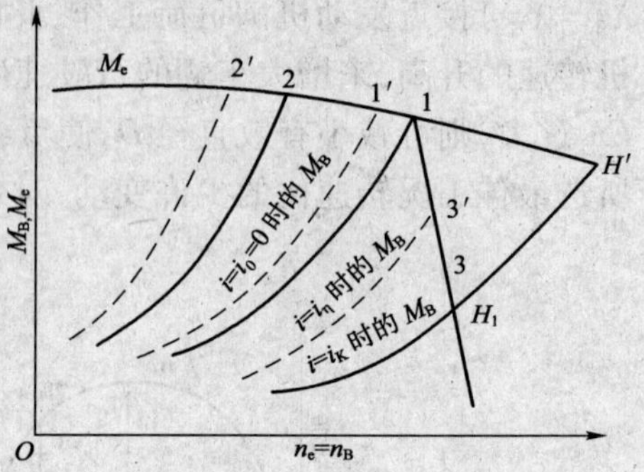

图2-48 综合式液力变矩器与发动机共同工作有效直径的选择

为了合理地选择综合式液力变矩器的尺寸,常给出若干个有效直径D的数值,对于每个给定的有效直径D绘制输入和输出特性,并据此进行牵引计算。将不同方案所获得的计算结果进行燃料经济性及动力性比较,最后选择一个最好的尺寸。

第三章　气压传动技术

气压传动是一门实现生产机械化和自动化的先进技术。由于它具有防火、防爆、防电磁干扰、没有污染、结构简单、工作可靠、经济性好等一系列优点，与液压传动一起在装卸机械中得到广泛的应用。当前，内燃装卸机械中，气压传动多被用于车辆的制动和空调方面，也被用于液压系统或机械传动中的自动控制和安全限位等方面。

第一节　气压传动的基本概念

一、气压传动工作原理和系统的组成

(一)气压传动的工作原理

气压传动是以压缩空气为工作介质传送动力、运动和控制信号的一种传动方式。它依靠密闭容器内的气体密度增加，压力增强，来形成压力能，传递动力；依靠密闭容器体积变化或气体的膨胀，消耗气体的压力能，来传递运动。

(二)气压传动系统的组成

图 3-1 所示的是一种内燃装卸机械的气压制动系统工作原理，图示位置是制动器不工作时的状态。当踏下制动控制阀 5(刹车踏板)时，通往车轮胎制动缸的制动气路被接通，储气罐

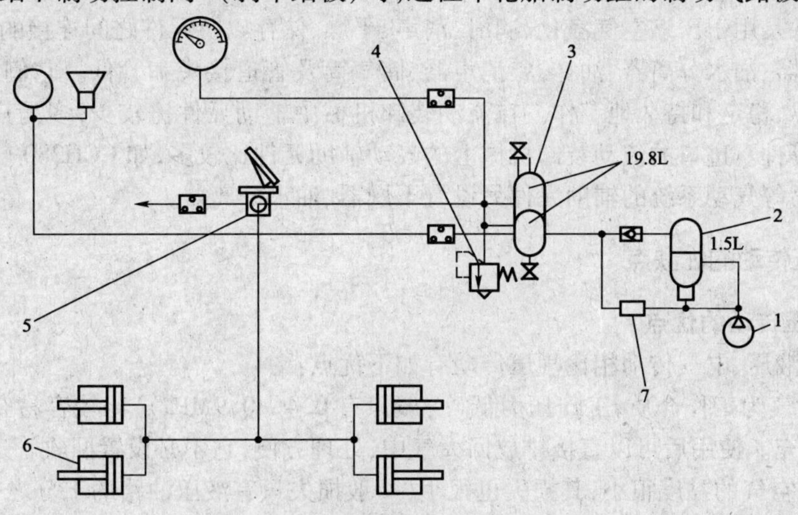

图 3-1　内燃装卸机械的气压传动系统

1-空气压缩机；2-自洁式干燥器；3-储气罐；4-压力控制阀；5-制动控制阀；6-制动缸；7-卸载阀

3 内的压缩空气就会通过制动控制阀 5 进入制动缸 6，推动制动缸内的活塞，带动制动推杆将制动蹄与轮毂摩擦接触，产生制动力矩使车辆制动。在制动控制阀 5 抬起时，即不踩刹车踏

板,制动缸 6 内的压缩空气通过控制阀的管路排入大气,制动缸内的制动活塞会在复位弹簧的作用下回到初始位置,制动蹄也就与轮毂脱离接触,接触制动。空气压缩机 1 提供的压缩空气,经过自洁式干燥器除去水分、污物后进入储气罐 3 内以备制动时用。

由图 3-1 可见,典型的内燃装卸机械气压传动系统由 4 个部分组成:

1. 气压发生装置

这是获得压缩空气的装置。其主要部分是空气压缩机。它的功能是把动力机提供的机械能转变成为气体的压力能,为气动设备提供动力。

现代内燃装卸机械常把空气压缩机、干燥器、油水分离器、调压器等元件统称为气压发生装置。有些内燃装卸机械的气压系统的气压发生装置的元件较少,只有一个空气压缩机和一个调压器组成,用一个安装在储气筒下方的排污阀来替代油水分离器。

车载的空气压缩机安装在发动机冷却风扇旁,是通过皮带连接的。在维修车间、油区或一些压缩空气用量很大的场所,常将压缩空气集中在压缩空气站内,再由压缩空气站统一向各个用气点分配压缩空气,形成一套完整的气压传动系统。

2. 执行元件

以压缩空气为工作介质产生机械运动的装置。它的功能是把气体的压力能转变成为机械能。典型气动执行元件是作直线运动的气缸,如内燃装卸机械中的膜片式制动气室、活塞式制动气室、空气增压器中的加力室;作回转运动的摆线气缸、气马达等。

3. 控制元件

控制元件是用于控制压缩空气的压力、流量和流动方向,以使执行元件完成预定运动规律的元件。如各种压力阀、流量阀、方向阀、逻辑元件(逻辑阀、射流元件)和行程阀等。如制动控制阀、快速排气阀和调压器、卸荷阀等。

4. 辅助元件

辅助元件是用于压缩空气净化、润滑、消声、干燥、储存以及元件之间连接的装置。如各种过滤器、干燥器、油水分离器、油雾器、消声器、储气筒及管道接头和管件。它们的作用是保证气压系统可靠、稳定和持久地工作。在流动装卸机械中辅助元件比较少,多是只有储气筒、管道和管接头等件。进口的流动装卸机械上的气动辅助元件比较多,如 CCH280 轮胎式起重机、集装箱正面吊等气动系统的辅助元件另设有干燥器、油水分离器。

二、气压传动的优缺点

(一)气压传动的优点

与机械、液压、电气传动相比气压传动有如下优点:

(1)以空气为工作介质,工作压力低(一般只有 0.4 ~ 0.9MPa),比较容易获得,不存在变质、更换和补充。使用后可以直接排放回大气中,处理方便,它不必设置回收管道。

(2)因为空气的黏度很小,其损失也很小(一般损失只有液压油路的千分之一),便于集中供应、远距离输送。在有泄漏时,除引起系统压力下降部分能量损失外,不会污染环境。

(3)气压传动的动作比液体传动维修方便、工作介质清洁、管道不易堵塞。

(4)工作适应性好,特别适合在易燃、易爆、多尘埃、强磁场、辐射、振动等恶劣工作环境中。

(5)空气具有可压缩性,气压传动系统能够实现过载自动保护。

(二)气压传动的缺点

(1)由于空气是具有可压缩性,因此,工作速度的稳定性稍微差。

(2)因受工作压力低,结构尺寸不易过于大的约束,气动装置总输出力不会很大。

(3)气压传动中的信号传送速度慢,因此,气压传动不适用于高速度传递复杂回路。

(4)气动装置在工作时所产生的噪声对周围环境有影响,为防止灰尘、油污和水分对气动装置工作的影响,需要增加较多的辅助设备。

三、空气的物理性质

(一)空气的组成

自然界中空气是由多种气体混合而成,其主要成分是 N_2、O_2 与 CO_2,其他气体占有很少。含有水蒸气的空气称为湿空气。把不含有水蒸气的空气称为干空气。在距地面 20km 以内,空气的组成几乎相同。在标准状态下(0℃,绝对大气压力为 101325Pa,相对湿度为 0)干空气的组成如表 3-1 所列。

干空气的组成　　表 3-1

成　分	N_2	O_2	Ar	CO_2	其他气体
体积(%)	78.09	20.95	0.93	0.03	
质量(%)	75.50	23.10	1.28	0.045	0.075
相对分子质量	28	32	40	44	

(二)空气的重度与密度

1. 密度

空气的密度是单位容积内空气的质量,用 ρ 来表示,单位是 kg/m^3。计算公式:

$$\rho = \frac{m}{V} \tag{3-1}$$

式中:ρ——空气的密度(kg/m^3);

m——空气质量(kg);

V——空气容积(m^3)。

空气密度与气体压力和温度有关:压力增大,密度增大;而温度上升,密度减小。

干空气的密度计算公式如下:

$$\rho = \frac{\rho_0 273}{273 + T} \times \frac{p}{101.3} \tag{3-2}$$

式中:ρ——干空气的密度(kg/m^3);

ρ_0——标准状况下的干空气的密度(kg/m^3);

p——绝对压力(kPa);

T——绝对温度(K)。

2. 黏性

空气在流动过程中产生的内摩擦阻力的性质叫空气的黏性,用黏度来表示其大小。空气的黏度受压力影响很小,一般可忽略不计。随温度的升高,空气分子热运动加剧,因此,空气的黏度随温度升高而略有增加。

3. 压力

(1)压力单位。压力的单位是帕斯卡,即 Pa($1Pa = 1N/m^2$)。在气压传动计算中常用它的千倍作计算单位,即 kPa。

(2)压力的表示。气压传动中的气压表示方式与液体压力表示方式相同,也是一种以完全真空为基准的压力——绝对压力;另一种是以大气压力为基准的相对压力。

4. 空气温度的表示

空气的压力和流量受温度的影响很大,在计算、研究和讨论气压传动时要将这种情况考虑进去。

科技上讨论温度时通常以绝对温度为基准温度,用 K 表示。日常用的温度是以摄氏温度为基准,用"℃"表示。二者的关系为:

$$T = 273 + t \tag{3-3}$$

式中:T——绝对温度(K);

t——摄氏温度(℃)。

例如水的冰点为 0℃,沸点为 100℃。绝对温度的水的冰点是 273K,水的沸点是 273 + 100 = 373K。

5. 压缩性和膨胀性

气体与液体和固体相比具有明显的压缩性和膨胀性。空气的体积较易随压力和温度的变化而变化。例如,在温度不变,压力增大 0.1MPa,体积减小 1/2。在压力不变,温度变化 1℃气体体积变化约为 1/273。气体体积在外界作用下容易产生变化,气体的可压缩性导致气压传动系统刚度差,定位精度低。

第二节 气压传动元件

一、气压发生装置

内燃装卸机械中气压传动的动力元件分空气压缩机和真空泵两大类。空气压缩机产生高于大气的压缩空气,真空泵产生低于大气压的气体。按它们的结构分为叶轮型和容积型两种;按工作形式可分为复式和回转式。

(一)空气压缩机

内燃装卸机械使用的空气压缩机(下简称空压机)多是气冷活塞式,习惯上称为气泵。它是由发动机通过皮带来驱动,按其缸数分,可分为单缸和双缸两种。在内燃装卸机械制动和控制系统中,使用较多的是往复活塞式空压机。在空调机中使用较多的是螺杆式空压机。

1. 往复式空压机

往复式空压机由气缸体、气缸盖、活塞、曲柄连杆机构、进气阀、排气阀及调压器等组成。空压机的曲柄连杆机构与内燃机基本相似,不同的是通过外部动力带动曲轴旋转,把曲轴的旋转运动转换成活塞的往复运动,产生向气缸内吸气和压缩并向缸外排气的过程。

图 3-2a)是国产汽车用单缸风冷空气压缩机的结构图。图 3-2b)是吸气过程示意,图

3-2c)是压缩和排气过程示意。当曲轴带动活塞14自上止点下行时,气缸内部容积由小变大,压力降低,大气压把进气阀门9打开,外界空气经过空气滤清器13、进气道、进气阀门9进入气缸,直到活塞达到下至点,吸气过程结束。活塞上行时,进气阀在弹簧作用下关闭,缸内容积减少,压力增加。当压力增加到一定值时,克服了排气弹簧的张力与排气室内压缩空气压力之和时,排气阀门3被打开,压缩空气经过排气室和气管送到储气筒,活塞上行至上止点时排气结束。当储气筒内的压力达到规定值后(0.7~0.74MPa),调压器打开进气阀门,使大气与空气压缩机的气缸直接相通,空压机不再泵气,活塞处于无载荷空转,以减少发动机的功率损失。

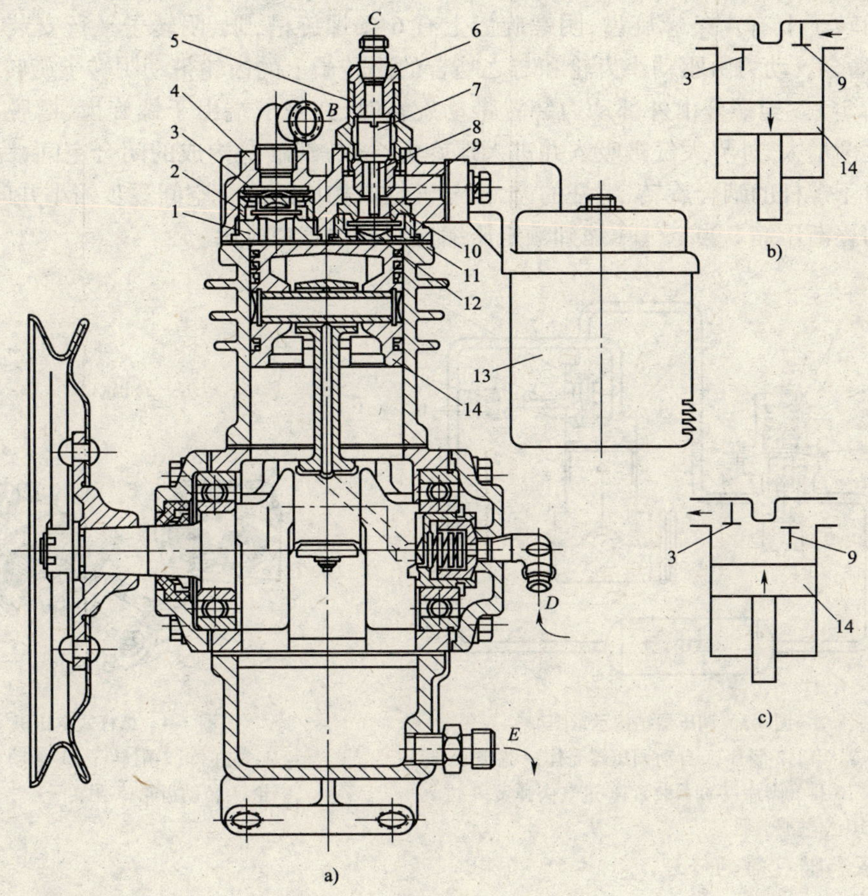

图3-2　空压机结构示意图

a)结构图;b)吸气过程;c)压缩与排气过程

1-排气阀座;2-排气阀门导向座;3-排气阀门;4-缸盖;5-卸荷阀壳体;6-阀盖;7-卸荷阀;8-弹簧;9-进气阀门;10-进气阀座;11-进气弹簧;12-进气阀门导向座;13-空气滤清器;14-活塞

B-排气口;*C*-调压器控制压力输入口;*D*-机油入口;*E*-机油出口

2. 空压机的调压器

空压机的工作压力是有一定限制的,为延长空气压缩机的使用寿命、节约能源和安全,必须在系统中设置一个能使空压机工作达到一定压力时就能卸荷的装置——调压器。

(1)调压器的结构。见图3-3。图中调压器的外壳3上连接两根管子,一根*B*与储气筒相连,另一根*A*与空压机的卸载装置相连。其由自动阀门1、膜片总成2、芯管4以及调压弹簧5组成。

(2)调压器的工作原理。当储气筒内的压力达到系统压力上限时,储气筒内的一小部分压缩空气经管道进入调压器,克服调压器调压弹簧5压力将膜片2顶部上翘,芯管4上移,直到阀门1与阀座相接触为止。此时,储气筒内的压缩空气经芯管、管路进入空气压缩机的卸载装置7上端,迫使卸载装置顶开进气阀片9,使空气压缩机的气缸与大气相连,空压机内的气体不再受压而实现卸载,此时空压机随发动机一起空转。

3. 螺杆式空压机

螺杆式空压机主要由一个内腔为"∞"形的气缸和一对螺杆式阳、阴转子所组成。如图3-4所示,阳转子上有4条螺旋齿,阴螺旋齿上有6条螺旋槽,阳、阴转子平行安装在气缸内,槽、齿相互啮合。动力由驱动小齿轮和与之啮合的阴转子上的齿轮带动阴转子旋转,两者之间的速比为1.5:1。当螺杆由外部动力装置带动旋转时,在吸气端由于螺旋齿、槽脱离啮合,齿间的空隙逐渐增大,外界大气被吸入并进入螺旋齿、槽与气缸壁构成的闭合空间,完成吸气过程。随后由于螺杆的啮合旋转,螺杆的齿、槽与气缸壁构成的闭合空间逐步缩小并向前推进完成对空气的逐渐压缩。当空气压缩到额定压缩比时从排气口排出。

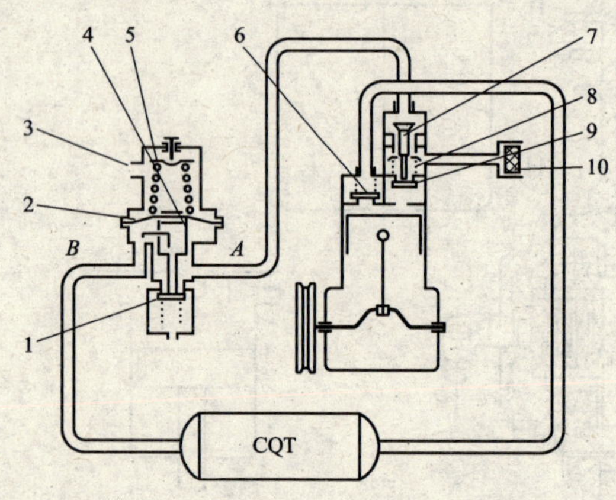

图3-3 调压器结构示意图

1-调压器阀门;2-膜片;3-自动调压器壳体;4-芯管;5-调压弹簧;6-排气阀片;7-卸载装置;8-进气阀弹簧;9-进气阀片;10-空气滤清器

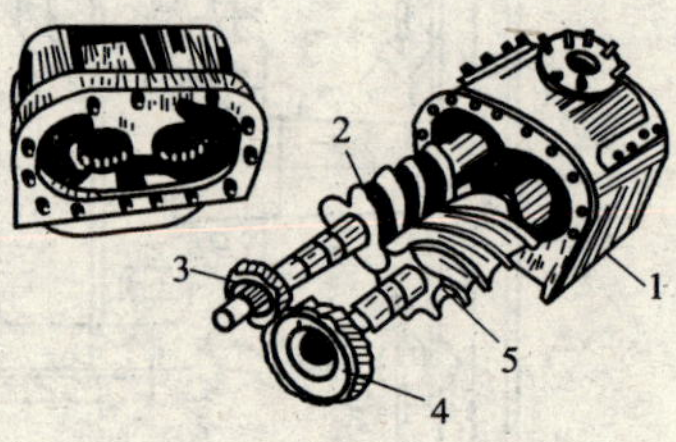

图3-4 螺杆式空压机

1-气缸体;2-阳转子;3-驱动小齿轮;4-传动齿轮;5-阴转子

4. 气泵和储气罐的修理

活塞式空气压缩机的修理基本上与内燃机的修理相似。它的检修工艺简述如下。

(1)气缸及气缸盖。检查修理气泵时一定要先检查缸的内径,检查气缸内壁有无拉痕、检查气缸内径失圆情况。一经发现有失圆就应该采取相应措施解决。按每50mm缸径其圆柱度误差超过0.25mm,或者圆度误差超过0.08mm时,应该进行镗缸处理。镗缸的尺寸与内燃机气缸相似,分为3级,0.4mm、0.8mm、1.2mm(也可以按5级进行,每级加大0.25mm)。镗缸后的气缸内壁表面粗糙度 $R_a<0.4\mu m$,圆度和圆柱度不得超过0.02mm。

气缸镗至最后一级后,如需要再修理时,应该采用镶套方法修理。镶套时套与缸壁配合过盈量为0.05~0.12mm。缸套外壁的表面粗糙度 $R_a<0.8\mu m$,套厚为2mm。

缸盖与缸体平面的不平度大于0.05mm时应该研磨或刮研。

(2)曲轴和曲轴箱。曲轴轴承外套与曲轴箱体上轴承孔之间的配合间隙不大于0.02mm,

如果超过 0.02mm，则应在箱体上镶套或者在轴承外边镀铬，修理后，轴颈与轴承应有 0.03 ~ 0.005mm 的过盈。

①曲轴轴颈与轴承内圈的配合间隙不得大于规定值，当间隙大于 0.02mm 时，应该用镀铬或堆焊方法给予修复。

②因连杆轴颈的磨损，其圆柱度、圆度超过 0.03mm 时应该进行光磨，光磨后的圆柱度、圆度应不大于 0.01mm。经过多次修理其直径缩小 1mm 后，应该采用镀铬或振动堆焊修复。表面硬度应≥52HRC。修复后的轴颈表面应光洁，硬度不低于 52HRC，其圆度和圆柱度误差不得超过 0.01mm。

曲轴箱壳上装球轴承的孔与轴承的配合间隙如超过 0.06mm 时，可在箱壳上镶套或将轴承外座圈镀铬修理。修理后的配合间隙为 0 ~ 0.04mm。

③曲轴箱上的所有螺纹损坏不得超过两圈螺纹（2 牙），否则应采取补救措施修理。应急补救方法可将箱体上的螺孔清洗干净，然后涂抹上环氧树脂或者抹上 GJ—301 改性丙烯酸酯胶黏剂，再拧紧螺丝钉。过 0.5 ~ 1h 后，就可达到使用强度，24h 后达到最高强度。它可使气泵在 -60 ~ 120℃ 范围内正常工作，使用效果很好。

曲轴装配修复后端隙不大于 0.75mm。

（3）活塞连杆组：

①更换新活塞时，应当使活塞与气缸的间隙保持在 0.05 ~ 0.09mm 之间。

②换新活塞环时，其端间隙应当为 0.10 ~ 0.15mm，与活塞环槽配合间隙为 0.04 ~ 0.080mm，使用极限为 0.12mm。背隙为 0.15 ~ 0.35mm。

③活塞销与连杆衬套的配合间隙应保持在 0.005 ~ 0.010mm，即在不抹机油润滑的情况下，用拇指能轻轻将销柱压入合适。连杆衬套与连杆小头孔的配合为过盈配合（过盈量为 0.015 ~ 0.040mm）。活塞销与活塞座孔的配合间隙为 0 ~ 0.006mm，以用木槌轻轻敲入为宜。

连杆轴承是将耐磨合金直接浇在连杆轴承上，然后经车削和刮削使之与轴颈达到正常配合的。在车削前，应在轴承盖与座接触面间，垫上 0.05mm 厚的铜或钢的垫片 2 ~ 3 个，以便在轴承磨损后抽减。修刮好的连杆轴承，与轴颈配合的径向间隙为 0.02 ~ 0.07mm，其轴向间隙为 0.07 ~ 0.30mm，一般涂上机油应转动灵活又无可察觉的径向和轴向间隙为合适。

螺母的扭紧力矩为 15 ~ 17N · m。

（4）空气压缩机装配注意事项：

①在未装活塞环前，应该进行偏缸检查，如果误差超过 0.07mm 时，应校正连杆。

②安装活塞环时其内缺角向上，外缺角向下；环开口位置互相间隔 90°，4 个环交替错开。活塞连杆应原装配顺序装配，装上垫片后的连杆螺栓螺母拧紧力矩为 15 ~ 22N · m。

③缸盖总成的进排气阀座扭紧力矩为 100N · m，装配完成后的试转曲轴力不大于 8 N · m。

④缸盖螺栓按对角线次序交叉分两次拧紧，扭紧力矩为 12 ~ 17N · m。

⑤空气压缩机装配过程中必须抹机油装配，不准干装。

（5）空压机在试验台（架）上实验。空气压缩机在装配完成之后应该在试验台上进行测试，条件不足的地方可以在发动机上进行。试验工艺如下。

①充气测试。当发动机在 1200 ~ 13 350r/min 转速下，向储气筒内充气（容量为 5.5 ~ 6L），30s 后气压应该达到 800 ~ 900kPa；继续运转的最大压力不超过 882.6kPa。

②运转后不得有渗油和漏气，无任何杂音、轴承无过热现象。

③发动机停车后1min内，储气筒内的气压力下降值不得超过19.60kPa，进入气泵的润滑油量≤1.5cm³/h。

④修复后的空压机必须进行磨合调试，使其性能达到规定后方可正式使用。

(6)空压机在车上实验：

①发动机在1200～13 350r/min转速下运转5min，气压应达到700kPa，继续运转的最大压力不应超过900kPa。此时进行检查应无杂声、漏气、漏油及轴承过热等现象。

②停止运转后，储气筒压力下降，从700kPa开始，在1min内不应超过20kPa。

(7)储气筒及制动气管的修理。储气筒由钢板焊接而成，钢板的厚度为2.0、2.5、3.0mm。一般是两端盖用较厚的，筒身用较薄的。在筒上装有安全阀和放水阀。

储气筒具有一定的容量，一般在发动机停止运转之后，从储气筒最大压力开始，要求汽车能全制动6～10次，气压降至300～450kPa。

修理储气筒时应用清洗剂清洗干净，除去污垢，并以1300kPa的压力进行水压试验，不允许有漏水、漏气现象。

储气筒上的安全阀，经修理后应对其工作情况进行检查和调整。检查时最好在压气机的储气筒上进行，或装到车上后进行。安全阀应在900kPa的压力下开启，否则应进行调整。调整方法是旋转安全阀上的调整螺栓，改变弹簧的预加压力。旋进螺栓，使弹簧预加压力增大，开启的时间推迟；旋出螺栓，开启的时间则提前。

(二)叶片式气泵(真空泵)

1. 结构与原理

真空泵的主要部件有转子4、泵壳3、叶片2和弹簧1。转子在转子室里偏心装配，4个叶片在弹簧1的作用下紧贴在转子室内圆壁上。叶片、转子、泵盖和泵体之间组成一个密封的容积。当转子高速转动时，叶片与转子室之间的密封容积发生变化，先由小变大，后由大变小。在由小变大时，压力降低，把真空筒内的空气从进气口吸入；后由大变小时，压力增加，便把吸入的空气从排气口压出去。这样不停地运转，就使得真空筒内部的大气压力不断降低。正常的真空度为50.7～74.72kPa，可产生50～70kPa的加力，见图3-5。

在转子高速旋转过程中，机油也同时进入真空泵，润滑轴承，润滑真空泵内壁。这样，既保护了叶片顶端和泵内壁，也保证了泵内的密封性，同时还吸收了叶片顶部与泵内壁的摩擦热。当真空泵停止转动时，为防止真空泵内出现负高压而吸入机油，在真空泵的进气口、出气口装配有止回阀(单向阀，也有的叫做逆止阀)。

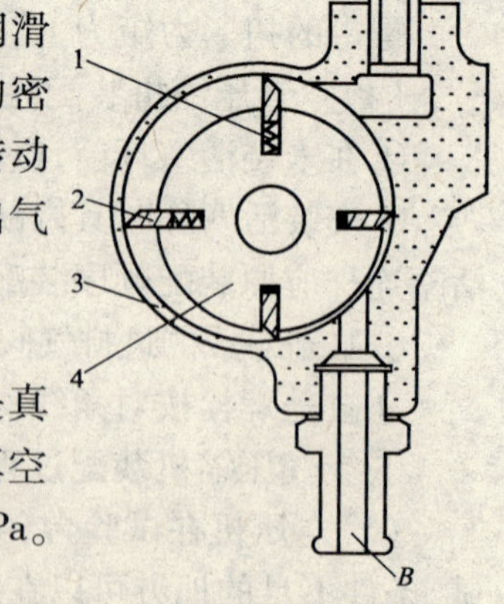

图3-5 真空泵结构
1-弹簧；2-叶片；3-泵壳；4-转子；A-排气口；B-进气口

2. 真空泵的检测修理

(1)真空泵的检测主要是真空度的检测。使用的检测工具是真空度表和转速表。在真空泵的进气口处装上真空表，然后，起动真空泵。当转速达到600～800r/min时，真空度应该是66.71～80.05kPa。否则应当重新拆开检查或重新装配。

(2)真空泵的修理。真空泵的修理与叶片泵的修理大体上是一样，可参考叶片泵的修理方式进行。

①泵体、端盖。泵体表面不应存在有裂纹、砂眼、泵内部表面有磕碰和锈蚀。对于这种情况通常应该更换,不应继续使用。特殊情况下(应急情况)可用高强度密封胶、高强度黏合剂进行处理。泵内表面轻微的锈蚀可用500~600号水磨砂纸进行抛光打磨。

②叶片。修理叶片表面应当是光滑、平整,如果有变形,则应该给予更换处理;叶片的宽度、高度低于规定值,应该报废处理,不要凑合使用。叶片的倒角变圆后需要重新磨出倒角。

③密封圈。更换所有的各种密封圈、油封。不管是磨损过度、老化或变形,只要是属于大修的真空泵,它的密封圈不论是否有缺陷,都应该给予更换,不准继续使用。

二、执行元件

气压传动中的执行元件有气缸、气马达等,它们都是将压缩空气的压力能转换为机械能的一种能量转换装置。

(一)气缸

1. 气缸的分类

气缸的种类很多,分类方法也不同。一般可按下面几种方法分。

(1)按活塞端面作用力的方向分:单作用和双作用气缸。

(2)按结构分:活塞式、叶片式、膜片式和气—液阻尼缸。

(3)按安装方式分:耳座式、法兰式和凸缘式。

(4)按有无缓冲装置分:缓冲气缸和无缓冲气缸。

2. 气缸的结构

(1)普通气缸:

①气缸组成。气缸主要由前盖7、后盖3、活塞4、活塞杆5、缸体1、密封圈2及紧固螺栓6等元件组成,图3-6所示的气缸属于双作用气缸。

②工作原理。以图3-6所示的气缸为例,双作用是指活塞的往复运动都是由压缩空气来驱动。在单活塞杆的动力缸中,因无杆腔的活塞面积较大,提供一慢速和大作用力的行程,为工作行程;返回时,则相反,提供一快速和作用力小的行程。

(2)膜片式气缸:

①膜片式气缸组成。膜片式气缸主要由缸体1、膜片2、膜盘3、复位弹簧4和活塞杆5等元件组成,见图3-7。

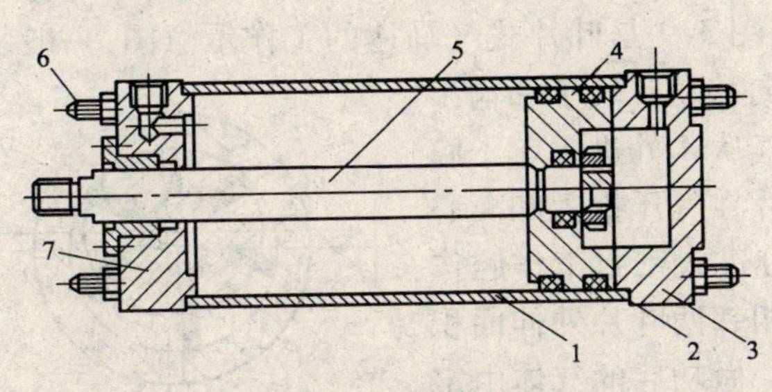

图3-6 普通气缸

1-缸体;2-密封圈;3-后盖;4-活塞;5-活塞杆;6-紧固螺栓;7-前盖

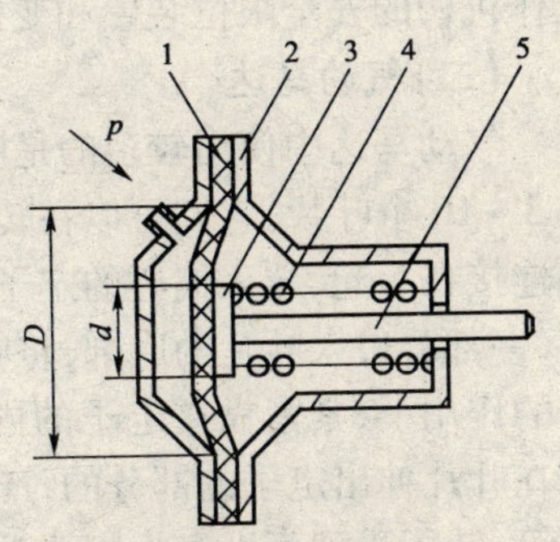

图3-7 膜片式气缸

1-缸体;2-膜片;3-膜盘;4-复位弹簧;5-活塞杆

②工作原理。当压缩空气进入气缸，膜片 2 在气压作用下变形，克服弹簧 4 弹力推动活塞杆 5 移动。当无压缩空气时，膜片 2 在弹簧力作用下回到原来位置，并且带动活塞杆回缩。

膜片式气缸的特点：结构紧凑、简单，重量轻，制造成本低，维修方便，密封性能好，维修简单寿命长，通常无漏气现象发生。因膜片的变形总是有限的，所以它的行程短，应用范围受到限制。

(3) 单作用气缸：

①单作用气缸组成。单作用气缸主要由气室外壳、铝合金材料制成的活塞 1、承推盘 17、推杆 12 和复位弹簧 6 等元件组合成，见图 3-8。

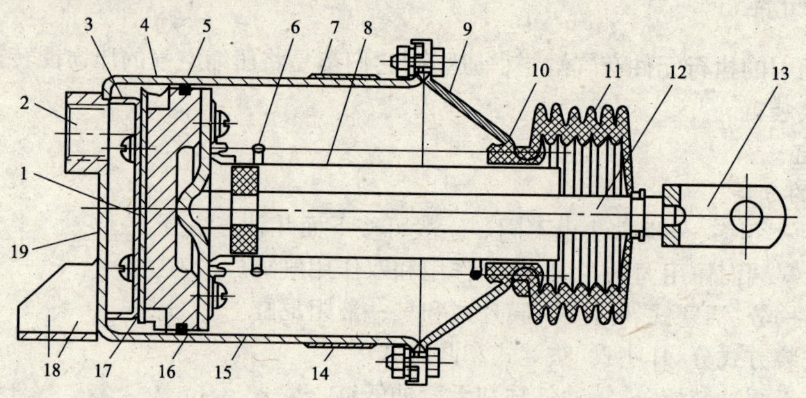

图 3-8　活塞式制动气室结构图

1-活塞；2-进气口；3-活塞限位板；4-活塞密封圈；5-活塞防尘圈；6-弹簧；7-制动气室固定卡箍；8-推杆套管；9-盖；10-毡圈；11-防护套；12-推杆；13-推杆叉；14-制动气室固定板；15-壳体；16-橡胶密封垫；17-承推盘；18-托板；19-气室外壳

②工作原理。当制动压缩空气由进气口 2 进入气室左边空腔，压缩空气压力达到足以克服复位弹簧 6 的弹力，推动活塞 1、推杆 12 向右移动。当压缩空气压力消除，复位弹簧 6 将活塞 1 和推杆 12 推回原处，原进入气缸的压缩空气经过进气口 2 和专设的排气口排入大气。

单作用气缸的特点是：仅一端进气、结构简单、耗气量少，推杆行程比膜片式制动器推杆行程长，活塞式的使用寿命也比膜片式气缸的长。因使用弹簧复位，使压缩空气的能量有一部分来克服弹簧力，故减少了活塞杆的输出推力、减少了活塞杆的有效行程，结构较为复杂成本较高。

它与膜片式气缸都是适合于对运动速度要求不高的场所，如内燃装卸机械中的制动系统、工作机构的安全限位装置和变速换挡控制之处。

(二)气动马达

气动马达中使用较多的是叶片式气马达。图 3-9 是叶片式气马达的工作示意图，一般装有 3 ~ 10 个叶片，它们可以在转子的槽内作径向移动。转子和输出轴连接在一起，装入偏心的定子中。当压缩空气从 *A* 处进入定子腔后，一部分进入叶片的底部，将叶片推出，使叶片在气压推力和离心力的作用下，紧紧靠在定子的内壁上；另一部分进入密封工作腔作用在叶片伸出定子的部分的，产生扭矩。由于相邻两叶片外伸面积不等，转子受到不平衡力矩而逆时针方向旋转。做功后的气体由定子孔 *C* 排出，残余的气体经孔 *B* 排出。如果进气改由 *B* 进气，*C*、*A* 排气，则气马达顺时针方向旋转。

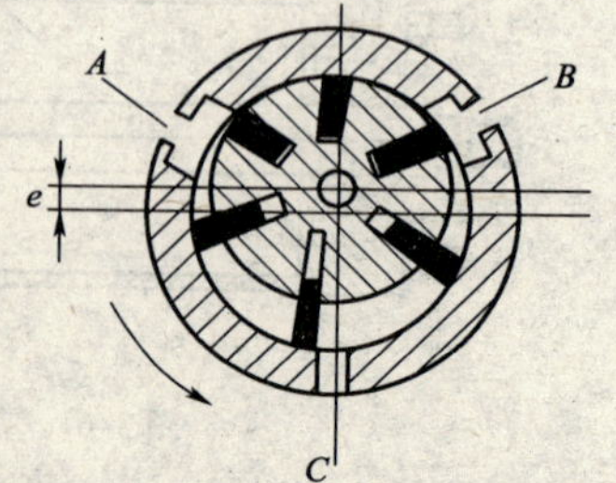

图 3-9　气动马达结构示意图

三、气压控制元件

气压传动中的气压控制元件包括各种阀类。例如，各种压力阀、流量阀、方向阀和逻辑元件等，用来控制压缩空气的压力、流量、和流动方向以及执行元件的工作程序，以保证执行元件完成预定的运动规律。气压传动中的压力控制阀主要有减压阀、溢流阀和顺序阀。内燃装卸机械中使用较多的是制动系统中的压力控制阀。下面分别加以介绍。

(一)压力控制阀

内燃装卸机械制动系统中的制动阀又称为制动总阀，它是用来控制进入制动气室的压缩空气的压力和调节压缩空气流量，即调整制动力的大小。

1. 制动阀的结构

图3-10是制动阀的结构图，它主要由壳体、阀门、制动信号灯开关、传力和调压机构等部分组成。拉臂4的中间用销轴10支承在上体的两片肋板上，其下端通过拉杆等与制动踏板相连。下体18的下端有通储气筒口A，两旁有通前、后制动室的孔口B和C。上体16还有一个通大气口D。车辆尾部的制动信号灯光(红光)的气动开关3附装在制动阀下体的一侧，其中的气室借通气道E和F分别与气室开关H和平衡气室G向通。

上、下体之间夹着膜片17，中央固定着芯管5和导向环6。平衡阀弹簧7用螺栓8和芯管5装在弹簧上座9与导向环6之间，并且有一定的预紧力。平衡弹簧变形时，其上座9可沿螺栓8上下移动。以上这些零件装配在一起后称为平衡弹簧总成。在平衡弹簧所受的力未超过其预紧力时，整个平衡弹簧就如同一体一样，可以在推杆14或弹簧19的推动下作轴向运动。

阀门2既是进气阀，又是排气阀。相应的进气阀座是下体18中气室H下口的端面，而排气阀座则是芯管5的下端面。图中所示为进气阀关闭而排气阀开启的不制动状态。

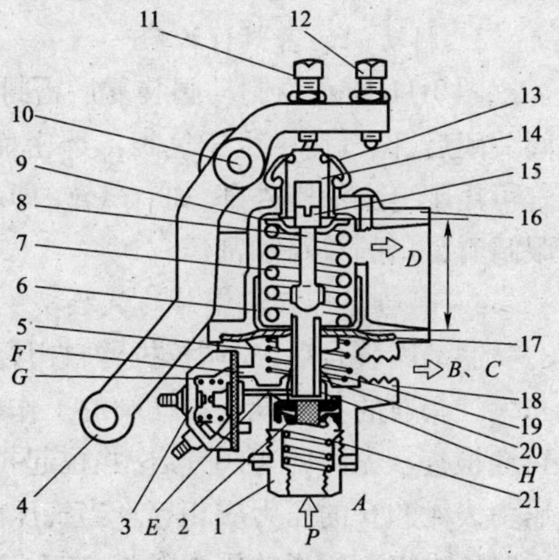

图3-10　制动阀结构

1-气管接口;2-阀门;3-制动灯气动开关;4-拉臂;5-芯管;6-导向环;7-平衡弹簧;8-螺栓;9-弹簧上座;10-销轴;11、12-螺钉;13-防尘罩;14-推杆;15-调节螺母;16-制动阀上体;17-膜片;18-下体;19、21-弹簧;20-芯管座

2. 制动阀工作原理

当司机踩下制动踏板，拉臂4顺时针转动一个角度，并且通过推杆14推动平衡阀总成下移一定距离。在这个过程中，先是芯管5的下端与阀门2接触，即排气阀先关闭，然后芯管5再将阀门推离下体阀座，即进气阀开启。于是气罐内的压缩空气便通过孔口A流入气室H，再由此一方面经过孔口B和C充入前、后制动气室，另一方面，又依次通过孔道E、制动信号开关气室和孔道F充入膜片17下面的平衡气室G。平衡气室和前、后制动气室中的气压力都随着充气量的增加而逐渐增高。

当平衡气室G中的气压升高到它对膜片的作用力与复位弹簧、阀门弹簧等的作用力之和超过平衡弹簧预紧力时，平衡弹簧便在其上端被推杆14压住不动的情况下进一步被压缩，膜片17带动芯管5上移。与此同时，阀门2在其弹簧力的作用下也紧随上升，直到与下体上的

进气阀座接触(即进气阀门关闭)时为止。此后,平衡气室 G 和制动气室既不通气罐,又不通大气,成为完全封闭的空间。只要制动踏板位置不再改变,制动气室的气压以及经平衡弹簧总成和传动杆传到制动踏板的反作用力(数值等于踏板力)也就保持稳定。进气阀和排气阀都关闭时,膜片和芯管所在的位置即为平衡位置。当司机感到制动力的强度不够时,可以将踏板继续再踩下去一些,这时,进气阀重新开启,使制动气室和平衡气室进一步充气,直到膜片和芯管又回到平衡位置为止。在这新平衡位置状态下,制动气室所保持的稳定气压值比以前更高,同时,平衡阀弹簧的压缩量和踏板力比以前更大。

将脚从踏板上移开,踏板回原来位置,拉臂逆时针转动到极限位置,平衡弹簧总成也恢复到原来的装配长度,并且在复位弹簧的作用下向上移动到使推杆 14 顶靠在拉臂上的调压螺钉为止。这时芯管 5 离开阀门 2(排气阀开启),制动气室和平衡气室中的空气经过芯管 5 中的通道和孔口 D 泄入大气,制动解除。

由上述可知,制动阀能使制动气室的工作压力与踏板行程踏板力成一定的比例关系,主要是因为推杆 14 与芯管 5 之间是依靠平衡弹簧 7 来传力的,而平衡弹簧的工作长度和作用力则随管道中的气压而变化。所以只要从踏板传到推杆 14 上的力大于平衡弹簧的预紧力,不论踏板踩到哪个工作位置,制动阀都能自动达到并保持以进气阀和排气阀二者都关闭的平衡状态。

3. 制动阀的密封性检验

图 3-11 所示为制动阀装复后密封性检验装置。储气筒中的空气压力为 900kPa。在两通阀关闭后,储气筒中由于气阀不严密而压力降落时,在 5min 内应不超过 50kPa。检查局部漏气可用肥皂水涂刷外部,如有气泡,即表示该处有漏气。在精研磨后的气阀与座面上不应有用眼睛看得出的纹路和刮痕。

4. 制动阀行程及密封的试验

制动阀装合后,先调校拉臂自由行程为 1 ~ 3mm,并使拉臂在上下摇动的极端位置时,从与大气相通的孔上检查排气阀的工作行程为 1.2 ~ 1.7mm。然后如图 3-12 所示进行制动阀密封性检查。先将两通阀开启,并拉起拉臂使进气阀开放,储气筒 1 的空气流入储气筒 3,这时压力表 4 和 6 的压力应相等。当气压为 880kPa 时,关闭两通阀,但不放下受验制动阀的拉臂,这时压力表 4 所指的压力降落,在 5min 内不应超过 49kPa。

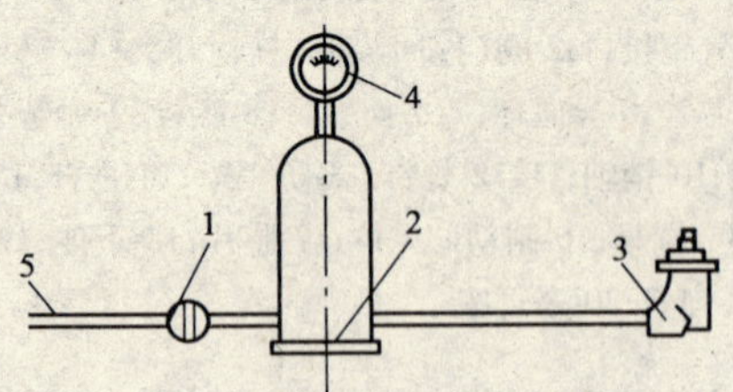

图 3-11　制动阀内气阀密封性试验装置

1-二通阀;2-储气筒;3-被试制动阀;4-气压表;5-压缩空气进气管

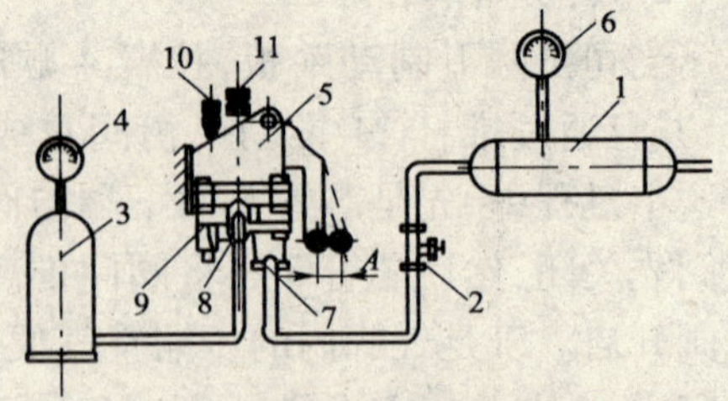

图 3-12　制动阀行程及密封性试验

1、3-储气筒;2-两通阀;4、6-压力表;5-被测试制动阀;7-进气阀接头;8-制动气室接头;9-排气阀木塞;10-压力调整螺栓;11-拉臂行程调整螺钉

A-拉臂自由行程(1 ~ 3mm)

(二)减压阀

减压阀的作用是降低系统中的压缩气体压力,并使气体压力保持相对的稳定,满足执行元件的需要。减压阀与液压减压阀有许多相似之处,在结构上也有直动式和先导式之分。

1. 直动型减压阀

图 3-13 所示为直动型减压阀的结构简图。其工作原理是:阀处于工作状态时,压缩空气从左侧入口流入,经进气阀口 11 后再从阀出口流出。当顺时针旋转手柄 1,调压弹簧 2、3 推动膜片 5 下凹,再通过阀杆 6 带动阀芯 9 下移,打开进气阀口 11,压缩空气通过阀口 11 的节流作用,使输出压力低于输入压力,以实现减压作用。与此同时,有一部分气流经阻尼孔 7 进入膜片室 12,在膜片下部产生一向上的推力。当推力与弹簧的作用相互平衡、阀口开度稳定后,减压阀就输出一定压力的气体。阀口 11 开度越小,节流作用越强,压力也越低。

若输入压力瞬时升高,经阀口 11 以后的输出压力随之升高,使膜片室内的压力也升高,破坏了原有的平衡,使膜片上移,有部分气流经溢流孔 4、排气口 13 排出。在膜片上移的同时,阀芯在复位弹簧 10 的作用下,也随之上移,减小进气阀口 11 的开度,节流作用加大,输出压力下降,进气节流阀口开度增大,节流作用减小,输出压力上升,使输出压力基本回到原数值上。

2. 先导型减压阀

图 3-14 所示为先导型减压阀结构简图,由先导阀和主阀两部分组成。当气流从左端流入

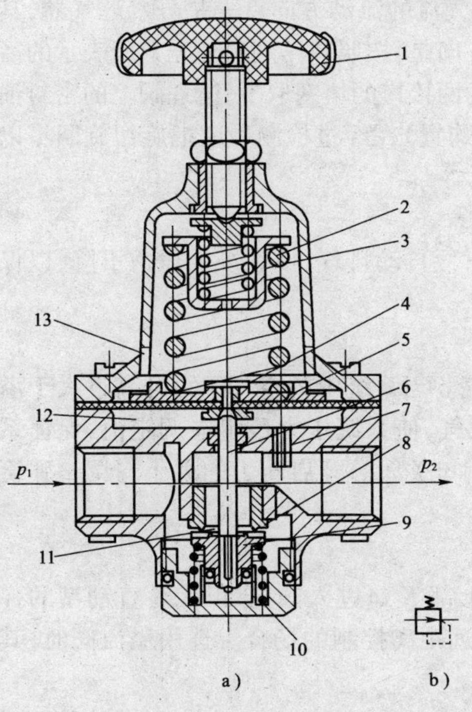

图 3-13　直动式减压阀结构

a)结构原理;b)职能符号

1-手柄;2、3-调压弹簧;4-溢流孔;5-膜片;6-阀杆;7-阻尼孔;8-阀座;9-阀芯;10-复位弹簧;11-阀口;12-膜片室;13-排气口

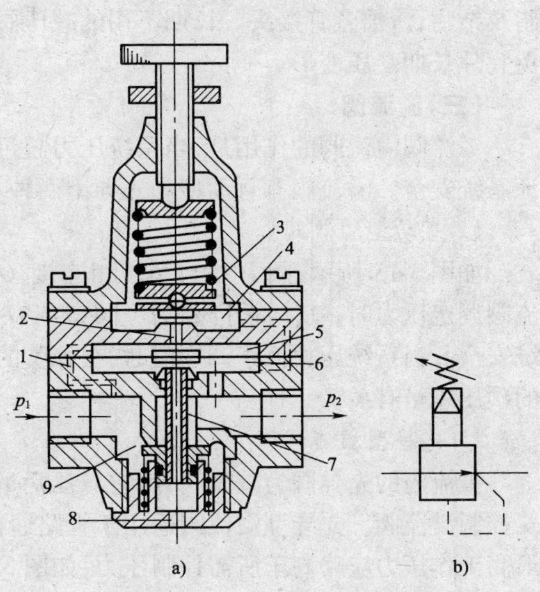

图 3-14　先导型减压阀结构

1-固定节流口;2-喷嘴;3-挡板;4-上气室;5-中气室;6-下气室;7-阀杆;8-排气孔;9-进气口

阀体后，一部分经进气阀口 9 流向输出口，另一部分经固定节流口 1 进入中气室 5，经喷嘴 2、挡板 3、孔道反馈至下气室 6，再经阀杆 7 的中心孔及排气口 8 排至大气。

把手柄旋到一定位置，使喷嘴挡板的距离在工作范围内，减压阀就进入工作状态。中气室 5 的压力随喷嘴与挡板间距离的减小而增大，于是推动阀芯打开进气阀口 9，即有气流流到出口，同时经孔道反馈到上气室 4，与调压弹簧相平衡。

若输入压力瞬时升高，输出压力也相应升高，通过孔口的气流使下气室 6 的压力也升高，破坏了膜片原有的平衡，使阀杆 7 上升，节流阀口减小，节流作用增强，输出压力下降，使膜片两端的作用力重新平衡，输出压力恢复到原来的调定值。

当输出压力瞬时下降时，经喷嘴挡板的放大也会引起中气室 5 的压力较明显地升高，而使阀芯下移，阀口开大，输出压力升高并稳定到原数值上。

3. 减压阀的选择与使用

(1)减压阀的选择。选择减压阀时应考虑减压阀的调压精度，如果要求调压精度高，则应选择精密型或高精度型减压阀；当输出压力在 100kPa 以下时，为保持压力稳定可采用两个减压阀串联使用，要求不高的地方可选用直动式减压阀；如果需要遥控操作时，应选用先导式减压阀；确定阀的类型后，由所需的最大输出流量选择阀的通径，决定阀的气源压力时应使其大于最高输出压力 100kPa。

(2)减压阀的使用。一般减压阀的安装次序是：按气流的流动方向首先是分水滤气器，其次是减压阀，最后是油雾器或定值器。安装减压阀的方向是：按照减压阀的外壳上所表示的箭头方向安装。更换减压阀或组装新件时，先将减压阀的两接口的堵塞取下，清理阀上的密封油脂及杂物，清洁各管接头。长期不用的减压阀(新件或购置)在经过检测后应把旋钮旋回零以免膜片长期受压变形。

(三)溢流阀

溢流阀溢流阀的作用是，当系统压力超过调定值时便自动排气，使系统的压力下降，以保证系统安全。溢流阀有直动型和先导型两种。

1. 直动型溢流阀

如图 3-15 所示，阀 P 口与系统相连接，O 口通大气。当系统中的空气压力升高且大于溢流阀调定压力时，气体推开阀芯，经阀口从 O 口排至大气，使系统压力稳定在调定值，保证系统安全。当系统压力低于调定值时，在弹簧的作用下阀口关闭。开启压力的大小与调整弹簧的预压缩量有关。

2. 先导型溢流阀

溢流阀的先导阀为减压阀，由它减压后的空气从上部 K 口进入阀内，以代替直动型的弹簧控制溢流阀。先导型溢流阀适用于管路通径较大及远距离控制的场合。选用溢流阀时，其最高工作压力应略高于所需控制压力，如图 3-16 所示。

3. 溢流阀的选用

对溢流阀而言，希望气路的压力刚刚超过调定压力时，溢流阀便立即排气，而当系统气压力稍低于调定压力就能立即关闭溢流阀的阀门。这种从溢流阀的阀芯打开到关闭的过程中，气路压力的变化称溢流阀的溢流特性。我们希望该压力的变化越小越好，溢流阀的溢流特性就越好。

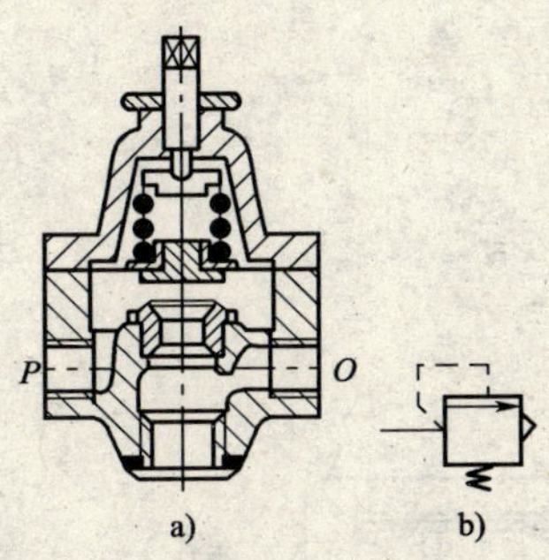

图 3-15　直动式溢流阀结构
a)结构原理;b)职能符号

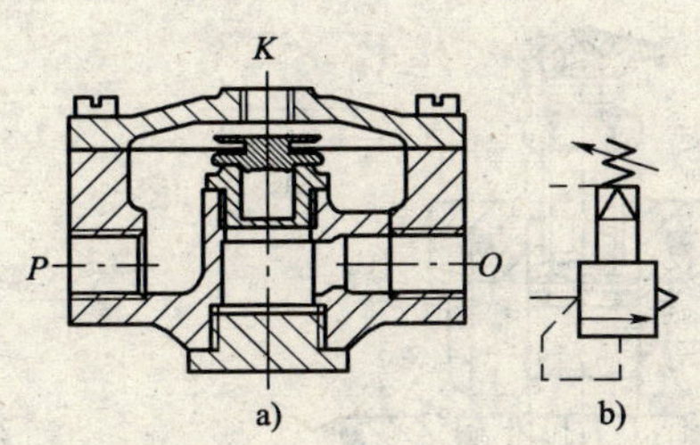

图 3-16　先导式溢流阀结构
a)结构原理;b)职能符号

(四)流量控制阀

流量控制阀主要有节流阀、单向节流阀和排气节流阀等。

1. 节流阀

节流阀的作用是通过改变阀的通流截面积来调节流量。图 3-17 所示为节流阀结构。气体由输入口 P 进入阀内,经阀芯与阀体内腔间的节流口从输出口 A 流出。当调节螺杆使阀芯上下移动时,节流口通流截面积发生改变,进而调节了流量。

2. 单向节流阀

单向节流阀是由单向阀和节流阀并联而成的组合式控制阀。图 3-18 所示为单向节流阀的工作原理,当气流由 P 口至 A 口正向流动时,单向阀在弹簧和气压作用下关闭,气流经节流阀节流后流出;而当由 A 口至 P 口反向流动时,单向阀打开,不节流。图 3-19 所示为单向节流阀的结构。

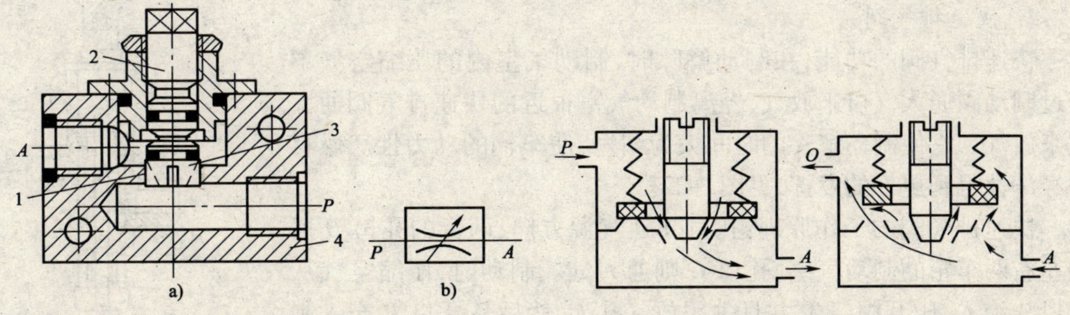

图 3-17　节流阀结构
a)结构原理;b)职能符号
1-阀座;2-调节螺杆;3-阀芯;4-阀体

图 3-18　单向节流阀工作原理

3. 带消声器的节流阀

带消声器的节流阀是安装在元件的排气口处,用来控制执行元件排入大气中气体的流量并降低排气噪声的节流阀。其结构图如图 3-20 所示。

(五)方向控制阀

气压传动中的方向控制阀是一种控制压缩空气流向的控制阀。气压传动中的方向阀多为单向型和换向型两种，阀芯结构主要有截止式和滑阀式。下面主要介绍与内燃装卸机械有关的一些气压传动方向阀。

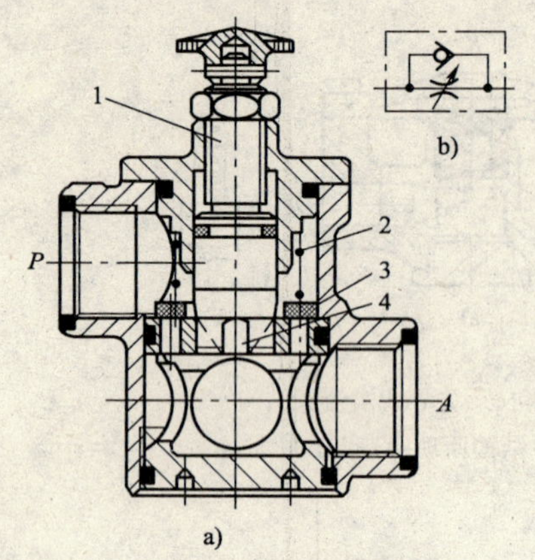

图 3-19 单向节流阀结构

a)结构；b)职能符号

1-调节螺杆；2-弹簧；3-单向阀；4-节流口

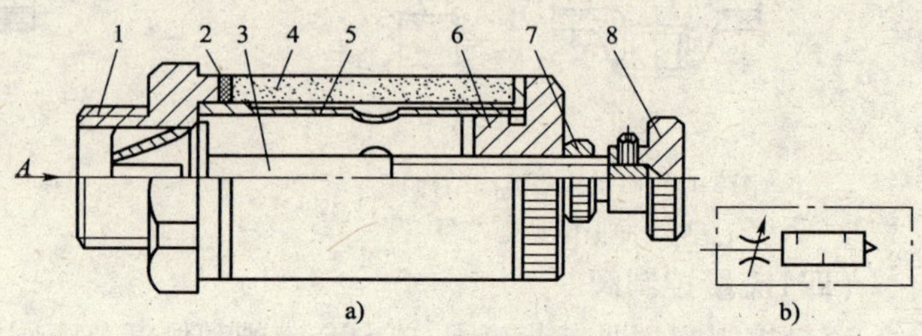

图 3-20 带消声器的节流阀结构

a)结构原理；b)职能符号

1-阀座；2-垫圈；3-阀芯；4-消声套；5-阀套；6-锁紧法兰；7-锁紧螺母；8-旋钮

1. 手动制动气开关

如图 3-21 所示，国产手动制动气开关主要零件有滑阀、阀体和手柄。

通气口 *A* 与储气罐相通，通气口 *B* 经加速阀与驻车制动气室相通，孔口 *C* 通大气。滑阀 2 中有轴向、径向孔道多个，阀的中部分直径较小。滑阀在图示位置时，压缩空气可自孔口 *A* 经过阀中间部位的环状空腔和孔 *B* 流向手制动室，此就是不制动的位置。通过手柄 1 将滑阀拉到挡圈 7 与阀体 4 相接触位置时孔口 *A* 和孔口 *B* 相隔绝，孔口 *B* 则经过孔口 *C* 与大气相通，使手制动室放气而实现手制动。

2. 快速排气阀

快速排气阀的功能；在制动解除时，制动气室内的压缩空气不经过制动阀通大气口来放气，经离制动气室很近的快速排气阀通大气来放气。它使制动解除的时间大为缩短，使车辆的动力性。燃料的经济性得到更好的发挥，见图 3-22。

快速排气阀的工作原理：孔口 *A* 通气源方向，两旁的孔口 *B* 通到左右两车轮的制动气室，孔口 *C* 则通大气。制动时，压缩空气从孔口 *A* 流入，压开阀门 3，并且关闭放气孔 *C*，然后从孔口 *B* 充入制动气室。当放松制动踏板时，制动阀的排气阀开启，孔口 *A* 处的高压气体撤除，阀门 3 即在弹簧 2 弹力作用下复位，关闭孔口 *A*，开启孔口 *C*。制动气室中的压缩空气便直接从孔口 *C* 放出，而不必绕道流经较远的制动阀去排气，这样就缩短了制动气室里的压缩空气排放的时间。

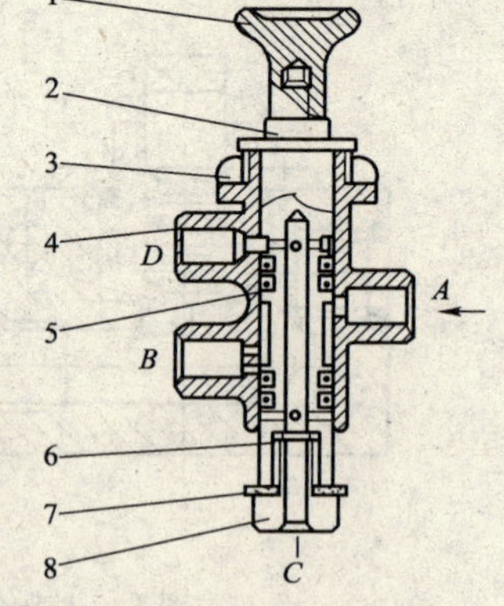

图 3-21 国产手制动气开关

1-手柄；2-滑阀；3-安装螺母；4-阀体；5-O 形密封圈；6-滤网；7-挡圈；8-螺塞；*A*-通储气筒；*B*、*D*-通制动气室；*C*-通大气

图 3-23 是快速排气阀的工作原理图和职能符号。图 3-23a)所示是制动状态，压缩空气进入制动气室。图 3-23b)所示是制动结束，制动气室内的压缩空气迅速从快速排气阀排入大气。图 3-23c)所示是它的职能符号。上端的空心三角形表示与大气相通的排气口。

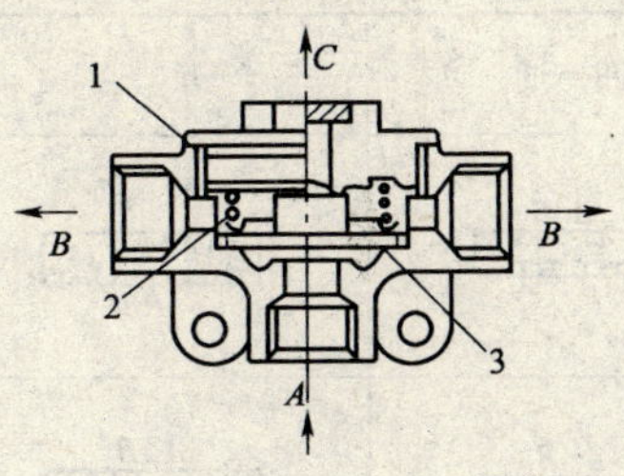

图 3-22　快速排气阀结构图

1-阀体；2-阀门弹簧；3-阀门

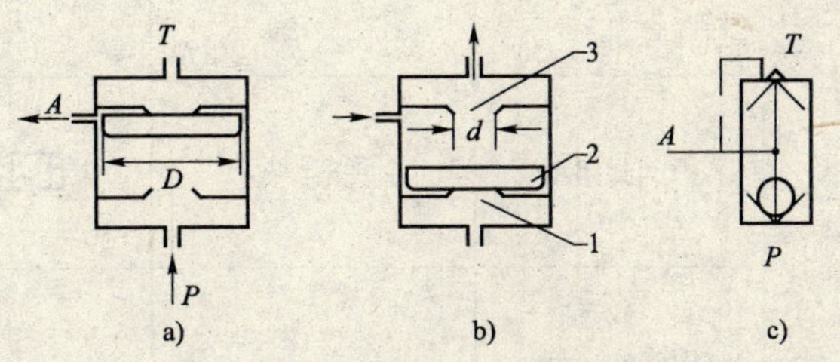

图 3-23　快速排气阀原理

a）制动状态；b）制动结束；c）职能符号

1-下阀口；2-活塞；3-上阀口；*P*-通气源；*A*-通制动气室；*T*-通大气

3．双向单向阀

双向单向阀是用于在两管路交替（或同时）对同一用气装置供气状况的管路中，其是一种防止气压不等的两管路互相充气而影响用气装置工作的阀。图 3-24 所示的是大宇叉车气压制动系统中使用的双通单向阀。该阀由阀体、橡胶阀芯、阀芯套、阀套等零件组成。接口 1 与供气管路相连（左、右接口分别与两个供气管路相连）；接口 3 与制动气室相连。橡胶阀芯 2 的两端环形肩台为工作面，它可以在阀体内轴向移动。该阀的阀体内壁、橡胶阀芯外部加装一层金属套，使得阀芯在移动时更加灵活、迅速，使用寿命延长。

当压缩空气自左（右）进入时，橡胶阀芯被推向右（左）方向，其右（左）端环形肩台压紧右（左）接头而将右边的接头封闭。压缩空气经过阀套上的圆孔（辅助通气孔）进入接口 3，再进入制动气室，防止了压缩空气向另一侧充气。

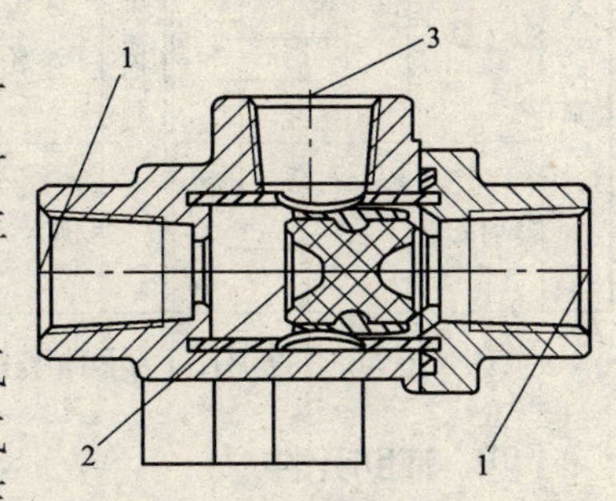

图 3-24　双向单向阀

1-控制气路接口；2-橡胶阀芯；3-用气管路接口

当压缩空气同时从左右两侧接头进入时，如果两管路的气压不相等，橡胶阀芯就会被推向气压较低的一侧，封闭其进气道，气压较高的一路压缩空气就进入制动器室。在两管路气压都相等的特殊情况下，可以同时向制动气室充气。

有的驻车和行车制动器共用的双向单向阀的阀体中只有一个通气孔，因而驻车、行车气制动只能单独使用。

4．方向控制阀

方向控制阀是通过改变阀芯位置来控制压缩空气的流动方向和通断，实现对执行元件起动、停止、往复运动的控制阀。气动换向阀的职能符号见表 3-2。控制方式符号可参见表 3-3。

换向阀的图形符号　　表 3-2

	二　通	三　通	四　通	五　通
二位	A P　A P	A P　A P	A B P	A B P

续上表

		二 通	三 通	四 通	五 通
三位	中间封闭型		A P	A B P	A B P
	中间卸压型			A B P	A B P
	中间加压型			A B P	A B P

控制方式符号 表3-3

控制方式		符 号	控制方式		符 号	控制方式		符 号	控制方式		符 号
人力控制	手柄控制		机械控制	弹簧控制		电磁控制	直动式		气压控制	直接控制	
	按钮			滚轮			先导式			先导控制	
	踏板式			顶杆式							

气压传动中使用的方向阀主要有单向型和换向型两种，阀芯结构主要有截止式和滑阀式。

四、辅助元件

气压传动中的辅助元件主要有油雾器、油水分离器、过滤器。这三件器件常被气动界称为气动三大件。

(一)油水分离器

1. 车辆用油水分离器

车辆用油水分离器的功能是将压缩空气中所含有的水分和润滑油分离出来，以免腐蚀储气罐、管道及一些不耐油的橡胶件。图3-25是国产的汽车用的油水分离器。

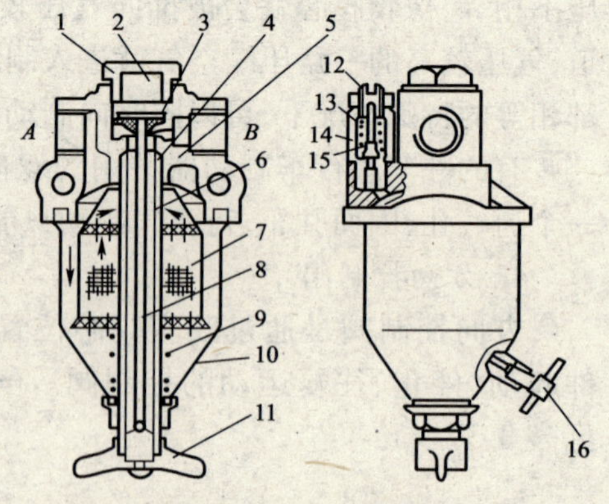

图3-25 油水分离器

1-调整螺塞；2-断路阀弹簧；3-断路阀；4-中央管；5-盖；6-气孔；7-滤芯；8-顶杆；9-滤芯弹簧；10-壳体；11-蝶形螺母；12-安全阀调整螺塞；13-安全阀弹簧；14-安全阀阀体；15-安全阀阀芯；16-放泄螺塞；A-进气口；B-出气口

结构和原理

(1)它的主要部件由滤芯7、中央管4、顶杆8、蝶形螺母11及断路阀弹簧2等件组成。

(2)工作原理：来自空气压缩机的压缩空气自进气口A流入，由于尼龙滤芯的作用，使得压缩空气中的水

分和润滑油就被挡住，并凝聚在壳体 10 的内壁上，随着油、水的增多，这些油水在重力作用下集聚在壳体的下部。滤去油水的干净压缩空气就通过尼龙滤芯 7，从气孔 6 进入中央管 4 内。断路阀 3 总是被蝶形螺母 11 通过顶杆 8 顶起在开启的位置上，干净的压缩空气便自出气口 B 流出到调压器，然后进入储气筒。为防止因滤芯堵塞或调压器失灵而使得油水分离器中的气压过高，在盖 5 上装配有安全阀 15。对于从压缩空气中分离出来的油水，只要旋出放泄螺塞 16，即可把这些水和油排放出去。

该油水分离器的另一个作用是可对轮胎进行充气。在需要对车轮胎进行充气时，只要把蝶形螺母 11 取下，断路阀 3 在弹簧 2 作用下关闭，储气筒内的压缩空气不能倒流。经过油水分离后的压缩空气则从中央管 4 上部的气孔 6 进入中央管，再通过中央管 4 的下面出口及接到此口上的轮胎充气管充入轮胎。

2. 非车辆用油水分离器

油水分离器在非车辆气动系统中常被称为分水滤气器。图 3-26 是常见的运用较多的一种油水分离器结构图。其工作原理如下：压缩空气从输入口进入后，被引入旋风叶子 1，旋风叶子上有许多小缺口，迫使空气沿切线方向产生强烈的旋转。这样夹杂在气体中的较大水滴、油滴、灰尘获得较大的离心力，并高速与存水杯 3 内壁相碰撞，而从气体中分离出来，沉淀于存水杯 3 中，然后，气体通过中间的滤芯 2，从输出口排入管道进入系统。部分水分、灰尘、废油雾被滤芯 2 拦截。挡水板 4 是防止气体旋涡将杯中积存的污水卷起而破坏过滤作用。杯中污水可通过手动排水阀 5 放出。

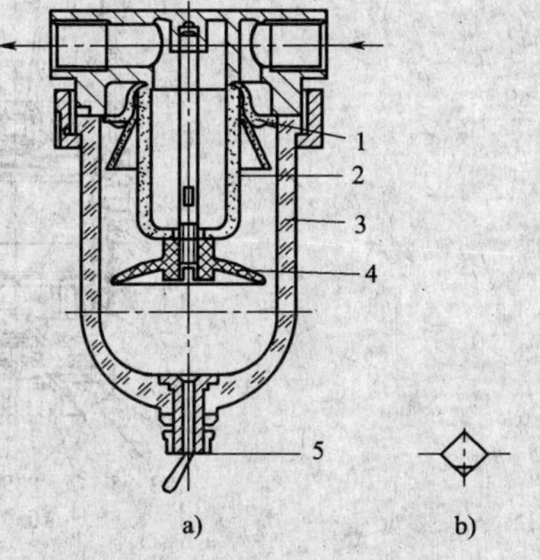

图 3-26　分水滤气器

a）结构；b）职能符号

1-旋风叶子；2-滤芯；3-存水杯；4-挡水板；5-手动排水阀

3. 自洁式油水分离干燥器

CCHWE288 轮胎吊的气动系统采用一种既能自动将压缩空气中的水、油、污染无分离、自动干燥气体，又能自动清洁过滤器的滤芯的新式组合式的油水分离干燥器。厂家将其称为自洁式油水分离干燥器，简称为自洁式干燥器。

（1）构造。自洁式干燥器的构造（见图 3-27）是：除去从空气压缩机送来的压缩空气的水分的吸附剂；接收调压器信号压，开放自洁式干燥器内部压力的排气阀；为了从吸附剂收回水分，带出大气中而储存着干燥空气的腔室 A（排气箱）；以及冬季为了防止排出口冻结，烘暖排出口附近的加热器及恒温器等构成。

（2）干燥器的原理：

①去水、油和污染物原理。压缩机的作用力供给状态时，来自压缩机的压缩空气由进气口进入自洁式干燥器，通过腔室 B 和支架之间的间隙，被腔室 B 的内壁和隔板等冷却，使机身内积留水分和油分。

空气油通过滤清器，滤过小油滴和灰尘，被送入吸附剂内。在这里，对水显示高亲和性的吸附剂吸收空气含油的水分。所以，空气在吸附剂中从下往上流动的同时，越来越干，达到吸附剂上端时成为干燥的空气。此干燥空气又通过单向阀引入腔室 A（排气箱），由排出口供给主空气箱内。

②自动清洁滤芯原理。当回路内的压缩空气压力达到上限时，由调压器发出空气压力信号，使压缩机变为卸荷状态，但由于自洁式干燥器的信号口也接收到同样的空气压力信号，使排气阀打开，急剧快速排放自洁式干燥器内的压缩空气，排放的压缩空气自吸附剂的上端向下端快速流动，使腔室 A（排气箱）内的干燥空气通过小孔膨胀，在吸附剂内部逆流。随之将吸附剂所吸附的水分、污物一并排出干燥器，这样滤清器被冲干净吸附剂中的水分送出大气中完成吸附剂的再生。

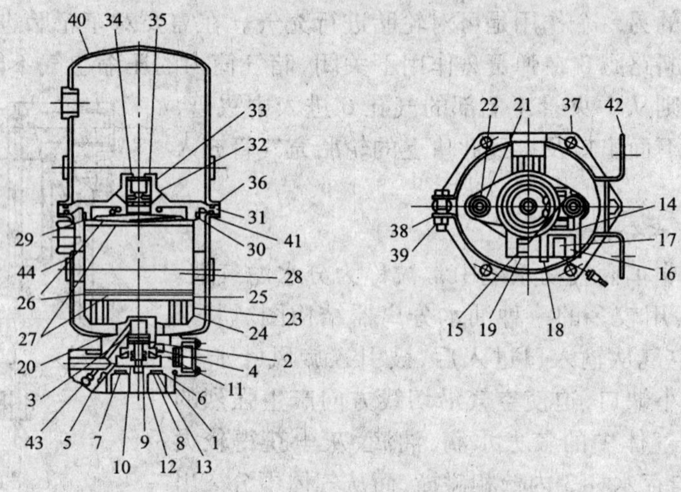

图 3-27 自洁式水分离干燥器结构图

1-机身；2-活塞；3、11、20、30、36-O 形圈；4-弹簧；5-阀座；6-阀片；7-阀；8-阀支承；9-螺母 M6；10-弹簧垫圈 $\phi6$；12-帽；13-C 形圈；14-加热器；15-恒温器；16-螺母 M4；17-弹簧垫圈 $\phi4$；18-螺栓 M4；19-罩；21-螺母 M10；22-弹簧垫圈 $\phi10$；23-支持架（A）；24-滤清器组；25-支持架（B）；26-支持架板；27-架座；28-吸附剂；29、33-弹簧；31-隔壁；32-阀；34-弹簧支承；35-C 形圈；37-螺栓 M8；38-弹簧垫圈 $\phi8$；39-螺母 M8；40-腔室（A）；41-腔室（B）；42-夹紧带；43-栓塞；44-隔板

回路一回到供给状态，信号口部接到调压器的信号空气没有了，排气阀就关闭，重新开始起除湿作用。

（二）油雾器

油雾器是一种特殊的加注润滑油装置。其作用是使润滑油雾化后注入压缩空气中，随着压缩空气进入需要润滑的部件，达到润滑的目的。

油雾器的工作原理是利用引射原理将油滴雾化成微小油粒。

图 3-28 是一种一次油雾器的结构图。当压缩空气从输入口进入后，绝大部分从主气道流出，一小部分通过小孔 A 进入阀座 7 腔中，此时特殊单向阀在压缩空气和弹簧作用下处在中间位置。如图 3-28 所示，气体又进入储油杯 10 上腔 C，使油液受压后经吸油管 8 将单向阀 9 顶起。因钢球上方有一个边长小于钢球直径的方孔，所以钢球不能封死上管路，而使油源源不断地进入视油器 3 内，再滴入喷嘴 1 腔内，被主气道中的气流从小孔 B 中引射出来。进入气流中的油滴被高速气流击碎雾化后经输出口输出。视油器上的节流阀 2 可调节滴油量，使油滴量在 0～200 滴/min 的范围内变化。当松开油塞 4 后，储油杯上腔 C 与大气相通，此时特殊单向阀 5 背压降低，输入气体使特殊单向阀 5 关闭，从而切断气体与上腔 C 的通路，气体不能进入上腔 C，单向阀 9 也由于 C 腔压力降低处于关闭状态，气体也不会从吸油管进入 C 腔。因此，可以在不停气源的情况下从油塞口处给油雾器加油。

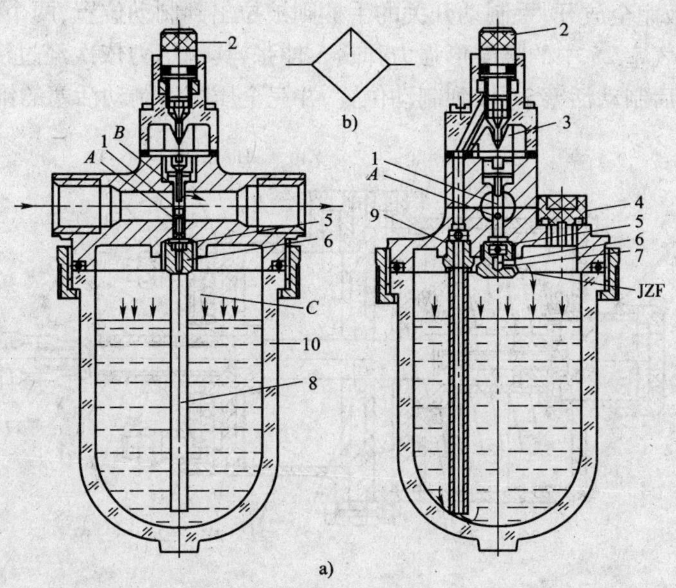

图 3-28　油雾器

a)结构;b)职能符号

1-喷嘴;2-钢球;3-弹簧;4-放油塞;5-特殊单向阀;6-弹簧;7-阀座;8-节流阀;9-单向阀;10-储油杯;JZF-截止阀

第三节　气压传动在装卸机械上的应用

一、气压制动

气压制动是靠压缩空气进行制动的一种装置。压缩空气经制动总阀的控制(压力和流量)进入制动缸(分泵)产生制动力矩,使运动机构停止运动。

(一)复合式制动器室

韩国大宇叉车 W－40 系列使用了复合式制动器室行车(驻车)制动器,它既可以在车辆行驶时当作行车制动器使用,又可在停车时当作驻车器使用,见图 3-29。

1. 结构

复合式制动器的驻车器的制动气室是一个双重作用的综合体。后制动气室 22 和驻车制动气室 25 借隔板 9 隔开,推杆 18 外端通过连接叉 17 与制动器的制动臂相连,其球面端则支靠在和后制动活塞连为一体的推杆座 20 中。预先压缩的腰鼓形强力弹簧 5 力图使驻车制动活塞 6 保持在驻车气室的右部,因而通过推杆将后制动气室活塞复位弹簧 14 压缩,使制动器产生制动作用。螺塞 4 和活塞 6 的导管用螺纹连接在一起,拧出传力螺杆 3 即可使推杆 11、18 回到左端位置而放松制动。空气滤网 2 与活塞 6 的作腔相通,以保证毡圈 7 和密封圈 8 正常工作。后制动气室 22 由行车制动控制阀控制,驻车制动气室 25 由驻车制动操纵阀—手制动开关控制。

2. 工作原理

(1)驻车状态。图 3-30a)是车辆处于驻车状态,也是复合制动器总成组装好以后的自然状态。此时制动脚踏板完全放开，手制动开关的手柄则被拉出到制动位置，两个气管接口 A、B 都与大气相通，驻车制动气室 25 中的腰鼓形强力弹簧 5 伸张，其作用力依次经过活塞 6、螺塞 4、传力螺杆 8 和推杆 11 将后制动活塞 21 推到制动位置，并完全压缩后制动活塞的锥形复位弹簧 14。

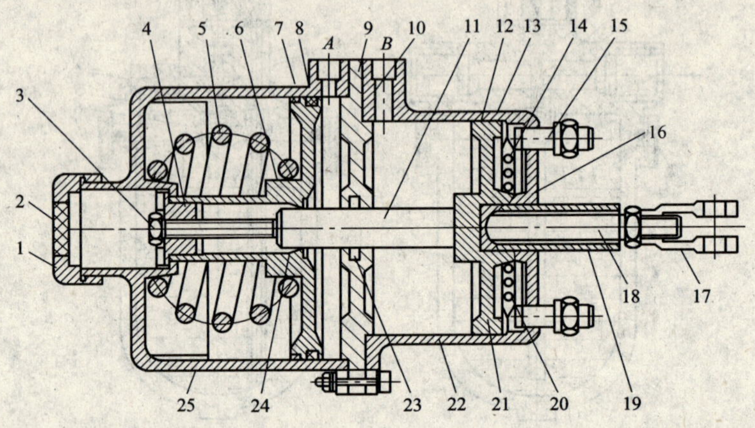

图 3-29　复合式制动器室

1-防尘罩；2-滤网；3-传力螺杆；4-螺塞；5-腰鼓形制动弹簧；6-驻车动活塞；7、13-毡圈；8、12、23-密封圈；9、10-隔板；11、18-推杆；14-后制动复位弹簧；15-安装螺栓；16-导管油封；17-连接叉；19-导管；20-推杆座；21-后制动活塞；22-后制动气室；24-内外密封圈总成；25-驻车制动气室

(2)车辆起步。车辆起步时将手拉制动阀推向不制动位置，使压缩空气从手动制动储气筒经过气管接口 A 进入驻车制动气室，压缩腰鼓形制动弹簧 5，将驻车制动活塞 6 退到并保持在不制动位置，同时后制动活塞也在复位弹簧 14 的作用下回到不制动位置。气压达到 0.3 ~ 0.4MPa 以上时，汽车方可起步正常行驶，见图 3-30b)。

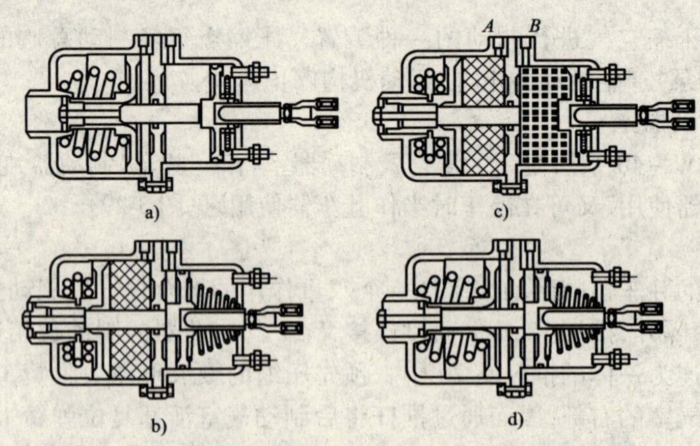

图 3-30　复合式制动器室工作原理示意图

a)驻车制动；b)起步、正常行驶；c)行车制动；d)无压缩空气时

(3)行车制动。车辆在行驶中制动，踏下制动踏板，后制动储气筒的压缩空气便经过制动阀自气管接口 B 进入后制动气室 22，进而推动活塞 21 压缩锥形复位弹簧 14 推动推杆 14、推杆 18、连接叉 17 带动制动蹄涨开，产生制动力矩使车辆制动，见图 3-30c)。

(4)无压缩空气时。当车辆气源或气管路发生故障时,不能对驻车制动气室 25 充气,腰鼓形强力弹簧 5 将永远处于伸张状态,使车辆保持制动。此时,如果要开动车辆或拖动车辆,必须把驻车制动气室中的传力螺杆 3 旋出,使后制动气室活塞 21 在复位弹簧 14 作用下退回到不制动位置,制动得以解除,见图 3-30d)。

二、气压液压制动

(一)气—液综合式制动

为了兼取气压制动和液压制动两者的优点,一些内燃装卸机械制动系统采用了气压液压制动装置(亦称为气—液综合制动)。它是将压缩空气经制动总阀调制后推动液压制动缸,产生制动力矩使车辆停止运行。

气液综合式制动实际上是一种单作用、不连续供油的气液泵。有的书里称其为积聚式气液制动器(缸)、气推油加力器(缸)、气油组合式制动器。它的特点是人力控制气压—气压控制液压—液压控制制动。

1. 气液综合制动原理

图 3-31 是气—液综合式制动系统图。它的制动管路的工作压力是液压力,液压回路的动力是由气压系统提供。司机通过脚踏制动控制器来控制制动。踏下制动踏板,压缩空气从储气罐 6、8 中流出,通过制动阀 11,进入气推油加力器的加力室 2,推动气室活塞移动,气室活塞随之推动液压制动总泵(在 3 内)产生高压制动油,高压制动油被压迫进入制动缸 4、5 产生制动力使车辆制动。

2. 活塞式气推油加力器原理

图 3-32 是膜片式气推油加力器简图。随着进入加力室 1 压缩空气气压的升高,膜片 2 通过活塞推杆 4 推动液压总泵活塞 6 右移,使液压总泵内的油压力升高,推开出油阀使制动液压进入制动缸里,产生制动力矩使车辆停止行驶。

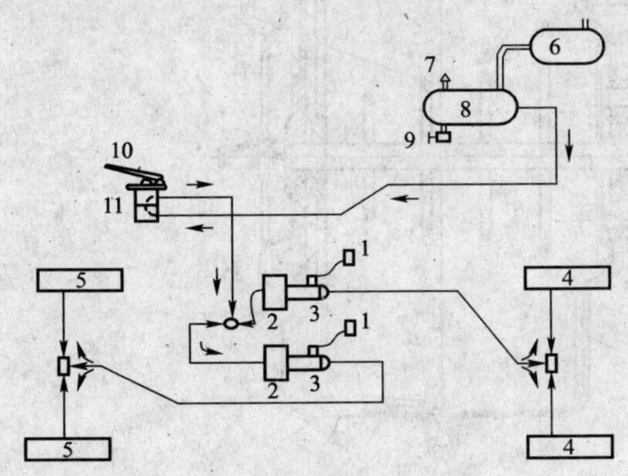

图 3-31　气液综合式制动

1-刹车油罐;2-气推油加力室;3-制动总泵;4、5-制动分泵;6、8-储气罐;7、9-气罐附件;10-制动脚踏板;11-制动阀

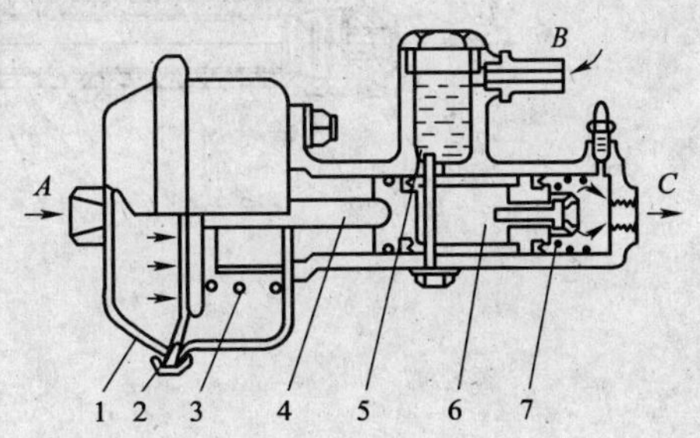

图 3-32　膜片式气推油加力器

1-加力室;2-膜片;3、7-复位弹簧;4-推杆;5-制动油罐;6-总泵活塞

当松开踏板,加力室 1 内的压缩空气由制动阀或快放阀泄入大气,膜片 2 与油压总泵活塞在各自的复位弹簧的作用下复位。

(二)真空增压液压制动

真空增压液压制动机构是气压液压复合制动机构中的一种,它是在简单的液压制动传动机构基础上,加设一套真空力源的真空加力装置。这种制动装置按其真空加力装置对液压系统加力的部位不同,分为真空增压式和真空助力式两种。

1. 真空增压液压制动原理

CPCD5(6)叉车所用的真空增压液压制动机构如图3-33所示。它比简单的液压制动传动机构多一套由真空加力室7、辅助缸4和控制阀6组成的真空增压器,以及一套由真空单向阀9、真空筒10和真空管道组成的真空系统。真空动力源是柴油发动机的进气管。发动机工作时,进气管中的真空度经真空单向阀9传入真空筒10,使筒中具有一定的真空度,作为制动加力源。

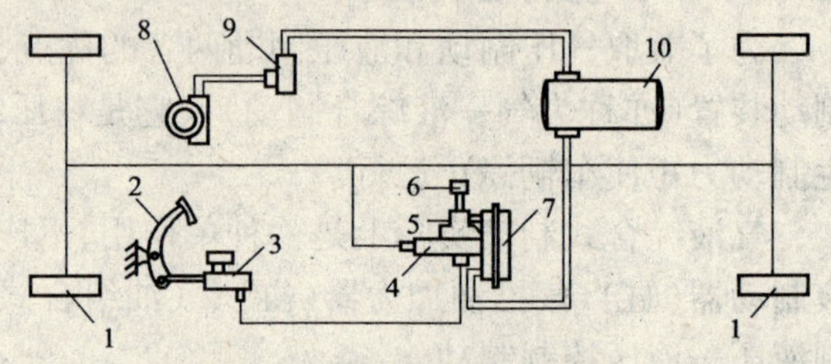

图3-33 真空增压管道示意图

1-制动缸;2-制动踏板;3-制动主缸;4-辅助缸;5-空气滤清器;6-控制阀;7-真空加力室;8-真空泵;9-真空单向阀;10-真空筒

踩下制动踏板时,从制动主缸3压出的制动油液先进入辅助缸4,然后将液压能一面传给前后制动缸1,另一面又作用于控制阀6,使真空加力室7起作用,对辅助缸活塞加力,使辅助缸和轮缸内的液压力变得远高于主缸的液压力。

2. 真空增压器结构与原理

日产FD60系列、国产CPCD5(6)叉车制动使用了真空增压器,其结构如图3-34所示。辅

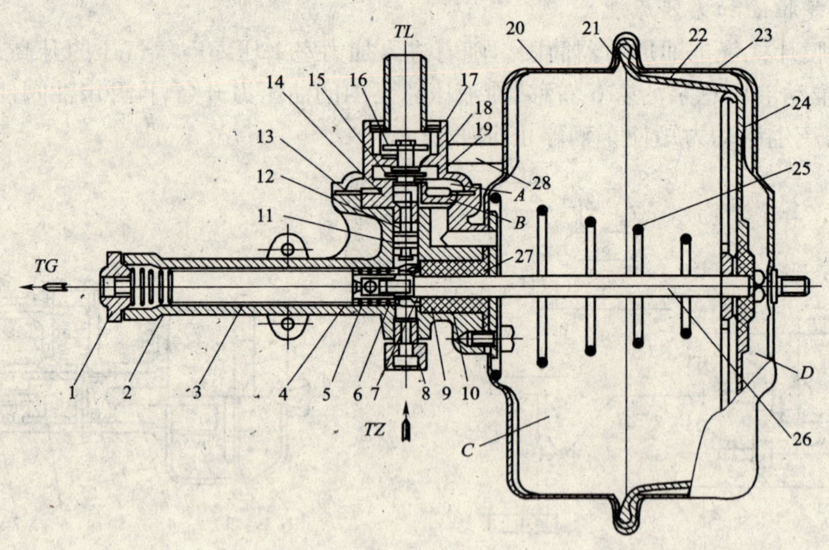

图3-34 真空增压器

1-出油接头;2-辅助缸活塞复位弹簧;3-辅助缸体;4-辅助缸活塞;5-球阀;6、9、12-密封圈;7-活塞限位座;8-进油接头;10-密封圈座;11-控制阀活塞;13-控制阀膜片;14-膜片座;15-真空阀;16-空气阀;17-阀门弹簧;18-控制阀体;19-控制阀膜片复位弹簧;20-加力气室前壳体;21-卡箍;22-加力气室膜片;23-加力气室后壳体;24-膜片托盘;25-复位弹簧;26-推杆;27-连接块;28-气管;*TG*-通制动缸;*TZ*-通主缸;*TL*-通空气滤清器

助缸内部被活塞4分隔成两部分，左腔经出油接头1通向前后制动轮缸；右腔经油接头8通制动主缸。推杆26左端通过密封圈座10支承在辅助缸体3中，并且以两个橡胶双口密封圈9保证孔和轴之间的密封。推杆右端与加力室内的橡胶膜片22连接，它的左端头嵌装有球阀5。在加力室工作时，推杆左移，球阀5将辅助缸活塞4端面的油孔通道封闭。不制动时，弹簧2将活塞4推靠在限位座7上。

在控制阀体18中有由真空阀15和空气阀16组成的双重阀门。空气阀座在控制阀体18上，真空阀座则在膜片座14上。膜片座下端与控制阀活塞11连接。不制动时，如图所示，空气阀16被关闭，使得真空增压器与大气隔绝，真空阀15则开启。控制阀*A*、*B*两腔相通。这样，控制阀上腔*A*和加力气室右腔*D*便具有与控制阀下腔*B*和加力气室左腔*C*同等的真空度。

（1）制动工作情况。踏下制动板时（图3-35a），主缸中的制动液被压入辅助油缸。因为开始时，球阀5开启，故液压油可以传送到各个制动轮缸。与此同时，液压力还作用在控制活塞11上，推动膜片座14上移，先关闭真空阀15，使上腔*A*和下腔*B*隔绝，然后开启空气阀16。于是外部空气便经过空气滤清器流入控制阀上腔*A*和加力气室右腔*D*，提高了*D*腔的压力，此时控制阀下腔*B*和加力室左腔*C*中的真空度仍然保持原来的数值不变。在*C*、*D*两腔压力差的作用下，膜片22带动推杆26向左移动，使球阀5顶靠在活塞4上的阀座。这样，制动缸便与辅助缸左腔隔绝。此时推动辅助缸活塞4左移的有两个力：一是由主缸传来的液压力，另一个是由加力室输出的推杆力。因此，在辅助缸左腔及各个轮缸中液压力远高于主缸所建立的液压力。

控制阀的随动作用也同气压制动系统中的制动阀一样。在*A*、*D*两腔中的真空度降低（即气压力升高）的过程中膜片13和双重阀门逐渐下移。*A*、*D*两腔真空度下降到一定值时，即因空气阀16关闭而保持稳定。这个稳定值的大小取决于控制阀活塞11下面的液压力（即主缸液压），而该液压力取决于脚踏力和踏板的行程。

（2）放松制动情况。完全放开制动踏板时（图3-35b），主缸液压力下降，控制阀活塞11连同膜片座14在*A*、*B*两腔气压差和膜片复位弹簧19的作用，下移动到下限位置，使真空阀15开启，*A*、*B*、*C*、*D*四腔又相通，加力室膜片22和推杆26、辅助缸活塞4都在弹簧力作用下复位。

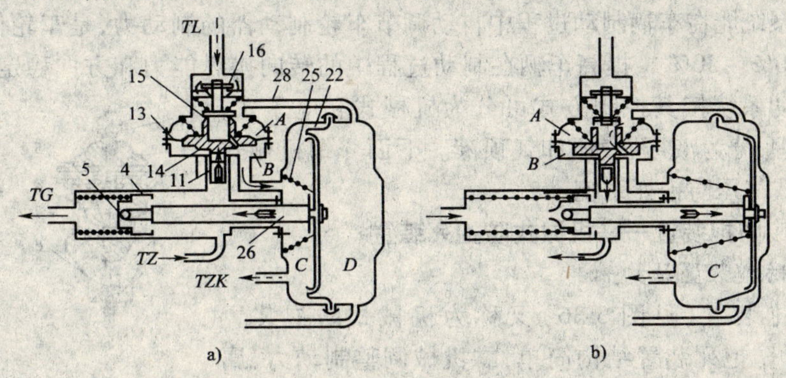

图3-35　真空增压器工作原理

（图注同图3-34）

a）踏下制动踏板时；b）松开制动踏板时

TL-通空气滤清器；*TG*-通制动缸；*TZ*-通主缸；*TZK*-通真空源

①球阀 5 的作用：在真空增压器失效时，辅助缸中的球阀 5 处于开启状态，保持制动主缸和制动轮缸之间油路畅通无阻。这样，整个制动系统就可以同简单液压制动一样工作，只是此刻的司机脚踏力要比有真空增压时大。

②真空单向阀 15 的作用：真空泵的真空度高于真空筒内部的真空度时，真空阀 15 打开，使真空筒内的真空度得到提高；当发动机转速下降，或停止运转导致真空泵真空度低于真空筒内真空度时，真空阀 15 就自动关闭，这样可使真空筒及加力室保持有较高的真空度，在发动机停止运转时进行几次制动加力。

3. 真空增压制动器的修理

真空增压器分解后，全部零件放入溶剂清洗干净、擦干、压缩空气吹干净凹槽和管道。所有的橡胶制品拆下后全部更换，没有备品应急情况下要用酒精或制动液清洗，并用无纤维布擦净，检查各件表面有无损伤，确认无损伤后不要在接触机油、润滑脂和汽油，放干净处以备使用。检查真空阀、阀座，不应有划纹、裂纹；检查各弹簧的弹力和分配阀的橡胶膜片，发现不足应更换或换新片；检查辅助缸内孔、推杆、控制阀体内壁，如有轻微拉痕、腐蚀可用 500 ~ 600 号水磨砂纸打磨，再用棉布抛光；检查球阀，如有斑痕、镀铬层剥落应更换。

三、气压防抱死制动系统

地面制动力是使汽车制动而减速行驶的外力，而地面制动力取决于两个摩擦副的摩擦力：一个是制动器内制动蹄摩擦片与制动鼓间的摩擦力，通常称这种阻力为制动器制动力；另一个是轮胎与地面之间的摩擦力，在汽车行业里称呼为轮胎——地面附着力。大量的事实与实验证明制动时，车轮的运动有滚动和抱死拖滑两种情况。当制动器制动力小于轮胎——地面附着力，汽车车轮将保持一定的滑移率，汽车将保持稳定状态；反之，若制动器制动力大于轮胎——地面附着力时，则汽车车轮出现抱死现象。若前轮抱死，汽车将失去转向能力；若后轮抱死，汽车将发生侧滑、甩尾，使汽车制动性能明显变差，这对车辆是非常危险的。实验还证明车轮在临界抱死时的制动效果最佳，然而用人工的方式是无法做到的，只有靠机械或电子控制方式才可以实现，因此，就引用了 ABS 制动系统。

ABS 制动系统能在车辆制动过程中自动调节车轮制动器的制动力，是车轮保持最佳的滑移率（一般在 10% ~30%），提高车辆在制动过程中的转向操纵能力和方向稳定性，缩短制动距离。ABS 制动系统按其控制方式可分为机械式和电子式；按其结构和原理，分为液压、气压和气顶液。下面介绍机械式防抱死和电子式气压防抱死系统。

（一）自适应防抱装置——机械式防抱死装置

1. 自适应防抱装置结构

自适应防抱装置（见图 3-36）又称为机械式防抱装置（MABS）。此种防抱死装置结构简单，靠机械调整制动力，属非电子控制类型的防抱死装置。它主要由弹性胶囊 1、能容纳并约束该弹性胶囊膨胀的空腔 7 及壳体 6 构成。壳体上装有与制动管路连接的接头 5，能排除安装后残余在管路中的空气的排气阀 4，以及可对空腔 7 充气形成预压的充气阀 8。MABS

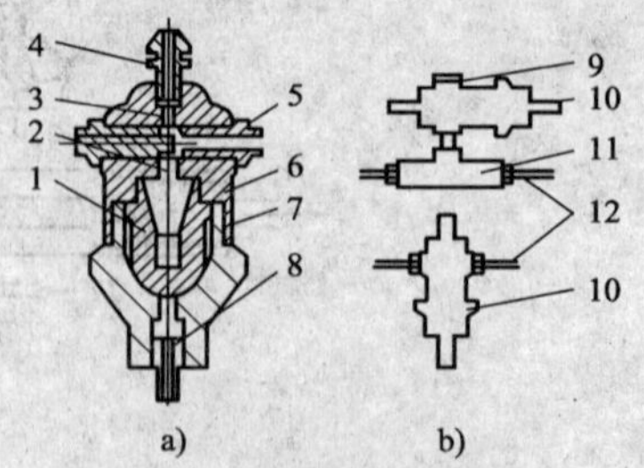

图 3-36　MABS 结构及安装示意图

a）结构；b）安装方式

1-弹性胶囊；2、3-通道；4-排气阀；5-接头；6-壳体；7-空腔；8-充气阀；9-堵塞；10-MABS；11-三通；12-制动管路

有两种安装方式(见图 3-36b),可以直接接入通往制动分泵的管路中,也可以用三通旁接在管路中。

2. 自适应防抱死装置工作原理

MABS 制动时,制动液有一部分经通道 2 流入弹性胶囊中,弹性胶囊随制动液压力的增大而膨胀,一部分压力能用来克服胶囊的弹性阻力作功,从而减小制动管路中的制动压力,同时胶囊中的压力也随之上升。由于胶囊有弹性,胶囊中的压力有时会大于制动管路中的压力。此时,制动液反向流动,胶囊缩小,使制动液压力升高,直至制动管路中的压力又大于胶囊中的压力。如此循环往复,使得作用在制动蹄上的压力过大时自动减小,过小时自动增大,从而达到调节制动力矩的目的,起到防抱死作用。

(二)电子控制气压防抱死

气压 ABS 主要用于中、重型载货汽车上,所装用的 ABS 主要分为两类:一类是用于四轮后驱动气压制动的汽车上,另一类是用于汽车列车上的 ABS。

四轮后驱动气压制动系统汽车装用的 ABS,一般采用四传感器、四通道、四轮独立控制,如图 3-37 所示。每个车轮配有一个轮速传感器和一个制动压力调节器(PCV 阀),前轮 PCV 阀串联在快放阀与前轮制动气室之间,后轮 PCV 串联在继动阀与后轮制动气室之间。PCV 阀根据 ABS ECU(车载电脑)的指令将压缩空气充入制动气室、排出制动气室或封闭制动气室,从而实现制动压力的“增压”、“减压”和“保持”过程。

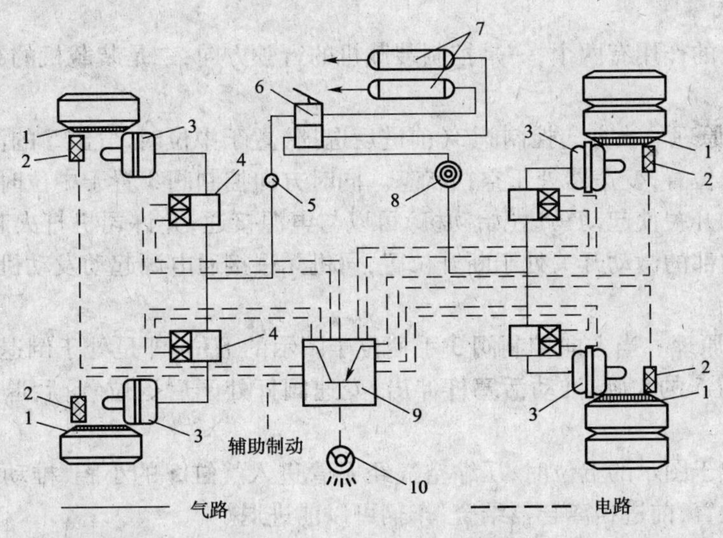

图 3-37　气压制动 ABS

1-齿圈;2-轮速传感器;3-制动气室;4-制动压力调节器;5-快放阀;6-制动总阀;7-储气筒;8-继动阀;9-ABS ECU;10-报警灯

四、气压传动在变速系统中的应用

ZL100 装载机换挡系统采用了气压传动技术。下面结合图 3-38 介绍其工作原理。

1. 压力保护阀

压缩机将空气压入储气罐,当气压达到 0.6MPa 时,压力保护阀 4 打开,空气沿管路进入速度控制阀 1、空气电磁阀 8、快速释放阀 9 和方向控制阀 3。当气压小于 0.6MPa 时,各挡位均不能动作，从而起到低压安全保护作用。

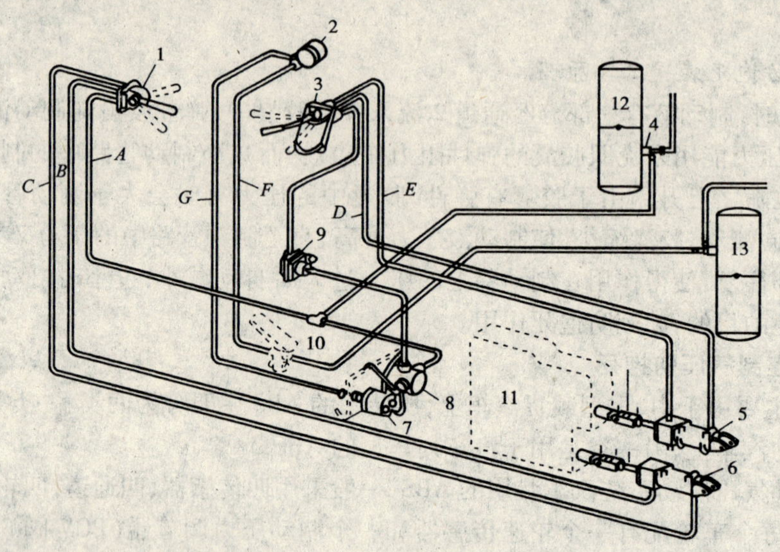

图 3-38　装载机气动换挡系统原理图

1-速度控制阀；2-自动脱挡控制阀；3-方向控制阀；4-压力保护阀；5、6-气缸；7-压力开关；8-空气电磁阀；9-快速释放阀；10-制动阀；11-变速阀；12、13-储气罐

2．方向控制阀

方向控制阀 3 的作用有两个，一是控制装载机的行驶方向，二是装载机的起动保护。其原理如下：

(1)起动保护原理。当方向控制阀 3(前进后退挡)置于中位时，气缸 5 的活塞杆在复位弹簧作用下处于中间位置，变速器处于空挡状态。同时方向控制阀 3 置于中位时，安装于方向控制阀 3 内部的微动开关使起动马达(始动机)可以与电源接通，允许司机打火起动发动机。而在其他位置阀 3 内部的微动开关处于断开位置，司机无法接通电源起动发动机，从而实现装载机的起动保护功能。

(2)前后换挡原理。当方向控制阀 3 手柄位于图示的下位，即是处于倒退位置时，压缩空气经 D 管进入气缸 5 的大腔，推动活塞杆伸出，变速阀杆处于后退位置，后退挡离合器结合，车辆可以后退。

当阀 3 手柄位于图示的上位时，压缩空气经 E 管进入气缸 5 的小腔，推动活塞杆伸出，变速阀杆处于前进位置，前进挡离合器结合，车辆可以前进退。

方向挡回中位后，D 或 E 管内的压缩空气经快速释放阀 9 流回大气，气缸 5 的活塞杆在复位弹簧作用下处于中间位置，为下次换挡做准备。

3．速度控制阀

当速度控制阀 1 置于中速位置时，通 B、C 管的口开启，B、C 管排气，气缸 6 的活塞杆及与之相连的变速阀杆通过中心弹簧保持在中速挡位，装载机中速行驶。

当速度控制阀置于低速挡位置时，空气经 C 管进入气缸 6 的大腔，使活塞杆伸出，从而推动变速阀杆处于低速挡位置，使装载机实现低速行驶。

当速度控制阀移动到高速挡位置时，空气经 B 管进入气缸 6 的小腔，使活塞杆缩回，带动

变速阀杆处于高速挡位置，装载机高速行驶。

4. 自动脱挡控制阀

变速器自动脱挡控制阀2有“ON”和“OFF”两个位置。当置于“ON”位置时，踩下制动踏板，从 *B* 储气罐进入制动阀的空气，一路进入制动系统，另一路经 *F* 管、阀2和 *G* 管进入压力开关7，使其闭合。压力开关7闭合后，空气电磁阀8即被接合，从而切断了压缩空气通往快速释放阀9的通道，并使阀9的排气口打开与大气接通。这样，*D* 管、*E* 管的空气通过阀9被快速释放，气缸5的大、小腔压力瞬间降到大气压力，气缸5的活塞杆迅速回到中间位置，变速器进入空挡状态。当制动阀松开时，压力开关7和 *G* 管处于排气状态，压力开关7断开，空气电磁阀8分离，压缩空气重新经阀8、阀9向阀3供气，变速器回到原挡位状态，从而实现制动时变速器自动脱挡功能。

当阀2打到“OFF”位置时，将进入压力开关7的通道切断，从而阻止变速器自动脱挡。

5. 装载机大臂起升上限气压保护装置

装载机大臂在起升时，如果上升到极限位置时仍然继续上升，则会造成大臂液压缸活塞和前端盖损坏，造成事故。在一些装载机的臂架系统中安装了气压保护装置。在臂架下端安设一个电器限位开关。当臂架起升到安全极限位置时，电器限位开关接通气压电磁阀，压缩空气进入臂架液压缸先导阀的阀芯下端，推动先导阀的阀芯上抬，强制切断先导阀通往控制大臂液压缸的液控换向阀高压油路，达到保护臂架液压缸的目的，见图3-39。

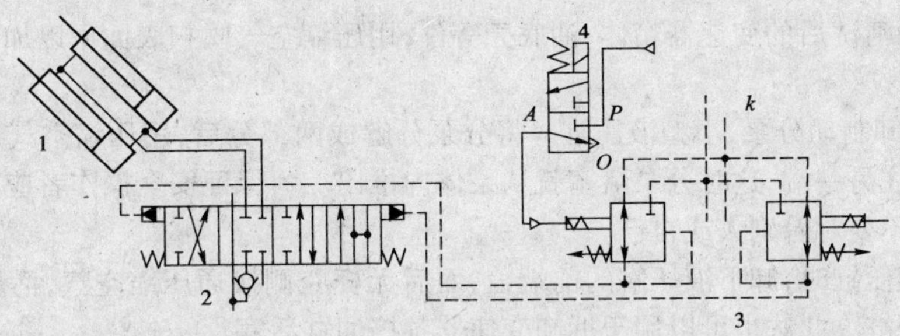

图3-39 液压气动保护原理图

1-臂架液压缸；2-液控四位六通换向阀；3-臂架控制先导阀；4-电磁阀；*P*-压缩空气；*k*-先导阀控制油；*A*-压缩空气出口

液压气动保护原理如下：

(1)臂架上升时，臂架控制先导阀3(左阀芯)的控制油进入液控四位六通换向阀的左端，推动阀芯向右移动，主油路的高压油进入臂架液压缸的大腔，小腔油经过四位六通换向阀流回油箱，大臂带动斗缸上升。

(2)到达极限位置时，高度限位电磁阀4被接通，阀芯移动，将压缩空气送往臂架控制先导阀的阀芯下端，将阀芯强制推向上方，切断通往臂架控制阀的控制油，臂架控制阀芯在复位弹簧作用下回到中位，通往臂架液压缸大腔的液压油被切断，于是臂架不再上升。

6. 压缩空气在变速器维修中的应用

压缩空气不仅可以用在气压传动系统中，也可应用于装卸机械的液力传动机械系统的维修之中。例如：压缩空气可以运用于对液压、液力元件的检查、清洗、拆卸总成等方面。

(1)用于检查液力变速器装配安装质量:

①检查自动变速器总成。在安装变速操纵阀前,先将压缩空气沿倒退一、二挡油孔依次输入,然后快速切断气源(约0.8MPa)反复几次,均能听到“砰”的一声闷响,这是各挡油缸与活塞相撞发出的声音。如果通气时间稍长,允许各挡活塞与油缸配合处有微弱漏气声响。此时可以断定变速器装配合格,可以装上变速器操纵阀完成自动变速器总装。

②检查变速器三轴总成。在台钳上夹持三轴总成的输出齿轮并固定牢靠,用手转动直接挡轴,此时应转动轻便。然后将压缩空气沿油道送入二挡离合器液压缸,听见“砰”的一声时,如果一人双手用力不能转动直接挡轴,快速切断压缩气源,直接挡轴又能轻松转动则可断定三轴总成完好。

(2)用于检查液压缸。向装配好的液压缸接油口(任意一侧)输入压缩空气,活塞应在气压作用下逐渐被推到液压缸另一侧,当活塞运行到终端后,用手放到活塞行程终端一侧的接油口处,手应感觉不到有气流出,表明液压缸装配合格。

(3)用于检查液压系统。主要用于检查液压系统管道是否通畅。

(4)用于清洗液压、液力元件小孔道或装配前清洁工作。在液压、液力元件拆下准备清洗、检查时,往往需要进行清洗。一般表面比较好清洗,其内部有些小孔道则不宜清洗干净,此时可以接通压缩空气帮助疏通小孔道。

多数维修单位、维修车间不具备厂家对液压(力)装配的环境要求。为此,在组装前先用压缩空气吹扫待装件的表面,而后浸入液压油中,随后即取出即安装。这样可减少液压件受污染的可能。

对进行表面清洗后的变速器箱体、油底壳等件,用压缩空气吹扫表面可以加快这些物件的干燥。

(5)帮助拆卸制动分泵、小型液压缸。将分泵分解成两部分后,用压缩空气从油孔一端输入,同时用手堵住另一端,这时分泵活塞就从泵体内推出。为保证安全操作者应戴上手套或多层布,同时分泵不要对着别人或自己。

拆卸小型液压缸时,卸下液压缸的前端盖,而后无杆腔侧接通压缩空气,活塞便可在气压作用下推出液压缸。此法也可以用于拆卸变速器各挡油缸活塞。

五、气压传动常见故障的排除

(一)储气罐

1. 储气罐容量

一个质量好的储气罐的容量应当满足车辆制动要求。检查的方法是:在发动机停止运转后,允许全制动6~10次(储气罐气压为最大压力),气压降至30~45kPa。日常,司机应当经常通过储气罐放水阀除去储气罐内的水,以保持储气罐内有足够的压缩空气。储气罐内的水分过多,会减少储气罐中储气的容量。根据气体一些基本理论可知,一定质量的气体在温度保持不变时,它的体积与压强的乘积是一常量,即

$$P_0V_0 = P_1V_1 \tag{3-4}$$

式中:P_0——制动前储气罐内压强(kPa);

V_0——标准状况下储气罐体积(m^3);

P_1——制动时各气室的压力(kPa);

V_1——制动时制动管路、气室、储气罐的总容积(无水),$V_1 = V_0 + V_{其他}$(m^3)。而实际 $P_1 = P_0 \cdot V_0/V_1 = P_0V_0/(V_0 + V_{其他})$;

$V_{其他}$——储气罐内的水分、油及其他杂质所占的容积。

很明显储气罐内有过多水分和杂质会降低制动器室内的工作压力。另外,由于储气量的减少还会影响连续制动次数,制动效果下降。

2. 储气罐漏气

如果储气罐漏气症状明显,应先查看储气罐的使用时间和锈蚀情况。

储气罐漏气的修理方法可采用气焊修补,或者更换新储气罐。

慢撒气是一种较难诊断的故障。可以通过试验检查发现。将车辆的储气罐压力升到规定的最高压力(如0.8MPa),用肥皂液涂抹在气泵、气管接头、气管、单向阀等处,将车辆停放2~3h后再检查气压下降情况,如果气压下降低于规定的最低气压值,说明有气泄漏。如果气泵、气管接头、气管、单向阀都没有发现漏气,则说明漏气处在储气罐上。此时只要认真检查储气罐的表面,特别是焊缝、碰撞凹瘪处、表面油漆长期脱落处,就不难发现有粘满灰土的湿润处,这就是压缩空气慢漏气处。或者将储气罐卸下,放入水池进行密封性水压检查。

慢撒气故障解决方法是将储气罐拆卸下,进行彻底安全清洁处理后,采用焊接或粘接方式修复。

3. 储气罐支架

储气罐支架不牢固、支架与储气罐之间的减振带损坏,都会引起储气罐上的输气管断裂。使全车制动失灵。

(二)气压表显示假气压故障

气压表显示气压值高于实际气压,称为假气压。例如,当气压表示为0.6MPa,实际气压可能只有0.4MPa时,假气压的误导可能影响行车安全。检查气压表是否有假气压的方法是放完储气罐内的压缩空气,气压表的指针应指向0,当压力表上压力值达到或超过0.1MPa时,应更换气压表。

第四节　气压传动中元件的选用与替换

一、气缸的选用与替换

(一)气缸元件的选用与替换的基本知识

内燃装卸机械中使用的气缸多是用于车辆的制动,另有一些是用于牵引车的拖盘挂钩摘钩和机械动力传动变速器的换挡中。气压传动所用的气源多为随车的空压机,车载空压机工作压力基本都相同,因而主要是根据作用力、工作机构的运动速度要求确定气缸的主要尺寸,如缸内径、活塞杆直径,并按照缸筒内径、活塞杆直径系列标准选用标准尺寸。气缸缸筒内径、活塞杆直径的标准尺寸见表3-4和表3-5。

缸筒内径系列(单位:mm)　　表 3-4

气缸缸筒内径	8	10	12	16	20	25	32	40	50	63	80	(90)	100
	(110)	125	(140)	160	(180)	200	(220)	250	320	400	500	630	

注:无括号的数值为优先选用。

活塞杆直径系列(单位:mm)　　表 3-5

活塞杆直径	4	5	6	8	10	12	14	16	18	20	22	25
	28	32	36	40	45	50	56	63	70	80	90	100
	110	125	140	160	180	200	220	250	280	320	360	400

气缸的筒壁厚尺寸、活塞杆尺寸以及各主要零件的尺寸根据系统的工作压力或气源进行计算和设计气缸,也可以根据计算的数值选用标准气缸。选用标准气缸同时还应考虑到气缸的安装形式及行程要符合现场实际。

(二)根据作用力确定缸筒直径

1. 单向作用气缸的缸径计算

如图 3-40 装卸机械中的制动、摘挂钩用的气缸为单作用式,其不工作时是靠弹簧作用力复位。因而工作时作用在活塞杆上输出的力必须克服弹簧的反作用力和活塞杆工作时总阻力,计算公式如下:

$$F_i = \frac{\pi}{4}D^2 p \times 10^3 - (F_t + F_z) \quad (\mathrm{N}) \tag{3-5}$$

图 3-40　单向作用气缸计算简图

式中:F_i——活塞杆上的推力(或称工作负载)(N);

D——活塞直径(m);

p——气缸工作压力(kPa)(1kPa = 1000Pa = 1000N/m²);

F_t——弹簧反作用力(N);

F_z——气缸工作时的总压力(N)。

F_t 弹簧的反作用力按以下公式计算:

$$F_t = C(l + s) \quad (\mathrm{N}) \tag{3-6}$$

其中:

$$C = \frac{Gd_1^4}{8D_1^3 n} \quad (\mathrm{N/m}) \tag{3-7}$$

$$D_1 = D_2 - d_1 \quad (\mathrm{m}) \tag{3-8}$$

式中:C——弹簧刚度(N/m);

l——弹簧预压缩量(m);

s——活塞行程(m);

G——弹簧材料抗剪模数(N/m²);

d_1——弹簧钢丝直径(m);

D_1——弹簧平均直径(m);

D_2——弹簧外径(m);

p——气缸工作压力(kPa);

n——弹簧有效圈数。

气缸工作时的总阻力 F_Z 包括:运动部件的惯性力、各密封处的摩擦阻力等,它与多种因素

有关。综合考虑，仍将总阻力 F_z 以效率 η 的形式计入公式：

$$F_i = \frac{\pi}{4}D^2 p\eta \times 10^3 - F_t \tag{3-9}$$

式中，考虑总阻力损失时的效率 η 一般取 0.7～0.8，活塞运动速度 $v < 0.2\text{m/s}$ 时取大值，$v > 0.2\text{m/s}$ 时，取小值。

由式(3-9)得单向作用气缸的直径公式

$$D = \sqrt{\frac{4(F_1 + F_t)}{\pi p\eta} \times 10^{-3}} \tag{3-10}$$

计算出的值应按标准圆正。

例 3-1　设计一个单作用气缸，其工作压力为 500kPa，弹簧最大反力为 200N，输出有效的推力为 500N，效率取 0.8。试求此气缸的直径。

解：由公式(3-10)可知

$$D = \sqrt{\frac{4(F_1 + F_t)}{\pi p\eta} \times 10^{-3}}$$

$$= \sqrt{\frac{4(500 + 200)}{\pi \times 5 \times 0.8p\eta} \times 10^{-3}}$$

$$= 4.74 \times 10^{-2}\text{m}$$

按表 3-4 圆正，取所计算的气缸直径 $D_m = 50\text{mm}$。

缸筒内经确定后就可以根据单作用气缸的工作空间、有效行程、安装方式对照产品样本确定所适用的气缸。

气缸的筒材料大体上有 3 种，铸铁(HT15—33、HT20—40 等)；低碳钢 A_3 和 45 号钢缸筒；铝合金 ZL_3。其中铸铁的价格低，体积大；铝合金体积小，重量轻，价格高。选用气缸时应综合考虑。

2. 薄膜气缸

装卸机械制动用气缸使用较多的是薄膜气缸。其结构如图 3-41 所示。它的工作原理与单向作用气缸相同，只是它的活塞是一个周缘固定在缸体上的薄膜，膜的材质一般是夹织物橡胶制成。在薄膜的中间部位有一块硬芯，此硬芯与推杆固定，它依靠薄膜在气压作用下变形来使活塞杆移动。这种气缸的特点是结构紧凑、重量轻、维修方便，制造成本低密封性能好。由于薄膜片变形有限，因而它的行程很短，一般不超过 40mm。在计算它的推力时需要将它的有效直径计算出来。其有效直径的定义是：

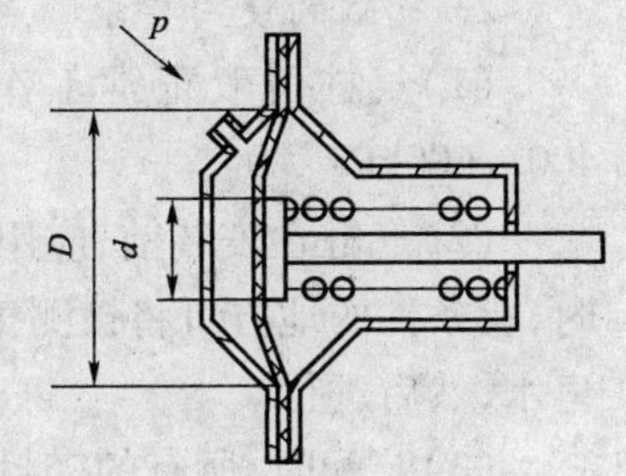

图 3-41　薄膜气缸

$$D_m = \sqrt{\frac{D^2 + Dd + d^2}{3}} \tag{3-11}$$

式中：D——气缸直径；

d——硬芯直径。

活塞杆上的推力 F_1 计算如下：

$$F_1 = \frac{\pi}{12}(D^2 + Dd + d^2)p \times 10^3 - F_t \tag{3-12}$$

式中：D——气缸直径(m)；

d——硬芯直径(m)；

p——压缩空气工作压力(kPa)；

F_t——弹簧的反作用力(N)。

(三)气缸的选择及使用中注意问题

1. 气缸选择要点

(1)安装形式的选择。由安装位置、使用目的等因素决定。在一般情况下，多用固定式气缸。需要随同工作机构连续回转时选用回转气缸。在除要求活塞杆作直线运动外，又要求作较大的圆弧摆动时，则选用轴销式气缸。仅在360°～180°之间做往复摆动时，选用单叶片或双叶片摆动马达气缸。需增加制动力，可选用气推油形式的气液增压缸。

(2)作用力大小。根据工作机构所需的力大小来确定活塞杆上的推力和拉力。一般应根据工作条件的不同，按力平衡原理计算出气缸作用力再乘以1.15～2的备用系数，从而去选择和确定气缸的内径。这是因为同一气缸工作时的实际输出力大小随要求的工作速度不同而有变化。速度增高，则由于背压增高等因素影响，输出力将急剧下降，其变化是非线性的。气缸行程的长短确定与使用场合、设备空间条件和机构的行程比有关，也受加工和结构的限制。一般应在计算的基础上加10～20mm的行程余量。

(3)活塞(或气缸)的运动速度。主要取决于气缸进排气口及导管内径的大小。如果要求活塞杆高速运动，应选用内径较大的进排气口及导管，通常为了得到缓慢的、平稳的活塞杆运动速度，可选用带节流装置的或气—液装置气缸。节流调速的方式有：当用水平安放的气缸推负载时，推荐用排气节流；而用垂直安装的气缸举升重物时，则推荐用进气节流；当要求行程终点活塞杆运动平稳时，则选用带缓冲装置的气缸。

2. 气缸的使用要求

(1)气缸一般正常工作条件要求是：周围的介质温度在－35～＋80℃。工作压力为400～600kPa。

(2)气缸在安装前，应用1.5倍于工作压力的气压进行试验，不应有漏气现象。做此试验时，有条件的地方可将被测气缸放入水池中进行，无条件的地方可在气缸体的各连接处涂上肥皂水，然后进行。

(3)装配时，所有的密封件的相对运动工作表面应涂以润滑脂。注意所装配的气缸不能使用螺丝紧固，要用螺栓和螺钉紧固。以免螺丝根部因应力集中而断裂。

(4)安装的气源进口必须设置油雾器，以利工作中润滑。气缸的合理润滑是非常重要的润滑不好或润滑油量过大，都会影响正常工作。

(5)气缸在安装时，要注意到活塞杆的运动方向，一定避免出现活塞杆受到偏心载荷或横向载荷。

(6)对于负载行程中有变化时，应使用输出力有足够余量的气缸，并要附加缓冲装置。

(7)不使用满行程。以防活塞杆伸出时，发生活塞与缸盖相碰撞，引起活塞、缸盖等零件损坏。

气缸的试验要求请参见附录二《气缸的出厂试验》。

二、控制阀的选择

选用阀时要考虑以下几方面。

(1)选阀时,首先考虑技术规格满足使用环境的要求。如气源的工作压力范围、电源条件(电压)等。

(2)考虑阀的机能、功能满足工作需要。应尽可能选择原厂型号阀,如选不到,可以考虑用其他阀代替(如二位五通代替二位三通或二位二通)。

(3)根据流量选择阀的通径。对于直接控制气动执行元件的主阀,必须根据执行元件的流量来选择阀的通径(可查气动手册或厂家产品资料)。对于信号阀(手控、机控阀),根据它所控制阀的远近、控制阀的数量和要求动作时间等因素来选择阀的通径。

(4)根据使用条件、使用要求来选择阀的结构形式。

(5)安装方式选择。从安装维护方面考虑采用板式链接较好。

第四章　内燃电气控制技术

第一节　常见低压电器

一、蓄电池

蓄电池是一种可逆的直流化学电源，它能把直流电能转变为化学能储存起来，即充电；也能把化学能转变为直流电能向负载供电，即放电。

(一)蓄电池的类型

蓄电池的种类很多，根据电解液的不同，有酸性和碱性之分。目前汽车上广泛采用起动型铅酸蓄电池，其电极材料为铅和二氧化铅，电解液是硫酸的水溶液。这种蓄电池有普通干封式、干荷电式、湿荷电式和免维护式等多种。由于起动型铅酸蓄电池的构造简单、内阻小、电压稳定，可以在短时间内供给起动机强大的电流(汽油机用的为200～600A，柴油机用的高达1000A)；且价格低廉，加之结构简单，所以在现代汽车上采用较多。

(二)蓄电池的作用及型号

1. 蓄电池的作用

(1)起动发动机时，向起动机和点火系供电；

(2)在发电机电压较低时，向用电设备供电；

(3)在发电机超载时，辅助发电机供电；

(4)在发电机的端压高于蓄电池电动势时，可以将电能转变成化学能储存起来。

2. 蓄电池的型号

根据《起动用铅酸蓄电池产品品种和规格》(GB/T 5008.2—2005)的规定，车用蓄电池的型号由数字与字母共同组成。通常分为5段，如图4-1所示。第一段用数字表示蓄电池的单格数；第二段用字母表示蓄电池的用途；第三段用字母表示蓄电池的种类，如果是“A”，表示是干荷蓄电池，如果没有“A”则表示是普通蓄电池；第四段用数字表示蓄电池的容量；第五段用字母表示蓄电池的特性，如果是“G”则表示是高效率蓄电池，如果没有“G”则表示不是高效率蓄电池。

例4-1　6—QA—105G

6——6个单格蓄电池串联，电压为12V；

Q——起动型；

A——干式荷电型；

105——额定容量105A·h；

G——高起动功率。

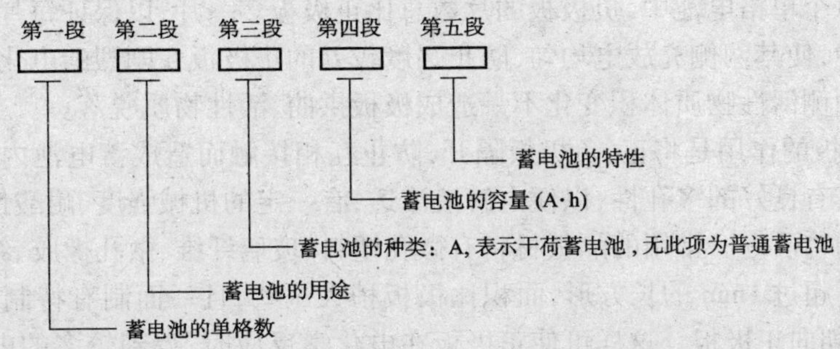

图 4-1　蓄电池标称的含义

（三）蓄电池的构造及工作原理

1. 蓄电池的构造

蓄电池的构造如图 4-2 所示。它一般由 6 个单格电池组成，每个单格电池的电压为 2V，6 个单格电池串联后对外输出标称电压为 12V。其主要由极板、隔板、电解液和外壳等部分组成。

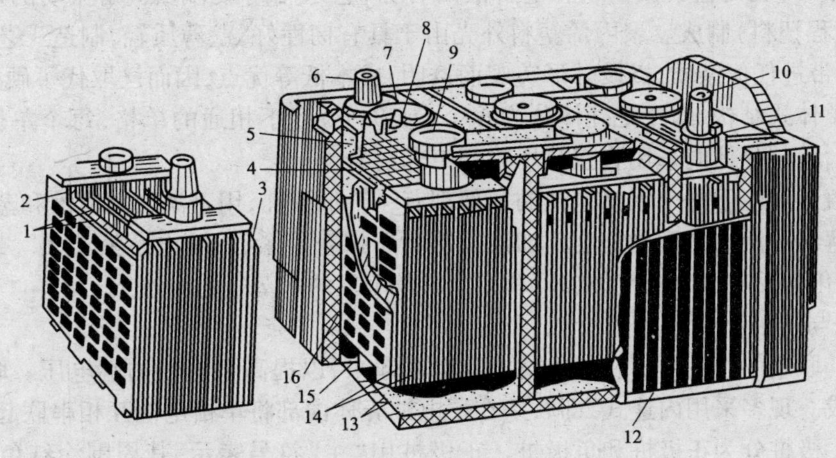

图 4-2　蓄电池的构造

1、6-隔板；2、14-负极板；3、13-正极板；4-保护板；5-封口料；6-负极接线柱；7-蓄电池盖；8-加液口塞；9-连接片；10-正极接线柱；11-密封环；12-容器；15-棱条；16-隔板

（1）极板。极板有正极板和负极板之分，是蓄电池的核心。极板由栅架和活性物质组成。栅架是极板的骨架，由铅锑合金浇铸而成。活性物质是蓄电池进行电化学反应的活化材料，正、负极板上的活性物质是不同的。正极板上的活性物质是二氧化铅（PbO_2），呈深棕色；负极板上的活性物质是海绵状纯铅（Pb），呈青灰色。两者都是由铅膏即氧化铅（PbO）加上一定的添加剂和硫酸溶液调和成膏状涂在栅架上，经干燥、化成（充电）处理而成。

将制作好的正、负极板各一片放入电解液中，两者间所能产生的电压约为 2V，所储存的额定容量约为 15A · h。

为了增加蓄电池的容量，可将多片正极板或负极板并联在一起焊接在铅质横板上，分别组成正、负极板组。横板上有铅质极桩,各片间留有一定的间隙。组装时正、负极板相互嵌合,中间插入隔板。在每个单格电池中,负极板的片数总比正极板多一片,以保证每片正极板都处在负极板的包围之中,使其两侧充放电均匀,防止强度较差的正极板在剧烈的电化学反应过程中单面工作而造成两侧活性物质体积变化不一造成极板拱曲、活性物质脱落。

(2)隔板。隔板的作用是将正、负极板隔开,防止互相接触而造成蓄电池内部短路。制作隔板的材料必须具有良好的多孔性,以便电解液渗透;有一定的机械强度、耐酸性和抗氧化性;不含对极板有害的物质等。常用的隔板材料有微孔塑料、玻璃纤维、微孔橡胶、纸质、木质等。

隔板为厚度不超过1mm的长方形,面积比极板稍大一些,且一面制有特制的沟槽。安装时,沟槽应垂直并朝向正极板。这样可使正极板在电化学反应时,得到较多的电解液;同时又能使电解液上下流通,使脱落的活性物质沿沟槽下沉到槽底。

(3)电解液。电解液由纯硫酸(相对密度为1.84)和蒸馏水按一定比例配制而成。配制成的电解液其密度一般为1.24~1.30g/cm^3(30℃)。电解液在蓄电池充放电过程中起离子间的导电作用,其中的硫酸还与活性物质进行电化学反应。

单格电池内的电解液液面应高出防护片10~15mm。使用中,电解液液面降低时,一般应补充蒸馏水至规定高度。

(4)外壳。外壳是盛放极板组和电解液的容器,它采用耐酸、耐热、耐振动的硬橡胶或聚丙烯塑料(工程塑料)制成。聚丙烯塑料外壳由于具有韧性好,壁薄质轻,制造工艺简单,容易热封合,不会带进任何杂质,以及外形美观而透明,成本低等优点,因而已取代了硬橡胶外壳。

外壳为整体式结构,间壁把壳体分为6个(或3个)互不相通的单格,每个单格底部有凸筋,顶上加盖,盖与壳体间采用直接热压封合工艺封合。

在电池盖上对应于每个单格电池的顶部都有一个加液孔,用于添加电解液和蒸馏水,也可用于检查电解液的液面高度和密度。加液孔平时用螺塞旋紧,以防电解液流出。螺塞上有通气孔,可使电化学反应放出的气体(H_2 和 O_2)以及蒸发的水蒸气随时逸出。

(5)联条与极桩:

①联条。联条的作用是将相邻单格电池串联起来,以提高蓄电池的端电压。联条用铅锑合金浇铸而成。现多采用内连式,即联条在蓄电池壳体内部将单格电池互相串联起来。

②极桩。极桩分为正极桩和负极桩。正极桩用"+"符号表示,其周围涂红色;负极桩用"—"符号表示,一般不涂颜色。极桩都用铅锑合金浇铸而成。

2. 蓄电池的工作原理

蓄电池的基本工作状态是放电和充电。放电是指蓄电池将化学能转变为电能向负载供电;充电是指蓄电池将直流电能转变为化学能储存起来。其充、放电过程是一种可逆的电化学反应,工作原理如下:

(1)电动势的建立。当极板浸入电解液时,极板上的活性物质会受到溶解电离与沉附两方面的同时作用。

在负极板处,一方面金属铅有溶解于电解液的倾向,因而有少量铅进入溶液,生成 Pb^{2+},在极板上留下两个电子2e,使极板带负电;另一方面,由于正、负电荷的吸引,Pb^{2+} 有沉附于极板表面的倾向。当溶解电离与沉附两者达到平衡时,负极板对电解液具有约 -0.1V 的电位。

在正极板处,少量 PbO_2 溶入电解液,先与水生成不稳定的 $Pb(OH)_4$,再分解电离成4价

铅离子和氢氧根离子。

由于 Pb^{4+} 沉附于极板的倾向大于溶解的倾向，因而沉附在正极板上，使极板呈正电位。

当分解电离与沉附作用达到平衡时，正极板对电解液具有约 +2.0V 的电位。

当外电路未接通，蓄电池内部的溶解电离与沉附作用达到相对平衡时，正、负极板间所具有的电动势 E 约为 2.1V。

(2) 蓄电池的放电。蓄电池接上负载，在电动势 E 的作用下。电流从正极经过负载流向负极，电子则从负极流向正极，使正极电位降低，负极电位升高，破坏了原有的平衡。

在正极板处，Pb^{4+} 和电子结合，变成二价铅离子 Pb^{2+}，Pb^{2+} 与电解液中的 SO_4^{2-} 结合生成 $PbSO_4$，沉附于极板上。

在负极板处，Pb^{2+} 与电解液中 SO_4^{2-} 结合也生成 $PbSO_4$ 沉附在负极板上，而极板上的金属铅继续溶解，生成 Pb^{2+} 和电子。如果电路不中断，上述电化学反应将继续进行，使正极板上的 PbO_2 和负极板上的 Pb 都逐渐转变为 $PbSO_4$，电解液中 H_2SO_4 逐渐减少而水增多，故电解液密度下降。

理论上，放电过程应持续到极板上的活性物质全部转变为硫酸铅为止；而实际上是不可能的，因为电解液不能渗透到活性物质的最内层。使用中，所谓放完电的蓄电池，实际上只有 20% ~30% 的活性物质变成了硫酸铅，因此采用薄型极板、增加极板的多孔性、提高极板活性物质的利用率是蓄电池工业的研究方向。

(3) 蓄电池的充电。充电时，应将蓄电池接直流电源。当电源电压高于蓄电池电动势时，在电源的作用下，电流从蓄电池正极流入，负极流出，电子则按相反方向从蓄电池负极流入、正极流出。这时正负极板发生的反应正好与放电时相反。

在负极板处有少量的 $PbSO_4$，进入电解液中，电离成 Pb^{2+} 和 SO_4^{2-}，Pb^{2+} 在电源的作用下获得 2 个电子变为金属 Pb，沉附在极板上。而 SO_4^{2-} 则与电解液中的 H^+ 结合，生成硫酸 H_2SO_4。

正极板处，也有少量 $PbSO_4$ 进人电解液中，电离成 Pb^{2+} 和 SO_4^{2-}，Pb^{2+} 在电源作用下失去 2 个电子变为 Pb^{4+}，Pb^{4+} 与电解液的 OH^- 结合生成不稳定的 $Pb(OH)_4$，$Pb(OH)_4$ 又很快分解成 PbO_2 和 H_2O，而 SO_4^{2-} 与电解液中的 H^+ 结合生成硫酸 H_2SO_4。

可见，在充电过程中，正、负极板上的 $PbSO_4$ 将逐渐恢复为 PbO_2 和 Pb，电解液中硫酸逐渐增多，水减少，密度上升。充电终期，密度将上升到最大值，且会引起水的分解。

理论上，每次充电时都可以使正、负极板上生成的硫酸铅（$PbSO_4$）全部还原成二氧化铅（PbO_2）和海绵状纯铅（Pb）。但由于硫酸铅质地较硬、组织较细，因而，总会有少量硫酸铅在充电时不能还原，久而久之，就会导致蓄电池容量降低，难以在车上起动发动机而报废。此外，铅蓄电池放电后生成的硫酸铅在电解液中的溶解度会随温度的升降而变化。温度升高时，硫酸铅在电解液中的溶解度增大；温度降低时，硫酸铅在电解液中的溶解度减小。因而放电后，若不及时充电，硫酸铅就会发生反复再结晶。再结晶后的硫酸铅质地更坚硬，组织更细密，充电时将不能还原成原有的活性物质而使蓄电池过早报废。

(四) 免维护蓄电池

免维护蓄电池，又叫 MF 蓄电池（即英文 Maintenace Free 的英文缩写）自 20 世纪 70 年代后期进入国际市场，得到了迅速的发展和应用。免维护蓄电池在池内安装有液气隔离板，使蓄电池上部形成集气室，集气室用来收集水蒸气和硫酸蒸气。当水蒸气和硫酸蒸气进入集气室冷却后则变成液体，返流回电解液中，从而有效地避免了水的消耗。免维护蓄电池采用袋式微孔聚氯乙烯隔板，将正极板包住，减少了正极板上活性物质的脱落，并可以防止极板短路。极板栅架采用无锑合金（如铅钙锡合金、铅钙合金等）或低锑（含锑2%～3%）合金，彻底消除或大大减小了锑的副作用，因而蓄电池自放电减少、耐过充电能力强、水的消耗量非常小，在整个使用过程中不需要定期检查，如检查液面高度、加注蒸馏水、定期充电等。免维护蓄电池的结构是全封闭式的，所以车辆短途行驶 8 万 km，长途行驶 40～48 万 km，不需进行维护。

（五）干荷电和湿荷电蓄电池

1. 干荷电蓄电池

干荷电蓄电池，即干荷电铅蓄电池，它与普通铅蓄电池的区别是极板组在干燥的状态条件下能够较长期（一般为 2 年）地保存在制造过程中所得到的电荷。所以，干荷电铅蓄电池在规定的保存期内如需使用，只要灌入符合规定密度的电解液，放置 15min，调整液面高度至规定标准后，不需要进行初充电即可投入使用，且其荷电量可达到蓄电池额定容量的 80% 以上。因此，它是应急的理想电源。目前，干荷电铅蓄电池已在国内大批量生产，并且基本上取代了普通铅蓄电池。

干荷电蓄电池之所以具有干荷电性能，主要在于蓄电池的材料和制造工艺与普通干封式蓄电池不同。

（1）在负极板上的铅膏中加入了适量的松香、油酸、硬脂酸等防氧化剂，以形成保护层，降低其活性，防止过早氧化。

（2）在极板化成过程中，适当延长化成时间或采用一次深放电循环或进行反复地充电、放电循环等深化处理，使活性物质达到深化。

（3）化成后的负极板，先用清水冲洗后，再放入防氧化剂溶液中进行浸渍处理，以除去残存在负极板上的硫酸并使其表面生成一层保护膜，防止海绵状纯铅硫化和干燥后储存期间发生"回潮"。

（4）将负极板置于充有惰性气体或抽成真空的干燥罐中进行特殊干燥处理，其抗氧化性能得到提高，因此，与普通干封式蓄电池相比，自放电小，储存期长。

干荷电蓄电池的维护与普通蓄电池基本一样。对于储存期超过两年的干荷电蓄电池，因极板有部分氧化，使用前应以补充充电的电流充电 5～10h 后再用。

2. 湿荷电蓄电池

湿荷电蓄电池与普通干荷铅蓄电池所不同的是，它采用极板群组化合而成，化成后将极板浸入内含 0.5%（重量比）硫酸钠的稀硫酸溶液里 10min（硫酸钠在负极板活性物质表面起抗氧化作用），离心沥酸后，不经干燥即进行组装密封成为湿荷电蓄电池。其极板和隔板仍带有部分电解液，蓄电池内部是湿润的，故而得名。

这种蓄电池自出厂之日起，可允许储存 6 个月。在储存期内如需使用，只需加入规定密度的电解液，20min 后不需初充电即可投入使用，其首次放电容量可达额定容量的 80%。如储存期过长，则需经过短时期的补充充电方可正常使用。

（六）其他蓄电池

由于受到内燃机污染和能源危机的冲击，世界各国都在大力开展新型电池的研究。用电

池代替发动机作汽车的动力源,不但可以节约石油,而且可使汽车的传动系统简化,污染、噪声减小,操纵方便。但目前汽车用铅蓄电池,由于其比能量仅为 40～50W·h/kg,故质量大、容量小,又需经常充电,所以用来作长途汽车上的动力源是不适宜的。

目前世界各国正在研制的新型高能电池,种类繁多,重点是:钠硫电池、燃料电池、锌—空气电池、锂合金二硫化铁电池等。

1. 钠硫电池

钠硫电池的结构原理如图 4-3 所示。钠硫电池中,阴极的反应物质是溶融的钠,阳极反应物质是带有一定导电物质的硫,电解质为 β—氧化铝矾土的陶瓷管,它既是绝缘体又能自由传导钠离子。其作用原理是,当外电路闭合时,阴极处不断产生钠离子并放出电子。

电子通过外电路移向阳极,而钠离子通过 β—氧化铝电解质和阳极的反应物质硫起作用,生成钠的硫化物。

上述反应不断地进行,电路中便获得了电流。这种电池,理论比能量高达 664W·h/kg,效率可达 100%(即可用充电量相同的电量完全放电),充电时间短、无污染,且原材料丰富,因而各国都很重视研制这种电池。缺点是硫化物易燃烧,工作温度高达 250～300℃,且寿命短,使用还有困难。

2. 燃料电池

燃料电池由燃料(氢、煤气、天然气等)、氧化剂(氧气、空气、氯气)、电极(多孔烧结镍电极、多孔银电极等)和电解质 KOH 溶液等组成,是利用燃料的氧化反应从化学能直接转变为电能的。因此与普通蓄电池不同,只要不断地加入燃料和氧气,就会不断地产生电能,故称燃料电池。

燃料电池的种类很多,有氢—氧、碳化氢、联氨电池等。下面仅以氢—氧燃料电池为例加以介绍。

氢—氧燃料电池的燃料为氢气,氧气作氧化剂,其结构(不锈钢)如图 4-4 所示。图中 A 是

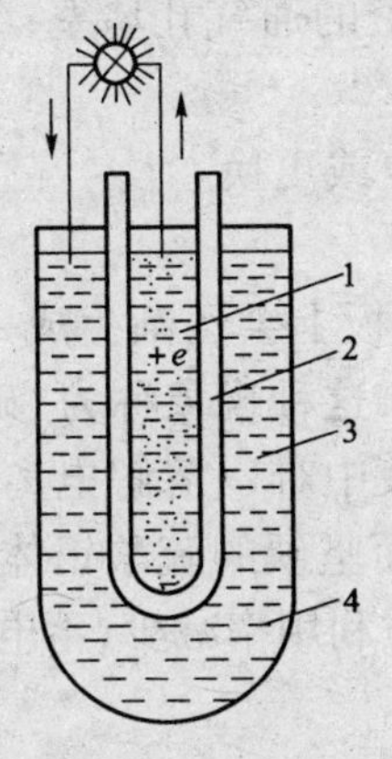

图 4-3　钠硫电池原理图

1-熔融钠;2-电解质;3-熔融硫;4-外壳(不锈钢)

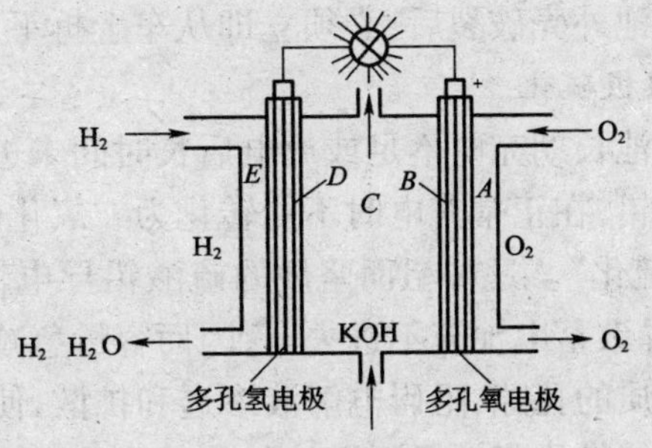

图 4-4　氢氧燃料电池结构示意图

A-氧化腔;B-正极(多孔氧电极);C-饱含电解液的石棉层;D-负极(多孔氢电极);E-氢气腔

氧气腔,氧气由高压氧气筒供给,工作压力为 666～1333Pa(1mmHg = 133.32Pa),E 是氢气腔,氢气由高压氢气筒供给。正极 B 是多孔性的氧电极,用钴和铝作催化剂;负极 D 是多孔氢电

极，用钯作催化剂；C 是饱含电解液的石棉填充物，电解液是 30% 的 KOH 溶液，由液泵使之循环。其化学反应如下：

电解液中 KOH 不断电离和化合形成相对平衡状态，即放电时，在负极 D（氢电极）处，氢与氢氧根离子化合生成水，并放出电子。电子通过外电路送到正极。在正极 B（氧电极）处，氧与水及外电路流来的电子起作用，生成氢氧根离子，进入电解液。在反应过程中，氢和氧不断地消耗，生成水，所以只要不断地供给氢和氧，反应就能继续进行，不断地产生电能向外供电。

燃料电池，由于比能量已达 200 ~ 350W · h/kg，为铅蓄电池的 4 ~ 7 倍，且不需充电，只要不断供应燃料就可继续使用，因此适合作为汽车的动力源。但它需要贵重金属作催化剂，成本高，且燃料的储藏和运输都有一定困难，因此有待进一步解决。

3. 锌—空气电池

锌—空气电池其比能量可达 150 ~ 400W · h/kg，正极板（由金属网集电器、活性层等组成）是一个薄空气电极，负极板是纯锌，电解液为氢氧化钾水溶液。其工作电压为 1.0 ~ 1.2V。

锌—空气电池具有放电电压稳定，没有污染等优点，但工作时要消耗一定的能量用于清除空气中的二氧化碳、滤清、通风，还要限制放电电流等缺点，尚需进一步研究解决。

（七）蓄电池的常见故障及排除

蓄电池的故障有两类：一类是外部故障，如外壳破裂、极桩松动与腐蚀等；另一类是内部故障，如极板硫化、内部短路、活性物质大量脱离、单格电池极性颠倒、自放电等。

1. 外壳破裂

外壳破裂是蓄电池使用中最严重的一种破坏性故障。外壳破裂后，蓄电池内的电解液会向外渗漏而流失。如果是间隔损坏，相邻两单格便会互通而短路，使端电压显著下降而无法正常工作。

蓄电池外壳破裂的主要原因是使用维护不当，如固定框架过紧；橡胶减振垫老化或漏装；汽车行驶中剧烈振动冲击；外力猛击蓄电池外壳；加液孔螺塞上的通气孔堵塞；冬季电解液密度过低或气温过低而结冰等。

蓄电池外壳破裂后，必须立即从车上拆下，视情况予以修复或更换。

2. 极板硫化

蓄电池长期充电不足或放电后长时间未进行补充充电，极板上会逐渐生成一层白色粗晶粒的硫酸铅，在正常充电时不能转化为二氧化铅和海绵状纯铅，这种现象称为“硫酸铅硬化”，简称为“硫化”。这种粗而坚硬的硫酸铅导电性差，且在电解液中难以溶解电离，使蓄电池内阻增大，导致蓄电池充不进去电，因而容量急减；而且，这种粗而坚硬的硫酸铅体积较大，会堵塞活性物质的孔隙，阻碍电解液渗透和扩散，使极板上活性物质利用率减少，蓄电池容量降低，起动时不能供给起动机所需的起动电流，以致不能起动发动机。

产生硫化的主要原因是：

（1）蓄电池长期充电不足或放电后未及时充电，极板上的硫酸铅将有一部分溶解于电解液中。温度越高，溶解度越大。但当温度下降时，溶解度减小，硫酸铅就会析出电解液而发生再结晶，再结晶生成的粗大晶粒的硫酸铅会附着在极板表面，使极板产生硫化故障。

（2）使用中不按规定定期检查和调整电解液液面高度，致使电解液液面太低，极板上部露

出液面，在充电时极板上端的硫酸铅不能与电解液发生化学反应，因而其上部的活性物质得不到恢复。另外，极板上部露出液面后与空气接触还会产生强烈氧化，在汽车行驶过程中，由于电解液的上下波动与极板氧化部分接触，使极板上部形成粗大晶粒的硫酸铅硬化层。

(3)长期过放电或小电流深放电，使极板深处活性物质深孔内生成硫酸铅. 平时充电时不易恢复而硫化。

(4)新蓄电池初充电不彻底，活性物质未得到充分还原。

(5)电解液密度偏高、成分不纯、外部气温变化剧烈。因为电解液密度过高时，蓄电池内部放电加快，同时浓硫酸侵袭极板而使变为硫酸铅的作用加强，因而极板容易硫化。

为避免极板硫化，蓄电池应经常处于充足电状态，放过电的蓄电池应在24h内及时送去充电，电解液密度要适当，液面高度应符合规定。

对于已硫化的蓄电池，应视情况处理。极板轻度硫化时，可用小电流长时间充电的方法予以排除；硫化较严重者应按去硫化充电法消除硫化；硫化特别严重者，只能予以报废。

3. *内部短路*

蓄电池正、负极板之间直接接触或被其他导电物体搭接，叫做内部短路。

内部短路的故障现象为开路电压较低，大电流放电时端电压迅速下降，甚至到零；充电过程中，电压与电解液密度上升缓慢，甚至保持很低的数值就不再上升，充电末期气泡很少，但电解液温度却迅速升高。

产生内部短路的主要原因是：

(1)隔板破损，使正、负极板直接接触；

(2)活性物质沉积过多，触及极板组下部；

(3)极板组弯曲变形严重；

(4)导电物体落入蓄电池内部，造成正、负极板组之间连通而短路。

对于短路的蓄电池必须拆开，查明故障部位和原因，予以排除。如更换破损的隔板、清除沉积的活性物质、校正或更换弯曲的极板组等。

4. *活性物质大量脱落*

活性物质脱落多发生在正极板上。这是因为正极板上的活性物质较松软，而且在充、放电时，电化学反应剧烈，活性物质的体积变化大. 所以容易脱落。

活性物质脱落后，电解液将变得混浊，蓄电池底部有大量的沉淀物，充电时有褐色物质自底部上升，电解液沸腾现象比正常蓄电池出现的早，端电压上升过快，电解液相对密度达不到规定值，放电时端电压下降快且容量不足。

活性物质大量脱落的主要原因是：

(1)蓄电池充电电流过大，电解液温度过高，使活性物质松软、膨胀而脱落；

(2)蓄电池经常过充电，由于极板孔隙中逸出大量气体冲刷极板，在极板孔隙中造成压力，而使活性物质脱落；

(3)极板严重弯曲变形；

(4)冬季电解液结冰；

(5)极板质量差；

(6)汽车行驶中剧烈的颠簸与振动。

对于极板活性物质脱落的蓄电池,沉积物少时,可清除后继续使用;沉积物多时,应更换新极板和电解液。

5. 单格电池极性颠倒

6个单格的蓄电池,若其中有一个单格电池极性颠倒,这时蓄电池的电压将降为8V,造成单格电池极性颠倒的主要原因是没有及早发现和排除技术状况不良或有故障的单格电池。当蓄电池放电时,该单格电池由于容量低首先放电至零,再继续放电时,其他单格电池的放电电流就会对它进行充电,使其极性颠倒。

对于极性颠倒的单格电池,应更换极板组。

6. 自放电

充足电的蓄电池,放置不用,逐渐失去电量的现象,称为"自行放电"。

自放电可以说是蓄电池存在的"先天性心脏病"。若每昼夜(24h)蓄电池容量损失不超过0.7%时,则属于正常性自放电;若每昼夜(24h)蓄电池容量损失超过0.7%时,则属于故障性自放电。

产生故障性自放电的主要原因是:

(1)电解液杂质含量过多,这些杂质在极板周围形成局部电池而产生自行放电。例如,当电解液中含铁量达1%时,充足电的蓄电池在一昼夜会全部放完电。

(2)蓄电池内部短路引起的自放电。例如,隔板或壳体隔壁破裂、极板活性物质大量脱落而沉于极板下部,都将使正、负极板短路而引起自放电。

(3)蓄电池盖上洒有电解液时,会造成自放电,同时,还会使极柱或连接条腐蚀。

(4)蓄电池长期存放,硫酸下沉,使极板上、下部产生电位差而引起自放电。

为减少自放电,电解液的配制应符合要求,并使液面不致过高,使用中还应经常保持蓄电池外表面的清洁。

自放电较轻的蓄电池,可将其正常放完电后,倒出电解液,用蒸馏水反复清洗干净,再注入新的电解液,充足电后即可使用;自放电严重的蓄电池,应解体检修或报废。

二、交流发电机及调节器

车辆上虽然装有蓄电池,但由于蓄电池储存的电能有限,并且在它放电后还必须及时进行补充充电。因此,车辆上除了要装蓄电池外,还必须要装发电机。目前汽车上装用的发电机主要是硅整流发电机(也称交流发电机)。它作为车辆的主要电源,可对除起动机之外的几乎所有用电设备供电,同时还向蓄电池充电。

(一)交流发电机的种类及构造

1. 交流发电机的种类

车辆上使用的硅整流发电机形式多样,其主要类型有以下几种:

(1)按硅整流发电机的总体结构分有:普通硅整流发电机、整体式发电机(将调节器装于发电机内部,两者构成一体)、带真空泵式硅整流发电机(将液压制动系统真空增压装置的真空泵与发电机同轴安装构成一体)、无刷式硅整流发电机(发电机内部没有电刷和滑环)、永磁式硅整流发电机(转子磁极采用永磁材料)等多种。

(2)按磁场绕组搭铁方式分有:内搭铁式硅整流发电机(磁场绕组一端与发电机外壳相连

而搭铁）和外搭铁式硅整流发电机（磁场绕组一端必须经调节器而搭铁）两种。

（3）按整流二极管的数量分有：六管硅整流发电机（整流器由 6 只硅二极管组成）、八管硅整流发电机（整流器由 8 只硅二极管组成，其中有一对二极管接在发电机中性点）、九管硅整流发电机（在 6 管硅整流发电机的基础上加装了 3 只小功率磁场二极管）和十一管硅整流发电机（在八管硅整流发电机的基础上加装了 3 只小功率磁场二极管）等。

2. 交流发电机的构造

普通硅整流发电机的构造一般由转子、定子、硅整流器、前后端盖、电刷架、风扇等组成。如图 4-5 所示。另外还有一个与交流发电机相匹配的电压调节器。

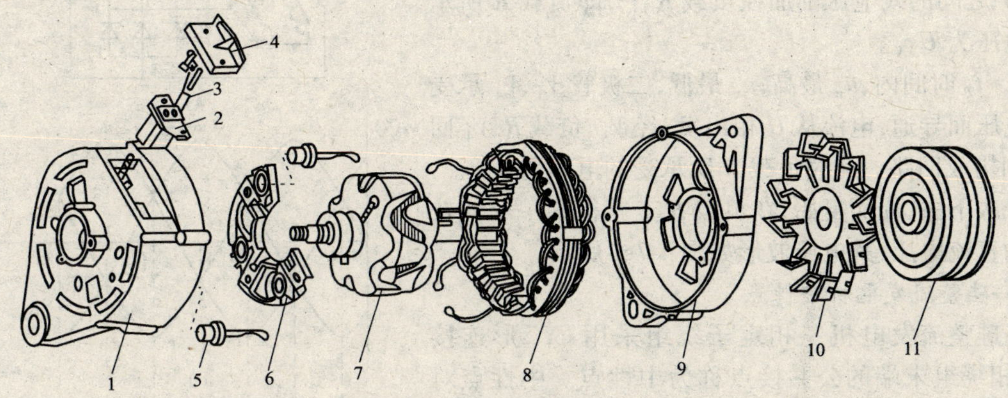

图 4-5　交流发电机的构造

1-后端盖；2-电刷架；3-电刷；4-电刷弹簧压盖；5-硅二极管；6-散热板；7-转子；8-定子总成；9-前端盖；10-风扇；11-皮带轮

（二）硅整流发电机的工作原理

1. 发电机的发电原理

发电机的基本发电原理是电磁感应的右手定则。如图 4-6 所示，当开关 SW 闭合时，蓄电池即向磁场绕组 4 放电，爪形磁极 3 即被磁化。磁力线由爪形磁极的 N 极出发，穿过转子与定子间很小的空气隙进入定子铁芯 2，最后又经空气隙回到相邻的 S 极，通过磁轭构成回路。由于每块爪形磁极有 6 个鸟嘴形结构（图中仅画出一个），可使磁场近似按正弦规律变化，且每 60°变化一个周期，因而转子每转 360°即一圈，磁场则按正弦规律变化 6 次。

发电机的三相定子绕组 1（图中仅画出单相单匝）结构完全相同，并按一定规律分布在定子铁芯的槽中。当转子转动（即呈正弦规律变化的磁场旋转）时，由于三相定子绕组相对切割磁力线，所以在三相定子绕组中便产生频率相同、幅值相等、相位互差 120°电角度的三相正弦交流电，其波形如图 4-7b）所示。

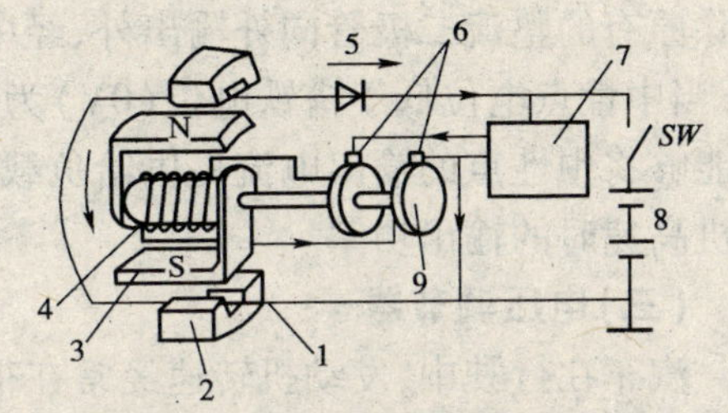

图 4-6　交流发电机的工作原理

1-三相定子绕组；2-定子铁芯；3-爪形磁极；4-磁场绕组；5-二极管；6-电刷；7-调节器；8-蓄电池；9-滑环

理论和实验证明：发电机每相绕组产生的电动势 E_{Φ} 的大小与转子的转速 n 和磁极磁通 Φ 成正比，即 $E_{\Phi}=C\cdot n\cdot\Phi$（$C$ 为常数）。若忽略内压降，

则每相绕组的端电压

$$U_{\Phi}=C\cdot n\cdot \Phi$$

2. 硅整流发电机的整流原理及过程

发电机三相定子绕组中所感应出的正弦交流电,由硅整流二极管组成的三相桥式整流电路转变为直流电。其整流过程如图4-7所示。

在$0\sim t_1$时间内,u_w最高,u_v最低,二极管V_5、V_4承受正向电压而导通,电流从W相出发,经V_5、负载R、V_4回到V相构成回路。由于硅二极管内阻很小,所以此时W、V之间的线电压都加在负载R上,即负载R所承受的电压为U_{WV}。

$t_1\sim t_2$时间内,u_u最高,u_v最低,二极管V_1、V_4承受正向电压而导通,电流从U相出发,经V_1、负载R、V_4回到V相构成回路。此时负载R所承受的电压为U_{UV}。

依次下去,周而复始,在负载R上就得到一个比较稳定的直流电压,其电压波形如图4-7c)所示。

3. 硅整流发电机中性点

当硅整流发电机三相定子绕组采用"Y"形连接时,三相绕组末端的公共接点称为中性点。中性点对发电机搭铁端的电压,称为中性点电压。它是通过三个负极管子整流后得到的直流电压,故该点的平均电压等于硅整流发电机直流输出电压的一半。因此,有些硅整流发电机则用导线从中性点引出一个接线柱,通常用来控制各种用途的继电器,如磁场继电器、充电指示灯继电器等工作。

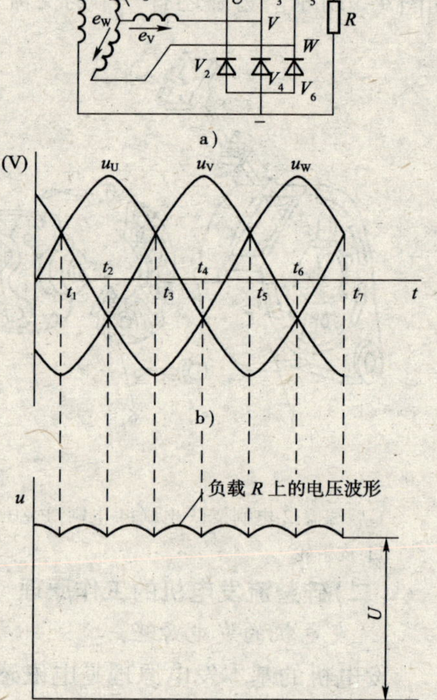

图4-7 三相桥式整流电路及其电压波形

a)三相桥式整流电路;b)三相正弦交流电波形;c)整流后负载上的电压波形

现代新型硅整流发电机则在中性点加装硅整流二极管,利用中性点电压的变化,来提高发电机的输出功率。当发电机在2000r/min以上运转时,若中性点电位在某一时刻超过硅整流发电机正极输出电压(14.5V)达到+16V时,其中一个中性点的硅二极管导通,发电机除原有的整流二极管向外输出外,经中性点加装的导通的二极管还能向负载提供额外的电流;当中性点电位低于搭铁电位(0V)为−2V时,另外一个中性点的硅二极管导通,交流发电机能够将中性点的输出电流提供给负载。显然,利用中性点加装硅二极管能够提高硅整流发电机高速时的输出功率。

(三)电压调节器

汽车在行驶中,发动机转速经常在很大范围内变化,致使发电机转速也随之改变,故发电机输出电压也必须随转速的变化而变化。这与用电设备和蓄电池充电要求电压恒定相矛盾,为解决这一矛盾,发电机必须配装电压调节器。

因交流发电机是利用硅二极管的单向导电特性进行整流的,在发电机与蓄电池并联运行

时，发电机只能向蓄电池进行补充充电，而不会由蓄电池向发电机产生逆流放电，所以发电机不需要另设截流继电器；又因交流发电机具有自动限制输出电流的性能，故也不必装有电流限制器。仅需一只电压调节器来保持其电压稳定即可。

交流发电机所用的电压调节器种类繁多、形式各异，按其结构特点和工作原理大致可分为电磁振动式、晶体管式和集成电路等多种。图 4-8 为晶体管式调节器的基本电路、图 4-9 为双级电磁式调节器、图 4-10 为内装集成电路调节器及充电系电路图。

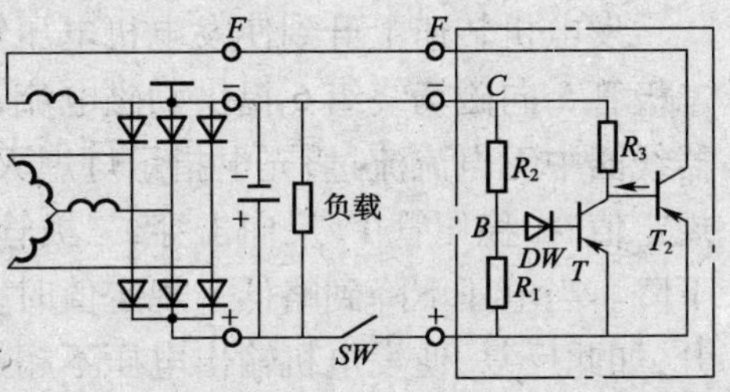

图 4-8　晶体管调节器的基本电路

集成电路调节器是利用集成电路（IC）组成的调节器。集成电路就是把电路中所需的电子元件和电路的导线都集成在一块半导体基片上，然后封装在一个塑料壳内。集成电路调节器按结构可分为全集成电路调节器和混合集成电路调节器。前者是将二极管、三极管、电阻、电容等电子元件同时制在一块硅基片上；后者是指由厚膜或薄膜电阻与集成的单片芯片组装而成。目前使用最广泛的是厚膜混合集成电路调节器。

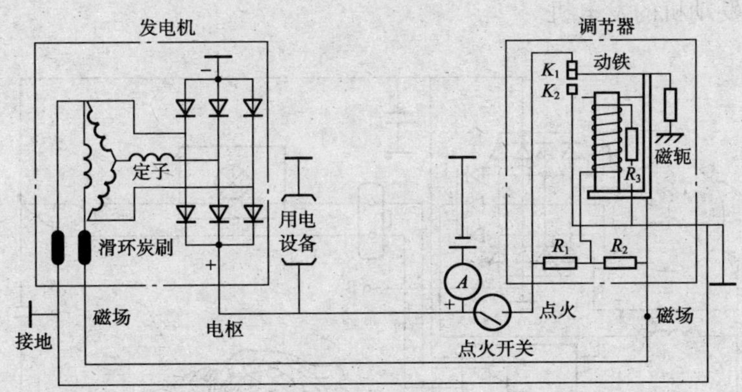

图 4-9　FT61 型双级式调节器的原理线路

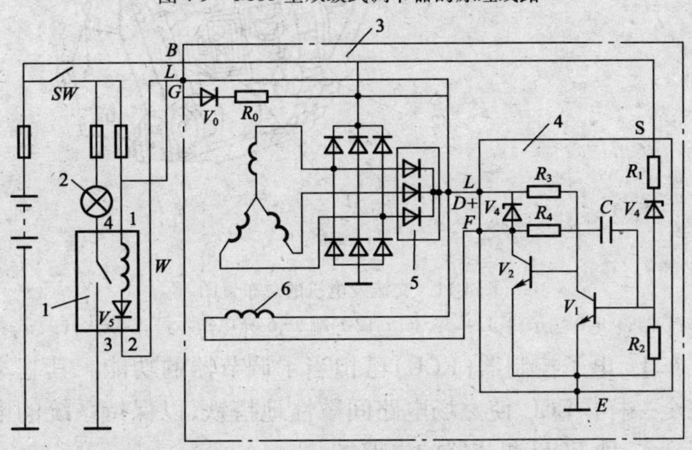

图 4-10　发电机内装集成电路调节器及充电系电路图

1-充电指示灯继电器；2-充电指示灯；3-整体式发电机；4-集成电路调节器；5-励磁二极管；6-励磁绕组

下面以图 4-10 内装集成电路调节器及充电系电路为例说明其工作过程：

发电机不运转或低速运转时，接通点火开关 *SW*，充电指示灯继电器线圈 *W* 及发电机磁场绕组 6 中有电流流过（他励），继电器触电闭合，充电指示灯 2 亮，表示发电机未正常发电。

发电机转速上升到使发电机电压达到充电电压时，发电机由他励转为自励，通过三只励磁二极管 5 向磁场绕组 6 提供励磁电流，并通过“B”向蓄电池及用电设备供电，充电指示灯继电器线圈中无电流流过，充电指示灯熄灭，表示发电机进入正常发电状态。当发电机电压上升到规定值时，稳压管 V_3 反向击穿，三极管 V_1 导通，V_2 截止，磁场绕组中无电流流过，发电机电压下降。当电压下降到略低于规定值时，V_3、V_1 截止，V_2 导通，磁场电路接通，发电机电压重又上升，如此反复，使发电机输出电压不超过规定值。

V_0、R_0 一方面可防止发电机正常发电时，磁场二极管向蓄电池充电；另一方面当充电指示灯继电器线圈断路时，可保证发电机他励过程的正常进行，以确保发电机能正常发电。

集成电路调节器的基本工作原理与分立元件式电子调节器的工作原理完全一样，都是利用晶体三极管的开关特性控制发电机的磁场电流来稳定发电机输出电压的目的。集成电路调节器具有体积、质量更小，故可直接装在发电机内部或壳体上构成整体式硅整流发电机。图 4-11 为 B20A 型发动机的发电机。

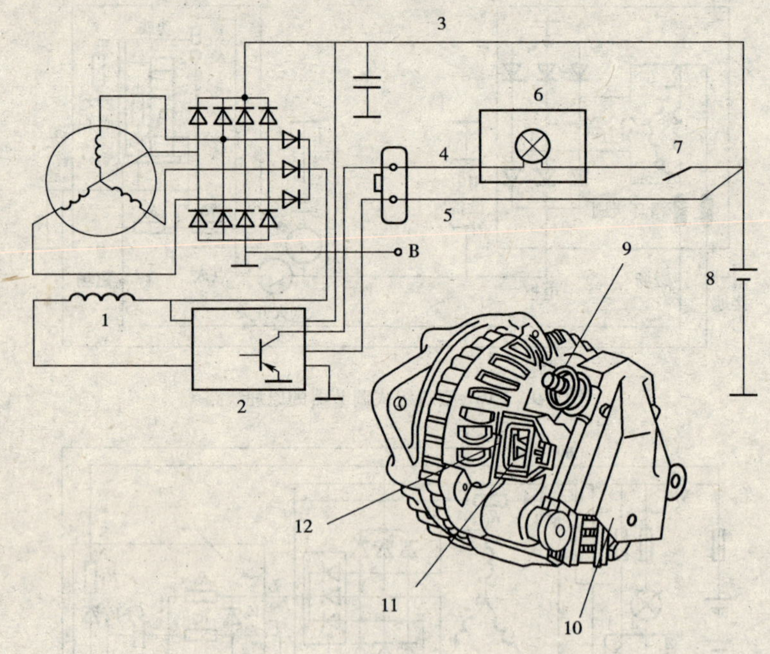

图 4-11　交流发电机的总布置图

1-励磁线圈；2-感容调节器；3、9-B 端子；4、11-L 端子；5、12-S 端子；6-充电指示灯；7-点火开关；8-蓄电池；10-隔热盖板

在现代许多汽车上，电子控制器（ECU）已担当了调节器的功能。其基本工作情况与集成电路电子调节器完全一样。ECU 使磁场电路间歇性地搭铁，以保持系统的电压在规定的限度内。如图 4-12 所示为一种 ECU 调节器的电路图。

在一些较为先进的汽车上，ECU 已逐步代替了汽车上的各种控制装置的工作，因而取消调节器而由 ECU 来取代是可行而有益的。这种系统的电路修理也并不困难，但要注意的是，

修理技术不过硬的技术人员,一遇到汽车不充电就习惯于更换调节器,这种做法在使用 ECU 调节的汽车中是不可取的。对于装有 ECU 调节装置的车辆,出现故障后,必须找到故障所在,然后再进行修理,绝不能轻易更换新件,否则会造成不必要的浪费,并无助于故障的排除。

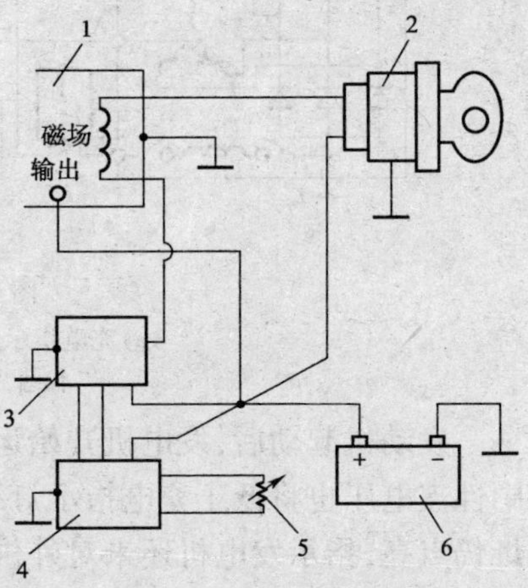

调节器在使用过程中若损坏而又无法买到原配件时,就需要用其他型号的调节器代用。尤其是进口车,很难买到原配调节器。因此,调节器代用的前提条件是:必须保证发电机各项性能指标均达到或接近原标准,充电系统显示正常。为此调节器代用时注意以下几点:

(1)代用调节器所配发电机功率应与原发电机功率相同或相近。

(2)标称电压应相同。即 14V 发电机应配 14V 调节器,28V 发电机配 28V 调节器。否则,整个汽车电气系统将无法正常工作。

(3)搭铁形式应相同。

(4)代用调节器的结构形式应尽量与原调节器相同或相近,这样可使接线变动最小,代换容易成功。

(5)安装代用调节器时,应尽量装在原位或离发电机较近处。

(6)接线应准确无误,否则,易造成事故或故障。

图 4-12　电子计算机调节器原理图

1-交流发电机;2-点火开关;3-功率控制组件;4-逻辑控制组件;5-热敏电阻;6-蓄电池

(四)充电指示装置

以往国产汽车大部分采用电流表指示充电情况,进口汽车及近几年的国产车多采用充电指示灯来指示充电情况。

1. *用电流表指示充电情况*

当点火开关打开或未起动发动机而使用用电设备时,电流表显示放电,当发动机转速较高时,显示充电。当蓄电池充足电后,显示为零。

2. *采用充电指示灯控制*

充电指示灯安装在驾驶室仪表板上,用来监视充电系统的工作状况。因车辆的种类不同,充电指示灯控制的方式也不同,但大多数汽车采用的是接通点火开关时,如果蓄电池输出电压正常,充电指示灯亮,而在发动机运转正常后,发电机向蓄电池充电,充电指示灯两端的电位相等,则充电指示灯熄灭;当发电机不工作或电压过低时,由于充电指示灯两端的电位差增大,所以充电指示灯点亮,起到及时警告司机的作用。如图 4-13 所示为两种带充电指示灯的控制电路图。

(1)图 4-13a)为充电指示灯继电器控制典型电路。充电指示灯继电器线圈 J 的一端接硅整流发电机的中性点 N,另一端搭铁,其常闭触点与充电指示灯(HL)串联。工作原理如下:

接通点火开关 SW,若不起动发动机,中性点电压为 0,充电指示继电器线圈 J 无电流和电磁吸力,继电器不动作,其常闭触点保持闭合,充电指示灯亮,表示发电机未运转发电。

充电指示电路为:蓄电池正极→点火开关 SW→充电指示灯 HL→充电指示灯继电器常闭触点→搭铁→蓄电池负极。

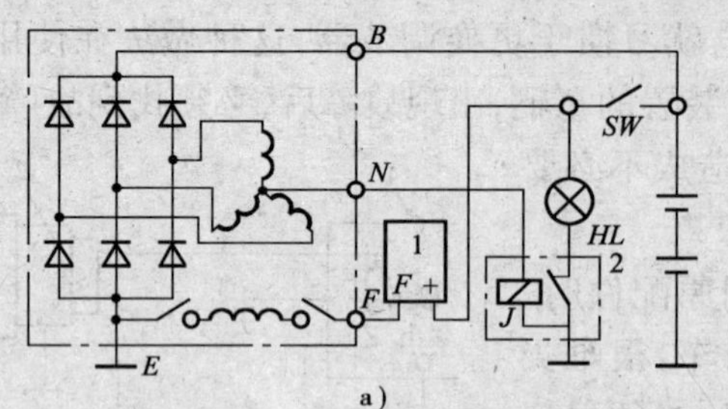

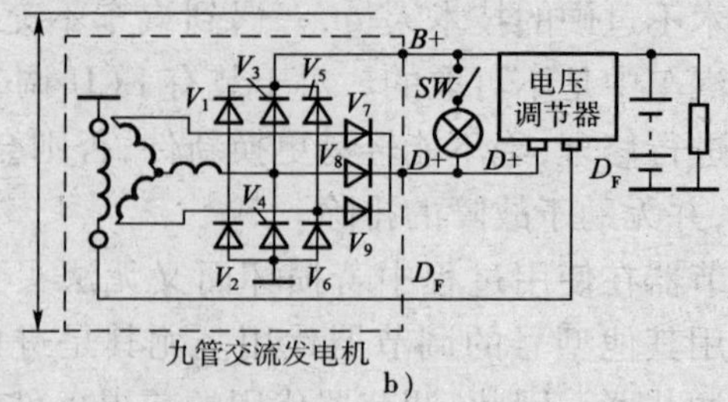

图 4-13　两种带充电指示灯的控制电路图

a)充电指示灯继电器控制电路；b)九管硅整流电机控制电路

1-调节器；2-充电指示灯继电器；*HL*-充电指示灯

发动机起动后，发电机开始运转。若发电机不发电或其电压低于蓄电池端电压时，发电机中性点电压也将低于充电指示灯继电器的动作电压，其常闭触点仍然保持闭合状态，充电指示灯仍点亮，指示发电机还未对外供电；若发电机输出电压达到规定值时，中性点的输出电压便使充电指示灯继电器动作，于是常闭触点打开，切断了充电指示灯的电流通路，充电指示灯熄灭表示发电机已达正常工作电压并向蓄电池充电。

这种控制方式电路简单、工作可靠，但指示的准确程度决定于充电指示继电器的调整。一般充电指示灯继电器的设计动作电压为 6 ~ 7V 之间，释放电压在 6V 以下。

(2)九管硅整流发电机控制电路。九管硅整流发电机的特点是在发电机三相绕组的首端增加了三只小功率励磁二极管，专门用来供给发电机磁场电流。

采用九管硅整流发电机后，可以省去继电器，而且仅利用简单的充电指示灯即可监视充电系统发电机工作情况的好坏。图 4-13b)为九管硅整流发电机控制电路。

显然，三相绕组一方面与 V_1 ~ V_6 六个二极管构成三相桥式全波整流电路，输出直流电压 U_B，供给用电设备并向蓄电池充电，另一方面也与励磁二极管 V_7、V_8、V_9 以及三个负极管子 V_2、V_4 和 V_6 构成三相桥式全波整流电路，输出直流电压 U_D，供给励磁绕组励磁电流。其工作过程如下：

接通开关 *SW*，当发电机电压低于蓄电池端电压时，电流由蓄电池正极→开关 *SW*→充电指示灯 *HL*→调节器 *D* +→调节器内部→调节器 D_F→磁场绕组 R_J→搭铁→蓄电池负极。此时充电指示灯亮，表示发电机在他励。

当发电机电压高于蓄电池端电压时，*B* 与 *D* + 端同时输出，且 $U_B = U_D$，此时充电指示灯因两端的电位相等而熄灭，则表示发电机已进入自励正常发电状态。

三、起动机

汽车的发动机广泛采用由蓄电池供给电源的电力起动机(简称起动机)来起动。汽油机的起动转速约 30 ~ 40r/min，柴油机的起动转速为 150 ~ 300r/min。柴油机起动比汽油机起动困难，所以为了便于起动还有预热起动和减压起动等装置。

(一)起动机的分类

(1)起动机按传动机构齿轮啮合方式不同分为强制啮合式、电枢移动式和惯性啮合式。

(2)起动机按控制装置不同分为直接操纵式和电磁操纵式。

此外,还有齿轮移动式、同轴式和减速式起动机等多种。

(二)起动机的构造及原理

起动机一般由直流电动机、传动机构和控制装置三大部分组成。尽管目前汽车上使用起动机种类繁多,形式各异,但其直流电动机部分基本相似,主要区别在于传动机构和控制装置各有差异。图4-14所示为QD1215型电磁操纵式起动机的结构示意图。

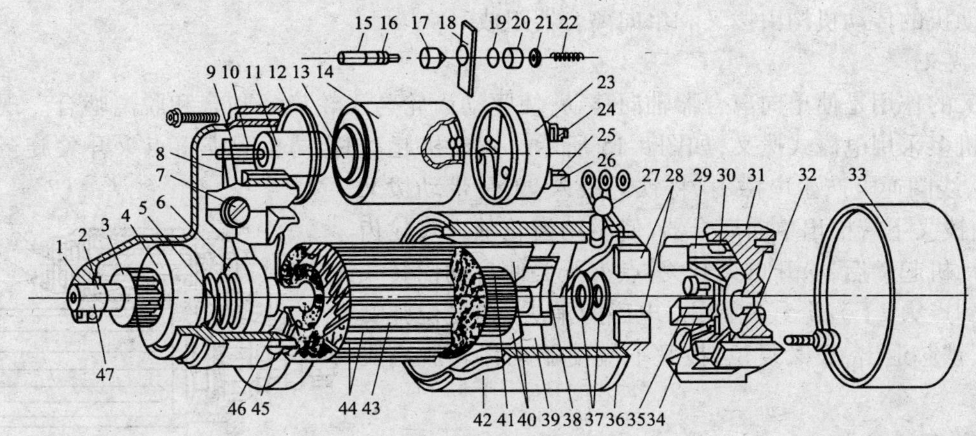

图4-14　QD1215型起动机

1-后端盖;2-电枢轴;3-驱动齿轮;4-单向离合器;5-缓冲弹簧;6-滑环;7-拨叉销钉;8-拨叉;9-挡片;10-弹簧;11-引铁;12-密封垫;13-弹簧;14-电磁开关;15-触盘推杆;16-推杆头;17-弹簧;18-触盘;19-垫片;20-弹簧座;21-卡环;22-触盘复位弹簧;23-开关座;24-开关接线柱(接蓄电池);25-开关接线柱(接电动机);26-电磁开关接线柱;27-电动机接线柱;28-绝缘电刷;29-绝缘电刷架;30-电刷弹簧;31-前端盖;32-平轴承;33-防尘罩;34-搭铁电刷架;35-搭铁电刷;36-密封垫;37-胶木垫;38-磁场线圈连接片;39-磁场线圈;40-磁极;41-换向器;42-外壳;43-电枢铁芯;44-电枢线圈;45-中间支撑平轴承;46-中间支撑板;47-后端盖平轴承

1. 串励直流电动机的构造

串励直流电动机由机壳、换向器、磁极、电枢、电刷和端盖等组成。

机壳用钢管制成,一端开有窗口,用于观察和维护电刷和换向器,平时用防尘箍盖住。机壳上只有一个电流输入接线柱并在内部与磁场绕组的一端相接。壳内壁固定有磁极铁芯和磁场绕组。

磁极的作用是在电动机中产生磁场。它由磁极铁芯和磁场绕组组成。磁极铁芯用螺钉固定在机壳的内壁,其上套有磁场绕组。磁极的数量一般为4个,功率大于7.5kW的起动机有用6个磁极的。磁场绕组用矩形截面裸铜条绕制,外包绝缘层,按一定方式连接后使N、S极相间排列,并利用机壳形成磁路。

电枢的作用是产生电磁转矩。它主要由电枢轴、电枢铁芯、电枢绕组和换向器等组成。

换向器的作用是把通入电刷的直流电流转换为电枢绕组中导体所需要的交变电流。它由许多截面呈燕尾形的铜片围合而成。

电刷及电刷架的作用是将电流引入电动机。电刷由铜粉与石墨粉压制而成。

端盖有前、后之分。它们分别装在机壳的两端,靠两根长螺栓与起动机壳紧固在一起。

2. 串励直流电动机的工作原理

直流电动机是将直流电能转换为机械能并产生电磁转矩的机械。它是根据通电导体在磁场中受到电磁力的原理即电磁感应左手定则制成的。

接通蓄电池与电流输入直流电动机外壳的接线柱之间的连接电路，绕在磁极外面的励磁绕组和绕在电枢铁芯上的电枢绕组有电流流过，磁极产生磁场，通电的电枢绕组在磁场中受到电磁力的作用使电枢转动，产生电磁转矩，将蓄电池提供的直流电能转变为机械能。

（三）传动机构

起动机的传动机构由拨叉和单向离合器组成。

1. 拨叉

拨叉的作用是使单向离合器轴向移动，使驱动齿轮与飞轮齿环啮合和脱离啮合。现代汽车起动机多采用电磁式拨叉，如图 4-15 所示。发动机起动时，司机只需将点火开关旋至起动（Ⅱ）挡，线圈通电产生电磁力，将铁芯吸入，于是带动拨叉转动，由拨叉下端推出单向离合器，使驱动齿轮啮入飞轮齿环。发动机起动后，松开点火开关，点火开关便自动回转一个角度到点火（Ⅰ）挡，线圈断电，电磁力消失，在复位弹簧作用下，铁芯退出，拨叉复位，拨叉下端使驱动齿轮脱离飞轮齿环。

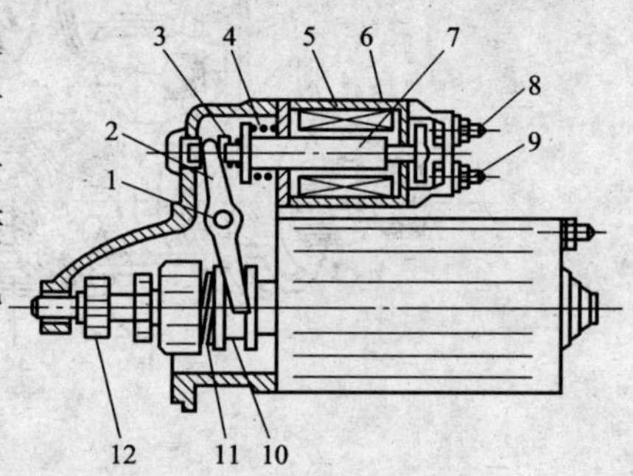

图 4-15 电磁式拨叉

1-拨叉轴；2-拨叉；3、4-弹簧；5-线圈；6-外壳；7-电磁铁芯；8、9-主触头；10-拨环；11-缓冲弹簧；12-驱动齿轮

2. 单向离合器

单向离合器的作用是单方向传递转矩，即起动发动机时将起动机的转矩传给发动机曲轴，而当发动机起动后，它又能自动打滑，不使飞轮齿环带动起动机电枢轴旋转，以免损坏起动机。因为飞轮齿环与起动机驱动齿轮的传动比一般为 1∶10～1∶15，发动机发动后，如果不及时将起动机与发动机分离，则起动机的电枢会被发动机曲轴带动作高速旋转，导致电枢线圈从电枢槽中甩出，造成起动机“飞散”事故，而使电枢损坏。

常用的单向离合器有滚柱式、摩擦片式、弹簧式等多种形式。

（1）滚柱式单向离合器。是目前国内外汽车起动机使用最多的一种，其结构如图 4-16 所示，主要由主动部分、从动部分、主从动连接部分和操纵部分构成。主动部分主要包括花键套筒 8 和十字块 3，花键套筒 8 制有内花键。它套在电枢轴的外花键上，十字块上有 4 个楔形切口，且安装压帽及弹簧的一端较深，花键套筒与十字块固连成一体。从动部分由驱动齿轮 1 与外壳 2 构成，两者连成一体。外壳 2 扣在十字块外部，两者间形成 4 个楔形槽。由于外壳内径大于十字块外径，所以当花键套筒转动时，外壳不随其转动。主从动连接部分为 4 套滚柱总成，由滚柱 4 和压帽及弹簧 5 组成，位于十字块与外壳间的楔形槽内。操纵部分主要由拨环 11 和缓冲弹簧 10 等组成。护盖 7 与外壳相互扣合密封。卡簧 12 制止拨环等脱出。

滚柱式单向离合器的工作原理如图 4-17 所示。发动机起动时，拨叉推动单向离合器使其沿电枢轴花键移出，驱动齿轮啮入飞轮齿环。当起动机电枢旋转时，转矩由花键套筒传到十字块，十字块随电枢轴一同旋转，滚柱 4 在压帽弹簧力、惯性力和摩擦力作用下滚入楔形槽的窄处并被卡死，使主、从动部分连接为一体，于是电动机转矩经花键套筒、十字块、滚柱传给外壳及驱动齿轮，带动飞轮使发动机起动，见图 4-17a）。

当发动机起动后，飞轮便带着驱动齿轮转动，施加给驱动齿轮的力与起动时的方向恰好相

反，且速度大于十字块转速，于是滚柱滚入楔形槽的宽处，使主、从动分离而打滑，见图4-17b）。这样转矩就不能从驱动齿轮传给起动机电枢，从而防止了电枢超速飞散的危险。

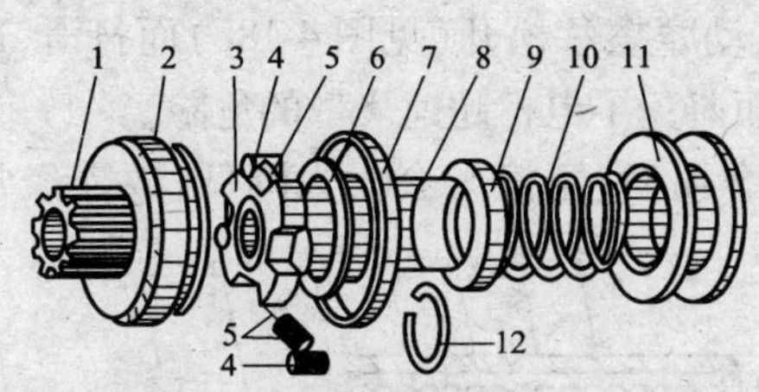

图4-16　滚柱式单向离合器

1-驱动齿轮；2-外壳；3-十字块；4-滚柱；5-压帽及弹簧；6-垫圈；7-护垫；8-花键套筒；9-弹簧座；10-缓冲弹簧；11-拨环；12-卡簧

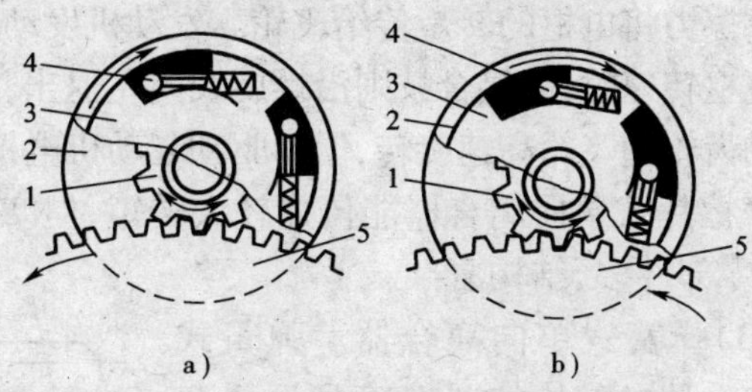

图4-17　滚柱式单向离合器工作原理图

a）发动机起动时；b）发动机起动后

1-驱动齿轮；2-外壳；3-十字块；4-滚柱；5-飞轮

滚柱式单向离合器结构简单，坚固耐用、工作可靠，但在传递较大转矩时容易卡住，故不能用于大功率起动机，而在中、小功率起动机中得到了最为广泛的应用。

（2）摩擦片式单向离合器。是通过摩擦片的压紧和放松来实现单向传力的。其结构和工作原理如图4-18所示。外接合鼓8固定在起动机电枢轴上，两个弹性圈7和压环6依次沿起动机轴装进外接合鼓中，青铜的主动摩擦片5以其外凸齿装入外接合鼓的轴向切槽中，钢制的从动摩擦片9以其内凸齿插入内接合鼓10的轴向切槽中。内接合鼓具有螺旋线孔并旋在起

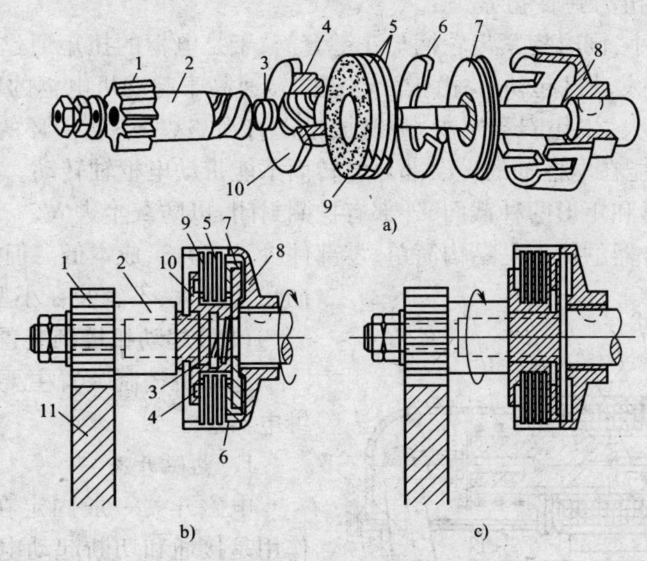

图4-18　摩擦片式单向离合器

a）结构；b）压紧传力；c）放松打滑

1-驱动齿轮；2-齿轮柄；3-减振弹簧；4-小弹簧；5-主动摩擦片；6-压环；7-弹性圈；8-外接合鼓；9-从动摩擦片；10-内接合鼓；11-飞轮

动机驱动齿轮柄2的三线外螺纹上，齿轮柄则自由地套在起动机轴上，内垫有减振弹簧3并用螺母锁紧以免轴向脱出。内接合鼓10上具有两个小弹簧4，轻压摩擦片，以保证它们彼此接

触。其工作原理如下：

起动机带动曲轴旋转时，内接合鼓沿螺旋线向右移动，将主、从动摩擦片压紧（见图4-18b），利用摩擦力将电枢的转矩传给飞轮。发动机发动后，起动机驱动齿轮被飞轮带着转动，当其转速超过电枢转速时，内接合鼓则沿螺旋线向左退出，主、从动摩擦片松开（见图4-18c）而打滑，这时仅驱动齿轮随飞轮高速旋转，但不驱动起动机电枢，从而避免了电枢超速飞散的危险。

摩擦片式单向离合器能传递较大转矩，但摩擦片磨损后，摩擦力会大大降低，故需经常调整，且零部件多，结构复杂。

(3)弹簧式单向离合器。弹簧式单向离合器的结构如图4-19所示。起动机驱动齿轮1套在电枢轴的光滑部分。花键套筒6套在电枢轴的螺旋花键上，两者之间由两个月牙形圈3连接。月牙形圈的作用是使驱动齿轮与花键套筒之间不能作轴向移动，但可相对转动。在驱动齿轮柄和花键套筒6的外圆上包有扭力弹簧4，扭力弹簧的两端各有1/4圈内径较小，并分别箍紧在齿轮柄和花键套筒上。当起动机带动曲轴旋转时，扭力弹簧扭紧，工作圈数增多，内径减小，同时抱紧齿轮柄与花键套筒，于是电枢的扭矩通过扭力弹簧4，驱动齿轮1传至飞轮齿环。发动机起动后，由于发动机的转速高于起动机电枢的转速，因而扭力弹簧被反向扭转，内径变大，工作圈数减少，弹簧放松而打滑，这样飞轮齿环的扭力便不能传给电枢，即驱动齿轮1只能在电枢轴的光滑部分空转而不能带动电枢轴转动。

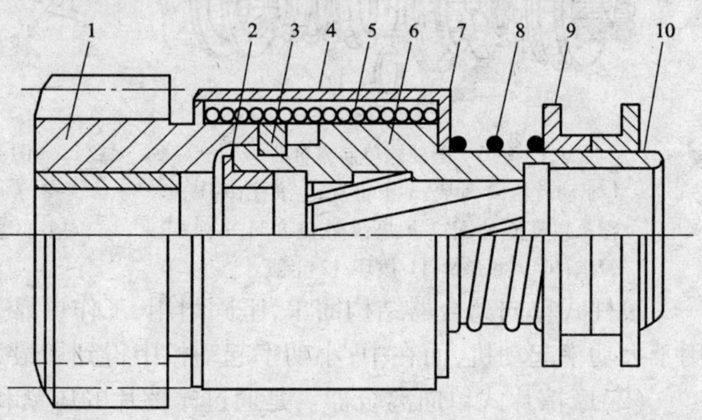

图4-19　弹簧式单向离合器

1-驱动齿轮；2-挡圈；3-月牙形圈；4-扭力弹簧；5-护圈；6-花键套筒；7-垫圈；8-缓冲弹簧；9-移动衬套；10-卡簧

扭力弹簧有圆形和矩形两种截面，外部有护圈封闭，以防灰尘进入。

弹簧式单向离合器的优点是结构简单、零部件少、寿命长、成本低。但扭力弹簧圈数多，轴向尺寸较大，不宜装在小型起动机上。

(四)起动机控制装置

起动机控制装置主要有电磁开关和起动继电器。

1. 电磁开关

电磁开关一般固定在起动机机壳上，其作用是接通和切断起动电流。在采用传统点火系的汽油机上，还具有起动时短路点火系附加电阻的作用。

电磁开关结构如图4-20所示。两个主触头1与开关壳体间相互绝缘安装。附加电阻短路接线柱2绝缘，固定在开关壳体上，内部固装的弹性铜片13位于主触头1与接触盘5

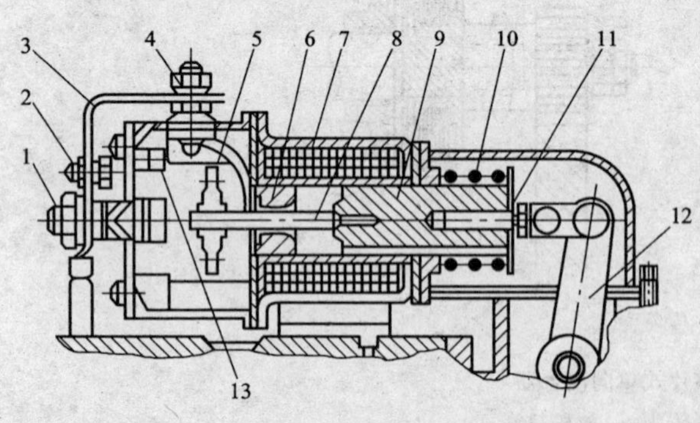

图4-20　电磁开关结构

1-主触头；2-点火线圈附加电阻短路接线柱；3-导电片；4-起动机接线柱；5-接触盘；6-固定铁芯；7-吸引线圈和保持线圈；8-推杆；9-活动铁芯；10-复位弹簧；11-调节螺钉；12-拨叉；13-弹性铜片

之间,通常与两者均不接触。黄铜套内有固定铁芯6和活动铁芯9,活动铁芯9可在黄铜套内作轴向移动但不能转动。活动铁芯通过调节螺钉11与拨叉12连接,并可通过推杆8推动接触盘接通和切断起动电路。黄铜套外绕有吸引线圈和保持线圈,吸引线圈与电动机的励磁绕组和电枢绕组串联。保持线圈一端与吸引线圈一起同时接在电磁开关的“起动机”(S)接线柱上,另一端经开关的壳体直接搭铁。

电磁开关的工作原理将结合起动电路讲述。

2. 起动继电器

起动继电器是起动系统控制电路的主要部件之一,有单一式和组合式两种。

(1)单一式起动继电器。如图4-21所示。接线时,接柱接点火开关SW“起动”(Ⅱ)挡或起动按钮;接柱搭铁E;接柱B接蓄电池“+”极;接柱S接起动机电磁开关“起动机”接柱。

(2)组合式继电器。现代汽车起动系多装用组合式起动继电器,它是将起动继电器和保护(充电指示灯)继电器组装在一起的双联式继电器,如图4-22所示。起动继电器用来控制起

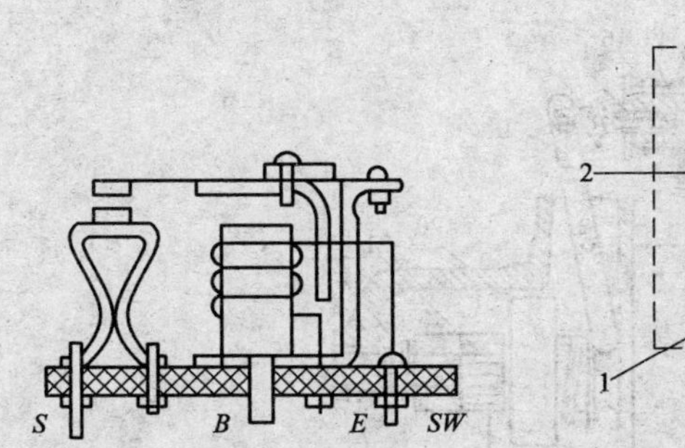

图4-21　单一式起动继电器

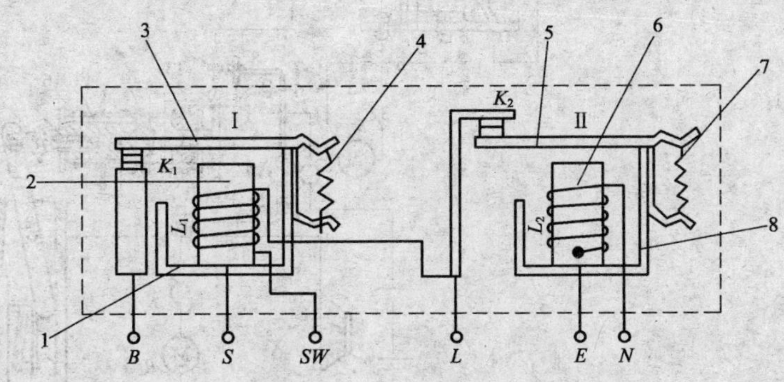

图4-22　JD171型组合式继电器

1、8-磁轭;2、6-铁芯;3、5-衔铁;4、7-弹簧

动机电磁开关工作。保护(充电指示灯)继电器线圈L_2在发电机中性点电压作用下,使起动机具有安全保护(自锁)功能。充电指示灯接在接柱L与点火开关之间,可进行充电指示控制,监视充电系统工作状况。

(五)柴油机的起动辅助装置

1. 电预热塞

分隔式预燃烧室内装有电预热塞。预热预燃烧室内的空气。预热塞由金属外壳、绝热体、中央电极和螺圈组成。螺圈一端与中央电极相连,另一端与电极管相连。电极管与外壳及中央电极之间是绝缘的。

起动前先接通电热塞电源,使螺塞发热,预热预燃室的空气,使喷入预燃室的柴油易于燃烧。

2. 减压装置

减压装置作用是用来减小起动时活塞压缩压力,提高曲轴转速。在柴油机上,一般用顶开排气门的方法来进行减压,这样就比较容易起动,如图4-23所示。

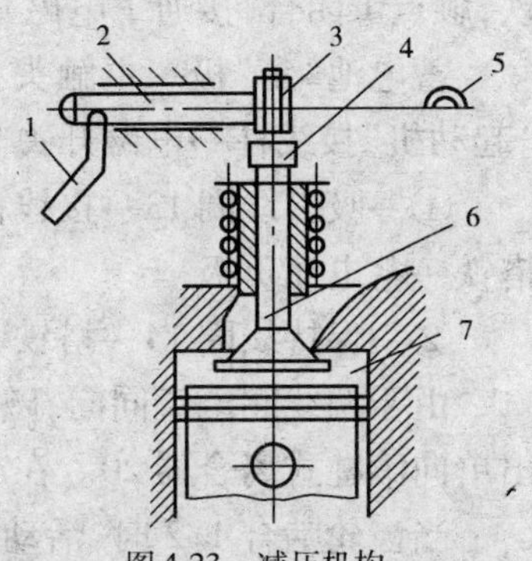

图4-23　减压机构

1-手柄;2-减压轴;3、5-压头;4-摇臂端部;6-气门;7-气缸

3. 预热机油和冷却水

在气候严寒时,机油黏度大,气缸壁与活塞之间及轴颈与轴承之间的油膜黏力很大,使起动阻力加大。预热机油和冷却水,可使机油黏度下降,机件运动阻力减小。

(六)典型起动机及起动电路

1. QD124 型起动机及起动电路

QD124 型起动机及起动电路如图 4-24 所示。QD124 型起动机由串励直流电动机、滚柱式单向离合器和电磁开关等构成。起动电路采用了单一式起动继电器等。该起动电路工作过程如下:

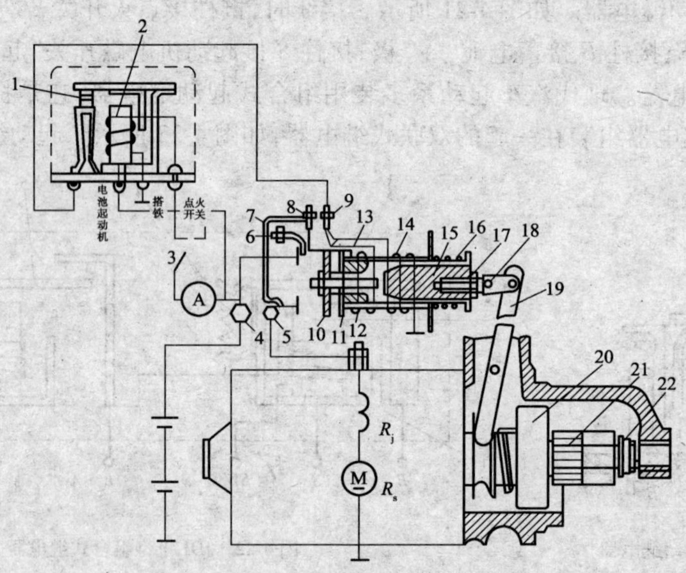

图 4-24 QD124 型汽车起动系统控制电路

1-起动继电器触点;2-起动继电器线圈;3-点火开关;4、5-主触头;6-附加电阻短路接线柱;7-导电片;8-吸引线圈接线柱;9-起动机接线柱;10-接触盘;11-推杆;12-固定铁芯;13-吸引线圈;14-保持线圈;15-活动铁芯;16-复位弹簧;17-调节螺钉;18-连接叉;19-拨叉;20-滚柱式单向离合器;21-驱动齿轮;22-止推螺母;附加电阻线(白色,1.7Ω/温度为20℃时)

(1)起动时,将点火开关 3 旋至起动(II)挡,起动继电器线圈 2 通电,产生电磁力吸下衔铁,触点 1 闭合,接通了电磁开关吸引线圈 13 和保持线圈 14 的电路,其电流路线为:

蓄电池"+"极→主触头 4→起动继电器"电池"接线柱→磁轭及衔铁→触点 1→继电器"起动机"接线柱→电磁开关"起动机"接线柱 9→分如下两条电路:

①→吸引线圈 13→接线柱 8→导电片 7→主触头 5→起动机励磁绕组 R_j→电枢绕组 R_s→搭铁→蓄电池负极

②→保持线圈 14→搭铁→蓄电池负极

由于两线圈电流同向,磁场叠加产生较大的电磁力,将活动铁芯 15 吸入,通过拨叉 19,推出单向滚柱式离合器 20。在起动机缓慢转动下,驱动齿轮 21 柔和地啮入飞轮齿环。

当齿轮啮合 1/2 时,活动铁芯 15 开始顶动推杆 11,使接触盘 10 接通主触头 4、5,起动电路接通,起动机通入大电流,产生强大转矩,起动发动机。

(2)起动中,由于接触盘接通主触头 4 和 5,并将吸引线圈 13 短路,电磁开关靠保持线圈

14 的电磁力维持在工作位置。

(3)起动后，松开点火开关，点火开关即自动回转一个角度到点火(Ⅰ)挡，起动继电器线圈2断电，电磁力消失，衔铁被释放，触点1打开，电磁开关保持线圈中的电流改经起动机开关与吸引线圈形成通路，其电路为：蓄电池"+"极→主触电4→接触盘10→主触头5→导电片7→接线柱8→吸引线圈13→"起动机"接线柱9→保持线圈14→搭铁→蓄电池负极。

此时，两线圈串联，电流流向相反，磁场互相抵消，电磁力迅速消失，在复位弹簧16的作用下，拨叉复位，驱动齿轮退出。同时活动铁芯15放松了对推杆11的顶压，主、辅电路相继断开，起动机停止工作。

驱动齿轮未退出前，单向滚柱式离合器起"飞散"保护作用。起动继电器用来接通电磁开关线圈电路，以保护点火开关。

2. *永磁减速式起动机及起动电路*

永磁减速式起动机是近年来研制的新产品，其磁极由铁氧体或钕铁硼永磁材料制成，取消了磁场绕组，因而起动机的结构简单，体积、质量小。

图4-25为12VDW1.4型永磁减速式起动机的结构原理简图。

起动机中有6块永久磁极，用弹性保持片固定于机壳内。传动机构采用滚柱式单向离合器。减速装置为行星齿轮减速器，它以电枢轴齿轮为太阳轮，另有3个行星齿轮及一个固定内齿圈，其啮合关系如图4-26所示。太阳轮1压装在电枢轴上与3个行星齿轮(2、3、4)同时啮合。3个行星齿轮的轴压装在行星齿轮支架5上，行星齿轮在其轴上可以灵活转动。行星齿轮支架5与驱动齿轮轴制成一体，驱动齿轮轴一端制有螺旋花键，与单向离合器的传动套筒内的螺旋花键配合。内齿圈由塑料铸塑而成，3个行星齿轮在其上滚动，内齿圈的外缘制有定位用的槽，以便嵌放在后端盖上。

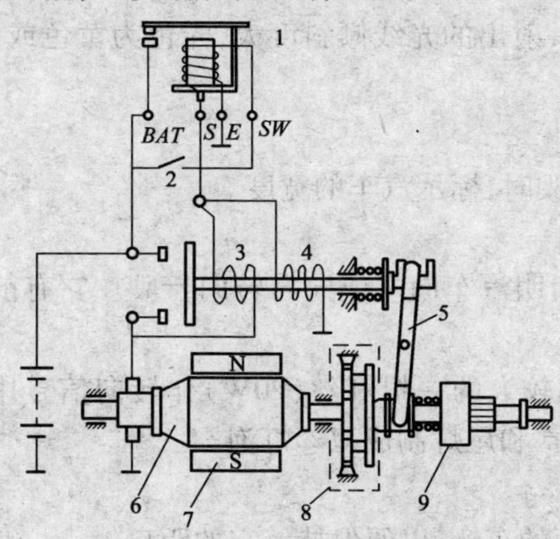

图4-25　12VDW1.4型永磁减速式起动机结构原理

1-起动继电器；2-点火开关；3-吸引线圈；4-保持线圈；5-拨叉；6-电枢；7-永久磁极；8-行星齿轮减速装置；9-滚柱式单向离合器

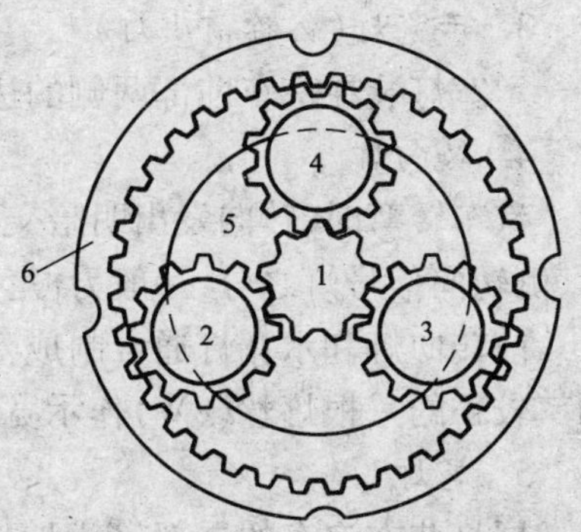

图4-26　行星齿轮减速装置啮合关系

1-太阳轮；2、3、4-行星齿轮；5-行星齿轮支架；6-内齿圈

起动继电器有两对触点，一对用于控制电磁开关吸引线圈和保持线圈的电路，另一对(图中未画出)用于起动时短路点火系统初级电路中的附加电阻，以增大初级电流，使发动机能顺

利起动。起动机不工作时,起动继电器的两对触点均处于打开状态。

该起动机的工作过程与 QD124 型起动机基本相同,不同之处在于电枢轴产生的转矩需经行星齿轮减速装置才能传给起动机的驱动齿轮。转矩传递程序为:电枢轴产生的转矩经电枢轴齿轮(太阳轮)→行星齿轮及支架→驱动齿轮轴→滚柱式单向离合器→驱动齿轮→飞轮齿环。

第二节　照明、信号、仪表及辅助设备

一、照明与信号装置

为了保证汽车行驶的安全,以及提高其行驶速度,在汽车上装有多种照明设备和灯光信号装置,俗称灯系,它已成为汽车上不可缺少的一部分。其数量多少和配制形式因车型而异。不同的车型对照明灯及信号灯的控制线路也各不相同,有的车用开关直接控制,有的车用继电器控制等。

(一)汽车的照明与灯光信号装置的种类与用途

汽车灯系按其安装位置和用途不同,可分为外部照明装置、内部照明装置和汽车灯光信号装置。主要包括:

1. 前照灯(俗称大灯)

前照灯装在汽车头部的两侧,用来照亮车前的道路,有两灯制和四灯制之分。

2. 雾灯

雾灯在有雾、下雪、暴雨或尘埃弥漫等情况下,用来改善道路的照明情况。每车一只或两只,安装位置比前照灯稍低,一般离地面约 50cm 左右,射出的光线倾斜度大,光色为黄色或橙色(黄色光波较长,透雾性能好)。

3. 示宽灯(俗称前小灯)

示宽灯装在汽车前部两侧的边缘,在汽车夜间行驶时,标示汽车的宽度。

4. 转向灯

汽车转弯时,转向发出明暗交替的闪光信号,以表明汽车向左或向右转向行驶。它有前、后、侧转向信号灯之分,一般为橙色。

前转向灯和示宽灯通常制成双丝灯泡,其中功率较大的一根灯丝(20W)作转向信号用,功率较小的一根灯丝(8W)作示宽用。后转向信号灯常和尾灯制成双丝灯泡。

5. 尾灯

尾灯装在汽车的尾部,夜间行驶时,用来警示后面的车辆,以便保持一定的距离。

6. 制动灯

每当踏下制动踏板时,制动灯便发出较强的红光,以示制动。

7. 倒车灯

倒车灯用来照亮车后路面,并警告车后的车辆和行人,表示该车正在倒车。

目前多将汽车后部的尾灯、后转向灯、制动灯、倒车灯等组合起来称为组合后灯。而将前照灯、雾灯或前转向信号灯等组合在一起称为组合前灯。如图 4-27 所示为 TCM870—I 型后组

合灯线路图。

8. 牌照灯

牌照灯用来照亮汽车牌照。

9. 停车灯

夜间停车时,停车灯用来标志汽车的存在。

10. 仪表灯

仪表灯装在仪表板上,用来照明仪表。

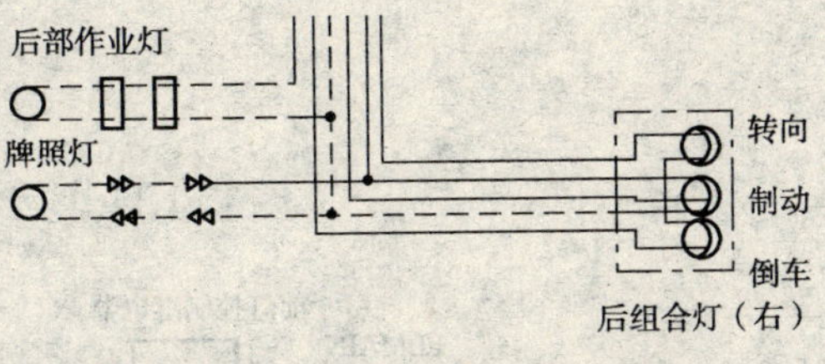

后部作业灯
牌照灯
转向
制动
倒车
后组合灯（右）

图 4-27　TCM8Z8 - I 型后组合灯线路图

11. 顶灯

顶灯装在车厢或驾驶室内顶部,作为内部照明用。

12. 门控灯

门控灯是用于指示车门关闭情况的信号灯,通常与室内灯兼用,受位于门轴处的控制开关控制。当车门没关严时,门轴处的控制开关闭合,室内灯亮,以提示乘室人员将车门关严。

13. 其他辅助用灯

为了便于夜间检修,会设有工作灯。工作灯经插座与电源相接。有的在发动机罩下面还装有发动机罩下灯,其功用与工作灯相同。

汽车灯具以其功能不同可分为两大类:

(1)照明灯——前照灯(近光灯和远光灯)、前雾灯、倒车灯、侧照灯、车内灯等。

(2)信号灯——位置灯、示宽灯、转向灯、制动灯、后雾灯、前雾灯、倒车灯、牌照灯等。

汽车灯具包括如下3部分:光源(灯泡)、反射镜及透光镜,如图4-28所示。

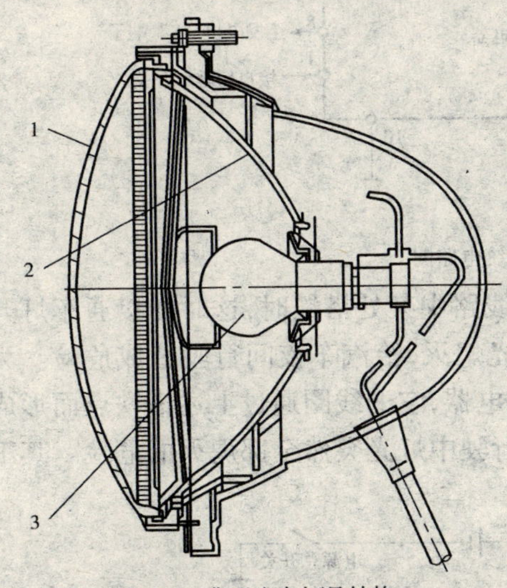

图 4-28　典型汽车灯具结构
1-透光镜;2-反射镜;3-光源(灯泡)

汽车灯具中最重要的是前照灯,它经历了很长的演变过程,按年代可分为:

(1)第一代——乙炔气前照灯;

(2)第二代——电光源前照灯;

(3)第三代——双光灯芯前照灯;

(4)第四代——不对称近光前照灯;

(5)第五代——H_4 卤钨前照灯;

(6)第六代——气体放电自由面反射镜前照灯。

现代汽车还设置有比较复杂的白天行驶信号灯系统,来实现前灯、雾灯和尾灯的自动控制。

图4-29所示为丰田LS400行车灯系统电路图。图中白天行驶继电器上的1~14为各接线柱。

(二)照明及灯光信号

它包括全车所有的照明与灯光信号,其电路特点为:

(1)前照灯为四灯式,其中内侧灯为一般双灯丝的前照灯,外侧灯为单灯丝,称为前侧灯,其光轴与前照灯的光轴成20°夹角,即分别向左、右偏斜20°。因此,在夜间行车当前照灯与前侧灯同时点亮时,汽车正前方和左、右两侧的较大范围内都有较好的照明,即使在汽车急转弯时,也能照亮前方的路面,从而大大改善了汽车在多弯道道路上行驶时的照明状况。

(2)示宽灯、前照灯、前侧灯及尾灯均由转柄式车灯开关控制。

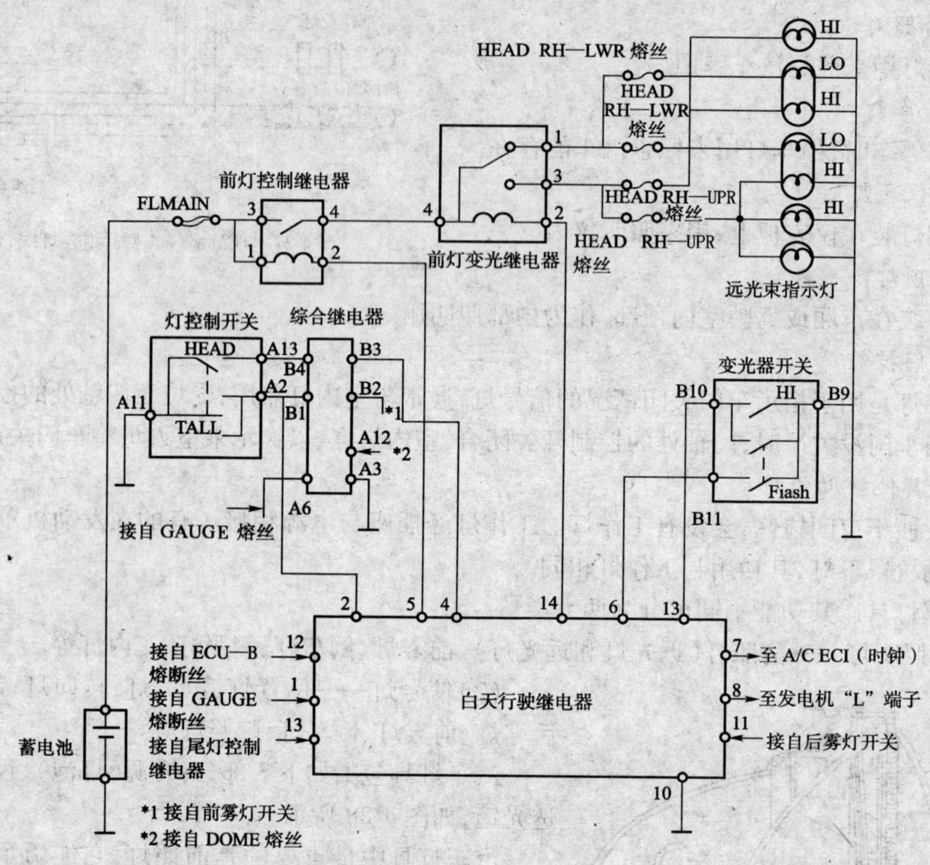

图 4-29　丰田 LS400 行车灯系统电路图

(3)具有灯光保护线路。当前小灯、前照灯或尾灯线路中某处搭铁时,这时如接通车灯开关,熔断丝就会因电流过大而立即被烧断,致使全车灯光熄灭,给汽车夜间行驶造成危险。为避免这一现象的发生,在照明电路中增加了一个灯光继电器,它的线圈通过上述搭铁点而形成回路,使触点闭合而自动接通两个前侧灯,从而避免了行驶中灯光突然全部熄灭的危险。其工作原理见图 4-30。

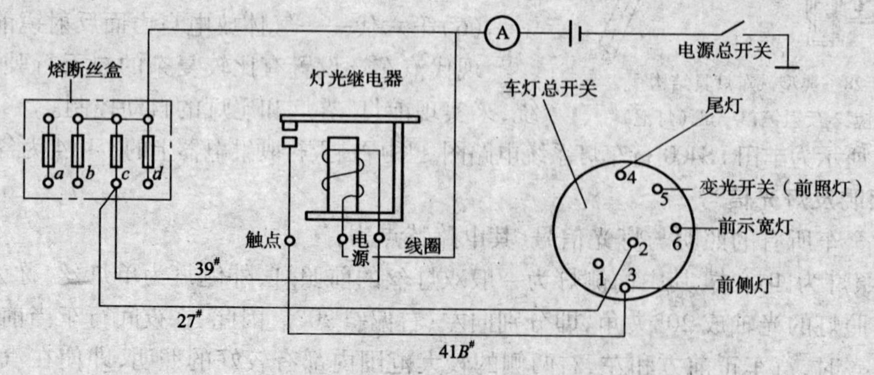

图 4-30　灯光保护线路示意图

正常情况下，灯光继电器线圈的两端即“电源”与“线圈”两接线柱为等电位，因此线圈中没有电流通过。继电器触点处于断开状态。

当车灯开关处于Ⅰ、Ⅱ、Ⅲ挡任一挡位时，如果前示宽灯、前照灯、尾灯线路中只要有一处搭铁，则与27#线相连的熔断丝 C 就会因电流过大而烧断。上述3种灯光立即熄灭。这时灯光继电器的“线圈”接线柱就会通过39#、27#线、车灯开关至故障处搭铁，于是继电器的“电源”与“线圈”两接线柱间出现了电位差，线圈中有电流通过，使触点闭合，电流便经触点、41B#线自动接通前侧灯，于是前侧灯点亮，从而使司机仍可安全操作。

(4)制动信号灯不受车灯总开关控制，直接由熔断丝与电源相接，只要踩下微动踏板，制动灯开关便接通，制动灯即发亮。

(5)转向信号灯受转向灯开关控制。

车灯总开关3中的1～6为各接线柱，其中1接线柱与电源的双金属保险器相接(图中未画出)，2号接线柱与熔断丝盒中 c 相接。

二、组合仪表和辅助装置

(一)组合仪表概述

为了正确使用汽车并了解其主要部分的工作情况，及时发现和排除可能出现的故障，汽车上装有各种检查测量仪表。另外为了保证汽车行车安全和提高车辆的可靠性，汽车上还装有许多报警装置。报警装置由传感器、微处理机及警告灯等组成。这些仪表和警告灯归纳在一起称为组合仪表。现代汽车的组合仪表是一个复杂的电子控制模块，常用模拟方式或数字方式显示。组合仪表通常包含如图4-31所示内容：

组合仪表
- 测量信号
  - 电流表
  - 机油压力表
  - 水温表
  - 燃油表
  - 车速里程表
  - 发动机转速表
- 警告信号
  - 机油压力警告灯
  - 燃油箱存油量警告灯
  - 水温警告灯
  - 水箱存水量警告灯
  - 倒车警告灯
  - 驻车制动器和制动液面警告灯
  - 充电系统指示灯
  - 危险警告灯
  - 安全带信号灯
  - 发动机故障指示灯
  - 防抱死制动系统指示灯
  - 安全气囊系统指示灯
  - 自动变速器挡位显示灯
  - 定速控制指示灯
  - 尾灯故障指示灯
  - 转向灯指示灯

图4-31 组合仪表包含的内容

图4-32为本田 ACCORD 的组合仪表图，它把测量仪表和警告灯组合在一起。

1. 电子显示器件

由于汽车上电器装置不断增加，且变得越来越复杂，故常规的机电模拟仪表提供的数据信息，已远远不能满足汽车的发展要求。为此，更加紧凑而直观的显示装置，在汽车上不断应用，电子显示装置得到了广泛的应用。电子显示装置的主要优点是：提供信息量大，显示直观清晰；由于没有运动部件，反应快，准确度高；体积小、重量轻，使仪表较易布置。

目前汽车上使用的电子显示器件主要有：发光二极管显示器、荧光显示器和液晶显示器三种，分为发光型和非发光型。发光型显示器自身发光，容易获得鲜艳的流行色显示；非发光型显示器靠反射环境光显示。

2. 汽车电子仪表

随着汽车仪表的电子化，电子式水温、油压表、燃油表、汽车发动机转速表、汽车电子车速/里程表及汽车电子电压表均应运而生。下面介绍电子化后的几类仪表。

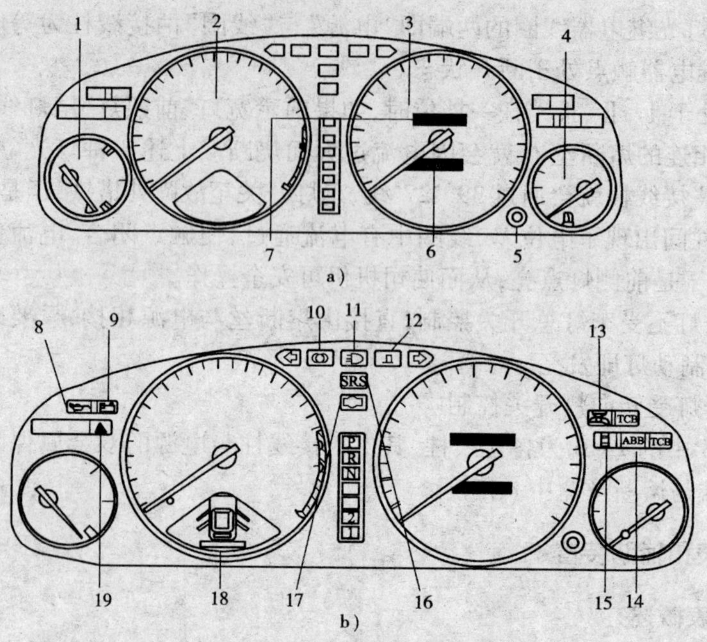

图 4-32　本田 ACCORD 组合仪表

1-温度表；2-转速表；3-速度表；4-燃油表；5-行程有归零按钮；6-里程表；7-行程表；8-油压降低指示灯；9-充电系统指示灯；10-驻车制动器和制动器系统指示灯；11-强光指示灯；12-车座安全带信号灯；13-车速控制指示灯；14-防锁制动系统指示灯；15-燃料减少指示灯；16-辅助保护系统指示灯；17-故障指示灯/检查发动机指示灯；18-车门和制动器监控器；19-危险警告指示灯

（1）电子水温、油压表。电路如图 4-33 所示。该电路具有显示发动机冷却水温和机油压力两种功能。电路主要由水温传感器 W_1 和机油压力传感器 W_2、集成电路 LM339 和发光二极管显示器等组成。

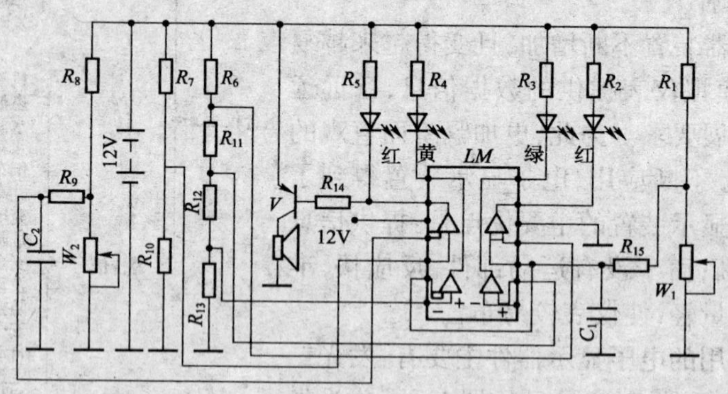

图 4-33　电子水温、油压表电路

①水温显示。水温表按 40℃、85℃和 95℃3 种水温设置发光显示和仪表刻度。通过水温传感器 W_1 的检测，水温 40℃为安全起始，提请注意信号，用黄色发光二极管发黄色光来显示；水温 85℃为发动机正常工作温度信号，用绿色发光二极管显示；水温 95℃为发动机工作温度信号，用红色发光二极管显示，以示警告。与此同时，由晶体三极管 V 所控制的蜂鸣器也发出报警声响信号。

②油压显示。机油压力表按油压过低、油压正常和油压过高三种情况设置发光显示和仪表刻度。在油压过低(低于68.6kPa)时,双金属片式油压传感器产生的脉冲信号频率最低为5~20次/min,此时用红色发光二极管显示,与此同时蜂鸣器发出声响(报警信号)。当油压正常时,用绿色发光二极管显示,当油压过高时,传感器产生的脉冲信号频率为100~120次/min,此时用黄色发光二极管显示。

(2)电子燃油表。电路如图4-34所示。该电路主要由燃油量传感器 R_x 两块集成电路LM324、燃油量发光二极管显示器 $V_1 \sim V_7$ 等组成。传感器采用可变电阻式,安装在燃油箱上,其阻值随油箱内燃油量的多少而改变。其工作过程是:

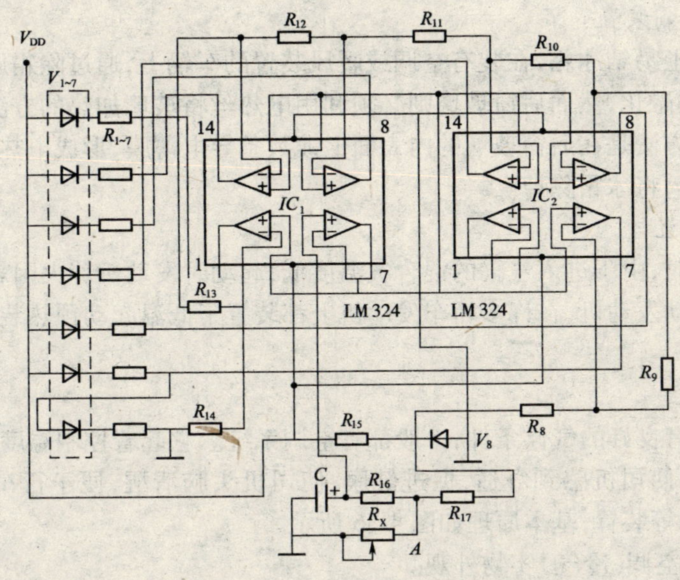

图4-34　汽车电子燃油表电路

①当油箱全满时,传感器 R_X 的阻值最小,A点的电位最低,IC_1 和 IC_2 电压比较器的输出为低电平,此时6只绿色发光二极管($V_2 \sim V_7$)全部点亮,而红色发光二极管熄灭。

②随着油箱中燃油的消耗,燃油量逐渐减少,R_X 阻值将逐渐增大,A点电位也将逐渐升高,显示器的绿色发光二极管便按 V_7、V_6、V_5…依次熄灭。

③当油箱中燃油量减少到某一极限值时,R_X 的阻值达到最大,A点的电位也达到最高,集成块IC第5脚电位高于第6脚基准电位,6只绿色发光二极管全部熄灭,此时红色发光二极管 V_1 点亮以示燃油量已达极限,必须给油箱补加燃油。

(二)辅助装置

1. 电动刮水器

为保证汽车在雨天或雪天的正常行驶,在汽车挡风玻璃上都装有刮水器,用以清除风窗玻璃上的雨水、雪花或尘土,以确保行车安全。

电动刮水器是由刮水电动机和一套传动机构及控制装置组成的,如图4-35所示。

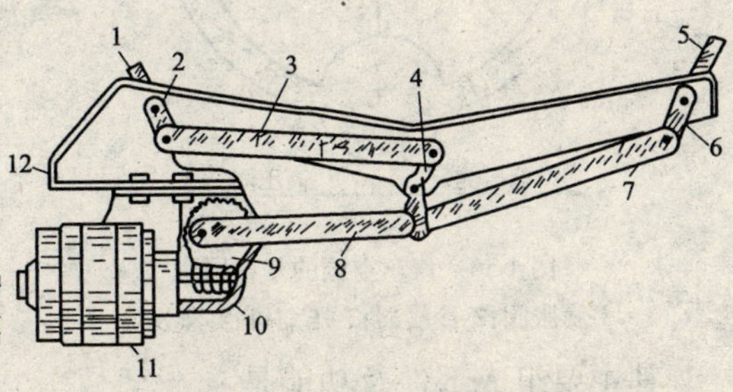

图4-35　电动刮水器的组成

1、5-刷架;2、4、6-摆杆;3、7、8-拉杆;9-传动蜗轮;10-蜗杆;11-直流电动机;12-底板

直流电动机通电旋转，通过蜗杆带动蜗轮使与蜗轮相连的拉杆3、7、8和摆杆2、4、6带着左、右两刷架1、5做往复摆动，安装在刷架上的橡皮刷便刷去风窗玻璃上的雨水、雪花和灰尘。

2. 风窗玻璃洗涤器

为了及时消除风窗玻璃上的尘土和污物，在有些汽车上还装有风窗玻璃洗涤器。它由储液箱、洗涤泵（直流电动机驱动泵）、软管与喷嘴等组成。使用洗涤器时，应注意先开动洗涤泵，将洗涤液以一定压力（88kPa）通过喷嘴喷到风窗表面，润滑玻璃，然后再开动刮水器，并注意洗涤泵连续工作时间不得大于5s，使用间歇时间不得少于10s。无洗涤液时，不允许开动洗涤泵。

3. 后窗玻璃除霜装置

冬季风窗玻璃上易结冰霜，在装有空调或暖风装置的车辆上，通过除霜风门可将热风吹向前风窗玻璃，使冰霜融化，然而后窗玻璃则必须利用电热丝将玻璃加热的方法进行除霜。目前轿车上广泛采用的方法是在后窗玻璃的内表面上镀数条导电薄膜，形成电热线，只要对电热线通电，即可产生微热，将冰霜除掉。

4. 起动预热装置

汽车冬季使用时，由于进入气缸的混合气温度低，起动时发动机着火困难。为保证低温条件下迅速可靠地起动发动机，在许多轿车发动机上都装置了低温起动预热装置，以提高进入气缸的混合气温度。

5. 空调系统

为了使司机能有良好的气候条件，一般都有空调系统。它起着控制温度、湿度以及使新鲜空气循环的作用，以使司机感到舒适，促进健康，使司机头脑清醒，便于行车安全。它包括冷气、暖气、去湿、通风等装置，基本原理如图4-36所示。

图4-37是汽车空调（冷气）实物外观。

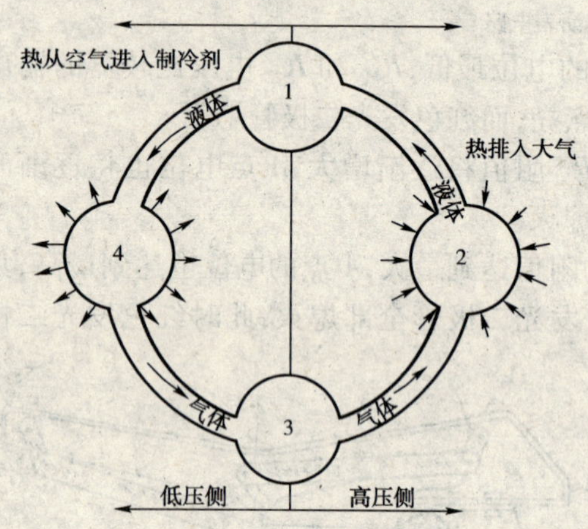

图4-36　汽车空调的基本原理

1-膨胀阀；2-冷凝器；3-压缩机；4-蒸发器

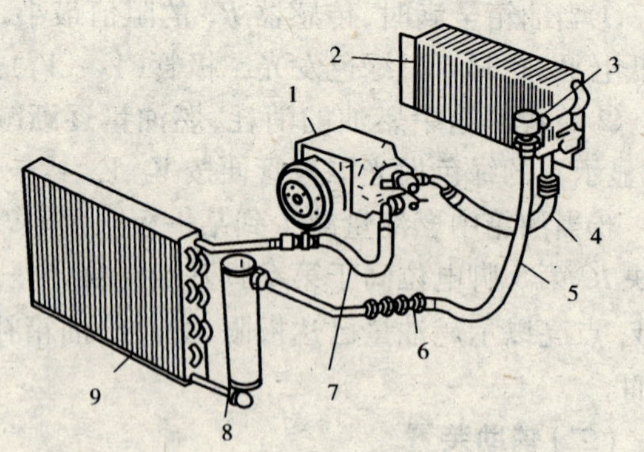

图4-37　汽车空调主要组成

1-压缩机；2-蒸发器；3-膨胀阀；4-回气管路；5-液体管路；6-观察窗；7-高压管路；8-储液干燥器；9-冷凝器

其主要组成部件及功能是：

(1)压缩机：空调系统的心脏，用来压缩和输送制冷剂。

(2)膨胀阀：一种节流装置，使制冷剂经过此装置流入蒸发器，在蒸发器里产生压力降。

(3)蒸发器:一种热交换器,使液态的制冷剂在低压下蒸发,于是车厢里的空气得到冷却。

(4)冷凝器:一种热交换器,用来排除在蒸发器中被制冷剂所吸收的热量和压缩机在压缩制冷剂时所产生的热量。

制冷剂离开压缩机的排气阀,经过冷凝器,在冷凝器中制冷剂冷却到液化点变成液态,此时热量被排到车厢以外的大气中。然后制冷剂到膨胀阀,之后离开膨胀阀进入蒸发器。当制冷剂流过膨胀阀时,其压力下降,因而蒸发成气体状态,需要吸收热量。在此时,车厢内热而湿的空气通过蒸发器时,碰到冰冷的金属管芯和传热片,空气骤冷下来,空气中的水汽被凝结附在金属壁而下流,冷而干的空气经风机被送入车内。从蒸发器出来的制冷剂,经过回气管,从压缩机的吸气阀进入压缩机,就这样周而复始地循环。

第三节 柴油机电子控制技术

一、柴油机电子控制技术概述

柴油机电子控制技术始于20世纪70年代。从20世纪80年代中期开始在传统的喷射系统基础上首先发展起来的电控喷射系统是位置控制系统,称为第1代电控喷射系统;而基于电磁阀的时间控制系统则称为第2代电控喷射系统;第3代电控喷射系统——高压共轨系统,被世界内燃机行业公认为20世纪本行业三大突破之一,将成为21世纪柴油机燃油系统的主流。

(一)电控柴油机的主要优点

1. 提高了柴油机的经济性能和降低了排放

喷油提前角对柴油机的动力性、经济性及排放影响很大。所以,最佳提前角的确定和发动机的转速、负荷、冷却液温度、燃油温度、进气温度及进气压力等因素有关。微机电控系统能综合计入这些有关因素,在初步确定喷油提前角的基础上,通过反馈控制使其达到或逼近最佳值。柴油机电控系统还能根据海拔高度、冷却液温度、燃油温度及进气状态等对油量进行校正。

2. 有较强的适应性

柴油机电控系统的最大特点之一是控制对策的灵活性。对于各种不同用途的柴油机,电控系统只需要修改存储器中的程序,对系统本身基本上不需要做任何变更便能与不同类型的柴油机动力装置相匹配。如全能电子调速器,它在出厂前的软件编程中已充分考虑了各种不同调速率的要求,控制盒上设有不同调速率的转换开关,用户可以根据柴油机的工作性质不同,设定不同的调速率。这样,不仅增强了电子调速器的匹配适应能力,也极大地方便了客户。

3. 提高了柴油机运行工况的控制精度

电控系统接收到一个输入信号到处理完毕并输出相应的控制信号所需的时间一般为毫秒级,这个时间远远小于柴油机或其他机械控制机构的响应时间。因此,一旦柴油机及其系统的运行参数或状态稍微偏离目标值,电控系统就能立即进行跟踪并予以及时调节和控制,完成同步调速、无波动转速控制和燃油喷射控制。

4. 提高了柴油机的工作可靠性

借助传感器的输入信号,微机控制系统可以实时对影响发动机工作可靠性的一些参数(如机油压力、排气温度、轴承温度和发动机转速等)进行检测。一旦这些参数或状态超出设定值的范围,电控系统会立即发出提示警告,同时通过控制执行器进行相应的调节,直到这些参数或状态恢复正常为止。对于一些影响发动机运转可靠性的主要参数,控制系统还可以为柴油发动机提供双重甚至是多重保护,以免造成巨大损失。

(二)柴油机电控技术的特点

柴油机电控技术与汽油机电控技术有许多相似之处,整个系统都是由传感器、电控单元和执行器三大部分组成。在电控柴油机上所用的传感器中,如转速、压力、温度等传感器以及加速踏板传感器,与汽油机电控系统都是一样的。电控单元在硬件方面也很相似,在整车管理系统的软件方面也有近似处。柴油机电控技术有两个明显的特点:

(1)其关键技术和难点就在柴油喷射电控执行器上;

(2)柴油电控喷射系统的多样化。柴油机是一个热效率比较高的动力机械,它采用高压喷油泵和喷油器将适量的燃油,以适当的空间状态喷入柴油机的燃烧室,以造成最佳的燃油与空气混合和燃烧的有利条件,实现柴油机在功率、扭矩、转速、燃油消耗率、怠速、噪声、排放等多方面的要求。

柴油发动机燃油喷射具有高压、高频、脉动等特点,其喷射压力高达 60 ~ 150MPa,甚至200MPa,为汽油喷射的几百倍、上千倍。对于燃油高压喷射系统实施喷油量的电控,困难就大得多。而柴油喷射对喷射正时的精度要求很高,相对于柴油机活塞上死点的角度位置远比汽油机要准确,这就导致了柴油喷射的电控执行器要复杂得多。因此柴油机电控技术的关键和难点是柴油喷射电控执行器,主要控制喷油量和喷油正时。

柴油机在机械控制时代,就已经有直列泵、分配泵、泵喷油器、单缸泵等结构完全不同的系统,每个系统各有其特点和适用范围,每种系统中又有多种不同结构。实施电控技术的执行机比较复杂,因此形成了柴油喷射系统的多样化。

二、柴油机电控系统的组成及控制内容

(一)柴油机电控系统的组成

从宏观上看,作为电子控制系统,柴油机电控系统和汽油机电控系统一样,由传感器、电控单元(ECU)及执行器三部分组成,具体组成如图4-38 所示。由于控制对象不同、控制内容侧重点不同,在具体要求及构成上二者也有所差异。

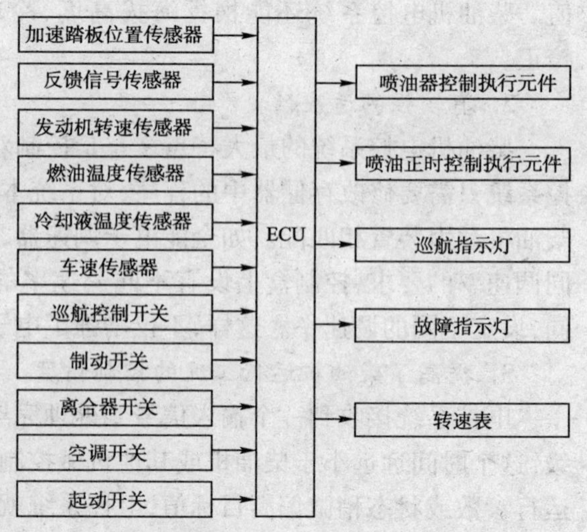

图 4-38 柴油机电控系统的组成

1. 传感器

传感器是电控系统的信号输入装置。其主要功能是采集柴油机运行参数及状态参数,并将这些参数转换成电学量,然后将这些电学量输送到电控单元。主要传感器有曲轴转速传感器、相位传感器、加速踏板传感器、油轨压力传感器、水

温传感器、空气压力温度传感器等。

2. 电控单元

电控单元ECU(Electronic Control Unit)是以微处理器为核心的计算机控制装置。它包括硬件和软件两部分。硬件是计算机系统中物理组成的总称,它由输入信号电路、微型计算机、输出信号电路等构成。软件是相对硬件而言的,它主要包括ECU运行所需的各种程序、基本数据以及一些工况修正系数的数据存储等。电控单元也被称为电子控制器或车用计算机。它主要是通过一些接口电路负责信息的采集和处理,计算决策和执行程序,并将结果传输到执行器,同时还向其他控制系统输送必要的信息。它是柴油机电控系统的核心,电控单元工作的可靠性、控制程序和控制方法的科学合理性,直接关系到柴油机的经济性、动力性、环保性能和工作可靠性。

3. 执行器

执行器是根据电控单元的控制指令完成各种相应动作,具体执行某项控制功能的装置。柴油机电控系统的执行器是由执行电器和机械执行机构两部分组成的,其功用是根据ECU送来的信号来调节喷油量和喷油正时等,从而调节柴油机的工作状况。其执行电器大多采用电磁铁、螺线管、直流电机、步进电机和力矩电机等,机械执行机构的形式则由所要完成的具体控制功能和在柴油机上的布置决定。主要执行器有:电动调速器、溢流控制电磁铁、电子控制正时电磁阀、电子控制正时器、电磁溢流阀、高速电磁阀和电子液力控制喷油器等。另外,ECU还通过其他一些继电器来控制大电流的通断,例如燃油加油器,预热塞等。

(二)柴油机电控系统的控制内容

1. 燃油喷射控制

燃油喷射控制是柴油机电控系统最主要的控制功能,主要包括供(喷)油量控制、供(喷)油正时控制、供(喷)油速率控制和喷油压力控制等。

(1)喷油量控制。ECU根据加速踏板位置传感器和转速传感器的信号输入,首先计算出基本喷油量,然后根据来自水温传感器、进气温度传感器、进气压力传感器以及电动机等信号,对基本喷油量加以修正,在与来自控制套筒位置传感器的信号比较后,产生与两者差值成比例的驱动电流;执行器则根据ECU输出的驱动电流进行操作,使加速踏板拉杆移动到目标位置,最后确定最佳喷油量。基本原理如图4-39所示。

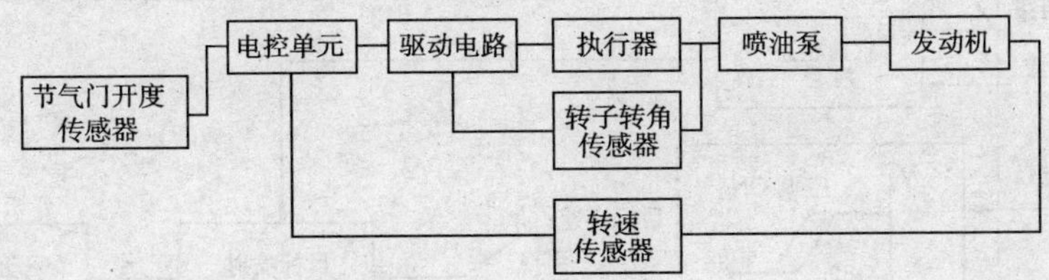

图4-39　喷油量控制系统原理

(2)喷油正时控制。电控系统以柴油机转速和负荷为基本控制参数,按预设的基本供(喷)油正时三维脉谱图,确定基本供(喷)油正时,然后根据其他有关输入信号(如进气温度、进气压力等)进行修正。在有些柴油机电控系统中,专门配置了着火正时传感器,用以对实际燃烧开始时间进行检测,ECU根据着火正时传感器的输入信号修正喷油正时。

(3)燃油喷射规律控制。燃油喷射规律即喷油速率和喷油量随时间变化的规律。电控系统以柴油机转速和负荷为基本控制参数,按预设的喷油速率和喷油规律,完成循环的喷油过程。

(4)各缸喷油量不均性控制。电控系统以各缸间转速波动允许偏差为控制目标值,通过各缸在做功冲程时的曲轴转速变化判断各缸喷油量,利用电磁节流阀的快速响应性,及时修正各缸的喷油量,即按各缸间转速无波动偏差来控制各缸喷油量,以降低发动机转速波动,从而保证各缸间转速波动在控制目标值内。

2. 进气控制

进气控制是电控柴油机的第2个主要控制功能。进气控制包括可变进气涡流控制、可变配气正时控制、进气节流控制和进气预热控制等内容。

(1)可变进气涡流控制。电控系统以柴油机转速和负荷为基本控制参数,按预设的最佳进气涡流比脉谱图对进气涡流强度进行控制,以满足高、低转速工况时对进气涡流强度的不同要求。

(2)可变配气正时控制。电控系统以柴油机转速和负荷信息为基本控制参数,按预设的最佳配气相位,通过各种电控可变配气正时机构改变柴油机的配气相位,以满足不同工况对配气正时不同的要求。

(3)进气节流控制。电控系统以柴油机转速和负荷信息为基本控制参数,通过对进气管中节流阀开度的控制,适应高、低转速工况对进气流量的不同要求。另外,为降低怠速时的振动、噪声和柴油机停车时的振动,电控系统通过怠速时节流控制和停车时中断进气来减轻发动机的振动。

(4)进气预热控制。电控系统以柴油机冷却液的温度为基本控制参数,通过对加热塞通电时间的控制,对进气进行预热,以提高柴油机的低温起动性能和低温下的怠速稳定性。

3. 怠速控制

由于柴油机低速怠速不稳,当柴油机处于怠速工况时,ECU将根据加速踏板传感器、车速传感器、起动及转速等信号,决定怠速什么时候开始;其次,还根据水温传感器、空调信号计算出所设的怠速转速以及相应的喷油量。为了使怠速能够保持稳定,也可以根据发动机转速的反馈信号,不断地对喷油量进行修正。同时,柴油机处于怠速工况运转时,电控系统通过对发动机曲轴转速的精确测定,计算出怠速时各缸工作的循环差,然后对各缸的喷油量进行补偿调节,以保证怠速时各缸的不均匀性在允许的范围内。控制过程如图4-40所示。

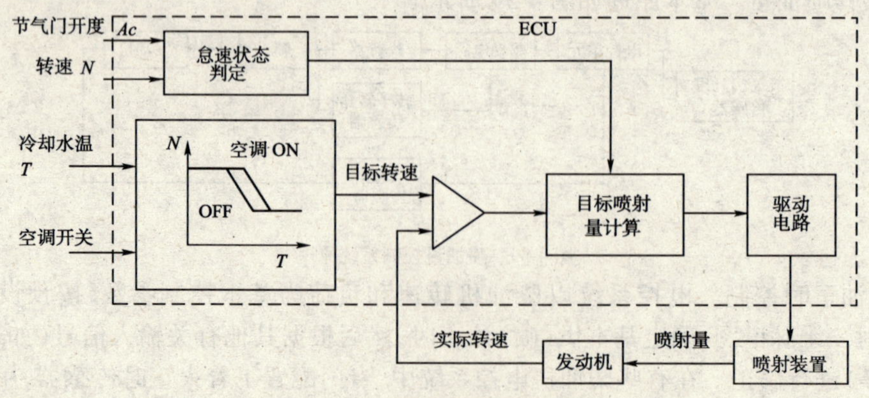

图4-40 怠速控制过程原理

4. 废气再循环控制

废气再循环控制(EGR)的内容和作用与汽油机基本相同,包括废气再循环工况的确定和废气再循环量的控制。ECU 主要根据柴油机转速和负荷信号,按内存程序控制 EGR 阀开度,以调节 EGR 率。

5. 废气涡轮增压压力控制

废气涡轮增压压力控制的目的是为了防止增压压力过高使发动机爆发压力过高;或增压压力过低,造成空气量不足使排气温度过高。柴油机的增压控制主要是由 ECU 根据柴油机转速信号、负荷信号、增压压力信号等,通过控制废气旁通阀的开度或废气喷射器的喷射角度、增压器涡轮废气进口截面大小等措施,实现对废气涡轮增压器工作状态和增压压力的控制,以改善柴油机的扭矩特性,提高加速性能,减少排放和减小噪声。

控制方式视增压器而异,主要有废气旁通通道控制和涡轮流通截面控制两种方式。

(1)废气旁通通道控制。废气旁通通道控制与汽油机废气涡轮增压压力控制方法基本相同,微机控制系统以目标增压压力为基本参数,通过控制废气旁通阀的开度,调节增压压力。

(2)涡轮流通截面或喷嘴截面控制。电控系统以目标增压压力为基本控制参数,通过改变废气涡轮进口截面或涡轮喷嘴截面,调节增压压力。

6. 故障自诊断与带故障运行控制

柴油机的故障自诊断与带故障运行控制的内容是:当电控系统出现故障时,自诊断系统将点亮仪表盘上的故障指示灯,为司机提示警告信息,并存储故障信息以便维修人员检修时调用;电控系统进入带故障运行控制程序,使汽车仍能维持最基本的行驶功能,开到维修站进行检修。有些柴油机电控系统中也包含失效保护子系统。柴油机电控系统出现故障时失效保护系统起动相应保护程序,使柴油能够继续保持运转或强制熄火。

7. 巡航控制

带有巡航控制功能的柴油机电控系统,当通过巡航控制开关选定巡航控制模式后,ECU 即可根据车速等信号自动维持汽车以一定车速行驶。

8. 柴油机与自动变速器的综合控制

在装用电控自动变速器的柴油车上,将柴油机控制 ECU 和自动变速器控制 ECU 合为一体,实现柴油机与自动变速器的综合控制,以改善汽车的变速性能。

三、电控柴油喷射系统控制原理和分类

(一)电控柴油喷射系统控制原理

传感器包括柴油机转速、节气门踏板位置、齿条位置、喷油时刻、车速及进气压力、进气温度、燃油温度、冷却水温度等传感器,ECU 根据各种传感器实时检测到的柴油机运行参数,与 ECU 中预先已经存储的参数值或参数图谱(称为 MAP 图)相比较,按其最佳值或计算后的目标值把指令输送到执行器。执行器根据 ECU 指令控制喷油量(齿条位置或电磁阀关闭持续时间)和喷油正时(正时控制阀开闭或电磁阀关闭始点)。电控柴油喷射系统还可和整车传动装置的 ECU、制动防抱系统(ABS)的 ECU 及其他系统的 ECU 互通数据,从而实现整车的电控。

(二)电控柴油喷射系统分类

1. 按控制方式分类

按燃油喷射系统的控制方式,电控柴油机可以分为位置控制方式和时间控制方式两种类型。

(1)位置控制方式。位置控制式系统是早期发展的应用系统,即第1代电控柴油系统。它是在保留了原直列式喷油泵和转子式分配泵的基本结构的基础上,加装了由装在喷油泵的齿杆位移传感器和凸轮轴转角位移传感器、电磁式执行器和微处理器组成的控制系统,来对喷油量和喷油定时进行控制和调节而达到控制目的的。喷油量通过计算柱塞的初终位置而定,也即根据柱塞供油始点和供油终点间的物理长度——有效压油行程确定。其主要缺点是动态响应慢,控制精度低,不能对原来的喷油规律进行修改(除电控可变预行程喷油泵外),喷油压力难以进一步提高。另外,直列式喷油泵的喷油定时执行机构必须承受喷油泵凸轮轴的驱动力矩,典型的系统和产品有日本电装公司ECD-V1系统、德国博世公司的电控直列泵、日本丰田公司的ECD-Ⅰ等。

(2)时间控制方式。时间控制式系统是在20世纪90年代后开发的,属于第2代电控柴油机喷射系统。电控高压喷射装置的工作原理与传统机械式的完全不同,时间控制方式在高压油路中布置一个或两个高速电磁阀,利用高速电磁阀的启闭控制喷油泵和喷油器的喷油过程。一般情况下,可以制成在电磁阀关闭点喷油开始,电磁阀打开点喷油结束。这样,喷油的起始点就取决于电磁阀的关闭时刻,柴油的喷油量取决于电磁阀关闭的持续时间。采用时间控制方式,可实现喷油量、喷油定时和喷油速率的柔性控制和一体控制。但是时间控制式系统的控制技术要求更高,难度更大。典型的系统和产品有美国DDC公司的DDRC电控泵喷嘴喷油系统和日本电装公司的高压共轨式喷油系统(ECD-U2共轨喷射系统)。

2. 按喷油系统分类

电控柴油机可以分为脉动式喷油系统和蓄压式喷油系统。

(1)脉动式喷油系统。脉动式喷油系统采用电控直列喷油泵、电控分配泵等。脉动喷油系统对喷油量及喷油规律的控制通过柱塞螺旋槽(分配制套筒)、电子调速器和油泵凸轮来实现,喷油定时由电控液压机构控制。它们供油方式都是脉动的,从低压到高压经喷油器喷入气缸。

(2)蓄压式喷油系统。蓄压式喷油系统不采用柱塞泵脉动供油,而是由公共油道(共轨)或蓄压室向各喷油器提供所需的高压燃油,通过实时控制共轨上的高速电磁阀来调节喷射压力和喷油规律,与发动机的工况相适应。

四、典型的柴油机电控系统

(一)时间控制式电控系统

ECD-Ⅱ柴油机电控系统是丰田公司在ECD-Ⅰ基础上研制的第2代柴油机电控系统。ECD-Ⅱ系统采用时间控制方式,通过电磁溢流阀对喷油正时和喷油量进行控制,利用着火正时传感器的反馈信号对正喷油正时进行修正。

1. ECD-Ⅱ柴油机电控系统的组成

ECD-Ⅱ柴油机电控系统由电控燃油喷射系统、废气涡轮增压压力控制系统、废气再循环

控制系统、可变进气管截面控制系统等组成，如图 4-41 所示。

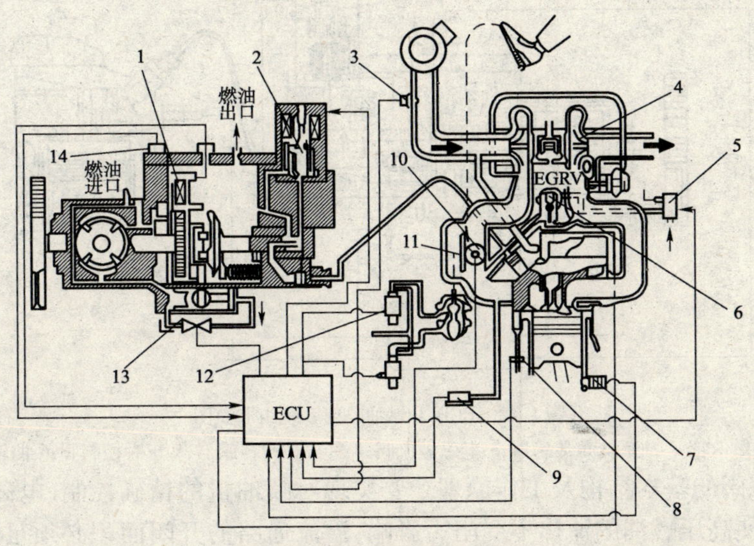

图 4-41　ECD-Ⅱ柴油机电控系统

1-油泵转角传感器；2-电磁溢流阀；3-进气温度传感器；4-废气涡轮增压传感器；5-EGE 真空电磁阀；6-EGR 阀；7-曲轴位置传感器；8-水温传感器；9-进气压力传感器；10-节气门开度传感器；11-可变进气管截面控制阀；12-真空电磁阀；13-喷油正时控制；14-校正电阻器

2. ECD-Ⅱ柴油机电控系统的主要控制功能

(1)喷油量的控制。该系统将根据曲轴位置传感器信号和加速踏板位置传感器信号来决定基本喷油量，然后再参照水温传感器、进气压力传感器、进气温度传感器等信号加以修正，并依靠电磁溢流阀的相应特性对喷油进行精确控制。在不同使用工况下，系统还具有燃油特性修正、低温起动后修正、急减速时的修正等功能。

(2)喷油正时控制。电控系统根据发动机转速和节气门开度确定喷油正时，然后再根据冷却水温度和进气压力等运转条件进行修正。该系统利用着火正时传感器检测实际燃烧开始时间，根据传感器的输入信号对喷油正时进行反馈控制，可以保证柴油机在各种运行工况和环境条件下都能保持最佳的喷油正时。

(3)怠速控制。发动机怠速运转时，空调、发电机、助力转向油泵的工作会影响发动机负荷的变化，此时系统仍会把发动机转速控制在设定的稳定转速。不同工况的目标怠速转速是预先设定并存储在存储器内的。怠速的控制是采用反馈控制方式控制喷油量实现的。

其他控制功能还有废气再循环控制、废气涡轮增压压力控制、进气预热控制、故障自诊断和带故障运行控制等。

3. ECD-Ⅱ柴油机电控系统燃油喷射控制系统的工作原理

如图 4-42 所示，ECD-Ⅱ系统的燃油喷射控制系统主要由油泵转角传感器 2 和电磁溢流阀 3 组成的喷油量控制系统、着火正时传感器 4 和正时控制阀 5 组成的喷油正时控制系统等组成。

(1)喷油量控制。系统采用电磁溢流阀直接控制溢流的通路，这样控制比较简单并且性

能比较好，响应及时，燃油喷射量的控制也很精确。

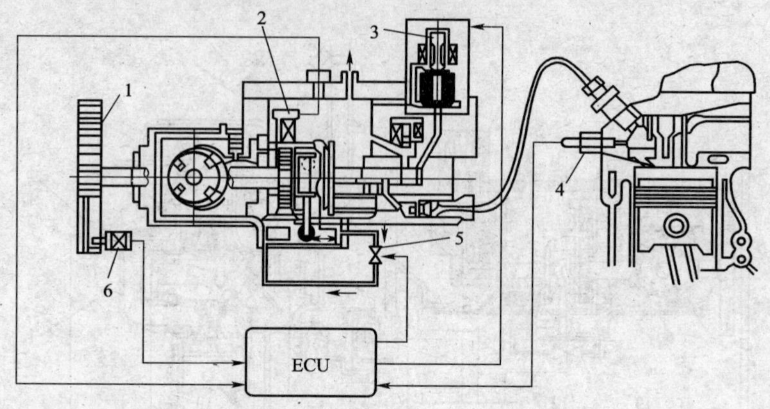

图 4-42　ECD-Ⅱ燃油喷射系统组成简图

1-油泵驱动齿形带轮；2-油泵转角传感器；3-电磁溢流阀；4-着火正时传感器；5-正时控制阀；6-曲轴位置传感器

①电磁溢流阀的基本结构及工作原理。要实现对喷油量的精确控制，电磁溢流阀必须满足以下要求：为使高压燃油的流出不受阻力影响，溢流通路的开闭面积必须足够大；在电磁阀闭合时，高压室内必须保持高压燃油；为了使发动机在高速运转时也能对燃油喷射进行精确有效的控制，电磁阀必须有足够快的响应特性；在使用 12V 或 12V 以下的电源电压时，消耗的电能应在一定的标准以内。

ECD-Ⅱ系统所用的电磁溢流阀的结构如图 4-43 所示。该阀采用双重阀结构，即分为主阀和辅助阀。主阀是由燃油压力控制其开闭的液压阀，而辅助阀则是由 ECU 控制其开闭的小电磁阀。该阀工作过程如图 4-44 所示。

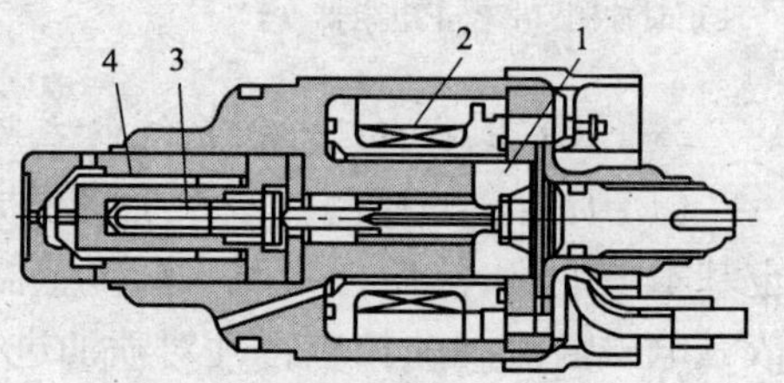

图 4-43　电磁溢流阀的基本结构

1-电枢；2-电磁线圈；3-辅助阀；4-主阀

如图 4-44a）所示，当高压室燃油压力随柱塞向右移动而上升时，燃油压力通过主阀阀孔作用在主阀的右侧。此时，ECU 向辅助电磁阀供电，辅助阀关闭，此时主阀左右的燃油压力相等。又由于主阀阀座与主阀的断面积有差值，主阀被压紧在阀座上。在这种状态下，高压室的燃油从喷油器喷出。

若电磁线圈断电，则辅助阀打开，如图 4-44b）所示。此时，主阀背后的燃油就从辅助阀的辅助溢流通道流出，主阀背后的压力减小。

由于压力平衡的破坏，主阀在头部燃油高压的作用下打开，高压室的燃油经主阀的主流溢流通道流出，高压室减压，喷油停止，如图 4-44c）所示。

此种双重阀的控制方式辅助电磁阀的质量及磁滞影响都比较小，加上控制油腔的容积很小，所以响应比较快。

②喷油量控制系统的构成及工作原理。ECD-Ⅱ系统的喷油量控制系统的构成简图如图 4-45 所示。

为了检测喷油泵轴的转角，在油泵及油泵轴上布置了传感器和油泵转角脉冲发生器。油泵转角脉冲发生器的结构如图 4-46 所示，脉冲发生器由 4 组触发轮齿组成，每组 14 个齿，齿

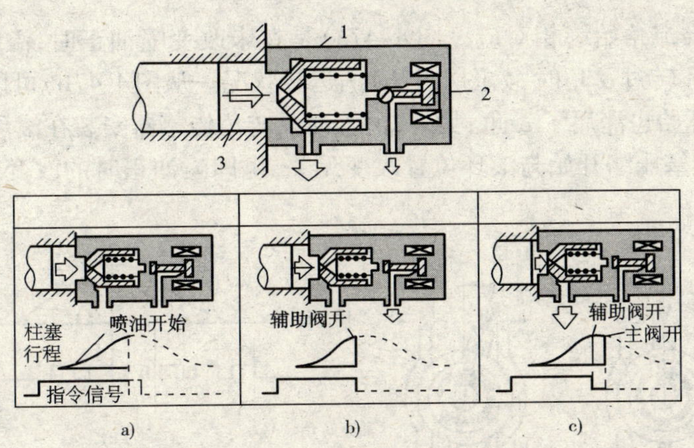

图 4-44　电磁溢流阀的工作原理图

a)压缩、喷射;b)辅助溢流;c)主溢流

1-主阀;2-辅助阀;3-高压室

与齿之间的夹角 5.625°,每转过一组轮齿,油泵转角传感器便发出 14 个等周期脉冲信号。另外,在各组触发轮齿之间有一缺口(即缺齿部),缺齿部的宽度由缺两齿形成,缺齿部用来检测平面凸轮顶起滚轮推动柱塞开始压油的位置。ECU 根据缺齿部的信号判断燃油压缩的开始位置,然后对泵轴转过的角度计数。当泵轴转过一定角度后,也即喷出所需的油量后,ECU 控制电磁溢流阀开启溢流通道,喷油停止。为了准备下一次喷油,电磁溢流阀在柱塞的吸油冲程中关闭。

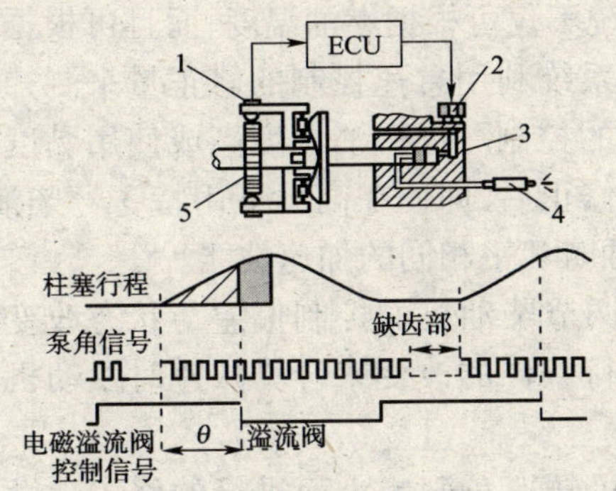

图 4-45　ECD-Ⅱ系统喷油量控制系统构成简图及工作原理

1-油泵转角传感器;2-电磁溢流阀;3-高压室;4-喷油器;5-油泵转角脉冲传感器

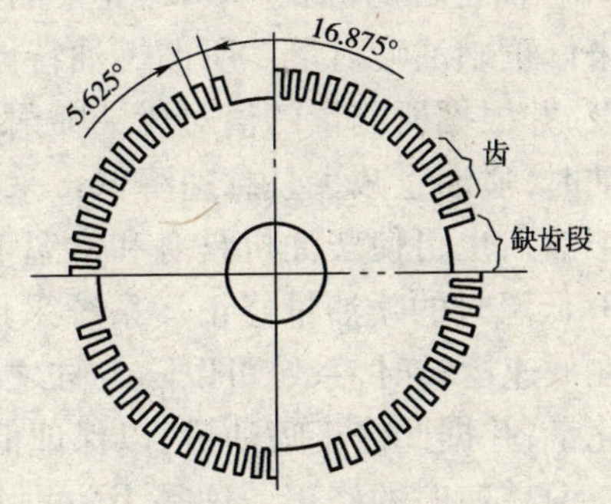

图 4-46　油泵转角脉冲传感器

自柱塞开始压缩至电磁溢流阀打开,油泵轴转过的角度 θ 称为溢流角。溢流角 θ 与油泵的喷油量相对应,θ 越大,喷出的燃油越多。溢流角 θ 可由缺齿部的信号结束计算齿的脉冲信号数求得。ECU 在对循环喷油量进行控制时,首先根据所需的燃油量确定电磁溢流阀所需开启时间,然后当在 2 个脉冲中间时,用其前脉冲间隔时间把溢流角换算成时间,用此时间控制电磁溢流阀的开启和关闭。

当改变喷油提前角时,由于油泵转角传感器安装在滚环上(图 4-47),尽管喷油正时发生变化,但喷油量与溢流角始终相对应。图 4-47a)是在未改变喷油正时,溢流角为 θ 的情况下的运转状况,当滚环转过 α 角时,为图 4-47b)的运转状况。从图 4-47b)可以看出,当滚环转过 α 角后,柱塞压缩开始也滞后了 α 角;另外,由于油泵转角传感器安装在滚环上,油泵转角信号也滞后 α 角。即柱塞压缩开始与滚环位置改变无关,也即喷油正时的改变对喷油量控制没有任何影响。

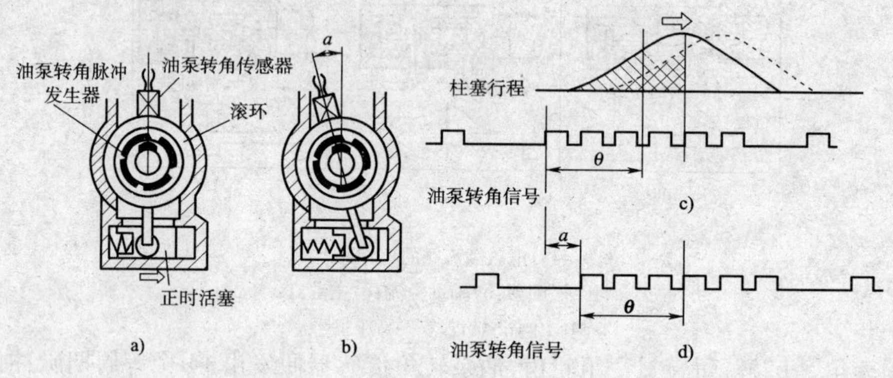

图 4-47　喷油正时与溢流角的关系及波形图

a)喷油正时未改变;b)喷油正时改变;c)喷油正时未改变信号波形;d)喷油正时改变信号波形

③控制系统的喷油量修正功能。ECD-Ⅱ系统是由发动机转速和加速踏板位置传感器信号确定基本喷油量,并根据冷却液温度、进气温度、进气压力等信号对其修正。此外,该系统还增加了一些新的喷油量修正功能。这些新增的修正功能包括以下 3 个方面。

A. 燃油特性的修正。ECD-Ⅱ柴油机微机控制系统不仅可根据燃油温度,而且可根据燃油特性来修正燃油喷射量。所谓燃油特性的修正,就是系统利用怠速控制的修正量来测知燃油的黏度,并根据所测量的值对燃油喷射量进行最适当的控制。当燃油温度高或使用黏度较低的燃油时,喷油量减少且怠速降低。采用燃油特性的修正后,即使在高温下用特 3 号柴油(冬季型柴油),也可使柴油机具有和常温下使用 2 号柴油时几乎相同的加速性能。

B. 低温时的喷油量修正。系统采用反馈控制来调节柴油机的控制偏差与状态改变。发动机在低速运转时,系统可以随各缸之间的差异和运行条件的改变来计算减速时发动机转速的变化量,并据此修正喷油量,以保证低速稳定。

C. 急减速时的修正。这是为防止急减速时柴油机转速急剧减小而进行的修正。微机控制系统采用反馈控制来调节柴油机的控制偏差与状态的改变。

(2)喷油正时的(喷油提前角)控制:

①喷油正时控制系统的构成及工作原理。ECD-Ⅱ系统的正时控制通过正时活塞改变平面凸轮与滚轮的相对位置实现,而对正时活塞的位置控制则由正时控制系统通过操纵正时控制阀,改变作用在正时活塞两端油压的大小来完成,如图 4-48 所示。为获得最佳的喷油正时,ECD-Ⅱ系统中还设置着火正时传感器,ECU 根据着火正时传感器和曲轴转角传感器二者信号的相位差所得到的实际燃烧开始时刻,对预设的喷油正时进行修正。这样就排除了燃油性能和大气压力变化对燃烧开始时刻的影响,可以保证柴油机在所有运转工况下都具有最佳的喷油正时。

②喷油正时控制。ECD－Ⅱ系统对喷油提前角的控制如图 4-48 所示。ECU 根据曲轴位

置传感器和油泵转角传感器来计算喷油正时。油泵转角传感器向 ECU 输入燃油喷射的开始时刻信号，曲轴位置传感器向 ECU 输入曲轴基准位置的参考信号，ECU 根据这两个信号来确定喷油提前角。

在该系统中，把作为控制基准的曲轴位置传感器布置在曲轴上，可以加大脉冲信号发生器的半径，增加单位时间的脉冲数，有利于提高控制精度。

此外，为了提高每个油泵的喷油正时控制精度，在每个油泵上都安装了一个校正电阻器（图 4-41 中的 14），ECU 通过读取电阻值进行校正。

③起动时喷油提前角的控制。柴油机起动时，由于发动机转速很低，曲轴位置传感器信号电压很低，ECU 将根据加速踏板位置传感器信号、转速信号、点火开关信号控制正时阀来控制喷油提前角，即开环控制。当柴油机正常运转时，喷油正时实行反馈控制，即进入闭环控制。

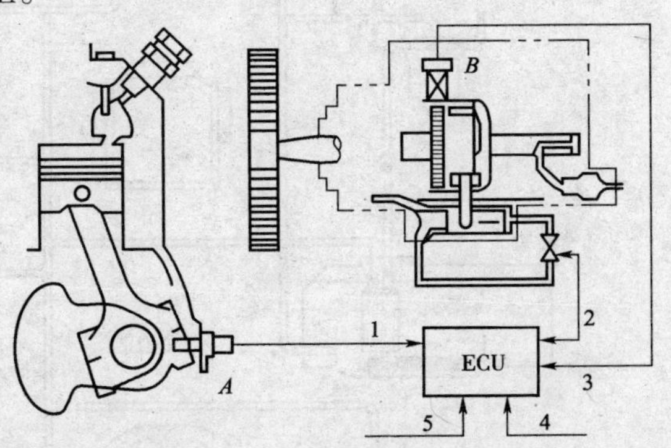

图 4-48 喷油正时控制系统构成简图

1-曲轴转角位置信号输入；2-喷油提前角信号输出；3-油泵转角信号输入；4-进气压力信号；5-节气门开度信号
A-曲轴转角传感器；B-油泵转角传感器；ECU-车载电脑

④点火正时传感器。点火正时传感器的一般结构如图 4-49 所示。

传感器由信号线、光敏三极管和石英棒等组成。柴油机工作时，发动机燃烧室内燃烧发出的光通过石英棒导入光敏三极管，光敏三极管把光信号转换为电信号输送到 ECU，ECU 将据此判断实际的点火时刻，并修正喷油提前角。这样可以使柴油机的性能不易随大气压力的变化而变化，在大气压力降低时，通过推迟燃烧开始时间，使柴油机的扭矩几乎不降低。另外，可以消除柴油品质变化对柴油机性能的影响，当柴油的十六烷值下降时，ECD-Ⅱ系统的油耗几乎保持不变。

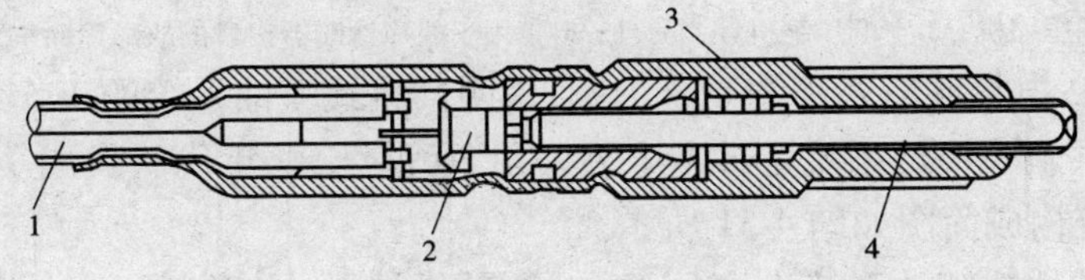

图 4-49 着火正时传感器

1-信号线；2-光敏三极管；3-外壳；4-石英棒

(二) 电控共轨式喷油系统

1. 电控共轨式喷油系统的基本原理

电控共轨式喷油系统是 20 世纪 90 年代中期开发成功的一种先进的柴油机燃油喷射控制系统，该系统采用时间控制方式，除了具有喷油量控制、喷油正时控制外，还具有喷油规律控制等功能。该系统中有一条公用油管，用高压（或中压）输油泵向共轨（公用油道）中泵油，用电磁阀进行压力调节并由压力传感器反馈控制。有一定压力的柴油经由共轨分别通向各缸喷油器，喷油器上的电磁阀控制喷油量和喷油正时。

喷射压力由共轨中的高压或喷油器中的增压活塞对共轨中的油压增压决定。其组成如图 4-50 所示。

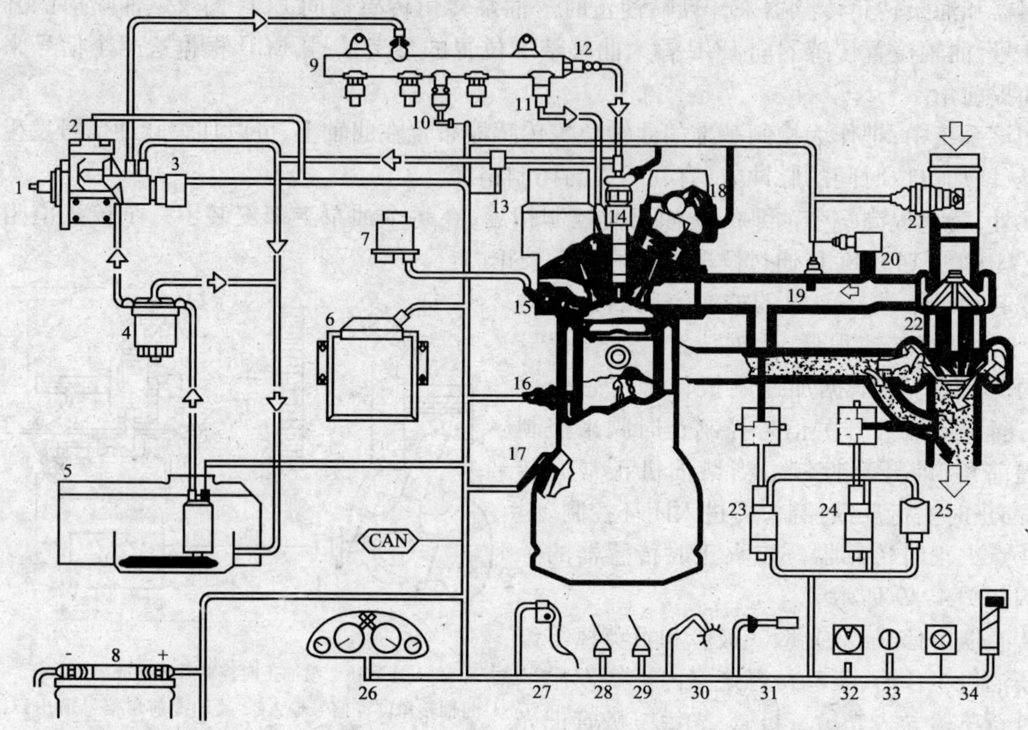

图 4-50　电控共轨式喷油系统的基本原理

1-高压泵;2-停油阀;3-压力控制阀;4-燃油滤清器;5-带粗滤和输油泵的燃油箱;6-控制单元(ECU);7-电热塞控制单元;8-蓄电池;9-高压蓄压器(轨道);10-轨道压力传感器;11-限流器;12-限压器;13-燃油温度传感器;14-喷油器;15-电热塞;16-冷却液温度传感器;17-曲轴转速传感器;18-凸轮轴转速传感器;19-吸入空气温度传感器;20-增压压力传感器;21-空气流量计;22-涡轮增压器;23-废气循环调节器;24-增压压力调节器;25-真空泵;26-带油耗、转速等显示的仪表盘;27-油门踏板传感器;28-制动触点开关;29-离合器开关;30-车速传感器;31-车速调速器控制元件(恒速控制);32-空调压缩机;33-空调压缩机控制元件;34-带用于故障诊断器接口的故障诊断单元

下面以 ECD-U2 电控共轨式喷油系统为例,说明共轨式喷油系统的工作过程。

ECD-U2 电控共轨式喷油系统是日本电装公司 20 世纪 90 年代研发成功的新型柴油机燃油喷射系统,该系统构成简图如图 4-51 所示。

ECD-U2 电控共轨式喷油系统由高压油泵、油泵供油压力控制阀、高压共轨、燃油压力传感器、三通电磁阀、液压活塞、节流孔、喷油器及其他相关传感器和 ECU 等组成。

在 ECD-U2 的 ECU 控制共轨式喷油系统中,高压油泵及油泵柱塞偶件仅起提供高压燃油的作用。油泵柱塞偶件的数量仅与系统所需的最大供油量有关,与发动机的气缸数无关。如图 4-51 所示系统是一台 6 缸发动机的供油系统,在该系统仅用两副油泵柱塞偶件。

高压油泵的供油压力,由 ECU 根据预先设置发动机各运转工况的最佳压力值,以及由油压传感器输入的高压共轨中实际燃油压力,通过控制油泵供油压力控制阀的开启或关闭,使高压共轨中的燃油压达到预先设定的最佳值。此时高压共轨的燃油压力,就是喷油器的喷射压力。

喷油器的开启和关闭由喷油器液压活塞上端面、控制室中的燃油压力控制。控制室中的燃油压力大小不仅与高压共轨中压力有关,而且还和三通电磁阀的工作状态有关。当三通阀

通电时，控制室的高压燃油经三通阀流回油箱，喷油器针阀因控制室内油压的减小，在针阀锥面高压燃油轴向合力的作用下跳起，喷油器开始喷油。当三通电磁阀断电时，高压共轨中的高压燃油经三通阀流入控制室，液压活塞在油压合力作用下向下移动，使针阀落座，喷油器停止喷油。在 ECD-U2 系统中，三通电磁阀通电的时刻即是喷油开始的时刻。因此，改变三通电磁阀的通电时刻，就能方便地改变喷油正时。

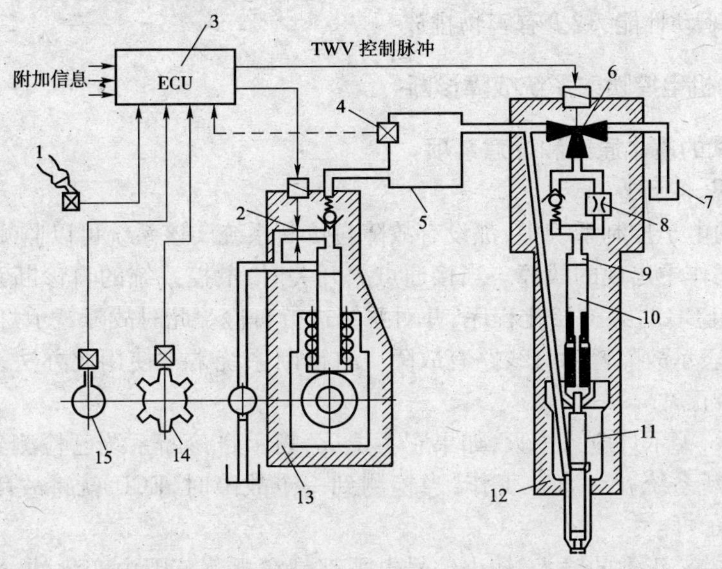

图 4-51　ECD-U2 电控共轨式喷油系统结构简图

1-节气门踏板位置传感器；2-油泵压力控制阀(PVC)；3-电控装置；4-燃油压力传感器；5-共轨管；6-三通阀(TWV)；7-燃油箱；8-节流孔；9-控制室；10-液压活塞；11-喷嘴；12-喷油器；13-高压供油泵；14-曲轴位置传感器；15-汽缸识别传感器

在 ECD-U2 系统中，三通电磁阀通电即开始喷油，三通电磁阀断电喷油停止，因此系统对喷油量的控制是通过对三通电磁阀的通电持续时间的控制实现的。

图 4-51 中节流孔用来调节控制室的卸压速度，三通电磁阀通电时，通过精细调节节流孔的节流面积，可以调节控制室高压燃油的回流速度，从而可以控制针阀上升的速度，即改变初期的供油速率，达到降低噪声和 NO_x 排放的目的。

ECD-U2 系统通过控制油泵供油调节阀和每个气缸的三通电磁阀，实现了对循环喷油量、喷油定时、喷油速率的柔性控制。在控制过程中，ECU 能根据燃油温度传感器、空气温度传感器及其他传感器输入的信号对喷射压力、喷油定时和喷油量进行修正。采用时间控制方式的共轨系统，电磁阀对喷射压力、喷油定时和喷油量进行控制，提高了调节的自由度和控制的精度。

2. 电控共轨燃油喷射系统的主要优点

(1)共轨燃油喷射系统中的喷油压力柔性可调，对不同的负荷和转速可以确定所需的最佳喷射压力，从而优化柴油机综合性能，使喷射压力可不随柴油机转速变化，有利于增大柴油机低速时的转矩和改善低速烟度。

(2)共轨燃油喷射系统可独立地柔性控制喷油定时，配合高的喷射压力(120～170MPa)，可同时使 NO_x 和微粒(PM)的排放控制在较小的数值内，以满足排放标准的要求。

(3)共轨燃油喷射系统可柔性控制喷油速率变化,为实现理想的喷油规律(如预喷型、三角形或台阶形喷油规律)创造了条件。这样,既可降低柴油机 NO_x 和压力升高率,同时又能保证柴油机具有优良的动力性、经济性。

(4)共轨燃油喷射系统采用电磁阀控制喷油,控制精度高,高压油路中不会出现气泡和残压为零的现象,因此在柴油机运转范围内,喷油量循环变动小,可以改善各缸不均匀性,减小柴油机的振动,改善驱动性能,减少有害物排放。

五、柴油发动机电控喷射系统故障诊断

(一)诊断测试的基本原则和注意事项

1. 诊断测试基本原理

现代柴油机的电子控制系统中,都设有故障自诊断系统。该系统可以监测、诊断电控系统的工作状况以及工作中出现的故障。当接通点火开关时,电控系统的自诊断系统就开始进入工作状态,首先是 ECU 进入初始化程序,并对系统进行自检。此时故障警示灯会闪亮,如果故障警示灯不亮,则表示故障警示灯线路有故障。自诊断系统常常使用此办法来检查其输出装置故障警示灯是否正常。

发动机起动后,警示灯应该熄灭,如果它不熄灭,表示自诊断系统已检测到故障。当车辆运行过程中,自诊断系统就一直在工作,当检测到一个故障时,ECU 就将故障代码存入存储器,并点亮故障警示灯。

对于自诊断系统,正常的输入、输出信号电平都是在规范范围内变化的,当某一电路出现超出规定范围的信号时,诊断系统就判定该信号线路出现故障。例如,某种水温传感器工作正常时,输出电压在0.1~4.8V 范围内变化,如果水温传感器输出电压小于0.1V,就相当于发动机水温高于139℃,这在发动机正常工作中是不可能出现的,自诊断系统就会判断出水温传感器出现故障。当判断信号线路是否出现故障时,偶尔出现一次超范围的不正常信号,诊断系统并不判为故障。不正常信号必须持续一段时间。例如某车发动机转速为1500r/min 时,氧传感器信号电压低于0.15V 必须持续2min 以上才能确定氧传感器有故障。

应该注意到,自诊断系统只能对类似开路或短路故障进行报警并记录故障代码,但对于传感器性能不佳这类故障往往无法确认,只能由人工方法进行具体检测才能确定故障原因并排除。

柴油机自动控制系统是比较复杂的系统,在诊断故障时,需要掌握系统的步骤和方法。从原则上讲,如要诊断排除一个可能涉及微机系统的柴油机故障,应先按柴油机没有微机那样,检查可能引起故障的各个方面。否则,遇到本来与微机无关的简单故障,却去检查微机系统的传感器、执行器与电路等花费了很多时间,而忽略了真正的故障所在。

2. 使用维修注意事项

柴油机电控燃油喷射系统使用维修注意事项与汽油机相同。所不同并且非常重要的一点是:柴油机供油系统有比汽油机高几十倍甚至上百倍的燃油压力,因此在检修燃油系统时需要注意,尤其是在更换零部件时,一定要按照维修手册的步骤进行卸压。

(二)故障自诊断系统

柴油机的自动控制系统既要有高可靠性,又要有一个良好的综合性的在线故障检测、报

警、保护及停车系统，以便对于各元件或整个系统的故障能自动发现和识别，同时根据故障的性质，限制柴油机的性能，或使柴油机停车。

图4-52表示在电子控制系统中插入了“故障—安全”集成块，它由“故障发现”和“故障识别”两个分块组成。同时，要在整个系统中增加若干重复的传感器信号，如柴油机转速信号，不仅用转速传感器感应，而且喷油提前角信号的脉冲频率可作为重复的转速信号；喷油量不仅用供油齿杆行程传感器来获得信号，如有必要也可将喷油器针阀开启时间长短所提供的信号由计算机计算出喷油量。这些重复的信号在“故障—安全”集成块中，一方面可作为识别故障用，另一方面又可直接推动执行器，以便一旦发生故障可保证安全。在计算机储存各种信号的正常范围，如果信号超出正常范围，计算机即可发现故障。此外，也可在执行器中装置位置指示器，通过它来检验执行器是否达到要求的位置，以判断故障。如果控制器检测到一个故障，它将在故障显示灯闪亮的同时，在串行线上输出数码以提醒操作者。

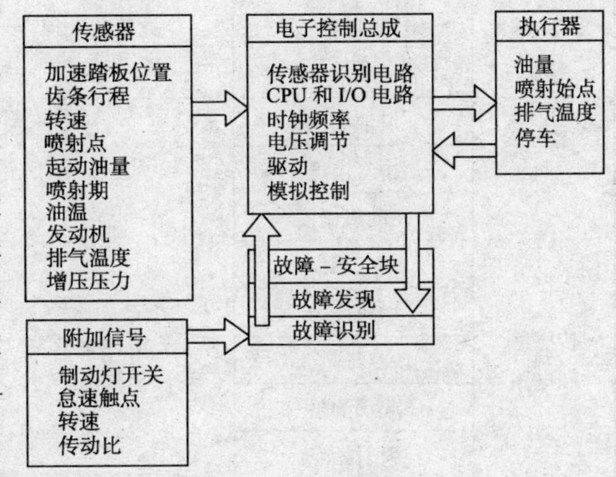

图4-52　故障自诊断程序

故障发现后采取的对策有三种：维持工作型、改变工作型、柴油机停车。在改变工作型中又分为：减少供油量、增加油量、降低转速、跛行运行（即带故障运行），使司机能将车开到邻近的修理场进行修理。

故障本身可分为三类：可容许的故障、有条件容许的故障、不容许的故障。这三类故障发生后采取的对策按一定方式联系起来，使不同的故障用不同的方法来处理。表4-1是一种对策方法，从中可以了解这种联系方式。

应该注意到，使用自诊断系统诊断故障时应明确：在多个故障码同时存在时，故障代码一般以从小到大的顺序显示输出；不同车系或车型，进入故障自诊断的方法可能不同，其故障码所指的含义基本不同；自诊断系统所诊断的故障是有限的，而且自诊断系统本身也可能出现故障，因此应进行其他方式的系统检查。有部分汽车大多有故障诊断输出接口，可用专门的诊断仪器显示故障代码和相关的检测参数。

（三）故障代码的读取

1. 故障码的分类

故障代码的测试模式分为静态测试模式和动态测试模式两类。目前大多数车型主要用静态测试模式，其特点是，接通点火开关，但不起动发动机或车辆处于静止状态。动态测试是在发动机正常运转或车辆运行中进行故障诊断的一种测试方法，可以检测到静态测试无法判断的故障。

故障代码也分为两类，一类是硬码，另一类称为软码。例如，当发动机运转时，故障警示灯一直保持闪亮，说明ECU已检测到一个故障，而且该故障一直存在，称其对应的故障码为硬码。当发动机运转时，故障警示灯亮，然后熄灭，表示ECU已经检测到一个间歇性故障，其对应的代码称为软码。一般软码通常是由于线路接触不良引起的，应采取症状模拟方法来排除。

对 策 方 法 表4-1

元 件	故 障		故障的发现	动 作				
				减少供油量	增加供油量	降低转速	跛行运行	柴油机停车
传感器和电路	燃油温度		信号超出范围	×				
	排气温度			×				
	发动机温度				×			
	空气温度			×				
	增压压力			×				
	空气量			×				
	起动油量						×	
	喷射始点						×	
	转速							×
	齿杆位置						×	
	节气门位置					×		
执行器和控制器	油量	堵塞	静态下发生控制					
		齿杆控制故障	偏差					
		电磁阀搭铁短路	偏差					
		输出短路	偏差					
		失去激磁电流	零					
	喷射始点		静态下发生控制偏差	×				
	排气再循环		废气流量降低	×				
数字处理机系统	软件		自信度检验时钟准确度程序试验				×	
发动机	超速		超速					×

2. 故障码的显示方法

对于不同的厂家、不同的车型、不同的电控系统，故障代码的读取与清除方法各不相同，但是故障码显示的方法基本相似。

(1)故障灯显示法。大部分电控系统的自诊断系统均采用故障灯显示法。当维修人员用跨接线或带 LED 灯的跨接线跨接自诊断插座某两个端子，并打开点火开关时，仪表板上的故障示灯或 LED 灯会闪亮，显示出故障代码。根据灯光闪亮的方式不同可分为：

①直接计数法。故障码等于故障警示灯闪烁的次数。若只有一个故障码，将循环显示该故障码，循环显示中间有一个时间间隔，称为循环间隔时间。若有两个以上故障码时，两故障码间也有一定的时间间隔，称为代码间隔时间。循环间隔时间一般都大于代码间隔时间。

②十进制计数法。故障码由两位数组成，在十位数和个位数之间有一个时间间隔，称为位数间隔时间，以区分十位数和个位数，它比代码间隔时间要短。十位数和个位数的闪烁波形是

一样的，首先显示十位数，中间熄灭，熄灭时间等于位数间隔时间，接下来显示个位数，如图4-53所示。

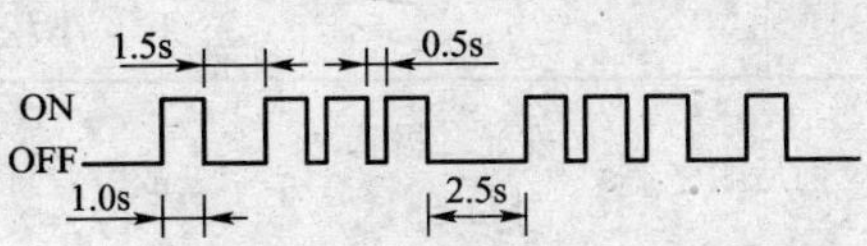

图4-53　故障码13和31

③长、短闪烁法。实际上也是十进制计数法，只不过是为了进一步区分十位数和个位数，在十进制计数法的基础上，将十位数闪亮的时间加长罢了。

(2)数字或字母显示法。数字或字母显示法主要在一些高档轿车上应用，其进行故障自诊断测试时，故障码将以数字或字母的形式直接显示在信息显示器上。表4-2所示为字母显示。

DH220L和DH280型挖掘机的EPOS控制系统的故障自诊　　表4-2

显示的字母	故障位置	产生故障的原因
U	发动机转速传感器	在H模式，转速传感器没有信号输出
S	电源	EPOS控制器无电源
O	模式选择开关	模式选择开关未接通
P	自动怠速电磁换向阀	自动怠速电磁换向阀开路或搭铁

(3)LED显示法。LED是发光二极管的英文缩写。有些厂家在电控单元上设有一个或多个LED，根据二极管不同的发光颜色来显示。

(4)利用专用测试仪直接读取法。现代电控系统的故障自诊断代码都可以通过各种专用测试仪器直接读取，其故障代码显示在仪器的液晶显示器上，并能直接显示故障代码的内容。同时这类检测仪器还可以进行各电控系统的动态检测，其功能更多更强。

3. 故障码的读取与清除实例(故障灯法)

(1)读取故障代码的准备工作：

①蓄电池电压大于11V；

②各种插接器、电线连接牢固可靠；

③变速器置于空挡位置，拉紧手制动，汽车前后轮用三角木顶住；

④各系统机械装置正常。

(2)故障码读取与清除：

例4-2　日本小松挖掘机电子节气门控制系统的故障自诊。

小松PC200-5挖掘机的电子节气门控制器上装有三只发光二极管，它通过发光二极管亮与灭的组合来显示整个控制系统工作是否正常。

将起动开关转至接通位置时，3只发光二极管(颜色分别为红、绿、红)首先进行车型标记，如表4-3所示，约5s之后转入正常显示(系统工作正常)或自诊显示(系统工作不正常)。自诊显示中发光二极管通断的组合及所代表的意义如下表4-4所示。

小松PC200-5型挖掘机机型标记显示　　表4-3

机　型	发光二极管(LEOS)	机　型	发光二极管(LEOS)
PC200	红　绿　红 ●　○　○ 通　断　断	正常显示	红　绿　红 ○　●　○ 断　通　断
PC200	红　绿　红 ○　●　○ 断　通　断		

小松 **PC200-5** 型挖掘机自诊显示　　表 4-4

前后顺序	发光二极管（LEOS）	故障位置及原因	前后顺序	发光二极管（LEOS）	故障位置及原因
1	红 绿 红 ○ ○ ○ 断 断 断	电源系统或控制系统	4	红 绿 红 ○ ○ ● 断 断 通	调速电机断路
2	红 绿 红 ● ○ ● 通 断 通	调速电机部分短路	5	红 绿 红 ● ● ○ 通 通 断	调速电机电位器异常或电机失调
3	红 绿 红 ● ○ ○ 通 断 断	蓄电池继电器短路	6	红 绿 红 ● ● ● 通 断 断	燃油控制盘电路异常

若系统存在两种以上的故障，发光二极管将按表 4-4 所示的前后顺序进行显示。故障排除后，自诊显示将停止。

例 4-3　图 4-54 是丰田车系的电控系统故障自诊断接口的一种，用跨接线短接不同的端子，就可以读出不同电控系统的故障代码。

(1)打开自诊断接口的上盖；

(2)用跨接线连接 T_c 和 E_1 端子；

(3)打开点火开关；

(4)根据发动机“CHECK ENGINE”灯闪烁的次数读出故障代码。

故障码清除的方法是：将“EFI”熔断器拔下 15s 以上，或拆下蓄电池搭铁 15s 以上即可。

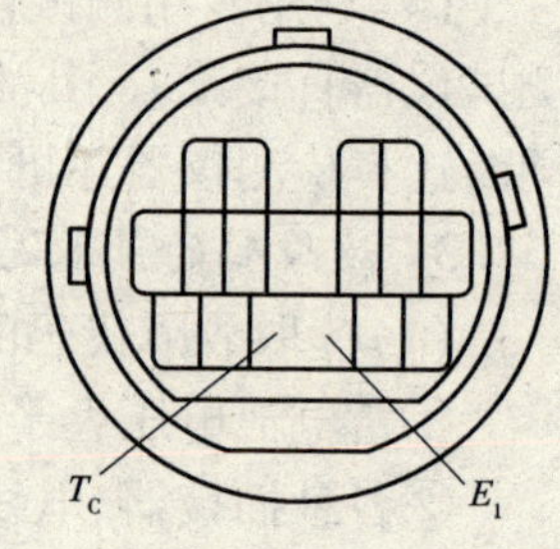

图 4-54　丰田轿车诊断端子

(四)柴油机电控系统常见故障

1. 计算机故障

计算机电子控制单元虽然一般比较可靠，不易出问题，但有时也难免出现故障。例如某集成块损坏，电控单元固定螺栓松动，某电子元件焊接头松脱，以及电容元件失效等。

2. 接插件连接故障

自动控制系统的电路引线有很多接插件，常常因为时间长，插件老化，或由于多次拆卸造成接头松动或接触不良，造成柴油机工作不稳定，时好时坏。

3. 传感器故障

由于传感器的零件损坏，如弹片弹性失效、真空膜片破损、复位弹簧断裂或脱落，都将不能及时、准确地反映柴油机工况，从而使得电控系统失控或控制不正常，柴油机工作不协调，甚至不能工作。如速度传感器失效、加速踏板传感器失效、燃油温度传感器失效等都会引起柴油机工作不正常。

4. 执行机构故障

电磁阀工作是由所控制单元产生的电脉冲控制的，有时候因电磁线圈工作不良而造成柴

油机工作不正常。此外，如供油齿杆、执行机构活塞、伺服阀卡死，伺服阀电路失效等都会引起柴油机的故障。

第四节　港口内燃装卸机械电气设备线路及工作原理

一、常用低压电器

（一）低压开关

汽车上用来控制电源与负载之间电路的控制开关，有机械式和电磁式两类，各类又有独立式和组合式两种。

机械式开关有手操纵和脚踏两种，按各自的用途装在驾驶室内的不同位置，在各种开关上往往刻有图形符号，以示区别。

1. 电源总开关

为了防止汽车停驶后蓄电池经外电路漏电，在有些汽车上装有控制电源的总开关。电源总开关有闸刀式和电磁式两种。前者靠手动接通或切断电源，后者靠电磁力接通或切断电源。图4-55为电磁式电源总开关，也称为蓄电池继电器。

在电磁式电源总开关中，当闭合控制开关8时，蓄电池电流经电磁线圈4、触点1搭铁（此时电磁线圈5被触点1短路）。在电磁线圈4所产生的电磁吸力作用下，常开触点2闭合，蓄电池对外供电电路被接通。与此同时，常闭触点1打开，电磁线圈4的电流经线圈5搭铁构成回路。由于两线圈产生的电磁吸力相同，因此便使常开触点2牢牢闭合，同时又节省了蓄电池电能。

当汽车停驶后断开控制开关8时，由于两线圈中均无电流流过，在复位弹簧7的作用下，使常开触点2张开，切断了蓄电池与外电路联系。

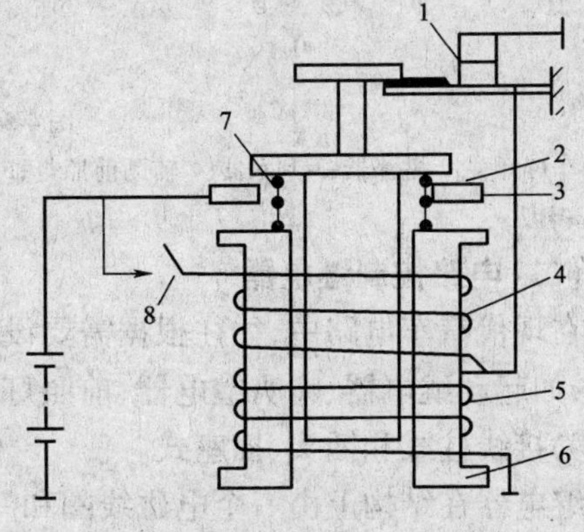

图4-55　电磁式电源总开关

1-闭触点；2-常开触点；3-接起动机开关接线柱；4、5-电磁线圈；6-铁芯；7-复位弹簧；8-控制开关

2. 点火开关

点火开关主要用来控制点火电路，另外还控制发电机磁场电路、仪表电路、起动继电器线圈电路及一些辅助电器电路等，一般都设有起动后自动复位的挡位，有些车辆上使用的点火开关还具有停车锁止转向盘功能。

3. 灯光总开关

其作用是根据需要接通或切断各种灯光电路，以得到所需要的照明。目前使用的灯光总开关有旋转式。

4. 制动灯开关

常用的制动灯开关有液压式和气压式。它们分别利用液压和气压的作用将开关中的触电闭合，接通制动灯电路，使制动灯点亮。液压开关装在汽车液压制动总泵后端，气压开关装在汽车气压制动阀下方。

5. 组合开关

现代汽车上多采用组合开关。它几乎将电气系统的所有控制开关均集合于组合开关中(点火开关除外),操作灵活,使用方便。安装在汽车的转向柱转向盘的下端等,它具有控制前照灯、远近变光、转向信号灯等功能。如图 4-56 为 JK320 型组合开关外形图。

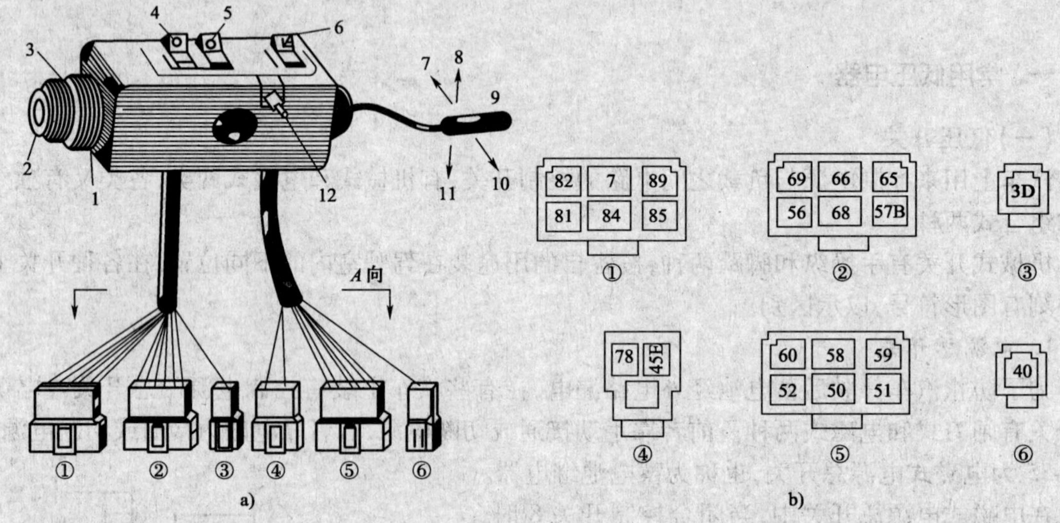

图 4-56 JK320 型组合开关

1-车灯开关;2-洗涤器;3-刮水器;4-辅助前照灯;5-雾灯;6-暖风机;7-左转向;8-超车;9-远光;10-右转向;11-近光;12-喇叭

(二)电路控制继电器

在现代汽车电路中,往往根据需要设置一些电路控制继电器,以减小控制开关触点的电流负荷,如起动继电器、喇叭继电器、前照灯继电器、雾灯继电器等。这些继电器与电路连接方式可分为接线柱式和插头、插座式。

继电器在结构上由一个电磁线圈和一组触点组成,触点可以有一对、两对或多对,这些触点又分为常闭触点和常开触点。这些继电器的电磁线圈电路,受相应的电路开关控制。当电磁线圈电路被电路控制开关接通时,磁化铁芯产生吸力,使常闭触点张开或使常开触点闭合,以完成各自的功能。

接线柱式继电器触点承载能力较大,在国产车上常用于对起动电路和喇叭电路的控制。但是由于接线繁琐,正逐渐被插头、插座式所取代。因为插头、插座式继电器安装方便,体积小的特点,被广泛采用。

(三)熔断装置

为了防止用电设备或连接线路发生短路,损坏电源、用电设备和线路,在电源与用电设备之间都串联有熔断装置。现代汽车上广泛使用的保护装置有易熔线、熔断器和双金属片式断路器。

1. 易熔线

易熔线是一种截面一定,能长时间通过较大电流的合金导线(其电流值一般为 30A、40A、60A)。用于保护总体线路或较重要电路。有棕、绿、红、黑 4 种颜色,以表示其不同规格。易

熔线一般设置在整体线束中电源的引入端。

2. 熔断器

熔断器用于对局部电路进行保护，可分为金属丝式、管式、片式和平板式等多种形式。熔断器能长时间承受设备额定电流，当超过额定电流以后，熔断器即刻熔断。超过额定电流值越大，熔断时间越短。熔断器只能一次使用，熔断后必须更换，因此汽车上总要储备不同规格的熔断器。各种熔断器的结构形式如图 4-57 所示。

(四)电路断电器

国产汽车上常用的电路断电器为按钮式，其结构如图 4-58 所示。

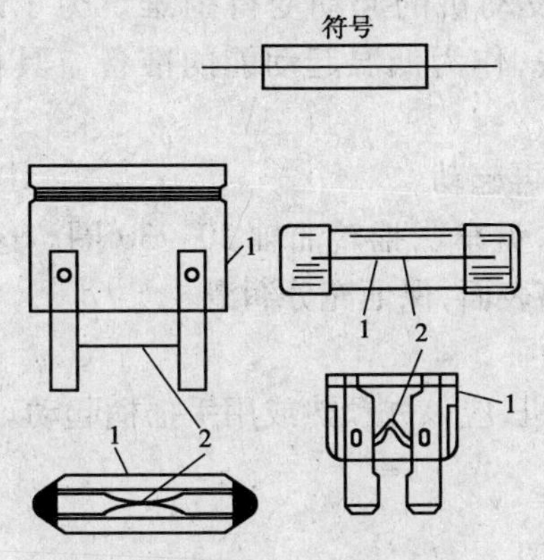

图 4-57　不同结构形式熔断器

1-支架;2-熔丝

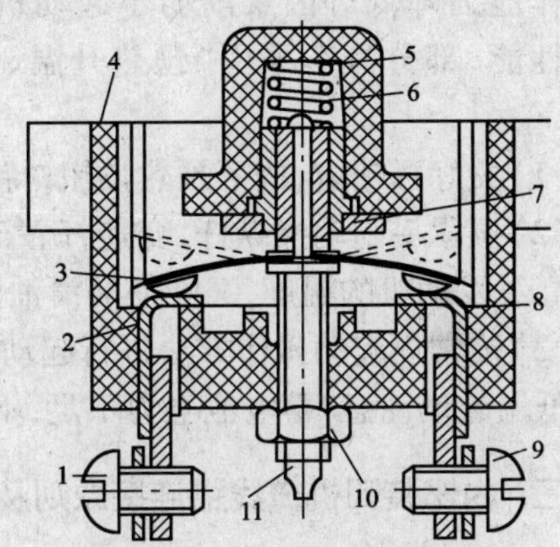

图 4-58　按钮式电路断电器

1、9-接线柱;2、8-触点;3-双金属片;4-外壳;5-按钮;6-弹簧;7-垫圈;10-螺母;11-调节螺钉

按钮式电路断电器中的双金属片 3 是由膨胀系数不同的金属材料制成的。当其通过电流达到 20A 时，双金属片受热变形，向上弯曲，触点张开，切断电路，对电路起保护作用。若要重新使触点闭合，则必须按一下按钮 5，使双金属片受压复位。如果限制电流值不符合要求，只要旋松螺母 10，调节螺钉 11，从而改变双金属片的挠度即可。

(五)中央配电器(熔断器盒)

为便于检查或更换熔断器，汽车上常将各电路的熔断器集中安装在一起，形成一只保护数条至数十条电路的熔断器盒。现代汽车将各种控制继电器与熔断器安装在一起，组成整车电气线路的控侧及电能配给中心，即所谓中央配电器。

(六)起动

港口内燃装卸机械在作业中，每天都要经过多次的停车和起步，发动机的起动和停熄也要经过多次。因此，司机对起动的操作步骤必须熟练掌握，尽量避免操作故障的出现。通常情况下发动机的起动可分为常规起动和低温起动。

1. 常规起动

常规起动是指常温下起动发动机。其步骤如下：

(1)接通总电源开关，用点火钥匙接通点火锁；

(2)将变速操纵杆放在空挡位置；

(3)踏下离合器踏板;

(4)按下起动按钮,发动机即可起动。起动后迅速松开起动按钮;

(5)待发动机运转平稳后,匀速地松开离合器踏板,保持低速运转,严禁猛踏加速踏板。

起动时,注意起动机的使用,每次起动不得超过5s。若第3、第4次仍起动不着发动机,则应检查油、电路有无故障,排除故障后再起动,不可勉强使用起动机。

2. 低温起动

冬季低温起动发动机,由于发动机中的润滑油的黏度大、曲轴转动阻力增加、蓄电池的工作能力降低等因素削弱了起动机的工作效果,使发动机的起动变得困难。为了改善起动性能,部分汽车采用"预热升温、冷摇慢转"的方法,作为低温起动前的准备。具体步骤如下:

(1)关好百叶窗,按下预热按钮,待预热指示灯熄灭,再起动。

(2)拉紧手制动操纵杆,变速杆置于空挡,用手摇柄"盘车",摇转曲轴20~30圈。这样,既升高了发动机的温度,又能使润滑油流到各机件的摩擦表面,保证充分润滑。

(3)按常规起动操作方法进行起动。

低温起动注意:蓄电池电力不足,不可勉强使用起动机,应该先预热或用手摇柄起动。

二、内燃装卸机械线路连接原则及常用标识符号

(一)线路的连接原则

港口内燃装卸机械电器线路虽然因车而异,但它们都具有一定的共性,即两个电源、低压直流、并联单线、负极搭铁,且绝大多数车辆的电器与电子设备的安装部位基本相同,这就决定了车辆电器线路的走向和布局的共性。了解电器设备间的内在联系,是正确使用和维护车辆电器设备,迅速诊断与排除车辆电器系统故障的基础。

内燃装卸机械线路一般包括以下几部分:电源部分线路、起动线路、点火线路、仪表及警报系统线路、喇叭线路、空调控制系统线路、刮水器及洗涤器控制系统线路、照明与信号系统线路和收放机电路系统线路等。全车线路的连接一般具有下列原则:

(1)汽车上有两个并联的电源:发电机和蓄电池,这两个电源能单独向外供电。在发电机不工作时,由蓄电池向外供电;当发电机工作时,由发电机向外供电,并对蓄电池充电。

(2)控制开关常采用控制继电器线圈的小电流而达到控制通过用电设备的大电流。

(3)充电时,指示灯要能反映蓄电池的充电情况。

(4)各用电设备要能单独工作,因此,它们都是并联的。

(5)各车都装有保险装置,以防止因短路而烧坏线束和用电设备。

(二)常用标识符号

汽车全车电路十分复杂,电线的颜色五颜六色。为了便于查找线路和看清电路图,电线的颜色通常用英文字母作代号表示。第一个英文字母表示基色,第二个英文字母则表示条带颜色。例如R—G代号表示红色带绿色条带的电线。具体表示如表4-5所示。

另外,在汽车的仪表上,操纵杆上、按钮上和开关等处常常标有各种符号,用以表示各种照明、信号灯具、指示信号、传感器和电磁开关等,图4-59为常用的图形符号及含义。

电线颜色代号　　表 4-5

代号	B	G	Q	L	R	W	P
颜色	黑色	绿色	橙色	浅蓝色	红色	白色	粉红色
代号	V	Y	BR	GR	LC		
颜色	紫色	黄色	棕色	灰色	浅绿色		

燃油	(水)温度	油压	充电指示	转向指示灯	远光
近光	雾灯	手制动	制动失效	安全带	油温
示廓(宽)灯	真空度	驱动指示	发动机室	行李舱	停车灯
危急报警	风窗除霜	风机	刮水/喷水器	刮水器	喷水器
车灯开关	阻风门	喇叭	点烟器	后刮水器	后喷水器

图 4-59　常见图形符号及含义

三、石川岛轮胎式起重机电路分析

(一)石川岛轮胎式起重机电路基本概况

1. 起动装置和充电装置

石川岛轮胎式起重机的起动装置是直流串励小齿轮换挡式起动机,其电源电压为 24V,功率为 5.5kW。

充电系统的发电机是硅整流发电机,电压为 24V,额定电流为 35A,它采用电子式调节器。蓄电池组为两个 12V × 120A · h 铅蓄电池。

2. 电气系统组成

石川岛轮胎式起重机的电气系统由起动机回路、常时通电回路、锁闭回路、OK 监视器回路、警报灯(蜂鸣器)回路、安全卷扬方式转换回路、力矩限制器回路、车灯回路、外伸叉架、行驶回路等构成。

(二)几个重要电器元件作用

1. 熔断丝盒

石川岛轮胎式起重机的电气系统中有一个总熔断丝盒,其中有 10 个分熔断丝盒,熔断丝盒中各熔断丝所属电路情况如图 4-60 所示(按从左向右排序)。

图中：

1——常时通电回路，容量为20A；

2——力矩限制器电路，容量为5A；

3——OK监视器、仪表附件，容量为20A；

4——锁闭回路，容量为20A；

5——警报灯、蜂鸣器回路、倾斜报警回路，容量为20A；

6——安全卷扬方式转换回路，容量为20A；

7——车灯回路，容量为20A；

8——外伸叉架、行驶回路，容量为20A；

9、10——备用，容量为20A。

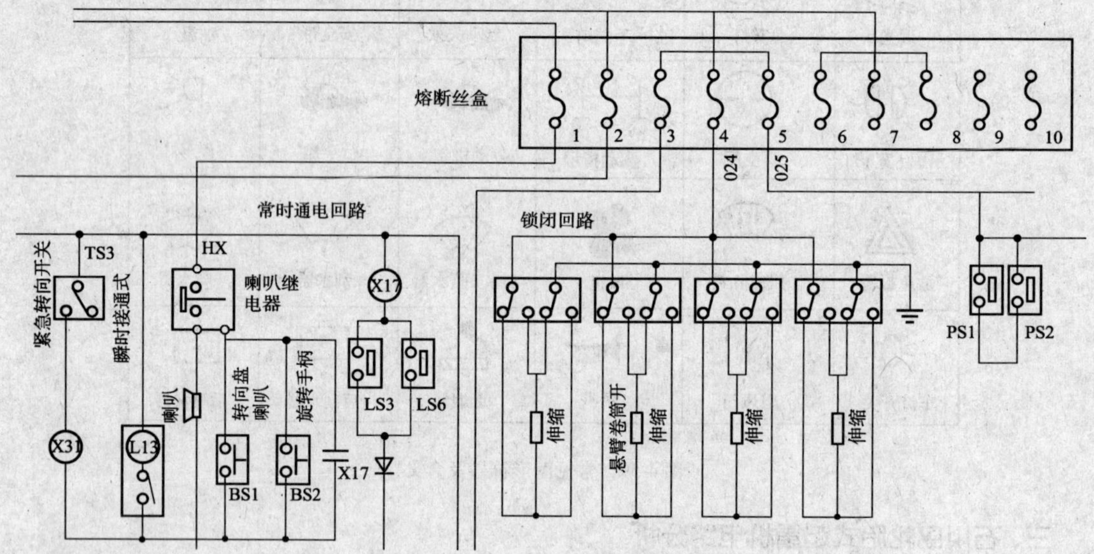

图4-60 熔断丝盒各熔断丝所属电路

2. 紧急转向开关TS3

在常时通电回路中（图4-60左侧）有一个开关TS3，叫紧急转向开关。它的作用是：当因某些原因发动机不能运转，整车液压系统失去动力，包括转向机构在内的所有液压系统不能工作。为把事故轮胎吊停到安全地方，此时可以将TS3开关拨向“进”的位置，使用应急电动机驱动转向、行走液压泵向转向行走液压系统供给压力油，让起重机做短距离移动，以便用拖车将其拖走。紧急转向开关TS3是一个点动式的开关，用此开关控制行车时，只可以在上述特殊情况下使用，且时间限制在10min以内，因为使用超过10min会使电动机烧毁。

3. 旋转锁开关TS10

在闭锁回路中有一个控制操纵开关叫旋转锁开关——TS10（如图4-60），它的作用是：在行车前关上，就可把上车旋转体与下车行驶体固定起来，以免行车时上部旋转体转动，引发事故发生。

4. OK监测器

石川岛轮胎吊上安装有OK监测器。它是自动巡航监测系统，它能在车辆发动机运转开始起就自动对多个机械设备进行监控，在机械设备发生故障的瞬间触发报警电路，提醒司机停车检查，避免发生大的事故。图4-61是OK监测器的电气原理图。OK监测器中装有发动机

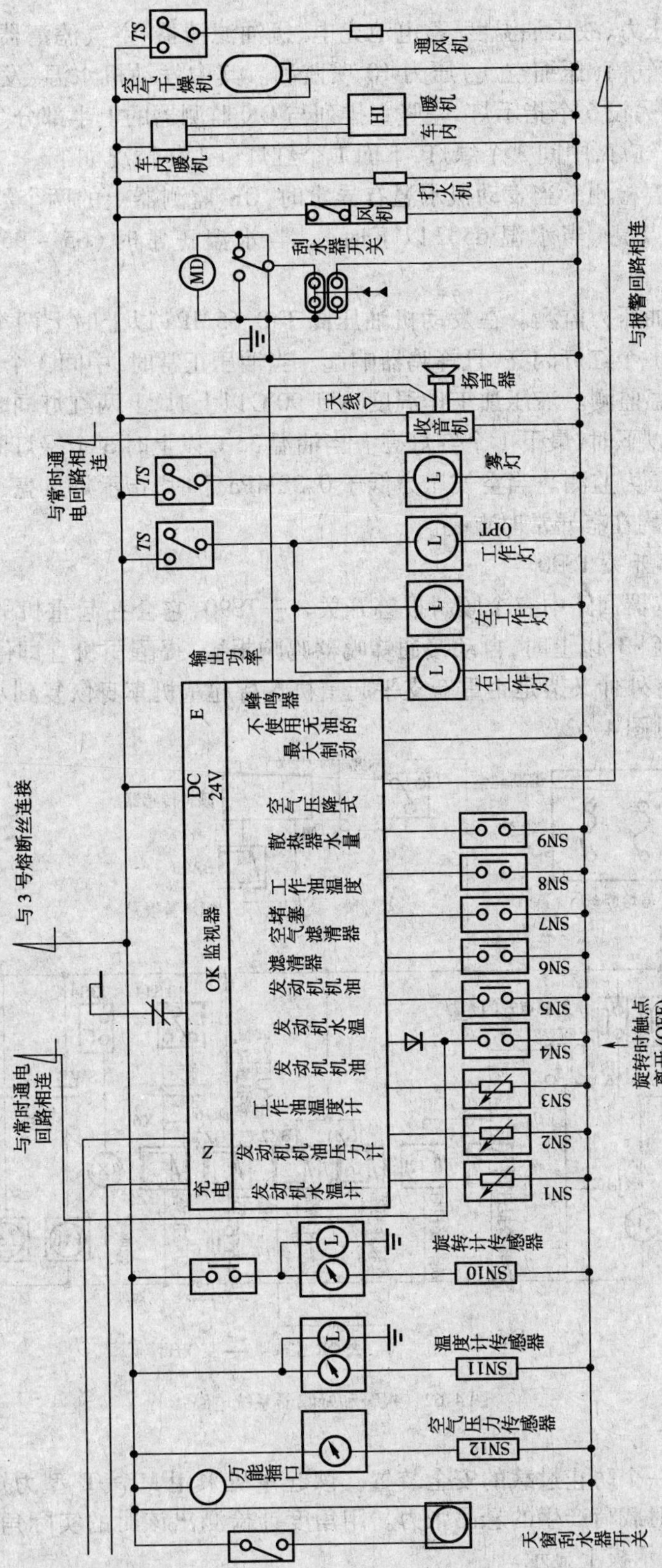

图 4-61　OK 监测器的电气原理图

水温、发动机机油压力、液压油温度、蓄电池充电、机油滤清器、空气滤清器、散热器水量、旋转制动、停车制动、储气筒(压缩空气)压力10项监测。其中发动机水温、发动机机油压力和液压油温度显示分别另设6个指示灯,呈竖直排列与OK监测器的上半部分。6个指示灯的排列顺序都是上面2个红灯,中间3个绿灯,下面1个红灯。工作情况如下。

(1)发动机水温检测。当发动机水温有异常时,OK监测器上的两个红灯(100℃以上时)闪亮,或一个红灯点亮(当水温65℃以下时)。当水温正常时(65~95℃)三个绿灯同时点亮。

(2)发动机机油压力监测。在发动机油压高于0.65MPa以上时上两个红灯闪亮,压力低于0.1MPa时下面1个红灯闪亮,且蜂鸣器响起。当油压正常时,中间3个绿色灯同时点亮。

(3)工作油油温监测。液压油工作温度达到90℃以上时,上两红灯同时闪亮,且蜂鸣器响起,当油温在35℃以下时,最下1个红灯亮。当油温35℃以上时3个绿灯同时点亮。

(4)压缩空气压力监测。当空气压力低于0.38MPa下时,指示灯点亮、蜂鸣器报警。

其余的监测灯均在有异常时点亮。

5. 倾斜警报器开关TS90

在警报灯、蜂鸣器回路中有个倾斜报警开关——TS90,它会在起重机的车身向前或向后、向左或向右方向倾斜3°以上时,自动接通蜂鸣器鸣响报警,提醒司机立即停止作业,将所吊负载降到地面上,检查外伸叉架是否重新支平起重机。待起重机车身恢复到水平状态时,警报蜂鸣器会停止鸣响,见图4-62。

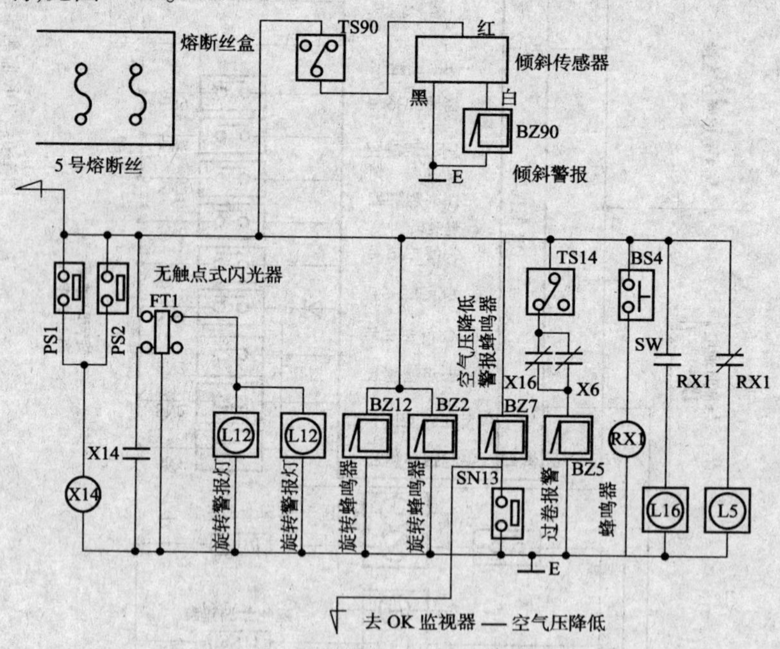

图4-62 报警和蜂鸣器系统电路

6. 力矩限制器

力矩限制器是一个防止过载的安全装置。该起重机采用ML—D型力矩限制装置。用载荷检测器检测出有时载荷产生的悬吊张力。用角度计检测出该时的实际角度,同时用控制器演算工作半径,在显示板上显示。

7. 保持高速解除开关 TS41

在高速行驶中，即使将行驶高低速开关(TS61)转换到低速侧，速度也不会变成低速，这是为了防止变速器离合器的损坏，见图 4-63。

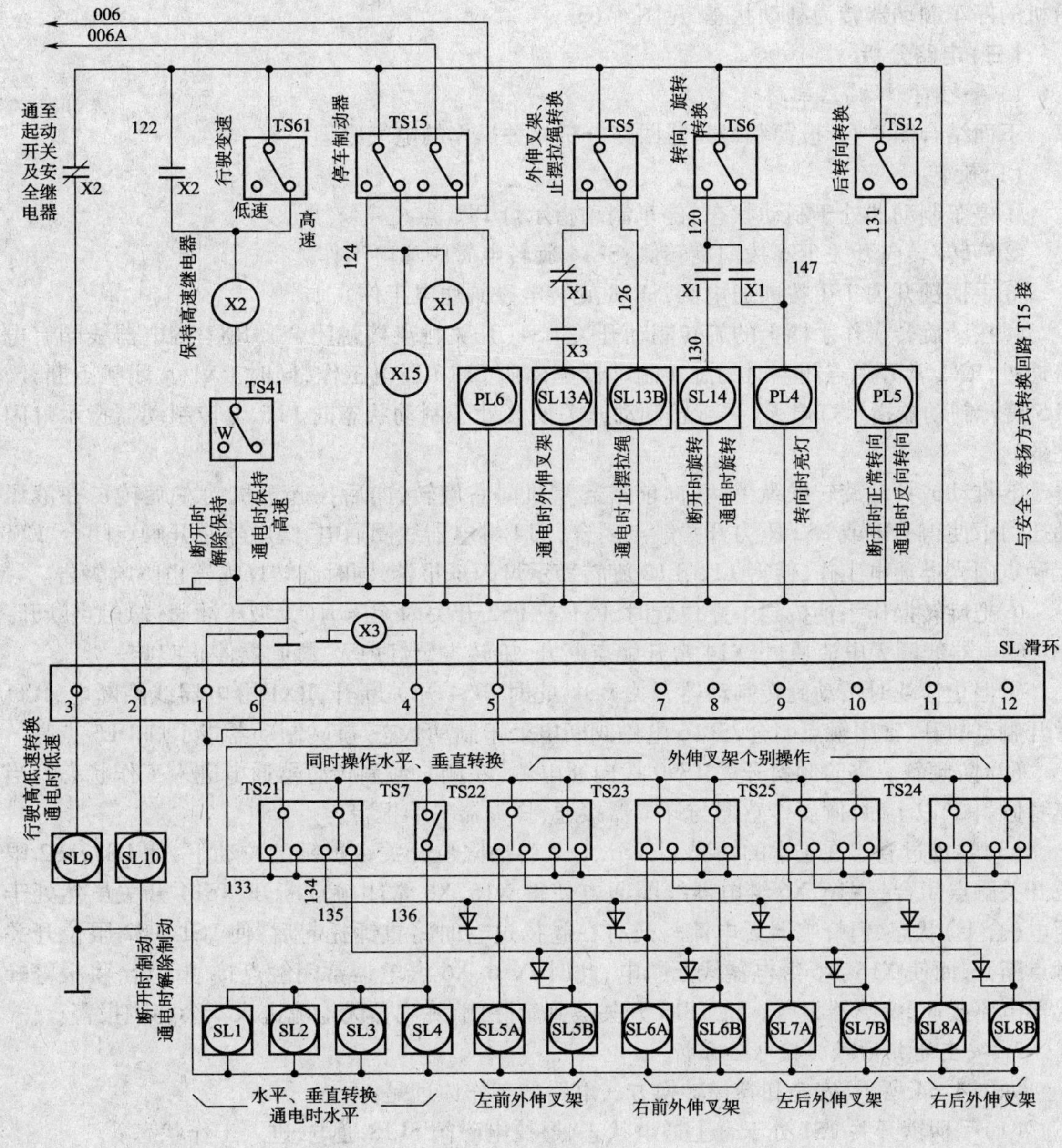

图 4-63　外伸叉架和行驶回路

8. 行驶速度高低速转换开关 TS61

行驶速度高低速转换开关 TS61 通常用在高速行驶、在向拖车装载时或爬坡时的低速。

9. 反转向开关 TS12

行驶时，转向轮在前方是前进行驶，转向轮在后方是倒退行驶。将反转向开关 TS12 拨为“逆”的位置(进行倒退行驶时上部旋转体驾驶室面向后方)，转向盘的操作就与前进行驶时进

行一样的操作,见图 4-63。

10. 停车制动器开关 TS15

当停车制动器不处于制动状态时则不能起动发动机。因此,在发动机起动前一定要使起重机的停车制动器转为制动状态,见图 4-63。

(三)电路分析

1. 警报灯、蜂鸣器回路

下面结合图 4-62 报警和蜂鸣器回路分析相关操作的电气原理。

(1)旋转:

①停车制动器处于制动状态(停车制动指示灯 PL6 点亮)。

②旋转/转向开关 TS6 拨向旋转侧,SL14 旋转电磁阀通电工作。

③手柄锁开关 TS1 拨向通电侧,SL18 旋转电磁阀通电工作。

④按动旋转操作手柄上的旋转制动开关 BS4(开关触点接触闭合),RX1 继电器线圈有电流通过,RX1 常开触点闭合时的旋转制动器电磁阀 SL16 通电工作,同时 RX1 常闭触点断开,PL5 旋转制动器指示灯熄灭(再旋转制动开关使其处于制动状态时 PL5 旋转制动器指示灯闪亮的)。

⑤推动或拉动旋转操纵手柄(向前推起重机向右旋转,向后拉起重机向左旋转),在液压油压力下使得 PS1 或 PS2 压力开关触点闭合,X14 继电器线圈通电,继电器常开触点闭合、FT1 无触点闪光器通电工作,使得 L11、L12 旋转警示灯闪烁报警,同时旋转蜂鸣器也鸣响警告。

⑥把旋转操作手柄拨到中立位置时,PS1 或 PS2 开关内无压力(无液压油通过)触点断开,X14 继电器线圈无电流通过,X14 常开触点断开,旋转告警灯熄灭、蜂鸣器停止鸣响。

⑦停止作业时按动旋转制动器开关 BS4,此时,BS4 开关断开,RX1 继电器线圈断电,RX1 常开触点断开、常闭触点闭合,SL16 电磁阀断电处于制动状态、旋转制动器指示灯 DL5 点亮。

(2)防倾斜。将防倾斜开关 TS90 拨向通电侧(左侧),倾斜传感器通电进入工作状态。当车身倾斜 3°以上时,倾斜传感器与蜂鸣器接通,蜂鸣器鸣响报警。

(3)卷扬过卷。在正常的情况下,LS1、LS2 卷扬限位开关在重锤的拉动下,使 LS1、LS2 限位开关触点闭合。X16、X6 继电器线圈通电使得 X16、X6 常闭触点断开,TS14 开关虽然处于通电(合上)状态,但蜂鸣器无电流。只有在卷扬过卷时将重锤托起后,使 LS1、LS2 限位开关触点断开,而使 X16、X6 继电器线圈断电,此时,X16、X6 继电器常闭触点接触闭合,将报警蜂鸣器电路接通,蜂鸣器报警。将 TS14 开关拨到解除侧,蜂鸣器无电流进入不会鸣响报警。

2. 安全卷扬方式转换电路分析

如图 4-64 所示,安全和卷扬转换方式电路的工作原理是:

(1)手柄锁开关 TS1 处于合上通电状态,遥控电磁阀 SL18 通电,进入工作状态。

(2)卷扬、变幅限位器处于正常状态,也就是 LS1、LS2、LS3、LS4 开关的触点处于闭合状态,这时 X7、X8、X6、X16 继电器线圈通电,处于工作状态,同时所属的继电器常开触点闭合,力矩限制器处于正常状态。

(3)操纵卷扬手柄作升降动作,液压油进入 PS5 压力开关,使开关触点闭合,X10 继电器线圈通电使 X10 常闭触点在线圈的作用下断开,SL12 卷扬离合器电磁阀进入工作状态(TS31 开关只控制离合器的动作方式),同时释放卷扬脚踏板制动器,就可以进入卷扬升降作业。

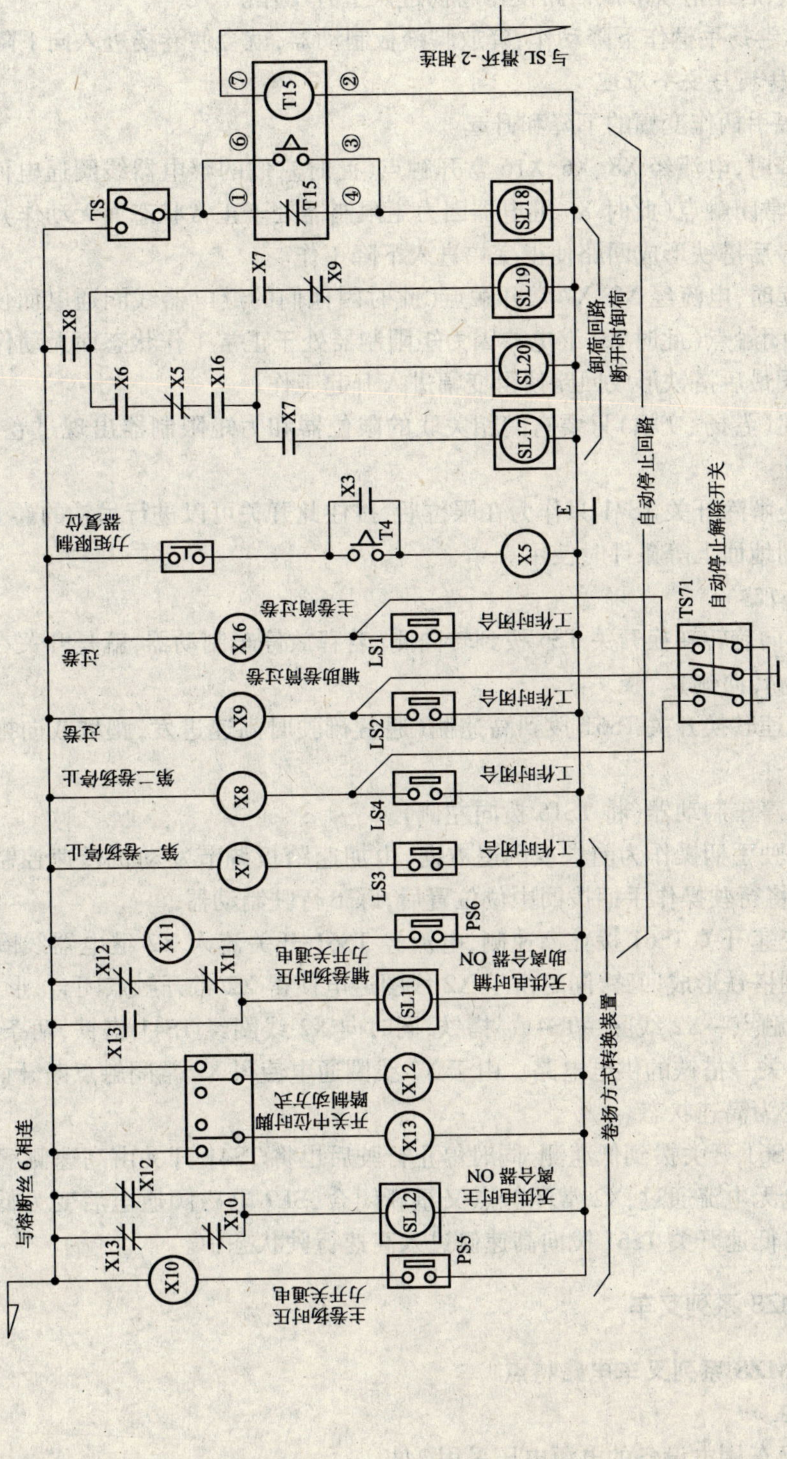

图 4-64　安全和卷扬转换方式电路

(4)卷扬上升时电流经X8、X6、X16、X7常开触点(此时因他们的继电器线圈有电流通过而使它的常开触点闭合)和X5常闭触点(此时X5继电器线圈处于正常状态而无动作)进入SL17电磁阀然后经搭铁形成回路使得卷扬进入上升工作。

(5)操纵卷扬手柄作下降动作,释放脚踏板制动器,就会使卷扬进入向下降落。

3. 变幅转换与安全原理

操纵变幅手柄作变幅的下降和升起。

变幅下降时,电流经X8、X6、X16常开触点(此时它们的继电器线圈通电而使它的常开触点闭合)、X5常闭触点(此时X5继电器因力矩限制器处于正常状态而无动作)进入SL20变幅下降电磁阀最后搭铁形成回路使得变幅进入下降工作。

变幅升起时,电流经X8、X7常开触点(此时因他们的继电器线圈通电而使它的常开触点闭合)、X9常闭触点(此时X9继电器因力矩限制器处于正常工作状态而无动作)进入SL19变幅升起电磁阀最后搭铁形成回路使得变幅进入升起工作。

以上所述(卷扬、变幅)只要它们相关联的限位器和力矩限制器出现过卷和过载时,它们的动作将停止。

自动停止解除开关TS71只作为在限位后,按住此开关可以进行吊钩的卷上和吊杆的卷上或将吊杆放到地面上等条件时使用。

4. 行驶回路

(1)将转向旋转转换开关TS6拨到转向侧(若释放停车制动器,就是开关在旋转侧液压油的流向也转为转向侧)。

(2)高低速转换开关TS61拨到高速侧(通常行驶时高速进发,爬坡或向拖车装载时使用低速)。

(3)释放停车制动器(将TS15拨向左侧)。

(4)将行驶手柄操作为前进或倒退方向,由加速踏板调节发动机转速控制行驶速度。停止行驶时,先将行驶操作手柄拨回中位位置后,踩下行驶制动器。

将行驶变速开关TS61拨在高速侧,电流经TS61开关流入X2继电器线圈,通过TS41保持高速开关到搭铁形成回路,同时由于X2线圈通电使得X2常开触点闭合,形成另一条电路,经过X2常闭触点→X2线圈→TS41→搭铁,同时向X2线圈经TS41搭铁,两条线路同时经X2线圈、TS41开关→搭铁的供电电路。由于X2线圈通电使得X2常闭触点断开而使SL9行驶电磁阀断电转变为高速状态。

由于将TS61开关拨到低速测,同时停止行驶后也将TS41开关由高速侧解除,使得X2继电器线圈断电无电流通过,X2常闭触点又重新闭合,SL9电磁阀通电后变为低速行驶。在低速行驶中可将低速开关TS61拨向高速侧进入高速行驶状态中。

四、TCMZ8系列叉车

(一)TCMZ8系列叉车电路特点

1. 低电压

TCMZ8叉车用电设备的电源电压采用24V。

2. 直流电

因使用起动机是直流电动机，向蓄电池充电又必须用直流电等原因，该叉车用直流电。

3. 双电源供电

蓄电池和发电机在不同情况下轮流供电或并联供电。

4. 单线制

用一根导线将电源与用电设备连接，另一根导线则由车体金属部分代替作为所有电气设备的公共线。

5. 负极搭铁

蓄电池或发电机负极与车体（金属部分）相连接称为“负极搭铁”。

（二）主要器件作用

1. 中位继电器

保证叉车在空挡时（F/R 开关不打开的情况时）不能起动叉车。

2. 安全继电器

图 4-65 所示为 TCMZ8 系列叉车电路中的安全继电器。它起到安全保护起动机不受损坏作用。当电路应某些原因电流过大时，Q_2 管子被击穿断路，起动机不能被起动，保护起动机不被烧毁。在日常维护时，应注意不要让 Q_2 管子短路，否则起动机极易损坏。

（1）安全继电器如图 4-65 所示，主要电器元件有：两个晶体三极管 Q_1、Q_2、开关管、一只稳压管 W、起动继电器 L 等。

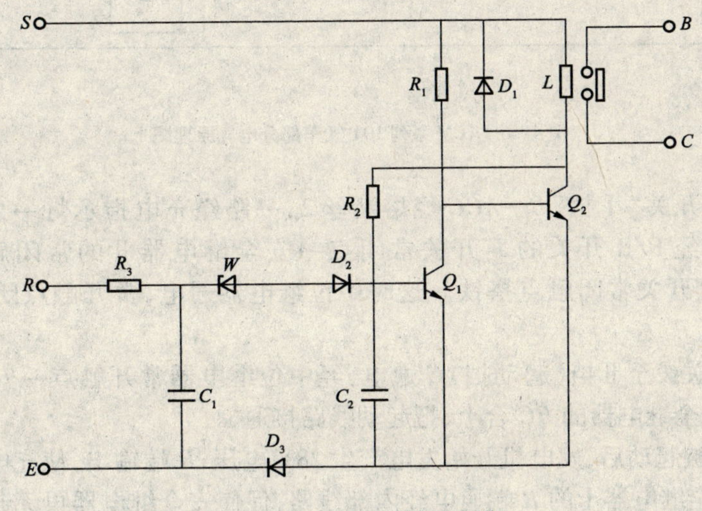

图 4-65　TCM Z8 安全继电器

（2）外围接线：

①B、C 至起动机对应的 B、C 端；

②S 至钥匙起动挡Ⅱ；

③R 至发电机 R 端；

④E 至蓄电池负极搭铁。

(三)起动电路分析

将钥匙开关拨到起动挡Ⅱ,*C* 有电至 *S* 端→线圈 *L*→三极管 Q_2→*E* 这时 *BC* 合上,起动机运转起动发动机。

发动机起动后,发电机 *R* 端输出电压一般为 28V,安全继电器 *R* 端→R_3→稳压管 *W* 击穿→D_2→Q_1→*E*。BC 触点断开,切断了起动机的起动线路,如图 4-66 所示。

起动工作原理分析如下。

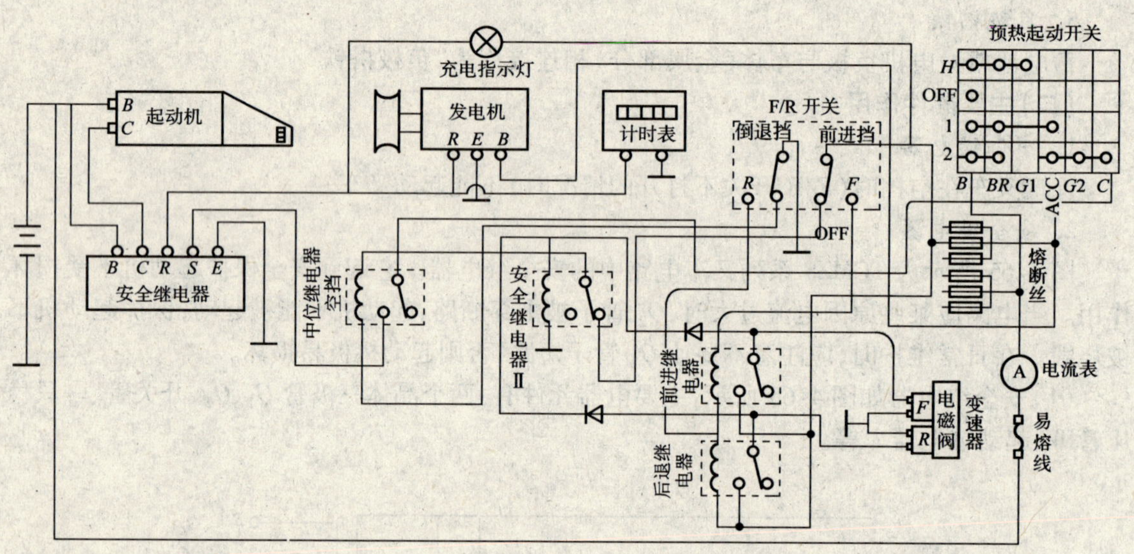

图 4-66 TCM 系列 10T 叉车部分电气原理图

(1)打开钥匙开关"Ⅰ挡"*B*—*ACC* 经熔断丝 2,一路经充电指示灯→发电机 *R* 端内部线路搭铁;另一路经 F/R 开关的 *F* 开关常闭点→安全继电器Ⅱ的常闭触点→中位继电器→F/R开关的 *R* 开关常闭触点搭铁。这时中位继电器通电,常开触点闭合,为下一步起动做准备。

(2)将钥匙开关拨至Ⅱ挡(起动挡)*C* 通电,经中位继电器常开触点→安全继电器Ⅰ→*S* 端经内部线路→安全继电器的 *BC* 合上,把起动线路接通。

(3)当发动机被起动后,发电机开始发电产生 28V 电压,*R* 端输出,使充电指示灯熄灭,说明发电机发电,安全继电器Ⅰ的 *R* 端通电经内部线路,促使安全继电器再无起动作用,起到防误起动作用,保护起动机小齿轮与发动机飞轮齿环不被损坏。

(4)发电机充电线路。发电机 *B* 端→钥匙 *ACC*→钥匙 *B*→电流表→易熔线→蓄电池正极→蓄电池负极搭铁→发电机 *E* 端搭铁,构成回路,开始充电。

(四)TCMZ8 系列叉车其他电路

TCMZ8 系列叉车的其他电路见其完整电路图如图 4-67 所示。

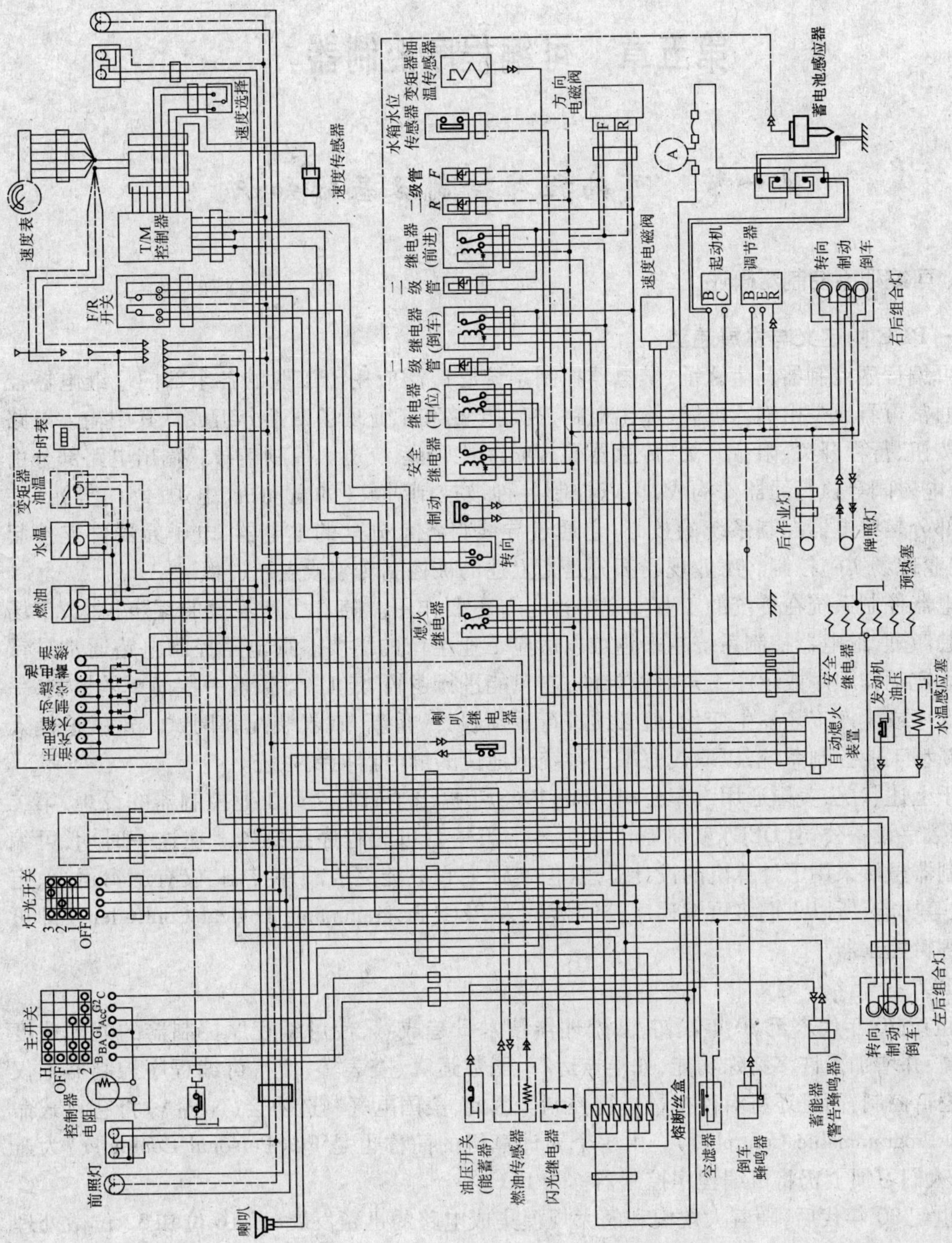

图 4-67　TCMZ8 系列叉车电气原理图

第五章　可编程序控制器

第一节　可编程序控制器基础知识

一、可编程序控制器概述

(一)PLC 的定义与发展趋势

在可编程序控制器诞生之前,继电器控制系统已广泛应用于工业的各个部门。继电器控制系统通常可看成是由输入电路、输出电路、控制电路和工业现场四部分组成。其中输入电路部分由按钮、行程开关、限位开关、传感器等构成,用以向系统送入控制信号。输出电路部分由接触器、电磁阀等执行元器件构成,用以控制各种被控制对象(如电动机、电炉、阀门等)。控制电路部分是继电器控制系统的核心,它通过导线将各个分立的继电器、电子元器件连接起来,对工业现场实施控制。工业现场部分是指上述的被控制对象或生产过程。

继电器控制系统在传统的工业生产中曾起着重要作用。随着生产规模的逐步扩大,市场竞争日趋激烈,继电器控制系统越来越难以适应工业生产的需要。继电器控制电路通常是针对某一固定动作顺序或生产工艺而设计的,它只能进行逻辑、定时、计数等一些简单的控制,一旦动作顺序或生产工艺发生变化,就必须进行重新设计,重新布线、装配和调试。这就迫使人们研制新型工业控制系统,以取代原来已占统治地位的继电器控制系统。

基于上述状况,美国通用汽车公司(GM)1968 年提出了研制新型工业控制器的设想,第二年,美国数字设备公司(DEC)就研制出了世界上第一台可编程序控制器。在这一时期,可编程序控制器虽然采用了计算机的设计思想,但实际上它只能完成顺序控制,仅有逻辑运算、定时、计数等功能,所以人们将可编程序控制器称为 PLC(Programmable Logical Controller),即可编程序逻辑控制器。

1. PLC 的命名与定义

20 世纪 70 年代末至 80 年代初,微处理器技术日趋成熟,使可编程序控制器的处理速度大大提高,并增加了许多特殊功能,如浮点运算、函数运算、查表等,使得可编程序控制器不仅可进行逻辑控制,而且还可对模拟量进行控制。因此,美国电气制造协会(NEMA)将它正式命名为 PC(Programmable Controller)。由于个人计算机的简称也是 PC(Personal Computer)为避免混淆,人们习惯上仍将可编程序控制器称为 PLC。

20 世纪 80 年代后,随着大规模和超大规模集成电路的迅猛发展,以 16 位和 32 位微处理器构成的微机化可编程序控制器得到了惊人的发展,使之在概念、设计、性能价格比等方面有了重大的突破。可编程序控制器具有了高速计数、中断技术、PID(比例、积分、微分)控制等功能,同时联网通信能力也得到了加强,这些都使得可编程序控制器的应用范围不断扩大。为使

这一新型工业控制系统的生产和发展规范化,国际电工委员会(IEC)制定了 PLC 的标准,并给出了它的定义:可编程序控制器是一种数字运算操作的电子系统,专为在工业环境下应用而设计,它采用可编程序的存储器,用来在其内部存储执行逻辑运算、顺序控制、定时、计数和算术运算等操作命令,并通过数字式、模拟式的输入和输出,控制各种类型的机械或生产过程。可编程序控制器及其有关的设备,都应按易于与工业控制系统联成一个整体、易于扩充功能的原则设计。

2. PLC 的发展趋势

(1)小型化。近年来,小型 PLC 的应用十分普遍,超小型 PLC 的需求日益增多。据统计,美国机床行业应用超小型 PLC 几乎占 1/4,因此国外许多 PLC 厂家正在积极研制开发各种超小型 PLC。例如,日本欧姆龙公司的 CPM1A 系列 PLC 既可单机运行,也可联网实现复杂的控制。CPM1A 系列 PLC 的最小配置是 6 个数字量输入和 4 个数字量输出,还可根据实际情况扩展模块,最多可达 100 个输入和输出。此外,它还具有模拟设定、高速计数等功能,是一种性能价格比较好的超小型 PLC。

(2)网络化。多层次分布式控制系统与集中型相比,具有更高的安全性和可靠性,系统设计、组态更为灵活方便,地域分布更广,是当前控制系统发展的主流。为实现工厂生产自动化,世界上各 PLC 生产厂家不断研制开发功能更强的 PLC 网络系统。这种网络一般是多级的,网络的最底层是现场执行级,中间是协调级,最上层为组织管理级。现场执行级可由多个 PLC 或远程 I/O(输入/输出)工作站组成,中间一级由 PLC 或计算机构成。最高一级一般由高性能的计算机组成。它们间采用工业以太网和 MAP 网、工业现场总线,构成多级颁布式 PLC。随着自动控制系统技术的发展,这种多级分布式 PLC 控制系统除了控制功能外,还可实现在线优化、生产过程的实时调度、产品计划、统计管理等功能,成为一种测、控、管一体化的多功能综合系统。

(3)兼容性。目前,PLC 与计算机已成功地结合并广泛应用,成为控制系统中一个重要的组成部分和环节。随着集成电路和计算机技术的干涉发展,今后将更加注重 PLC 与其他智能控制系统的结合。许多 PLC 开发商已经注意到了 PLC 的兼容性,不仅是 PLC 与 PLC 的兼容,而且还注意到 PLC 与计算机的兼容,使之可充分利用计算机现有的软件资源。例如欧姆龙 CQM1H 等系列 PLC,其软件编程、都可在 Windows 操作平台上操作和运行。今后 PLC 将采用速度更快、功能更强的 CPU,容量更大的存储器,并将更充分利用计算机资源。PLC 与工业控制计算机、集散控制系统、嵌入式计算机系统等还将进一步渗透一结合,这必将进一步拓宽 PLC 的应用领域。

(4)标准化。长期以来,PLC 走的是专门化发展道路,使其在获得成功的同时也带来诸多的不便。例如,各个公司的 PLC 都有通信联网的能力,但各个公司的 PLC 之间无法通信联网,因此制定 PLC 的国际标准势在必行。从 1978 年起,国际电工委员会在其下设的 TC65 的 SC65B 中专设 WGT 工作组,制定 PLC 的国际标准,到目前为止已公布和制定的标准有如下 5 个:

①1131-1:General Information(一般信息);

②1131-2:Equipment Characteristics And Test Requirement(设备特性与测试要求);

③1131-3:Programming Language(编程语言);

④1131-4:User Guidelines(用户向导);

⑤1131-5:MMS Companion Standard(制造信息规范伴随标准)。

(二)PLC 的特点和应用

1. PLC 的主要特点

(1)通用性强,使用方便。PLC 产品现在已形成系列化和模块化,并配备有品种齐全的各种硬件装置供用户选用,用户在硬件方面的设计工作只是确定 PLC 的硬件配置和 I/O 的外部接线。一个控制对象的硬件配置确定后,可通过修改用户程序,方便、快速地适应工艺条件的变化。

(2)功能强,适应面广。现代 PLC 不仅具有逻辑运算、定时、计数、顺序控制等功能,而且还具有 A/D(模/数)D/A(数/模)转换,数值运算和数据处理等功能。因此,它既可对开关量,也可对模拟量进行控制;既可控制一台生产机械、一条生产线,也可控制一个生产过程。PLC 还具有通信联网的功能,可与上位计算机构成分布式控制系统。用户只需根据控制的规模和要求,合理选择 PLC 型号和硬件配置,就可组成所需的控制系统。

(3)抗干扰能力强,可靠性高。绝大多数用户都将可靠性作为选择控制装置的首要条件。针对 PLC“专门在工业环境下应用而设计”的要求,PLC 采取了一系列硬件和软件的抗干扰措施。

硬件方面,隔离是抗干扰的主要措施之一。PLC 的输入、输出电路一般用光电耦合器传递信号,使外部电路与 CPU 间完全没有电路上的联系,从而可有效地抑制外部干扰源对 PLC 的影响,同时还可防止外部高电压窜入 CPU。滤波则是 PLC 抗干扰的另一主要措施。在 PLC 电源电路和 I/O 模块中,设置了多种滤波电路,它们对高频干扰信号都具有良好的抑制作用。对于 PLC 内部向 CPU 供电的电源,采取了多级滤波和稳压措施,有效地防止了干扰信号通过供电电源进入 PLC。此外,还设置了联锁、环境检测与诊断电路。

软件方面,设置故障检测与诊断程序。PLC 在扫描过程的内部处理期间,检测系统硬件是否正常,锂电池电压是否过低,外部环境是否正常(如交流电源是否断电,输入电路电压是否超过允许值)。PLC 还能检查用户程序的语法错误,发现问题后立即自动进行相应的处理,如报警、保护数据、封锁输出等。

采用以上抗干扰措施后,PLC 的抗电平干扰能力一般可达 1000V/1μs,其平均无故障时间可高达$(4\sim5)\times10^4$h,使得 PLC 具有极高的可靠性。

(4)编程语言简单易学。考虑到企业中一般技术人员和技术工人的传统读图习惯和应用微机的实际水平,PIC 配有使他们最容易接受和掌握的梯形图语言。梯形图语言编程的符号和表达形式与继电器控制电路原理图很接近。某些仅有开关量逻辑控制功能的小型 PLC 只有一二十条指令,通过阅读 PLC 使用手册或短期培训,很快就可掌握梯形图语言,并编制一般的用户程序。同时,PLC 最基本的输入设备(如简易编程器)的操作和使用也很简单。这些正是 PLC 近年来获得迅速普及和推广的原因之一。

(5)安装调试简单,维修方便。PLC 已实现了产品系列化、标准化和通用化,用 PLC 组成的控制系统在设计、安装、调试和维修等方面,表现出明显的优越性。设计部门能在规格繁多、品种齐全的系列化 PLC 产品中,精选出他们所需要的类型,使选定的 PLC 具有较高的性能价格比。PLC 用软件功能取代了继电器控制系统中大量的中间继电器、时间继电器、计数器等器件,使控制柜的设计、安装、接线工作量大为减少。PIC 的用户程序大都可在实验室模拟调试,

用模拟试验开关代替输入信号,其输出状态可通过观察 PLC 上对应的发光二极管获得。模拟调试后即可进行 PLC 控制系统的现场联机统调,既安全,又方便,大大缩短了应用设计和调试周期。在用户维修方面,由于 PLC 的故障率低,且有完善的诊断和显示功能,当 PLC 及其外部输入装置和执行机构发生故障时,可根据 PLC 有关器件提供的信息,迅速查明原因。如果是 PLC 本身故障,可用更换模块的方法排除故障,给维修带来极大的方便。

(6)体积小、重量轻,易于实现机电一体化。PLC 结构紧凑、坚固,体积小,重量轻,功耗低,同时还具有很好的抗振性及适应环境温度、湿度变化的能力。因此,PLC 很容易安装在机械设备内部,是机电一体化设备中较为理想的控制装置。

2. PLC 的应用范围

在发达的工业国家,PLC 已经广泛应用于工业的各个部门,甚至文化娱乐业的有关部门。随着 PLC 性能价格比的不断提高,一些过去使用专用计算机的场合,也转向使用 PLC,使 PLC 的应用范围不断扩大。PLC 的应用范围大致可归纳为如下几类:

(1)开关量的逻辑控制。这是 PLC 最基本最广泛的应用。可用 PLC 取代继电器控制系统,实现开关量的逻辑控制、顺序控制。开关量的逻辑控制可用于单机控制、多机群控,也可用于自动生产线的控制,如机床电气控制,铸造机械、运输带、包装机械控制,注塑机控制,化工系统中各种泵和电磁阀控制,电镀生产线、啤酒灌装生产线、汽车装配线、电视机和收录机生产线控制等。

(2)运动控制。PLC 可用于对直线运动或圆周运动的控制。早期直接用开关量 I/O 模块连接位置传感器和执行机构,现在一般用专用运动控制模块。世界上各主要 PLC 厂家生产的 PLC 几乎都具备运动控制的功能。PLC 的运动控制功能广泛应用于各种机械设备,如金属切削机床、金属成型机械、装配机械、机器人和电梯等的控制。

(3)闭环过程控制。闭环过程控制是指对温度、压力、流量等各种连续变化模拟量的控制。PLC 通过模拟量 I/O 模块,实现模拟量与数字量之间的转换,并能对模拟量进行闭环 PID 控制。现代的大中型 PLC 一般都有闭环 PID 控制功能,它们广泛应用于塑料挤压成型机、加热炉、热处理炉、锅炉等设备的控制。

(4)数据处理。现代的 PLC 基本都具备数值运算(包括矩阵、函数、逻辑运算),数据传递、转换、排序和查表、位操作等功能,可进行数据的采集、分析和处理。PLC 的数据处理功能,一般应用于大中型控制系统,如柔性制造系统、过程控制系统和机器人的控制。

(5)联网通信 PLC 的通信包括 PIC 之间,PLC 与上位计算机及其他智能设备之间的通信。利用 PLC 和计算机的 RS-232 接口,用双绞线、同轴电缆或光缆将它们联成网络,实现信息的交换,构成"集中管理、分散控制"的分布式控制系统。目前 PLC 与 PLC 间的通信网络,多为各厂家专用。PLC 与计算机间的通信,一些 PLC 生产厂家采用工业标准总线,并向标准通信协议 MAP 靠拢。

(三)PLC 的性能指标与分类

1. PLC 的性能指标

PLC 的性能指标可分为硬件指标和软件指标两大类,硬件指标包括环境温度与湿度、抗干扰能力、使用环境、输入特性和输出特性等;软件指标包括扫描速度、存储容量、指令种类、编程语言等。这样划分显得太繁琐,为了简要表达某种 PLC 的性能特点,通常用以下指

标来表达。

(1)编程语言。PLC 常用的编程语言有梯形图语言、助记符语言、流程图语言及某些高级语言等,目前使用最多的是前两者。不同的 PLC 可能采用不同的语言。

(2)指令种类。指令种类用以表示 PLC 的编程功能。

(3)I/O 总点数。PLC 的输入和输出量有开关量和模拟量两种。对于开关量,I/O 用最大 I/O 点数表示,而对于模拟量,I/O 点数则用最大 I/O 通道数表示。

(4)PLC 内部继电器的种类和点数。它包括辅助继电器、特殊继电器、定时器、计数器、移位寄存器等。

(5)用户程序存储量。用户程序存储器用以存储通过编程器输入的用户程序,其存储量通常是以字为单位来计算的。约定 16 位二进制数为一个字节(注意:一般微处理机是以 8 位为一个字节)的,每 1024 个字为 1KB。中小型 PLC 的存储容量一般在 8KB 以下,大型 PLC 的存储容量有的已达兆字节以上。编程时,通常对于一般的逻辑操作指令,每条指令占一个字节,计时、计数和移位指令占 2 个字节,对于一般的数据操作指令,每条指令占 2 个字节。必须指出,有的 PLC 其用户程序存储容量是用编程的步数来表示的,每编一条语句为一步。

(6)扫描速度。以 ms/千字节为单位表示。例如:20ms/千字节,表示扫描 1 千字节的用户程序需要的时间为 20ms。

(7)工作环境。一般能在下列条件下工作:温度 0 ~ 55℃,湿度小于 85%(无结霜)。

(8)特种功能。有的 PLC 还具有某些特种功能,例如自诊断功能、通信联网功能、监控功能、特殊功能模块、远程 I/O 能力等。

(9)其他。其他一些指标包括,输入/输出方式、某些主要硬件(如 CPU、存储器)的型号等。

2. PLC 的分类

随着微电子技术、计算技术、通信技术、容错控制技术、数字控制技术的飞速发展,可编程序控制器的数量、型号、品种以异乎寻常的速度发展。

目前,可编程序控制器的生产厂家众多,产品型号、规格不可胜数,但主要分为欧、日、美三大块。在中国市场上,欧洲厂家的代表是西门子公司,日本厂家的代表是三菱和欧姆龙公司,美国厂家的代表是 AB 与 GE 公司。各大公司在中国均推出自己的从微型到大型的系列化产品。令人感到遗憾的是,国产 PLC 始终没有突破性的发展,占有市场份额很小。

目前,在中国市场上最具竞争力的西门子公司、三菱公司、欧姆龙公司、AB 公司所推出的 PLC 均为从小到大全系列的产品,可以满足各种各样的要求。

三菱公司的产品有:

FX 系列:为小型 PLC,单元式,单机最大容量为 256 点。

A 系列、AnS 系列、Q 系列、QnA 系列等为模块式大型 PLC,最大容量为 8 千点。

西门子公司产品有:

S7—200:微型 PLC,单机最大容量为 256 点;

S7—300:小到中型 PLC 单机最大容量为 1000 点;

S7—400:大到超大型 PLC,单机可组态点数过万点。

AB 公司的产品有：

Micrologix：微型 PLC，单机最大容量为 256 点；

SCL500：小到中型 PLC 单机最大容量为 1000 点；

PLC5：大到超大型 PLC，单机可组态点数过万点。

欧姆龙公司产品有：

Mini SK20、SRMI、CPM1A、CPM2A 等：微型 PLC，单机最大容量为 256 点；

C200、SYSMAC、CQM1 等：小到中型 PLC 单机最大容量为 1000 点；

CVM1、CV500～2000 等：大到超大型 PLC，单机可组态点数过 5000 点。

可见 PLC 的类型多，型号各异，各生产厂家的规格也各不相同，如何进行分类存在不少困难，一般按以下原则考虑：

（1）按容量分类。PLC 的容量主要是指 PLC 的输入/输出（I/O）点数。一般而言，处理的 I/O 点数比较多时，控制关系也比较复杂，用户要求的程序存储器容量也比较大，要求 PLC 指令及其他功能也比较多，指令执行的过程也较快等。功能和容量存在一定的关系，但不是绝对的。按照 PLC 的输入/输出点数，可将 PLC 分为小型 PLC（I/O 总点数在 256 点以下，有的还将 64 点及 64 点以下的称为微型），中型 PLC（I/O 总点数在 256～2048 点之间）和大型 PLC（I/O 总点数在 2048 点以上）3 种。

值得注意的是，大中小型 PLC 的划分并无严格的界限，各厂家也存在不同的看法，PLC 的输入/输出点数可按需要灵活配置。不同类型 PLC 的指令及功能还在不断增加。故读者选用时应针对不同厂商的产品具体分析。

（2）按结构形式分类。按结构形式的不同，PLC 主要可分为箱体式和模块式两类。

①箱体式结构。箱体式结构又称为整体式结构，它的特点是将 PLC 的基本部件，如 CPU 板、输入板、输出板、电源板等很紧凑地安装在一个标准机壳内，构成一个整体，组成 PLC 的一个基本单元（主机）或扩展单元。基本单元上设有扩展端子通过扩展电缆与扩展单元相连，以构成 PLC 不同的配置。箱体式结构的 PLC 体积小、成本低、安装方便，微型 PLC 采用这种结构形式的比较多，图 5-1 是三菱公司的 FX2N 系列 PLC 的外形结构图。

②模块式结构。这种结构的 PLC 是由一些标准模块单元构成，这些标准模块如 CPU 模块。输入模块、输出模块、电源模块等，将这些模块插在框架上或基板上即可组装而成。各模块功能是独立的，外形尺寸是统一的，插入什么模块可根据需要灵活配置。目前，中、大型 PLC 和一些小型 PLC 多采用这种结构形式。图 5-2 是三菱公司 A 系列 PLC 的外形结构图。

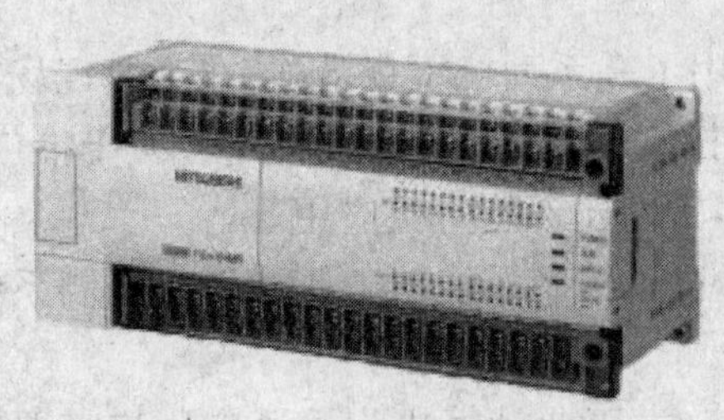

图 5-1　三菱 FX2N 系列可编程序控制器

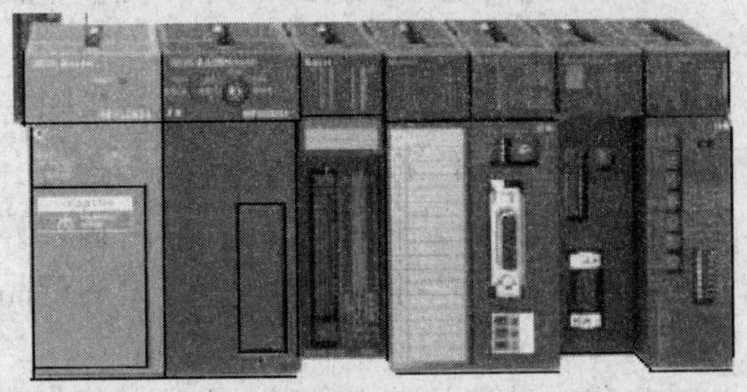

图 5-2　三菱 A 系列可编程序控制器

(四)PLC与其他工业控制系统的比较

1. PLC控制系统与继电器控制系统的比较

(1)组成的器件不同。继电器控制系统是由许多硬件继电器组成的,而PLC则由许多“软继电器”组成,这些“软继电器”实质上是存储器中的触发器,它们可置“0”或置“1”。

(2)触点的数量不同。继电器的触点数较少,一般只有4~8对。触发器的状态可取用任意次,因此“软继电器”可供编程的触点有无限对。

(3)控制方法不同。继电器控制功能是通过元件间的硬接线来实现的,控制功能就固定在电路中,一旦改变生产工艺过程,就必须重新配线,适应性差。而且其体积庞大,安装、维修均不方便。PLC控制功能是通过软件编程来实现的,只要改变程序,功能即可改变,控制很灵活。

(4)工作方式不同。在继电器控制电路中,当电源接通时,电路中各继电器都处于受制约状态。在PLC梯形图中,各“软继电器”都处于周期性循环扫描接通中,受制约接通的时间短暂。也就是说,继电器控制的工作方式是并行的,而PLC的工作方式是串行的。PLC控制系统与继电器控制系统比较见表5-1。

PLC控制系统与继电器控制系统的比较 表5-1

项　目	继电器控制	PLC控制	项　目	继电器控制	PLC控制
控制功能的实现	通过继电器接线	通过编制程序	可靠性	触点多,可靠性差	PLC内部无触点,可靠性高
对工艺变更的适应性	改变继电器接线	修改程序	寿命	短	长
控制速度	触点机械动作较慢	电子器件速度快	可扩展性	难	容易
安装调试	连线多,调试麻烦	安装容易,调试方便	维护	工作量大,故障不易查找	有I/O指示和自诊断,维护方便

2. PLC控制系统与工业计算机控制系统比较

工业计算机是在以往计算机与大规模集成电路的基础上发展起来的,其硬件结构总线标准化程度高,品种兼容性强,软件资源丰富,有实时操作系统的支持,在要求快速、实时性强、模型复杂的工业控制中占有优势。但是,使用工业计算机的人员技术水平要高,一般应具有一定的计算机专业知识。另外,工业计算机在整机结构上尚不能适应恶劣的工作环境,因此不如PLC那样容易推广。

PLC在结构上采用了整体密封或插件组合型,并采用了一系列抗干扰措施,在工业现场有很高的可靠性。PLC采用梯形图语言编程,使熟悉电器控制的技术人员易学易懂,易于推广。但是,PLC的工作方式不同于工业计算机,计算机的很多软件还不能直接应用。

此外,PLC的标准化程度低,各厂家的产品不通用。PLC控制系统与工业计算机控制系统比较见表5-2。

随着PLC功能的不断增强并越来越多采用计算机技术,工业计算机为了适应用户需要向提高可靠性、更耐用与便于维修的方向发展,两者间相互渗透,差异越来越小。它们将继续共

存,在一个控制系统中,PLC 集中在功能控制上,工业计算机集中在信息处理上,各显神通。

PLC 控制系统与工业计算机控制系统的比较　　表 5-2

项　目	工业计算机控制	PLC 控制
工作目的	科学计算,数据管理	工业控制
工作环境	空调房	工业现场
工作方式	中断方式	扫描方式
系统软件	需要强大的系统软件支持	只需简单的监控程序
采用的特殊措施	断电保护	抗干扰、掉电保护、自诊断等

项　目	工业计算机控制	PLC 控制
编程语言	汇编语言、高级语言	梯形图、助记符
对使用者要求	具有一定的计算机基础	短期培训即可使用
对内存要求	容量大	容量小
其他		I/O 模块多,容易构成控制系统

二、可编程序控制器的组成及工作原理

(一)PLC 的基本组成

PLC 实质上是一种工业控制计算机,只不过它比一般的计算机具有更强的与工业过程相连接的接口和更直接的适应于控制要求的编程语言,故 PLC 与计算机的组成十分相似。从硬件结构看,它也有中央处理器(CPU)、存储器、输入/输出(I/O)接口、电源等,如图 5-3 所示。

1. 中央处理器(CPU)

与一般计算机一样,CPU 是 PLC 的核心,它按 PLC 中系统程序赋予的功能指挥 PLC 有条不紊地进行工作,其主要任务有:控制从编程器键入的用户程序和数据的接收与存储;用扫描的方式通过 I/O 部件接收现场的状态或数据,并存入输入映像存储器或数据存储器中;诊断 PLC 内部电路的工作故障和编程中的语法错误等;PLC 进入运行状态后,从存储器逐条读取用户指令,经过命令解释后按指令规定的任务进行数据传送、逻辑或算术运算等;根据运算结果,更新有关标志位的状态和输出映像存储器的内容,再经输出部件实现输出控制、制表打印或数据通信等功能。

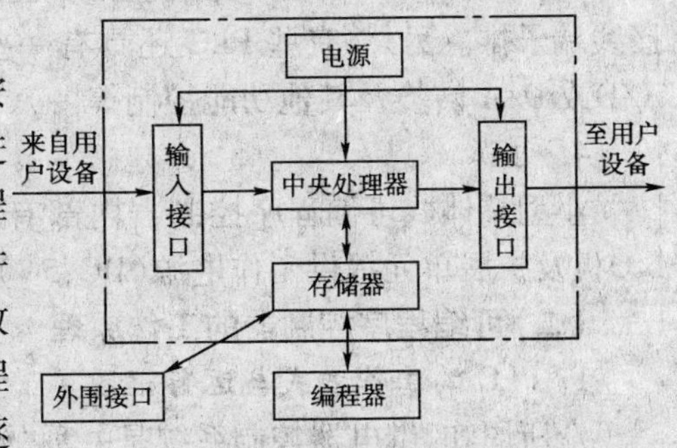

图 5-3　PLC 的基本组成

不同型号 PLC 的 CPU 芯片是不同的,有采用通用 CPU 芯片的,如 8031、8051、8086、80286 等,也有采用厂家自行设计的专用 CPU 芯片的。CPU 芯片的性能关系到 PLC 处理控制信号的能力与速度,CPU 位数越高,系统处理的信息量越大,运算的速度也越快。随着芯片技术的不断发展,PLC 所用的 CPU 芯片也越来越高档。

2. 存储器

PLC 的存储器包括系统存储器和用户存储器两部分。系统存储器用来存放由 PLC 生产厂家编写的系统程序,并固化在 ROM 内,用户不能直接更改。它使 PLC 具有基本的智能,能够完成 PLC 设计者规定的各项工作。系统程序质量的好坏,很大程度上决定了 PLC 的性能,其内容主要包括三部分,第一部分为系统管理程序,它主管控制 PLC 的运行,使整个 PLC 按部就班地工作;第二部分为用户指令解释程序,通过用户指令解释程序,将 PLC 的编程语言变为

机器语言指令，再由 CPU 执行这些指令；第三部分为标准程序模块与系统调用，它包括许多不同功能的子程序及其调用管理程序，如完成输入、输出及特殊运算等的子程序。PLC 的具体工作都是由这部分程序来完成的，这部分程序的多少决定了 PLC 性能的强弱。用户存储器包括用户程序存储器（程序区）和功能存储器（数据区）两部分。用户程序存储器用来存放用户针对具体控制任务用规定的 PLC 编程语言编写的各种用户程序。用户程序存储器根据所选用的存储器单元类型的不同，可以是 RAM（有掉电保护）、EPROM 或 EEPROM 存储器，其内容可以由用户任意修改或增删。用户功能存储器是用来存放（记忆）用户程序中使用的 ON/OFF 状态、数值数据等，它构成 PLC 的各种内部器件，也称"软元件"。用户存储器容量的大小，关系到用户程序容量的大小和内部器件的多少，是反映 PLC 性能的重要指标之一。

3．输入/输出（I/O）接口

输入/输出接口是 CPU 与现场 I/O 设备或其他外部设备的桥梁。PLC 提供了具有各种操作电平与输出驱动能力的 I/O 模块和各种用途的功能模块供用户选用。

一般 PLC 均配置 I/O 电平转换及电气隔离。输入电平转换是用来将输入端不同电压或电流信号源转换成微处理器所能接收的低电平信号；输出电平转换是用来将微处理器控制的低电平信号转换为控制设备所需的电压或电流信号；电气隔离是在微处理器与 I/O 回路之间采用的防干扰措施。

I/O 模块既可以与 CPU 放置在一起，又可远程放置。一般 I/O 模块具有 I/O 状态显示和接线端子排。另外，有些 PLC 还具有一些其他功能的 I/O 模块，如串/并行变换、数据传送、A/D或 D/A 转换及其他功能控制等。

4．电源

小型整体式可编程序控制器内部有一个开关式稳压电源。此电源一方面可为 CPU 板、I/O板及扩展单元提供工作电源（DC:5V）；另一方面可为外部输入元件提供 DC24V。

（二）可编程序控制器的工作原理

1．PLC 的工作方式与运行框图

众所周知，继电器控制系统是一种"硬件逻辑系统"，如图 5-4a）所示，它的 3 条支路是并行工作的，当按下按钮 SB_1，中间继电器 K 得电，K 的两个触头闭合，接触器 KM_1、KM_2 同时得电动作。所以继电器控制系统采用的是并行工作方式。

可编程序控制器是一种工业控制计算机，故它的工作原理是建立在计算机工作原理基础上的，即是通过执行反映控制要求的用户程序来实现的。但是 CPU 是以分时操作方式来处理

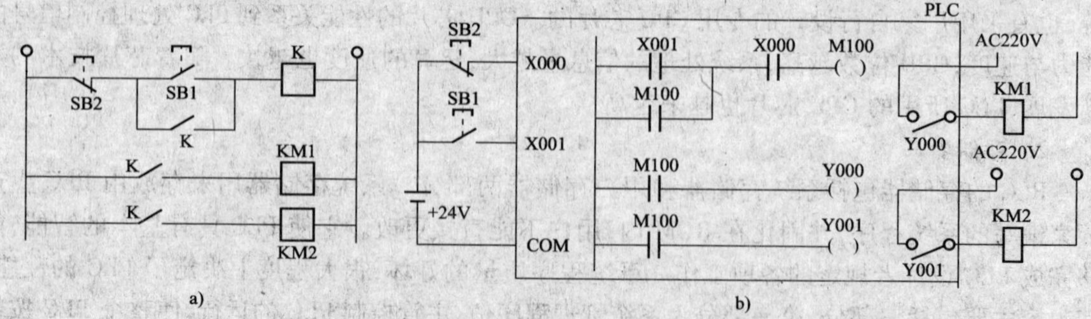

图 5-4

a）继电器控制系统简图；b）用 PLC 实现控制功能的接线示意图

各项任务的，计算机在每一瞬间只能做一件事，所以程序的执行是按程序顺序依次完成相应各电器的动作，便成为时间上的串行。由于运算速度极高，各电器的动作似乎是同时完成的，但实际输入、输出的响应是有滞后的，如图5-4b）所示。

概括地讲，PLC的工作方式是一个不断循环的顺序扫描工作方式。每一次扫描所用的时间称为扫描周期或工作周期。CPU从第一条指令开始，顺序逐条地执行用户程序直到用户程序结束，然后返回第一条指令开始新的一轮扫描。PLC就是这样周而复始地重复上述循环扫描的。

执行用户程序时，需要各种现场信息，这些现场信息已接到PLC的输入端。PLC采集现场信息即输入信号有两种方式：

（1）集中采样输入方式。一般在扫描周期的开始或结束将所有输入信号（输入元件的通/断状态）采集并存放到输入映像寄存器（PII）中。执行用户程序所需输入状态均在输入映像寄存器中取用，而不直接到输入端或输入模块去取用。

（2）立即输入方式。随程序的执行需要哪一个输入信息就直接从输入端或输入模块取用这个输入状态，如执行立即输入指令就是这样。此时输入映像寄存器的内容不变，到下一次集中采样输入时才变化。

同样，PLC对外部的输出控制也有集中输出和立即输出两种方式。集中输出方式在执行用户程序时不是得到一个输出结果就向外输出一个，而是把执行用户程序所得的所有输出结果，先后全部存放在输出映像寄存器（PIQ）中，执行完用户程序后所有输出结果一次性向输出端或输出模块输出，使输出部件动作。立即输出方式是在执行用户程序时将该输出结果立即向输出端或输出模块输出，如"立即输出指令"就是这样。此时输出映像寄存器的内容也更新。PLC对输入、输出信号的传送还有其他方式。如有的PLC采用输入、输出刷新指令。在需要的地方设置这类指令，可对此时的全部或部分输入点信号读入一次，以刷新输入映像寄存器内容；或将此时的输出结果立即向输出端或输出模块输出。又如有的PLC上有输入、输出的禁止功能，实际上是关闭了输入、输出传送服务，这意味着此时的输入、输出信号不读入，也不输出。

PLC工作的全过程可用图5-5所示的运行框图来表示。整个运行可分为三部分：

第一部分是上电处理。机器上电后对PLC系统进行一次初始化工作，包括硬件初始化、I/O模块配置检查，停电保持范围设定及其他初始化处理等。

第二部分是扫描过程。PLC上电处理完成以后进入扫描工作过程。先完成输入处理，其次完成与其他外设的通信处理，再次进行时钟、特殊寄存器更新。当CPU处于STOP方式时，转入执行自诊断检查。当CPU处于RUN方式时，还要完成用户程序的执行和输出处理，再转入执行自诊断检查。

第三部分是出错处理。PLC每扫描一次，执行一次自诊断检查，确定PLC自身的动作是否正常，如CPU、电池电压、程序存储器、I/O、通信等是否异常或出错，如检查出异常时，CPU面板上的LED及异常继电器会接通，在特殊寄存器中会存入出错代码。当出现致命错误时，CPU被强制为STOP方式，所有的扫描停止。

PLC运行正常时，扫描周期的长短与CPU的运算速度有关，与I/O点的情况有关，与用户应用程序的长短及编程情况等均有关。通常用PLC执行1000字节指令所需时间来说明其扫描速度(一般大约1～10ms/KB)。值得注意的是,不同指令其执行时间是不同的,从零点几微秒到上百微秒不等,故选用不同指令所用的扫描时间将会不同,若用于高速系统要缩短扫描周期时,可从软硬件上考虑。

2. PLC的工作过程

上面已经说明,PLC是按图5-5所示的运行框图进行工作的。当PLC处于正常运行时,它将不断重复上图中的扫描过程,不断循环扫描地工作下去。分析上述扫描过程,如果我们对远程I/O特殊模块和其他通信服务暂不考虑,这样扫描过程就只剩下了"输入采样"、"程序执行"、"输出刷新"三部分了。下面就对这三个阶段进行详细的分析,并形象地用图5-6表示(此处I/O采用集中输入、集中输出方式)。

(1)输入采样阶段。PLC在输入采样阶段,首先扫描所有输入端子,并将各输入状态存入内存中各对应的输入映像寄存器中。此时,输入映像寄存器被刷新。接着,进入程序执行阶段,在程序执行阶段或输出阶段,输入映像寄存器与外界隔离,无论输入信号如何变化,其内容保持不变,直到下一个扫描周期的输入采样阶段,才重新写入输入端的新内容。

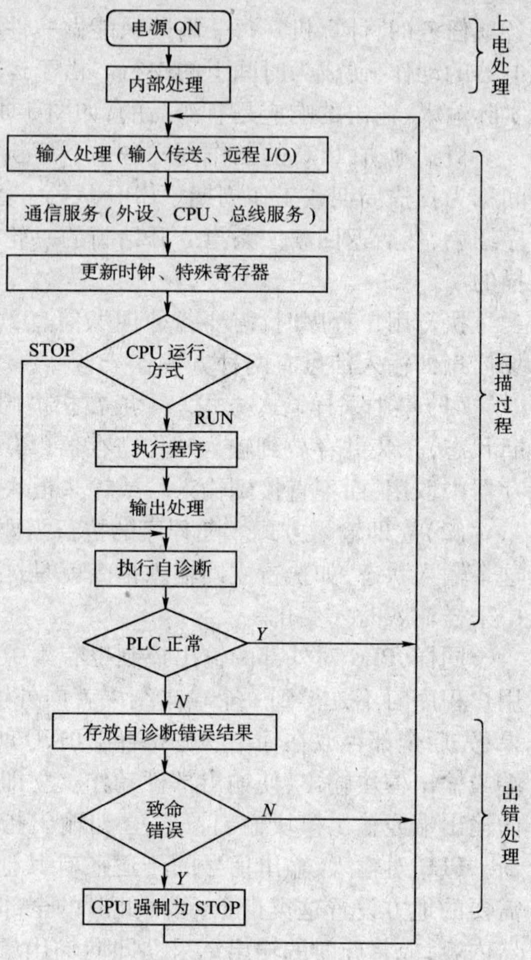

图5-5 PLC运行框图

(2)程序执行阶段。根据PLC梯形图程序扫描原则,PLC按先左后右,先上后下的步序语句逐句扫描。但遇到程序跳转指令,则根据跳转条件是否满足来决定程序的跳转地址。当指令中涉及输入、输出状态时,PLC就从输入映像寄存器中"读入"上一阶段采入的对应输入端子状态,从输出映像寄存器"读入"对应元件映像寄存器的当前状态。然后,进行相应的运算,运算

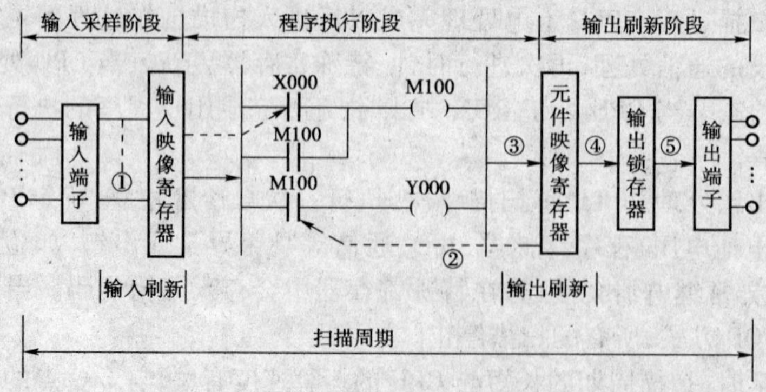

图5-6 PLC扫描工作过程

结果再存入元件映像寄存器中。对元件映像寄存器来说，每一个元件（输出“软继电器”的状态）会随着程序执行过程而变化。

（3）输出刷新阶段。在所有指令执行完毕后，输出映像寄存器中所有输出继电器的状态（接通/断开）在输出刷新阶段转存到输出锁存器中，通过一定方式输出，驱动外部负载。

3. PLC 的中断处理

据上所述，外部信号的输入总是通过 PLC 扫描由“输入传送”来完成，这就不可避免地带来了“逻辑滞后”。PLC 能不能像计算机那样采用中断输入的方法，即当有中断申请信号输入后，系统会中断正在执行的程序而转去执行相关的中断子程序；系统若有多个中断源时，它们之间按重要性是否有一个先后顺序的排队；系统能否由程序设定允许中断或禁止中断等。PLC 关于中断的概念及处理思路与一般微机系统基本是一样的，但也有特殊之处。

（1）中断响应问题。一般微机系统的 CPU，在执行每一条指令结束时去查询有无中断申请。而 PLC 对中断的响应则是在相关的程序块结束后查询有无中断申请和在执行用户程序时查询有无中断申请，如有中断申请，则转入执行中断服务程序。如果用户程序以块式结构组成，则在每块结束或实行块调用时处理中断。

（2）中断源先后顺序及中断嵌套问题。在 PLC 中，中断源的信息是通过输入点而进入系统的，PLC 扫描输入点是按输入点编号的先后顺序进行的，因此中断源的先后顺序只要按输入点编号的顺序排列即可。系统接到中断申请后，顺序扫描中断源，它可能只有一个中断源申请中断，也可能同时有多个中断源申请中断。系统在扫描中断源的过程中，就在存储器的一个特定区域建立起“中断处理表”，按顺序存放中断信息，中断源被扫描过后，中断处理表亦已建立完毕，系统就按该表顺序先后转至相应的中断子程序入口地址去工作。

必须说明的是，多中断源可以有优先顺序，但无嵌套关系。即中断程序执行中，若有新的中断发生，不论新中断的优先顺序如何，都要等执行中的中断处理结束后，再进行新的中断处理。所以在 PLC 系统工作中，当转入下一中断服务子程序时，并不自动关闭中断，所以也没有必要去开启中断。

（3）中断服务程序执行结果信息输出问题。PLC 按巡回扫描方式工作，正常的输入、输出在扫描周期的一定阶段进行，这给外设希望及时响应带来了困难。采用中断输入，解决了对输入信号的高速响应。当中断申请被响应，在执行中断子程序后有关信息应当尽早送到相关外设，而不希望等到扫描周期的输出传送阶段，就是说对部分信息的输入或输出要与系统 CPU 的周期扫描脱离，可利用专门的硬件模块（如快速响应 I/O 模块）或通过软件利用专门指令使某些 I/O 立即执行来解决。

（三）可编程序控制器的输入/输出接口模块

可编程序控制器的对外功能主要是通过各类接口模块的外接线，实现对工业设备或生产过程的检测与控制。通过各种输入/输出接口模块，可编程序控制器既可检测到所需的过程信息，又可将处理后的结果传送给外部过程，驱动各种执行机构，实现工业生产过程的控制。实际生产中的信号电平多种多样，外部执行机构所需的电平也是多种多样，而可编程序控制器的 CPU 所处理的只能是标准电平，正是通过 I/O 接口实现了这种信号电平的转换。为了适应各种各样的过程信号，相应有许多种 I/O 接口模块，例如数字量输入模块、数字量输出模块、模拟量输入模块、模拟量输出模块，在这些模块中又包含了各种不同信号电平的模块。下面将从通用的角度出发,介绍适用于各种类型可编程序控制器的各种输入/输出接口模块。

1. 开关量输入接口模块

开关量输入模块,是将外部过程的数字量信号转换成可编程序控制器 CPU 模块所需的信号电平,并传送到系统总线上。一般分为直流汇点输入方式、交流汇点输入方式和分隔式输入方式三种类型,下面分别进行介绍。

(1)直流汇点输入方式。此种输入方式的电路原理图如图 5-7 所示。

输入点数有 8 点、16 点、24 点或 32 点。输入信号一般经过光电隔离,并经滤波后才被送入输入选择器。输入选择器根据 PLC 的指令,通过 I/O 的地址总线和控制的作用,使被选通的某点输入信号,经过 I/O 数据总线进入用户程序的数据存储区,以供 CPU 作逻辑或数值运算用。模块内使用的电源,一般由 PLC 自身供给。模块面块上一般都带有 LED 指示灯,用以指明信号输入状态。

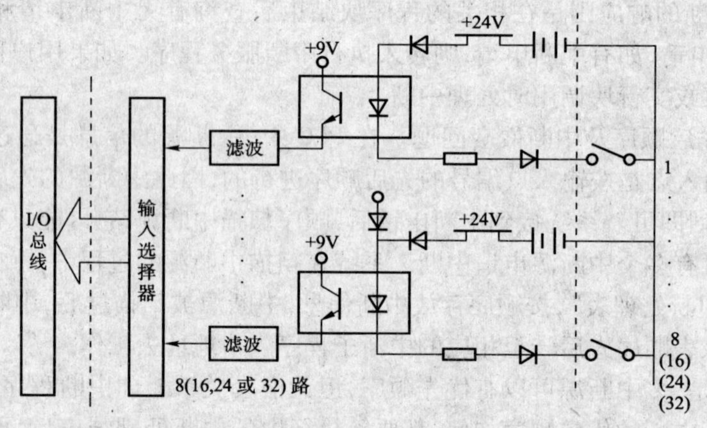

图 5-7　直流汇点输入方式电路原理图

(2)交流汇点输入方式。交流汇点输入方式的电路原理图如图 5-8 所示。

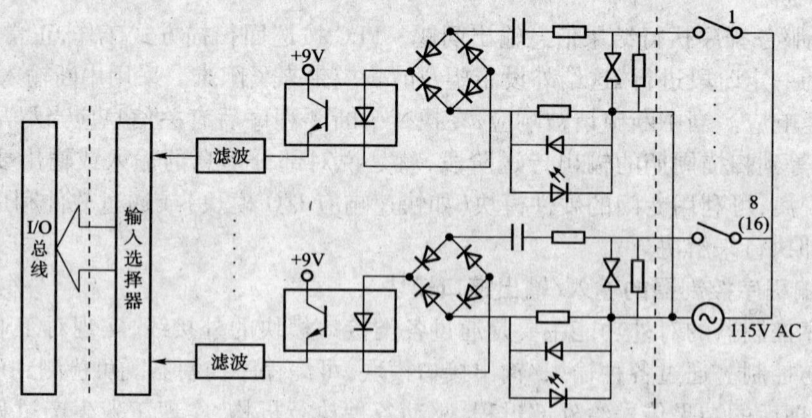

图 5-8　交流汇点输入方式的电路原理图

由图可见,外接的开关输入量,先经过高频滤波整流后,接至输入选择器。交流汇点输入的电源,一般都是由现场供给。为了防止输入信号过高,每路输入信号并接取样电阻和浪涌吸收器,用来限幅;为了减少高频输入,串接有高频去耦电路;为了指示各路信号的输入状态,每

路均接有 LED 指示器；为了防止 LED 的反向过滤，并接有旁路二极管以及限流电阻，关于信号的采样与刷新过程基本上与直流汇点输入方式相同。

(3)分隔式输入方式。分隔输入方式的电路原理图如图 5-9 所示。

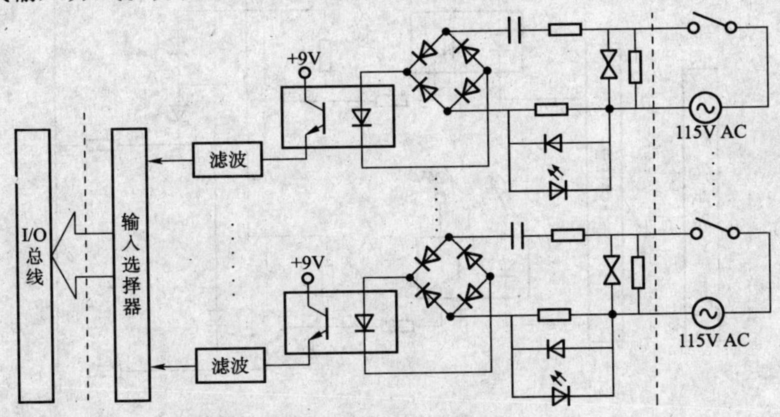

图 5-9　分隔输入方式电路原理图

由图可见，电路基本结构和基本原理与交流汇点输入方式相同。其不同点在于每路输入信号各自独立，互不影响，但多占用了信号输入点。

2. 开关量输出接口模块

开关量输出模块，用来将可编程序控制器 CPU 模块的 TTL 电平转换成外部过程所需的信号电平，并以此来驱动外部过程的执行机构、显示灯等负载。开关量输出接口模块的种类很多，下面介绍几种常用的开关量输出接口模块的电路结构类型及基本原理图。

(1)晶体管输出方式。美国、日本等国采用 SINK 方式，通常采用 NPN 型集电极开路输出；而欧洲国家多采用 SOURCE 方式，通常采用 PNP 型集电极开路输出，如图 5-10 所示。

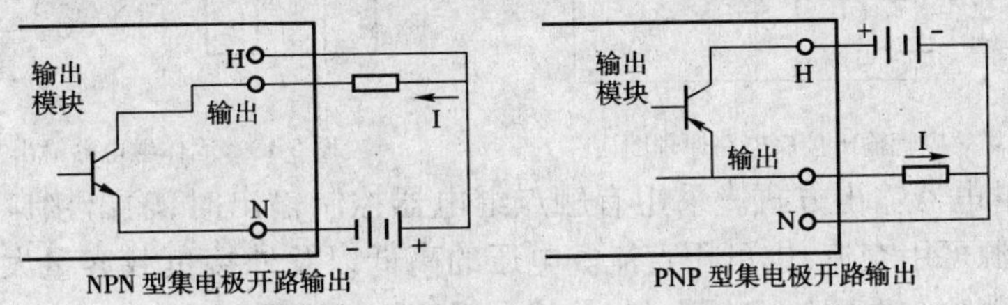

图 5-10　集电极开路输出示意图

图 5-11 为采用 NPN 型集电极开路输出的多路汇点输出接口电路原理图。由图可见，晶体管电源由可编程序控制器自带电源供给，负载电源因所消耗的功率大，由外部现场供给。信息输出由用户程序确定，需要某一路执行器件动作，由可编程序控制器的 CPU 进行控制，将用户程序数据区内相应路的运算结果，经 I/O 总线，调至该模块的输出锁存器锁存。这时，该路信号经光电耦合控制 NPN 晶体管导通，致使相应的输出线圈通电。为防止混流，每路接二极管；为提高接通负载时电源电压的稳定性，接口电路中接有稳压二极管。

(2)场效应管输出方式。在 GE 系列的可编程序控制器中，采用场效应管驱动，每路分别为直接输出方式，其电路原理图如图 5-12 所示。

(3)固体继电器输出方式。用固体继电器 SSR 控制输出，模块负载采用汇点接法，负载采

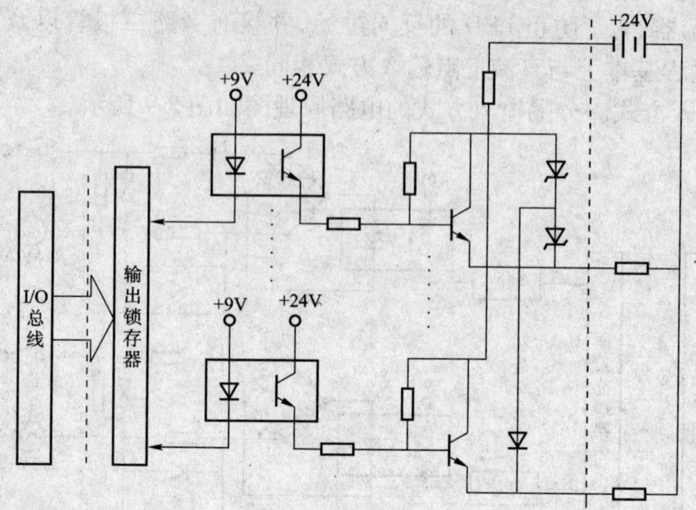

图 5-11 多路汇点输出接口电路原理图

用现场的交流电源，其电路原理图如图 5-13 所示。由图可见，为防止晶闸管过压，每路接有限幅二极管，并且接有指示用发光二极管 LED。

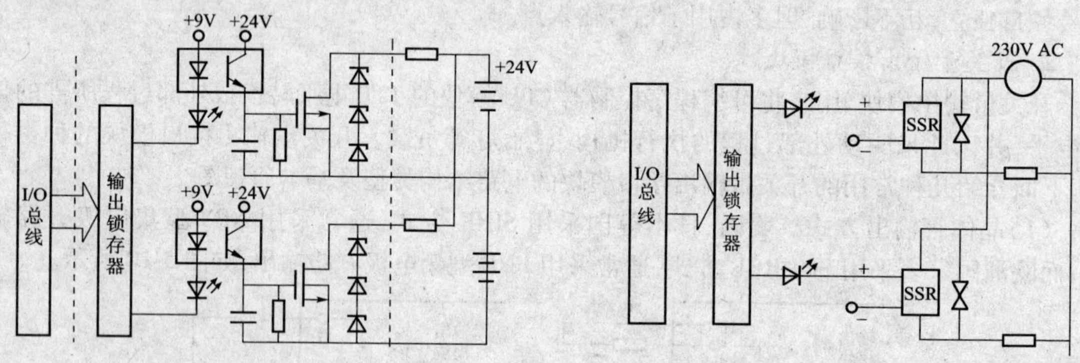

图 5-12 场效应管输出接口电路原理图

图 5-13 固体继电器输出方式电路原理图

（4）有触点继电器输出方式。采用有触点继电器控制输出时，输出接口模块也采用汇点接法。其外部电源可用交流，也可用直流。电压的高低以及外接负载容量大小由所用的继电器触点决定。为消除继电器触点的火花，并接有阻容熄弧电路。在继电器的触点两端，还并接有含氧化膜压敏电阻，当外接交流电压低于 150V 时，其阻值极大，视为开路；当外接交流电压为 150V 时，压敏电阻开始导通，随着电压的增加其导通程度迅速增加，以使电平被箍位。为指示各路继电器动作情况，在继电器线圈两端并接有 LED 指示灯。

3. 模拟量输入接口模块

在工业控制中，经常会遇到连续变化的物理量——模拟信号，如电流、电压、温度、压力、位移、速度等。如果要对这些模拟量进行采集并送给 CPU 模块，必须对这些模拟量进行模/数（A/D）转换，才能使可编程序控制器接收这些数据。模拟量输入模块就是用来将模拟信号转换成 PLC 所能接收的数字信号。模拟量输入模块的功能就是进行模拟量到数字量的转换，一般都是将模拟量输入的采样值转换成二进制数，然后再把输入通道号及其他信息一起送到系统的内部总线上。

模拟量输入模块有各种不同的类型，例如，0～10V、-10～+10V、4～20mA等各种范围的模块。不管何种类型，除了输入回路略有不同外，其他内部电路结构完全一样。因此，有的系统用外加输入量程子模块来解决这个问题，就可使得同一模拟量模块适应各种不同的输入范围。

模拟量输入接口模块的主要技术性能包括：

(1)输入通道数：4路、8路和16路等；

(2)输入信号：电压输入-10～+10V、+1～+10V、+1～+5V；电流信号4～20mA；

(3)A/D转换位数：8位、10位、12位或14位（均为二进制）；

(4)转换精度：0.01%～0.5%；

(5)线性度（满量程）：+0.05%（环境温度+25℃）；

(6)转换时间：小于50ms。

例5-1 一个温度信号，其变化范围为50～500℃，经温度传感器将其变换成一个电压信号，相应变化范围为1～5V，连接到3个不同的模拟量输入模块的接线端。若这3个模块采用的模数转换位数分别为10位、12位、14位，它们的温度、电压分辨率各为多少？

解：温度、电压、数据之间的关系如表5-3所示：

温度、电压、数据关系 表5-3

温度(℃)	电压(VDC)	数据(10位)	数据(12位)	数据(14位)
50	1	0	0	0
…	…	…	…	…
500	5	1023	4095	16383

当采用10位的模拟量输入模块进行模数转换时：

$$温度分辨率=\frac{500-50}{1023}=0.44(℃)$$

$$电压分辨率=\frac{5-1}{1023}=0.0039(V)=3.9(mV)$$

当采用12位的模拟量输入模块进行模数转换时：

$$温度分辨率=\frac{500-50}{4095}=0.11(℃)$$

$$电压分辨率=\frac{5-1}{4095}=0.98(mV)$$

当采用14位的模拟量输入模块进行模数转换时：

$$温度分辨率=\frac{500-50}{16383}=0.027(℃)$$

$$电压分辨率=\frac{5-1}{16383}=0.24(mV)$$

由此例可以看出，位数越多，其分辨率越高。对于有较高分辨率要求的模拟量，要选用位数较多的模拟量模块。

4. 模拟量输出接口模块

在工业控制中，还经常会遇到对电磁阀、液压电磁铁等执行机构进行控制的问题。这就必须把可编程序控制器输出的数字量转换成模拟量,才能够满足这类执行机构的动作要求,这种转换过程称为数/模(D/A)转换。模拟量输出模块的功能就是用来将可编程序控制器内部输出的数字量转换成外部生产过程所需的模拟信号。

模拟量输出模块也各有不同类型,例如有0~10V的电压输出,-10~+10V的电压输出,也有4~20mA的电流输出。同样,不管何种类型的输出模块,它们的内部电路结构完全一样,只是输出回路有所不同。与模拟量输入模块一样,模拟量输出模块中的数据也是用二进制码表示的。

模拟量输出模块的主要技术性能包括:

(1)输出信号:电压信号:1~5V、1~10V、-10~+10V;

电流信号:4~20mA;

(2)转换位数:8位、10位、12位、14位(二进制);

(3)输出响应时间:30ms左右;

(4)分组:每个模块有2点、4点、8点之分。

例5-2 某模拟量输出模块的输出端输出一个4~200mA信号,该信号作为变频器的给定信号,使变频器的输出频率在0~50Hz范围内变化,从而使交流异步电机的转速变化范围为0~1440r/min。若该模块采用的数模转换为10位,其电流分辨率、频率分辨率、转速分辨率各为多少?

解:电流、转速、频率、数据之间的关系如表5-4所示:

电流、转速、频率、数据关系 表5-4

数据(10位)	电流(mA)	频率(Hz)	转速($r \cdot min^{-1}$)
0	4	0	0
…	…	…	…
1023	20	50	1440

$$电流分辨率=\frac{20-4}{1023}=0.0156(mA)$$

$$频率分辨率=\frac{50-0}{1023}=0.049(Hz)$$

$$转速分辨率=\frac{1440-0}{1023}=1.41(r/min)$$

显然,数模转换位数越多,输入电流的波形阶梯越小,越接近连续变化的模拟信号。

(四)可编程序控制器的智能接口

生产过程不仅需要对开关量和模拟量的处理,还需要闭环控制功能、通信等特殊功能,可编程序控制器逐渐加强与完善了这些功能。目前,实现的方法一般采取如下两方面的措施:一类是利用可编程序控制器的主CPU再加上一定的硬件支持环境,通过开发比较完善的软件来完成,如一般的模拟量输入输出的处理以及简单的控制;另一类是硬件、软件一起开发,形成带自己的CPU的模块,并在模块系统软件支持下,通过执行控制程序来完成任务——利用所谓智能接口模块来实现控制。这时,智能接口模块的工作和可编程序控制器主CPU的工作可以并行进行,它可以不管可编程序控制器主CPU状态而独立地连续工作。这种智能接口模块与

一般的输入输出接口模块的主要不同点是:它自身不仅带有微处理器芯片,而且还带有存储器和系统程序。它通过系统总线与CPU模块相连,并可在CPU模块协调管理之下独立工作,提高处理速度,便于用户编制程序。根据可编程序控制器响应各种特殊功能的需要,智能接口模块的种类也越来越多。它包括可编程序控制器之间互联的通讯处理模块、带有PID调节的模拟量控制模块、高速计数器模块、数字位置译码模块、阀门控制模块、中断控制模块等。下面只介绍几种较典型的智能接口模块。

1. 通信模块

(1)通信模块的功能。通信模块的作用是在PLC和外部设备之间建立一个数据通道,使操作员可以通过外部设备改变PLC的工作方式,并为PLC输入程序改变状态或将PLC的程序或状态送至外部设备。

通信模块一般是一个带有CPU的智能模块,各种类型的通信模块略有差异,而基本原理和作用都是类似的。图5-14是GESIPLC通信模块的功能结构框图。这个模块在工作时,不需要在GESI PLC编制额外的通信服务语句。这主要是因为这个模块在与CPU进行信息交换时,是模拟GESI PLC进行工作的。为了向CPU送入信息,模块能模拟键盘,送入信号至CPU。而为了从CPU取出信息,模块又能截取CPU送至显示器的内容。由图可见,通信模块插入CPU编程器接口上,而编程器适配器完成模块和CPU的信息交换控制。

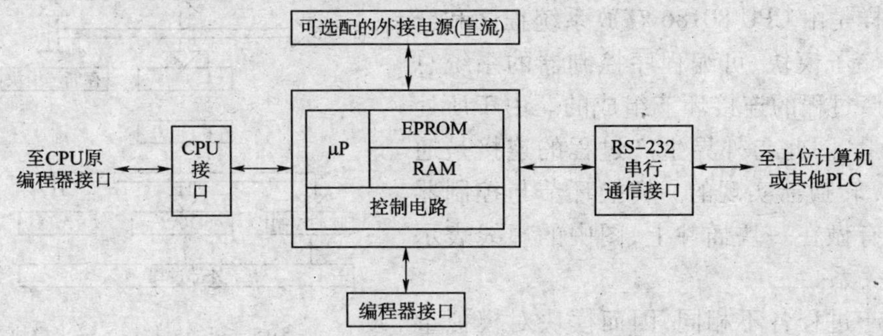

图5-14　通信模块框图

在这个模块中,CPU以及控制电路加上ROM中的控制程序,是模块的核心,其他部分的工作均由这个核心控制。它主要要完成下列工作:

①根据方式选择开关阵列,决定工作方式,例如串行接口的传送速率等;

②控制模块与CPU信息交换过程;

③控制串行接口适配器,并进行数据的格式变换,由串行口与外设进行信息交换;

④为编程器接口提供信息通道,使编程器在必要时仍可操纵CPU。

串行接口的电气规范为RS422或RS485,若配上合适的接口变换器,如RS422、RS232转换器可将RS422改为RS232,最高传送速率为192000bps。通过串行接口与外设通信时,信号要符合一定的规范,即通信规约。

与通信模块相连的外设,可以是计算机、调制解调器、别的通信模块,或者是其他挡的PLC。

(2)通信模块的用法。通信模块可用来编程、检查程序、监控运行状态和改变I/O状态。通信模块所能完成的这些工作都是计算机或外设对可编程序控制器而言的。而这类外设本身

可能又是一个复杂而完善的系统,而且会有更丰富的外设。这样,通过这些外设就可以打印各种程序清单、生产报表、显示控制过程的状态、用图形显示器构成的操作模拟台等。将各种功能加以组合,便得到更好的结果。

应该指出,有些 PLC 通信模块的信息传输速度是最低的。这是由于模块与 CPU 的信息交换是模拟慢速动作的键盘和显示器的,交换速度受限制。但在大多数可编程序控制器中,基本上不存在这个缺陷。

2. 闭环控制模块

因为可编程序控制器是从继电器控制系统发展而来的,所以它的开关量顺序控制功能较强,模拟量处理特别是闭环控制功能较弱。随着工业生产过程的需要和可编程序控制器及大规模集成电路芯片的迅速发展,可编程序控制器不仅对模拟量处理功能逐渐加强,而且闭环控制功能亦不断完善。其方法有两种:

(1)利用模拟量输入输出接口的支持,通过一定的控制软件由可编程序控制器 CPU 来实现;

(2)利用硬件、软件一起开发,形成独立的智能模块来实现控制。

图 5-15 为西门子公司生产的智能型通用闭环控制模块的硬件结构图。由图可见,它和其他的智能模块一样是由 CPU 80186 存放系统程序和应用程序的存储子模块、可编程序控制器的系统总线及外界生产过程的连接环节组成的。由于所处理的是模拟量,因此与外界生产过程的连接是通过 A/D、D/A 转换器实现的。转换环节与控制器部分有时没有做在一块插件上,图中的虚线表示它们的相连关系。

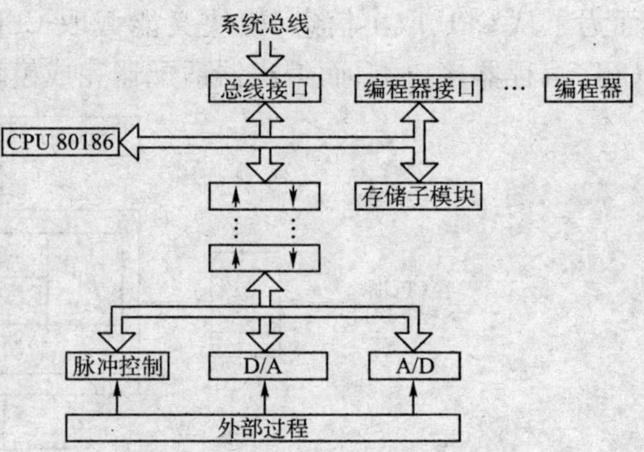

图 5-15　智能模拟输入输出模块结构

外界生产过程各不相同,因而模块对模拟量的变换、放大和处理留给用户解决。同样,随着外界生产过程所希望的控制结构不同,应配备相应的控制程序子模块。模块分为单回路与多回路两种类型。由于闭环控制模块的采样时间间隔应该按照采样定理,既考虑控制过程的精度,又需考虑占用处理器的处理时间,所以当增多控制回路时,可能会延长采样间隔,这一点需特别注意。

3. 高速计数模块

以西门子公司的高速计数模块为例,其结构方框图如图 5-16 所示。它是由 CPU 8085 协调管理模块的工作,系统程序存储在 EPROM 中。图中的 AM 9513 为计数器,它包括了 5 个独立的 16 位高速计数器。每个计数器都通过 3 个端口与外界发生联系,即计数输入(IN),计数输出(OUT),使能或禁止计数的控制(GATE)。这 3 个端口的信息都可以是来自模块内外部过程或计数器之间的相互作用。由于 5 个独立的计数器可以串联工作,所以它的计数范围可达 $2^{80} \approx 10^{24}$,它的最高计数频率为 2MHz。模块内有两个频率发生器,可作为计数器的输入计数信号。为了提高抗干扰能力,增加可靠性,在模块内部结构与外部过程之间加入了光电隔离。图中的 AM 9519 芯片是中断控制器,可以实现用户程序的中断功能。

功能存储器由完成模块工作方式、中断、报警、输出等寄存器组成。其中工作方式寄存器是用户可以用软件编程设置,并确定其工作方式的寄存器,即选择确定计数信息的特征。西门子高速计数模块的工作方式共有 18 种,其中常用的工作方式有:二进制或 BCD 码计数方式;上升沿或下降沿计数;内部信号或外部信号计数;门控信息式边沿触发或电平触发;计数是向上计数或向下计数,即加计数或减计数等。

模块中的存储器 RAM 主要用于存放用户程序及数据。

高速计数模块通过总线接口与控制器的系统总线相连,由此进行信息交换。高速计数模块作为控制器的 I/O 模块,参加 I/O 扫描交换信息。

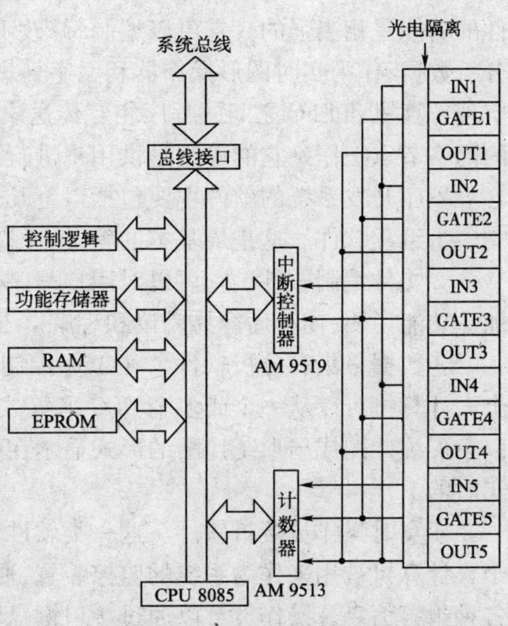

图 5-16　高速计数模块结构方框图

(五)编程器及外部设备

1. 编程器

PLC 的编程器用来输入和编辑用户程序,并对程序进行编辑检查和修改,还可以用来监视 PLC 运行时用户软件中各种编程元件的工作状态。

编程器可以永久地连接在 PLC 上,也可以在使用完后将它取下来,再让 PLC 运行。由于一般情况下只在程序输入、调试阶段和检修时使用它,所以一台编程器可供多台 PLC 公用。目前编程器可分为以下三类:

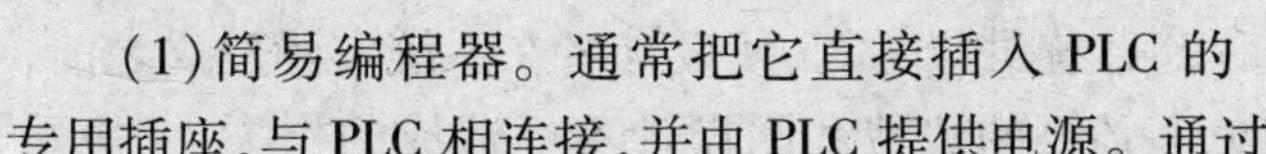

(1)简易编程器。通常把它直接插入 PLC 的专用插座,与 PLC 相连接,并由 PLC 提供电源。通过按键将指令程序输入,并用数码管或单行显示器加以显示,但它只能与 PLC 直接联机编程,不能脱机编程。这种编程器体积比普通计算器大不了多少,携带方便;价格便宜,适用于小型 PLC 的监控与编程。

(2)图形编程器。它的显示屏用液晶显示或用阴极射线管作屏幕。图形显示屏可以用来显示编程内容、继电器占用情况、程序容量、程序调试与执行时各种信号的状态和错误提示等。操作键盘设有各种编程方式所需的功能键、字符键、数字键和显示屏控制键,可在显示屏上提供各种操作提示,编程操作很方便。这种编程器既可联机编程又可脱机编程,可用多种编程语言编程,尤其是可以直接编制梯形图,很直观,而且这种编程器可以和打印机、盒式磁带录音机、绘图仪等设备相连,监控功能强,但价格贵,适用于中、大型的 PLC 的编程。

(3)用通用计算机作为编程器。以上介绍的两种编程器属于专用编程器,它只能对某一 PLC 生产厂家的 PLC 产品编程,使用范围有限。当前 PLC 的更新换代速度很快,因此专用编程器的使用寿命有限,价格一般也比较高。现在的发展趋势是使用以个人计算机为基础的编程系统,而 PLC 厂家把个人计算机作为程序开发系统的硬件提供给用户,大多数厂家只向用户提供编程软件,个人计算机由用户选择。个人计算机是指 IBM PC/AT 及其兼容机。为适应工业现场相当恶劣的环境,个人计算机的键盘一般都加以密封,以防止外部脏物进入计算机,使敏感的电子元件失效。磁盘驱动器通常采用密封型的,这样个人计算机被改造后可以在较高的温度和湿度条件下运行,能够在类似于 PLC 运行条件的环境中长期可靠地工作。

用通用计算机作为编程器的主要优点是使用了价格便宜、功能很强、通用的个人计算机,用户可以使用已有的个人计算机。因此,可以用最少的投资,得到高性能的 PLC 程序开发系统。对于不同型号、不同厂家的 PLC,只需要更换编程软件就可以了。它的另一优点是可以用一台个人计算机为所有的工业智能控制设备编程。

世界上各主要的 PLC 生产厂家都提供有使用个人计算机的程序开发系统软件。这一软件的功能是相当强的。它可以编制、修改 PLC 的用户程序;监视系统运行;打印文件;采集和分析数据;作为实时图形操作器和文字处理机;对工业现场和系统仿真;将程序存储在磁盘上;实现计算机和 PLC 之间的程序相互传送。利用它的网络软件,还可以作为网络管理器或通用的网络节点工作站它的作用是供用户进行程序的编制、编辑、调试和监视。

程序开发系统的软件主要包括以下几个部分:

①编程软件。这是最基本的软件,允许用户生成、编辑、存储和打印用户程序。

②文件编制软件。它可以对用户程序中的触点和线圈加上英文注释,并能对某一程序段加注功能说明,使程序容易阅读和理解。

③数据采集和分析软件。在工业控制个人计算机中,这一部分软件的使用已相当普遍。个人计算机可以从一个或多个 PLC 采集数据,并用各种方法分析、处理这些数据,然后将结果以条形统计图或扇形统计图的形式显示在显示器上。这种分析处理过程进行得很快,几乎是实时的。

④实时操作员接口软件。这一类软件使用个人计算机提供的实时操作的人/机接口装置。个人计算机被用来作为系统的监控装置,通过显示器告诉操作人员系统的状况和可能发生的各种报警信息。操作员可以通过接口键盘输入各种控制指令,处理系统中出现的各种问题。

⑤仿真软件。它允许计算机对生产过程和系统进行仿真,使设计者在系统实际建立之前,通过仿真处理,发现设计中存在的问题,避免不必要的浪费和因设计不当造成的损失,缩短系统设计、安装和调试的总工期。

2. 外部设备

外部设备包括 PLC 的人/机接口、外存储器、打印机和 EPROM 写入器等。人/机接口是所有 PLC 控制系统都必须拥有的,其他外部设备设计者可根据具体情况进行选用。

(1)人/机接口装置。人/机接口又叫做操作员接口,用来实现操作人员与 PLC 控制系统之间的对话和相互作用。人/机接口最简单、最基本和最普遍的形式,是由安装在控制台上的按钮、转换开关、拨码开关、指示灯、LED 显示器和声光报警器等元件组成。它们用来指示 PLC 的 I/O 系统状态及各种信息。通过合理设计的用户软件,PLC 控制系统可以接收并执行操作员的命令。另一种人/机接口是加固的“半智能”型显示器接口,它是密封的,可以长期安装在操作台和控制柜的面板上。显示器可以是单色的,也可以是彩色的,通过通讯接口接收来自外部的信息并在其终端显示出来。用于 PLC 控制系统最高级、最复杂的人/机接口是一种“智能”终端,它有自己的微处理器和存储器,一般使用彩色的显示器,能够与操作人员快速地交换信息,它通过通讯接口与 PLC 相连。

小型 PLC 一般采用上述的第一种人/机接口,大、中型 PLC 一般采用第二种或第三种接口。有时人/机接口是上述三种形式的结合。

(2)外存储器。磁带和磁盘称为外存储器,储存在它们里面的信息可以在 PLC 之外长期

保存。如果存放在PLCRAM内的程序丢失,可重新装入保存在磁带或磁盘中的程序。在脱机开发用户程序的编程装置中,外存储器特别有用,被开发的用户程序一般存储在外存储器中。

(3)打印机。打印机在用户程序编制阶段用来打印带注释的程序,这些程序对于最终用户的维修工作和系统的改造与扩展是非常有用的。打印机在系统的实时运行过程中一般用来提供过程中所发生事件的硬记录,例如,用于记录系统运行过程中报警的种类和时间。这些信息的一部分曾经出现在与操作员接口的显示器上,而永久性的记录则由打印机自动产生。这些记录对于分析事故的原因和改进系统是非常重要的。

(4)ROM写入器。ROM写入器用来把用户程序写入到ROM中去,它提供了一个非易失性的用户程序的保存方法,存放在ROM中的程序,即使在没有电源的情况下也不会丢失。同一PLC系统的各种不同应用场合的用户程序可以分别写入到n片ROM中,在改变系统的工作方式时只需要更换ROM就可以了。

(六)典型可编程序控制器特性

目前,市面上的PLC种类很多,不同厂家生产的PLC的结构和功能不尽相同,但它们的基本工作原理是基本相同的。下面将着重介绍在我国应用比较多、影响比较广的日本三菱公司的F系列产品和德国西门子公司的S5、S7系列产品。

1. F系列可编程序控制器的型号、单元及其技术特性

F系列PLC属于整体式结构,一共有3种不同单元,即基本单元、扩展单元和特殊单元。基本单元内有微处理器(CPU)、存储器和输入/输出接口电路等,每个控制系统必须有一台基本单元。要增加I/O的点数,可连接扩展单元。要增加控制功能,则可连接相应的特殊单元,如高速计数单元、模拟量单元等。F系列的编程装置有简单编程器,图形编程器和计算机编程器。

(1)F系列PLC的型号。为了满足用户的不同控制要求,F系列PLC有多种型号规格,其型号表示方法如下:型号:F-①②③-④,其中:①表示输入/输出总点数;②表示本单元的类型:M为基本单元,E为扩展单元;③表示输出类型:R为继电器输出,T为晶体管输出,S为晶闸管输出;④表示电源电压种类:V为100/110V交流,E为220/240V交流,D为24V直流。

例如:F-20MR-E的PLC表示该产品输入/输出总点数为20,继电器的输出电源为交流220/240V的基本单元。

(2)基本单元和扩展单元及组合。基本单元又称为主机,F系列PLC基本单元的类型如表5-5所示。

扩展单元又叫做扩展机,它没有中央处理机,不单独使用,只能通过扁平电缆与主机相连,以增加输入输出点数。扩展单元的外形与基本单元大体相同,扩展单元的类型如表5-6所示。

F系列PLC基本单元的类型　表5-5

型号	输入点数	输出点数	扩展连接口数
F-12M	6	6	1
F-20M	12	8	1
F-40M	24	16	2
F-60M	36	24	2

F系列PLC扩展单元的类型　表5-6

型号	输入点数	输出点数	扩展连接口数
F-10E	4	6	1
F-20E	12	8	1
F-40E	24	16	2

根据需要，可采用基本单元和扩展单元的组合，构成不同输入输出点数的 PLC 控制系统。表 5-7 列出了 80 点以下的多种组合，同一基本单元或扩展单元的输出形式可以不同，例如，基本单元的输出形式可以是继电器，而扩展单元可以是晶闸管输出形式，两组可以进行组合。F 系列 PLC 最大 I/O 点数为 120 点，可任意组合。用模拟量单元 F2-6A-E 后可进行模拟量控制，其中一台 F2-6A-E 可处理 4 路 A/D、2 路 D/A。一台 30 点以上的主机可以带 3 个模拟量单元，共计可处理 12 路 A/D、6 路 D/A，且不占用开关量的点数。用定位控制单元 F2-30GM 后可进行位置控制、驱动伺服电机或步进电机。

F 系列 PLC 基本单元和扩展单元的组合 表 5-7

总点数	输入点数	输出点数	组　合
22	10	12	F-12M + F-10E
30	16	14	F-20M + F-10E
32	18	14	F-12M + F-20E
40	24	16	F-40M 或 F-20M + F-20E
50	28	22	F-40M + F-10E
60	36	24	F-60M 或 F-40M + F-20E
60	32	28	F-40M + F-10E + F-10E
70	40	30	F-60M + F-10E
80	48	32	F-40M + F-40E 或 F-60M + F-20E

（3）主要技术特性：

①总体技术特性。F-20M 与 F-40M 这两种型号为 F 系列中最常用的，现把这两种型号的总体技术特性和数据列于表 5-8 中。

②输入技术特性和数据。F 系列 PLC 的输入技术特性和数据如表 5-9 所示。

③输出技术特性和数据。F 系列 PLC 的输出技术特性和数据如表 5-10 所示。

F 系列 PLC 总体技术特性和数据 表 5-8

项　目		F-20M	F-40M
电源	功耗	<11V · A	<25V · A
	电压	AC100 ~ 110V $^{+10\%}_{-15\%}$ AC200 ~ 220V $^{+10\%}_{-15\%}$	50/60Hz
计时	点数	8 点	16 点
	设定位数	2 位	3 位
	设定范围	0.1 ~ 99s	0.1 ~ 999s
计数	点数	8 点	16 点
	设定方式		
	设定范围	1 ~ 99	1 ~ 999
辅助继电器		64 个（其中 16 个有掉电保持）	192 个（其中 64 个有掉电保持）
编程步数容量（用户存储器容量）	数制	八进制	十进制
	数量	477	890

续上表

项目		F-20M	F-40M
运算	指令	继电器符号	
	速度	100μs/步序(平均)	45μs/步序(平均)
可靠性措施和情况	电池保护	锂电池,可连续使用5年,保持RAM程序	
	瞬时停电补偿	<20ms瞬间停电可不出错,继续运转	
	抗电平干扰能力	1000V,1μs	
	耐振动能力	10~55Hz,0.5mm,最大2g(重力加速度)	
	CPU出错自诊断	监视器,求和校验	
	电池电压监视	电压不足指示灯亮	
一般	环境温度	0~+55℃(储存温度-15~+65℃)	
	环境湿度	85%RH以下(无结露)	
	绝缘电阻	>5MΩ(DC500V)	
	绝缘耐压	AC 1500V 1min	
	外形尺寸	255mm×80mm×100mm	305mm×110mm×110mm
	质量	1.5kg	2.5kg

输入技术特性和数据 表5-9

项目		DC24V	AC110V	AC220V
额定输入电压		DC24±4V (内部供电)	AC100/110V $^{+10\%}_{-15\%}$ 50/60Hz	AC200/220V $^{+10\%}_{-15\%}$ 50/60Hz
输入阻抗		约3.7kΩ	约9.6kΩ/50Hz	约21.2kΩ/50Hz
工作电流	断→通	DC最小4mA	AC最小8mA	AC最小7mA
	通→断	DC最大1.5mA	AC最大3mA	DC最大3mA
响应时间	断→通	约10ms	约15ms	约15ms
	通→断	约5ms	约8ms	约8ms
隔离		光电隔离		
指示		当有输入时发光二极管亮		

输出技术特性和数据 表5-10

项目		继电器输出	晶闸管输出	晶体管输出
		AC100V,200V DC24V	AC100V,200V	DC24V
额定输出电流 (电阻负载)		2A/1点	1A/1点	1A/1点
			4A/8点合计	4A/8点合计
最大负载	电感性	80VA	50VA(AC100V)	24W(DC24V)
			100VA(AC200V)	
	灯泡	100W	100W	3W
	冲击电流	10A/周期	10A/周期	DC 3A

续上表

项目		继电器输出	晶闸管输出	晶体管输出
		AC100V,200V DC24V	AC100V,200V	DC24V
最小负载	电感性		1.6VA(AC200V)	
			0.4VA(AC100V)	
	灯泡		1W(AC200V)	
			0.5W(AC100V)	
响应时间	通→断	约 5ms	<1ms	1ms
	断→通	约 10ms	最大 10ms	<ms
隔离		继电器隔离	光控隔离	光耦合
指示		当继电器接通时发光二极管亮	当晶闸管接通时发光二极管亮	当晶体管接通时发光二极管亮

2. 德国西门子公司 PLC 简介及部分产品的主要技术性能

(1)概况。德国西门子公司是世界上较早研制和生产 PLC 产品的主要厂家之一,其产品具有各种尺寸以适应各种不同的应用场合,有适合于超重机械或各种气候条件的坚固型;有适用于狭小空间具有高处理性能的密集型;有的运行速度极快且具有优异的扩展能力。它包括从简单的小型控制器到具有过程计算机功能的大型控制器,可以配置各种输入/输出模块、编程器、过程通讯和显示部件等。

西门子公司的 PLC 发展到现在已有很多系列产品,如 S5、S7 系列。其中 S5-90U 与 S5-95U 是两种小型控制器。S5-100 采用模块式结构,该机型有 3 种 CPU(CPU100、102、103)可供选择,CPU 档次越高其附加功能越强。S5-115U 是一种中型 PLC,能完成各种要求比较高的控制任务,有多种 CPU 可满足不同的功能需要。S5-155U 是 S5 系列中最高档次的 PLC,它具有强大的内存能力与很短的运算扫描时间,而且有更强的编程能力,可以用来完成非常复杂的控制任务。它的几个 CPU 可以并行工作,可以实现各种操作和控制、回路调节以及所有过程的监视。可以插装各种智能输入输出模块,可以与上位机和现场控制器联网形成网络系统。

S7 系列 PLC 是在 S5 系列基础上研制出来的。它由微型 S7-200、中小型 S7-300、中大型 S7-400 组成。其中结构紧凑、价格低廉的 S7-200 适用于小型的自动化控制系统;紧凑型、模块化的 S7－300 适用于极其快速的过程处理或对数据处理能力有特别要求的中小型自动化控制系统。功能极强的 S7-400 适于大、中型自动控制系统。

(2)S5-115U 型 PLC 简介。S5 系列的 PLC 种类很多,不可能向大家全部介绍,在此仅介绍其中最具有 S5 系列产品特点的中小型 PLC-S5-115U。该产品具有坚固的模块式结构,可以方便地、经济地实现各种自动控制任务。例如逻辑控制、协调和通讯、操作和监视、报警和记录。

S5-115U 型的 PLC 被广泛应用于机器制造工业、汽车工业、钢铁工业、水泥工业、化学工业、食品工业等行业的系统控制、过程自动化、过程监视等领域。由于其结构坚固,所以在恶劣的工作环境下也能使用。

因为 S5-115U 型 PLC 采用模块式结构,即使在输入输出点数很少的情况下,也可以充分体现其经济性,而且可以根据实际需要,灵活地在最大 1024 输入点和 1024 输出点的范围内选

择，因而它非常适用于中小规模的过程自动化。标准化的硬件技术、模块式结构和具有很强功能的编程器，使得该自动化装置在实际应用时具有如下特点：

①装配和连接简单，更换方便；

②通过各种不同的输入输出电平，以及对输入点、输出点和存储器的精细分级，使其具有较强的配置适应能力；

③在所有符合标准的应用中，不需要通风冷却装置；

④程序在结构上进行了分块，标准程序块的（功能块）应用使编程工作大大简化；

⑤采用了智能模块（例如数字位置模块、阀门控制模块等），减轻了编程和 CPU 的工作量；

⑥通过通讯处理器和局部网，可方便地同其他自动化装置及计算机进行通讯；

⑦具有丰富的编程和调试手段的编程器，使得系统调试和试车变得方便；

⑧编程语言（STEP5）有多种表达方式：如梯形图、助记符（语句表）、逻辑功能图。

S5-115UPLC 在配置不同的 CPU 时，其技术性能是不相同的，表 5-11 中列出了 CPU943、CPU942、CPU941 的主要技术性能指标。

S5-115U PLC 的主要技术性能一览表　　表 5-11

项　目	S5-115U		
	配 CPU943	配 CPU942	配 CPU941
程序	48K 字节	42K 字节	18K 字节
	（24K 语句）	（21K 语句）	（9K 语句）
程序存储器	RAM、EPROM、EEPROM	RAM、EPROM、EEPROM	RAM、EPROM、EEPROM
数据	256KB（最大）	256KB（最大）	256KB（最大）
数据存储器	磁泡存储器	磁泡存储器	磁泡存储器
每千字节二进制语句的扫描时间	1.6ms	1.6ms	2.2ms
每千字节浮点运算 +，-，×，÷ 的执行时间			
标记（内部线圈）	2048	2048	2048
计时器/计数器	各 128	各 128	各 128
算术运算功能 +，-，×，÷	√	√	√
数字输入/输出	各 1024	各 1024	512（总共）
模拟输入/输出	各 64	各 64	各 64
智能输入/输出	√	√	√
操作员通信及过程显示系统	√	√	√
SINE CH1 和 L1 局部网络	H1，L1	H1，L1	H1，L1

注：√表示有此功能。

（3）S7-200、S7-300 型 PLC 简介。S7-200 这种微型的 PLC 的优势在于它的快速性、灵活性及多功能性。所谓快速性是指它的指令处理周期短、减小了循环时间，它的高速计数器、高速中断器可以分别响应过程事件；灵活性是指它的模块结构可用于各种性能的扩展，脉冲输出可控制步进电机和直流电机，丰富的指令集可以快速方便地解决最复杂的任务；多功能性是指它具有点对点接口（PPI），可连接编程设备、操作员界面和串行设备接口，具有用户友好的 STEP7 编程软件和功能极强的编程器，方便了编程。

S7-300 型的 PLC 具有功能强、速度快、扩展灵活的特点。这种 PLC 的模块化、无排风扇设计易于实现分布式控制系统结构,具有用户友好的特点。这些特点使得 S7-300 成为能满足各种不同控制性能要求的、性能价格比较高的设备之一。S7-300 有五种性能级别的 CPU 供用户选择,其中 CPU312IFM 用于有或没有模拟量的小型设备;CPU313 用于编程范围有更多要求的大型设备;CPU314 用于对编程范围和操作处理速度有高要求的大型设备;CPU315 和 CPU315-2DP 用于复杂任务和分布式控制系统结构。S7-200、S7-300 的主要技术特性如表 5-12 所示。

S7 系列 PLC 的主要技术特性 表 5-12

项　目	S7-200		S7-300			
	CPU212	CPU214	CPU312IFM	CPU313	CPU314	CPU315/315-2DP
程序存储量	1KB	4KB	6KB	12KB	24KB	48KB
每千字节语句执行时间	1.3ms	0.8ms	0.6ms	0.6ms	0.3ms	0.3ms
位存储器	128	256	1024	2048	2048	2048
计数器/定时器	64/64	128/128	32/64	64/128	64/128	128
输入/输出点数本机	8DI/6DO	14DI/10DO	10DI/6DO			
输入输出点数最大	38 30DI/DO 6AI/2AO	80 64DI/DO 12AI/4AO	176 144DI/DO 32AI/AO	160 128DI/DO 32AI/AO	576 512DI/DO 32AI/AO	1024
最多可扩展模块数	2	7	8	8	32	32
通讯接口	PPI	PPI	MPI	MPI	MPI	MPI
实时时钟		有			有	有
操作员接口系统	COROS OPS,TD200		OP3,OP5 OP15C,OP25,OP35,OP45,COROS LS-B			
网络功能			SINEC L2/L2-DP			
编程软件	STEP7 Micro/Dos		STEP7			
编程工具	720/PG,740/PC,760 及 AT 兼容机					

第二节　现代内燃装卸机械可编程序控制器装置

一、可编程序控制器的编程语言及编程

(一)PLC 软件系统及常用编程语言

PLC 的软件系统由系统软件(又称系统程序)和用户软件(又称应用程序)组成。系统软件包括监控程序、编译程序、诊断程序等,主要用于管理全机,将程序语言翻译成机器语言,诊断机器故障。系统软件由 PLC 生产厂家提供,并固化在 EPROM 中,不能由用户直接存取,不需要用户干预。用户程序是用户根据现场控制的需要,用 PLC 的程序语言编制的应用程序,用来实现各种控制要求。因此,PLC 控制系统软件设计的工作将主要是用户软件设计。

PLC 用户软件的设计要基于产品提供的某一编程语言。PLC 常采用的编程语言有以下几

种:梯形图语言、助记符语言、逻辑功能图语言和高级语言。

1. 梯形图语言

梯形图及用梯形图语言编程的主要特点,概括起来主要有:

(1)梯形图是一种图形语言,它沿用了传统控制图中继电器的触点、线圈、串联等术语和图形符号,并增加了许多功能强而又使用灵活的继电器接触器控制系统中没有的指令符号,因此梯形图与继电器接触器控制系统图的形式及符号有许多相同或相仿的地方。如图5-17所示,梯形图按自上而下,从左到右的顺序排列,最左边的竖线称为起始母线也叫左母线,然后按一定的控制要求和规则连接各个触点,最后以继电器线圈结束。称为一逻辑行或一"梯级",一般在最右边还加上一竖线,这一竖线称为右母线。有些产品的梯形图语言不用右母线,如西门子公司的S5、S7系列产品。通常一个梯形图中有若干逻辑行(梯级),形似梯子,梯形图由此而得名。梯形图比较形象直观,容易掌握,用得很多,堪称用户第一编程语言。

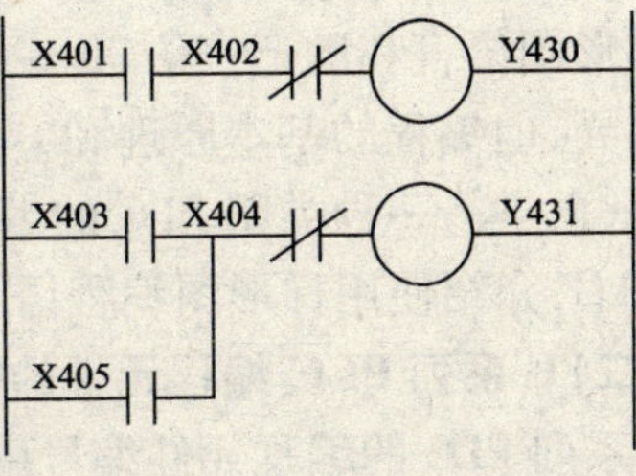

图5-17　梯形图

(2)梯形图中接点(触点)只有常开和常闭接点,它可以是PLC内部继电器接点或内部寄存器、计数器等的状态,不同PLC内每种接点有自己特定的号码标记,以示区别。

(3)梯形图中的继电器线圈不全是实际继电器线圈,它包括输出继电器、辅助继电器线圈等,其逻辑动作只有线圈接通之后,才能使对应的常开或常闭接点动作。

(4)梯形中的触点可以任意串联或并联,但继电器线圈只能并联而不能串联。

(5)内部继电器、计数器、移位寄存器等均不能直接控制外部负载,只能作中间结果供PLC内部使用。

(6)PLC是按循环扫描方式沿梯形图的先后顺序执行程序的,在同一扫描周期中的结果保留在输出状态暂存器中,所以输出点的值在用户程序中可以当作条件使用。

(7)程序结束时要有结束标志END。

2. 助记符语言

用梯形图编程虽然直观、简便,但要求PLC配有较大的显示器方可输入图形符号。这在有些小型机常难以满足,故需要借助其他语言,常用的就是助记符语言。它是用表示PLC各种功能的助记功能缩写符号和相应的器件编号组成的程序表达方式,例如LDX400的每句助记符编程语言就是一条指令或程序。助记符语言比微机中使用的汇编语言直观易懂,编程简单。但不同厂家制造的PLC所使用的助记符不尽相同,所以对于同一个梯形图来说,写成对应的程序(语句表)也不尽相同,要将梯形图语言转换成助记符语言,必须先弄清楚所用的PLC型号和内部各种器件的标号、使用范围及每条助记符的使用方法。

3. 逻辑功能图

编写程序也可采用逻辑功能图,所以逻辑功能图也是PLC的一种编程语言,这种编程方式基本上沿用了半导体电路的逻辑框图来表达。一般用一个运算框图表示一种功能,框图内的符号表达了该框内的运算功能。控制逻辑常用"与"、"或"、"非"三种逻辑功能来表达。框内的左边画输入,右边画输出。

4. 高级语言

在大型 PLC 中为了完成比较复杂的控制任务，有的也采用 BASIC 等计算机高级语言来编程。这样 PLC 的功能就更强。

目前各种类型的 PLC，一般都同时具备两种或两种以上的编程语言，而且大多数都能同时使用梯形图语言和助记符语言。虽然不同厂家和类型的 PLC 的梯形图、指令系统和使用符号有些差异，但编程的基本原理和方法是相同或相仿的。因此掌握了一种型号 PLC 的编程语言和方法，再学另一种类型 PLC 的编程语言和方法就容易了。本章结合日本三菱公司 F/F1 系列的 PLC，介绍使用梯形图编程语言和助记符编程语言。

（二）F 系列 PLC 编程元件的编号及功能

F 系列 PLC 的编程元件编号由字母和数字组成。它们分别表示元件的类型和元件号，如 Y430、X510、T51、M200、C60。元件号用八进制数表示，它遵循逢八进一的运算规则。

1. 输入与输出继电器有编号及功能

（1）输入继电器有编号及功能。输入继电器是 PLC 与外部用户输入设备连接的接口单元，它接收来自外部输入设备开关信号。输入继电器的线圈与 PLC 的输入端相连，并带有许多常开触点和常闭触点供编程时使用。输入继电器由外部信号驱动，即由外接开关控制。输入继电器编号采用八进制编制，如表 5-13 所示。输入继电器电路如图 5-18 所示。

F 系列 PLC 输入继电器的编号 表 5-13

单元	PLC 型号	编号
基本单元	F-12M	X00 ~ X05
	F-20M	X00 ~ X07　X10 ~ X13
	F-40M	X400 ~ X407　X410 ~ X413　X500 ~ X507　X510 ~ X513
扩展单元	F-10E	X14 ~ X17
	F-20E	X14 ~ X17　X20 ~ X27
	F-40E	X414 ~ X417　X420 ~ X427　X514 ~ X517　X520 ~ X527

（2）输出继电器的编号及功能。输出继电器是 PLC 与外部用户输出设备连接的接口单元，它向外部负载传送信号，其输出触点连接到 PLC 的输出端子上。输出继电器线圈的通和断是由程序执行结果来决定的，它有一对外部输出的常开触点，有许多常开和常闭“软”触点可供在编程中使用。输出继电器电路如图 5-19 所示。输出继电器编号采用八进制编写，如表 5-14 所示。

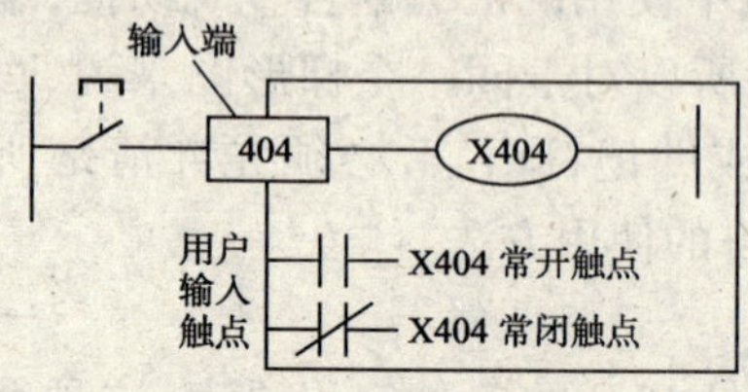

图 5-18 输入继电器电路

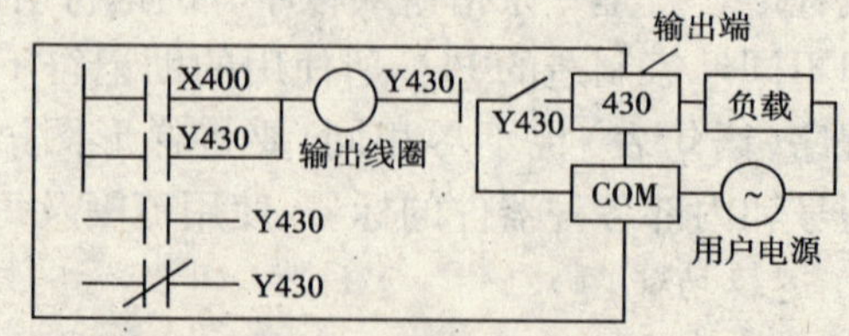

图 5-19 输出继电器电路

2. 辅助继电器与特殊辅助继电器的编号及功能

PLC 中有许多辅助继电器，它有若干对常开触点和常闭触点，它必须由 PLC 中其他器件

的触点接通驱动辅助继电器的线圈之后，触点才能动作，这与继电器接触器控制线路中的中间继电器工作情形相似，供中间转换环节使用，所以辅助继电器有时也叫做中间继电器，但辅助继电器不能直接驱动负载，要驱动负载必须通过输出继电器才行。

(1)辅助继电器。辅助继电器又可分为通用辅助继电器和保持(或保护)辅助继电器两种，均用八进制编号。

F 系列 PLC 输出继电器编号　　表 5-14

单　元	PLC 型号	编　号	单　元	PLC 型号	编　号
基本单元	F-12M	Y30 ~ Y35	扩展单元	F-10E	Y40 ~ Y45
	F-20M	Y30 ~ Y37		F-20E	Y40 ~ Y47
	F-40M	Y430 ~ Y437　Y530 ~ Y537		F-40E	Y440 ~ Y447　Y540 ~ Y547

①通用辅助继电器。型号为 F-12M 和 F-20M 的编号为：M100 ~ M157，共 48 个：型号为 F-40M 和 F-60M 的编号为：M100 ~ M277，共 128 个。

②保持辅助继电器。型号为 F12M 和 F20M 的编号为：M160 ~ M177，共 16 个，型号为 F-40M 和 F-60M 的编号为：M300 ~ M377，共 64 个。

因为这两种辅助继电器的编号都采用八进制，所以号码中最后一个数字不会出现 8 和 9。当电源中断时由于后备锂电池能保持供电，所以保持辅助继电器能够保持它们原来的状态。这就是保持辅助继电器可用于要求保持断电前状态那种场合的原因所在，因此也叫做保护辅助继电器。继电器电路图如图 5-20 所示。

(2)特殊辅助继电器。特殊辅助继电器有时也称为专用辅助继电器，下面说明几个这种继电器的功能用途。

①M70 运行监视继电器。当 PLC 运行时，M70 自动处于接通状态，当 PLC 停止运行时，M70 处于断开状态，如图 5-21a)所示。因此可利用 M70 的接点经输出继电器，在外部显示程序是否运行，达到运行监视的目的。

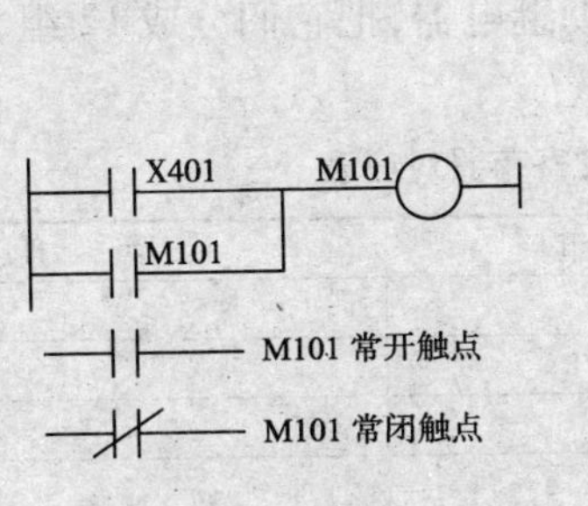

图 5-20　辅助继电器电路

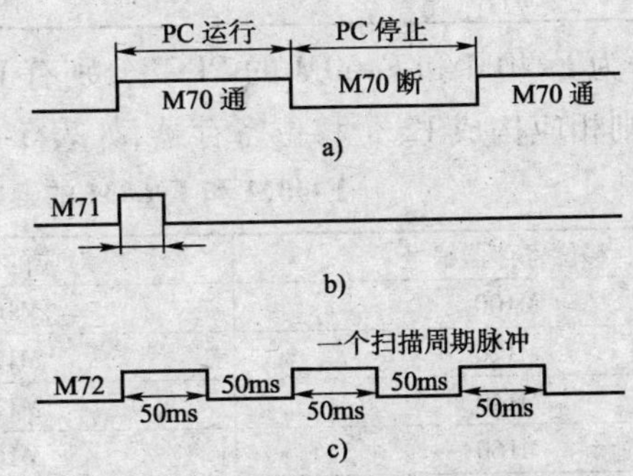

图 5-21　特殊辅助继电器工作波形

②M71 初始化脉冲继电器。当 PLC 一开始投入运行时，M71 就接通，自动发出宽度为一个扫描周期的单窄脉冲，如图 5-21b)所示。M71 常用做计数器、移位寄存器和保持辅助继电器等的初始化信号，即开机清零信号。

③M72 100ms 时钟脉冲发生器。M72 产生周期为 100ms 的时钟脉冲如图 5-21c)所示，可用于驱动计数器或移位寄存器，以便执行监视定时器功能。它也可和计数器联用，起定时器的

作用。

④M76 电池电压下降指示。如果 PLC 中供电电池电压下降,则 M76 接通,并可以经输出继电器使外部指示灯亮。

⑤M77 禁止输出继电器。一旦 M77 继电器接通时,则所有输出继电器 Y 的输出动断开,但这不会影响 PLC 内部程序的执行。常用于控制系统发生故障时切断输出,而保留 PLC 内部程序的正常执行,这有利于系统故障的检查和排除。

F1 系列 PLC 除了具有上述 F 系列特殊辅助继电器外,还增加了其他特殊继电器,例如:M73 为 10ms 时钟发生器,M470 为高速计数器,M471 为加/减计数选择,M472 高速计数器计数起动信号,还有错误和进位标志继电器等。

(3)移位寄存器。用辅助继电器可以组成移位寄存器,每 8 个或 16 个辅助继电器为一组,构成一个移位寄存器,移位寄存器的编号就是第一个辅助继电器的编号。当某组辅助继电器已做移位寄存器时,则这一组辅助继电器不能再做其他用途。

移位寄存器的分组和编号(八进制)如下:

型号为 F-12M 和 F-20M 的 PLC,它们各有 64 个辅助继电器,把它们分成 8 组,每组 8 个继电器,则相应组成 8 个移位寄存器,如表 5-15 所示。

F-12M 和 F-20M 的继电器与移位寄存器对应表 表 5-15

移位寄存器编号	对应的辅助继电器组	说　明
M100	M100 ~ M107	
M110	M110 ~ M117	
M120	M120 ~ M127	
M130	M130 ~ M137	
M140	M140 ~ M147	
M150	M150 ~ M157	
M160	M160 ~ M167	具有停电保持功能
M170	M170 ~ M177	具有停电保持功能

型号为 F-40M 和 F-60M 的 PLC,分别有 192 个辅助继电器,把它们分成 12 组,每组 16 个继电器,则相应构成 12 个移位寄存器,如表 5-16 所示。

F-40M 和 F-60M 的继电器与移位寄存器对应表 表 5-16

移位寄存器编号	对应的辅助继电器组	说　明
M100	M100 ~ M117	
M120	M120 ~ M137	
M140	M140 ~ M157	
M160	M160 ~ M177	
M200	M200 ~ M217	
M220	M220 ~ M237	
M240	M240 ~ M257	
M260	M260 ~ M277	
M300	M300 ~ M317	具有停电保持功能
M320	M320 ~ M337	具有停电保持功能
M340	M340 ~ M357	具有停电保持功能
M360	M360 ~ M377	具有停电保持功能

3. 定时器 T 与计数器 C

(1)定时器 T。PLC 中设有定时器,不同规格和型号的 PLC,其定时器个数和定时长短是不完全相同的。F 系列 PLC 定时器的编号(八进制)、个数和定时范围,如表 5-17 所示。

定时器 T 的编号、个数和定时范围　　表 5-17

PLC 型号	T 的编号	T 的个数	定时范围(s)	最小设置单位(s)
F-12M　F-20M	T50 ~ T57	8	0.1 ~ 99	0.1
F-40M　F-60M	T450 ~ T457 T550 ~ T557	16	0.1 ~ 999	0.1

这些定时器都带有若干个常开触点和常闭触点,供定时和限时选用。定时器工作时间是通过编程器设定的。

F1 系列 PLC 比 F 系列 PLC 多 8 个定时器:T650 ~ T657,定时范围为 0.01 ~ 99.9s。

(2)计数器 C。F 系列 PLC 计数器的编号(八进制),个数和计数范围,如表 5-18 所示,为便于查找,把常用的 PLC 的器件编号归纳成表 5-19。

计数器 C 的编号、个数及计数值范围　　表 5-18

PLC 型号	C 的编号	个　数	计数值范围
F-12M　F-20M	C60 ~ C67	8	1 ~ 99
F-40M　F-60M	C460 ~ C467 C560 ~ C567	16	1 ~ 999

F-20M 和 F-40M 器件编号一览表　　表 5-19

基本单元	F-20M		F-40M	
器件名称代号	个　数	编　号	个　数	编　号
输入继电器	12	X00 ~ X07　X10 ~ X13	24	X400 ~ X413　X500 ~ X513
输出继电器	8	Y30 ~ Y37	16	Y430 ~ Y437　Y530 ~ Y537
定时器	8	T50 ~ T57	16	T450 ~ T457　T550 ~ T557
计数器	8	C60 ~ C67	16	C460 ~ C467　C560 ~ C567
辅助继电器	48	M100 ~ M157	128	M100 ~ M277
	16	M160 ~ M177①	64	M300 ~ M377①
特殊辅助继电器	5	M70 ~ M72　M76 ~ M77	5	M70 ~ M72　M76 ~ M77

注:①该组具有停电保持功能。

计数器计数值的大小,通过编程器来设定。这里的计数器是按减 1 计数的,当计数器的输入每次由断开到接通时,计数器从设定值开始减 1,且每接通一次就将当前值减去 1,一直到 0 为止,这时计数器的常开触点接通、常闭触点断开。每个计数器均有后备电池,所以当电源因故中断时,当前计数值能被保存下来。

F1 比 F 系列 PLC 多 8 个计数器,即 C660 ~ C667。

(三)F 系列可编程序控制器指令系统及编程

F 系列 PLC 使用相互对应的梯形图和助记符两种编程语言。F 系列 PLC 提供多条基础本指令,基本指令用于接点的逻辑运算、输入输出操作、定时及计数等。这些指令可以从编程器上与它的助记符相对应的键输入,下面介绍这些指令。

1. LD、LDI、OUT 指令

LD(Load):LD 称为取指令,适用于梯形图中与左母线相连的第一常开触点,表示一个逻辑行的开始,如图 5-22a)梯形图中的 X400 的常开触点。

LDI(Load Inverse):LDI 称为取反指令,适用于梯形图中与左母线相连的第一个常闭触点,如图 5-22a)中的 X401 常闭触点。

OUT(Out):线圈驱动指令(又叫输出指令),适用于将运算结果驱动输出继电器、辅助继电器、定时器和计数器的线圈,但不能用于输入继电器。OUT 指令用于计数器和定时器时,必须有常数 K 值紧跟着,K 分别表示定时器的定时时间或计数次数,它也作为一个步序。OUT 指令用法如图 5-22 所示。

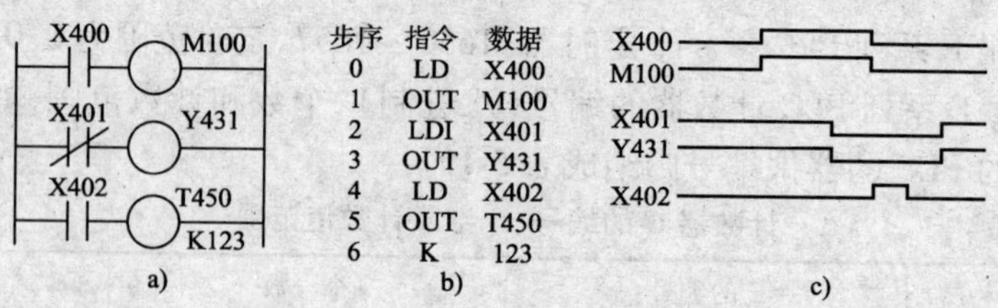

图 5-22 LD、LDI、OUT 指令的用法

a)梯形图;b)指令程序;c)波形图

书写指令程序时,每条指令写一行,左边为步序号,中间为助记符或常数 K,右边为器件的编号或是定时器和计数器的设定常数 K 值,器件的编号和 K 值合称为数据,如图中指令程序所示。LD、LDI、OUT 指令使用方法见图 5-22。

2. AND、ANI 指令

AND(And):AND 指令(又叫“与”指令)适用于和触点串联的常开触点,如图 5-23a)中 X402 的常开触点。

ANI(And Inverse):ANI 指令(又叫与反指令)适用于和触点串联的常闭触点,如图 5-23a)中的 X404 常闭触点。

这两条指令是用于串联一个触点的指令,串联的触点数量理论上不限,即可多次使用这两条指令。

以上两条指令使用方法如图 5-23 所示。

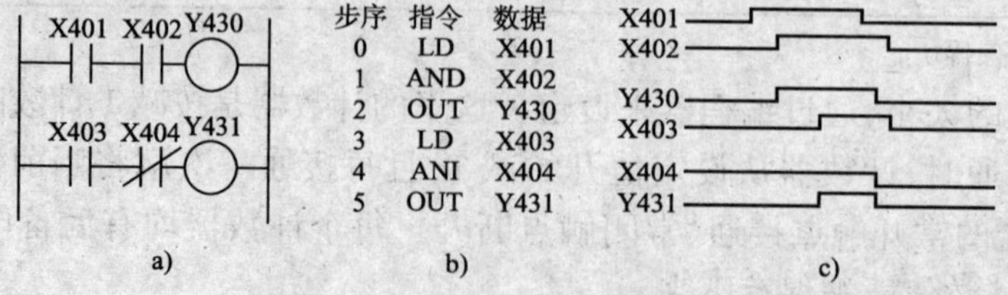

图 5-23 AND、ANI 指令的用法

a)梯形图;b)指令程序;c)波形图

3. OR、ORI 指令

OR(Or):OR 指令(又叫“或”指令)适用于和触点并联的常开触点,如图 5-24a)中的常开

触点 X402。

ORI(Or Inverse):ORI 指令(又叫"或"反指令)适用于和触点并联的常闭触点,如图 5-24a)中的常闭触点 X404。

这两条指令是用于并联连接仅含有一个触点支路的指令,这种支路并联的数量上不受限制。但是,如果要把含有两个以上的触点串联电路进行并联连接时,就要用到后面介绍的 ORB 指令。OR、ORI 指令的用法如图 5-24 所示。

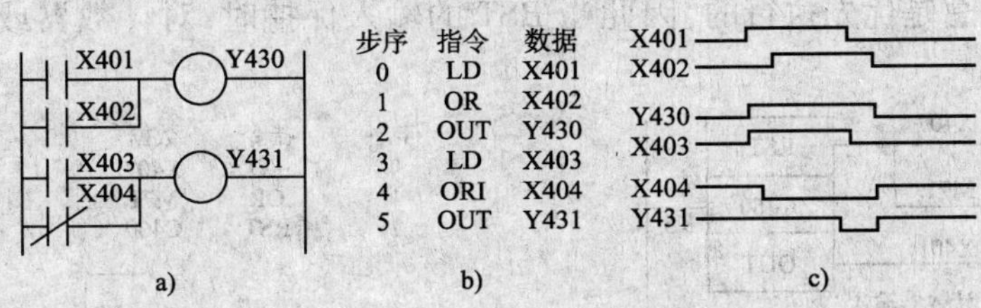

图 5-24　OR、ORI 指令的用法

a)梯形图;b)指令程序;c)波形图

4. ORB 指令

ORB(Or Block):块"或"指令,或者称为串联电路块(组)并联连接指令,适用于两个或两个以上触点串联连接电路块(组)的并联。这时并联支路块都是从 LDA 或者 LDI 指令开始,而在该支路的终点要用 ORB 指令,且其后面不带数据。此外,并联电路块(组)的个数理论上没有限制。ORB 指令的用法如图 5-25 所示。从图可见,实际上是触点串联支路的并联连接。

5. ANB 指令

ANB(AND BLOCK):块"与"指令,或者称为并联电路块(组)的串联连接指令。该指令适用于两个或者两个以上触点并联电路块(组)的串联连接。使用本指令时,并联电路块都是从 LD 或 LDI 指令开始。每完成两个并联电路块串联连接后用 ANB 指令,但 ANB 指令后面不带数据,在使用 ANB 指令将并联电路与前面电路串联连接前,应先完成并联电路块程序编制。多个并联电路块从左到右按顺序串联连接时,可以多次使用 ANB 指令。ANB 指令用法如图 5-26 所示。

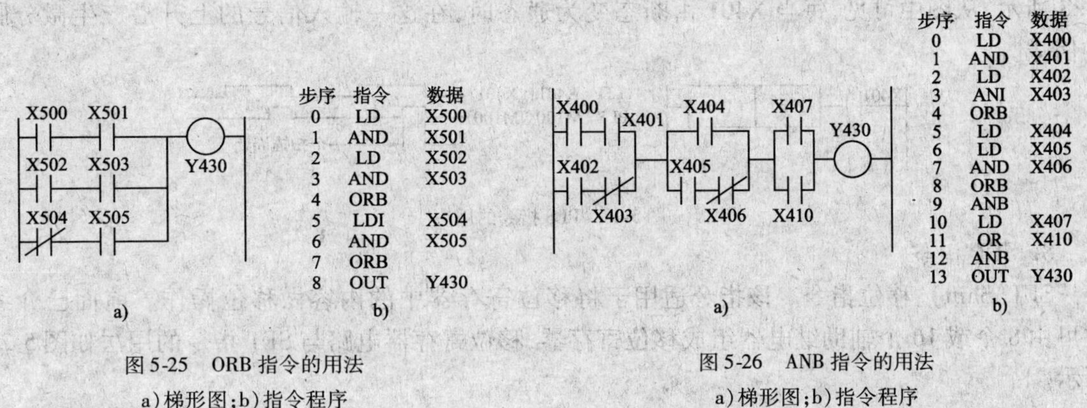

图 5-25　ORB 指令的用法

a)梯形图;b)指令程序

图 5-26　ANB 指令的用法

a)梯形图;b)指令程序

6. RST 指令

RST(Reset):计数器和移位寄存器的复位指令。该指令适用于将计数器的当前值回复到设定值或清除移位寄存器中所有位的信息，即清零。

计数器有计数输入和复位输入两个输入端。图 5-27 表示计数电路和 RST 指令的使用方法。当计数输入端触点 X401 每次从断开至接通时，计数器的值（图中设定值为 5）减 1，当 X401 通断 5 次后，则计数器的当前值为 0。此时计数器的线圈 C460 接通，其常开触点闭合，输出继电器 Y430 接通，此后 C460 的状态值是连续保持的。如果要计数器从当前值回到最初设定值，则要接通复位输入端的触点 X407，RST 起复位作用，此时 C460 的线圈断开，其常开触点断开。RST 指令总是优先执行的，因此当 RST 的输入保持时，对计数器或移位寄存器的输入不再接受。

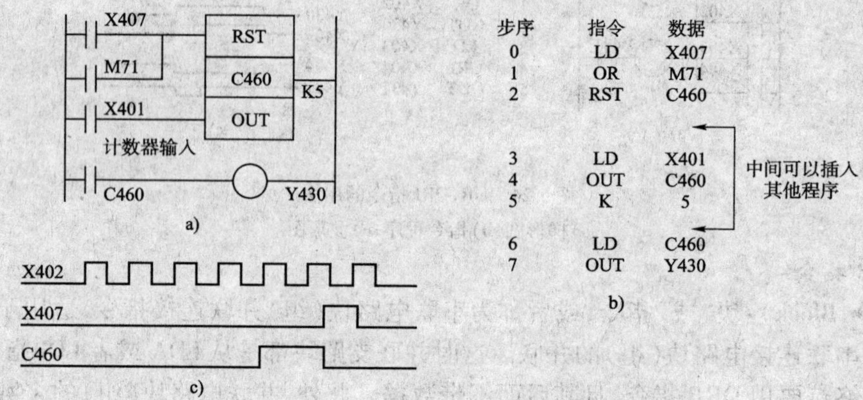

图 5-27 计数器电路及 RST 指令的用法

a）计数器电路；b）指令程序；c）计数器波形图

前面已介绍过所有的计数器和部分寄存器具有掉电保护功能，所以当不必再保持计数器原有状态时，在工作开始之前，要使用特殊辅助继电器 M71，在主机投入运行的瞬时，产生的初始化脉冲，使计数器或移位寄存器复位。

7．PLS 指令

PLS（Pulse）：脉冲指令。该指令适用于计数器、移位寄存器的复位输入。因为使用本指令能使辅助继电器触点接通后，产生一个宽度等于一个扫描周期的脉冲。脉冲指令的用法如图 5-28 所示，从图中可见，每当 X401 由断态变为通态时，在这一输入信号的上升沿产生微分脉冲信号。

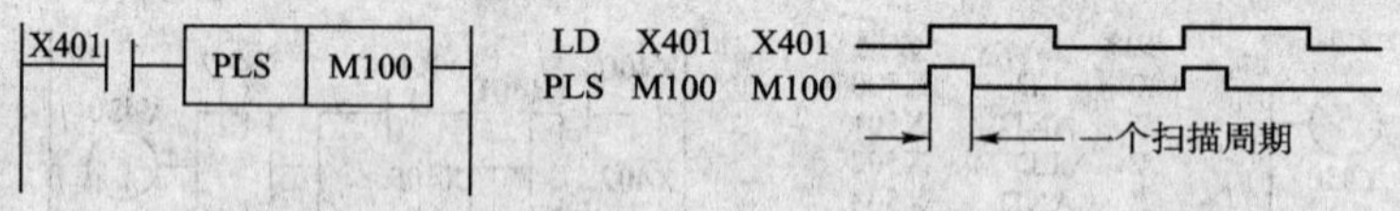

图 5-28 PLS 指令的用法

8．SFT 指令

SFT（Shift）：移位指令。该指令适用于将移位寄存器中的内容做移位操作。前面已介绍过可由 8 个或 16 个辅助继电器组成移位寄存器，移位寄存器电路与 SFT 指令的用法如图 5-24 所示。

移位寄存器三个输入端功能介绍如下：

数据输入端 IN：当连接 IN 端的触点（图 5-29 中 X401）接通时，表示把“1”送到移位寄存

器(图中为M300)的最低位,反之则把“0”送到此位。

移位信号输入端CP:每当连接CP端的触点(图5-29中X402)由断变通一次、来一个脉冲时,移位寄存器的内容从编号小的低位(图中M300),向编号大的高位(图中M317)顺序移动一次,最高位原来的数据丢失。

复位信号输入端R:当连接R的触点(图5-29中X403)接通时,对应的辅助继电器(图5-30中M300～M317)全部断开,即移位寄存器全部清零。如果R端连接的触点一直处于接通状态,则数据输入和移位输入的信号全无效。

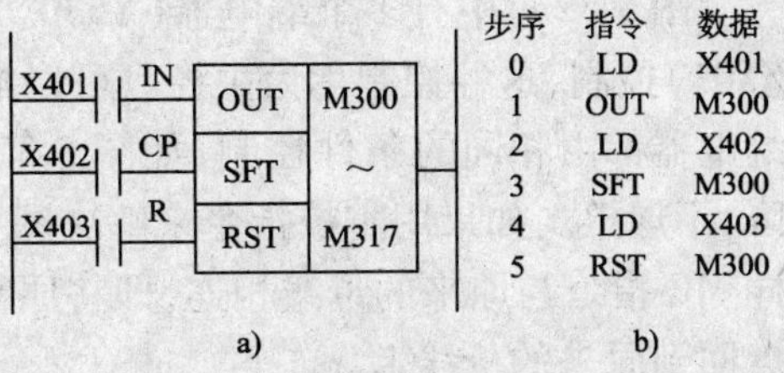

图5-29　移位寄存器电路与SFT指令的用法
a)移位寄存器电路;b)SFT指令程序

如果需要,可以用两个16位移位寄存器构成32位移位寄存器,则这两组移位寄存器应“串联”使用,后一级寄存器的程序应放在前面,用前级移位寄存器的最高一位的输出,作为后级移位寄存器数据输入信号,而且两组移位寄存器的移位输入端外接的触点、复位输入端外接的触点之器件应相同。移位顺序为M100→M101…→M107→M110→M111…→M117→M120→M121…→M127→M130→M131…→M137。移位寄存器的串联使用如图5-30所示。

9. S、R指令

S(Set):置位指令。

R(Reset):复位指令。

这两条指令用于输出继电器Y和辅助继电器M200～M377线圈的自保持和复位。S为置位端使线圈接通,R为复位端使线圈断电。这两条指令的用法如图5-31所示。图中,X400一旦闭合,即使它又断开,M200还保持断开状态,可见这两条指令均有“记忆”功能。在S和R指令程序区间内可插入其他程序。如果在这两条指令程序之间没插入其他程序,若X400与X401同时闭合,则优先执行R指令。

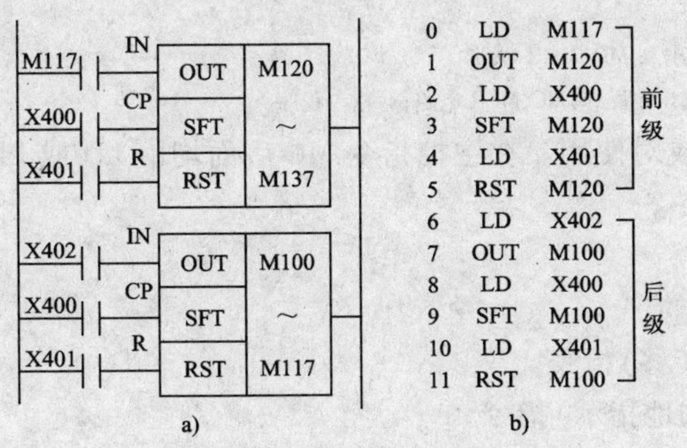

图5-30　移位寄存器的串联使用
a)梯形图;b)指令程序

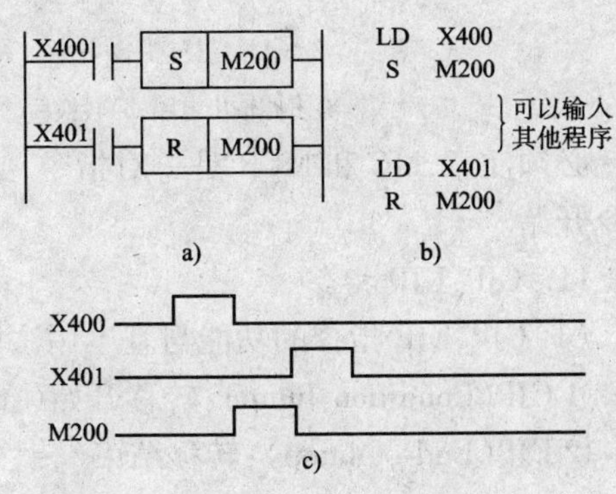

图5-31　S、R指令的用法
a)梯形图;b)指令程序;c)波形图

10. MC、MCR指令

MC(Master Control):主控开始指令,用于在相同控制条件下多路(每条支路一般都含有串联触点)输出。

MCR(Master Control Reset):主控返回指令,用于MC指令的复位指令,即主控结束时返回

母线，这一对指令可使用的器件为辅助继电器 M100 ~ M177。

图 5-32a）中有多个继电器（Y530、Y531、Y532）同时受一个触点或一组触点（图中 X500、X501）控制，这种控制称为主控。可以把多个继电器分别编在独立的逻辑行（梯级）中，而每个继电器都由相同的条件控制，如图 5-32b）所示。但这样编程较长和占用了较多的用户存储区，不理想。如果用主控指令来解决图 5-32a）的编程问题，则简洁明了，如图 5-32c）所示。这样 MC 指令与原来的母线相连，即将原来的母线移到新的母线上，再用 MCR 指令使各支路起点回到原来的母线上。

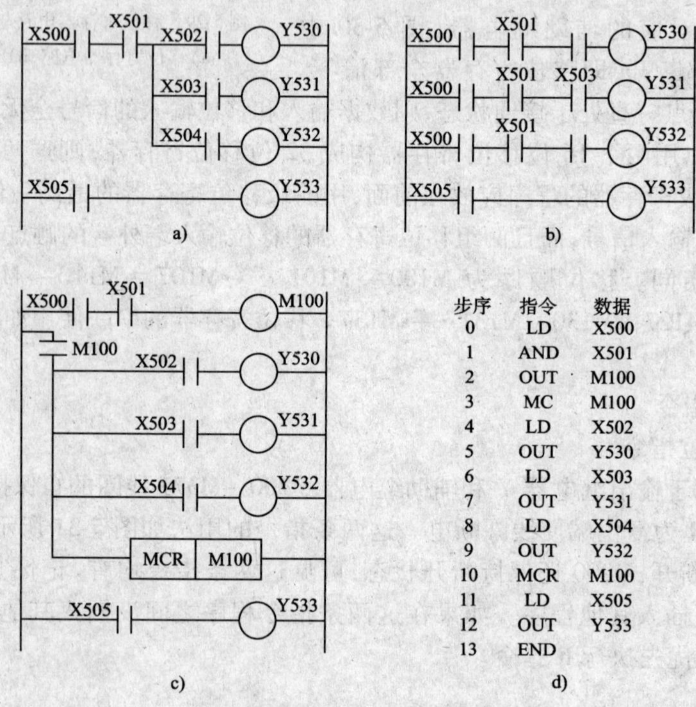

步序	指令	数据
0	LD	X500
1	AND	X501
2	OUT	M100
3	MC	M100
4	LD	X502
5	OUT	Y530
6	LD	X503
7	OUT	Y531
8	LD	X504
9	OUT	Y532
10	MCR	M100
11	LD	X505
12	OUT	Y533
13	END	

图 5-32　多路输出和 MC、MCR 电路

a）多路输出电路；b）转换后的多路输出电路；c）MC、MCR 电路；d）指令程序

必须注意，MC 和 MCR 是一对指令，必须成对使用。在主控指令 MC 后面均由 LD 或 LDI 指令开始。

11. CJP、EJP 指令

（1）CJP、EJP 指令的功能与基本用法：

①CJP（Condition Jump）：转移开始（条件转移）指令。

②EJP（End of Jump）：转移结束（转移目的地指示）指令。

CJP、EJP 后面的编号用 3 位八进制数 700 ~ 777 表示，共 64 个。当连接 CJP 的触点闭合时，则停止执行 CJP 与 EJP 之间的程序，转移去执行 EJP 之后的程序，否则按顺序执行程序，这就是这对指令的功能。CJP、EJP 指令执行过程如图 5-33 所示。在图中，当 X400 闭合时，则跳过程序 B，转去执行程序 C，否则按顺序执行程序 A→B→C。显然，使用转移指令可减少执行程序的时间。使用转移指令举例如图 5-34 所示。如果图 5-34a）中 X411 闭合，则转移开始，跳转执行 EJP700 下面一条指令，即 X403 接通时，Y431 线圈也接通。而被跳过的 Y432、M102 等

保持原来状态；计数器 C461 中断计数操作保留现行值，待转移无效后继续计数；定时器的工作情形，对不同 PLC 和定时器不尽相同（参见图 5-39 定时器与转移指令），后面将做较具体介绍。

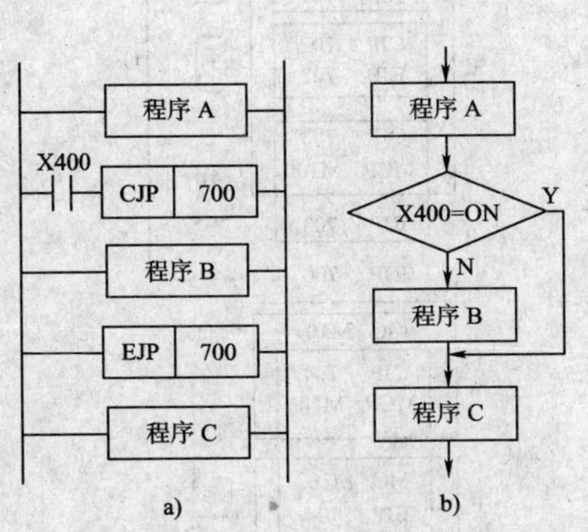

图 5-33　CJP、EJP 指令执行过程

a）梯形图；b）流程图

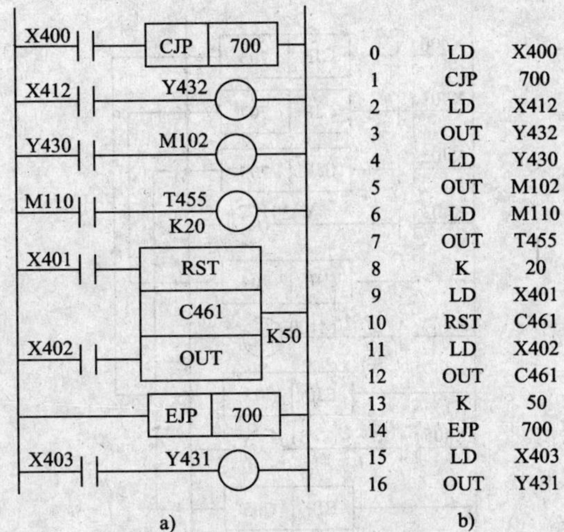

0	LD	X400
1	CJP	700
2	LD	X412
3	OUT	Y432
4	LD	Y430
5	OUT	M102
6	LD	M110
7	OUT	T455
8	K	20
9	LD	X401
10	RST	C461
11	LD	X402
12	OUT	C461
13	K	50
14	EJP	700
15	LD	X403
16	OUT	Y431

b)

图 5-34　转移指令基本语法举例

a）梯形图；b）指令程序

（2）具有相同转移目标的多条转移指令。在同一个程序中，如果需要多个 CJP 转移到相同的目的地，则用相同的编号，如图 5-35 所示。只要图中任何一个触点 X400、X402、X404 闭合，则所有 CJP701 都接通，这时跳到执行 EJP701 后面的程序，即当 X406 闭合时，Y434 线圈被接通。

（3）多重转移指令。多重转移指令即为 CJP、EJP 指令的嵌套，如图 5-36 所示。在多个 CJP 指令嵌套使用的情况下，外围的跳转指令起作用，而内圈的将不起作用。假设图 5-36 中 X400 接通时，则 CJP703 起作用，而 CJP704 和 CJP705 不起作用。当 X401 闭合时，CJP704 起作用，而 CJP705 不起作用。

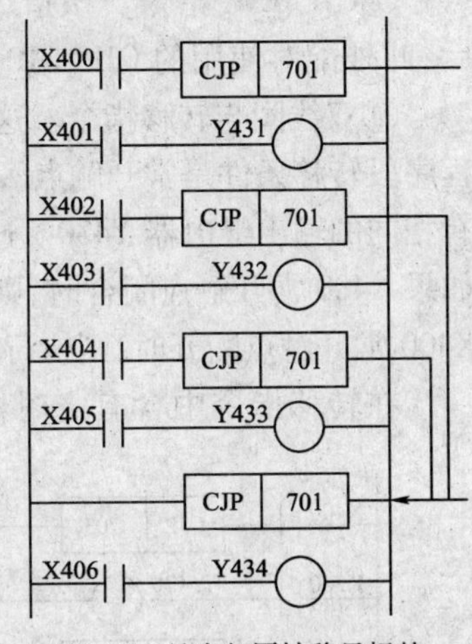

图 5-35　具有相同转移目标的多条转移指令

（4）主控指令和转移指令的配合使用。CJP、EJP 和 MC、MCR 指令的配合使用如图 5-32 所示，在这种情况下程序执行比较复杂，现分几种情况进行说明。

①从 MC 外部到 MC 外部的转移。如图中由 CJP700 跳到 EJP700，这种转移与 MC 指令无关。

②从 MC 外部到 MC 内部的转移。如图中从 CJP701 转到 EJP701，这种转移与 MC 状态无关，即使 MC M100 是断开的，仍可看成接通状态，执行转移之后的程序。

③从 MC 内部到 MC 内部的转移。如图中从 CJP702 转移到 EJP702，当 MC M100 接通时，执行转移指令，否则转移无效。

④从 MC 内部到 MC 外部的转移。如图中 MC M100 内的 CJP703 转移到 EJP703，如果 MC M100 接通，那么转移指令有效，但 MCR 指令无效。若 MC M100 断开，则不执行转移。

⑤从 MC 内部到其他 MC 内部的转移。如图 5-37 下方所示，从 MC M100 内部到 MC M102

内部的转移,只要 MC M101 接通,执行转移。这时无论 MC M102 接通或断开,都把它当作接通,转移去执行 EJP704 后面的程序,此时 MCR M101 无效。

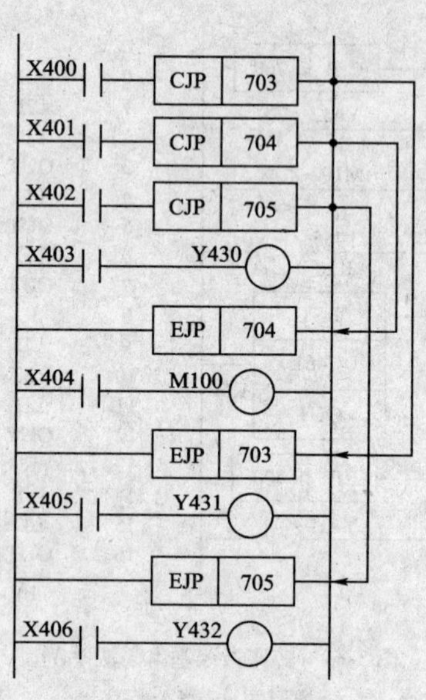

图 5-36 多重转移指令

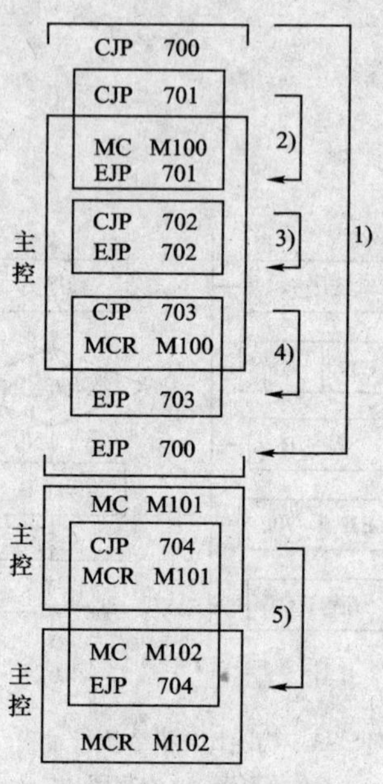

图 5-37 主控指令与转移指令的配合使用

(5)使用转移指令应注意的问题:

①CJP、EJP 指令。该指令必须成对使用,缺一不可,而且 CJP 指令总是在前,EJP 指令居后,此外配对使用的 CJP、EJP 指令后面的编号应一致。

②双线圈与转移指令。这种指令如图 5-38 所示。图中两个程序的转移条件刚好相反,第一程序段转移条件是常开触点 X400,而第二程序段转移条件是常闭触点 X400,但两个程序段中都有相同的输出继电器 Y430。这时哪个程序段在执行,则这段程序中的 OUT 指令便按条件执行。如果 X400 常开触点闭合时,则执行第二段程序,X501 闭合时则 Y430 输出,否则无输出。假设 X400 常开触点断开时,则执行第一段程序,当 X500 闭合时 Y430 有输出,否则没有输出。

在转移指令中含有定时器的情况如图 5-39 所示。X410 接通执行转移时,如果 X411 和

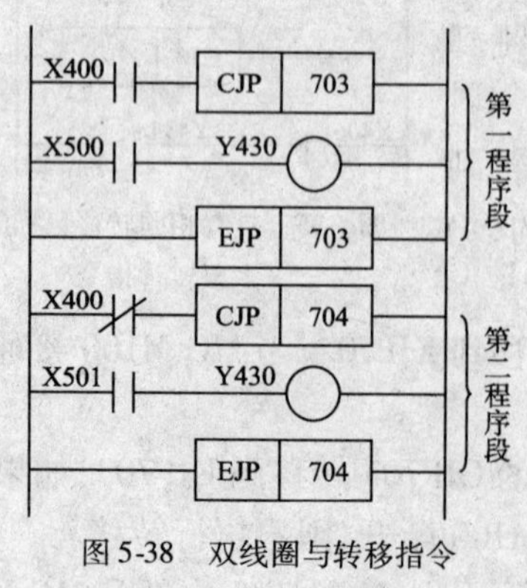

图 5-38 双线圈与转移指令

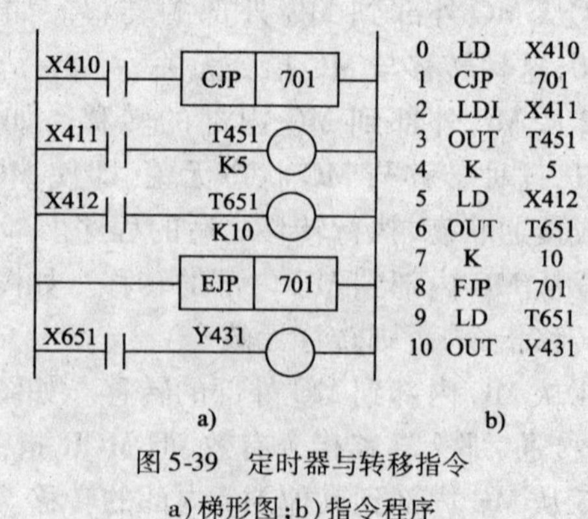

图 5-39 定时器与转移指令

a)梯形图;b)指令程序

X412 断开,则定时器 T451 和 T651 不计时;但是,假定 X411 和 X422 已闭合,定时器正在计时,这时不同型号的定时器工作方式则不同:

①对 F-40M 型号 PLC 的 T450 ~ T457、T550 ~ T557(0.1s 定时器)定时器继续计时,到定时结束时输出触点接通。

②对于 F1、F2-40M 和 60M 的 PLC 来说,T50 ~ T57、T450 ~ T457、T550 ~ T557(0.1s 定时器)中断计时,待转移指令无效后继续计时。

③对 T650 ~ T657 的 0.01s 定时器(F1 系列 PLC 上)继续计时,即使计时达到设定值时,定时器输出触点仍断开,待转移指令无效时,输出触点才接通。

12. NOP 指令

NOP(Nop):无操作(空操作)指令。NOP 后面无需任何数据。执行本指令时,不完成任何操作,只是占用一步的时间,本指令通常可用于以下几个方面:

(1)指定某些步序编号(地址)内容为空。这相当于指定存储器中某些内容为空,留做以后插入或修改程序用。

(2)短接电路中某些触点。必要时可用 NOP 指令把电路中某些触点短接。如图 5-40a)中用 NOP 指令短接 X402、X403 触点。又如用 NOP 指令把图 5-40b)中的 X401 和 X402 触点短接,这时 0、1 和 4 号步序都要用 NOP 指令,不能像某些资料介绍的那样仅在 4 号步序用 NOP 指令,因为这样处理上机则通不过。

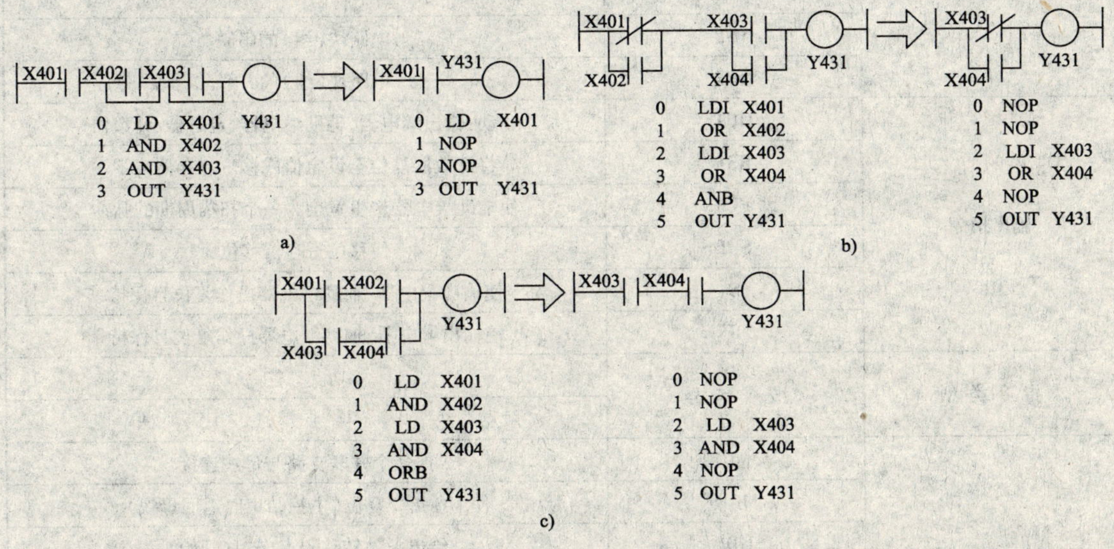

图 5-40　NOP 指令的用法

a)短接触点 X402、X403;b)短接触点 X401、X402;c)短接触点 X401、X402

(3)删除某些触点。必要时可用 NOP 指令删除电路中某些触点。如图 5-40c)中,用 NOP 指令删除(注意不是短接)接点 X401 和 X402,这时步号 0、1 和 4 都要用 NOP 指令。要强调指出的是:对这种情况不能像某些资料那样只用 NOP 指令取代 ORB 指令,否则会出错。

需要注意的是:使用 NOP 时,使电路构成发生了变化,往往容易出现错误,因此尽可能少用或不用该指令,使用时要特别小心。比如说要用 NOP 指令短接图 5-40c)中接点 X401,则必须同时把 AND X402 改为 LD X402。

13. END 指令

END:程序结束指令。END 指令后面无需任何数据,常用此指令表示程序的结束,或在调试程序时,把程序分成为若干个程序段,将 END 指令插入每个程序段之末尾,这样可以分段调试程序,该段程序调试完毕后可删去 END,如此逐段调下去,直到全部程序调试完成为止。

以上介绍了 F 系列 PLC 的指令系统,为了便于查找,把这些指令列于表 5-20 中。

随着 PLC 及其应用技术的不断发展,也不断出现功能更强的 PLC,比如日本三菱公司产的 F1、F2 系列功能更强、适用更广,不过它们对 F 系列有兼容性。因此掌握了 F 系列 PLC 的功能与用法之后,学习和掌握 F1 或 F2 系列乃至其他型号的 PLC 功能与用法也就不难了。

F 系列 PLC 指令功能与用法 表 5-20

指令类型	指令符号	功能	
		触点类型	用法
触点连续指令	LD	常开	接左母线或在分支回路起始处用
	LDI	常闭	
	AND	常开	触点串联
	ANI	常闭	
	OR	常开	触点并联
	ORI	常闭	
	ANB	电路块(组)的串联	
	ORB	电路块(组)的并联	
输出指令	OUT	驱动:输出继电器、辅助继电器、定时器、计数器	
	RST	将计数器复位至设定值或移位寄存器清零	
	PLS	使辅助继电器产生宽度为一个扫描周期的脉冲	
	SFT	使移位寄存器移位	
	S	使输出继电器、辅助继电器操作复位且保持	
	R	使输出继电器、辅助继电器操作复位且保持	
指令类型	指令符号	功能	
		触点类型	用法
其他指令	MC	把多个并联支路与母线连接	
	MCR	使 MC 指令复位(主控结束时返回母线)	
	CJP	给出条件转移起点(转移开始)	
	EJP	给出条件转移终点(转移结束)	
	NOP	空操作(留空、短接或删除部分触点或电路)	
	END	程序结束(也可以用于程序分段调试)	

(四)编程技巧与应用举例

1. 编程技巧

掌握了梯形图编程语言和 PLC 指令系统后,便可根据控制系统的要求进行编程。为了使编程正确、快速和优化,必须掌握一些编程基本技巧。

(1)梯形图按自上而下,从左到右的顺序排列,每一行起于左母线,终于右母线。继电器线圈与右母线直接连接,在右母线与线圈之间不能连接其他元素,如图5-41所示。

(2)在一个梯形图中,同一编号的线圈如果使用两次以上称为双线圈输出,一般情况下只能出现一次,因为双线圈容易引起操作错误。

(3)输入继电器、输出继电器、辅助继电器、定时器、计数器的触点可以多次使用,不受限制。

(4)在梯形图中,每行串联的触点数和每组并联电路的并联触点数,理论上没有受限制。但如果使用图形编程器由于受到屏幕尺寸的限制(例如使用GP-80图形编程器),则每行串联点数不应超过11个。

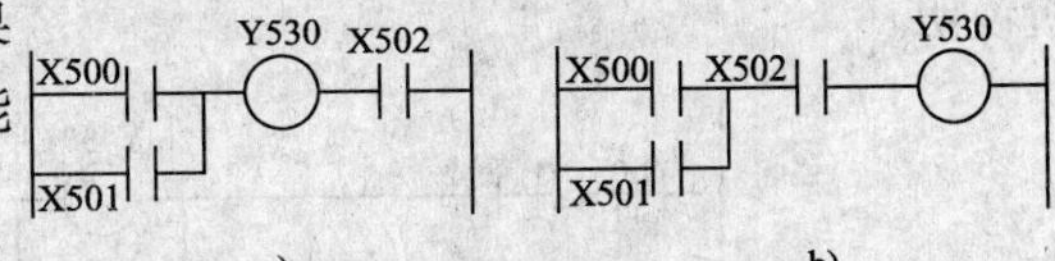

图5-41 线圈位置的放置

a)线圈放置位置错误;b)线圈放置位置正确

(5)输入继电器的线圈是由输入点上的外部输入信号控制驱动的,所以梯形图中输入继电器的触点用以表示对应点上的输入信号。

(6)为了减少使用的指令语句应把串联触点最多的支路编排在上方,如图5-42a)所示,如果将串联触点多的支路安排在下面,如图5-42b)所示,则需增加一条ORB指令,显然这种编排不好。

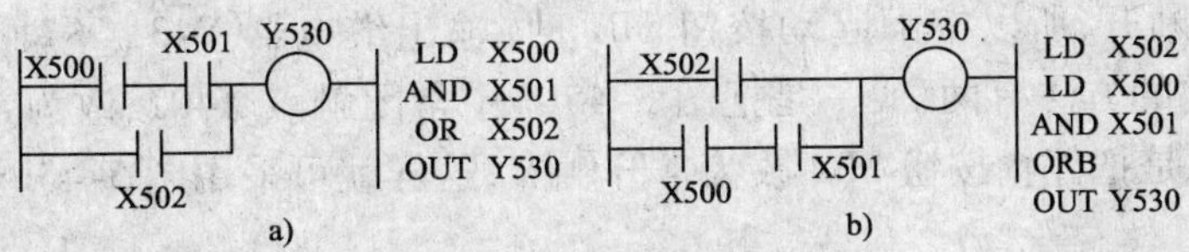

图5-42 并联电路的串联编排

a)编排得好的电路;b)编排得不好的电路

(7)把触点最多的并联电路编排在最左边,以减少编程指令语句的使用,如图5-42a)所示,这与编排得不好的梯形图(图5-42b)相比,可节省一条ANB指令。

(8)对桥式电路的编程处理。桥式电路如图5-43a)所示,图中触点5有双向电流通过,这是不可编程的电路,因此必须根据逻辑功能,对该电路进行等效变换成可编程的电路,如图5-43b)所示。图5-43a)中线圈接通的条件为:触点1和2同时接通;或者触点3、5和2同时接通,或者触点1、5和4同时接通;或者触点3和4同时接通。根据这些逻辑控制关系,可做出相对应的可编程的电路,如图5-43b)所示,我们还可把图5-43b)简化成图5-43c)。

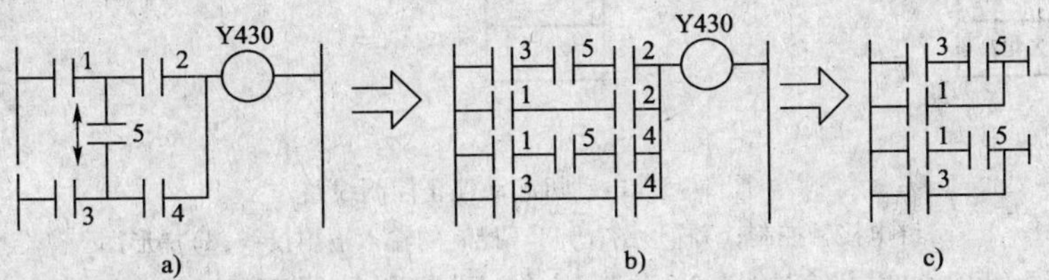

图5-43 对桥式电路进行逻辑变换

a)不可编程的电路;b)可编程的电路;c)简化的可编程电路

(9)对复杂电路的编程处理。对结构复杂的电路,像上面一样对电路进行逻辑功能的等效变换处理,这样能使编程清晰明了,简便可行,不易出错。图5-44a)电路,可等效变换成图5-44b)电路。

(10)对常闭触点输入的编程处理。对输入外部控制信号的常闭触点，在编排梯形图时要特别小心，否则可能导致编程错误。现以一个常用的电动机起动和停止控制线路为例，进行分析说明。

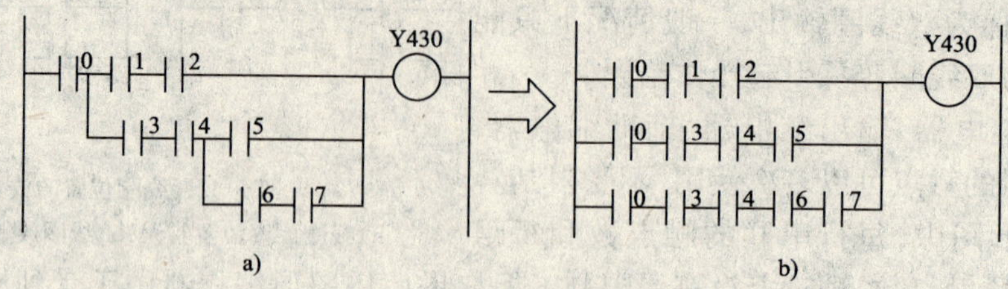

图 5-44 对复杂电路的等效变换

a)复杂电路；b)等效电路

电动机起动停止的继电接触控制线路，如图 5-45a)所示，使用 PLC 控制的对应梯形图如图 5-45b)所示，PLC 控制的输入输出接线图如图 5-45c)所示。图 5-45c)中 SB1 为起动按钮(常开触点)，SB2 为停机按钮(常闭触点)。从图 5-45c)中可见，由于常闭的 SB2 和 PLC 的公共端 COM 已接通，在 PLC 内部电源作用下输入继电器 X402 线圈已接通，其在图 5-45b)中的常闭触点 X402 已断开，所以按下起动按钮 SB1 时，输出继电器 Y431 不动作，电动机不能起动。解决这类问题的方法有两种：一是把图 5-45b)中常闭触点 X402，改为常开触点 X402，如图 5-45d)所示；二是把停止按钮 SB2 改为常开触点，这样就可采用图 5-45b)的梯形图。

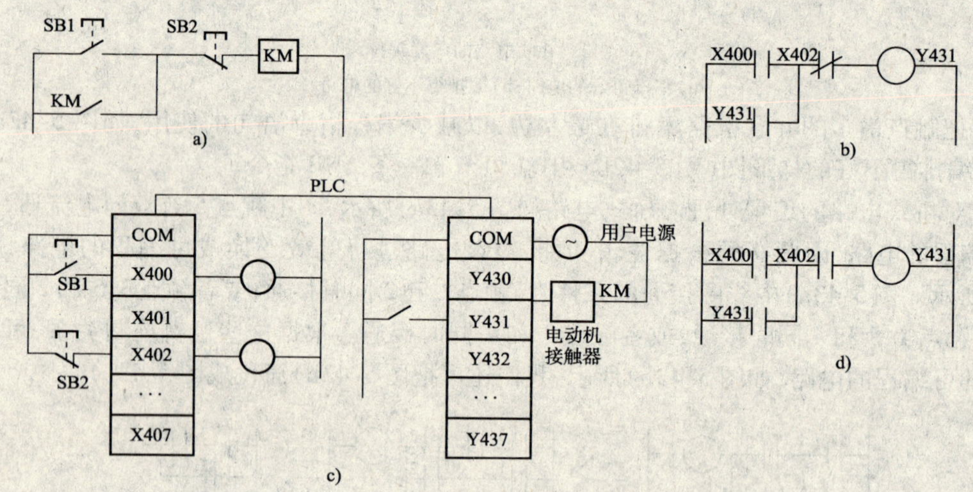

图 5-45 电动机起动停止控制线路

a)继电接触控制；b)梯形图；c)PLC 控制的输入输出接线；d)梯形图

从上面分析可见，如果外部输入为常开触点，则编制的梯形图与继电器接触器控制原理图一致。但是，如果外部输入是常闭触点，那么编制的梯形图与继电接触控制原理图刚好相反。

2. 编程举例

为了便于大家掌握 PLC 的编程方法，下面我们举几个例子。

(1)限位控制。双向限位的继电器接触器控制线路如图 5-46a)所示；输入输出接线示意图如图 5-46b)所示；梯形图如图 5-46c)所示：对应的指令程序如图 5-46d)所示。采用 PLC 控

制的工作过程如下：

图中 SQ1 和 SQ2 为限位开关，安装在预定位置上。按下正向起动按钮 SB1，输入继电器 X400 常开触点闭合，输出继电器 Y430 线圈接通并自锁，Y430 的常闭触点断开输出继电器 Y431 的线圈，实现互锁，这时接触器 KM1 得电吸合，电动机正向运转，运动部件向前运行，当运行到终端位置时，装在运动物件上的挡铁（撞块）碰撞限位开关 SQ1，SQ1 的常开触点闭合使输入继电器 X404 的常闭触点断开，Y430 线圈断开，KM1 失电释放，电动机断电停转，运动部件停止运行。按下反向起动按钮 SB2 时，输入继电器 X401 常开触点闭合，输出继电器 Y431 线圈接通并自锁，接触器 KM2 得电吸合，电动机反向运行，运动部件向后运行至挡铁碰撞限位开关 SQ2 时，X405 的常闭触点断开 Y431 的线圈，KM2 失电释放，电动机停转，部件停止运行。停机时按下停机按钮 SB3，X402 的两对常闭触点断开 Y430 或 Y431 的线圈，KM1 或 KM2 失电释放，电动机停下来。过载时热继电器 FR 常开触点闭合，X403 的两对常闭触点断开，Y430 或 Y431 线圈断开，电动机停下来。

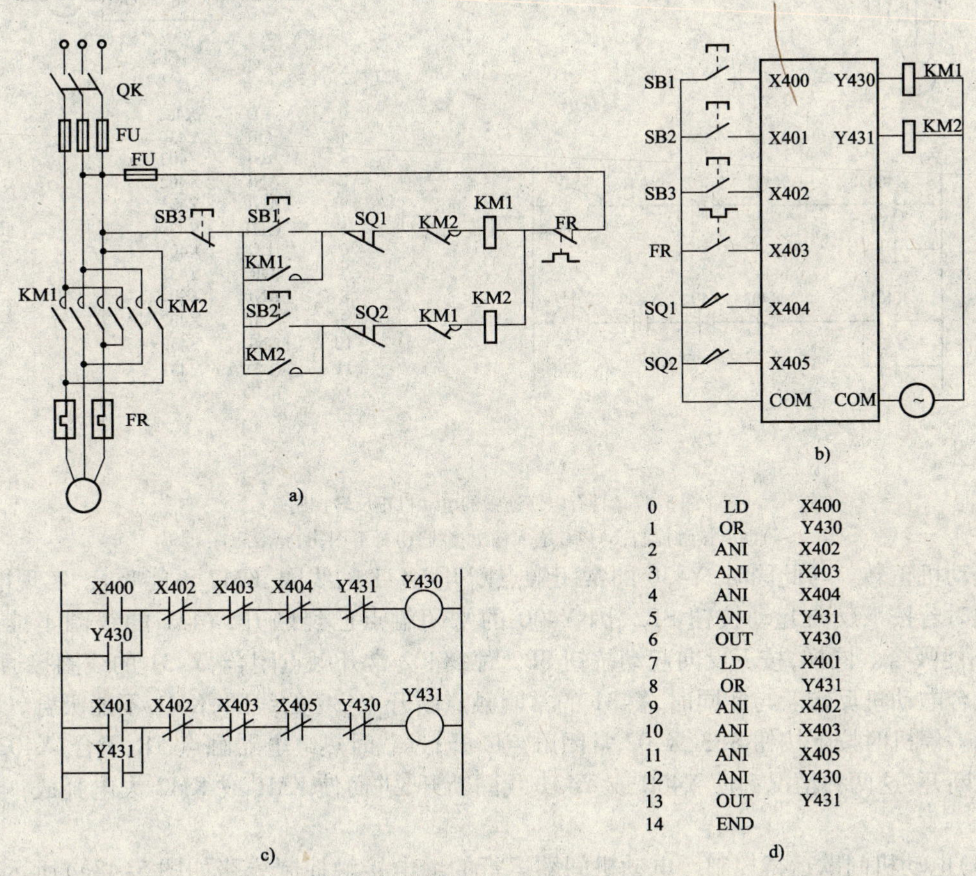

图 5-46　限位控制

a）继电接触控制；b）PLC 控制的输入输出接线；c）梯形图；d）指令程序

（2）具有电气连锁的电动机正反转控制。具有电气连锁的电动机正反转控制线路电气原理图，如图 5-47a）所示；PLC 控制的输入输出接线图如图 5-47b）所示；梯形图如图 5-47c）所示；对应的指令程序如图 5-47d）所示。工作过程如下：

合上电源开关 QK,按下正向起动按钮 SB1,输入继电器 X401 的常开触点闭合,输出继电器 Y430 线图接通并自锁,接触器 KM1 得电吸合。

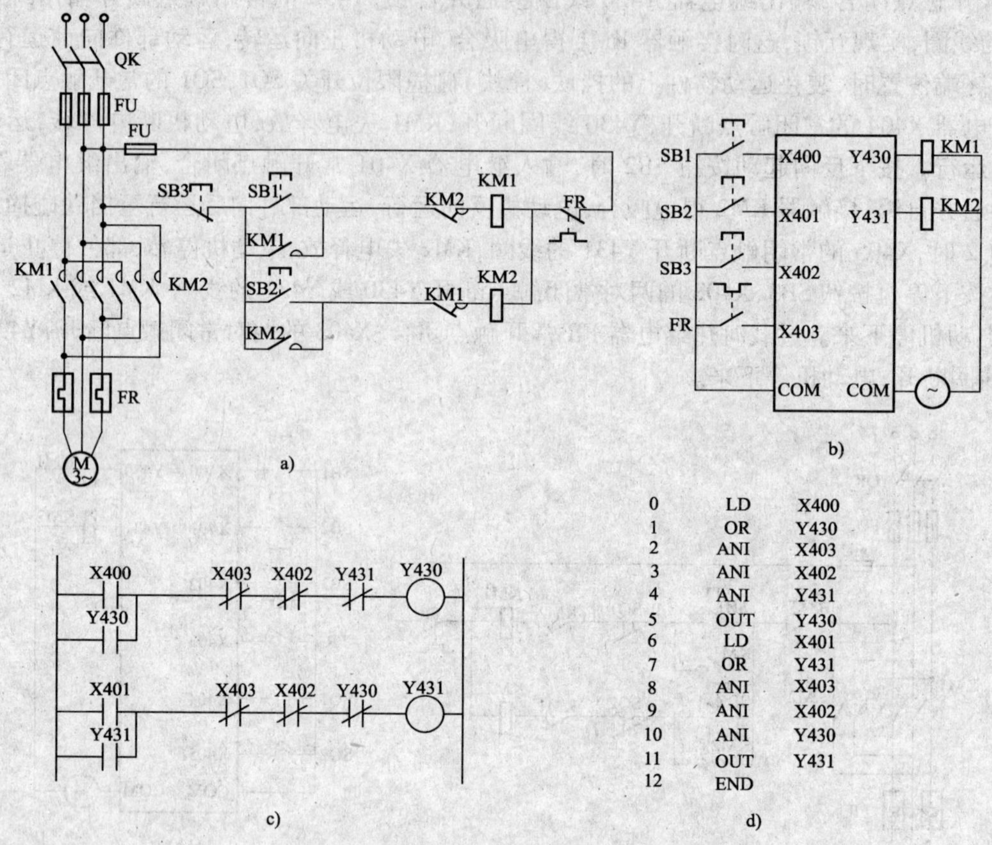

图 5-47　具有电气连锁的电动机正反转控制

a)继电接触控制;b)PLC 输入输出接线;c)梯形图;d)指令程序

电动机正转。与此同时,Y430 的常闭触点断开 Y431 的线圈,KM2 不能吸合,实现电气互锁。此时若按下反向起动按钮 SB2,因 Y430 的常闭触点已经断开,Y431 的线圈不能接通,KM2 不能吸合。同样,按下反向起动按钮 SB2 时,X402 常开触点闭合,Y431 的线圈接通,KM2 得电吸合电动机反转。与此同时,Y431 的常闭触点断开 Y430 的线圈,KM1 不能吸合,实现电气互锁。停机时按下按钮 SB3,X402 常闭触点断开;过载时热继电器触点 FR 闭合,X403 的常闭触点断开,这两种情况都使 Y430 或 Y431 线圈断开,进而使 KM1 或 KM2 失电释放,电动机停车。

(3)电动机间歇运行控制。电动机间歇运行的继电接触控制线路如图 5-48a)所示,可用于机床自动间歇润滑控制等控制系统;PLC 控制的输入输出接线如图 5-48b)所示;梯形图如图 5-48c)所示;对应的指令程序如图 5-48d)所示。工作过程如下:

合上电源开关 QK 和控制开关 *S* 后,输入继电器 X400 的常开触点闭合,定时器 T450 线圈接通,经过延时设定时间 K(K 值由用户设定)后,T450 常开触点闭合,T451 和输出继电器 Y430 线圈接通,接触器 KM 得电吸合,电动机起动运行。经过一定时间延时后,T451(其定时

时间 K 值由用户设定）常开触点闭合，辅助继电器 M100 线圈接通，其常闭触点断开 T450 线圈，进而使 T451、Y430、M100 线圈断开，电动机停下来。此时 M100 常闭触点又接通 T450 线圈，电动机停转一段 T450 设定的延时时间后，T450 常开触点又接通 T451 和 Y430 的线圈，KM 又得电吸合，电动机又起动运行，延时一定时间后又停止运行，电动机就这样周而复始地间歇运行下去。只有断开控制开关 S，X400 触点断开 T450 线圈，电动机才停止运行。

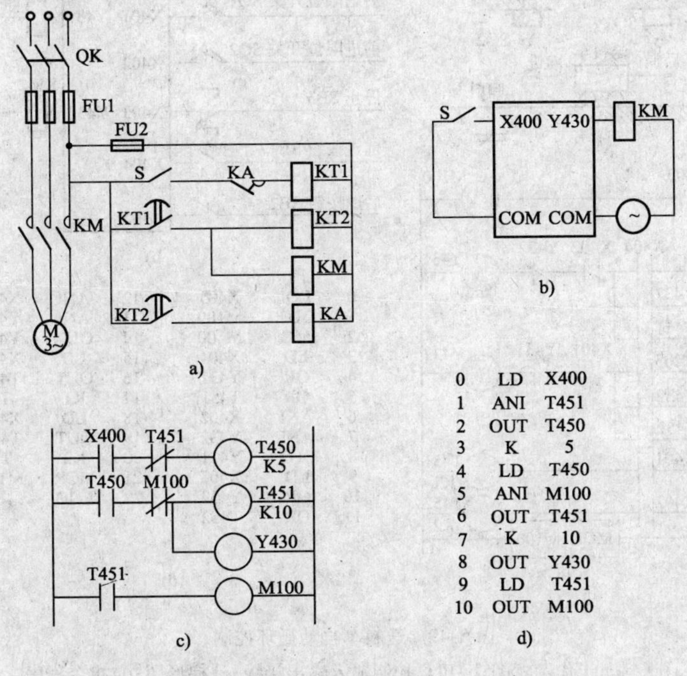

图 5-48　电动机间歇运行控制

a）继电接触控制；b）PLC 输入输出接线；c）梯形图；d）指令程序

电动机运行时间的长短由定时器 T451 控制，停止时间的长短由定时器 T450 控制。延时时间根据实际要求确定。

（4）送料车自动循环控制。送料小车工作示意图如图 5-49 所示，小车由电动机拖动，电动机正转车子前进，电动机反转车子后退。对送料小车自动循环控制的要求为：第一次按动送料按钮，预先装满料的车子前进，到达卸料处（SQ2）自动卸料，经过卸料所需设定时间 K2 延时后，车子则自动返回到装料处（SQ1），经过装料所设定时间 K1 延时后，车子自动再次前进送料，卸完料后，车子又自动返回装料，如此自动循环装料、送料。送料小车工作示意图如图 5-49a）所示，控制系统要求采用 PLC 控制。

采用 PLC 控制的输入输出配置接线图，如图 5-49b）所示；梯形图如图 5-49c）所示；对应指令程序如图 5-49d）所示。工作过程如下：

按下前进送料按钮 SB1，X404 接通 Y431 线圈自锁，前进接触器 KM1 得电吸合，车子前进到卸料处，限位开关 SQ2 动作，X402 常闭触点断开 Y431 线圈。电机停下，开始卸料，同时 X402 常开触点闭合，定时器 T452 开始计时，卸料所需延时时间 K2 到，T452 触点闭合，接通 Y432 线圈，后退接触器 KM2 得电吸合，车子返回。车子返回装料处，限位开关 SQ1 动作，X401 常闭触点断开。切断 Y432 线圈通路，KM2 失电释放，电动机停下来，进行装料，与此同时,X401 触点接通,T451 开始装料计时,装料计时时间 K1 到,T451 触点接通 Y431 线圈得电,KM1 接触器吸合,电动机又正转,车子又前进送料。上述过程循环反复。按下停机按钮 SB3,X403 断开 M100,进而断开 Y431 和 Y432 线圈,KM1 或 KM2 失电释放。电动机停转,车子停止工作。延时时间 K1 和 K2,由用户设定。

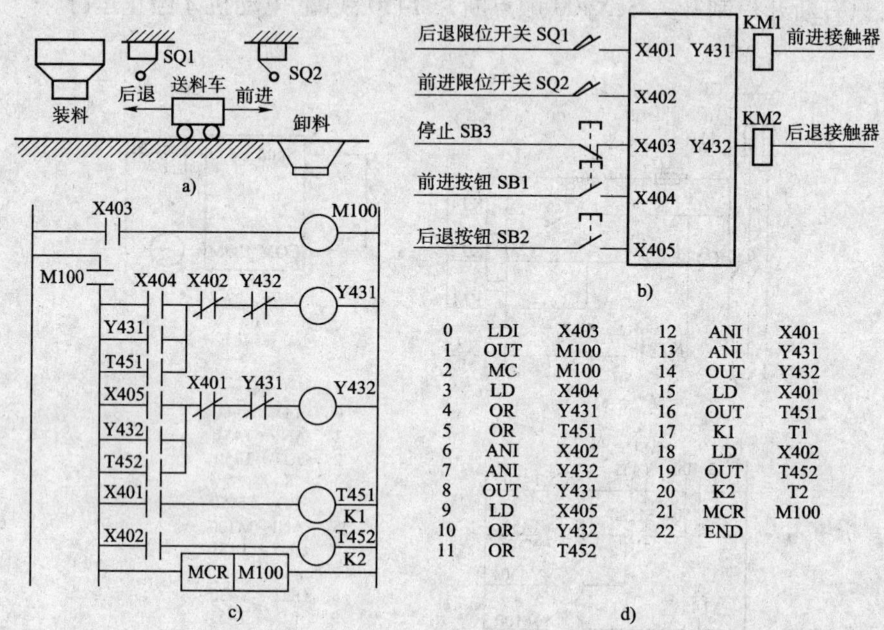

图 5-49　送料车自动循环控制

a)送料车工作示意图;b)PLC 控制输入输出接线;c)梯形图;d)指令程序

(五)可编程序控制器应用控制程序设计

1. 应用控制程序设计基本要求和基本原则

(1)基本要求。由可编程序控制器本身的特点及其在工业控制中主要完成的控制功能(数字控制)决定了其程序设计有如下的基本要求:

①与生产工艺结合紧密。每个控制系统都是为完成一定的生产过程控制或产品的功能控制而设计的,各种生产工艺要求的不同,就有不同的控制功能,即使是相同的生产过程或控制功能,由于各设备的工艺参数都不一样,控制实现的方式也就不尽相同。各种控制逻辑、控制运算都是由生产工艺决定的,程序设计人员必须严格遵守生产工艺的具体要求设计应用程序,不能随心所欲。

②与硬件控制系统结合紧密。因为硬件系统可采用不同厂家的不同系列设备,所以软件系统也就随之而变,不可能采用同一种语言形式进行程序设计。即使语言形式相同,其具体的指令也不尽相同。有时虽然选择的是同一系列的可编程序控制器的硬件,但由于硬件档次不同或系统配置的差异,也要有不同的应用程序与之相对应。软件设计人员不可能抛开硬件特点只孤立地考虑软件,程序设计时必须根据硬件系统的组成形式、接口情况,进行编制相应的应用程序。

③设计人员需要具备计算机和自动化控制方面的双重知识。可编程序控制器是以微处理

器为基础以微计算机为核心的控制设备，无论是硬件系统还是软件系统都离不开计算机技术，控制系统的许多内容也是从计算机衍生而来的，而控制功能的实现、某些具体问题的处理和实现都离不开自动控制技术，因此一个合格的程序设计人员，必须具备计算机和自动化控制的双重知识。

(2)基本原则。应用系统的程序设计是以系统要实现的工艺要求、硬件组成和操作方式等条件为依据来进行的。设计人员所面对的应用系统各种各样，不管设计对象的工艺要求如何复杂或如何简单，都要遵从一些基本的设计原则。下面介绍应用系统程序设计的一些基本原则。

①对 CPU 外围设备的管理，软件由系统自身完成，不必由应用人员再进行处理，程序设计时，一般只需关心用户程序。

②对信号的输入/输出要统一确定各个信号在一个周期内的唯一状态，避免由同一信号不同状态而引起的逻辑混乱。

③由于 CPU 在每个周期内都固定进行某些窗口服务，占用一定机器时间，使周期时间不能无限制缩短。

④计时器的时间设定值不能小于周期扫描时间，而且在定时器时间设定值不是平均周期扫描时间的整倍数时，可能带来定时误差。

⑤用户程序中如果多次对同一参数进行赋值操作，则最后一次操作结果有效，前几次操作结果不影响实际输出状态。

以上程序设计的基本原则，需要在程序设计实践中慢慢地体会，这些原则中包含着很深的机理，同时体现了可编程序控制器本身的特点和与其他控制设备的区别。

2. *应用控制程序设计的内容*

对于 PLC 应用控制系统设计，其软件(程序)设计是核心，那么应用程序设计的内容有哪些呢？应用程序设计是指根据系统硬件结构和工艺要求，使用相应编程语言，对实际应用程序的编制和相应文件的形成过程。可编程序控制器程序设计的基本内容一般包括：参数表的定义、程序框图绘制、程序的编制和程序说明书编写 4 项内容。当设计工作结束时，程序设计人员应向使用者提供以上设计内容的文本文件。下面针对以上提出的设计内容做较为详细的介绍。

(1)参数表的定义。参数表定义就是按一定格式对系统各接口参数进行规定和整理，为编制程序做准备。参数表的定义包括对输入信号表、输出信号表、中间标志表和存储单元表的定义。参数表的定义格式和内容根据个人的爱好和系统的情况而不尽相同，但所包含的内容基本相同。总的原则就是要便于使用，尽可能详细。

一般情况下，输入输出信号表要明显地标出模块的位置、信号端子号或线号、输入输出地址号、信号别名、信号名称和信号的有效状态等；中间标志表的定义要包括信号地址、信号别名、信号处理和信号的有效状态等；存储单元表中要含有信号地址和信号名称。信号的顺序一般是按信号地址由小到大排列，实际中没有使用的信号也不要漏掉，这样便于在编程和调试时查找。

(2)程序框图的绘制。程序框图是指依据工艺流程而绘制的控制过程方框图。程序框图包括两种：程序结构框图和控制功能框图。程序结构框图是一台可编程序控制器的全部应用

程序中各功能单元在内存中的先后顺序的缩影。使用中可以根据此结构框图去了解所有控制功能在整个程序中的位置。功能框图是描述某一种控制功能在程序中的具体实现方法及控制信号流程。设计者根据功能框图编制实际控制程序,使用者根据功能框图可以详细阅读程序清单。程序设计时一般要先绘制程序结构框图,而后再详细绘制各控制功能框图,实现各控制功能。程序结构框图和功能框图两者缺一不可。

(3)程序的编制。程序的编制是程序设计最主要且最重要阶段,是控制功能的具体实现过程。编制程序就是通过编程器或 PC 机加编程软件用编程语言对控制功能框图的程序实现。首先根据操作系统所支持的编程语言,选择最合适的语言形式。了解其指令系统,按程序框图所规定的顺序和功能,一丝不苟地编制,然后再测试所编制的程序是否符合工艺要求,编程是一项繁重而复杂的脑力劳动,需要清醒的头脑和足够的耐心。实现一种控制功能有时要反复试验多次才能成功。

(4)程序说明书的编写。程序说明书是对整个程序内容的注释性的综合说明,主要是让使用者了解程序的基本结构和某些问题的处理方法,以及程序阅读方法和使用中应注意的事项,此外还应包括程序中所使用的注释符号、文字缩写的含义说明和程序的测试情况。

3. 程序设计的一般步骤

可编程序控制器的程序设计是硬件知识和软件知识的综合体现,需要计算机知识、控制技术和现场经验等诸多方面的知识。程序设计的主要依据是控制系统的软件设计规格书、电气设备操作说明书和实际生产工艺要求。程序设计 8 个步骤如图 5-50 所示。

这 8 个步骤中前 3 步只是为程序设计做准备,但不可缺少,所有工作的效果最终体现在程序编写中,程序编写是程序设计工作的核心,其他都是为其服务的。下面将具体阐述每个步骤所要做的工作及方法。

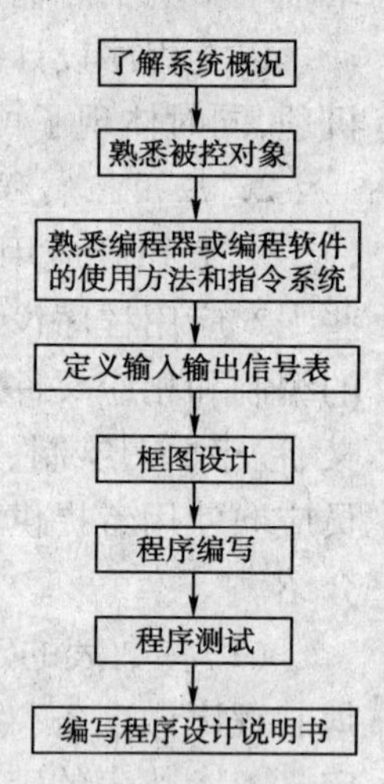

图 5-50　程序设计步骤框图

(1)了解系统概况。这步的主要工作就是通过系统设计方案了解控制系统的全部功能、控制规模、控制方式、输入输出信号种类和数量、是否有特殊功能接口、与其他设备的关系、通讯内容与方式等,并做详细记录。没有对整个控制系统的全面了解,就不能联系各种控制设备之间的功能,综观全局。闭门造车和想当然都不是一个合格程序设计者的做法。

(2)熟悉被控对象。熟悉控制对象就是按工艺说明书和软件规格书将控制对象和控制功能分类,可按响应要求、信号用途或者按控制区域划分,确定检测设备和控制设备的物理位置。深入细致地了解每一个检测信号和控制信号的形式、功能、规模、其间的关系和预见可能出现的问题,使程序设计有的放矢。

在熟悉被控对象的同时,还要认真借鉴前人在程序设计中的经验和教训。总结各种问题的解决方法——哪些是成功的,哪些是失败的,以及为什么。总之,在程序设计之前,掌握的东西越多,对问题思考得越深入,程序设计时就会越得心应手。

(3)熟悉编程器和编程语言。编程器和编程语言是程序设计的主要硬件和软件工具。可编程序控制器实际控制中执行的系统软件编译和连接之后再送到其内存中去的,这一步骤的主要任务就是根据有关手册详细了解所使用的编程器及其操作系统,选择一种或几种合适的编程语言形式并熟悉其指令系统和参数分类,尤其要注意研究已经预感在编程时可能要用到

的指令和功能。最好能上机操作，并编制一些试验程序，在模拟台上进行试运行，以便更详尽地了解指令的功能和用途。

(4)定义输入/输出信号表。这步只能对输入和输出信号表进行定义，中间标志和存储单元表还不能定义，要等到编写程序时才能完成。定义输入/输出信号表的主要依据就是硬件接线原理图，格式一般如表5-21所示，根据具体情况，内容要尽可能地详细。信号名称要尽可能地简明。中间标志和存储单元表也可以一并列出，待编程时再填写内容。

输入/输出信号表典型格式　　表5-21

框架序号	模块序号	信号端子号	信号地址	信号别名	信号名称	信号的有效状态	备　注

框架号、模块序号、信号端子号三者是为查找和校核信号时使用，在表中列出便于查找。地址、别名、名称和有效状态，是程序设计中常用的，地址要按输入信号、输出信号、由小到大的顺序排列，没有实际定义或备用点也要列入。有效状态中要明确标明上升沿有效还是下降沿有效，高电平有效还是低电平有效，是脉冲信号还是电平信号，或其他有效方式。

(5)框图设计。框图设计的主要工作是根据软件设计规格书的总体要求和控制系统具体情况，确定应用程序的基本结构，按程序设计标准绘制出程序结构框图；然后再根据工艺要求，绘制出各功能单元的详细功能框图。图5-51为一典型控制系统的程序结构框图，程序设计时可参照使用。如果有人已经做过这步工作，最好拿来借鉴一下，有的系统的应用软件已经模块化——对相应程序模块进行定义，规定其功能，确定各块之间连接关系，然后再绘制出各模块内部的详细框图。框图是编程的主要依据，应尽可能地详细。如果框图是别人设计的，一定要设法弄清楚其设计思想和方法。这步完成之后，就向这对全部控制程序功能实现有一个整体概念。

(6)程序编写。程序编写就是根据设计出的框图和腹稿逐字逐条地编写控制程序，这是整个程序设计工作的核心部分。如果有操作系统支持，尽量使用编程语言的高级形式，如梯形图语言。在编写过程中，根据实际需要对中间标志信号表和存储单元表进行逐个定义，要留出足够的公共暂存区，以节省内存使用。为了提高效率，相同或相似的程序段尽可能地用复制功能，也可以借用别人现成的程序段，但必须弄懂这些程序段，否则将给后续工作带来麻烦。程序编写有两种方法：第一种是直接用参数地址进行编写，这样对信号较多的系统不易记忆，但比较直观；第二种方法是先用容易记忆的别

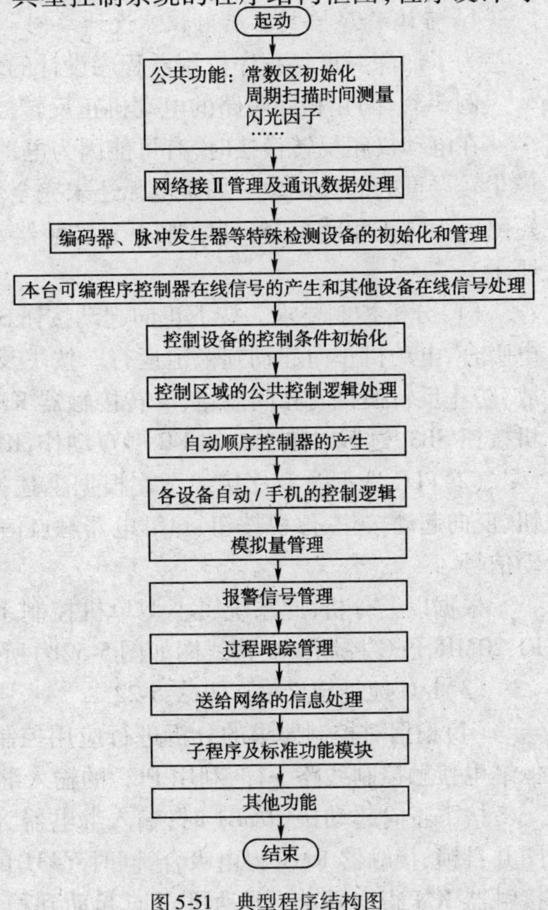

图5-51　典型程序结构图

名编程,编完后再用信号地址对程序进行编码。用两种方法编写的程序经操作系统编译和连接后得到的目标程序是完全一样的。另外,编写程序过程中要及时对编出的程序进行注释,以免忘记其间相互关系,要随编随注。注释要包括程序的功能、逻辑关系说明、设计思想、信号的来源和去向,以便阅读和调试。

(7)程序测试。程序测试是整个程序设计工作中一项很重要的内容,它可以初步检查程序的实际效果。程序测试和程序编写是分不开的。程序的许多功能是在测试中修改和完善的,测试时先从各功能单元入手,设定输入信号,观察输出信号的变化情况,必要时可以借用某些仪器仪表。各功能单元测试完成后,再连通全部程序,测试各部分的接口情况,直到满意为止。程序测试可以在实验室进行,也可以在现场进行。如果是在现场进行程序测试,那就要将可编程序控制器系统与现场信号隔离,可以使用暂停输入输出服务指令,也可以切断输入输出模块的外部电源,以免引起不必要的、甚至可能造成事故的机械设备动作。

(8)编写程序说明书。程序说明书是对程序的综合性说明,是整个程序设计工作的总结。编写程序说明书的目的是便于程序的使用者和现场调试人员使用,它是程序文件的组成部分。如果是编程人员本人去现场调试,程序说明书也是不可缺少的。程序说明书一般应包括程序设计的依据、程序的基本结构、各功能单元分析、其中使用的公式和原理、各参数的来源和运算过程、程序测试情况等。

4. 可编程序控制器应用程序设计举例

为了加深对可编程序控制器程序设计的理解和对应用的掌握,下面举例说明。

例 5-3 防止相间短路的电动机正反转控制。

在电动机正反转换接时,有可能因为电动机容量较大或操作不当等原因,使接触器主触头产生较严重的起弧现象。如果电弧还未完全熄灭时,反转的接触器就闭合,则会造成电源相间短路。为防止相间短路,可增加一个接触器 KM,这种继电接触控制电气原理图如图 5-52a)所示。

(1)分析控制要求。按下正向起动按钮 SB1 时,正转接触器 KM1 得电吸合,接触器 KM 得电吸合,电动机正向起动到稳定运行。按下反向起动按钮 SB2,KM1 失电释放,KM 也失电释放,防止反转换接时相间短路,反转接触器 KM2 得电吸合,电动机反向运行。停机时,按下停机按钮 SB3;过载时热继电器 FR 触点动作,KM1 或 KM2 及 KM 失电,电动机停下来。

(2)PLC 选型及 I/O 接线图。根据上述控制要求,电路共有 4 个输入信号:正向起动按钮、反向起动按钮、停机按钮、热继电器触点信号。有 3 个输出信号:正转、反转、保护电动机驱动信号。

根据以上分析,此系统属小型单机控制系统,其中 PLC 的选型范围较宽,今选用 PLC 为 F1-20MR,PLC 控制 I/O 接线图如图 5-52b)所示。

(3)I/O 地址定义表。见表 5-22。

(4)根据对控制要求的分析进行应用控制程序的设计。设计的梯形图如图 5-52c)所示。像继电接触控制线路一样,利用 PLC 的输入继电器 X401 和 X402 的常闭接点,实现双重互锁。

按下正向起动按钮 SB1 时,输入继电器 X401 的常开触点闭合,接通输出继电器 Y431 线圈并自锁,接触器 KM1 得电吸合,同时 Y431 的常开触点闭合,输出继电器 Y430 线圈接通,使接触器 KM 得电吸合,电动机正向起动到稳定运行。按下反向起动按钮 SB2,输入继电器

X402 常闭触点断开 Y431 线圈，KM1 失电释放，同时 Y431 的常开触点也断开 Y430 的线圈，KM 也失电释放，有 KM 和 KM1 两段灭弧电路，因此可有效地熄灭电弧，防止反转换接时相间短路。而 X402 的另一对常开触点闭合，接通 Y432 的线圈，接触器 KM2 得电吸合，电动机反向运行。

防止相间短路电动机正反转控制 I/O 地址定义表　　　表 5-22

信号名称	信号地址	说　明	备　注
停机按钮	X400	停机动作检测信号，低电平有效	
正向起动按钮	X401	正向起动动作检测信号，高电平有效	
反向起动按钮	X402	反向起动动作检测信号，高电平有效	
热继电器触点	X403	过载动作检测信号，低电平有效	
保护	Y430	防止相间短路控制信号，高电平接通	
正转	Y431	正向起动控制信号，高电平接通	
反转	Y432	反向起动控制信号，高电平接通	

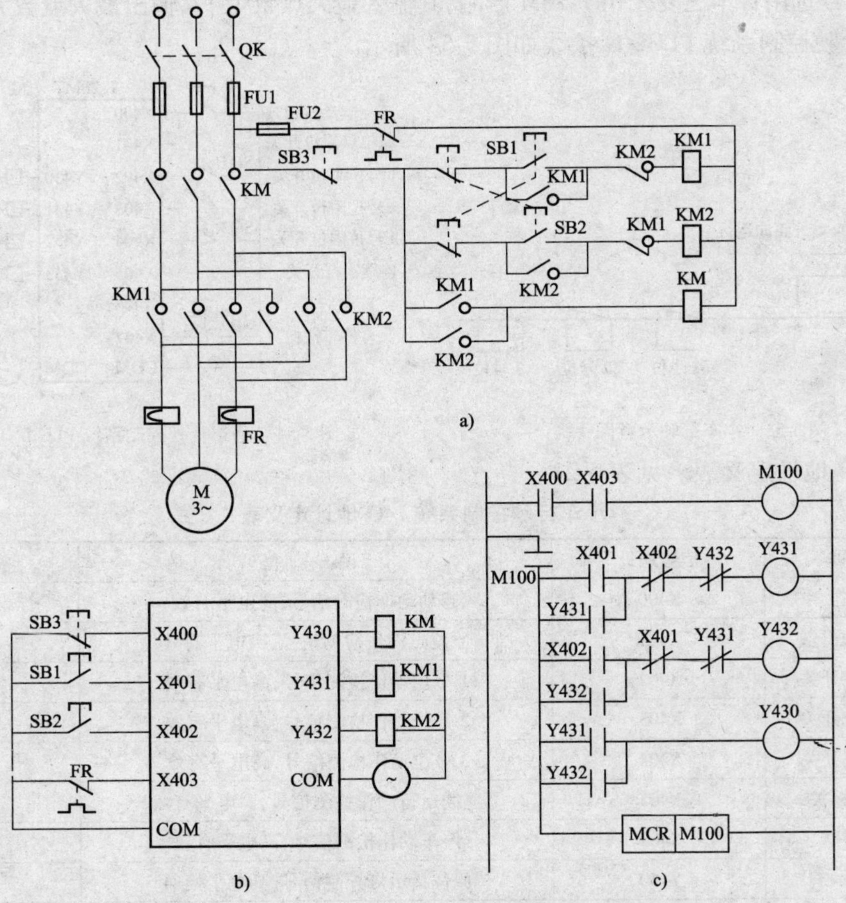

图 5-52　防止相间短路的电动机正反转控制

a）继电接触控制；b）PLC 控制输入输出接线；c）梯形图

停机时,按下停机按钮 SB3,X400 常开触点断开 M100;过载时热继电器触点 FR 动作,X403 断开 M100。这两种情况都使 Y431 或 Y432 及 Y430 断开,进而使 KM1 或 KM2 及 KM 失电,电动机停下来。

例 5-4 自动生产线行驶小车的控制系统设计。

在自动生产线上,常使用有轨小车来转运工序之间的物件。小车的驱动通常采用电机拖动,其行驶示意图如图 5-53 所示。电机正转小车前进,电机反转小车后退。

(1)控制要求。对小车运行的控制要求为:小车从原位 A 出发驶向 1 号位,抵达后立即返回原位;接着直向 2 号位驶去,到达后立即返回原位;第三次出发一直驶向 3 号位,到达后返回原位。必要时,像上述一样小车出发 3 次运行一个周期后能停下来;根据需要小车也能重复上述过程,不停地运行下去,直到按下停止按钮为止。

(2)PLC 选型及 I/O 接线图。根据控制要求,系统的输入量有:起、停按钮信号:二号位、2 号位、3 号位限位开关信号;连续运行开关信号和原位点限位开关信号。系统的输出信号有:运行指示和原点指示输出信号;前进、后退控制电机接触器驱动信号。共需实际输入点数 7 个,输出点数 4 个。今选用日本三菱公司 F-20M 产品,其输入最大点数为 12,输出最大点数为 8。

小车行驶控制系统 PLCI/O 接线如图 5-54 所示。

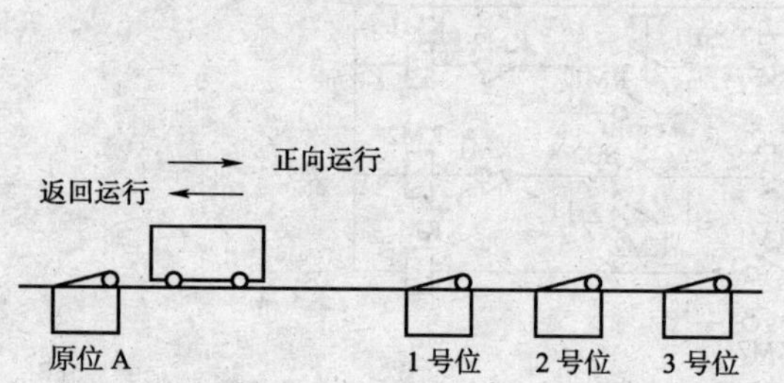

图 5-53 小车行驶示意图

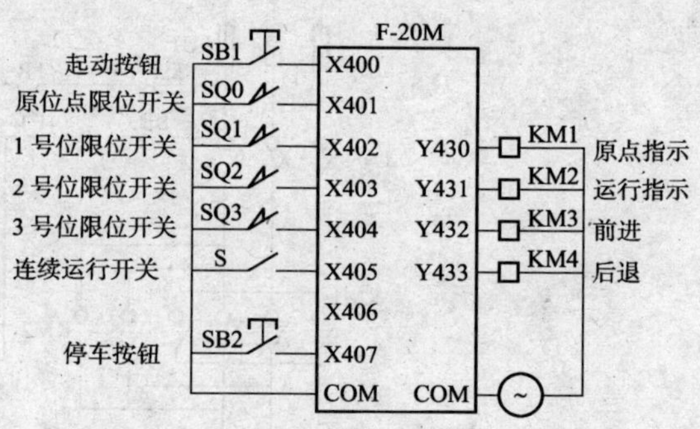

图 5-54 小车行驶控制系统 PLC I/O 接线图

(3)I/O 地址定义表。见表 5-23。

小车行驶控制系统 I/O 地址定义表 表 5-23

信号名称	信号地址	说 明	备 注
起动按钮	X400	起动动作检测信号,高电平有效	
原位点限位开关	X401	原位点动作检测信号,高电平有效	
1 号位限位开关	X402	1 号位动作检测信号,高电平有效	
2 号位限位开关	X403	2 号位动作检测信号,高电平有效	
3 号位限位开关	X404	3 号位动作检测信号,高电平有效	
连续运行开关	X405	连续运行动作检测信号,高电平有效	
停车按钮	X407	停车动作检测信号,高电平有效	
原点指示	Y430	原位指示灯控制信号,高电平接通	
运行指示	Y431	运行指示灯控制信号,高电平接通	
前进	Y432	小车前进控制信号,高电平接通	
后退	Y433	小车后退控制信号,高电平接通	

(4)控制程序设计。自动生产线上行驶小车 PLC 应用控制系统的软件梯形图设计如图5-55所示。

小车运行控制过程如下:

①当小车处在原位时,压下原位限位开关 SQ0,X401 接通 Y430,原位指示灯亮。

②小车向1号位行驶。按下起动按钮 SB1,Y431 被 X400 触点接通并自锁,运行指示灯亮并保持整个运行过程。此时 Y431 的常开触点接通移位寄存器的数据输入端 IN,M100 置"1"(其常闭触点断开,常开触点闭合),M100 和 X402 的触点,接通 Y432 线圈,前进接触器 KM2 得电吸合,电动机正转,小车向1号位驶去。

③小车返回原位。当小车行至1号位时,限位开关 SQ1 动作,X402 常闭触点断开 Y432 线圈,KM3 失电释放,电动机停转,小车停止前进。与此同时 X402 接通移位寄存器移位输入 CP 端,将 M100 中的"1"移到 M101,M101 常闭触点断开,M100 补"0",而 M101 常开触点闭合,Y433 接通,接触器 KM4 得电吸合,电动机反转,小车后退,返回原位。

④小车驶向2号位又返回原位。当小车碰到原位限位开关 SQ0,X401 断开 Y433 线圈通路,KM4 失电释放,电动机停转,小车停行。与此同时。X401 与 M101 接通移位输入通路,将 M101 中的"1"移到 M102,M100 的"0"移到 M101,M100 仍补"0"、M102 接通 Y432 线圈,小车驶向2号位。当小车再次行驶到1号位时,虽然 SQ1 动作,X402 动作,但不影响小车继续驶向2号位(因为 M102 和 X402 仍接通 Y432,M100 为"0"),直至小车碰到2号位限位开关 SQ2,X403 断开 Y432,小车才停止前进。与此同时,X403 与 M102 接通移位输入通路,将 M102 中的"1"移到 M103,M103 为"1",其余位全为"0"。M103 接通 Y433 线圈,小车返回原位。

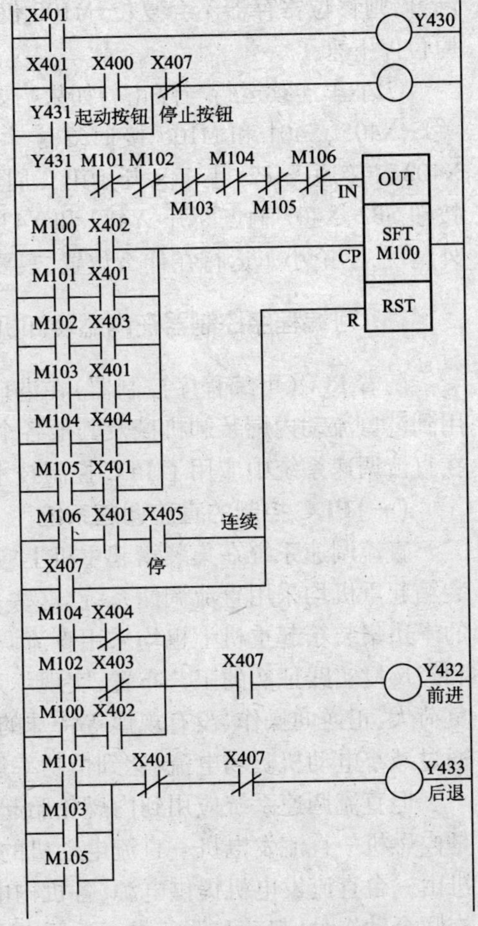

图5-55　小车控制系统梯形图程序

⑤小车驶向3号位再返回原位。当小车碰到 SQ0 开关时,X401 开 Y433,小车停止后退。同时 M103 和 X401 接通移位输入通路,M103 移位到 M104,M103 为"0",M104 为"1",M104 和 X404 接通 Y432,小车向3号位驶去,小车再次经过1号位和2号位,但因为 M100 ~ M103 均为"0",不会移位,M104 和 X404 仍接通 Y432,直到小车碰到3号位限位开关 SQ3 动作,X404 才断开 Y432 线圈,小车才停止前进。这时 M104 和 X404 接通移位输入通路,M104 移位到 M105,M105 为"1",其他位为"0",M105 和 X401 接通 Y433,电机反转,小车后退,返回原位。

⑥小车运行一周。小车返回原位压下原位限位开关 SQ0,X401 又断开 Y433,小车停止运

行。同时 M105 和 X401 接通移位输入通路，M105 移位到 M106，M106 为“1”，其余位均为“0”，即 M100～M105 的常开触点均为断开状态，这时如果连续运行开关 S 仍未合上，X405 仍断开，则移位寄存器不会复位，M100 仍为“0”，则小车正向出发往返运行三次（一周）后，就在原位停下来了。

⑦小车连续运行与停止。如果需要小车在运行一周后，继续运行下去，则合上连续运行开关 S，X405、X401 和 M106 接通复位输入端 R，移位寄存器复位，M100 重新置“1”，M100 与 X402 又接通 Y432，小车又开始第二周运行，并且一周又一周地连续运行下去，直到按下停机按钮 SB2，X407 触点断开，Y432 和 Y433 线圈断开，小车才立即停止运行。同理，如果发生意外情况，不论小车运行在什么位置，只要按下停车按钮 SB2，电动机立即停转，小车停止运行。

二、可编程序控制器在内燃装卸机械上的应用

随着 PLC（可编程序控制器）在港口固定装卸机械上的应用的日趋广泛，PLC 也逐渐被应用到港口流动内燃装卸机械及其他各个领域。2003 年红光港机厂生产的 50t 轮胎起重机，就在直流调速系统中应用了 PLC 控制技术。

（一）PLC 控制的直流调速系统

直流调速系统在集装箱起重机上应用有着非常悠久的历史。中国目前使用的早期岸边集装箱起重机均采用直流调速系统，这些系统不仅在国产的岸边集装箱起重机上有使用，在进口的岸边集装箱起重机上也均采用直流调速系统进行控制；直流调速系统以它成熟的控制理论和经反复实践证实的工艺布置，实现了系统的可靠运行，而且能够适应岸边集装箱起重机冲击负荷大、正逆向操作、没有规律等特殊的操作要求。针对集装箱负荷不同，直流调速系统可以通过减小电动机磁场电流，达到恒功率运行提高升降速度，使整机装卸效率提高。

但直流调速系统应用到内燃轮胎起重机上还是一个大胆的尝试。传统的电动轮胎起重机是内燃机—直流发电机—直流电动机的传动方式，这种控制方式的最大缺点是，各机构的电动机由一台直流发电机提供电源，各机构电动机的起动和调速都靠发动机的转速来控制。在机构联合动作时，起动和调速靠高返回继电器控制，效率比较低，一旦控制失效，易造成高电压起动烧坏电动机。PLC 直流调速系统，改变了传统的方式为发动机—交流发电机—PLC 直流调速系统—直流电动机。可以实现各机构单独的进行起动和调速，解决了这一问题。

直流调速系统在起重机上的供电方式一般有两种，早期的直流系统由于电力电子器件尚未成熟，直流系统的调速采用机组传动方式进行控制，因此也叫做“发电机—电动机系统”（即 G—M system），随着晶闸管等电力电子器件的稳定性和可靠性提高，开始采用晶闸管整流的方式，取代了“发电机—电动机系统”，该方式的成本低，维护工作量小，成为替代发电机—电动机系统的主要调速系统，即晶闸管直流调速器供电控制系统。

随着电子技术的进一步发展，20 世纪 80 年代末，单片微处理器的出现和应用，使直流系统的控制摆脱了原来的模拟控制方式，可以通过单片微处理器实现传动装置的运算放大功能、比较功能等，使直流调速系统成为数字电路与电力电子系统的结晶。它赋予了直流调速器完善的功能，不仅能实现基本的速度调节，而且能与其他设备进行通信联系，组成传动网络。因此，现代直流调速器是直流调速系统的最完善系统，被称为“数字调速系统”。它可以与各种 PLC 联网通信，实现联锁、控制等功能。

在轮胎起重机上使用的直流调速系统都有一个显著特点，即采用了单片微处理器技术。它们一般都有如下功能：

(1)采用了单片机技术，使所有信号处理、PID算法等均由单片机实现，系统可靠性高。

(2)采用了通信网络技术，各传动器均有相应的现场总线与其他PLC等连接。

(3)速度反馈方式可以采用多种形式，有电压反馈、测速机反馈和脉冲编码器反馈。

(4)电动机参数、加减速时间等系统变量不再以电位器调节的形式出现，取代它们的是寄存器中的数据。

(5)信号的输入/输出接口可以根据应用需要进行定义。

(6)在一台直流传动装置内一般可以设置两套或两套以上的电动机参数，供分时切换不同机构的传动电动机（例如旋转与变幅可以分时切换传动）。

(二)典型线路简介

轮胎起重机的主传动方案中采用直流系统具有较长的历史，随着交流变频系统不断成熟，直流系统的使用日趋减少，该系统在港口现有的轮胎起重机上应用比例仍然较低。本章将以一定的篇幅介绍直流调速系统的常用传动方案，为对老设备进行电气系统改造及传动系统维护保养提供参考。

早期的交直流混合传动系统中（这里的交流系统比早期传统YZR电动机切换电阻调速系统），根据机构特点，一般是起升、旋转、变幅机构采用直流传动形式，行走采用传统的交流传动形式。因为前者工作频繁，调速要求高，起制动要求平衡，对勾头作业时点动工况多，在正确落点、快速及微动性方面，直流系统比传统的交流系统优越；起重机工作时间长，从提高效率、降低消耗方面看，直流系统比传统的交流系统好得多；轮胎起重机的作业特点是大部分时间不在额定负荷下运行，平均载荷系数只有50%～60%，采用直流传动可以实现轻载升速的“恒功率控制”，充分利用传动电动机的潜力，在达到同样的装卸效率时，可以适当减小装机容量，节省投资和降低能耗。

另外采用传统的直流传动形式，可以降低整个电气传动系统的初投资和减少后期维护保养工作量及费用。

各主要工作机构传动电动机由于调速的需要采用他励直流电动机、其正反转可以采用改变电枢电压或磁场的极性两种方法来实现。由于磁场回路电感大，电磁惯性大，快速性差，故一般均采用改变电枢电压极性的方法。这里，晶闸管变流器一般采用三相全控逻辑无环流可逆调速系统。

由图5-56可见，励磁电路除起升机构用带有恒功率控制环节需要可控励磁装置外，其余各机构均采用的固定励磁装置，且均带有欠励保护环节。

主电路两组整流桥反并联连接供电给电动机，可以使电动机在4个象限内工作。图5-57示出了对应于4个象限中两组桥的工作情况及电动机的运行状态。由图可知，电动机由电动运行到回馈发电运行，必须由两组桥轮换工作，即一组桥整流，使电动机作电动运行；另一组桥逆变，使电动机实现回馈运行，并进行能量反馈。任何时刻两组桥不可能同时投入工作，两桥间不存在环流。

其工作过程简述如下：如果工作指令为“+”时、机构运行在第Ⅰ象限，Ⅰ桥整流，Ⅱ桥截止，为电动运行状态。当指令信号由“+”变“-”时，由于Ⅰ桥不能立即关断，必须等到阳极电

压下降到零才能关断,因此II桥也不能立即导通。否则会使两组桥同时导通产生逆变颠覆,出现很大的环流,损坏晶闸管元件。故此时必须先使I桥进行"本桥逆变",正向电流回零,然后才允许II桥导通,从而防止出现环流,保证两组桥安全切换。这个过程必须有零电流检测环节来控制切换指令的发出时间,再由逻辑电路来保证切换过程的控制和一定的本桥关断等待时间,以及保证逆变桥导通延时,使本桥有充分的时间恢复其阻断能力。之后运行才进入第II象限,电动机处于回馈运行状态。如果此时速度指令不变,系统自然进入第三象限的向起动,直到稳定运行于反向电动状态。此时,I桥截止,II桥整流。如果速度指令由"-"变"+",系统将由第三象限过渡到第四象限,最后进入第一象限稳定运行。这个过程与前一过程类同。

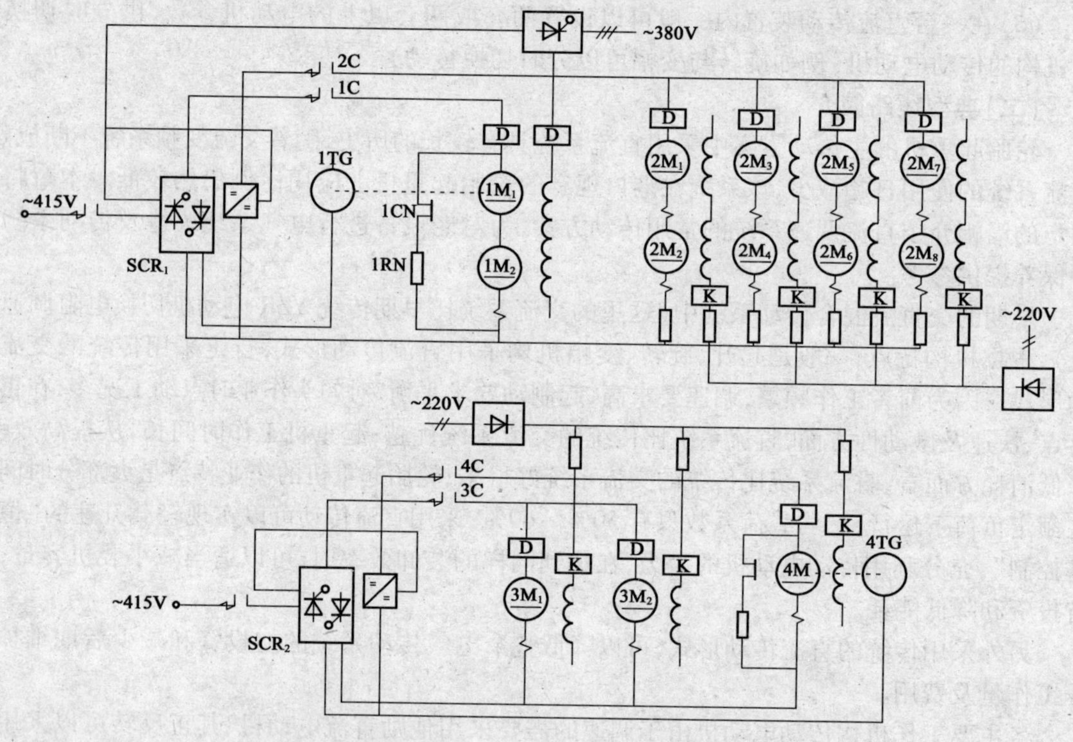

图5-56 晶闸管变流器供电传动主电路及励磁电路原理简图

电动机的连接方式视各机构传动方式及电动机数量多少而灵活决定,起升机构可以采用两台电动机传动,也可以采用一台电动机传动。当采用两台电动机时,一般用电枢串联接线方式较有利,设置动力制动回路也较方便,此时其励磁绕组亦应串联。如果变流器交流侧已设置有过载保护,直流侧的过电流继电器就可以省去。行走机构一般采用多电动机分散传动方式,其电枢可以按并联连接或两台相串联后再并联的方式,主要看怎样连接最方便、最经济。励磁绕组的连接一定要与电枢连接方式相对应。一般每条并联支路均应设过流保护环节和特性软化电阻,以便较好地保护电动机及达到均衡负载的目的。

速度控制电路采用速度(电压)外环、电流内环的双环系统,其主要组成部分为:速度指令、信号整形、匹配放大(包括极性转换、速度范围控制)、给定积分、自动速度调节、自动电流调节、零速逻辑、逻辑切换、触发、速度反馈、电流反馈电路等。另外,由于起升机构在轻载时带恒功率控制,所以还设置有荷重检测与转换、反电势控制、电动机磁场控制等环节。各环节的

主要作用简介如下：

速度指令环节主要由与操作手柄联动的电位器或无触点发送器件发出速度指令信号。电位器一般应选用耐磨的线性精密电位器。这种电位器的优点是可直接发出线性电压信号，后级整形电路较简单；缺点是有触点，使用寿命有限，同时引出接线片易折断。无触点发送器件为电感器件，无相对摩擦，寿命长。缺点是输出为非线性正弦曲线，必须经过变换才得到控制所需的指令信号。整形环节将手柄输出的指令信号整形滤波后，得到系统所需的稳定的控制信号。在数字直流调速系统中，主令一般采用绝对值编码器作为主令给定的信号，编码器信号稳定和不易受干扰，在新设计的系统中，均采用该方法，它的缺点是价格较高，需要与PLC配合应用。为使起、制动平衡，一般要求在手柄刚离开零位时，控制信号变化缓慢些，而此后又近于线性变化。

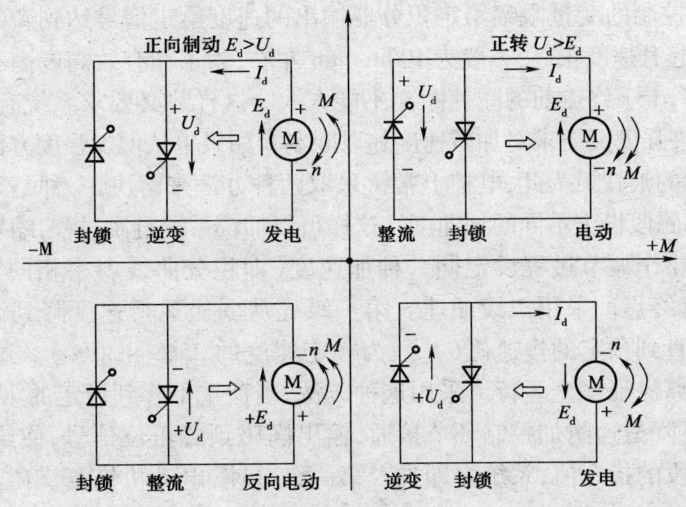

图5-57　无环流反并联可逆晶闸管变流器4个象限

自动速度调节环节综合给定积分环节的输出信号和速度（或电压）反馈信号，通过高增益的运算放大和组成比例积分器（PI调节器），将电动机的速度控制在与指令信号相对应的数值，并保证达到系统所需要的调节精度和动态品质。

在起升机构具有恒功率控制的功能时，还应增加调速限流电路。依照电动机在调压段和调磁段由换向条件决定的不同允许过流倍数，在保证足够的动转矩前提下，自动控制调速过程各阶段的电流放大倍数，确保电动机正常换向运行，当速度调节器饱和，达到限幅值时，只剩下电流环起作用，实现加减速过程中的恒电流控制和快速的动态响应。

自动电流调节环节在调速过程中自动调节电动机电枢电流，确保速度调节器所允许的电流流经电动机。同时在过渡过程中保证在电动机允许范围内具有最大的起制动电流，产生足够的动态转矩，满足系统快速性的要求。在稳定运行过程中提供保持给定速度所需的平衡转矩。

零速逻辑环节将速度指令信号和速度实际值与预设的零速开关值进行比较（此阈值一般为额定速度的3%～5%）。当前两种电平均低于阈值时，便发出零速信号。该信号有两种功能：其一是经延时后送入逻辑切换环节，进行零速方向预置，以便与零电流信号和转矩极性信

号一起控制变流器的翻转,同时发出转换指令和封锁速度调节器和电流调节器,使触发脉冲移至逆变器临界位置。而电流调节器要等到制动器换闸后才能切断电流,保证位能负载不会产生溜钩现象。其二是经过零速联锁继电器使机器制动器抱闸,由于此时速度很低,故制动平衡,从而避免因高速制动引起激烈的机构冲击。

恒功率控制装置用来实现按负荷比例弱磁升速。其中磁场变流器为可控单相桥式电路,按照非独立励磁控制原理,由给定值限制环节和反电势调节器协调工作来调节晶闸管的导通角,进而调节电动机磁场电流的大小。

轻载时,由于荷重信号小,当转速升高到大于95%额定转速时,电势反馈信号大于额定励磁给定电位器的预调值,使电势调节器退出饱和,减少了励磁变流里的给定值,其输出电压随之降低,使电动机弱磁升速。同时,测速负反馈环节在整个弱磁调速过程中起调节作用,直到反馈量与荷重信号控制的变量限幅给定积分器输出的速度给定信号达到新的平衡。

现代起重机的起升速度很高,一般为100m/min左右,为了在有效高度内有足够高速运行区间,以提高装卸效率,上下终点前的减速距离不能太大。这样势必要求系统有足够高的加速度,而机械和结构的允许强度又要求对加减速度加以限制。如果单从增加强度方面考虑会使起重机变得笨重,造成极大的浪费。为此,电控上常常采取两种办法来解决,一种是采用加速度分段的办法,在调压段和调磁段设定不同的加速度。这样可以加快系统过渡过程,缩短减速距离。

另一种方法是整个调节过程设定同一种加速度(即积分曲线斜率相同)。但上升终点前采用一级减速,下降终点前采用二级减速。第一级先从弱磁运行速度降到满磁基速0.5～1s后进入第二级减速直到预定的慢速值(一般为额定速度的25%～30%)。这样可以适当减少下降方向的减速距离保证安全运行。采用这种方法,当荷重下降到设定的第一级减速区时,不论荷重情况如何,下降减速附加控制环节接通,输出满磁预置箝位信号,使给定积分环节的输入信号不超过调压段的指令值,系统立即进入第一级减速,电动机恢复满磁,从而保证减速过程安全可靠。

另外,系统中设有运行监视环节,其主要功能是对运行过程中的超速、无测速反馈、堵转电流过大、过电流等提供检测和保护,并与故障报警系统相联系。

恒功率控制是轮胎起重机起升机构提高工作效率的重要功能。它的实现方式有两种,一种为采用重量传感器,测载荷重量,根据载荷重量决定控制的最高转速;另一种方式是采用测量电枢回路电流的方式进行恒功率控制。以上两种方式中,第一种方式精度低、成本高且可靠性差,传感器精度≥1%,整个系统综合后的精度仅为3%左右。该方式除了需要安装荷重传感器外,还要配一套转换与放大装置,所以成本较高。另外,由于重量传感器容易受到温度变化及应变片疲劳等影响,长时间使用后稳定性、可靠性会变差。第二种恒功率控制所需的荷重信号可以用检测电枢电流的方法得到。电流信号可以直接取自主回路分流器的毫伏信号。这种方法简单可靠,成本低,用户维护保养方便,不存在漂移问题,虽然测量精度比上面的方法略差,但系统综合精度却足以满足起重机调速控制的要求。其控制过程是首先利用模拟记忆环节检测并记忆满磁时的电枢电流信号,再通过函数发生器按式(5-1)计算,得到的转速n_{max}作为恒功率控制的转速给定信号,当转速升至约95%额定转速时,进行适当延时,并进行采样保持,同时将此信号参与控制,控制过程与非独立式励磁调速系统相同。式(5-1)中满磁时的实际转矩M_q按式(5-2)计算。

$$n_{max} = \frac{n_N}{\frac{M_q}{M_N}} \quad (5\text{-}1)$$

式中：n_{max}——允许最高运行速度(r/min)；

n_N——电动机额定转速(r/min)；

M_q——满磁时的实际转矩(N·m)；

M_N——电动机额定转矩(N·m)。

$$M_q = 9.8C_M\Phi_{id} - \frac{GD^2}{38}\cdot\frac{dn_d}{dt} \quad (N\cdot m) \quad (5\text{-}2)$$

式中：GD^2——飞轮矩；

C_M——系数；

$\frac{dn_d}{dt}$——系统要求的加速度；

i_d——电动机电枢电流瞬时值。

由式(5-1)可知，只要根据 i_d 和$\frac{dn_d}{dt}$的模拟量进行运算，就可以得到转矩的参量。这种检测方法不需要模拟取样和记忆，不要中间联锁继电接点，也无须要求先满磁以便取得与负荷对应的表态电流参数后再弱磁，而是根据式(5-2)，通过一乘法器取得 $\Phi\times i_d$ 的运算信号。其中 Φ 为磁场电流经 $I—\Phi$ 转换后的输出信号，i_d 为电枢电流瞬时值。另外用一放大器来完成$\frac{dn_d}{dt}$的微分运算。按式(5-1)计算的恒功率转速信号 n_{max}可转化为式(5-3)。

$$n_{max} = n_e\frac{M_N}{M_q} = \frac{S_b}{M_q} \quad (5\text{-}3)$$

式中：S_b——额定速度参考信号；

n_e——额定转速(r/min)。

通常情况下，可以由除法器来运算得到与式(5-3)对应的恒功率控制指令信号，将此信号与手柄给定速度指令信号进行综合比较，就可进行按负荷比例弱磁升速控制。

(三)系统的设计与选型

传统的轮胎起重机电气系统(直流发电机—直流电动机)将逐渐被交流发电机—PLC 直流调速—直流电动机取代。在对传统的轮胎起重机电气系统进行升级改造过程中，必须设计和选择合理的电器系统，特别是 PLC 控制系统。

1. PLC 系统的设计和选型

新的电气系统一般采用 PLC 控制方式，它是轮胎起重机的控制核心。主令控制器的运行命令直接进入 PLC，传动器的命令均受 PLC 控制，这就使 PLC 成为人机控制的桥梁。为了充分利用 PLC 信号采集范围广、运算速度快、控制逻辑实现方便等优点，在进行 PLC 系统的设计中，应依据轮胎起重机信号采集要求来选择 PLC 的型号。

对于轮胎起重机中使用的 PLC 系统，一般要求主 CPU 的平均扫描周期能保持在 10ms 左右，PLC 程序的存储容量根据外围控制对象和控制要求不同略有差异。一般最低于 32KB 左右。对开关量输入点能达到100点,开关量输出点能达到60点,可以连接模拟量电压/电流信号的输入/输出功能,有最高可达到80kHz的高速计数模块,并有多种现场总线通信连接模块。

根据轮胎起重机的要求,一般采用中型机作为主PLC系统就能满足要求。如红光港机厂生产的50t轮胎起重机。

2. 传动系统的设计和选型

轮胎起重机的关键是动力源,它把交流电源转变为直流电能,直接供给直流电动机运行。现代传动系统已不再选择机组系统(G—M system)和模拟量控制直流调速器,而采用当代先进的全数字直流调速器。它不仅具有原模拟系统具有的控制性能,而且使系统性能更好更可靠,连接更灵活,调整更方便。全数字系统应具备如下功能:

(1)多电动机参数扩展能力。轮胎起重机一般采用一台调速器供两套或多套机构的方法组成电气系统,这样可以降低电气系统成本,减少系统备件数量,降低系统故障率。这就要求调速器具有多套参数切换的能力,可以让用户根据电动机参数、加减速时间等组成多个数据组,根据用户需要某机构工作参数时,程序会自动装入运行参数,即进行参数切换。一般至少要求有两套参数供运行选择,可以实现两机构共用一台驱动器,对于每个机构的参数,(如起升机构)根据功率不同,可以设定不同的电流限制、速度环PID等,使控制更加稳定可靠。这种切换能力使一台调速器可以分时控制多种结构的电动机,便于系统扩展。

(2)控制方法灵活。可实现单一机构的起动调速控制,各机构联合动作更加灵活。

(3)可以自动测定电动机参数。对于直流调速系统,直流电动机的电动机时间常数等参数的调整最困难,但也是最重要的。早期的调速系统只能使用默认的电动机参数,或者需要用户手动调整,不仅花费时间,而且调试繁琐。全数字型直流传动系统一般具有参数的自学习功能,通过选择该功能,调速器能短时使电动机运行,并且快速地测量电动机的参数,设定相应的电流环数据,如断续电流比例增益、连续电流比例增益、连续电流积分增益和电动机时间常数等,使电动机能可靠工作在最佳电流工作状态。这样可以减少调试工作量,提高系统运行可靠性。对于轮胎起重机的起升或行走机构采用电动机串联或并联组合的形式,也应该可以通过该方式进行模拟测试,获得相应的电流环参数。

(4)接受多种反馈形式。轮胎起重机的起升机构一般需要测速反馈,行走则采用电枢电压反馈。

新的直流电动机还带有脉冲编码器反馈。全数字型直流传动装置应能满足各种测速要求,接受以上3种形式的反馈,通过改变调速器内的相关参数,实现各种反馈方式的转换。对于脉冲编码器的反馈形式,调速器内应该能精确地测量电动机转速,并且能在调速器内部设定软限位开关,(例如:起升机构可以设置上升停止、上升减速、下降减速、下降停止等),以及其他多种软限位,使控制更可靠。

(5)人机界面方便于设定和调试。参数设定界面是人与调速器之间交流的必备接口,完善的传动系统允许用户对多种参数进行设定及诊断内部运行情况。全数字型直流传动器应有面板输入方式,使用户可以观察和设置调速器内的多个参数。另外,为了能更直观地了解调速器内参数的意义及作用,全数字型直流传动装置提供了与普通计算机相连的接口及软件,用户可以通过计算机观察和修改这些参数,并且这些参数按类比的模拟电路的框图形式排列在计

算机显示民间上，使用户像调整模拟电路的元器件一样修改参数，非常直观和清楚。修改好的数据可以存放在软盘上作备份，备份数据也可以下载到调速器，使调速器内的数据可以随时与存档数据一致。

(6)信号检测方便。起重机各机构的动态曲线，一般需要借助示波器或记录仪进行动态调整。例如，起升机构的电枢电压、电枢电流、速度给定、速度反馈和励磁电流等都是所关心的参数，在调试时都需要监测，如果采用记录仪就需要有很多信号通道，连接许多检测线，相当麻烦和不安全。现在，全数字型直流传动装置与计算机进行通信，只需连接一根通信电缆，将传动装置内部的所有数据均可以传输至计算机，用户可以根据需要在计算机屏上选择所关心的参数，这些参数可以动态地在屏幕上显示参数值及变化的曲线。对曲线上每一点的数据值也可回溯查询，使查询者不仅可以观察到参数的变化情况，而且在计算机上可以查到某一特定参数(例如电流)在某一特定时刻的精确数值。这对动态速度曲线调整及对电流限制设定等都非常有效。

(7)故障诊断。全数字型直流传动装置一般还具有完善故障诊断能力，能对电枢过流、电枢开路、反馈丢失、缺相等多种故障状态进行保护。有些故障可以根据用户需要设置为“切断控制”或调协为“报警状态”，以适应各种不同的应用条件。故障的显示形式应以代码表示或英文字母缩写表示。

(8)参数保密设置。为了确保全数字型直流传动装置内的参数只能由专业电气工程师或已授权人员修改，调速器内应具有密码保护，用户可以根据需要设置一般或多级密码，以便由不同层次的技术人员进行修改，确保设备在无人看管的情况下，参数不易被人随意修改。

(四)红光港机厂 50t 轮胎起重机电控系统简介

起重机采用柴油机—交流发电机组或接岸电两种方式供电，其电能通过数字直流调速器分配到机构电动机，分别驱动各工作机构。电气系统由总电源部分、全数字直流调速器、PLC控制、辅助部分及安全保护装置组成。

1. 总电源部分

(1)柴油机与交流发电机同轴运行，其转速可由调速电位器调节，调定在 1500～1600r/min 之间，以达到调节发电机输出电压为 400V ±5%(三相四线制)，频率 50Hz 的目的。

(2)交流发电机产生的交流电和外接交流电通过联动台上的“自发电—外接电”转换开关进行选择，交流电由交流接触器 P4KM4(自发电)或 P4KM5(外接电)、断路器各机构交流接触器，提供给各机构直流调速器。

(3)各机构辅助部分及 PLC 控制电源由断路器、交流接触器、高返回系数电压继电器、控制变压器提供。

2. 机构控制

(1)在起升机构中。三相交流电 380V 由交流接触器、电抗器引入直流调速器，直流调速器输出直流电经快速熔断器、直流接触器、二极管(其作用是使直流电动机的串励绕组电流方向不变)驱动直流电动机。直流电动机的他励绕组、励磁电流由变压器、断路器、交流接触器及整流模块提供。交流接触器、热继电器控制起升制动器电机。工作电源、变压器、交流接触器、二极管为起升电动机在下降时提供辅助磁场。

控制部分由直流调速器，与 PLC 组成，直流调速器辅助电源由其端口 X99(1)、X99(2)输入,通过断路器控制,当断路器在闭合状态时,中间继电器工作,其触点提供 PLC 输入信号,通过 PLC 内部程序处理,其输出端口上输出触发信号,经直流调速器输入端口(X6),使直流调速器进入准备状态,主令控制器通过 PLC 给直流调速器运行信号,通过改变电位器值的大小以改变调速器给定值,实现调节直流输出电压大小,从而达到调节电动机转速的目的,见图5-58。

(2)其他机构的工作原理与起升机构一致。在这里就不再介绍了。

三、PLC 在其他方面的应用

铣床的种类很多,有立铣、卧铣、龙门铣和仿形铣等,它们的加工性能及使用范围各不相同,但梯形图程序的设计方法基本一致。下面以 X62W 万能升降台铣床为例进行分析。

1. 控制要求

X62W 万能升降台铣床采用三相笼形异步电动机拖动,并且主轴的主运动和工作台的进给运动分别由单独的电动机拖动。铣床主轴的主运动为刀具的切削运动,有顺铣和逆铣两种加工方式。工作台的进给运动有水平工作台前、后、左、右、上、下 6 个方向的进给运动,以及圆工作台的回转运动。其控制要求如下。

(1)主轴电动机 M1(7.5kW、1450r/min)空载时直接起动,为实现顺铣和逆铣两种加工方式,要求能够正反转。为提高生产率,要求采用电磁制动器 YB 进行停车制动。同时从安全和操作方便的角度考虑,换刀时主轴应处于制动状态,且主轴电动机 M1 可在两处实行起/停等控制操作。

(2)工作台进给电动机 M2 直接起动,而且要求能够正反转。为提高生产率,要求空行程时可快速移动。工作台的各进给运动之间必须联锁,并由手柄操作机械离合器选择进给运动的方向。

(3)电动机 M3 拖动冷却泵,在铣削加工时提供切削液。

(4)主轴运动和进给运动采用变速孔盘来进行速度选择。为保证变速齿轮进入良好的啮合状态,要求电动机在变速后能够瞬时点动。

(5)加工工件时,为保证设备安全,要求主轴电动机 M1 起动后,工作台进给电动机 M2 才能起动。

2. 动作分析

(1)主轴电动机 M1 的起动。主轴换向开关选定电动机的转向后,闭合主轴上刀制动开关 SA2-1,然后按下起动按钮 SB3 或 SB4,主交流接触器 KM1 的线圈得电,其主触点闭合,主轴电动机 M1 按给定方向起动运转。

(2)主轴电动机 M1 的制动。按下停止按钮 SB1 或 SB2,其常闭触点使主交流接触器 KM1 的线圈失电,主轴电动机 M1 脱离电源,同时其常开触点闭合,使电磁制动器 YB 的线圈得电,对 M1 进行制动停车。当时换刀和上刀操作时,闭合主轴上刀制动开关 SA2-2,KM1 线圈失电的同时 YB 线圈得电,使 M1 处于制动状态不能转动,保证了换刀和上刀操作的顺利进行。

(3)主轴变速时的瞬时点动。合上主轴上刀制动开关 SA2-1,通过变速手柄的复位压动瞬时点动行程开关 SQ7,使交流接触器 KM1 的线圈得电,主轴电动机 M1 起动运转。变速手柄复位后,松开行程开关 SQ7,M1 停车,完成一次瞬时点动。

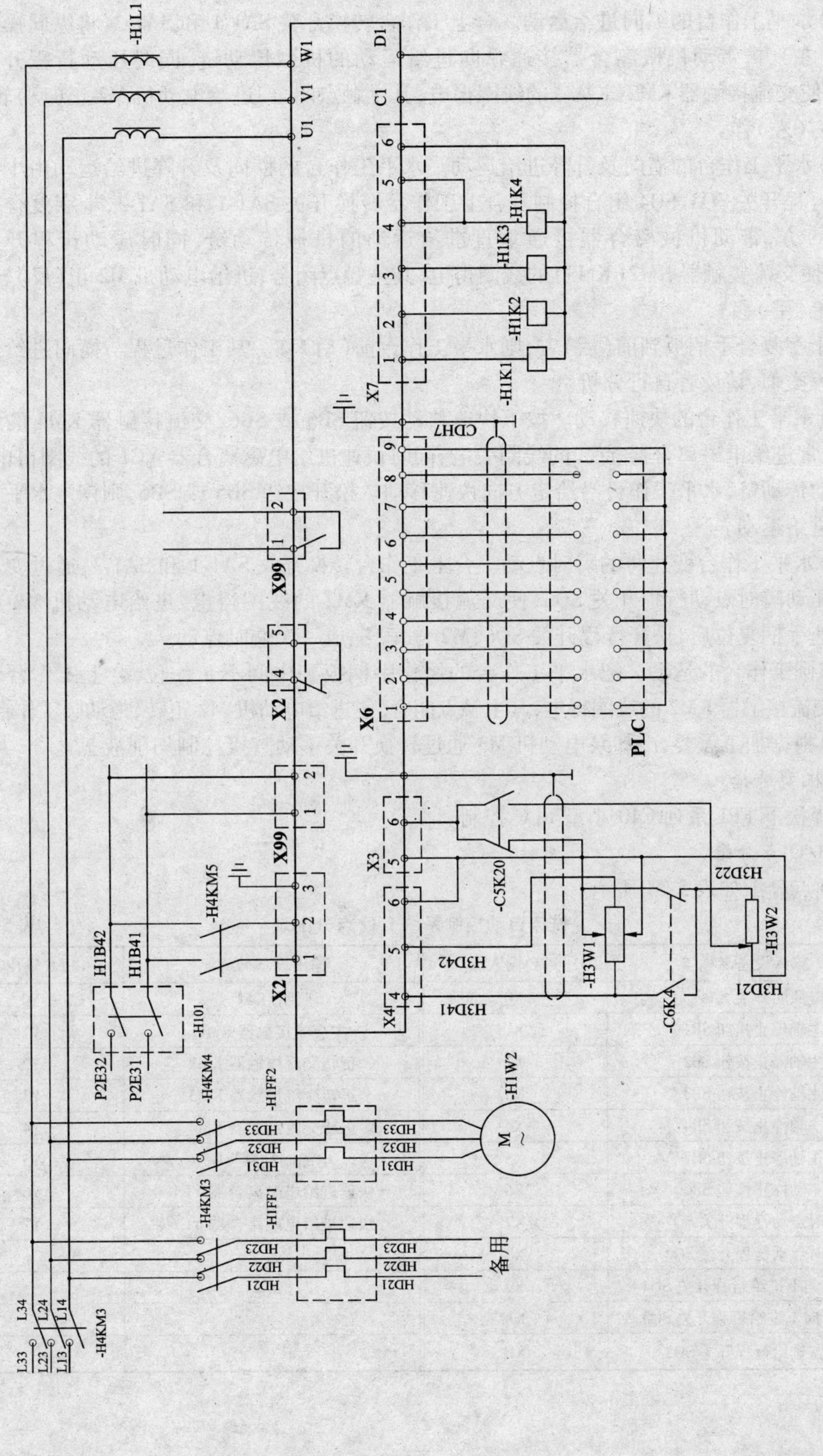

图 5-58　50t 轮胎吊起升机构电气原理图

(4)水平工作台的纵向进给运动。合上工作台转换开关 SA1-1 和 SA1-3,将纵向操作手柄扳到右(左)方,带动机械离合器接通纵向进给运动的机械传动链,同时压动行程开关 SQ1(SQ2),使交流接触器 KM2(KM3)的线圈得电,其主触点闭合,进给电动机 M2 正(反)转,水平工作台右(左)移。

(5)水平工作台的横向及升降进给运动。水平工作台的横向及升降进给运动由十字复合手柄和行程开关 SQ3、SQ4 组合控制。合上工作台转换开关 SA1-1 和 SA1-3,十字复合手柄扳到上(下)方,带动机械离合器接通垂直进给运动的机械传动链,同时压动行程开关 SQ3(SQ4),使交流接触器 KM2(KM3)的线圈得电,其主触点闭合,进给电动机 M2 正(反)转,水平工作台上(下)移。

若十字复合手柄扳到前(后)方,则水平工作台前(后)移。其工作过程与横向进给运动的工作过程类似,请读者自行分析。

(6)水平工作台的快速移动。按下快速移动按钮 SB5 或 SB6,交流接触器 KM4 的线圈得电,使正常进给电磁离合器 YC2 的线圈失电,同时快速进给电磁离合器 YC1 的线圈得电,接通快速移动传动链,水平工作台沿给定方向快速移动。松开按钮 SB5 或 SB6,则恢复水平工作台的正常进给运动。

(7)水平工作台变速时的瞬时点动。合上工作台转换开关 SA1-1 和 SA1-3,通过变速手柄的复位压动瞬时点动行程开关 SQ6,使交流接触器 KM2 的线圈得电,进给电动机 M2 起动运转。变速手柄复位后,松开行程开关 SQ6,M2 停车,完成一次瞬时点动。

(8)圆工作台的运动。把水平工作台的操作手柄扳到中间不工作位,合上工作台转开关 SA1-2,交流接触器 KM2 的线圈得电,其主触点闭合,使进给电动机 M2 正转,拖动圆工作台转动。

(9)根据加工需要,冷却泵电动机 M3 通过转换开关手动直接控制切削液。

3. 机型选择

选择松下 FP1 系列 C40 小型 PLC 控制。

4. I/O 点分配

I/O 点分配如表 5-24 所示。

铣床自动控制系统 I/O 点分配表 表 5-24

输入设备名称	PLC 输入点	输出设备名称	PLC 输出点
照明开关 SA4	X0	照明灯 EL	Y0
主轴停止按钮 SB1	X1	主交流接触器 KM1	Y1
主轴停止按钮 SB2	X2	正转交流接触器 KM2	Y2
主轴停止按钮 SB3	X3	正转交流接触器 KM3	Y3
主轴停止按钮 SB4	X4	正转交流接触器 KM4	Y4
主轴停止按钮 SB5	X5	电磁制动器 YB	Y5
主轴停止按钮 SB6	X6	快速进给电磁离合器 YC1	Y6
瞬时点动行程开关 SQ7	X7	快速进给电磁离合器 YC2	Y7
瞬时点动行程开关 SQ6	X8		
向后、向下进给行程开关 SQ4	X9		
向后、向下进给行程开关 SQ3	XA		
向左进给行程开关 SQ2	XB		

续上表

输入设备名称	PLC 输入点	输出设备名称	PLC 输出点
向左进给行程开关 SQ1	XC		
主轴上刀制动开关 SA2-1	XD		
主轴上刀制动开关 SA2-2	XE		
工作台转换开关 SA1-1	XF		
工作台转换开关 SA1-2	X10		
工作台转换开关 SA1-3	X11		

5. 硬件接线图

硬件接线图如图 5-59 所示。

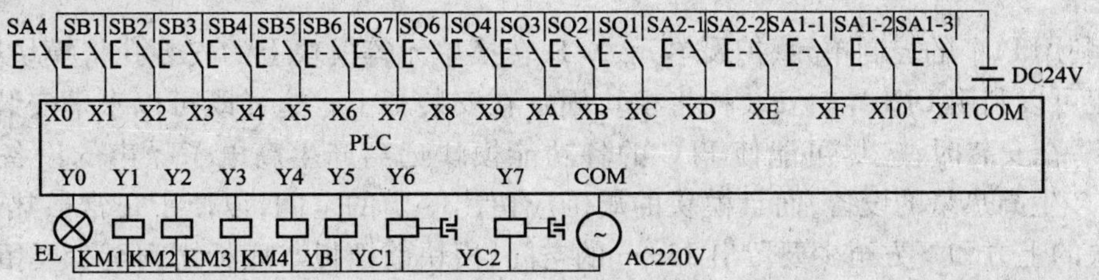

图 5-59　硬件接线图

6. 梯形图程序

实现 X62W 万能升降台铣床自动控制的梯形图如图 5-60 所示。

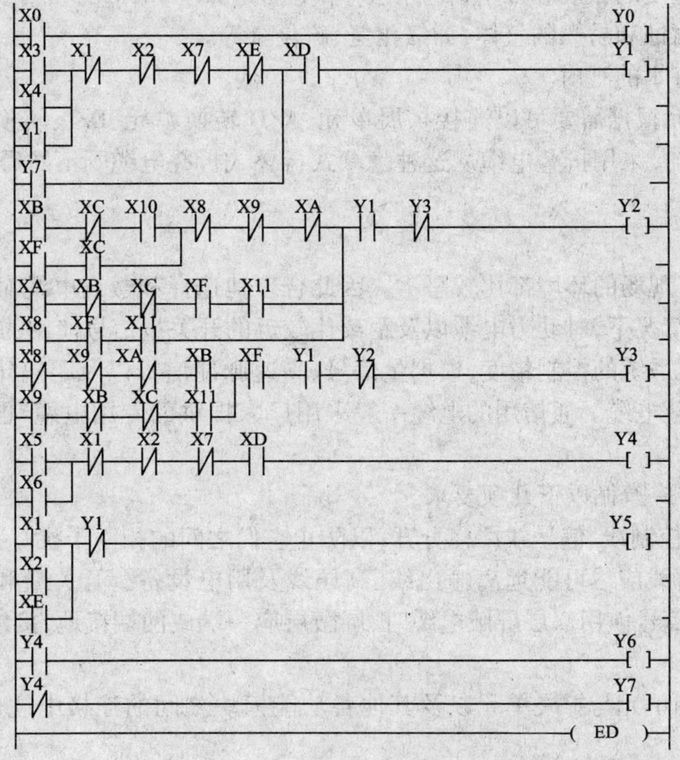

图 5-60　X62W 万能升降台铣床自动控制梯形图

第三节 现代可编程序控制器简单故障与排除

一、可编程序控制器的安装与维护

PLC 是专门针对工业生产环境而设计的控制装置，通常不需要采取什么措施就可以直接应用。但是，当生产环境过于恶劣，或安装使用不当时，都会影响 PLC 的正常工作。因此，在对 PLC 进行安装和接线时，除了要按照正确的操作规程进行外，还要考虑到周围的工作环境。

1. 安装

可以利用 PLC 的控制单元、扩展单元、A/D 转换单元等模块上的安装孔将模块固定在安装板上，也可以利用 DIN 导轨安装杆将模块固定在安装板上。这样既可以水平安装，也可以垂直安装。在安装时，应尽可能使 PLC 的各功能模块远离产生高电子噪声的设备（如变频器），以及产生高热量的设备，而且模块的周围应留出一定的空间，以便于正常散热。一般情况下，模块的上方和下方至少要留出 25mm 的空间，模块前面板与底板之间至少要留出 75mm 的空间。另外，PLC 的工作环境还应该满足以下几点要求。

(1) 周围环境的温度范围一般为 0 ~ 55℃，并且要避免太阳光的直射。

(2) 为了保证 PLC 的绝缘性能，空气的相对湿度应小于 85%（无凝露）。

(3) 周围应无过度的振动和冲击，特别是频率范围为 10 ~ 55Hz 的频繁或连续振动。

(4) 周围没有腐蚀和易燃的气体，如氯化氢、硫化氢等。

(5) 周围不能有水的溅射。

PLC 的控制单元根据需要可以连接扩展单元、A/D 转换单元、D/A 转换单元和 I/O 链接单元，它们之间的连接采用折叠电缆。这种隐藏式折叠式折叠电缆既不妨碍工作，又可以避免潜在的电噪声影响。

2. 布线

一般来说，工业现场的环境都比较恶劣。因此合理地选择和敷设电缆对 PLC 控制系统来说十分重要。一般情况下，对动力电缆以及距离比较近的开关量信号使用的电缆无特殊要求。为了防止干扰，保证系统的控制精度，模拟量信号、高速脉冲信号以及距离比较远的开关量信号通常选用双层屏蔽电缆。通信用的电缆一般采用厂家提供的专用电缆，也可采用带屏蔽的双绞线电缆。

在敷设电缆时，应遵循以下几项要求。

(1) 将动力线、控制线、信号线严格分开，以防止它们之间的相互干扰。

(2) PLC 的输入线应尽可能远离输出线、高压线及用电设备。开关量和模拟量也要分开敷设。敷设模拟量信号使用双层屏蔽电缆时，屏蔽层应一端或两端接地，接地电阻应小于屏蔽层电阻的 1/10。

(3) PLC 的控制单元与扩展单元以及其他各功能模块之间的连接电缆也应单独敷设，以防外界信号的干扰。

(4) 交流输出线和直流输出线不要用同一根电缆，输出线应尽量远离高压线和动力线，且

避免并行。

3．控制单元输入端子接线

(1)输入接线一般不要超过 30m。如果环境干扰较小,且压降不大,输入接线可适当长些。

(2)输入端尽可能采用动合触点的形式,这样编制的梯形图与继电—接触器原理图一致,便于阅读。

(3)交流型 PLC 的内藏式直流电源输出可用于输入,而直流型 PLC 的直流电源输出功率较小,输入接线必须使用外部输入电源。PLC 的 COM 端一般为机内电源的负极。PLC 输入端标记为 L 和 N 的端子,用于接工频电源,电压为 95 ~260V。

(4)当输入端接入的器件不是无源触点,而是某些传感器输出的电信号时,要注意信号的极性,选择正确的电流方向接入电路。

4．控制单元输出端子接线

(1)输出端子的各“COM”端均为独立的,可使用不同的电源电压。当多个负载连接到同一个电源上时,应使用短路片(元件号为 AFP1803)将它们的“COM”端短接起来。

(2)输出电路自身没有熔断丝,因此,为保护输出元件,可在每一输出点接一外部熔断丝。

(3)PLC 的输出负载可能产生干扰,因此必须在输出电路中增加保护环节,以抑制高电压的产生。当负载为交流感性负载时,可在负载两端并联压敏电阻,或者并联阻容吸收电路,如图 5-61 和图 5-62 所示。

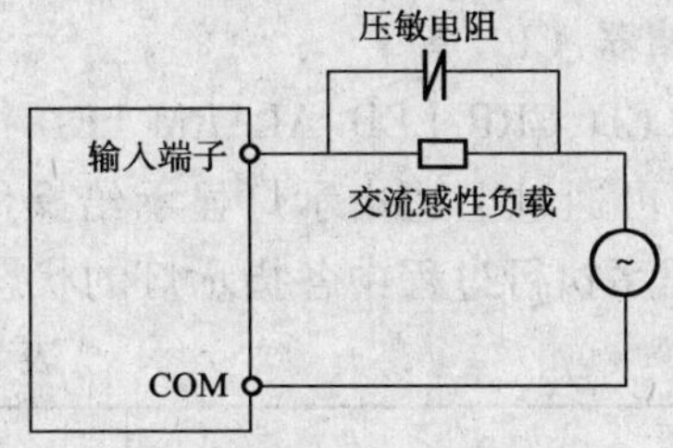

图 5-61　并联压敏电阻

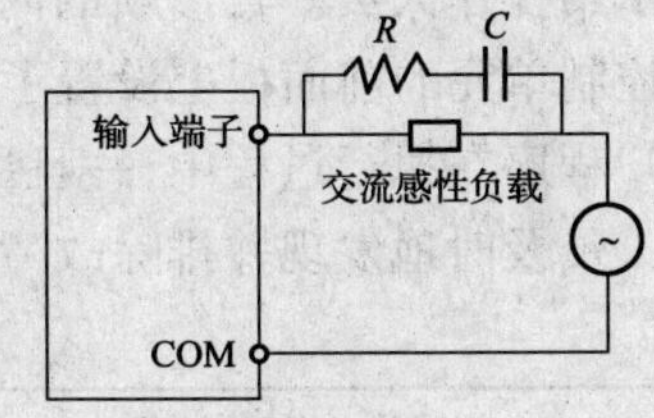

图 5-62　并联阻容吸收电路

当负载为直流感性负载时,可在负载两端并联一个二极管,如图 5-63 所示。

当负载为具有大冲击电流的容性负载时,可与负载串联一个电阻或电感,如图 5-64 所示。

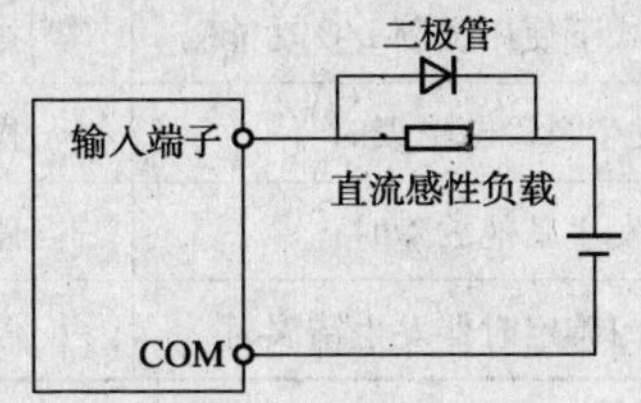

图 5-63　并联二极管

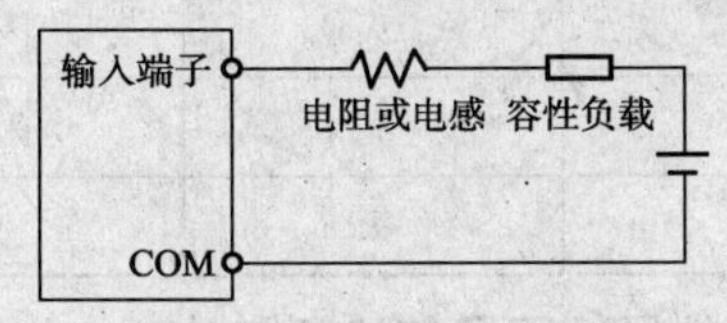

图 5-64　串联电阻或电感

5．A/D 转换单元的接线

(1)电压输入方式的接线。将输入设备用双绞线屏蔽电缆连接到模拟电压输入端子(V)

上,屏蔽端接地。采用双绞线屏蔽电缆是为了防止输入信号线上的电磁感应和噪声干扰。电压范围选择端(RANGE)用来选择电压的输入范围,“RANGE”端开路表示电压范围为0~5V,“RANGE”端短路表示电压范围为0~10V。如需将电压范围选择端短路,应直接在端子板短接,而不要拉出引线短接。

(2)电流输入方式的接线。电流输入方式下应将电压范围选择端开路,然后把模拟电压输入端(*V*)和模拟电流输入端(*I*)连在一起,最后连接输入设备。

6. D/A 转换单元的接线

(1)电压输出方式的接线。将负载用双绞线屏蔽电缆连接到模拟电压输出端子(*V*+、*V*-)上。电压范围选择端(RANGE)用来选择电压的输出范围,0~5V 表示“RANGE”端开路;0~10V 表示模拟电压输出端(*V*-)与“RANGE”端连在一起。

(2)电流输出方式的接线。将负载直接连到模拟电流输出端子(I+、I-)上。模拟电流输出范围为0~20mA。

7. 接地线

PLC 系统一般采用一点接地。接地线的截面积应不小于 $2mm^2$,接地电阻应小于 100Ω。另外,PLC 系统的接地点应与动力设备(如电动机、变频器等)的接地点分开。

二、PLC 的自诊断及故障诊断功能

(一)故障监测

PLC 通电后,首先执行系统内部的自诊断程序,检查 PLC 各部件操作是否正常,并将检查的结果显示给操作人员。自诊断的内容为 I/O 部分、存储器、CPU 等。

PLC 控制单元的前面板上设置了 RUN LED、PROG LED、ERR LED、ALARM LED 指示灯。系统的用户程序在执行过程中,一旦出现故障或异常,即可通过上述指示灯显示给操作人员,便于操作人员及时地发现并排除故障。表 5-25 给出了程序执行过程中各指示灯的状态。

指示灯状态 表 5-25

控制单元指示灯状态			说 明	状 态
RUN	PROG	ERR/ALARM		
亮	灭	灭	运行模式下的正常操作	操作
灭	亮	灭	编程模式下的正常操作	停止
闪烁	灭	灭	在运行模式下使用强制 I/O 功能	操作
亮	灭	闪烁	当发生自诊断错误时	操作
灭	亮	闪烁	当发生其他故障时	停止
灭	灭	亮	当系统看门狗定时器发生错误时	停止

(二)常见故障及其诊断方法

系统工作过程中一旦发生故障,首先是要充分地了解故障,比如故障发生时的现象、故障的地点等,然后再去分析故障产生的原因,并设法排除。表 5-26 给出了可能出现的各种常见故障及其诊断方法。

常见故障及其诊断方法　　表 5-26

序号	故障现象	推测原因	诊断方法
1	熔断丝多次熔断	线路短路或烧坏	更换电源部件
2	控制单元指示灯全灭	控制单元的电源与其他设备分享	将其他设备从电源上断开
		电源线路不良或电压较低	更换电源部件
3	所有的输入均不接通	未加外部输入电源	接上电源
		外部输入电压低	更换额定电压电源
		端子螺钉松动	拧紧螺钉
		端子板连接外接触不良	把端子板充分插入锁紧或更换端子板
4	某一编号的输入不接通	输入配线断线	检查输入配线
		端子螺钉松动	拧紧螺钉
		端子板连接处接触不良	把端子板充分插入锁紧或更换端子板
		程序错误	修改程序
5	某一编号的输入不关断	程序错误	修改程序
6	输入不规则的 ON/OFF	电源电压低	更换额定电压电源
		噪声引起误动作	安装尖峰抑制器（或绝缘变压器）或用屏蔽线配线
		端子螺钉松动	拧紧螺钉
		端子板连接处接触不良	把端子板充分插入锁紧或更换端子板
7	所有的输出均不接通	未加外部输出电源	接上电源
		外部输出电压低	更换额定电压电源
		端子螺钉松动	拧紧螺钉
		端子板连接处接触不良	把端子板充分插入锁紧或更换端子板
		熔断丝	更换熔断丝
8	某一编号的输出不接通（指示灯灭）	程序错误	修改程序
9	某一编号的输出不接通（指示灯亮）	输出配线断线	检查输出配线
		端子螺钉松动	拧紧螺钉
		端子板连接处接触不良	把端子板充分插入锁紧或更换端子板
10	某一编号的输出不关断（指示灯灭）	由于漏电流或残余电压而不能关断	更换负载或加负载电阻

续上表

序号	故障现象	推测原因	诊断方法
11	某一编号的输出不关断(指示灯亮)	程序错误	修改程序
12	输出不规则的 ON/OFF	电源电压低	更换额定电压电源
		噪声引起误动作	安装尖峰抑制器(或绝缘变压器)或用屏蔽线配线
		端子螺钉松动	拧紧螺钉
		端子板连接处接触不良	把端子板充分插入锁紧或更换端子板
		程序错误	修改程序
13	"ERR/ALARM"闪烁	错误代码为 1 ~ 9:程序中存在语法错误	修改程序
		错误代码为 20 或以上:自诊断错误	在 PROG 模式下清除错误或采取错误代码表中所指示的行动
14	"ERR/ALARM"亮	发生系统看门狗定时器错误	将控制单元的模式开关由"RUN"打到"PROG",并且关断电源再将其接通

三、PLC 的维护和检修

任何设备在一定的工作环境中运行总是要磨损的,PLC 也不例外。虽然 PLC 的设计已使维修和故障减少到最小程序,但如果能够对 PLC 进行经常性地定期维护和检修,则可以争取使其总是工作于最佳状态下,同时也可大大减少系统失常。

(一)维护和检修

维护和检修的主要内容包括检查电源电压是否正常、周围环境是否符合安装要求、输入输出端子的电压是否正常、备份电池是否定期更换、PLC 各单元是否安装牢固,以及接线和端子是否完好等,具体内容如表 5-27 所示。

(二)备份电池更换

PLC 的备份电池具有一定的寿命。比如,在周围环境温度为 25℃时运行,其电池寿命大约为 6 年。当备份电池电压较低时,指示灯"ERR LED"亮。这时,在 1 个月内必须更换电池。

更换电池时,要先给 PLC 充电 1min 以上,然后在 3min 之内更换完毕。具体的操作步骤如下。

(1)切断电源。

(2)打开存储单元盖板。

(3)拔下备份电池插头,并将其向上拉,直到拉开电池盖。

(4)拉出导线取下电池。

(5)安装新电池并将它连接到 PLC 插座上。

(6)盖上电池盖和存储单元盖。

(7)接通 PLC 电源。

维护和检修内容　　表 5-27

序号	项　目	内　　容	判 断 标 准	备　　注
1	供电电源	在电源端子处测量电压变化情况	电压变化范围： (85% ~110%)U	万用表
2	周围环境	环境温度	0 ~55℃	温度计
		环境湿度	35% ~85% RH 不结露	湿度计
		积尘情况	不积尘	目视
3	输入输出电源	在输入输出端子处测量电压变化	以各输入输出的规格为标准	万用表
4	安装情况	各单元是否连接牢固	无松动	
		连接电缆的连接器是否完全插入旋紧	无松动	
		外部配线的螺钉是否松动	外观无异常	
5		备份电池是否需要更换	检测到“电池错误”	

附　　录

附录一　德国力士乐公司生产的液压缸维修安装说明

1. 液压缸维修安装技术标准

a 德国标准　DIN 24 346

b 国际标准　ISO 4413

2. 安装

2.1　在将液压缸装入系统之前,应对液压缸标牌上的参数和订货时的参数进行比较。

• 清洁要求:

——液压缸安装工位及周围环境应保持清洁。

——油箱必须密闭,以防止外部污染。

——管路和油箱在安装前应先清除其中的污物,如氧化铁皮、沙子、切屑等。

——热弯及焊接的管路须马上酸洗、冲洗,最后上油。

——清洁时应使用无绒布或专用纸张。

——禁止使用麻线、黏接剂和密封带作为密封材料。

2.2　安装位置

• 任意。

2.3　电控部分接线

• 位置感测器。

• 感性接近开关。其接线图参见相关样本。

3. 投入运行

3.1　液压油

• 参考样本中的有关规定。

• 注意压力和温度的变化应控制在正常范围内。

• 应检查一下,系统所使用的油液是否与液压缸所允许使用的油液相一致。一般使用下列液压油:

• 符合 DIN51 524 的矿物油(HL;HLP)。

• 磷酸酯(HFD - R)。

• 使用其他液压油时请向我们咨询!

为保证油液的正常工作寿命,油液温度不应超过液压油生产厂家所规定的最高使用温度;为了保证系统性能的稳定,建议将油液的温度保持恒定(50℃ ±5℃)。

3.2　油液的过滤

• 可靠的油液过滤可以提高液压缸的使用寿命,请一定注意我们的样本中按照标准 NAS

1638 所规定的油液污染度的允许值。

- 筛检程式的压差不能超过所规定的允许值。
- 筛检程式最好装有堵塞显示装置。
- 更换筛检程式时需注意不要让污物污染系统。
- 筛检程式出口处的污物会被冲进系统,并可能造成系统故障。
- 筛检程式入口处的污物会降低筛检程式的使用时间。

3.3　排气

- 在空载压力下,松开后端盖和前拉盖上的排气螺钉。
- 当流出的油液中不再含有气泡时,重新拧入排气螺钉及锁母。
- 将排气螺钉和锁母重新锁紧。

4. 维护保养

4.1　除了定期在诸如摆动轴承、被接点、锈蚀等处加入润滑油外,液压缸基本上免维护。

4.2　定期检查缸的密封件能(检查周期不要太长)。

4.3　更换密封

缸内的动密封属于易损件,当内泄漏和外泄漏超过允许值时,最好将液压缸寄至我们的工厂以便我们在更换密封件的同时也对导向部分进行一下检查。

5. 储存

5.1　对库房的要求:

- 库房内应干燥、无尘、无腐蚀性物质及无水蒸气。

5.2　如果储存期超过 6 个月时:

- 将液压缸内充入防腐油液,并密封。
- 参考标准 AB 01-02.11 中的有关规定。

附录二　气缸的出厂试验

《气动气缸技术条件》(JB/T 5923—1997)中规定出厂检验必检要求:气缸分别通入公称压力和最低工作压力时,其活塞部的内泄漏量不得大于$(3+0.15D)\mathrm{cm^3/min}$,活塞杆部的外泄漏量不得大于$(3+0.15d)\mathrm{cm^3/min}$,其他部位不允许有泄漏现象(式中:$D$——气缸直径,$d$——气缸活塞杆直径,mm)。气缸出厂检验试验台是用PLC控制,能做三项规定的标准必检项目。其中泄漏检验采用肥皂水的方法。这种方法简单易行,能发现气缸泄漏的部位。

一、控制气缸出厂试验台结构

附图2-1是PLC控制气缸出厂试验台的结构简图。图中8聚氨酯板是用于保护气缸外饰涂层。松开螺钉11、铜压块10、左右支架3、6便可以在两圆导轨上滑移,以适应不同行程的气缸。密封件12能密封几种直径的进、排气口螺孔,且适应由缸筒等零件制造误差引出的螺孔中心距误差。

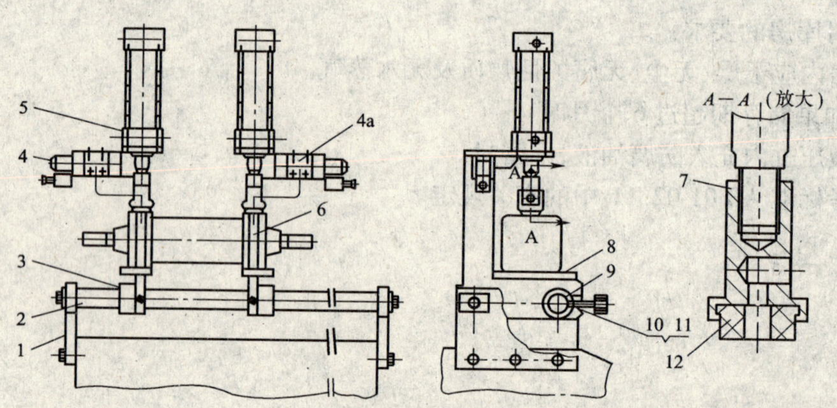

附图2-1　结构简图

1-侧支承;2-圆导轨;3-左支架;4、4a-外气先导常通型二位三通电磁阀;5-气缸;6-右支架;7-压块;8-聚氨酯垫板;9-铜导套;10-铜压块;11-螺钉;12-密封件

连接电磁阀4(或4a)与压块7的尼龙管尽可能短,以提高内泄漏检测的灵敏度。

二、控制气缸出厂试验台气动回路图

附图2-2是PLC控制气缸出厂检验台的气动回路原理图。图中带消声器的节流阀1用于调节两气缸3、4活塞杆伸出的速度。

内部气压先导电磁阀的工作压力范围多为0.15～0.8MPa,气缸公称压力≥0.8MPa,气缸起动压力、最低工作压力≤0.15MPa,气缸公称压力≥0.8MPa,因此电磁阀10、16、17、18应选用外部气压先导电磁阀,电磁阀6、7换向时导通的气压为环境气压,也应选用外部气压先导电磁阀。

JB/T 5923—1997 要求出厂检验用压力仪表测量准确度不低于 ±8%，应按此要求选定压力表 13、15 的量程 0～0.25MPa 和精度等级 ±1.5%。

若气缸公称压力为 1MPa，供气气源压力为 0.7MPa，可选择最高供气压力为 2MPa 的气泵。设气泵电机在储气罐压力 1.5MPa 时停机，压力降至 1.21MPa 时自行起动。各试验台停用时可进行出厂检验的抽检项目 1.5MPa 耐压试验。

在二位五通电磁阀 10 的排气口涂肥皂水检测气缸内泄过程中，不可省去电磁阀 6、7。因为电磁阀 10 的内泄漏常会被误检为气缸内泄漏。

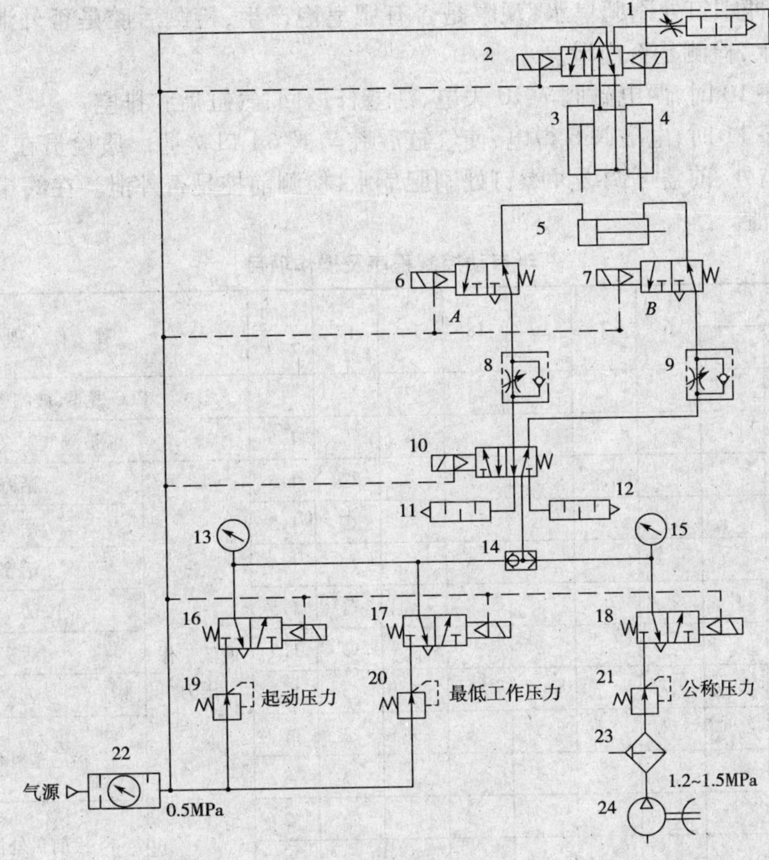

附图 2-2　气动回路原理图

1-带消声器的节流阀；2、6、7、10、16、17、18-电磁阀；3、4-气缸；5-被测气缸；8、9-单向节流阀；11、12-消声器；13、15-压力表；14-梭阀；19、20、21-减压阀；22-过滤减压油雾三联件；23-过滤器；24-气泵（2MPa）

三、性能检验

试验台有半自动控制程序和手动操作程序的，用程序选择按钮控制。附表 2-1 是半自动控制程序及操作项目。

（一）准备、夹紧气缸

置程序选择按钮于"半自动"挡，将被测气缸以前端面和前后盖侧面在 C 形左右支架 3、6 的支承板上定位（未绘出定位元件）。按下"夹紧"按钮，PLC 执行程序 1-19。

执行程序1时:电磁阀2(见附图2-2)的左电磁先导阀得脉冲电信号,两气缸3、4用压块和密封件将被测气缸夹紧并将其进排气口与试验台气路接通(见附图2-1)。

(二)最低工作压力、泄漏检验

执行程序2~11时。电磁阀17得电,气路为最低工作压力(例如0.15MPa)。在执行程序2~7时,电磁阀10间断得电1.5s,被测气缸活塞杆伸出缩回三次。

在执行程序8时,电磁阀10得电2s,活塞杆伸出,气缸前腔排空。

在执行程序9时,电磁阀7得电,使气缸前腔与阀7B口接通。质检员在后盖与缸筒联结处、后盖可调缓冲螺钉处刷肥皂水,观察是否有肥皂泡产生,检测后腔是否外泄。在电磁阀7的B口刷肥皂水,检测是否内泄。

在执行程序10时,两电磁阀7、10失电,活塞杆返回,气缸后腔排空。

在执行程序11时,电磁阀6得电,使气缸后腔与阀6A口接通。质检员在活塞杆伸出部、前盖与缸筒联结处、前盖可调缓冲螺钉处刷肥皂水,检测前控是否外泄。在阀6的A口刷肥皂水,检测是否内泄。

半自动控制程序及操作项目　　附表2-1

程序号＼件号	2		6	7	10	18	16	17	时间(s)	操作项目	
	左	右									
0										PLC置零,被测气缸定位	
1	●								1.5	被测气缸夹紧	
2					○			○	1.5	最低工作压力	活塞杆伸出
3								○	1.5		活塞杆返回
4					○			○	1.5		活塞杆伸出
5								○	1.5		活塞杆返回
6					○			○	1.5		活塞杆伸出
7								○	1.5		活塞杆返回
8					○			○	2		检后盖外泄、前腔内泄
9				○	○			○	8		
10								○	2		检前盖外泄、后腔内泄
11			○					○	8		
12					○	○			2	公称压力	检后盖外泄、前腔内泄
13				○	○	○			8		
14						○			2		检前盖外泄、后腔内泄
15			○			○			8		
16					○				1.5	起动压力	起动压力试验
17					○		○		2		
18							○		2		
19		●								松开被测气缸、PLC置零	

图例:●脉冲电信号;○延时电信号。

(三)公称压力、泄漏检验

执行程序12~15时,电磁阀18得电,气路压力为公称压力(例如1MPa)。质检员重复程序8~11的操作项目,检测气缸是否有内外泄。

执行程序16时,电磁阀10得电,气缸前后腔均与大气接通。

(四)气缸起动压力测试

执行程序17,18时,电磁阀16得电,气路压力为起动压力(例如0.06MPa),检验气缸在起动压力时运动是否正常。

(五)松开、置零

执行程序19时,电磁阀2的右电磁先导阀得电脉冲,气缸3、4松开被测气缸,PLC置零。

如果置程序选择旋钮于"手动"位置测试时,各电磁阀的动作顺序和延时长短由操作者用按钮操纵。

附录三　港口内燃装卸机械司机技师培训教学计划

一、培训目标

通过培训，使学员熟练掌握内燃装卸机械的工作原理和性能要求，全面掌握新型内燃装卸机械的操作技能和维护保养知识，熟悉内燃装卸机械的新设备、新技术以及新工艺，具有综合分析和现场解决内燃装卸机械复杂问题的能力，并具备对初级、中级、高级内燃装卸机械司机进行培训和指导实际工作的能力，达到《交通行业职业技能标准》中对内燃装卸机械司机技师的要求。

二、培训要求

1. 熟练掌握内燃装卸机械的技术性能、使用要求及维护保养方法；
2. 熟练掌握内燃装卸机械修理级别、修理项目及验收标准；
3. 掌握自动控制系统的基本原理；
4. 掌握内燃装卸机械技术管理知识；
5. 读懂内燃装卸机械上常见故障诊断器显示的英文内容；
6. 读懂内燃装卸机械简单的可编程序控制器程序；
7. 熟悉晶闸管整流电路和逆变电路的基本应用。

三、课程设置和课时分配

序号	教学内容	课时分配		
		讲授	操作	合计
1	港口内燃装卸机械检测	170	50	220
2	港口内燃装卸机械控制技术	150	30	180
3	港口机械专业英语	50		50
4	计算机基础	50		50
	合计	420	80	500

四、操作项目

序 号	主要操作项目	相关课程
1	驾驶新型内燃装卸机械	内燃装卸机械检测
2	提出内燃装卸机械的修理级别与修理项目，按照技术标准提出验收要求	
3	使用内燃装卸机械的检测设备	
4	排除内燃装卸机械的常见故障	
5	内燃装卸机械液压系统 内燃装卸机械电气控制系统	内燃装卸机械控制技术
6	制定改造、修理方案和结合工作实际撰写技术总结或论文	

五、说明

1. 参考标准《交通行业职业技能标准》。

2. 教材采用中国交通教育研究会（港口）职工分会教材编审委员会统一编写的《港口内燃装卸机械检测》、《港口内燃装卸机械控制技术》、《港口机械专业英语》、《计算机基础》教材。

3.《计算机基础》和《港口机械专业英语》教学大纲为港口主体工种技师、高级技师培训通用大纲。

《港口内燃装卸机械检测》教学大纲

一、教学目的

通过培训，使学员熟练掌握内燃装卸机械的技术性能、使用要求及维护保养方法；掌握内燃装卸机械修理级别、修理项目及验收标准；掌握内燃装卸机械检测设备的使用，提高综合分析能力，提高排除故障的能力。

二、教学要求

1. 掌握零件的失效规律及常见的失效形式；
2. 掌握故障信息数据的收集与分析管理办法；
3. 掌握故障检测设备、仪器的性能与使用；
4. 熟练掌握内燃装卸机械常见故障的分析与诊断。

三、教学内容

第一部分　理论培训

第一章　典型内燃装卸机械

第一节　内燃装卸机械概述

第二节 典型起重机械

第三节 典型装卸搬运机械

第二章 零件的失效规律及故障信息的收集与分析

第一节 零件的失效规律

第二节 零件常见失效分析

第三节 故障的原因与规律

第四节 故障信息数据的收集

第五节 机械故障分析与管理

第三章 港口内燃装卸机械的检测方法

第一节 检测方法概述

第二节 状态检测的方法与手段

第三节 故障检测的常用设备、仪器

第四节 润滑油的检测

第四章 内燃装卸机械故障诊断及排除

第一节 发动机故障的分析诊断

第二节 底盘故障的分析诊断

第三节 工作装置故障的分析诊断

第四节 内燃装卸机械电气故障的分析诊断

第五节 轮胎式内燃起重机故障的分析诊断

第二部分 技能训练

一、常见检测设备、仪器的性能与使用

教学要求:掌握常见检测设备、仪器的性能与使用。

教学内容:常见检测设备的性能与使用;常见检测仪器的性能与使用。

二、常见故障数据的收集与分析

教学要求:熟练进行常见故障数据的收集与分析。

教学内容:常见故障数据的收集;常见故障数据分析。

三、内燃装卸机械故障诊断及排除

教学要求:能正确分析诊断内燃装卸机械的故障。

教学内容:内燃装卸机械故障诊断及排除。

四、课时分配

序 号	教学内容	课时分配		
		讲 授	操 作	合 计
1	典型内燃装卸机械	20		20
2	零件的失效规律及故障信息的收集与分析	30	10	40
3	港口内燃装卸机械的检测方法	50	20	70
4	内燃装卸机械故障诊断及排除	70	20	90
	合 计	170	50	220

五、教材

1. 教材为《港口内燃装卸机械检测》。

2. 教材由中国交通教育研究会(港口)职工分会教材编审委员会统一组织编写和出版发行。

《港口内燃装卸机械控制技术》教学大纲

一、教学目的

通过培训,使学员熟练掌握内燃装卸机械的液压控制技术,掌握电气控制技术、可编程序控制器程序等,熟悉内燃装卸机械的技术管理知识与生产管理基本知识,全面提高学员对内燃装卸机械故障的分析能力。

二、教学要求

1. 熟练掌握内燃装卸机械液压传动系统图分析
2. 掌握内燃装卸机械电气控制系统图分析
3. 正确分析内燃装卸机械的可编程序控制器程序
4. 掌握内燃装卸机械的润滑管理方法

三、教学内容

第一部分　理论培训

第一章　内燃装卸机械液压控制技术

第一节　液压传动系统概述

第二节　液压元件

第三节　液压回路

第四节　内燃装卸机械液力传动

第五节　内燃装卸机械液压传动系统分析

第二章　电气控制系统

第一节　常见低压电器

第二节　电气控制基本环节

第三节　内燃装卸机械电路分析

第三章　可编程序控制器

第一节　可编程序控制器概述

第二节　可编程序控制器程序

第三节　可编程序控制器在内燃装卸机械上的应用

第四章　内燃装卸机械技术管理

第一节　内燃装卸机械管理概述

第二节　生产组织及生产管理基本知识

第三节　内燃装卸机械的润滑管理

第二部分　技能训练

一、内燃装卸机械液压传动系统图

教学要求:准确阅读内燃装卸机械液压传动系统图。

教学内容:典型内燃装卸机械液压传动系统的分析。

二、内燃装卸机械电气控制系统图

教学要求:准确阅读内燃装卸机械电气控制系统图。

教学内容:典型内燃装卸机械电气控制系统图的分析。

三、内燃装卸机械的润滑管理

教学要求:熟练掌握内燃装卸机械的润滑管理。

教学内容:内燃装卸机械的润滑管理方法。

四、课时分配

序　号	教学内容	课时分配		
		讲　授	操　作	合　计
1	内燃装卸机械液压控制技术	50	20	70
2	电气控制系统	40		40
3	可编程序控制器	30		30
4	内燃装卸机械技术管理	30	10	40
	合　计	150	30	180

五、教材

1. 教材为《港口内燃装卸机械控制技术》。

2. 教材由中国交通教育研究会(港口)职工分会教材编审委员会统一组织编写和出版发行。

附录四　港口内燃装卸机械修理工技师培训教学计划

一、培训目标

通过培训，使学员能独立完成主要内燃装卸机械的大修工作，能解决大修过程中出现的难题；了解内燃装卸机械新技术、新工艺；具有培训和指导高级工及以下内燃装卸机械修理工工作能力；具有撰写工作总结和技术论文能力。

二、培训要求

1. 熟练掌握内燃装卸机械的性能构造、大修标准和工艺、制定大修方案、组织指导大修业务，知道有关内燃装卸机械的设计、制造相关标准；会利用相关仪器和检测设备对内燃装卸机械重要零部件进行监测和修理质量鉴定。

2. 能对内燃装卸机械的零部件进行改造、改装，能解决内燃装卸机械大修中存在的疑难问题。

3. 熟悉金属材质的焊接性能、会应用热处理工艺对常用零件进行热处理。

4. 熟悉内燃装卸机械电气基础知识、能诊断和排除液力机械、气压传动中的故障。

5. 具备一定的写作、计算机应用、专业英语知识。

6. 掌握内燃装卸机械的发展趋势。

三、课程设置和课时分配

序　号	课 程 设 置	课 时 分 配		
		讲　授	操　作	合　计
1	机械基础	80	10	90
2	港口内燃装卸机械检测	150	60	210
3	港口内燃装卸机械控制技术	90	10	100
4	计算机基础	50		50
5	港口机械专业英语	50		50
合　计		420	80	500

四、操作项目

序　号	主要操作项目	相 关 课 程
1	齿轮、蜗轮、蜗杆测量	机械基础
2	柴油机高压泵检测	内燃装卸机械检测
3	内燃电气操作练习	
4	发动机综合测试、底盘测试	

五、说明

1. 参考标准《交通行业职业技能标准》。

2. 教材采用中国交通教育研究会(港口)职工分会教材编审委员会统一编写的《机械基础》、《港口内燃装卸机械检测》、《港口内燃装卸机械控制技术》、《计算机基础》、《港口机械专业英语》教材。

3.《计算机基础》和《港口机械专业英语》教学大纲为港口主体工种技师、高级技师培训通用大纲。

《机械基础》教学大纲

一、教学目的

通过培训,使学员掌握机械基础知识,掌握典型工件的测绘、选材、制造工艺路线;熟悉新材料、新工艺在内燃装卸机械修理上的应用。

二、教学要求

1. 读懂较复杂内燃装卸机械的装配图,并能提出正确的拆卸、装配工艺流程。
2. 掌握工程材料基础知识,并能进行典型工件的选材、制造加工工艺路线设计。
3. 掌握齿轮传动、蜗杆传动的测绘和设计,工夹具的设计。
4. 熟悉新材料、新工艺及其在内燃装卸机械上的应用。

三、教学内容

第一部分　理论培训

　第一章　工程材料结构力学基本知识

　　第一节　材料强度、塑性和硬度

　　第二节　材料的韧度

　第二章　工程材料基础知识

　　第一节　铁碳合金图

　　第二节　钢的热处理

　　第三节　金属材料焊接性能

　第三章　机构与零部件

　　第一节　齿轮传动原理

　　第二节　蜗杆传动原理

　　第三节　工夹具设计基础知识

　第四章　新材料和新工艺

　　第一节　非金属材料和复合材料

　　第二节　梯度功能材料

第二部分　技能训练

一、工件选材及加工工艺路线设计

教学要求：学会典型工件的选材及加工工艺路线设计。

教学内容：典型工件的选材、典型工件的加工工艺路线设计。

二、齿轮、蜗杆传动测绘与设计

教学要求：学会齿轮、蜗杆传动测绘与设计。

教学内容：齿轮、蜗杆传动测绘与设计。

四、课时分配

序　号	教学内容	课时分配		
		讲　授	操　作	合　计
1	工程材料结构力学	20		20
2	工程材料基础	20		20
3	机构与零部件	30	10	40
4	新材料新工艺	10		10
合　计		80	10	90

五、教材

1. 教材为《机械基础》。

2. 教材由中国交通教育研究会(港口)职工分会教材编审委员会统一编写和出版发行。

《港口内燃装卸机械检测》教学大纲

一、教学目的

通过培训，使学员掌握内燃机特性、熟悉内燃装卸机械的设计制造标准；掌握内燃机械设备的维修和大修工艺、标准；掌握港口内燃装卸机械设备的润滑管理、状态监测与故障诊断。

二、教学要求

1. 看懂较复杂内燃装卸机械的装配图，并能按照技术要求正确拆装。

2. 掌握内燃机特性，会进行功率、扭矩和压缩比的计算。

3. 了解内燃装卸机械的设计、制造标准。

4. 掌握内燃装卸机械维大修工艺、维修标准。

5. 掌握检测仪器使用技术。

6. 会对柴油机高压油泵进行校验。

三、教学内容

第一部分　理论培训

第一章　典型内燃装卸机械

第一节　内燃机特性

第二节　典型内燃装卸机械设计与制造

第二章　内燃装卸机械维修管理

第一节　较复杂内燃装卸机械装配图分析

第二节　内燃装卸机大修工艺与维修标准

第三节　内燃装卸机故障与排除

第四节　内燃装卸机械修理检验、验收

第五节　大修作业组织管理和车间生产管理

第三章　内燃装卸机械状态监测与故障诊断

第一节　发动机检测与故障诊断技术

第二节　内燃装卸机械检测与故障诊断

第二部分　技能训练

一、内燃装卸机械大修业务

教学要求:熟悉内燃装卸机械大修业务。

教学内容:内燃装卸机械大修业务。

二、内燃装卸机械状态监测与故障分析

教学要求:掌握常用的内燃装卸机械状态检测技术、内燃装卸机械故障的分析。

教学内容:常用的内燃装卸机械状态检测设备、内燃装卸机械故障分析。

三、柴油机高压油泵检测与校验

教学要求:熟悉使用柴油机高压油泵检测仪器对其进行检测和校验。

教学内容:柴油机高压油泵检测仪器的使用,柴油机高压油泵的校验。

四、课时分配

序　号	教 学 内 容	课 时 分 配		
		讲　授	操　作	合　计
1	典型内燃装卸机械	40	10	50
2	内燃装卸机械维修管理	70	20	90
3	状态监测与故障诊断	40	30	70
合　计		150	60	210

五、教材

1. 教材为《港口内燃装卸机械检测》。

2. 教材由中国交通教育研究会(港口)职工分会教材编审委员会统一编写和出版发行。

《港口内燃装卸机械控制技术》教学大纲

一、教学目的

通过培训使学员进一步掌握内燃装卸机械控制技术。学会运用液压(力)和气压传动理论指导故障排除;会分析内燃装卸机械电控液压系统原理图,并能指导分析排除液压系统复杂故障;看懂典型内燃装卸机械电路原理图和进行电路分析。

二、教学要求

1. 掌握液力机械传动机械理论;学会一般的诊断与排除液力机械传动故障的方法。

2. 会看懂复杂的内燃装卸机械液压原理图,并能用于指导排除液压系统故障 。

3. 掌握内燃装卸机械中使用的气压传动技术理论,并能指导排除气压传动综合故障。

4. 掌握内燃装卸机械电气基本知识,学会看懂、分析典型内燃装卸机械中电路原理图。

三、教学内容

第一部分　理论培训

第一章　液压传动技术

第一节　高压液压泵、马达的检测、修理

第二节　控制阀的检测、修理

第三节　多路阀的检测与修理

第四节　液压传动中的新技术及其应用

第二章　液力传动技术

第一节　液力机械结构原理

第二节　液力变矩器常见故障的诊断与排除

第三节　液力机械常见故障的诊断排除

第三章　气压传动

第一节　气压传动常用元件的结构、工作原理及各部功能

第二节　气压传动回路分析及常见故障的排除

第四章　内燃装卸机械电器控制

第一节　电气基本知识

第二节　照明、信号、辅助设备电路及低压电路

第三节　汽油机、柴油机燃油电子喷射控制装置

第二部分　技能训练

一、柱塞式液压泵、马达的检测、修理

教学要求:会运用设备对柱塞式液压泵、马达的检测进行典型故障的修理。

教学内容：利用试验台、便携式液压检测仪器检测柱塞式液压泵（马达）；柱塞式液压泵（马达）典型故障的修理。

二、内燃电气拆装。典型内燃装卸机械电路分析

教学要求：会正确进行典型内燃装卸机械的电气拆装和内燃装卸机械电路分析。

教学内容：现场内燃电气拆装或模拟内燃电气试验台操作；典型内燃装卸机械电路的分析。

四、课时分配

序号	教学内容	课时分配		
		讲授	操作	合计
1	液压传动技术	20		20
2	气压传动	20		20
3	内燃装卸机械电器控制	50	10	60
合计		90	10	100

五、教材

1. 教材为《港口内燃装卸机械控制技术》。
2. 教材由中国交通教育研究会（港口）职工分会教材编审委员会统一编写和出版发行。

附录五　港口内燃装卸机械修理工高级技师培训教学计划

一、培训目标

通过培训，使学员能根据内燃装卸机械的大修标准和要求制定内燃装卸机械的大修方案、工艺；独立完成各种内燃装卸机械的大修工作、改进大修工艺、对机械设备进行改进或改造设计；了解内燃装卸机械的发展趋势；具有培训和指导技师及以下修理内燃装卸机械工作能力；具有撰写技术论文和工作总结能力。

二、培训要求

1. 掌握内燃装卸机械的性能构造，制定大修标准、工艺和大修方案；组织并指导大修业务、主持利用相关仪器和检测设备对内燃装卸机械进行监测、技术鉴定和内燃装卸机械验收工作。

2. 能对内燃装卸零部件进行改造、改进，并能进行工夹具的设计。

3. 能判断和排除内燃装卸机械的电气设备故障、能正确选用替换液压机械、气压传动零部件；制定相关的维修、焊接、金属加工工艺。

4. 掌握一定的先进机械管理理论和科学管理方法。

5. 掌握内燃装卸机械的发展趋势。

6. 具备一定的写作、计算机应用、专业英语知识。

三、课程设置和课时分配

序　号	课程设置	课时分配		
		讲　授	操　作	合　计
1	机械基础	80	10	90
2	港口内燃装卸机械检测	150	50	200
3	港口内燃装卸机械控制技术	90	20	110
4	计算机基础	50		50
5	港口机械专业英语	50		50
合　计		420	80	500

四、操作项目

序　号	主要操作项目	相关课程
1	齿轮、蜗轮、蜗杆测绘与工、夹具设计	机械基础
2	内燃装卸机械工作装置检测、油品分析检测	内燃装卸机械检测
3	编制大修工艺方案	
4	可编程序控制器原理图分析及检测操作	内燃装卸机械控制技术

五、说明

1. 参考标准《交通行业职业技能标准》。

2. 教材采用中国交通教育研究会(港口)职工分会教材编审委员会统一编写的《机械基础》、《港口内燃装卸机械检测》、《港口内燃装卸机械控制技术》、《计算机基础》、《港口机械专业英语》教材。

3.《计算机基础》和《港口机械专业英语》教学大纲为港口主体工种技师、高级技师培训通用大纲。

《机械基础》教学大纲

一、教学目的

通过培训,使学员掌握机械基础知识,掌握典型工件的测绘、选材、制造工艺路线;熟悉新材料、新工艺及应用。

二、教学要求

1. 读懂复杂内燃装卸机械的装配图,并能提出正确的拆卸、装配工艺流程。
2. 熟悉掌握工程材料基础知识,并能进行典型工件的选材、制造加工工艺路线设计。
3. 熟悉掌握齿轮传动、蜗杆传动的测绘和设计,工夹具的设计。
4. 熟悉掌握新材料、新工艺在内燃装卸机械上的应用。

三、教学内容

第一部分　理论培训

　第一章　工程材料结构力学基本知识

　　第一节　零件强度、失效和使用寿命

　　第二节　材料的韧度

　第二章　工程材料基础知识

　　第一节　铁碳合金图应用

　　第二节　钢的热处理工艺流程

第三节　典型工件的选材、制造工艺路线设计

第三章　机构与零件

第一节　齿轮传动测绘与设计

第二节　蜗杆传动测绘与设计

第三节　工夹具设计运用

第四章　新材料和新工艺

第一节　零部件的修复

第二节　梯度功能材料

第三节　电涂镀及其他修复零部件工艺

第二部分　技能训练

一、工件选材及加工工艺路线设计

教学要求:熟练掌握典型工件的选材及加工工艺路线设计。

教学内容:典型工件的选材、典型工件的加工工艺路线设计。

二、齿轮、蜗杆传动测绘与设计

教学要求:熟练掌握齿轮、蜗杆传动测绘与设计。

教学内容:齿轮、蜗杆传动测绘与设计 。

四、课时分配

序　号	教 学 内 容	课 时 分 配		
		讲　授	操　作	合　计
1	工程材料结构力学	10		10
2	工程材料基础	20		20
3	机构与零件	30	10	40
4	新材料新工艺	20		20
合 计		80	10	90

五、教材

本课程的教材采用中国交通教育研究会(港口)职工分会教材编审委员会统编的《机械基础》。

《港口内燃装卸机械检测》教学大纲

一、教学目的

通过培训使学员熟练掌握内燃机特性和内燃装卸机械的设计;内燃机械设备的工程服务、维修、大修管理;港口内燃装卸机械设备的润滑管理、状态监测与故障诊断。

二、教学要求

1. 看懂复杂内燃装卸机械的装配图,制定正确的拆卸、装配修理工艺流程。

2. 掌握内燃机特性,熟悉内燃装卸机械的设计。

3. 学会内燃装卸机械的购置选型、资产评估、修理管理费用、成本核算管理。

4. 掌握内燃装卸机械维修业务组织管理。

5. 掌握润滑油管理技术。

6. 掌握内燃装卸机械状态监测与故障诊断技术。

三、教学内容

第一部分　理论培训

第一章　典型内燃装卸机械

第一节　典型内燃装卸机械设计

第二节　国内外内燃装卸机械的发展趋势

第二章　内燃装卸机械工程服务

第一节　内燃装卸机械购置选型

第二节　资产评估

第三节　修理费用管理、成本核算

第四节　配件管理

第三章　内燃装卸机械维修管理

第一节　机构拆卸、装配工艺

第二节　内燃装卸机械验收

第四章　润滑管理

第一节　润滑油分析技术、管理与选用

第二节　密封与过滤

第五章　内燃装卸机械状态监测与故障诊断

第一节　滚动轴承状态监测与故障诊断

第二节　液力变矩器状态监测与故障诊断

第三节　变速器失效状态监测与故障诊断

第四节　工作装置状态监测与故障诊断

第二部分　技能训练

一、港口内燃装卸机械各种管理报表制作与分析

教学要求:掌握制作港口内燃装卸机械各种管理报表及其分析。

教学内容:港口内燃装卸机械各种管理报表制作与分析。

二、油品铁谱、光谱分析

教学要求:掌握常用的油品铁谱、光谱分析方法的具体操作。

教学内容:常用铁谱分析、光谱分析。

三、机械状态监测与故障分析

教学要求:掌握常用的机械状态检测技术、机械故障的分析。

教学内容:常用的机械状态检测设备、机械故障分析。

四、课时分配

序　号	教学内容	课时分配		
		讲　授	操　作	合　计
1	典型内燃装卸机械	20		20
2	内燃装卸机械工程服务	30	10	40
3	内燃装卸机械维修管理	50		50
4	润滑油管理	20	20	40
5	状态监测与故障诊断	30	20	50
合计		150	50	200

五、教材

教材采用中国交通教育研究会(港口)职工分会教材编审委员会统编的《港口内燃装卸机械检测》。

《港口内燃装卸机械控制技术》教学大纲

一、教学目的

通过培训使学员进一步掌握内燃装卸机械控制技术。能正确选用、替换液力变矩器、液力机械和气压传动零部件,并能指导分析排除液压系统复杂故障;会分析内燃装卸机械电控液压系统原理图,看懂典型内燃装卸机械电气控制图和进行电路分析;学会简单可编程序控制器设计语言、学会看懂内燃装卸机械中使用的可编程序控制器控制原理图。

二、教学要求

1. 掌握正确选用、替换液力变矩器、液力机械、气压传动零部件原则与方法。

2. 掌握内燃装卸机械电器基本理论,学会看懂、分析典型内燃装卸机械中电器原理图。

3. 学会简单可编程序控制器设计语言、学会看懂内燃装卸机械中使用的可编程序控制器控制原理图。

三、教学内容

第一部分　理论培训

第一章　液压传动技术

第一节　液力变矩器选用与替换

第二节　液力机械选用与替换

第二章　气压传动

第一节　气压传动选用与替换

第三章　内燃电器控制

第一节　国产内燃装卸机械电器原理图分析

第二节　进口内燃装卸机械电器原理图分析

第四章　可编程序控制器

第一节　可编程序控制器设计语言

第二节　现代内燃装卸机械可编程序控制器装置

第三节　现代内燃装卸机械可编程序控制器简单故障与排除

第二部分　技能训练

一、典型内燃装卸机械电路分析

教学要求:掌握内燃装卸机械电路分析。

教学内容:常用的典型内燃装卸机械电路。

二、可编程序控制器原理图分析及操作

教学要求:掌握本单位使用的可编程序控制器设备的基本操作,会分析可编程序控制器原理图。

教学内容:可编程序控制器设置操作、原理图分析常见故障分析。

四、课时分配

序号	教学内容	课时分配		
		讲授	操作	合计
1	液压传动技术	10		10
2	气压传动	10		10
3	内燃电器控制	10	10	20
4	可编程序控制器	60	10	70
合计		90	20	110

五、教材

教材采用中国交通教育研究会(港口)职工分会教材编审委员会统编的《港口内燃装卸机械控制技术》。

参考文献

[1] 齐晓杰,吴涛,安永东.汽车液压与气压传动[M].北京:机械工业出版社,2005.
[2] 高忠民.工程机械使用与维修[M].北京:金盾出版社,2002.
[3] 邓英剑,刘志勇.液压与气压传动[M].北京:国防工业出版社,2007.
[4] 刘宇辉.二次调节静液传动技术的发展及应用[J],佳木斯大学学报(自然科学版)2001,19(1).
[5] 肖沁.二次调节静液传动技术在工程机械中的应用[J],工程机械,2004年(6)14-16.
[6] 薛祖德.液压传动[M].北京:中央广播电视大学出版社,1984.
[7] 王东大.装卸机械液压传动[M].大连:大连海事大学出版社,2004.
[8] 戴发山.内燃装卸机械构造与修理[M].大连:大连海事大学出版社,2005.
[9] 刘永健,胡培金.液压故障诊断分析[M].北京:人民交通出版社,1998.
[10] 范永海,董迎武.液压阀维修经验谈[J].液压与气动,2005(2):79-80.
[11] 马玉贵,马志军.液压件检修与故障排除问答[M].北京:中国建材工业出版社出版,2001.
[12] CCH280WE 轮胎吊使用维修手册.石川岛建机株式会社,2000.
[13] 张利平.现代液压技术应用220例[M].北京:工业装备与信息出版中心出版社,2004年8月第1版.
[14] 夏毅敏,李艳.液压油的新发展[J].工程机械,2000(8):31-32.
[15] 郜立焕,祁于宁等.工程车辆的磁变液悬架系统的研究[J].液压与气动,2005(1):1-2.
[16] 宋森,尹维贵.货车故障诊断与排除实例[M].哈尔滨:黑龙江科学技术出版社,1999.
[17] 赵静一,王巍.液力传动[M].北京:机械工业出版社,2007.
[18] 张泰岭,陆华忠,罗锡文.汽车自动变速器原理与检修[M].广州:广东科技出版社,1999.
[19] 朱经昌,魏宸官.车辆液力传动[M].北京:国防工业出版社,1983.
[20] 祖炳洁,贾粮棉,郑明军.液力变矩器在工程机械中的正确使用与检查[J].起重运输机械,2003(8)62-64.
[21] 郑洪生.气压传动[M].北京:机械工业出版社,1985.
[22] 唐艺.新编汽车修理工艺[M].北京:机械工业出版社,1998.
[23] 张德川,董明堂。ZL100型装载机气动换挡系统.[J].工程机械,2000年(12)7-8.
[24] 孔繁铭.气缸的出厂试验[J]液压气动与密封,2003(6):32-34.
[25] TCMZ8 操作维修手册,2000.
[26] 全国汽车维修等级考试教材编写组统编.汽车维修培训教材[M].北京:机械工业出版社,2003.
[27] 陈晓军.内燃装卸机械电气设备[M].大连:大连海事大学出版社,2004.

[28] 王洪龄,王新.汽车电控系统原理与检测技术[M].济南:山东科学技术出版社,2007.
[29] 严安辉、韦忠霞.汽车柴油发动机电控系统原理与检修[M].北京:国防工业出版社,2007.
[30] 李冠峰.汽车电器及电子系统的原理与维修[M].郑州:河南科学技术出版社,1997.
[31] 徐国林.PLC应用技术[M].北京:机械工业出版社,2007.
[32] 宋德玉.可编程序控制器原理及应用系统设计技术[M].北京:冶金工业出版社,2006.